秦边纪略

上册

青海地方史志文献丛书

[清]梁份 著

赵盛世 王子贞 陈希夷 姚继荣 校注

青海人民出版社

图书在版编目（CIP）数据

秦边纪略：全2册 / (清) 梁份著；赵盛世等校注
. --西宁：青海人民出版社，2015.12 （2020.11 重印）
(青海地方史志文献丛书 / 王昱主编)
ISBN 978-7-225-05100-0

Ⅰ.①秦… Ⅱ.①梁…②赵… Ⅲ.①西北地区-地方志-清代 Ⅳ.①K294

中国版本图书馆CIP数据核字(2015)第314721号

青海地方史志文献丛书
王昱 主编
秦边纪略
[清] 梁 份 著
赵盛世 王子贞 陈希夷 姚继荣 校注

出 版 人 樊原成
出版发行 青海人民出版社有限责任公司
西宁市五四西路 71 号 邮政编码：810023 电话：（0971）6143426（总编室）
发行热线 （0971）6143516 / 6137730
网 址 http://www.qhrmcbs.com
印 刷 陕西龙山海天艺术印务有限公司
经 销 新华书店
开 本 890 mm × 1240 mm 1/32
印 张 23.25
字 数 430 千
版 次 2016 年 7 月第 1 版 2020 年 11 月第 2 次印刷
书 号 ISBN 978-7-225-05100-0
定 价 98.00 元（全 2 册）

总　序

青海地方史志文献是宝贵的历史文化资源

青海人民出版社策划出版的《青海地方史志文献丛书》,收录了青海古代、近代最为重要的一些地方志等文献典籍。把这些弥足珍贵的文化遗产,用出版丛书的形式保存和利用起来,是一件有益当今、惠及后世的文化建设工作,是十分必要和及时的。

中国有编修地方志的优秀传统,清代方志学家章学诚谓“方志乃一方全史”。地方志是记载一个地区自然和社会历史的综合性著作,对当地的疆域山川、建置沿革、历史事件、物产、资源、天文、气候、水利、交通、户籍、财赋、职官、选举、人物、民族、民俗风情、文化教育、名胜古迹等，都做了较详细的记述和考证。因其内容广博，包罗万有，后来又被人们誉为“地方之百科全书”。

地方志书不仅内容全面，而且有较强的科学性、可靠性。地方志资料除取材于正史外，还取材于当时当地的公文档案、谱牒家传、金石碑刻、笔记信札等原始材料，有些资料还来源于野老口说和实地调查采访。许多不被正史编纂者所重视的有用资料，往往在地方志书中得以保存。章学诚说：“修志有二便，地近易核，时近迹真。”由于纂修方志的主持者一般系当时当地的最高行政官员，执笔编纂者一般系本地的缙绅文人，所以在调查研究、征集资料、考证核实等方面是有其方便之处的。如[乾隆]《西宁府新志》的作者杨应琚，就是当时出任西宁道的地方行政官员，他把修志作为自己的责任，调查、编纂、校对等咸出自一人之手。这种当代人写当地事的地方文献资料，接近实际，取材翔实，其可靠程度往往在其他文献之上。

周恩来总理曾于1958年在《关于整理善本的指示》中指出：“我国是一个文化悠久的大国，各县都编有县志，县志中就保存了不少关于各地经济建设的有关资料，我们除了编印全国所藏方志目录外，还要有系统地整理县志中及其他书籍中的有关科学技术资料，做到古为今用。”周总理于1959年4月在邀集60岁以上全国政协委员的茶话会上讲道:“……现在当然首先要研究现实问题,反映新的情况,但对过去的东西也需要研究,新的东西总是从旧的基础上发展起来的。过去编的府志、县志,保存了许多有用的史料。”古旧方志中有许多对现代社会经济发展和科学研究事业十分有用的资料,如关于本地物产、土特产、土地、田赋、税役、农业、手工业、商业等经济史料;关于矿产资源、水利资源、天文星野、江河水文、气候变迁、水旱灾害、地震、水利、交通、医药等科学史料;关于疆域山川、地形地貌、江河湖海、城池关隘等地理史料;关于阶级斗争、农民起义、历史沿革、兵制兵防、历史事件、历史人物等军政史料;关于户籍人口、民俗民情、民族宗教、方言俗语等社会史料;关于地方艺文、金石碑刻、古城遗址、文物古迹等文化史料……这些珍贵的资料,既有历史价值,又有现实科学研究价值。随着岁月的流转,许多事物已发生了很大的变化,地方上很久以前的事现代人难以知晓,当时当地的情况却在地方志中用文字保留下来了。

早在20世纪30年代,著名历史学家顾颉刚先生曾经为地方志这一丰富而珍贵的文化遗产未被重视和利用而感叹曰:“如此缜密系统之记载,顾无人焉能充分应用之,岂非学术界一大憾事耶!”(《中国地方志综录·序》)新中国成立后,在党和政府的重视下,许多科研部门和史志工作者通过对旧方志资料的整理研究,在历史、地理、经济、文化、天文、地震、水利等方面，撰写了许多专著和其他科研成果，在古为今用方面作出了有益的贡献。20世纪80年代以来，全国大规模地编修社会主义新方志，一大批新方志成果在各地陆续出版，不断丰富了地方历史文化宝库。在这些重要的历史文化建设工程中，古旧地方文献起到了奠基性的作用。

今天的历史，是过去历史的延续。整理出版古旧的地方史志文献资料，有利于我们了解地方历史，熟悉各方面的情况，这是一件十分重要的工作。从事地方工作的人们，从阅读地方史志文献资料入手，了解地方各方面的情况，则是一个便捷的渠道。古代许多有头脑的封建官吏，走马上任，下马观志，把地方志书作为“辅治之鉴”。唐朝韩愈南行，路过梅岭，先借《韶州图经》；宋朝朱熹赴南康军任职，下车伊始，便找《南康军志》。这些大学问家看重地方志的故事，至今还为人们所称道。新中国成立后，许多有见地的领导干部也常利用地方志来了解本地区的历史和现状，熟悉省情、地情和县情。阅读和研究地方史志文献资料，可为我们在从事地方建设时，如何从实际出发，发挥地方优势，进行科学决策，提供历史依据，从地方社会历史发展中寻找事物发展的规律，从而使我们少走弯路。

青海地处西北，东接秦陇，西通西域，南交蜀藏，北护甘凉，战略地位十分重要，自古以来就是许多政权和民族争夺之地,所以历代战事频繁。青海高原自然条件严酷,古代交通闭塞,文化相对落后,历史文献本身留存较少,加上历代战乱频仍、兵燹水浸和其他原因,青海历史上最早的一些史志文献早已散失佚尽。明代中叶以前,青海无地方志。明代中叶以后,各地修志之风盛行,青海地区曾出现明嘉靖间邑人张芝草创《西宁卫志》、万历间刘敏宽、龙膺纂修《西宁卫志》。可惜这两部明代志书不久便非佚即残。清顺治十二年(公元1655年),曾任西宁通判的张伟绩为清初方志《西宁志》作序,说他在莅位之时曾寻访地方典籍,“欲辑一代之书,然博访旧闻,旁咨故老,皆无有存者。嗟乎,杞宋无征,文献澌灭也!”清苏铣在纂修[顺治]《西宁志》时,明代两部方志全本已佚。清杨应琚纂修[乾隆]《西宁府新志》时称“湟中旧志久失,而见存者荒谬不雅驯……而边垂质野,文献无征,是西宁郡志作者为尤难也。”(《西宁府新志》杨应琚序)。清《四库全书·存目提要》谓:“西宁在国初为军民指挥使司,本临边之地,文献罕征。”古代官员均以青海地处边陲,流传下来的地方史志资料稀少而感叹,所以流传至今的地方历史文献显得弥足珍贵。

青海古旧地方志总体上处于数量小、流传少、使用不便的状况。20世纪80年代以来,青海人民出版社已印行了一些地方志书,现在又经过了二三十年的时间,社会需求仍然十分广泛。用丛书的形式整理出版青海地方史志文献,便于系统地保存流传这一珍贵的历史文化资源。这套丛书由青海人民出版社戴发望副总编辑等人精心策划，逐一选定入选图书，奔波于省内专家学者之间，落实校勘任务，精心编审，做了大量的工作。丛书中所收录的志书，大多是在原出版物的基础上，再一次做了标点、核对、校订、注释等工作，对部分误字、衍字、脱文等做了纠正，对断句标点做了进一步的斟酌修改，对重要的历史事件、人名、地名等做了必要的核查，对记述失实和疑误之处加了注释和说明。这种必要的校勘整理工作，提高了这批古籍文献的使用价值，有利于今人和后人更好地利用，有利于长久地流传和保存。这套丛书的出版，实为一项不朽的业绩，是一件抢救和保存地方文化的幸事！这套丛书的存史和资政作用，将会在青海历史上长久地展现出来。

这套丛书付梓前，出版社的同仁约我作序，我虽从事文史研究工作多年，但各类知识尚属浅薄，曾一再推辞，但仍难辞雅命。为不负重托，又出于对青海地方史志文献的偏爱，谨作以上文字，以为丛书序言。

王昱

2015年9月

目　录

上　册

目　录

目　　录

目　录

目　　录

附录

目　录

前　言

关于《秦边纪略》的撰人

《秦边纪略》原名《西陲今略》，见刘献廷（字继庄）《广阳杂记》、姜宸英（字西溟）《怀葛堂文集序》和朱书（字字绿）《西陲三书序》。改题为《秦边纪略》，最早见于耐安氏《识语》。汤中《梁质人年谱》康熙三十三年条云："刘湘煃始题为《秦边纪略》，不知所据。今世传之写本及刘、王两刻本亦称《秦边纪略》，或沿袭湘煃所题之书名也。"按刘湘煃生卒年月无确考，章学诚《刘湘煃传》[1]谓："似康熙中年、雍正初年人……乾隆二三十年间，意其人尚在也。"按耐安氏写《识语》在康熙四十二年（1703年），比刘湘煃要早出多年，故改题始于刘湘煃之说，似有未妥。

沈增植《秦边纪略跋》[2]以为，改题曰《秦边纪略》，疑刘献廷为之；缪荃孙亦认为，《西陲今略》经刘献廷删改为今名。[3]揆诸情理，似无不合。耐安氏《识语》所以径作《秦边纪略》，意必据自刘氏所节录后的书名，故《西陲今略》改名《秦边纪略》始于刘献廷之说是可信的。

本书抄刻诸本，均不著撰人姓氏，致在撰人问题上聚讼纷纭:有说梁份的,有说江右黄君的,还有说是蠡县李培所撰的。

本书撰人实为梁份,刘献廷《广阳杂记》卷二首载其事。曰:

> 梁质人留心边事已久,辽〔楚〕人王〔黄〕定山讳燕赞,为河西靖逆侯张勇中军,与质老相与甚深,质人因之遍历河西地。河西番夷杂沓,靖逆以足病,诸事皆中军主之,故得悉其山川险要,部落游牧,暨其强弱多寡杂合之情,皆洞悉若观火矣。著为一书,凡数十卷,曰《西陲今略》。历六年之久,寒暑无间,其书始成……其书规模虽定,尚未脱稿,涂乙改窜满纸。

刘献廷于康熙二十八年(1689年)在北京见到其书,三十年(1691年)在长沙与梁份相逢时,"其书在麓",遂"节其繁文,撮其纲要"而录之。"尚有一册,乃西域诸远国及筹边方略,皆质人未定稿也,此则俟之异日。"[4]可知此书原为梁份所著。《广阳杂记》为刘献廷排日纂记的笔记,死后由其门人黄宗夏辑成。献廷亦明遗民,与梁份同志,交谊至深,时相过从,其所记梁份撰《秦边纪略》一节,情节详确,岁月具体,其本人又躬亲节录其书,为当事人之一,因而这段记载应当被看作第一手资料,最为可信,是后人考订此书撰人的主要依据。

嗣后，乾隆间章学诚《刘湘煃传》、道光间姚椿《顾处士祖禹传略》、同光间陈寿祺《郎潜纪闻三笔》、光绪时缪荃孙《秦边纪略跋》[5]、沈增植《秦边纪略跋》，近人余嘉锡《四库提要辨证·秦边纪略》、吴丰培先生《西陲今略考》[6]，还有日本学者内藤湖南(虎次郎)《秦边纪略的著者》等文中，均认定此书撰人为梁份。且早在乾隆二十年(1755年)，宁波人卢镐手抄此书，并写了《识语》，说"《秦边纪略》南丰梁质人所著也"，可资佐证。

此书于刘献廷后，康熙三十四年(1695年)姜子发，四十二年(1703年)耐安氏次第转录；康雍之间，又由赵用熙和李堪先后抄录副本；雍正六年(1728年)，李培从其兄李堪处转录，收入其所辑《灰画集》中，为该集十九、二十两卷。

此书经耐安氏、赵用熙抄录后，在卷首各写《识语》，李培辑入《灰画集》时，又附以《自记》一条。耐安氏的《识语》是：

> 《秦边纪略》乃江右黄君所集也。黄君惜忘其名，有心边务，久居秦督佛公幕府，舆图边报，番土夷情，皆所熟悉。犹恐狃于所闻，请诸于秦督，躬亲阅历。秦督护以牌符吏役，巡视期年，汇成是纪。

赵用熙《识语》说：

> 黄君留心边务，常抱杞忧，嘎尔旦跳梁，既不

幸而言中矣。

李培《自记》道：

赵公出黄君《秦边纪略》三卷。

此书撰人原已有江右黄君而忘其名者一说，梁份说遂与之相龃龉。

按刘献廷于康熙三十四年(1695年)去世，其遗书《广阳杂记》迟至康雍之间，始由其门人黄宗夏辑出。全祖望于雍正八年入京，求其书凡二十年不可得，至乾隆十余年间始得见之于杭之赵氏，遂撰《刘继庄传》著于卷首。乾隆中期，章学诚撰《刘湘煃传》，犹以"南丰"作"宁都"，"份"(或质人)作"怀葛"，余嘉锡指出"此皆传闻之误"[7]。可见，《广阳杂记》不仅成书既晚，且也不怎样广传。耐安氏《识语》在《广阳杂记》成书之前，即赵用熙、李培亦不会见到此书，所以诸人实在不知《秦边纪略》原为梁份所撰。

然耐安氏之说，诚如日本学者内藤湖南所说的"不能不有所依据"[8]。二百多年来，诸人虽肯定梁份撰成《秦边纪略》，但迄无探索耐安氏黄君说之依据而辨析其谬误者。致黄君一说犹未能破，真假并存，则对梁份为是书撰人之说，难免启人疑窦。沈增植对此虽作过解释：

黄与梁音近，致讹，张靖逆幕客与秦督佛公幕客事近，致讹。[9]

但此说显然是出自主观臆度，缺乏实际依据。所以，吴丰培先生指出“纯不可据”，并批评余嘉锡也以讹传讹，事实证明这个批评是正确的。沈、余二氏为一代硕学之士，其所以谬误，疑因《西陲今略》传抄不广，二氏均未亲睹黄氏《自序》所致，实非二氏始料所及。

吴丰培先生《西陲今略考》一文，介绍了黄燕赞在《西陲今略》卷首《自序》，为推考耐安氏《识语》所依据处，提供给可靠之线索。

黄君者，名燕赞，字定山，湖南溆浦人(即楚义陵)。《广阳杂记》误刊黄为“王”，又误楚人为“辽人”。黄氏《西陲今略自序》道：

> 岁在壬戌，奉来张掖，位虽卑，亲见西陲数千里事，彷徨于余心。乃夙夜思维，广询博访，冀得一当，以尽介弍职，告无罪于西陲。癸亥，稍稍代庖，七越月，可摄行西陲事苟免覆餗。于是耳目闻见滋益多。甲子献岁，始发奋撰次成书……分为四卷(疑当为八卷)，命曰《西陲今略》。康熙二十三年岁在阏逢困敦三始日。楚义陵黄燕赞定山氏题于张掖德来堂。

书中每卷首还署“楚义陵黄燕赞定山甫著”。从其《自序》中之口吻，俨然以撰人自居，煞有介事，可以乱真。

按黄氏自序之《西陲今略》，一直未获得像《秦边纪略》那样转相抄录之机会，迄犹只是抄本。据《全国方志总书目》,仅南京国学图书馆有藏书,我们在中央民族学院图书馆见到原为嘉业堂刘氏旧藏之抄本,但残缺不全,诚为稀见之珍本。

从耐安氏《识语》,只知黄姓而不详其名,又误楚义陵为"江右"(今江西),可知耐安氏并未亲睹过黄氏《自序》。其《识语》,只有摭拾自一些有关之传闻,而传闻亦多失实,以讹传讹,此正是耐安氏《识语》中黄君说之所依据。

又耐安氏《识语》中黄君"久客秦督佛公幕府……巡视期年,汇成是纪"云云,与梁份于康熙三十一至三十三年间(1692—1694 年)再次西游秦边,增补旧著[10]之经过相吻合,可佐证耐安氏《识语》所说幕客事亦有来由。

按梁份于康熙二十一至二十七年间(1682—1688 年)第一次秦边之游,正值靖逆侯张勇坐镇河西,张勇为人,"不耻下交",且"从游多岩穴遗民"[11],梁份又有结识张勇,以获得支持其旅游之需求,黄燕赞适为张氏中军,颇获信任,梁份因黄氏而结识张勇,自属情理中事。所以,姚椿说梁份"尝为西方大帅上客"[12]。梁份再次西游,原是由陕西驿传道张鲁彦承总督葛思泰之命邀来的[13]。同年,葛氏病免[14],由佛伦接任[15]。如第一次西游一样,梁份需求达官如佛伦之支持,俾能畅得其游,因而梁份由葛思泰和张鲁彦两个渠道结识佛伦,亦情理中事。梁份自长安致熊孝感书,有"因得遍交达官"[16]之语,可资佐证。又梁份于三十三年(1694

年)答刘体元书[17]中详叙“走河湟时”之盛况,总戎晋接,发骑前导,活佛握手问劳,僧侣执事惟谨,等等。礼遇之优,异乎寻常。梁份因而感慨道:“谢灵运好山水,所至,人以为贼;身好山水,所至,人以为官”[18],正道出了个中奥秘。从而可信耐安氏“秦督护以牌符吏役”云云,并非空谷来风。只是误梁份为黄燕赞,张冠李戴,显系传闻之误。

依上论证,则知耐安氏之黄君一说及黄君久客佛伦幕府云云,黄、梁各有其人,两次为幕客,亦均有其事,全不存在音近事近而致讹之问题,唯撰人实为梁份,两次为人幕客,亦为梁份事,耐安氏原无条件辨其谬误,究其根源实在于黄燕赞之欺世盗名。

黄燕赞原为安徽寿州总兵,与熊见可善,梁份因熊氏而结识黄氏。康熙二十一年(1682年),黄氏奉调张掖,邀梁份同往,梁份遂得遍游秦边,撰次成书。黄氏为人,熊见可评曰:“吾闻黄颇饶作略”[19];梁份也说:“微定山发端不至此”[20];张勇且以军务悉委之,可见黄氏原属亦有作为者。梁份初游秦边,得黄氏之助力者至大。份撰《西陲今略》,目的在提出筹边方略,供当道者参考,所以初稿留在黄氏手中。黄氏固也不妨作序成书,但序文中不该完全以撰人自居,只字不及梁份,吴丰培先生指出这是“掠人之美”[21],可谓一矢中的。惟吴先生仅以“燕赞武将,虽有编写此书的设想,未必亲自执笔”[22]来否定书为黄氏所撰,似犹

未足。从黄氏《自序》,条分缕析,可引为疑窦者尚多:

(一)黄氏于康熙二十一年(1682年)调来张掖,二十三年春初即撰次成书,实地考察和文献考订,仅历时七阅月,《自序》写于二十三年正月初一。《广阳杂记》谓梁份“历六年之久,寒暑无间,其书始成”,犹是一部“规模虽定……尚未脱稿”本。武将而能文者,历代固不乏其人,但何至高速度到只需梁氏撰书岁月之十一,即能完成此一国防地理巨著,殊难使人信服。

(二)况黄氏初来张掖时,正值噶尔旦虎视眈眈,其亲信祝囊、莞卜、王建儿辈遍逼秦边,青海蒙古亦不时进扰河西,形势紧张,军务繁忙。黄氏受张勇委托,总揽军务,即黄氏《自序》中所谓之“稍稍代庖”。可以想象,黄氏军书旁午,日理万机,忙得够呛,只能以公暇余力来考察考订,实际时间且不足七阅月,即能成书,可信为断断不可能者。

(三)《西陲今略》总目有阶、岷、洮、河四州,而书内容均付阙如。《秦边纪略》抄刻诸本无前三州,但均有河州。黄氏既亲撰此书,何至书之总目与内容不相一致?此公附充风雅,竟未审察一过。粗疏一至于斯,益可信书非黄氏所出。

(四)书中叙述议论,全是明遗民口吻。例子很多。如《凉州近疆》:

扒里扒沙……旧制,抽掠凉夏边兵,更番按

伏。及其久也，以孤远而撤之，祖制荡然。

《延绥卫》：

奎夷德中国卵翼之恩，愿为北蕃。当贼（指李自成）攻榆林，犹欲为敌忾之忠，若天之不祚明也，何哉？

既有对故主之尊崇，又有痛故国之悲鸣，如此语言，会触动大清刑律的，黄氏怎敢冒此危险？又遗民对后朝之态度，往往不奉其正朔，梁份正是如此。一部《秦边纪略》，集中言康熙间事，但"康熙"纪年仅四见，余均采用干支。同治间李文田[23]即看出此书为明遗民所写，且怀疑"或即彭躬菴辈"。按彭躬菴，即彭士望。梁份尝师事之[24]，师生同为明之遗民。李文田可谓独具慧眼。

综上，可信《西陲今略》实非黄燕赞所撰，而是梁份手稿，不过是留在黄氏手中罢了。从《西陲今略》无"河州卫"一篇，知此手稿留给黄氏时间，当在梁份考察河州之前，比梁氏全书完稿，离开秦边（康熙二十七年，1688 年）要早些，但绝不会早到康熙二十三年（1684 年）。又无论《西陲今略》或《秦边纪略》，均有《边疆西夷传》康熙二十四年（1685 年）祝囊等入觐北京一事，黄氏何以能在早一年春初即写序成书？因而疑黄氏为了欺世盗名，且采取倒填岁月之手法，然而却遭到欲盖弥彰之后果。

梁份既撰此书，而不署名，沈增植说："梁质人本韩非有(大任)客，尝为吴三桂乞师，其隐约终身……以避祸矣。"[25]吴丰培先生誉沈氏之说为"殊为的论"[26]。此所以虽有《广阳杂记》之确证，而黄氏《自序》久不露世，致耐安氏之说不得释者二百余年之久。考证之难，可兴叹欤！

又缪荃孙《秦边纪略跋》和汤中《梁质人年谱》康熙三十三年条，均说此书由定州王文灏辑入《畿辅丛书》，题为"蠡县李培所撰"。按李培只是《灰画集》的辑者，并非撰人，缪荃孙已指出其误，嗣后论其书撰人问题，不取其说。

《秦边纪略》的成书年代

《秦边纪略》的成书年代，有康熙与乾隆两说。《四库全书提要》以书中所言多康熙初期事，曰："书为康熙间人所作"；同治十年(1871年)，安徽布政使吴坤修刻印此书，以书中纪元及乾隆[27]，《叙》中说"则作者当为是时(即乾隆)人"，民国《关中丛书》辑收此书，《跋》文说："作者……康熙时人……乾隆时人，未知孰是。"按此书著者为梁份，已无疑义，则成书年代当在康熙间。且依《广阳杂记》，知是书著于康熙三十年(1691年)，时间更加明确。

按吴坤修刻印所据抄本，原为吴稷堂所藏。吴氏为乾隆时南汇人，据陈寿祺《郎潜纪闻初笔》，吴曾参与《四库全书》馆协勘事。《四库全书提要·秦边纪略》作四卷，书中纪年下限及康熙二十四年，而吴稷堂藏本书作六卷，又纪年及乾隆。我们在青海乐都县发现的“澹宁堂”藏抄本，正与阁本(即《四库全书》所录本)卷帙相同，亦无乾隆纪年，当是与乾隆间直隶省所采进的抄本同出自一母本。自雍正初始，秦边诸卫，次第改为府，故六卷本各卫之下，附注其事。原四卷本改为六卷，并纪年及乾隆，我们认为统出自吴稷堂之手，固非此书原来面貌，吴坤修不察，遂误此书著于乾隆年代。《关中丛书·秦边纪略跋》亦未作考订，故有“未知孰是”之叹。因此，此书著于乾隆时一说，纯不可据。

《秦边纪略》的内容和史料价值

此书内容，《四库全书提要》和吴坤修《秦边纪略叙》均有介绍。书中所载，涉及今内蒙古南部，陕北、宁夏、甘肃大部，青海东北部及新疆南部，东西横跨六个省(区)，以卫(府)为纲，下系镇、城、边堡墩台，建置沿革，山川形势，道路驿站，官司戎伍，攻防得失，农畜物产，风俗人情，沿边蒙古部落、土、藏、撒拉等族的分布及活动情况，还记载了喀尔喀蒙古，西域土地人物，最末专篇记录了噶尔丹与康熙帝正式为敌以前的历史事迹。其取材多出自实地考察，广询博访，考订沿革，议论得失，记载详确，为当时名士顾炎武、王源等所推崇。

梁份说过，“凡书可闭户而著，惟地舆必身至其地”[28]，所见精确，又躬亲力行，不辞艰辛。在三百多年前，像梁份这样亲历西北，实地考察而撰次成书者几人？又专著迄犹可见者几兮？其书犹存，诚可庆幸。

此书有相当高的史料价值。所记嘎尔丹一生前期事迹，完整详尽，是有关嘎尔丹正式对抗清朝以前极为重要的史料，为他书所绝无者。中外学者对此极为推崇。次如《近疆西夷传》诸人和各纪事中厄鲁特和土默特蒙古部落及其活动情况，秦边其他少数民族如土族、藏族、撒拉族、维吾尔族等的分布情况、人口数目等，无疑同样具有重要的史料价值。乾隆间，杨应琚编纂《西宁府新志》，即有取资自此书者。沈增植《蒙古源流笺证》，青海人民出版社近年出版的《土族简史》，亦多处引用了《秦边纪略》中的有关记载。此书中所记地理水系，清代学者徐松即曾引入其所著的《西域水道记》。其他如城堡边墩的地理位置、历史沿革、道路远近、农畜物产等，在今天仍不失现实的参考价值。至于《四库全书提要》所谓"此书所述，皆无所用"之一说，当仅指议论边政一事，不应扩及全书。吴坤修对此书的价值也仅从边政着眼，认为"于是书犹有取资焉"[29]，亦欠全面。至于《关中丛书·秦边纪略跋》讥此书"不几于无病而呻乎"，纯是误解，不足为据。

此书多是实地考察的记载，也有失实谬误之处。如乐都城在老鸦城西，西宁又在乐都城之西，书中写西宁距乐都为 150 里，距老鸦城却只 110 里；又如上川口在巴州的北偏东，下川口在巴州的东北，书中统误作西北。至于得自传闻或引用部分，或原委弗详，或地望不尽可据。如《蒙古四十八部落考略》《西域土地人物略》，是约300年前的考察记载。当时的条件下，已经是很难得的了，我们自然不能求全责备，从全书说，是微有瑕疵而已。

书中不少对兄弟民族及农民起义军的污称，如“非我族类”，“虽靦然而人面乎，犹人之禽兽也”等等，是源自中国历史上传统的华夷偏见及其所处时代之局限性所致，反映了梁份思想的糟糠部分，统统不足为训。

梁份其人和著书的动机

梁份为明遗老，从“易堂”魏禧[30]，治学主经世致用。易堂诸人多孤忠遗逸，痛明社丘墟，采山而隐，不仕于清。份一生行事，多隐约不可考。但知尝为韩大任乞师吴三桂[31]，又徒步谒昌平十三陵，并作《十三陵图说》[32]，其文多黍离之悲，故国之痛，气节之高为明遗民中所不多见者。其文章且被誉为易堂诸子中之佼佼者[33]。除《秦边纪略》外，还有《怀葛堂文集》十五卷传世。《清史稿》列入《文苑传》，至简略，惟民国汤中的《梁质人年谱》，记其一生最为详确。

康熙十三年(1674年)吴三桂叛乱。吴氏其人，叛服无常，是一个历史上被否定的人物。其起兵反清，并无积极意义，尽管一时声势浩大，占有西南半壁河山，但遗民中多态度冷静,持观望状。惟梁份积极奔走,驰驱四方,特别为吉安韩大任乞师,吴三桂留之观战浏阳城上[34]。十七年(1678年),韩大任以万人降清亲王傑书军,寻吴三桂死于衡阳,三藩叛乱,次第平服。二十一年(1682年),梁份遂作秦边之游。日本学者内藤湖南以为,"康熙十七年吴三桂死,当是其时梁份以西南事不复可为,而掷其雄图,将余生寄予边疆"[35],其说是。盖三藩之乱平服,康熙完成统一大业,国势日趋强大,明遗民所抱的覆清统治、匡复明室的幻想终于全部破灭,坚持明遗民立场的梁份也不能不死了这条心。这是梁份一生的一个重大转折。

三藩之乱平服,南方平靖,但东北则沙俄势力猖狂入侵,西北嘎尔丹势力日益坐大,问题日趋严重。沙俄怂恿嘎尔丹内犯,秦边正当其冲,有识之士无不引为可虑。梁份即说:"今天下可患者,独西夷也。西夷之患,必始西陲。"确为卓识。所谓"西夷",即指新疆准噶尔部的嘎尔丹,所谓"西陲",即指秦边。梁份且以"区画布置,所以保全唇齿者不可缓也"。"区画布置"正是书中所提出的筹边方略,这也是梁份秦边之游并撰成此书的时势和动机。所以,当时关中大儒李颙誉梁份为"忧时感事,壮怀激切,所筹边陲情况,可谓天下之大有心人"[36]。代表官方的《四库全书提要》也说:"是书所述皆是时之形势……在当时可谓留心边政者矣。"此书固非一单纯的地理游记而已。

日本学者内藤湖南对梁份秦边之游撰成此书的动机说：

> 作者不慊于清朝，自对其敌嘎尔旦有所同情，假此《传》著者寄寓了怫郁之情。

又说：

> 梁份以《嘎尔旦传》之嘎尔旦，其初年虽详，但未涉及与清朝冲突之中年以后事。故叙述嘎尔旦势力蒸蒸日上达于全盛之状，少有贬词。
>
> 唯梁份以《嘎尔旦传》叙述其英姿有生气，可谓不负此朔漠豪杰。

仅就《嘎尔旦传》一篇，而不从全书去推断梁份著书的动机，显然是以偏概全。即以《嘎尔旦传》言，其所以只叙述其初年，是因为梁份于康熙二十七年(1688年)就离开秦边。当时全书已完成初稿，而嘎尔丹逾杭爱山东侵喀尔喀在二十七年，与康熙帝正式为敌的乌兰布通战役发生在二十九年（1690年），昭莫多战役在三十五年至三十六年(1696—1697年)，嘎尔丹以众叛亲离，穷途末落，在阿察阿穆塔台仰药自杀，统是梁份此书完稿多年以后的事，并非有意只写“势力蒸蒸日上达于全盛之状”，而不写其穷途末落，仰药自杀。至于《嘎尔丹传》中把嘎尔丹写得“英姿有生气”，以“不负此朔漠豪杰”云云，只要细心浏览一番书中《近疆西夷传》，如祝囊、怀阿尔赖、麦力干等人，也无一不是写得“英姿有生气”。事迹本身就是那样,梁份只是记实而已,这里面不存在什么“同情”的问题。梁份“不慊于清朝”固是事实,但何至于同情清朝的敌人才能“寄寓怫郁之情”?梁份一代名士,他总不至于是一个阿Q式人物。

抑有进者,纵观中国历史,改朝换代之际,以文士而殉国者惟宋、明两代最为突出,清初大量的明遗民,差不多都是文士。忠君爱国,武将并不例外,只是文士受传统的以儒家学说为核心的汉文化的陶冶最为深刻,因而维护也就最力。孔子称赞管仲,说“微管仲吾其被发左衽矣”[37],是因为管仲相桓公以成霸业,救邢、卫和北燕,阻止戎狄的侵扰,其深远意义正在于维护了华夏文化。中国历代士人,统视各兄弟民族为“异族”,为“非我族类”,之所以持这种观点,不外因各兄弟民族的风俗习尚与汉族的传统文化迥异。所以,历代的文士总是把维护传统的汉文化当作历史赋予的神圣任务。从这样一个角度去理解梁份其人,似较为符合这一代名士的思想实际,而且其一生行事,故国之痛,实即夏夷之防,思想是始终一致的。因此,梁份固“不慊于清朝”,但不可能同情,更谈不上赞赏嘎尔丹的“英姿有生气”。内藤湖南之说,实在是一个至大的误解。

遨游四方,是梁份其人一生中的一大志趣,89岁去世前的五六年间,还仆仆于赣、鄂之间[38]。初去西北,也无非是持遨游的志趣。但既亲历其地,认识到嘎尔丹的虎视眈眈，防务问题的严重，明代何其重视，清代何其轻疏，又经黄燕赞“发其端”，遂作撰书的具体计划。其书在著者梁份而言，筹边方略才是全书的核心，它很像我们今天的意见书一样，原拟送给秦边的当政者做参考。此书原稿《西陲今略》就是这样落到黄燕赞手里的。

《秦边纪略》的版本及其异同

此书版本颇多，我们共搜集到六种本子，其中《关中丛书》印本是据自吴坤修《半亩园》的刻本，实际上共有五种版本。它们是：《灰画集》刊本、“澹宁堂”藏抄本、卢镐“宝风楼”藏抄本、吴坤修《半亩园》刻本，以上诸本俱名《秦边纪略》，另有黄燕赞冒充著者的《西陲今略》。《西陲今略》为《秦边纪略》的原名，所记同为一事，原为一书也。这五种版本间，内容互有异同，文字亦有不少出入，编次不一，卷帙也互异，且内容无一完整者。

《灰画集·秦边纪略》，是据自最初由刘继庄节录自梁份的手稿，其转录过程最为清楚。雍正六年(1728年)由李培辑入《灰画集》，为该集十九至二十两卷，又注原书作三卷。《灰画集》原也只有抄本，民国后由北洋政府训练总监编辑局刊印，内容缺《西域土地人物略》《嘉峪关外至哈密路程》《嘉峪关至赤斤路程》《套内山川、物产、古迹》，但有《嘎尔旦传》，又卷首有耐安氏、赵用熙《识语》和李培《自记》各一条。这个版本在《秦边纪略》各种版本中错、衍、逸字情况最为突出,“绕”字作“统”、“刁”作“刀”,竟一错到底。还有大段的脱文,有达数百字者。现《秦边纪略》诸种版本中,《灰画集》本流传最广,国内各大图书馆多有收藏。

“澹宁堂”藏《秦边纪略》抄本四卷,有钤记“定均”“明轩”“澹宁堂”,但无姓,经在原发现地青海乐都遍询,迄无知其人者。书内容缺《嘎尔旦传》《嘉峪关外至哈密路程》《嘉峪关至赤斤路程》《套内山川、物产、古迹》,但有《西域土地人物略》。其分卷与阁本同,或与阁本原出自一个母本。这个四卷本为吴丰培先生《西陲今略考》一文谈《秦边纪略》各种版本中所未及者,似是稀本。四卷本还有一点足可称道的,与此书别的版本比较,错、衍、逸字情况最少,也未发现大段脱文情节。

卢镐“宝风楼”藏抄本。卢镐,乾隆时浙江鄞县(今宁波)人,举人,官平阳教谕,工书能诗。于乾隆二十年(1755年)正月手抄此书,并作《识语》,考订“乃南丰梁份所著也”。书后归王之铭“古驩室”,现收藏于复旦大学图书馆。书分五卷,内容有《嘎尔旦传》《嘉峪关外至哈密路程》《嘉峪关至赤斤路程》,但缺《西域土地人物略》《套内山川、物产、古迹》。在现行《秦边纪略》诸版本中,卢镐抄本还是稀见的。

吴坤修《半亩园》刻本,有吴氏叙文,分六卷。书内容仅缺《嘎尔旦传》,与诸版本比较,内容相对完整。沈增植认为阁本即吴本，余嘉锡也如是说。但吴本较阁本，既卷帙篇次不同，又纪元及于乾隆，为与所有诸版本的重大差别，或为吴稷堂氏所改动者。《关中丛书·秦边纪略》铅印本，系据吴刻本重刊的，内容全同，仅多一跋文，沿袭吴叙之旧，并无新见。由于吴刻本内容较完整，编次清晰，叙述集中，比各种版本为优，所以我们整理此书，采用吴刻本为底本，分卷编次，均依其旧。

《西陲今略》抄本，附图七纸，计：西陲全图、庄浪卫图、凉州卫图、肃州卫图、靖虏卫图、宁夏卫图和延绥卫图，均甚简陋，且缺河州、西宁和甘州三卫图。据书内有"详见六卷、详见七卷"等字样；《清史稿·梁份传》有梁份撰"《西陲今略》，凡八卷"之说；又朱书撰《梁质人西陲三书序》云："质人著《今略》八卷，"则书原分八卷，今所见仅四卷，知为残本。因河套以下全缺，全书面貌，无法窥见。据吴丰培先生《西陲今略考》，抄本《西陲今略》比刻本（指吴本）《秦边纪略》缺《西域土地人物略》《蒙古四十八部落考》《嘉峪关外至哈密路程》和《嘉峪关至赤斤路程》，多《边防》《嘎尔旦传》及《夷类》诸篇。在《秦边纪略》诸版本中，抄本《西陲今略》叙事颇详，文字有点繁冗，可信原是梁份《秦边纪略》的初稿本。

按康熙三十年（1691 年）刘献廷节录梁份《西陲今略》原是未定稿，梁份一直以有些地方"身未游历，所知非真，采摭旧闻，岂无踵讹增伪，缘饰成书之病”，所以不敢自信；加上“河西时事，迩来变迁，向所乃见，今有不同”，所以认为“非今昔参观，不足以知得失，拟欲重游”[39]。康熙三十一至三十三年间(1692—1694 年)，梁份得陕西驿传道张鲁彦之助，重游秦边，遂完成十年前记述未竟之书。书成，“张鲁庵以其所著可信今传后，召梓人付之剞劂”。但张鲁彦于三十四年升安徽按察使，匆匆离陕，从同治前《秦边纪略》向无刻本来看，张鲁彦的代刻，似未竟其事[40]，但疑或有抄本传世。现从我们所看到的五种版本辨析，已知《西陲今略》为梁份初稿，《灰画集》本原出自刘献廷的节录本，卢镐抄本内容与《灰画集》本最为相近，特别是均有《嘎尔旦传》，又这两种版本“夷”统作“彝”、“宁”均作“甯”，与初稿本的《西陲今略》同。但无耐安氏、赵用熙《识语》和李培《自记》，疑卢镐抄本或出自刘献廷或姜子发抄本的滥觞。吴刻本为各种版本中内容最为完整，仅缺《嘎尔旦传》；又其编次也较集中醒目，因而疑吴刻本或可能是据自梁份再次西游后，经过一再增益的修订本。至于吴刻本没有《嘎尔旦传》，疑或为梁份本人所抽弃。因传记当是一个人生平事迹之完整的记载，而书中《嘎尔旦传》只有其初年事迹，是时嘎尔旦其人犹在，变化亦难预料。康熙二十九年(1690年)乌兰布通之役，嘎尔旦已正式与清朝为敌，梁份或有戒心，在一再增益而成之定稿中抽掉这个“一半”之传；也可能是乾隆朝向《四库全书》馆进书时因忌讳而删除的。

又按朱书所撰《梁质人西陲三书序》[41]，知梁份著有《西陲亥步》二卷,《西陲图说》四卷,《西陲今略》八卷。前二书均已逸佚不传。姜宸英《怀葛堂文集序》说:“梁子……遍历河湟四郡，以极之朔方上郡……所至各绘图，图图有说。”刘献廷节录此书未说有图,但《广阳杂记》记载有“料理秦边九卫图”一条。章学诚所撰《刘湘烇传》有“宁都梁怀葛著《秦边纪略》,有书无图,湘烇得图,以较其书,吻合,疑即梁图”。沈增植以为“湘烇所得之图,疑即继庄书中秦边九卫图”。近见《西陲今略》附有图七纸,简陋又不全,原是梁份初稿。康熙三十三年(1694年)修订的图,惜已不可得。但从上可信《秦边纪略》原附有图说的。

《秦边纪略》具有颇高的史料价值,但没有一种版本是内容完整的。至于卷帙互异,编次不一,文字互有出入,错、衍、逸字,以至颠倒顺序,脱文有达数百字者,情况不一而足。又此书多沿革考订,需要注释之处很多,全书统不分段,也无标点,或有断句,而错误百出,总之,此书是一部亟待整理的古籍。

1970年,原青海师院徐传益同志在青海乐都参加“路线教育”工作,发现“澹宁堂”所藏抄本《秦边纪略》,是从即将付之火堆中抢救保存下来的，使此书幸免于焚劫之厄运。嗣后,我们一直有整理的设想,但苦无条件。迟至1982

年国务院古籍整理出版规划小组将此书列入第一期规划之中，并将任务下达到青海省，我们欣然承担了此书的整理工作。从1983年秋后开始，几经努力，幸告竣事。水平不足，力不从心，疏漏错误，尤盼方家指正。

在搜集此书各种版本和有关资料的同时，我们有幸亲聆吴丰培先生的指教，又承中央民族学院贾敬颜先生惠借此书卢镐抄本，给了很大的帮助，谨向二位先生致谢。又此书整理过程中，蒙青海人民出版社、青海师大历史系及古籍整理研究室汤钟琰先生的鼓励和支持，并致谢意。

我们把前人和近人有关此书著者和版本等的研究文章，还有汤中的《梁质人年谱》、《清史稿·梁份传》等，附录书后，以方便读者参考。

还有必要提及的：此书吴坤修刻本，经由沈增植手自批校，并写了跋文。跋文见余嘉锡《四库提要辨证·秦边纪略》引文。沈氏一代硕学之士，尤精于西北地舆之学，我们虽尽努力，终未见到沈氏批校，迄犹引为一大憾事。

本书整理所需经费，承教育部古籍整理委员会资助。

青海师大历史系地方史志研究室

1986年仲春

注释：

[1]章学诚:《章氏遗书》卷二十六,文物出版社,1982年版。

[2][7][9][25]余嘉锡:《四库提要辨证·秦边纪略》引文,中华书局,1980年版。

[3][5] 缪荃孙:《艺风堂文集·秦边纪略跋》引文，光绪二十六年(1900年)江阴缪氏刊本。

[4][31][34]刘献庭:《广阳杂记》卷二,中华书局,1957年版。

[6][21][22][26]吴丰培:《西陲今略考》,《西北史地》,1983年第2期。

[8][35] 内藤湖南:《秦边纪略的著者》,《青海地方史志研究》,1985年第1~2期。

[10][13][16][17][18][39][40]汤中:《梁质人年谱》康熙三十一至三十三年条,《中国史学丛书》,商务印书馆,1933年版。

[11]李因笃:《续刻受祺堂文集》卷一《靖逆侯张公传》,道光十年(1830年)富平李氏刊本。

[12]姚椿:《通艺阁文集》卷五《顾处士祖禹传略》,咸丰二年(1852年)杨沈氏重编本。

[14][15]钱实甫:《清代职官年表》,中华书局,1980年版。

[19]汤中:《梁质人年谱》康熙二十一年条《熊君见可墓志铭》,《中国史学丛书》,商务印书馆,1933年版。

[20]汤中:《梁质人年谱》康熙三十三年条《答刘体元书》,《中国史学丛书》,商务印书馆,1933年版。

[23]李文田(1834—1895年),字畬光、仲约,广东顺德人。咸丰九年(1859年)进士,官至吏部侍郎。于金元故实、西北水利,靡不精

综，撰有《元秘史注》《元史地名考》《西游录注》《塞北路程考》及《和林金石录》。

[24]汤中：《梁质人年谱》康熙十二年条，《中国史学丛书》，商务印书馆，1933年版。

[27]吴坤修刻本《秦边纪略》各篇标题下注文。

[28][39]汤中：《梁质人年谱》康熙三十三年条《与熊孝感书》，《中国史学丛书》，商务印书馆，1933年版。

[29]吴坤修刻本《秦边纪略·吴叙》。

[30]汤中：《梁质人年谱》康熙十九年条，魏禧即魏叔子，《中国史学丛书》，商务印书馆，1933年版。

[32]汤中：《梁质人年谱》康熙四十二年条，《与朱字绿书》，《中国史学丛书》，商务印书馆，1933年版。

[33]汤中：《梁质人年谱·序》，《中国史学丛书》，商务印书馆，1933年版。

[36]汤中：《梁质人年谱》康熙四十五年条，《李中孚答梁质人书》，《中国史学丛书》，商务印书馆，1933年版。

[37]《论语·宪问》，《十三经注疏》，中华书局，1979年影印本。

[38]汤中：《梁质人年谱》雍正元年条，魏禧即魏叔子，《中国史学丛书》，商务印书馆，1933年版。

[41]朱书：《杜溪文集》，康熙三十九年(1700年)金陵朱氏刊本。

凡　例

一、本书诸种版本，唯吴坤修《半亩园》刻本内容比较完整，编次有条理，叙事较集中，各卷份量平衡，故采吴本为底本，编次分卷均依其旧。卷末补以所缺《嘎尔旦传》，以成此书。

二、本书原附有地图，现存各版本中，唯《西陲今略》本有附图七幅，残缺不全，过于简陋，因而改用明张雨《边政考》秦边九卫图，分别插于各卫之前，以资参考。

三、本书原无分段标点，按文义分段，并加标点。

四、本书以六种版本互勘，有此是彼误者，即据以改正；有诸本皆误者，以参照其他资料改正；两说不能判定者即予共存。有关本书历史事件的人物，加以简要注解，个别人物，因文献无征，资料不足，未加注解。校勘以①②……标出，注释以[1][2]……号标出，以示区别。

五、本书个别叙事失实之处，尽力予以注释说明。

六、本书纪年多用帝王年号，只清初时期有用干支者，在注释中以公元纪年加以说明。

七、书中对兄弟民族和农民起义的侮称，原为著者思想的糟粕部分，因本书系历史资料，概仍其旧。

八、本书校勘参照诸版本有：吴坤修《半亩园》本简称“半本”；《关中丛书·秦边纪略》简称“关本”；《灰画集·秦边纪略》简称“灰本”；“澹宁堂”藏四卷本简称“四本”；卢镐手抄本《秦边纪略》，曾由古驩室收藏，简称“古本”；《西陲今略》手抄本简称“今本”。

九、河套部分，唯《西陲今略》本有注文，因据以补足。

秦边纪略·卷一

總十二

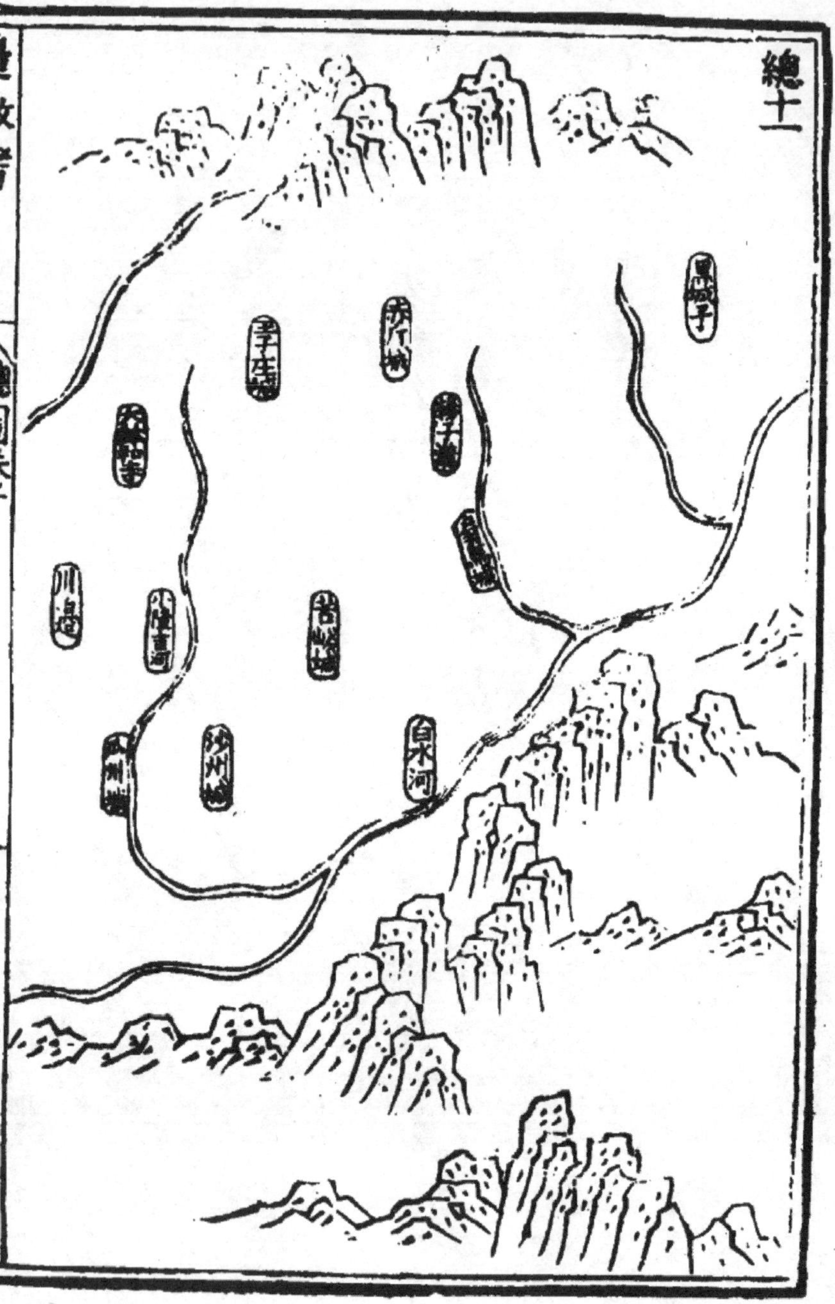

嘉峪關
肅州衛
鎮夷千戶所
臨水驛
河清驛
鹽池驛
深溝驛
北流百餘里
西流二百里
崑崙山
千山
赤賓河
九渡河
大黃河

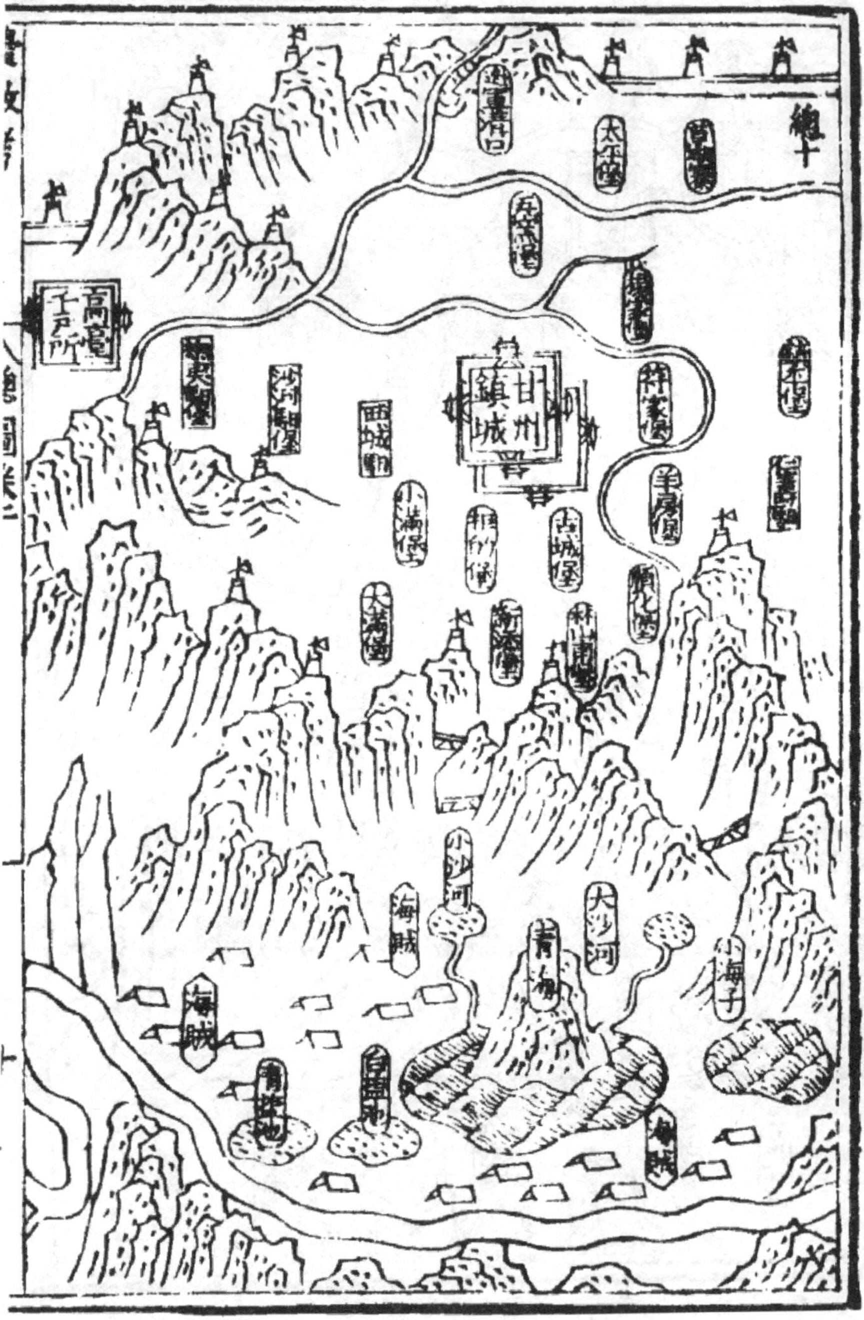
高臺千戶所
甘州鎮城
沙河驛堡
小滿堡
大滿堡
古城堡
順化堡
羊房堡
太平堡
總十
小沙河
大沙河
海賊
海賊
海賊
小海子

水磨川驛
金川堡
水泉驛
番帳
番帳
西寧橋
陶家堡
新添堡
西寧衛
西山堡
鎮海堡
伏羌堡

總九
西北堡
三岔堡
鎮番衛
少山堡
中路堡
紅山兒
九個井
永寧堡
永昌衛
河南堡
黑山驛
青松堡
上双寨
石羊堡
三岔驛
大河驛
涼州衛
懷安驛
沙河驛
八墩堡
九墩堡
永安堡
下双堡
十里鋪
磧口関
馬圈堡
新城
水泉堡

紅沙堡
六塤堡
三塤堡
紅寺兒堡
馬嘶長湖
靖邊驛
河東鋪
張益堡
土古城堡
下古城堡
樂安堡
雙塔兒
古浪所
古浪關
黑松驛
安遠站
番帳
新添堡
白馬寺
高店堡
土山子堡
卅里鋪

暗門
大通驛
大柳樹堡
馬營
巴哇族
馬軍營
何家營
大營灣
碾伯所
碾伯橋
老鴉城驛
冰溝驛
上川口堡
下川口堡
新添堡
武家堡
古鄯驛
巴州寨
洪水堡
番帳
占咂族
瞿曇寺

野狐城
大通堡
銀川驛
河州
大夏河橋
和政驛
林檎寨
火燒寨
吉家寨
保安站
清水站
番族
歸德所
麻山關

總七
金城關
蘭州
十里店
西古城
定遠驛
金縣
清水驛
十字川
渭源縣
臨洮府
岷州
洮州衛
中寨
西津驛

安定縣
會寧縣
鞏昌府
漳縣
禮縣
成縣
階州
西固城
文縣所
文縣

總六
中衛
秦安縣
寧遠縣
伏羌縣
西和縣
徽州
秦州
靜寧州
隆德縣
清水縣

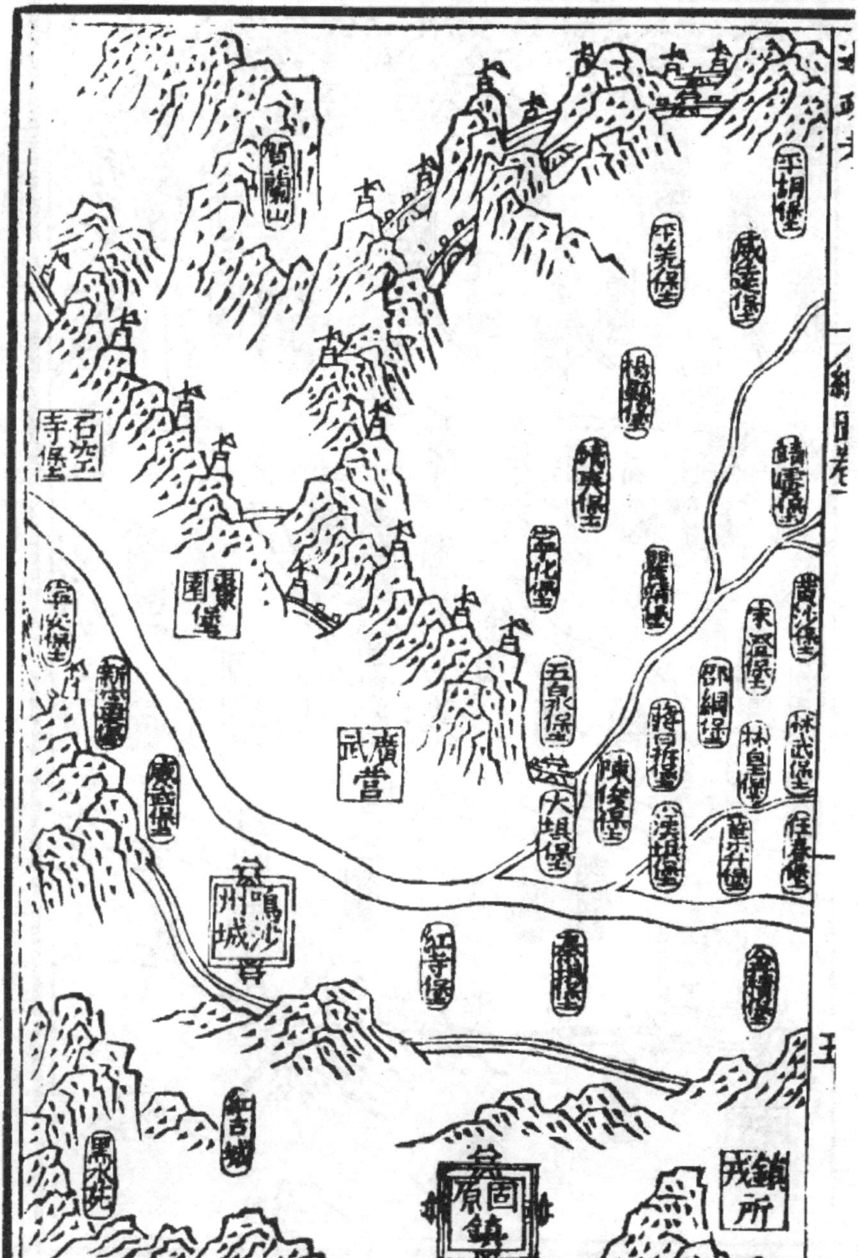
賀蘭山
平胡堡
平羌堡
威遠堡
石空寺堡
寧安堡
棗園堡
廣武營
大垻堡
陳俊堡
邵綱堡
黃沙堡
林皇堡
林武堡
任春堡
鳴沙州城
紅寺堡
黑水苑
固原鎮
鎮戍所

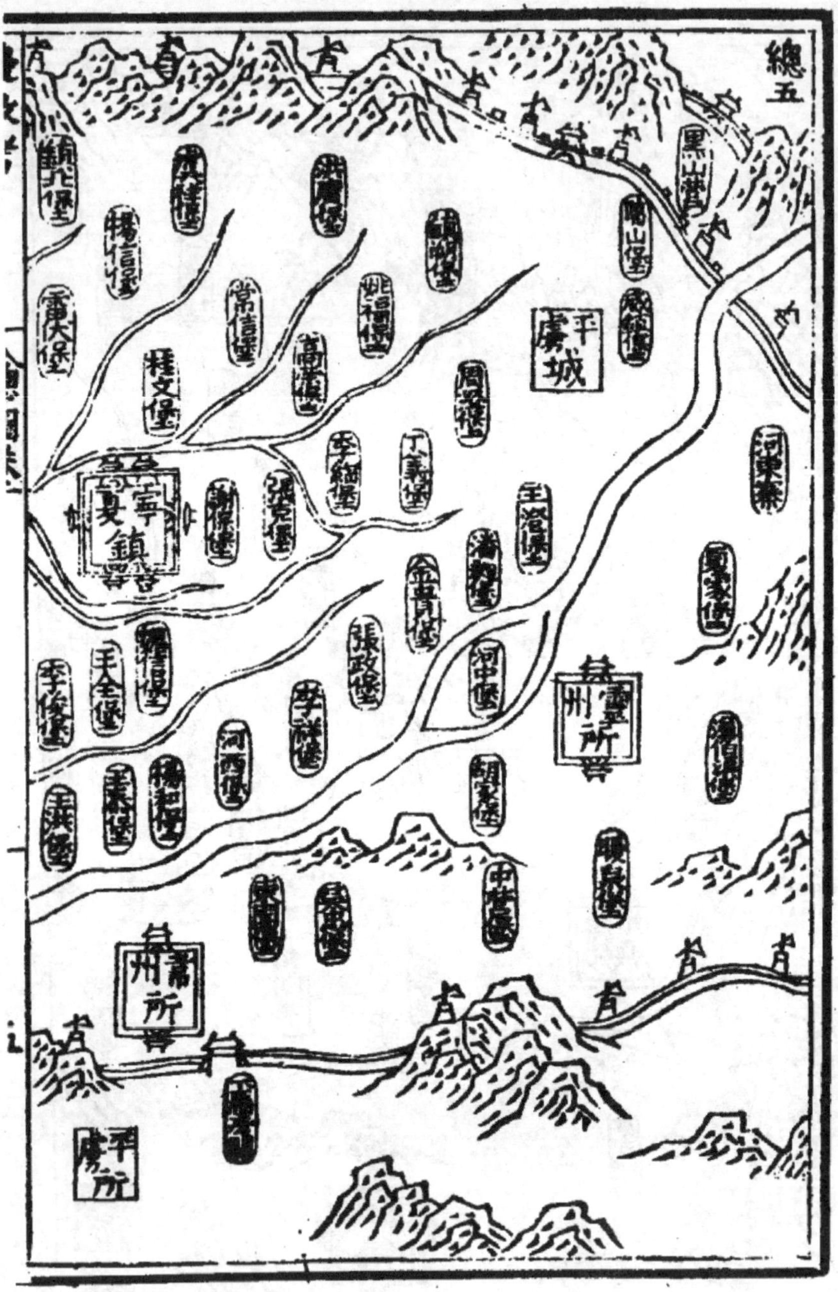
黑山營
平虜城
寧夏鎮
靈州所
平虜所
楊信堡
常信堡
桂文堡
張政堡
李祥堡
河西堡
河中堡
胡家堡
中營堡
李俊堡
王全堡
周澄堡
丁義堡
河東寨

受降城
橫城堡
紅山堡
清水營
毛卜剌堡
興武營
小沙井
大沙井驛
小鹽池
崇信縣

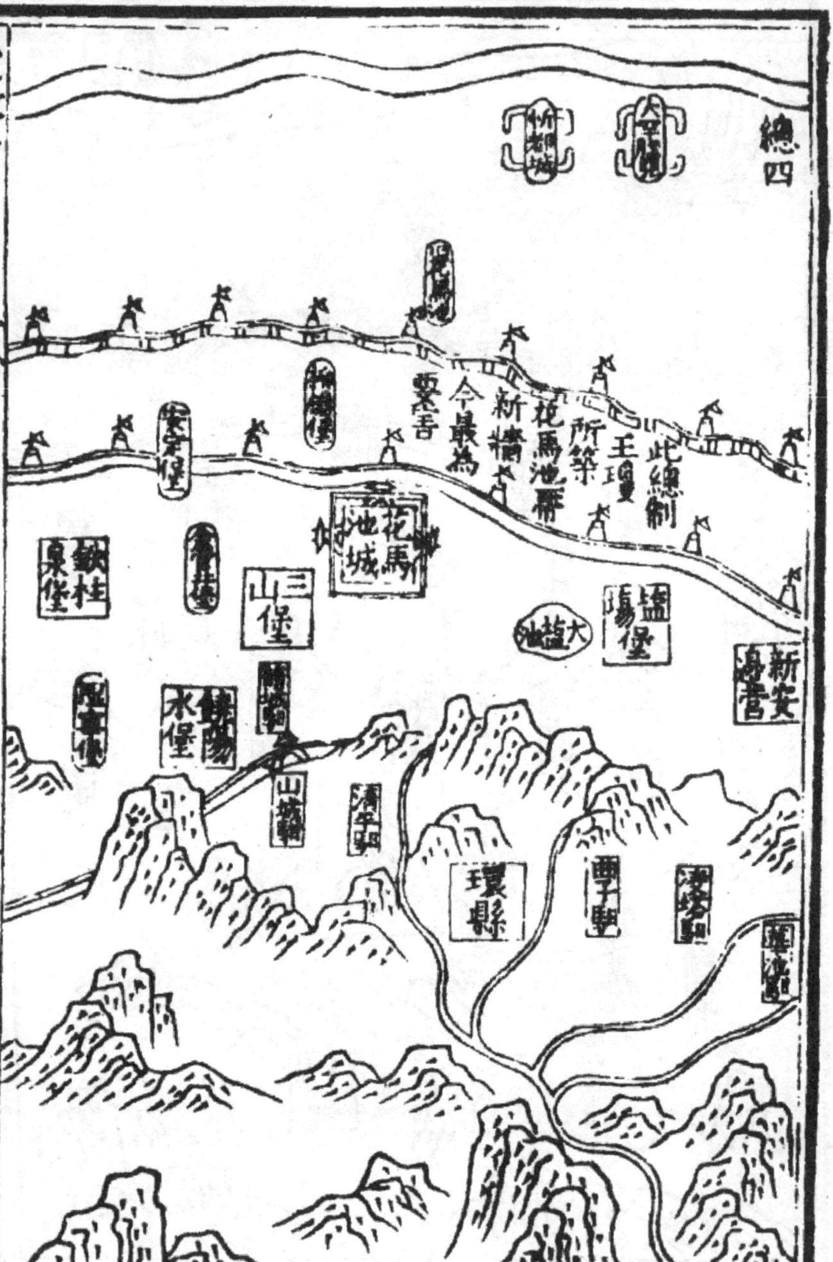
總四
此總制
王瓊
所築
花馬池界
新牆
今最為
要害
花馬
池城
三山堡
鐵柱
泉堡
饒陽
水堡
山城驛
環縣
鹽場堡
大鹽池
新安
邊營

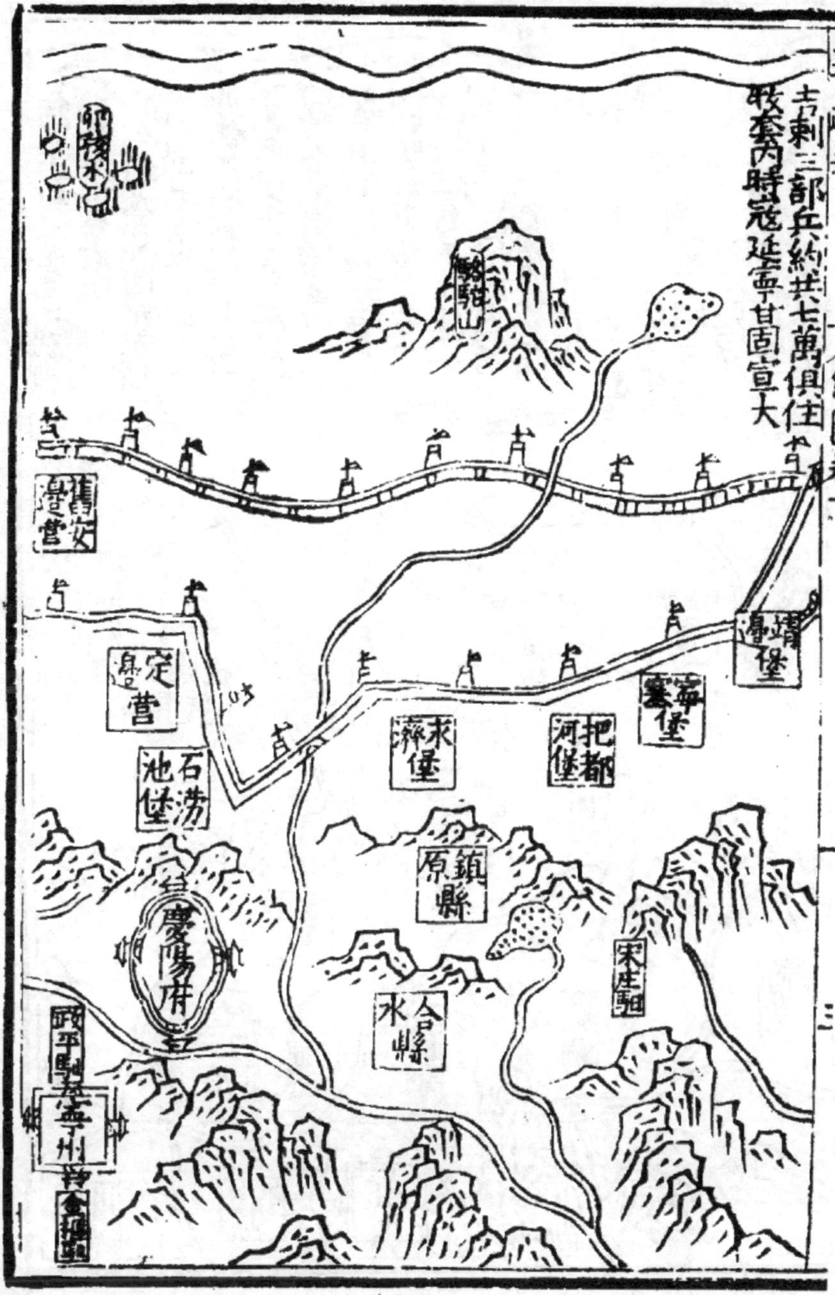

吉剌三部兵約共七萬俱住牧套內時寇延寧甘固宣大
駱駝山
舊安邊營
靖邊堡
定邊營
寧塞堡
把都河堡
永濟堡
石澇池堡
鎮原縣
慶陽府
合水縣
寧州

太師亦不剌今皆分
散各部惟哈麻嗔
一部金耳阿兒禿廝
部下為營者七舊
亦屬亦不剌今則大酋
吉囊領之合為罷營者
曰嗱合廝曰偶甚曰叭
哈思納曰打郎滿官
嗔部下為營者八
推舊屬火篩今
則大酋
俺荅阿
不孩領之
合為營六
曰多羅
土悶曰畏
兀兒曰兀
甚曰叭要
曰兀魯曰土
鎮靖堡
龍州城
清平堡
威武堡
保安縣
安塞縣
延安府
張村驛
鄜州
甘泉縣
洛川縣

此漢朔方郡即秦所
取匈奴河南地今所謂
河套也先是有北虜應
紹不阿兒禿廝滿官
嗔三部應紹不部下為營
者十曰阿速曰阿喇嗔曰合
奴郎曰哼來曰當剌兒
罕曰失保嗔曰叭兒
廝曰荒花旦曰奴毋
嗔曰塔不乃麻舊屬
花城
紅鹽池
北海子
榆林鎮
常樂堡
歸德堡
波羅堡
懷遠堡
響水堡
魚河堡
碎金驛
安定縣
米脂縣
甘谷驛
延川縣
文安驛
清澗縣
綏德州
宜川縣
延長縣

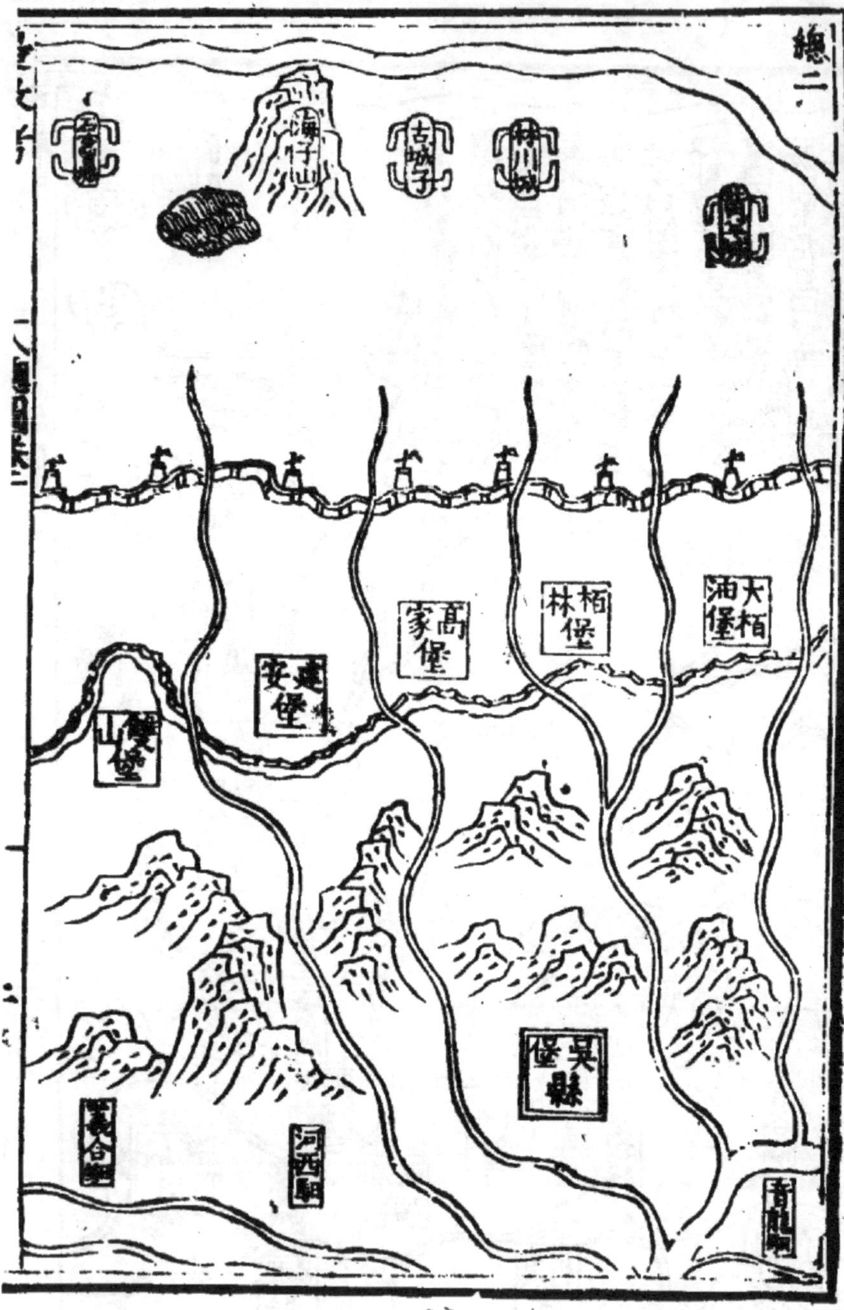
海子山
古城子
林川城
大栢油堡
栢林堡
高家堡
建安堡
雙山堡
吳縣堡
河西驛

三邊四鎮之圖
總一
此東受降城
此營有北虜亦克罕一部住牧兵約五萬大營凡五曰好陳察罕兒曰克失旦曰卜爾報東營曰阿兒西營曰把郎阿兒入寇無常
娘娘灘
東古城
金河城
永興堡
鎮羌堡
木瓜園堡
孤山堡
黃甫川堡
清水營
神木縣
府谷縣
君子津
葭州
石州
山西界
臨縣
臨縣驛

全秦边卫

今天下可患者，独西夷也。西夷之患，必始西陲。西陲当唐虞时，禹敷土所及，雍州之地，服在侯甸[1]间，况声教及流沙，靡不即叙，未尝如后世之远斥堠，阻甲兵以自守也。秦筑长城，因河为塞，起临洮达九原、上郡。而河西乃雍州故壤，夫已弃之，秦之塞亦狭小矣。汉武帝元狩二年，始于河西置武威、酒①泉二郡，元鼎六年，又置张掖、敦煌二郡，是为河西四郡[2]。至昭帝始元六年，置金城郡，是为河西五郡。且开西域，远出玉门万里外，置都护，唐亦因之，二代幅员可谓广矣。下逮于宋，举长安故塞多弃而不能守②，固不逮秦，无论汉唐③。及明兴，使耿炳文[3]收河、湟，冯胜[4]取④甘、肃，而于嘉峪关画玉斧以界华夷。其敦煌无虑数千里⑤，委之外藩，不知古玉门、阳关者安在，遑问都护长史之置⑥，然较之秦则亦过之。迄于中叶，失东胜[5]，而秦、汉、唐之沃野千余里，在河山之内，所谓河套者，公然为穹庐，历二百余年矣。

注释：

[1]侯甸：后人杜撰周代有“五服”之制，即于王畿外围，以五百里为一区划，由近及远，分为甸服、侯服、宾服、要服和荒服。实际上，

西周实行“分封制”,并不存在行政区划的制度。

[2]按《汉书·地理志》:张掖、酒泉二郡置于武帝太初元年(公元前104年);武威郡置于武帝太初四年(公元前101年);敦煌郡置于后元元年(公元前88年)。《汉书·武帝纪》:武威、酒泉二郡置于武帝元狩二年(公元前121年);张掖、敦煌二郡置于武帝元鼎六年(公元前111年)。

有学者认为:酒泉郡置于武帝元鼎六年(公元前111年);张掖郡置于元鼎六年(公元前111年),或稍晚一二年;敦煌郡置于武帝天汉三年(公元前98年)左右;武威郡置于宣帝本始二年(公元前72年)左右(张春树:《汉代河西四郡的建置年代与开拓过程的推测》,中国秦汉史研究会、兰州大学历史系1978年翻印本)。

[3]耿炳文(1334—1403年),濠(今安徽凤阳县)人。从太祖,累有战功,洪武三年(1370年)封长兴侯。十四年(1381年)从大将军徐达出塞。十八年(1385年)命元平章乃儿不花率陕西各卫军士修筑西宁城垣,又置马驿七,递所五,立演武场,建造神器局,三年竣工。永乐二年(1404年),即燕王称帝之明年被劾自杀。

[4]冯胜,定远(今安徽定远县)人。初从太祖征,屡建奇功,积功为元帅。洪武三年(1370年)从大将军徐达出西安,捣定西,破扩廓帖木儿,获士马数万,封宋国公。五年(1372年),扩廓在和林,数扰边,帝患之。命胜为征西将军,至甘肃,元将上都驴迎降。至亦集乃路(今甘肃居延海东南),守将卜颜帖木儿亦降,遂收复河西。后从傅友德征云南,道卒。

[5]东胜:明洪武四年(1371年)设卫,即今内蒙古自治区之托克托。

校勘：

①半本误“酒”为“九”。

②半、关本作“故寨多弃而不能守”，灰本作“故壤”，据四、古本改为“塞”。

③半、关、四、灰本作“无论唐汉”，据古本改为“汉唐”。

④灰本误“取”为“败”。

⑤半、关、四本作“其敦煌无论数千里”，灰本脱“无论”，据古本改为“无虑”。

⑥四本误“逴”为“边”；“史”，灰本作“吏”。

今之疆域，率由明旧，可考而知也。其地南始于阶州而河州[1]，西而西宁，折而北而庄浪，又西而凉州、甘州、肃州，东而靖虏、宁夏，及与榆林，皆边卫也。其塞则或山、或河、或长堑；其缘沿道里则六千九百里有奇；其边吏或专阃、或分符、或偏裨，荷戈之士合五万有奇，时或更张而靡定也；其人则汉人、土人，杂以黑番、回回、黄番[2]、番僧，众寡不一，要皆在疆域之中。其环于外者，则西夷。西夷所环，始河、湟尽宁夏。盖河州之南，阻蜀山；宁夏之东，限河套也。考西夷之杂错西陲者，部落数十种，而数十年间，受羁縻不敢大肆凭陵者。种类区分，力敌而势均，内惧相兼①，而谋不协，无有能②统属之者，是以苟安于无事。今且有③如冒顿[3]者，强兵习战，东讨西征，击月氏、楼兰、乌孙等④数十国，控弦之士数十万，错杂塞下之夷，率皆顿首称臣，望风从命，呜呼可惧也已！夫远有冒顿之祸⑤，近有门庭之寇，苟，任捍御者狃于无事，不免棘门、灞上[4]之不戒，则西陲之忧曷有已哉！

注释：

[1]阶州：唐昭宗景福元年(892年)，改武州置，治皋兰镇(今甘肃武都县东)。至宋元，分属秦凤路和巩昌府。明洪武四年(1371年)，降为县，十年复为州。清雍正六年(1728年)，直隶陕西省。民国二年(1913年)，改阶州为武都县。

河州：前凉分凉州东部六郡置，以州界近积石山，取《禹贡》"导河积石"之义为名，治枹罕县(今甘肃临夏市)。至宋元，分属秦凤路和河州路；入明，先后设卫、府、州；入清，先并卫入州，又改属兰州府。民国二年(1913年)，改河州为导河县。

[2]番人，主要是宋明人对西部少数民族的泛称。"黑番"一般指藏族，"黄番"一般指裕固族。

[3]冒顿(公元前234—公元前174年)，为匈奴单于。他杀父头曼单于自立，又灭东胡，征楼烦，困汉高祖刘邦于白登，充分展现了他的雄才大略。死后，由儿子稽粥继位，是为老上单于。

[4]棘门，原为秦宫门，在今陕西咸阳东北。汉文帝后元六年(公元前158年)，遣徐厉守棘门，以防匈奴。

灞上，在今西安东，即白鹿原。这里既是当年刘邦与项羽大军对峙之处，又是汉代防备匈奴由东西来、拱卫京师的门户。

校勘：

①半、关、四、古本作“内惧相兼”，灰本作“相并兼”。

②灰本作“无能有”。

③半、关、四、古本作“今且有”，灰本作“今设有”。

④灰本误“乌孙”为“乌县”，灰、古本脱“等”。

⑤半、关、四本作“夫远有冒顿之祸”，灰、古本作“夫远有冒顿之强”。

小沙河
大沙河
西海子山
小海子
青鹽池
白鹽池
達帳
崑崙山
千山
九渡水
暖泉
星宿海
番族
番族

上川口堡
巴州堡
下川口堡
古鄯堡
西寧衛界
米灵寺
弘化寺堡
歸德千戶所
長寧驛
雪山
小峪關
積石關
甘草坪寨
下川寨
小寨
番族
清水站
討来站
三岔站
紅土坡寨
保安站
史家寨
番族

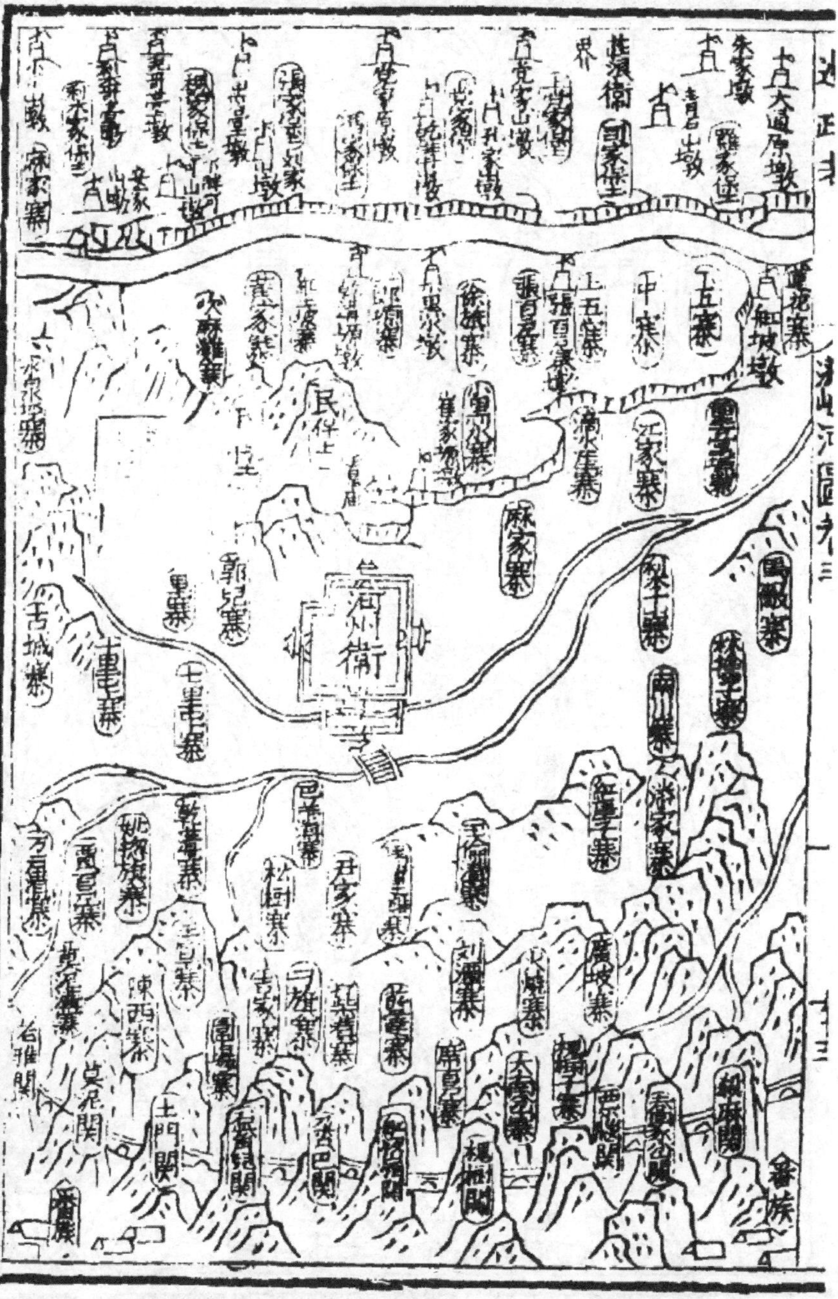
河州衛
郭兒寨
七里寨
古城寨
麻家寨
中寨
五寨
界
松樹寨
廣坡寨
土門關
槐樹關
番族

天通河驛
定羌驛遞
白馬墩
定羌關
蓮花山寨
老寨
鎖南巴寨
和政驛
鎮邊墩
俺龍關
麻山關
洮河界
積石關
雪山
雪山
番族
番族

番族
大台墩
八角上寨
八角堡
八角閴
八角下寨
八角墩
乱石堡
大山嶺關
乱石墩
甘青寨
大嶺墩
羊撒關
羊撒寨
洮州衛
火焰墩
火焰寨
六十墩
石嶺關
石嶺墩
驛房堡
馮娘寨
王懐寨
高嶺墩
烟通山墩
紅土坡墩
黄胡子墩
黄胡子堡
楊泉堡
楊泉墩
楊泉寨
李剛寨
白土寨
着泥寨
刘旗寨
番族

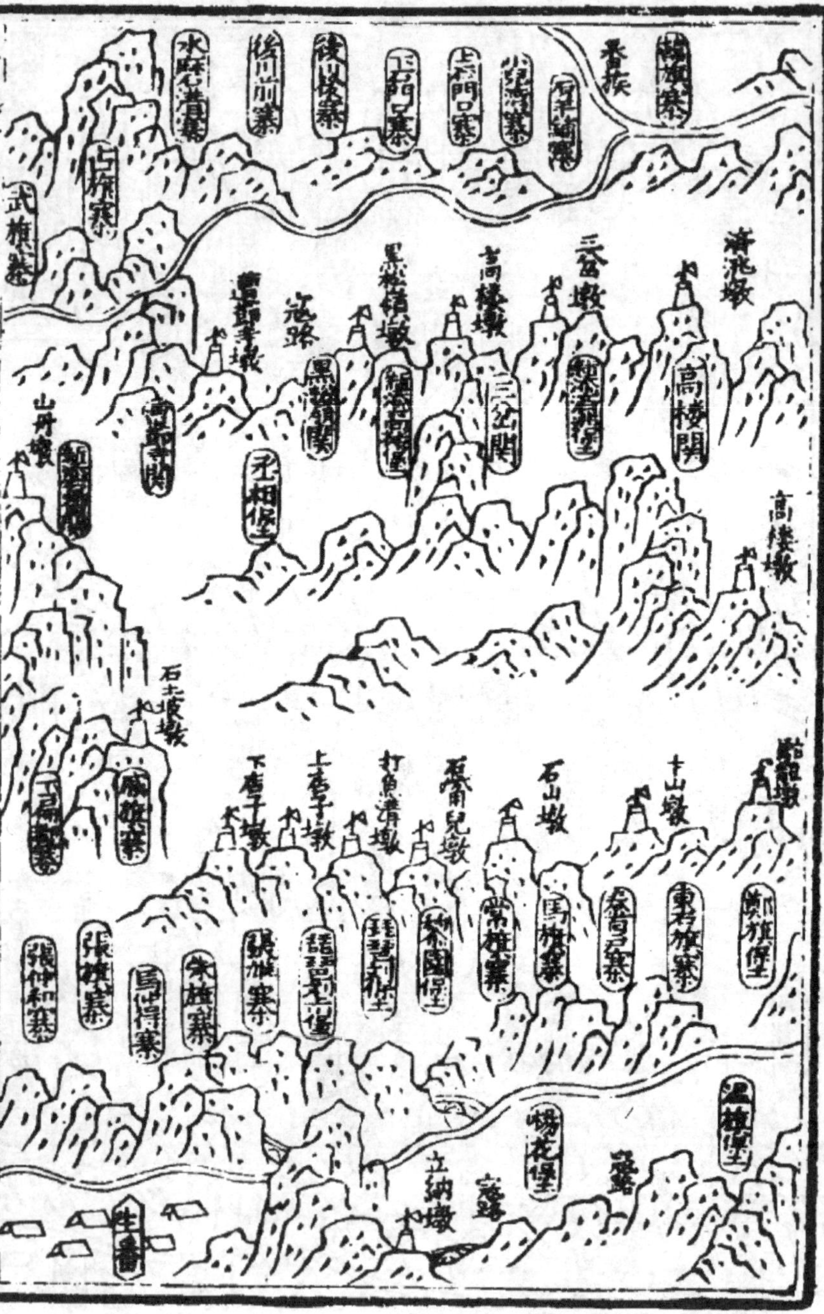
番族
後川前寨
上石門口寨
占旗寨
武旗寨
三岔墩
高樓墩
黑松嶺墩
岔路
高樓關
三岔關
黑松嶺關
高樓墩
石土坡墩
下套子墩
上套子墩
石山墩
張仲和寨
張旗寨
馬得寨
朱旗寨
常旗寨
馬旗寨
立納墩
生番
岔路

生番
洮岷界
把截墩
高石墨墩
鎮番墩
三分寨
番兒寨
中寨
甘寨
番帳
番族
生番

酒店子驛
中寨
崇教寺
平林寨
生番
生番
生番
生番

洮岷河圖

石關兒墩
疊縣界
番帳
番帳
番帳
番帳
皂郊山墩
皂郊山寨
申都寨
紅崖寨
階州界
何家寨
柏楊林寨
高樓寨
泉川寨
五宗山墩
宕昌驛
新城子寨
臨江鋪
西固界
番帳
番帳

河　州(卫)

河州，晋所名也。汉曰大夏，隋曰枹罕，唐曰安乡①，宋曰宁河，明因晋而名之。盖黄河入中国，始于河州，禹之导河积石是也。卫，古西羌地。汉为大夏，属金城、陇西二郡。晋为河州，亦曰枹罕县。隋初为河州，寻改枹罕郡。唐为安乡郡，又曰安昌县。宋曰宁河州，亦曰枹罕县②。今州西有枹罕古城，州南六十里有宁河城。明洪武初，邓愈[1]收复河州，洪武五年置河州府，十二年置河州卫，属临洮府，今因之。

黄河发源于星宿海，绕昆仑，远流入中国。先河州，次兰州，又次靖虏[2]，至宁夏，绕河套③，折而东南入榆林黄甫川，出套，经秦、晋、豫、齐、鲁、淮而入于海。积石，即今积石关，在卫西一百三十里，汉宣帝置河关县，隋置河关郡，宋积石军驻其地，称积石城焉。

注释：

[1]邓愈，凤阳虹县(今安徽泗县)人。元末，起兵应明太祖，累有战功。洪武三年(1370年)，从大将军徐达出定西，败扩廓帖木儿。分兵进克河州，招抚吐蕃诸酋长。洪武九年(1376年)，愈于兰州移置古浮桥于城西约十里处，以通河西和西宁，迄今犹存浮桥铁柱一根，重数吨，长丈余，上有："洪武九年……总兵官卫国公建斯柱于浮桥之南。"

[2]靖虏：明英宗正统二年(1437年)，设靖虏卫(今甘肃靖远

县），次年筑卫城。

校勘：

①半、关本作"唐曰安卿"。据四、灰、古本改为"安乡"。

②半、关本作"宋曰宁河州，亦曰枹罕"，据四、灰、古本，在"枹罕"下脱"县"。

③半、关本作"至宁夏，统河州"，据四、灰、古本，"统"改为"绕"，"州"改为"套"。

河州虽亦边地，杂于西羌，然自有郡县以来，未尝沦于夷者，何也？河州东有临洮之倚①，北有兰、庄②之厄，南有洮州之塞，西有西宁之环，四塞内地，独以一隅临边，非如他卫孤悬斗立者比也。卫，本羌地，今之生番、熟番[1]皆西羌种类也。临洮府在卫东北一百九十里。庄浪卫在卫西北，由喇嘛川[2]黄河下渡③四百里。兰州在北，由洮河黎子山一百八十里。洮州在南，由和政驿[3]二百八十里④。西宁卫在西⑤，河州通西宁有二道⑥：由冰凌寺[4]⑦渡黄河，经古鄯、川口⑧四百六十里；由积石黄河上渡，经巴煖三川⑨、瞿昙寺⑩四百五十里。卫西南一隅通河曲，河曲本在黄河内，明正德间，夷人据之，以至于今。且不特地利也。

注释：

[1]对西北少数民族的一种称谓，明朝有生、熟之分。一般说来，与明朝关系密切者，即"熟番"；又视之为臣属于自己的番族，所

以，“熟番”即“属番”。而那些距离明朝边卫较远，与明朝关系松散者，即“生番”。

[2]喇嘛川，即今甘肃东乡河滩镇，因明代为藏族所居而得名。

[3]和政驿，设于明嘉靖十年(1531 年)，民国十八年(1929 年)改设和政县(今属甘肃)。

[4]冰凌寺，即今甘肃永靖炳灵寺石窟。始凿于西晋，称唐述窟，唐代谓之龙兴寺，宋人谓之灵岩寺。明初永乐间，始称“炳灵”，系藏语“仙巴炳灵”之省称，含义是“千佛”。

校勘：

①半、关本作“河州东有临洮之府”，据四、灰、古本“府”改为“倚”。

②半、关、四本作“北有兰庄”，古、灰本作“庄兰”。

③半、关本作“由喇嘛川黄河西渡四百里”，据四、灰、古本及《甘肃地图集》改为“下渡”。

④灰本误“和政驿”为“政和驿”。

⑤半、关本作“宁夏卫在西”，据四、灰、古本“宁夏”改为“西宁”。

⑥据灰本增补“河州通西宁有二道”。

⑦半、关本作“永陵寺”，据四、灰、古本改为“冰凌寺”。今名炳灵寺。

⑧灰本误“川口”为“州口”。

⑨灰本误“巴煖三川”为“煖巴三川”。

⑩半、关本作“翟昙寺”，据四、灰、古本“翟”改为“瞿”。

卫之兵虽少,其民甚强,其土人甚盛。其熟番皆辖于土官,其黄衣僧皆听命于国师[1]。其弓矢殳矛,比屋皆有,无事则耕牧为主,有事则相为守助。其马则蕃庶,羌人畜牧尤多。明制,立茶马司于是①。其土地所生,有麦、有糜、有豆、有青稞,且移粟以资湟中。然则四境之内,襟山带河,兵食足矣。虽亦临边,可谓内地,宜乎不沦于夷也。卫,今设副戎一,又起台堡、保安堡、归德堡守备三。土人或云②:其先世夷人,居中土已久,服食男女与中国无别,且久与汉人连姻,与汉人言,则操汉人音③,又能通羌夷语④,其实心为汉,非羌夷所可及云⑤。西宁、庄浪者亦然。卫西番二十四族,皆辖于苏、韩、哈、王⑥四土官[2]。黄衣僧即番人之为僧者,衣帽皆黄。卫,番僧甚多,所在动以千计。寺⑦有一国师,皆袭封,其最尊者有金印。盖洪武⑧间,因番僧公哥⑨监藏巴⑩藏卜⑪等入贡,于是赐诏封圆智妙觉弘教大国师,使其统治僧民。卫,出马特多⑫,由⑬土人、熟番、回回、生番俱以孳牧为业。按洪武七年(公元1374年)立茶马司于河州⑭。弘治间,杨一清[3]言:唐时回纥入贡,即以茶易马⑮。宋熙宁间行之,所谓采山之产,易厩之良,无害而有利者也。我朝纳马谓之“差发”,如田之有赋,身之有庸,非虐使于番。因纳马而酬茶,体尊名顺,非互市交易之比。且西番为中国藩篱,其人本非我之孝子顺孙,徒以资茶于我,绝之则死,故俯首服从,此制番之上策,前代略之,而我朝独得之者也。顷自金牌制废,而私贩盛行,失利已久⑯,岂徒边方乏骑乘之用?将来彼番无资于我⑰,跳梁自恣,将生意外之忧,撤藩篱之固⑱,甚非计也。今茶马互市亦同⑲于昔。官茶易马,每拣头⑳八封茶十二,易皇马一骑;拣头六封茶八,易营马一骑;拣头四封茶六,易驲马一骑云㉑。卫,虽不产稻,而麦、豆、杂粮随地皆有,囤粮多至二万六百八十石,可以知之矣。麦、豆、杂粮辇载驴驮,以往西宁者,不绝于路。卫治,西至黄河四十里,北至黄河八十里。

注释:

[1]国师:明代于藏区设僧官制度。僧官分法王、西天佛、大国师、国师、禅师、都纲、喇嘛等级。法王是最高僧侣,奉明政府之封授,行使地方统治权力。但法王无任命下级僧官之权力,法王以下各级僧官皆由明中央政府任免。

[2]苏、韩、哈、王四土官:据《河州志》卷六王全臣《土司条议》:沙马族土司苏成威,乩藏族土司王镇海,均有部札号纸。据《循化志》:撒拉族土司韩宝元,于洪武三年(1370年)授世袭昭信校尉管军百户职衔。哈土司不详。

[3]杨一清(1454—1530年),字应宁,原云南安宁人,后移居巴陵。成化进士,曾以副使督学陕西,究边事甚悉。弘治间,擢都察院左副都御史,督理陕西马政,旋改陕西巡抚。正德初,总制延绥、宁夏、甘肃三镇军务,建议修边,帝可其议,使之筑墙。而刘瑾憾一清不附己,一清遂引疾归,其成者仅要害四十里。安化王寘鐇反,诏起一清总制军务,中官张永监其军,既平反,与永策划诛刘瑾。嘉靖八年(1529年),以兵部尚书总制陕西三边军务,亦不剌窜西海,为西宁洮河害,一清主剿。后以朝中党争落职,寻疽发背死。

校勘:

①半、关、四、古本作"明置立茶马司于是",据灰本"置"改为

“制”。

②半、关本作“人或云”，据四、灰、古本改为“土人或云”。

③半、关、四本作“则操汉人音”，灰、古本脱“人”。

④半、关本作“又能通羌人语”，据四、灰、古本改为“又能通羌夷语”。

⑤半、关本作“非羌夷所可及云”，四、灰、古本作“非西羌所可及云”。

⑥灰本误“王”为“玉”。

⑦四本误“寺”为“者”。

⑧灰本误“洪武”为“弘武”。

⑨灰本误“公哥”为“公奇”。

⑩灰本误“藏巴”为“藏已”。

⑪关本误“藏卜”为“藏人”。

⑫半、关本作“卫出马特多”，四、灰、古本脱“出”。

⑬半、关本作“有土人、熟番……”，据四、灰、古本“有”改为“由”。

⑭半、关、四、灰本作“立茶马于河州”，古本脱“司”。

⑮半本作“以茶为马”，据其余诸本改为“以茶易马”。

⑯半、关、四、灰本作“失利已久”，古本误“利”为“制”。

⑰半、关、四本作“将来番无资于我”，据古、灰本增“彼”。

⑱半、关本作“彻藩篱之固”，据四、灰、古本改为“撤”。

⑲灰本误“同”为“用”。

⑳灰本误“拣头”为“头拣”。

㉑灰本脱“骑云”二字。

河州在昔至今不沦于夷，而明中叶以来，乃有窃据一隅，观变而动者，咸胁从我属番①，杀掠我兵民，焚烧我积聚，要盟我城下，往往有之，何也？武宗正德四年[1]，火落赤据捏工川[2]，常犯河州。真相据莽剌川[3]，亦犯河州。今西夷达尔加②住牧捏工川及南岔滩，部落三十有奇③。康熙十四年，围卫城一月。康熙二十二年，又犯卫地。

注释：

[1]按《明史》卷327《鞑靼传》：万历十五年（1587年），火落赤据捏工川，真相据莽剌川。

[2]火落赤：系俺答之从孙。明神宗万历七年（1579年），初居青海湖附近，万历十五年（1587年），移驻捏工川（今青海省贵德县境），屡犯甘、凉、洮、岷、西宁间，劫掠无止。万历十八年（1590年），郑洛率师进驻西宁，招抚依附蒙古之藏民，孤立火落赤等部。万历十九年（1591年）郑洛分兵征讨，火落赤败走乌斯藏。

[3]真相：丙兔之子，俺答之孙。丙兔死，移驻莽剌川（今青海贵南县境），经常四出劫掠，万历十九年（1591年）为郑洛所败，不知所终。

校勘：

①半、关、四本作“咸胁从我属番”，灰、古本“咸”作“或”，又灰本脱“我”。

②半、关本作“达达尔加”，据四、灰、古本改为“达尔加”。

③灰、古本误为“三千有奇”。

西南有二十四关，关之外有瓯脱[1]之地，名“河曲”焉，亦谓之“九曲”之地，是所谓小河套是也。虽在河内，千里间地无居人。近有起台，远有保安[2]，尤远有归德[3]，缮堡屯兵于其中，曾沧海一粟之不若，宜夷之盘据滋蔓于河曲，而为我河州患也。麻山关、安龙关、大马家滩关、小马家滩关、鸦塘关、斗石关、思巴思关、杀马关、乔家岔关①、西儿关②、槐树关、闪半岭关③、土门关、朵只巴关、牟尼关④、老鸦关、癿藏关⑤、崔家关、石咀关、樊家关、五台关、积石关、红崖关、大峡口关⑥，今所谓二十四关也。关皆山险，林木茂密。关之东则河州内地，关之西则小河套，即九曲之地，亦曰河曲。盖黄河曲折傍岸之总名也。起台堡在卫西二百里，保安堡在卫西六百七十里⑦，归德堡在卫西一千二百里，三堡皆在河曲地。各堡仅一守备⑧，其兵民俱非汉人，乃土人也。三堡之兵分地侦探，此旧制也。

注释：

[1]瓯脱：一作“区脱”，系匈奴语，原本为屯戍、守望的土室，泛称边界之地。

[2]保安，即今青海同仁县保安古城。

[3]归德，即今青海贵德古城。

校勘：

①半、关、四本作“乔家乂关”。据《河州志》卷一《河州山川图》及《边政考》卷三《洮岷河图》改为“乔家岔关”。

②半、关、四本作“西关”。据《河州志》卷一《河州山川图》及《边政考》卷三《洮岷河图》改为“西儿关”。

③半、关、四本作“闪半岭关”，灰、古本作“闩半岭关”，《河州志》卷一《河州山川图》作“船板关”，《边政考》卷三《洮岷河图》作“船板岭关”。

④半、关本作“牟花关”。据四、灰、古本改为“牟尼关”。

⑤诸本作“别藏关”。《河州志》卷一《河州山川图》作“乩藏关”。

⑥半、关、四本所谓二十四关，均为二十三关。灰、古本为二十四关，内有“思氾关”。《河州志》卷一《河州山川图》无“思氾关”，但有“大峡口关”。

⑦半、关、四本作“起台堡在卫西二百里”，灰、古本误为“二十里”。又四本误“保安堡”为“堡安堡”。

⑧半、关本作“各堡仅以守备”。据四、灰、古本改为“仅一”。

夫西南之间，内有二十四关，以为扼塞，而犹有夷患者，何也[①]？盖二十四关，崇山峻岭，茂木深林，蹊径狭隘，有山川之险矣。关东二十四族之番，杂土人、回回而居，有民人之众矣。苟相地而置兵，因形而乘障，夷固不能以飞越，灼灼明矣。今河州起台之兵，画壤分守之，一关之间寥寥数人焉。民虽强不可以胜战[②]，地虽险不可以无兵，乃经画之疎，顾至于此，是犹使三尺之童当户，而捍虎狼之入也，岂可得哉？二十四族熟番[1]专事中马[2]③，每族有土官为长，以统束之。二十四关自麻山而西，北至石咀④，皆河州之兵防守，自老鸦而北，皆起台之兵防守。

注释：

[1]二十四族熟番：据《河州志》卷二，中马番族有：珍珠族、洪化族、灵藏族、乩藏族、沙马族、葱滩族、老鸦族、撒拉族、牙塘族、川撒族、打剌族、向化族、古都族、巴咱族、红崖族、端言族、回回族、迭古族、仰化族等十九族，余五族不详。

[2]中马：依“中盐”例，中马之“中”，亦当为折中之意。在交换关系上即是折算合适的价格，等价交换之意。宋朝，商人输粮京师或塞下，优其价而给以盐引，在淮、浙、荆、湖产盐地领盐，谓之“中盐”。至明代，商人输茶塞下，官给盐引，而以茶交换少数民族马匹，以充国用，兼以抚边，谓之“中茶”“中马”。

校勘：

①诸本作“而犹有夷患者何也”，灰本误“而”为“面”。

②半、关本作“民虽强不可以胜战”，四、灰、古本作“不可以任战”。

③半、关本作“二十四族熟番专事牧马”，据四、灰、古本改为“中马”。

④关本作“自麻山而西，此至石咀”，据诸本“此”改为“北”。

二十四关外，虽千里空虚地，然有起台、保安、归德三堡，而夷犹盘据蔓延者，何耶？淮南王曰：“非强不能服，非威不能制。”当明初兴，邓愈诏谕河州，虽绝远如朵甘思、乌斯藏咸慕义来归，况疆域之中如河曲者乎！夷不敢居河曲，则设官置戍于三堡，不过远为侦候耳。及其衰也，亦卜喇[1]据青海，而火落赤①、真相遂分据捏工川②、莽剌川，骚动河州，迄无宁岁，何有于三堡，三堡获于瓦全，幸矣！责炉灰以障滔天之水，当无若是之苛也。明洪武三年③，左副将军邓愈④追元豫王[2]至西黄河，诏谕河州土番诸国。元帅⑤何锁南普[3]、化儿只江来⑥、卜纳剌等，皆纳印请降，于是河州以西朵甘思、乌斯藏等部来降。以指挥韦正守河州，其时城邑空虚⑦、人骨山积，韦正日夜抚循军民，河州遂为乐土云。(朵甘思、乌斯藏俱详于后)。

河曲之地，汉时本西羌烧当、迷唐、钟存等所居。明正德间，夷人火落赤据捏工川，真相据莽剌川⑧，其时亦卜喇已据西宁之青海，相为犄角，侵暴河湟云[4]。(亦卜喇详后四卫中)。

按：捏工川在卫西南八百三十里⑨，莽剌川在卫西南九百二十里，皆河曲地也。火落赤、真相等窃据既久，侵犯频仍。陕西巡抚田乐[5]于神宗万历二十三年，调兵青海⑩，一败之于西宁之大小康缠，再败之于卫之绰逊河口。于是部落散亡，逃于河脑之西⑪，火落赤奔乌斯藏⑫，真相不知所终，而青海四卫间，惟卜儿孩[6]一部落为独盛。久之，使其子居河曲，今住牧河曲之达尔加黄台吉[7]，乃卜儿孩之孙云。

注释：

[1]亦卜喇：原为察哈尔部太师，明正德四年(1509 年)，起兵反抗达延汗，并杀死其长子，旋遭失败。五年(1510 年)，率残部移至青海湖沿岸，奴役吐蕃人民，并不断向甘肃、青海交界地区及西宁近郊攻掠，明边将无力抵御。九年(1514 年)，明派三边总制彭泽统兵向其进击，亦卜喇率众渡黄河，走河州，又转往乌斯藏。不久彭泽回师，亦卜喇复返青海湖地区，西宁又屡遭劫掠。直至嘉靖十二年(1533 年)，吉囊率众入青海，突击之，亦卜喇失众大半，其患始息。

[2]豫王：阿(剌)忒(思)纳失里，元文宗天历元年(1328 年)封。

[3]何锁南普，幼好习弓马。元末任吐蕃等处宣慰使。洪武三年(1370年)，邓愈领大军至境，南普率众归附，太祖嘉其诚。四年(1371 年)，设河州卫，钦授世袭河州指挥同知，赐姓何氏。

[4]据《明史·鞑靼传》：亦卜剌于明正德五年(1510 年)移据青海湖附近地区；明万历七年(1579 年)，火落赤随俺答入青海，其间相距六十九年，不可能“相为犄角，侵暴河湟”。

[5]田乐，今河北任邱人。初，任凉州永昌兵备道。郑洛还朝，乃命乐巡抚甘肃。万历二十三年(1595年)，先潜师捣覆青把都于北，又南联合诸番以击永邵卜，继又与剌卜尔番寨于康缠大败真相、火落赤部，为明代二百年海疆仅见之奇捷也。

[6]卜儿孩为小王子之另一部属，于明正德六年(1511 年)，因内讧奔据青海，屡扰西北边境。十二年(1517 年)，吉囊率五万骑渡黄河西进，大破卜儿孩等部，卜儿孩仅能敛众自保，于是边患稍息。

[7]台吉：蒙古贵族封爵名，位次辅国公，分一至四等，约当于

一至四品官。

校勘：

①诸本作“火落赤”，古本脱“火”。

②诸本作“捏工川”，灰本脱“川”。

③诸本作“明洪武三年”，古本误为“二年”。

④诸本作“左副将军邓愈”，灰本误“左”为“右”。

⑤诸本作“元帅”，灰本作“元将”。

⑥诸本作“化儿只江来”，灰本误为“化儿只江未”。

⑦半、关本作“其时城已空虚”，据四、灰、古本“已”改为“邑”。

⑧诸本作“火落赤据捏工川，真相据莽剌川”，古本脱“捏工川真相据”六字。

⑨半、关、四本作“八百三十里”，灰、古本为“八百二十里”。

⑩半、关、四本作“调兵青海”，灰、古本脱“调兵”，又误“青海”为“清海”。

⑪半、关本作“逃于河脑之西”，四、灰、古本作“海脑”。

⑫半、关本作“火落赤莽乌斯藏”，据四、灰、古本“莽”改为“奔”。

河曲之间如是，乃以三堡有用之兵，置之无用之地，不委而去之，何也？夫杨矩[1]弃九曲地，悔不可追。曹凤[2]请广设屯田，隔羌夷之路，殖谷富边①，省转输之役。考之于古，弃之不可也。唐杨矩任九曲之地，尽与土番，土番就之，以广畜牧，侵犯内地，矩悔惧自杀。曹凤曰：“烧当居大、小榆谷②，土地肥美，又

近塞内，南得钟存以广其众，北阻大河因以为固，又有西海鱼盐之利，缘山滨海③，以广田畜，故能④强大。宜复建西海郡县，规固二榆⑤，广设屯田，隔塞羌夷交关之路。”于是，和帝拜凤为金城西部都尉⑥，开田二十七部，夹河于建威相首尾云。

注释：

[1]杨矩，唐玄宗时为左卫大将军，奉诏持节送金城公主至吐蕃，因拜矩鄯州都督。吐蕃厚饷矩，请河西九曲（今青海黄南州地）为公主汤沐，矩意与其地。九曲者，水甘草良，宜畜牧，近与唐接。开元二年（714年），吐蕃坌（岔）达延将兵十万从九曲进扰临洮，入兰、渭，掠监马。杨矩惧，仰药自杀。

[2]曹凤，隃麋（今陕西汧阳县）人。东汉和帝永元十三年（101年），西海及大、小榆谷无羌患。凤因奏请：“建复西海郡县，规固二榆，广设屯田，隔塞羌胡交关之路，遏绝狂狡窥欲之源。又殖谷富边，省委输之役，国家可以无西方之忧。”于是拜凤为金城西部都尉，将徙士屯龙耆（今青海省海晏县境）。

校勘：

①半、关、灰本作“殖谷富边”，四本作“植谷富边”，古本误为“值”。

②半、关本作“烧当居大小汉榆谷”，据四、灰、古本衍“汉”字。

③半、关、四本作“缘山滨海”，灰、古本作“缘山滨水”。

④古本误“能”为“复”。

⑤半、关、四、灰本作“规固二榆”，古本作“规图二榆”。

⑥半、关本作“拜凤为金城西郡都尉”，据四、灰、古本改“郡”为“部”，又古本在“金城”之上多“西”字。

河曲不宜弃，然自明以来，不筑城障列亭以守，何也？夫河曲与延绥之河套，皆在黄河内者。河曲千里间①，空虚无际，不若河套三面环河也；自古无城郭，不若河套之多州县也；山谷沮洳，不若河套之平衍也；荒芜既久，土瘠沙深，不若河套之膏沃也；僻在一隅，不若河套之当西北冲，而介于秦晋也。轻重难易，不待智者知之。河套可守，固已弃之，而何有于河曲不毛之地，虽欲守之，其谁守之？河套在宁夏之东，榆林之北，其地自秦汉以来皆郡县。其土地肥美，大宜耕种。明武宗正德间，渐为夷据，及王祯②、余子俊[1]筑榆林边[2]，遂弃之于夷（详后近疆中）。

注释：

[1]余子俊（1429—1489年），字士英，青神（今属四川）人。明景泰进士，成化初擢为延绥巡抚。八年（1472年），奏准筑延、庆间边墙，东起清水营，西止花马池，延袤一千七百七十里，凿崖筑墙，掘堑其下，连比不绝。墙之内悉分屯田，岁得粮六万石有奇。十二年（1476年）移抚陕西，后总督大同、宣府军务。明弘治二年（1489年）卒。

[2]成化七年（1471年），设榆林卫，又移延绥镇，遂有榆林镇之称。王祯、余子俊所筑，即榆林沿边长城。

校勘：

①诸本作"河曲千里间"，灰本误"里"为"回"。

②半、关本作"王侦"，灰本作"王桢"，据四、古本及《明史》改为"王祯"。

弃之不可，守之无功，何也？夫长驾远驭者视乎势，利疆守土者因乎时，因时制宜者在乎智，能通变。河曲未有夷患①，则置三堡以蔽河州也。弃之不可，为当日言也②。夷已据之，而拘牵旧制，以三堡为告朔之饩羊[1]，是寇在门户之内，乃守于通衢之上，虽不之弃，甚于弃焉。守之无功，为近日言也。卫，迤西九十里为老鸦关，又九十里为起台堡，又七十里为上北庄，又九十里为撒剌坡，坡为三堡之关键。其地生番颇众，今土官韩清见统束之。又一百三十里为金锞，又九十里为边堵，又一百一十里为保安堡。堡孤悬塞外，肘掖生番，一线通道。又西四百里为归德堡，而中华地尽。

注释：

[1]饩羊：祭祀用羊，语出《论语·八佾》："子贡欲去告朔之饩羊。"

校勘：

①诸本作"河曲未有夷患"，灰本误"患"为"变"。

②半本作"为当曰言也"，据四、关、灰、古本"曰"改为"日"。

然则计将安出？曰驱夷远去①，增三堡之戍，拓三堡之城，善之善者也。然其势有所不能也。撤保安[1]之兵，退守二十四关，以与起台相犄角，则河州西南兵益而守乃固矣。保安堡守备一员，马步兵一百二十八名。其地产金、褐②子、氆氇。堡皆土人，距捏工川一百五十里。今其兵皆土人，无一汉人者，饷则众共分之，粮即所应输者抵之。而一守备孤处其中，若赘疣然，且近为其豪王拉夫旦所胁，常居卫不敢赴汛也③。

注释：

[1]永乐初，筑脱屯堡于今青海同仁县境。万历二年（1574年），扩建为保安城，又称保安堡、保安站。雍正八年(1730年)，隶属循化营，设千户所，旋升为卫。后设都司衙门，延续至晚清。

校勘：

①半、关本作“驱伊远去”，据四、灰、古本“伊”改为“夷”。

②半、关本作“褐子”，四、灰、古本均误“褐”为“羯”。

③古本脱自“保安堡”至“一百五十里”凡三十七字，灰本脱自“今其兵”至“不敢赴汛也”凡五十六字。

归德密迩西宁，割以属之，则往来应援庶乎不阻，此皆不得已而权宜之计出焉。归德堡，元以为归德州①，置土番宣慰司②。明成祖永乐四年，建归德守御千户所，统治属番中茶马。堡五谷俱产，城中皆土人。堡东至河州一千二百里，北至黄河八十里，又二百八十里即西宁卫，南至四川打箭炉六百里，东北至捏工川七百里，东南至莽剌川六百里。今堡设守备一员，所千户一员③，兵皆土人。其往来卫治，因河曲皆达尔加部落及生番住牧④，道路中梗，久借径于西宁，迂途始得达云。

校勘：

①半、关本作"归德川"，据四、灰、古本改为"归德州"。

②半、关本作"置土番宣尉司"，据四、灰、古本改为"宣慰司"。

③诸本作"所千户一员"，灰本误为"千户所一员"。

④半、关本作"及僧番住牧"，据四、灰、古本改"僧"为"生"。

若夫河州内地也，据险守塞，讲武务耕，加惠土民，抚恤属番，马入于厩可也，粮赍于夷不可也，苟守斯土者加之意焉。则河州庶其无患，而河西、陇右亦藉藩篱之固矣。

北石山墩
馬營墩
靖邊墩
總堡
劉家寨
東道領墩
巴狼寨
陶家大寨
西石峽
第四墩
海賊帳房
海賊帳房
白鹽池
青鹽池
崑崙山
千山
大沙河
青海子
乾河墩
細納峽
小沙河
暖泉

庄浪镇羌界堡
西宁卫
平戎驿
归德所
河州界
老鸦堡
碾伯所
东营
石硖堡
黑鼻子堡
红崖儿墩
威远路
小峡口营
白土坡营
牧羊川墩
老牛坡山堡
总堡
车卜口
新撒儿墩
石峡山口
哈牙山口
草人山墩
圆树儿墩
安定堡
马圈堡
城北墩
双山口墩
城西墩
徐家堡
西山堡
双山堡
伯川堡
中山
小海子
大钟坡墩
凤凰墩
新添墩
归德硖
总堡
柏杨涧墩
中山崩墩

碾伯
千戶所
嘉順
驛遞
七里庄
小店兒庄
周旗營
薛旗營
潘旗營
西石峽營
南山墩
深溝墩
深溝堡
洪水堡
洪水墩

莊浪衛
通遠驛
寇路
大通河驛
大通河
米溝墩
莊浪衛界
大通河站
冰溝驛
山嶺墩
老城墩
老鴉城驛
西寧河
黑山墩
下川堡
大山墩
河州千戶貫臺
巴州驛
古鄯驛
小山墩
大山墩
暖州堡
武家堡
巴州墩
河州界
張家寺堡
張鎮山城
區坡墩
静寧寺
分水嶺墩
銀川驛
黃河
河州

西宁卫雍正初年改卫为府,附西宁一县,碾伯县属焉[1]。

西宁南连河套,西接青海,北倚祁连。疆域而外,遐荒绝域,靡不可通。无梯航之劳,且海河①地尽肥饶,祁连宜于畜牧,夷未有不徙家相就,乐得为邻者。西宁之南二百里许即黄河,黄河南北之隙地,亦谓之“河套”,与宁夏、榆林之河套不同。青海即西海,在西宁之西四百里,海周千余里。祁连山在西宁之北三百余里,其山延长千里,跨凉、甘、肃之南,连西域、乌斯藏诸国,西北连金山及回回诸国,西连哈密②诸国,无所不通。唐杨矩,以九曲肥饶之地与吐蕃,吐蕃就之,以广畜牧。北魏袁翻[2]曰:“西河土地沃衍,大宜耕种。”夷常歌曰:“夺我祁连山,使我六畜不藩息。”盖其上积雪不消,其下冬暖夏凉,水草大善,故宜于畜牧。今青海为达赖黄台吉所住牧,滚卜川③为达尔加④台吉[3]住牧,大通河为麦力干黄台吉住牧。今西宁边外,凡西域诸国,骆驼、马骡往来不绝于道。

西宁有总戎,五营全设,额兵五千外,有城守兵五百,镇海营参戎一,古鄯三川游戎二⑤,各堡守备四,统七百员名。

西宁有四川者,南北东西之川口也。东川之南则达尔加部落,其北则麦力干部落,南川口、西川口则达赖⑥部落。

西宁李土司所辖仅万人, 祁土司所辖十数万人, 其他土官吉、纳、阿、陈、辛⑦等[4],所辖合万人。土人所居,悉依山傍险,屯聚相保,自守甚严,莫敢犯其疆域者,此明制之最善,盖亦本之五代与。五代用土豪为众所服者,封之州邑。征赋所入,足以赡兵养士,由是边鄙无虞，且给以衣禄金帛，又以土人补将校，使勇者贪于禄，而富者安于家也。

北川外汉人之作奸犯科及逼于不得已者皆在焉。夷无苛政，凡为盗者，以九九罚之，如盗马一匹者，罚马九匹而已；杀人者不死，以家所有之半为偿命钱而已；奸淫者出牛羊头畜为遮羞钱而已；其盗而涉于疑似，杀而非兵刃，奸而非强，且不得收焉。夷之征敛，若豆麦青稞，若牛羊驼马，但十分而取一，不及者不取也。岁一取之，谓之“添巴”[5]。往来番文必附馈遗之物，轻则皮毛，重则羊马而已，谓之压番文，又谓之“手信”。

附近番子，有明，岁时纳茶马者，谓之“熟番”。其散出山外，易有无于熟番者，谓之“生番”。有十三族，皆熟番也：曰申藏、曰章咂、曰隆奔、曰巴沙、曰革咂、曰申中⑧、曰隆卜、曰西纳、曰果迷卜咂、曰阿齐、曰嘉尔即⑨、曰巴哇、曰即尔嘉，皆羌也。先零、罕开⑩之遗种也。十三族谓之十三大族，其后小族甚多，如剌卜族、红帽族之类，不可甚计。今《西宁志》悉去其籍，不可详考矣。

海夷，当嘉靖时，常入寇边，番族受其害者，烧帐房、掠羊马、掠妇女、杀丁壮，番皆畏之，愿为部属。然后攻土民、杀汉人、败官兵，无所不至。今诸番分纳各夷添巴，不纳⑪中国茶马，已判然为夷属。万历间，夷犯内地，驱番为导，引为前锋，番既获利，为害河、湟⑫，胜于夷矣。

庄浪在东北三百七十里。河州在东南四百五十里。凉州在北，由庄浪七百一十里。甘州亦在北，由庄浪一千一百九十里。庄浪东南⑬则大通河，西北则边外。洮河之西南则河套。甘、凉之南则祁连，北则塞外，所谓环夷而守也。

注释：

[1]半、关本有题注，其余诸本均无。“雍正初年”指雍正三年(1725年)。

[2]袁翻：北魏项(今河南项城)人，字景翔，以才学擅美一时，曾议选边戍。宣武帝时，历官至豫州中正，北魏神龟二年(519年)迁凉州刺史。

[3]达尔加台吉：达赖黄台吉从子。

[4]李土司：李南哥，自称沙陀李克用后裔。元西宁州同知，明洪武四年(1371年)归附，授都指挥，世袭。明宣德二年(1427年)，子李英以功封会宁伯，子孙世袭。世居今民和县上川口，及乐都县石嘴、努木只沟一带，土司衙门在上川口，俗称“东伯府”。

李土司：始祖李化鳌，明世袭西宁卫指挥同知。清顺治二年(1645年)归附，授百户，子孙世袭，世居民和县松树庄及乐都县老鸦堡岗子沟一带，治所在今岗沟镇九家庄，俗称“小李土司”。

李土司：俗称西府土司，始祖李文，李英从子。其先为元西宁州指挥同知，李南哥后裔。明洪武四年(1371年)归附。明宣德四年(1429年)，以功封为高阳伯。明成化四年(1468年)授百户、指挥佥事。嘉靖间升为千户。清顺治七年(1650年)李珍品归附，仍袭原职，子孙世袭。世居西宁城南一带及今互助县沙棠川、哈拉直沟和平安县韭菜岭、洪水泉庄等地。土司衙门在今湟中县乞塔城(今田家寨)。

祁土司：祁贡哥星吉，蒙古族。明洪武元年(1368年)归附，五年(1372年)，以招抚藏族人民授副千户。至明宣德元年(1426年)，祁贡哥星吉因功升为指挥使，子孙世袭。世居今平安县彦才沟、互助县沙棠川、哈拉直沟、湟中县祁家庄等地,土司衙门在彦才沟(即祁家川)。俗称西祁土司。

祁土司:始祖朵尔只失结,蒙古族。明洪武二年(1369年)归附,授西宁指挥佥事,至失结之孙祁衷袭职,始以祁为姓氏,子孙世袭,世居今乐都县引胜沟上下祁家村、达子湾、民和上川口、柴沟、古鄯及互助沙棠川等地,土司衙门设在引胜沟。俗称东祁土司。

吉土司:始祖吉保,藏族。明洪武四年(1371年)投诚,授百户,世袭。明宣德六年(1431年),吉清以功升为指挥同知。清顺治二年(1645年),吉天锡归附,仍准袭指挥佥事,后子孙世袭。世居今湟中县吉家庄。

纳土司:始祖纳沙密,藏族。明洪武四年(1371年),率部众投顺,授总旗,世袭。明弘治十二年(1499年),纳启袭职,以功升为正千户,子纳荣以功升为指挥佥事。清顺治二年(1645年),纳元标归附,仍袭指挥佥事,后子孙世袭。世居今湟中县纳家庄。

阿土司:始祖失喇,蒙古族。明洪武二年(1369年)归附,选充小旗。孙阿吉,以功授百户,世袭,始以阿为氏。成化间,阿雄以功擢为千户;正德间,阿祯以功升为指挥同知。子阿清袭升为指挥佥事,子孙世袭。世居今乐都县老鸦堡白崖子。

陈土司:始祖陈子明,汉族。本江南山阳(今江苏淮安县)人。其祖为元淮南右丞,明初归附,从北征有功,授为指挥佥事。子陈义,以功擢为西宁世袭指挥使。清顺治二年(1645年)陈师文归附,又以战功准仍袭西宁指挥使,后子孙世袭。世居今互助县陈家台。

辛土司:始祖尕力乩,西宁土族。明洪武四年(1371年)投诚,充小旗。孙辛庄奴以功擢百户,始以辛为氏。入清,辛伟鼎归附,仍袭职百户，后子孙世袭。世居今民和县泉尔庄、窝铁沟及乐都县双塔沟辛家庄等地。

[5]添巴：即赋税，以牛、马、羊及粮食等实物充之。

校勘：

①半、关本作"且河地尽肥饶"，据四、灰、古本增"海"。

②四、灰、古、今本作"哈烈"，"烈"为"密"之讹。

③半本作"瀼工川"，关本作"灌工川"，招四、灰、古本改为"滚卜川"，又今本作"南盆滩"。

④半、关本作"尔加"，据四、灰、古、今本改为"达尔加"。

⑤诸本均作"古鄯三川游戎二"，唯四本作"游戎一"。

⑥诸本作"达赖"，灰本误为"达类"。

⑦半、关、四本脱"辛"，据古、灰本补。

⑧灰本误"申中"为"中中"。

⑨四本误"嘉尔即"为"嘉尔郎"。

⑩半、关、四本作"罕开"，据灰、古本当为"罕开"。

⑪半、关本作"不纳"，灰本作"不市"，四、古本误为"不中"。

⑫灰本误"湟"为"煌"。

⑬诸本均作"东南"，应为"西南"。

曰：西宁据兰、靖、宁、延之上游，当庄浪、甘肃之左腹。王韶[1]谓："欲取西夏，当先复河湟。"火落赤谓①："留兵牵制西宁，精兵捣河、洮、临、巩，则五郡②皆囊中物。"由是观之，西宁为重于河东、西有较然矣。按西宁之东南皆近黄河，而黄河由兰州而下经会川县、靖虏卫、宁夏镇以至榆林，故曰西宁据上游也。甘、凉、肃如人吐舌然，咽喉之地必经庄浪，而西宁当庄浪之西南，故曰当左腹也。宋王韶平西夏疏曰："欲取西夏，当先复河湟，则夏人有背腹受敌之忧。"盖宋时河西诸郡，皆为夏所割据也。明，火落赤谋于夷王俺答[2]曰：留一部于海西以为牵制，潜渡精兵直渡③洮河，破其临、巩，则河西诸郡不攻自下，五郡皆囊中物矣。

注释：

[1]王韶(1030—1081 年)字子纯，江州德安(今江西德州)人，嘉祐进士。北宋熙宁元年(1068 年)，诣阙上《平戎策》三篇，召问方略，以为管干秦凤经略机宜文字，因按也。降谕青唐俞龙珂率属二十万口内附。韶累破羌众，建熙州，以为熙、河、洮、岷、通远(即通远军，后升为巩州，治陇西县)为一路。以龙图阁待诏知熙州，旋再复河州，拔宕、岷二州，叠、洮羌族首领皆以归附。韶凿开边，跻跨政地，后坐事落职。北宋元丰四年(1081 年)，病疽卒。"欲取西夏，当先复河湟"，引自王韶《平戎策》三篇原文开端两句。

[2]俺答(1508—1582 年)，蒙古族。原住今内蒙古呼和浩特一带，明中叶其部势力最强。明嘉靖二十八年(1549 年)率部进入青海湖地区，驱走卜儿孩部，留其子丙兔驻守。明隆庆四年(1570 年)封为"顺义王"，与明在宁夏、陕西等沿边地区建立互市。明万历七年 (1579 年)，征西蒙古回师，又经甘肃入青海，曾在其子丙兔所建之仰华寺与蒙古王公及黄教领袖索南嘉措会晤。不久，即归河套，仍能约束丙兔及火落赤等部之侵扰行为。明万历十年(1582

年）病故。

校勘：

①灰本误“谓”为“帽”。

②半本作“五都”，古本作“五部”，据关、四、灰、今本改为“五郡”。

③半、关、四、灰本作“直渡”，古、今本作“直捣”。

曰：西宁之重如此，而款之难①，计将安出？曰：惟有鉴有明之得失而已。西宁万山环绕②，三峡重围。有明，于凡走集蹊径，则重门击柝，罔敢③怠焉，非善守乎；夷马近疆，人皆得夺首功，而邀重赏④，非善御乎；予四卫以名号，贡马有常期，安插有地⑤，因俗为教，而吉凶与之同患⑥，不足以服异类之心乎；土司授以世官，恩有加而贿不索，不足以服向化之心乎，此有明之得也。及其中叶，大反初政。亦卜剌⑦等据有青海、河套之间，废四卫而不能复，掠诸番而不能救，疆场骚动，迄无宁日。岂惟西宁阽在危亡，即河东亦同于累卵。而当事者痛饮于危墙之下，歌笑于漏舟之中，此中晚之失也。非郑洛[1]招番，田乐主剿，则西宁为左衽久矣。由此观之，鉴戒不较然乎⑧。按西宁四境，皆重冈复岭，东有大石峡、小石峡，西有西石峡，谓之三峡。明制，夷人近边，不论汉人、番人能斩夷一首级者⑨，官赏银五十两，故夷远避于沙漠，莫敢近焉⑩。

四卫者：曰曲先、曰罕东、曰安定⑪、曰阿端是也。有明，皆加以指挥佥事⑫、千百户之职,每岁一赴西宁茶马司互市⑬。明制,各番皆使部落有数,中马有额⑭,安插有地,保护有方,又因其俗信佛,择番僧中为番所敬信者,创立寺宇,封以国师、禅师之职。其番中之豪而有力者,授以指挥、千百户,以统率诸番族焉。明初,以土司招番有功,赐之铁券,予以袭职。明正德四年,小王子丞相曰亦卜剌与阿尔秃斯,掳掠四卫,夺据其地。嘉靖间俺达、永邵卜[2]又据之。明季,卜儿孩据青海大通河,今沿边之夷,皆卜儿孩之子孙也。

河套,即西宁之东南黄河套也。套有捏工川,嘉靖间火落赤⑮据之。莽剌川真相据之。自亦卜剌窜居西海,曲先、阿端皆逃散,只罕东、⑯安定徙近沿边,四卫遂废。明万历十九年,经略郑洛招回生、熟番七万五千人,化为良族。二十三年,巡抚田乐与夷绝款,调兵青海,先败青把都[3]⑰于昌宁湖,次败宾兔[4]等于松山,又败永邵卜、真相等于西宁之西南川口,遂清⑱青海,西宁乃得始安焉耳。

注释:

[1]郑洛(1530—1600年),字禹秀,安肃(今河北徐水)人,嘉靖进士。明万历十八年(1590年),洮河用兵,诏兼右都御史经略陕西延、宁、甘、肃、宣、大、山西边务。洛以为洮河之祸,由纵敌入青海故,乃令"海夷"北归。明年,洛入西宁,控扼青海,走火落赤、真相,焚仰华寺,招回藏族一百六十五部落,七万四千一十余口,给予安插,收到靖边目的。

[2]永邵卜,俺答之侄。明万历七年(1579年),俺答西征瓦剌,回师,留永邵卜部居青海。永邵卜遂与松山之宾兔等相勾结,侵扰青海之沙塘川、燕麦川等地,为害不已。万历十六年(1588年),永邵

卜又大犯西宁南川，诱杀副总兵李魁，掠去官民牲畜数以千计。万历二十三年(1595年)，总兵达云联合藏民大破之，斩首级六百八十余，势衰，寇掠渐息。

[3]青把都，俺答部属畏都力之子，握有部分兵权，拥兵占据河西，为患颇甚。

[4]宾兔，俺答之子。明嘉靖二十八年(1549年)，俺答率部进入青海，留其子宾兔居河西松山(今甘肃永登县东北部及天祝县乌鞘岭一带)，史称“松夷”，常为边患。后被达云等击溃，尽拔其巢，宾兔远窜，攘地五百里。

校勘：

①灰本脱“而款之难”。

②半本作“统”，灰、古本作“抱”，据四、关本改为“绕”。

③半、关本作“罔敢”，四、灰、古本误为“罔或”。

④半本作“重罚”，据诸本改为“赏”。

⑤诸本作“安插有地”，今本作“安插蕃族有地”。

⑥诸本作“同患”，灰本作“同忧乐”。

⑦灰本脱“卜”。

⑧诸本作“较然乎”，古本作“昭然乎”。

⑨诸本作“斩夷一首级者”，灰本作“斩一夷者”。

⑩诸本作“近焉”，灰本作“近边”，今本作“莫敢近沿边之地焉”。

⑪灰本误“安定”为“安宁”。

⑫半、关本作“指挥佥事”，今本脱“佥事”，四、灰、古本误“佥事”为“挥佥”。

⑬半本作“每岁一赴西永茶马明互市”,据诸本改为“每岁一赴西宁茶马司互市”。

⑭灰本误“额”为“期”。

⑮灰本误为“大落亦”。

⑯半、关本作“海东”,据诸本改为“罕东”。

⑰灰本误为“靖把都”。

⑱诸本作“清”,灰本作“靖”。

西宁边堡:巴暖三川西宁东南二百五十里。古鄯驿[①]西宁东南二百六十里,巴暖三川北一百三十里。巴州堡[②]西宁东南二百三十里[③],古鄯驿西三十里,西北至上川口四十里,西至下川口三十里[④]。下川口西宁东二百七十里。上川口西宁东一百八十里,下川口西北三十里。老鸦城距西宁城一百一十里[⑤],上川口西五十里。碾伯城西宁东一百四十里[⑥],老鸦城西四十里。平戎驿西宁城东七十里[⑦],碾伯西四十里。西宁卫在镇海营东五十里。南川口西宁南四十里。西川口西宁西三十五里,南川口西北三十里。银塔寺西宁西南三十里,西川口南十里。[⑧]镇海营西宁西五十里,银塔寺北四十里。多巴西宁西五十里,镇海西北五里。北川营[⑨]西宁北七十里,多巴东北七十里。威远堡北川营东七十里,碾伯城西一百里[⑩]。冰沟堡西宁东北二百二十里,威远东一百八十里。

校勘:

①半本作“右鄯驿”,据诸本改为“古鄯驿”。

②半、关、四本作“巴川堡”，据灰、古本当为“巴州堡”。

③半、关、四本作“一百三十里”，据灰、古本当为“二百三十里”。

④诸本均作“西至下川口三十里”，据民和县行政图，“西”当为“东北”。

⑤半、关、四、灰本作“距西宁城一百一十里”，据古本应为“一百五十里”，又下川口距西宁实际里程应为二百四十里。

⑥诸本均作“一百四十里”，按实际里程应为“一百二十里”。

⑦诸本作“西宁城东七十里”，半本脱“东”。

⑧灰本脱“南川口”至“银塔寺”三地。

⑨灰本脱“北川营”之“北”。

⑩诸本作“碾伯城西一百里”，灰本作“碾伯域西二百里”。

西宁近疆：巴羊绒川西宁东南一百七十里，平戎驿[①]南一百余里。归德硖西宁南[②]一百二十里，南川营东南[③]四十里，归德之孔道也。东西俱尔湾皆在镇海西七十里[④]。青海西宁西四百里接界。罕东卫青海东北，西宁西北三百余里。曲先卫罕东[⑤]卫北，大通河南，西宁西北三千里。安定卫青海北，曲先西南，西宁西南五百八十里[⑥]。阿端卫曲先西南，西宁西南四百八十里[1]。白塔儿西宁西北九十里，北川口西二十里。红崖沟西宁北一百五十里，黑松林峡[⑦]之口外。掌吉儿錾岘西宁东北，碾伯之西二十里。棹子山冰沟堡北三里。大通河祁连山南，西宁西北。

注释：

[1]梁份所述罕东、安定、曲先、阿端四卫位置与距西宁的里程错误很大，俱不可据。

校勘：

①半、关本作“羊绒驿”，据四、灰、古本改为“平戎驿”。

②半、关本作“归德硖，西宁东”，据四、灰、古本当为“西宁南”。

③半、关本作“南川营东”，据四、灰、古本改为“东南”。

④灰、古本作“皆宁夏西一百一十里”，四、半、关本脱此句，“宁夏”为“西宁”之误，又四、半、关本脱“镇海堡”之“堡”字。

⑤半、关本作“海东”，据四、灰、古本改为“罕东”。

⑥半、关本作“五百八十里”，四、古本作“三百八十里”，灰本作“二百八十里”。

⑦半、关本作“系松林峡”，据四、灰、古本改为“黑松林峡”。

西宁边堡

巴暖三川，十八堡之统名也。东南连河州，东北接兰州，西北通碾伯，黄河堧限于东，小文山阻乎西，大通河流其北，其延袤二百里。平原筑堡，临壑附岩则置寨，临流则甃石，山巅平则削四壁，续断垣于山上为城，可耕可牧可守。然汉土杂居，番夷环处，沿山西行，直走湟中，然皆无人迹之径也。北至古鄯驿一百三十里。三川十八堡，皆明副使①及官所筑，在嘉靖十六年。其地切近黄河，逾则河州之积石关。大通河源出祁连山，流千余里，会湟水②而入黄河。有明，于三川之大山下，暗门起，咸水沟止，筑浚边壕。有分水岭，东南之水经美都沟而溉三川，其岭北之水，则经巴川、暖川沟趋大通河③焉。冰雪溶后，其水溉田畴，故枣梨成林，膏腴相望，其地水草大善。明设宗水监四院④：曰永州、曰黑城、曰清水、曰美都。三川盖孳牧地⑤，土人皆李土司所部，熟番、生番其目不可考⑥。夷即达尔加之部落，在三川之南，捏工等川是也。三川有游戎。西北至西宁二百五十里。

校勘：

①灰本误为“副吏”。

②半、关本作“捏水”，据四、灰、古本改为“湟水”。

③诸本作“大通河”，当为“湟水”。

④诸本作“四院”，据今本当为“四苑”。

⑤据诸本增“地”字。

⑥半、关本作“目不可考”，据四、灰、古、今本应增“其”，灰本误“目”为“国”，古本误“目”为“因”，又古本误“考”为“孜”。

古鄯驿，河湟之孔道，唐为鄯城县[1]。东连马营，南障雪山，四境山环，重冈复岭，路通两峡，湟中①东南之保障也。自是而西，皆湟中之大路，盖万山深处也。西至巴州三十里②。驿为河州、西宁之大道，其东皆土人番族，语言不通，非河湟人则罕由之矣。马营寺在东七十里，皆番僧。雪山在南百里，山高积雪，因而名焉。鄯城县，唐高祖时所置。西宁之水名湟水，故称西宁曰湟中。驿，明置兵九百名，增至一千五百名。今议置游戎，既而复裁。驿西北至西宁二百六十里。

注释：

[1]唐为龙支县，鄯城在今之西宁。

校勘：

①半、关、四本作“湟中”，灰、古、今本误为“湟水”。

②诸本作“三十里”，灰本作“四十里”，又据灰、今本“巴川”为“巴州”之误。

巴州①堡，土人所居。东接古鄯，西通黑山，北临大通河②，河山之水皆可导以溉田。土人自守，倍于兵民。汉人无居此者，山高而地瘠也。西北至上川口四十里，西至下川口三十里。土人，属冶土司所辖③。古鄯在东三十里，黑山在西二十里，黑山亦土人所居。分水岭之水，经钮东沟、米刺沟④而至巴州沟焉。西北至西宁二百三十里。

校勘：

①诸本均作“巴川”，据灰、今本“巴川”为“巴州”之误。

②诸本均作“北临大通河”。按民和县行政地图，“大通河”应为

"湟水"。

③半、关、灰本作"治土司",据四、今、古本改为"冶"。

④半、关本作"钮东沟",四、古、今本作"钮都沟",灰本作"钮沟",又灰本误"米剌沟"为"来拉沟"。

下川口,亦土人所居。东通①沙井,北接红古。山谷之间,车不能方轨,人不能成列。田畴有水可引,高高下下,稼穑艰难,瓜果非饔飧物也。西北至上川口二十里。沙井驿属庄浪②,在东一百里。自下川口取道马回子坡、虎头崖③则至沙井④矣。红古城亦属庄浪,在下川口北五里。自下川口⑤西至西宁二百七十里。

校勘:

①半、关本作"东南沙井",据诸本改"南"为"通"。

②半、关本脱"属",据四、灰、古、今本改为"沙井驿属庄浪"。

③古、灰本误"崖"为"岸"。

④半本误"井"为"石"。

⑤灰、古本脱"下川口"之"口"。

上川口,土司李氏之所居也。明初,李南哥①率众南归,使之招番讨叛,大有功绩,赐铁券虎头符[1]。今其精锐土人,尚以万计。朱邪赤心[2]尽忠于唐,后裔之昌宜哉。其地南接巴州堡,西接虎剌害,北限河水,东通兰州,高山深谷可四达焉。西至老鸦城五十里。巴州在南五十里。虎剌害城子亦土人耕种②,在西三十里,自古鄯而向西宁必由之路也。北抵湟水③五里,东由庄浪地直达兰州。今设有把总。西至西宁卫一百八十里④。

注释:

[1]天顺二年(1458年),明英宗赐予右军都督府右都督李文之铁券,熔铁而成,呈半月形瓦状。长37.5厘米,宽21.2厘米,厚度为2厘米,又镂金颜体文字,正面204字,反面11字。1986年,发现于今西宁城西三其村,现存青海省档案馆。另据李土司家谱记载,宣德三年(1428年)明宣宗颁赐给李英金书铁券。

[2]朱邪赤心(?—887年),据《新唐书·沙陀传》,朱邪为西突厥姓氏,居金娑山之阳,蒲类之东,有大碛,名沙陀,故号沙陀突厥。唐元和三年(808年),朱邪执宜率众三万归唐,因屡建战功,拜金吾卫将军。及执宜死,子赤心嗣,仍忠诚事唐,因御边患有功,乃迁赤心为蔚州刺史、云州守抚使。后又以功进大同节度使,赐姓李,名国昌。赤心即五代后唐李克用之父。

校勘:

①灰本误"李南哥"为"李南奇"。

②半、关、四、灰本作"虎剌害城子亦土人耕种",灰本作"虎拉害,地名,有城,亦土人耕种"。

③半、关、四本作"黄河",据灰、古、今本改为"湟水"。

④当为二百四十里。

老鸦城,庄浪之驿递也,汉土之所杂居。东接上川口,北连卓子山，西抵瞿昙寺，南临河而北负山，依山为隘则甜水沟。据险扼要，以绝夷氛。胜番关稽[1]察出入，以备非常，无容缓也[2]。山南近阿峦，阿峦之南黑番聚集，而添巴外贡，不宜防与。自老鸦而趋庄浪，则东北四十里有冰[3]沟；若趋西宁，则西四十里有碾伯。老鸦城，庄浪、西宁必由之大道也。由大山峡逾山[4]抵上川口五十里。卓子山属庄浪，由白崖子抵山一百里，山皆黑番所居。瞿昙寺在西七十里，由红水店、虎狼沟抵寺，寺皆黑番所居，永乐间造，极其庄严。河即湟水，发源西北之热水山[5]，流数百里绕西宁而通大通河，会于黄河。在西宁境谓之湟水，俗名西宁城河。渡河一里即阿峦堡。黑番即十族中之番也。自城至西宁一百八十里，城有把总。

校勘：

①灰、古、今本误“稽”为“讥”。

②半、关本作“无容缓”，据四、灰、古、今本改为“无容缓也”。

③灰本误“冰”为“水”。

④半、关本作“榆山”，据四、灰、今本改为“逾”，又古本脱“逾山”。

⑤四本误“热水山”为“河水”。依今、灰、古本改。

碾伯城或作碾北[1]，南凉[2]之乐都县也。明洪武十一年，置碾伯卫指挥使司。仓学所驿[3]，建置纷然，亦湟属之大镇焉。东接老鸦，西连威远，南通南林，北抵胜番、剩防，可谓八达矣。湟水南流而城闉就圮，则修筑之当议者；背负崇山而土官沟各隘边壕不修，则板筑之宜急者也。西至平戎驿四十里。南凉秃发乌孤于此置乐都县。威远堡在西北一百里。由冈子沟至南林大山六十里。剩防沟即西番沟，在北四十里，胜番关亦在北[④]四十里。南门外即西宁河。碾伯边隘有土官沟、苏家大洼、夏儿把营等处，旧皆筑边浚壕。其地柞涧斩断岩石者甚多，不可甚数。城有守备。西至西宁卫一百四十里[⑤]。

校勘：

①半、关、灰、古本均有“或作碾北”，四、今本无此四字。

②半、关本作“南京”，据四、灰、古、今本当改为“南凉”。

③灰本作“仓县所驿”。

④据诸本改“此”为“北”。

⑤实为一百二十里。

平戎驿，南北皆夷也。南极石扎巴，北尽红崖沟，南北百里，皆为绥服，西宁孔道，不绝如线。幸而土番杂居，有乡田同井之风。赵充国[1]得屯田可垦者二千顷即[①]在此也。大峡口在东六十里[②]，小峡口在西四十里，而小峡则汉之湟峡，唐之省章城，古之绥远关焉[2]。往来要害，控制咽喉，于是乎，在而皆不闻设官置戍，何哉？西至西宁四十里。石扎巴[③]在南九十里，黑番所住牧也。石扎巴之北四十里，有撒剌儿峡[④]，内入平戎之路也。石扎巴之南五里，有巴羊绒川，西夷达尔加部落所住牧也。

红崖沟之北一百里，即黑松峡⑤，峡口外黑番儿阁隆族所住牧。红崖沟之南有白马寺，内入平戎之路也。红崖之北逾山十里，则大通河，乃西夷麦力干部落住牧也。

注释：

[1]赵充国(公元前137—公元前52年)，字翁孙，陇西上邽(今甘肃天水)人，官至中郎将、后将军。神爵元年(前61年)，汉宣帝接受他"以兵屯田"的主张，率兵平定湟中，屯田据守，巩固了两汉在湟水流域的统治。

[2]宋徽宗崇宁二年(1103年)六月，王厚再次攻克湟州，鉴于宋元符间弃地故事，于同月，即"移军趋省章东峡之西，得便地曰洒金平，建五百步城一座，后赐名绥远关，以固湟州"。是时溪赊罗撒尚扼守宗哥城。宗哥在湟州之西，青唐安儿峡之东，湟州即今乐都，宗哥为今平安县，青唐即今西宁市，安儿峡为今小峡。王厚不可能尚未克复宗哥城，即西逾宗哥在小峡建绥远关，则绥远关之所在地省章峡只能是宗哥城东之今乐都大峡。又从王厚语："湟州之西省章……汉世谓之湟峡。"亦可知湟峡、省章，与绥远关统为一地，即今大峡。

校勘：

①据四、灰、古本，"顷"下补"即"。

②据四、灰、古本，"在东"下补"六十里"。

③半、关本作"石扎把"，四、灰、古、今本作"石扎巴"。

④半、关本作"撒剌儿峡"，灰、古、今本作"剌撒峡"，四本作"撒剌峡"。

⑤半、关本作“松峡”，据四、灰、古本改为“黑松峡”。

西宁卫，汉初为龙居郡。霍去病逐羌筑龙居寨，因名龙居郡[1]。赵充国伐先零、罕幵①，请置破羌县。魏置西平郡，晋、隋因之，唐亦不改[2]。宋初为鄯州西平郡，既失复收，改为西宁郡。明初，长兴侯耿炳文下河西，改为卫。湟水西来，浩门东扼②，为得形势。然卫孤悬天末，而历代得失，每在五郡之先，岂尽无援之故与。卫之辐辏殷繁，不但河西莫及，虽秦塞犹多让焉。自汉人、土人而外，有黑番，有回回，有西夷，有黄衣僧，而番、回特众，岂非互市之故哉？城之中牝牡骊黄，伏枥常以万计，四方之至，四境之牧不与焉。羽毛齿革、珠玉布帛、茗烟麦豆之属，负提辇载交错于道路。出其东门，有不举袂成云，挥汗成雨乎？虽带甲五千而外加以城守③之兵，足以控制岩疆，防闲奸宄。然奸每生于峻防之地，乱恒伏于不见之间，则利为之阶也。西至镇海五十里，南至南川四十里。湟水④，源出热水山北，流五百里，经伯颜川与那孩川，绕卫城北，又东南流五百里入黄河。伯颜川在西北五十里，那孩川在城北数十里。浩门[3]今其地不可考，或以为即小峡口焉。五郡：即武威、张掖、酒泉、敦煌、金城也。而西宁在河西，不与五郡之属者，汉以之属金城也。金城今⑤兰州[4]。西宁⑥城内外皆辐辏，而城东⑦为最。黑番强半食力为人役，回回皆拥资为商贾，以及马贩、屠宰之类。文有佥事、通判、经历，武有总兵，五营全设，故多至五千名之兵，又有城守营都司⑧。

注释：

[1]“汉初为龙居郡。霍去病逐羌筑龙居寨，因名龙居郡”句，不知所据，但与史实有出入。汉武帝元狩二年（公元前121年），霍去病击败河西匈奴，拓湟中，于元狩三年（公元前120年）筑令居塞，可能于同年或稍后，即在今西宁筑军事据点西平亭，属陇西郡。昭帝始元六年（公元前81年）置金城郡，治允吾，又于宣帝神爵二年（公元前60年）置破羌、安夷、临羌等县。汉平帝元始四年（4年），王莽摄政，置西海郡，治在今海晏县三角城。东汉光武帝建武十一年（35年），又复陇西郡，西平仍为所属。东汉建安中置西平郡。西魏时，废浩门县以其地置龙居、路仓二县，北周废。隋大业初置西平郡，有土楼山。

[2]“唐亦不改”之句，与史实有出入。按《旧唐书·地理志》：唐武德二年（619年）平薛举，置鄯州，治乐都城。贞观中，置都督府。天宝元年（742年），改为西平郡。乾元元年（758年），复为鄯州。

[3]浩门：又作“浩亹”，原本为水名，即今大通河；西汉设浩门县，治今民和享堂，属金城郡。

[4]汉之金城郡治在允吾，允吾地理位置尚有争议，一说在今民和县下川口，然非兰州。

校勘：

①半、关本作“罕开”，据四、灰、古、今本改“开”为“开”。

②半本作“栀”，诸本均为“扼”，又灰本误“浩门”为“浩亶”。

③诸本均作“城守”，灰本作“防守”。

④半、关本作“涅水”，据诸本改为“湟水”。

⑤灰本脱“城今”二字。

⑥诸本均作“湟城”,据今本改为“西宁”。

⑦古本误“城东”为“西宁”。

⑧半、关本作“营都司”,四、灰、古、今本均作“都司”。

南川口,各堡之总名也。营在水泉儿寨①。明副将达云[1]与夷战于暗门[2]之间,申中等族尾夷于暗门之外,杀夷甚众,京观可筑。东有归德峡、圮塌城沟,西有王沟儿峡,直接青海南。暗门之外,申中、刺卜番族,而南远抵黄河,直通河州之归德。故西宁之受祸者②,南川居多焉。昔于各隔塞交关之路,扃键殊严③。西自大桦坡④以至乾沟,辟土山石崖⑤续以短垣,墩台相望,靡不周至。犹且有青海二川之夷,荼毒乞答真、伏羌等堡;犹且败绩于王沟儿峡,奏凯于捏耳朵峡。况今西夷⑥孔炽,而申中各族纳其添巴。其所谓隔塞交关者,曾不若折柳之可惧狂夫也。西北至西川口三十里。归德峡,在东南三十五里,番族住牧。圮塌城沟在东四十里,王沟儿峡在西三十里⑦。青海亦谓之西海,今⑧达赖黄台吉于此住牧焉。南川暗门外南二十里,申中族堡寨,西四十里刺⑨卜族堡寨。南川南二百四十里即黄河,渡河即河州之归德堡矣。大桦坡⑩北至西宁城七十里。有明时,西海之夷,有亦卜刺,继有永邵卜⑪、卜儿孩等占据。捏工川、莽剌川谓之二川,有明时,火落赤据之。乞答真、田家寨在西宁城南四十里,伏羌堡在城南五十里。明副将李魁御夷于王沟儿峡,败衄死之,副将达云追夷于捏耳朵峡,斩夷甘把都尔恰⑫。捏耳朵峡在西宁城南[13]一百里。熟番[14]十三族,今皆[15]纳夷添巴。南川总堡有守备。

注释:

[1]达云:凉州卫人,勇悍饶智略。明万历中,嗣世职指挥佥事,擢守备,进肃州游击将军,后以战功迁西宁参将。万历二十三年(1595年),永邵卜聚众大犯西宁南川,云以奇兵大败之。同年,复胜,永邵卜败而远徙,云急招番,复照者七千余户。后在凉、甘、西宁等处屡获大捷。

[2]暗门:又作"闇门",系于边墙所开方便耕牧、采樵、通行之处。

校勘:

①半、关本作"水泉儿塞",据四、灰、古、今本改为"寨"。

②半、关本作"受禂者",据诸本改"禂"为"祸"。

③半、关本脱南川口条正文"扃键殊严"至"西北至西川口三十里"一段及全段注文。

④半、关、四本作"大桦皮",据灰、古、今本改为"大桦坡"。

⑤半、关本作"土土石崖",据四、古、今本改为"土山石崖",又灰本误"辟"为"关"。

⑥半、关本作"况昔西海",据四、灰、古、今本,改为"况今西夷"。

⑦四本作"王沟儿峡在西三十里",诸本均作"二十里"。

⑧半、关本作"昔",据四、灰、古、今本改为"今"。

⑨灰本误"刺"为"剩"。

⑩半、关、四本作"大桦皮",据灰、古、今本改为"坡"。

⑪半、关、灰本作“永郡卜”，据四、古、今本改为“永邵卜”。

⑫灰本误“甘把都尔恰”为“甘把都都尔恰”。

⑬灰本脱“南”字。

⑭四本误“番”为“者”。

⑮半、关本作“昔皆”，据四、古、今本改为“今皆”，又灰本脱“今”。

西川口，土司西祁之所居也。东西二祁所辖[1]之土民，各号称十万。祁氏，盖祁廷谏、朵尔只失结之后，所居在三祁寨。而西宁之共[2]支大厦者，非李、祁土司而谁也！效命之赏未行，苞苴之索未已，何以服土人之心哉！且西川之西，张天讨于大小康缠者，不款之效也。今之乾河、打草滩、哈尔卜[3]，各山筑亭障，犹有行焉者乎？剌撒、西林特[4]为出入冲要，犹有重捍以备之者乎[5]？绸缪之计此其时矣。南至银塔寺十里。祁廷谏，有明授指挥使[6]；朵尔只失结，有明授指挥佥事。大康缠在西宁城西七十里，又西二十里为小康缠。嘉靖间，海夷已款，款后复犯边愈甚，及田乐为巡抚，知必不可款，乃征河西各路兵，清洗青海，西宁兵与夷战于大康缠，大胜，杀馘甚多，海氛遂息。乾河等山口旧皆有边，循墙挑壕[7]斩断山崖[8]，筑砌石台以备夷骑。剌撒、西林尤为要害云。东至西宁城三十里。

校勘：

①古本作“所号辖”，“号”为衍文。

②灰本误“共”为“供”。

③半、关本作“哈尔”，据四、灰、古、今本增补“卜”。

④关、半本作“剌撒、西林时为出入冲要”，据四、灰、古、今本改“时”为“特”，又灰本作“西宁林”，“宁"为衍文。

⑤半、关本脱西川口条正文“西川口”至“犹有重捍以备之者乎”。

⑥灰、古本误“指挥使”为“指挥佥事”。

⑦半、关本作“墙挑壕”，据四、灰、古、今本增“循”。

⑧灰本误为“斩断东至山崖”。

银塔寺，一名塔儿寺。寺有树，叶形如人，谓之“千佛树”又谓之“宝贝佛”[1]，其实即菩提树也，广东亦有之。其叶经洴澼则如绢如纱，其纹有如人如云者。海夷达赖将银裹树。每岁六月，不分番夷，尽集于寺礼拜，寺无隙地，霍英所谓以拜佛为名者也。至此者，北由北川暗门，西北由镇海、多巴，西由西石峡[2]、西纳川口、乢迭沟口，东南由[3]南川口。寺北至镇海四十里。东北至西宁三十余里。

校勘：

①四本误为“至贝佛”。

②半、关本作“两石峡”，据四、灰、古、今本改“两”为“西”。

③灰本误“由”为“至”。

镇海营,茶马互市之通衢也。东距西宁,南连银塔,北近多巴而接北川,西逾湟河[1]而通石峡。盖青海西川[2]、大通有夷住牧,以是为西宁门户焉。款于斯,战于斯,所有来矣。考营之初制,距海才四十里,所谓西海郡[3]者是也。有明,移置于此。而四卫又居海堧,实为外藩。嗣镇海之外藩,皆为外侮。营西至石峡,天险与夷共之。东西拘尔湾,尽为要荒。思冬湾伏兵之地。今烽燧不设,以为车书一统乎!彼荐食上国之心,包藏祸心而未已也。西渡河五里为多巴。西宁在东五十里。考之各书,皆谓去西宁五六百里[4],未尝至其地也。或谓就古镇海,在青海傍者而言,亦不可知。银塔在营南四十里,多巴在西北五里,北川口在北七十五里,湟河在西一里[5],逾河即多巴。西石峡在西二十里,西海在西三百里。王莽使卑禾羌献西海地,遂置西海郡,为中国地。高适诗:"青海至今将饮马,黄河不用更防秋。"盖言属内地也。明制,守兵三百,四卫皆西戎、鞑靼。明初入贡,遂置罕东、曲先、安定、阿端四卫,岁发金牌,赴西宁茶马互市[6]。正德四年,夷人亦卜剌、阿尔秃斯大肆侵掠,曲先、阿端远徙,唯罕东、安定徙近沿边,而四卫废。东西拘尔湾[7],在湟河[8]东者为东拘尔湾,在西者为西拘尔湾,皆黑番堡寨,距镇海七十里。昔镇海渡河而西皆属达赖黄台吉、麦力干黄台吉矣。设营有参将。

校勘:

①半、关、四本作"黄河",据灰、古、今本改"黄"为"湟"。

②半、关本作"西川",四、灰、古、今本作"两川"。

③半本作“西海都”，据关、四、灰、古、今本，改“都”为“郡”。

④半、关、四、古本均作“五百里，六百里”，据灰本，改为“五六百里”。

⑤灰本误“一里”为“一百里”。

⑥半、关、四、古本脱自“曲先”至“徙近沿边”一段。据灰本增补。又灰本误“互”为“之”。

⑦古、今、灰本脱“东西拘尔湾”。

⑧半、关、四本作“黄河”，据灰、古、今本改为“湟河”。

多巴，或作多坝，今之夷厂[1]也。在湟河之西，其地名不著于昔，盖新创也。居然大市，土屋比连，其廛居逐末，则黑番也。出而贸易，则西宁习番语之人也。驮载往来，则极西之回与夷也。居货为贾，则大通河、西海之部落也。司市持平则宰僧也，至于那颜独无之。多巴岂非内地，而顾为夷之垄断哉！北至北川七十里。宰僧，夷①之头目，华言长官也②。达赖所部宰僧一，麦力干之所部宰僧一③，皆居④多巴。主⑤事者那颜，番人称汉之长官也⑥。多巴西二十里，始出柞内为草地，则夷厂在内二十里。东南至镇海五里，东至西宁五十里。

注释：

[1]夷厂：又作“番厂”，是为少数民族陈肆、沽贩及住宿所设之场所。明代西宁茶马司设于北大同街口，市马于湟中镇海堡，清初移至多巴。

校勘：

①半、关本作“伊”，据四、灰、古、今本改为“夷”。

②半、关本作“言长官也”，据四、灰、古、今本增“华”。

③灰本脱前后“宰僧”。

④半、关本作“家居”，据四、灰、古、今本改“家”为“皆”。

⑤灰本误“主”为“居”。

⑥半本作“汉人之称长官也”，据灰、古、今本改为“番人称汉之长官也”。

北川营，亦总堡名。东逾马圈，西接剌锞，北有东西暗门，暗门之外白塔儿。回之叛亡而附①西夷者，及汉人之亡命，咸萃渊薮焉。边堵而外，筑室耕田，即与以十左氏[1]不能易之。苟有中行说[2]，郭药师[3]以及张元、吴昊[4]辈，则为害于国者，岂浅鲜哉。西宁之最可虑者，不在斯乎！东至威远七十里。营在新城堡，东渡河二里，为毛家寨②，更东十里为上马圈堡，又东五十里为威远堡，皆内地也。西逾大山六十里为剌锞，则达赖、麦力干住牧③，皆外地也。东西暗门在营北十里，顺治戊子，回回叛乱，逃亡于此汉人及回，筑高堡④、庄田、水磨、斗车，种麦、豆、青稞，凡牛、种皆系麦力干所给，而岁纳添巴，若种屯田法也。其地横亘百数十里，村堡相望，中有白塔，因谓之白塔儿。自南川以至北川⑤，虽有边墙，高者不过三五尺，卑者可缘墙⑥而出也。或隘口及倾圮者，亦积薪于下，布土于上，西宁极边之地⑦，始如是布置，其稍远于边者，则如此布置且无之矣。北川有守备。南至西宁八十里。

注释：

[1]“十左氏”一词，语出《墨子·天志》“民无廉耻，虽有十左氏，将何以用之？”含义是十座左氏城池。

[2]中行说：燕人，汉文帝时宦者，使送公主妻匈奴，因降单于。日夜教单于候伺利害，为汉患。

[3]郭药师：金铁州（今辽宁盖平）人，为辽怨军渠帅。辽亡，归宋。后又降金，为金燕京留守，赐姓完颜氏。从宗望伐宋，药师尽知宋虚实，宗望能悬军深入得全胜者，药师之力也。

[4]张元，宋华州（今陕西华县）人。与吴昊俱负气倜傥，有纵横才以不用于宋，二人同走投西夏。夏主以为谋主，连兵十余年，西方疲弊，皆张元与吴昊二人为之。

校勘：

①半本作“夷”，据关、四、灰、古、今本改为“附”。

②四本误“毛家寨”为“田家寨”。

③半、关本作“麦力干住牧”，四、灰、古、今本作“麦力干部落住牧”。

④半、关、灰本作“高屋”，据四、古、今本改为“高堡”。

⑤灰本误“川”为“门”。

⑥灰、古、今本脱“墙”。

⑦灰本脱“之地”。

威远堡，即东川也，亦堡之总名①。川地广而隘口多，指不胜屈。其黑松林峡，虽两山壁立，而中有通衢，昔常遏以边堵。其尔阁隆寺，暗门之外，即属龙荒[1]，启闭何常尽慎耶。自威远而东，复至碾伯，歧而合也。由碾伯而老鸦，必由之大道也。若夫合而歧者，老鸦而东北则有冰沟焉。自堡至冰沟一百八十里。东川营在威远堡，旧营在沙塘②。永乐③间改为广牧。其川特宽，美地茂草，有二监八苑。二监者：甘泉、祁连也。八苑者：广牧、麒麟、红崖、温泉，西宁、大通、永安、古城是也。陕西共六监：庄浪、甘州各一。而西宁有四焉：暖川、三川各一，而威远独有二焉。黑松林峡，南至西宁一百里。尔阁隆寺黑番所居也，在营北二十里④，东至碾伯一百里。碾伯至老鸦四十里，老鸦至冰沟四十里。营有守备。

注释：

[1]龙荒：即漠北，因匈奴祭天处龙城而得名，类同先秦所谓的“荒服”。

校勘：

①半、关本作“亦堡之总名”，四、灰、古本作“东川亦堡之总名”，今本作“昔为沙塘川，更名广牧”。

②半、关本作“营就在沙塘”，四、古本作“营旧在沙塘”，据灰本改为“旧营在沙塘”。

③灰本误“永乐”为“永远”。

④诸本均作“二十里”,唯灰本作“三十里”。又灰本误“尔阁隆寺”为“阁尔隆寺”。

冰沟堡,在小山之巅,土人所居。北负卓子山,南面荒山,中通一径,乃庄、湟①必由之孔道也。旧有峡榨[1]②,边沟濠涧,斩断石路,以防不虞者,今不期怠而怠矣。自是而东北,由大通河则庄浪之西大通矣。卓子山黑番所居也。堡有把总。西南至西宁二百二十里,羊他石在东北二十里,西大通又在羊他石之东北三十里。

注释:

[1]榨:即边榨,是明朝于边墙暗门处所设之堡寨、营哨。西宁周边之边墙,总计有38处边榨,习称“西宁边榨”。

校勘:

①半、关本作“庄浪”,据四、灰、古、今本改为“庄、湟”。

②灰本误“榨”为“祚”。

西宁边地,自巴暖三川至于冰沟,凡十有七所,九百二十里。其长城或有或无,山堑①或险或平,不能执一论也。

校勘:

①灰本脱“堑”。

西宁近边（疆）[①]自西宁东南接河州界起，迤而西，折而北，直接庄浪界止。

巴羊绒川，在西宁之南。其水[②]发源于南山，汇流而入黄河者[③]。川近内地，善水草。昔为番族住牧，今河曲[④]之夷，部落既多，冰坚可渡，恒牧于兹焉。巴羊绒川在西宁东南一百七十里，平戎驿南一百里。川地平，水不深，盖西宁南山一派耳。黄河[⑤]在川东南九十里。本番族住牧，及夷入据[⑥]，番乃北徙于石扎巴。其地今夷人达尔加部落所住牧焉。

校勘：

①半、关、四本作“西宁近边”。灰、古、今本作“近疆”，脱“西宁”。诸本均有题注。

②半本作“其山”，据四、灰、关、古本改为“其水”。

③灰本脱“者”。

④灰本脱“曲”。

⑤灰本误“河”为“沙”。

⑥半、关本作“人据”。据四、灰、古本改为“入据”。

归德峡，在西宁之南，南川口之东南[①]也。峡为归德堡之孔道，故名。河州[②]与归德堡今往来常绝，假西宁道者，必由是峡。番族居之,而斗租石赋,不入县官,顾听于夷何哉?归德峡在西宁南一百二十里,在南川营东南四十里。今黑番住牧,其族类[3]未详,皆纳夷添巴。

校勘:

①灰、古本误“南”为“西”。

②半、关本作“河南”,据四、灰、古、今本改为“河州”。

③半、关本作“番类”,古本作“俗族”,据四、灰、今本改为“族类”。

东西俱尔湾,在西宁镇海之西,夹湟水之涯涘也[1]。湟水东流之,湾乃北流。俱尔湾旧为内地,安插黑番。自青海四卫俱为夷有,黑番外向,又何足怪。东西俱尔湾,在镇海营西七十里。湟水发源塞外热水山,东趋[2]西宁,湾水东西者:一在湟东,一在湟西也。四卫为夷有,在明正德年间。湾今[3]有黑番住牧。

校勘:

①半、关、古本作“崖深”,据四、灰、今本改为“涯涘”。

②灰本误“趋”为“起”。

③灰本脱“今”。

青海,即卑禾海,在西宁之西。其周千里,其味咸[1],其鱼斑黑。其中有海心山[2],山有寺,喇嘛或居之。其山纵牝马，或得龙驹。其海非[3]冱寒冰合，人畜不得渡。环海之地，广野弥漫，其西北一隅咸沙碛，不长寸草。其他隅百[4]川之所汇也，丰草之所生也，华夷之所通也。其南则可达松潘、茂州，其东则至西宁、河、洮，其西则通西域各国，哈密、金山[5]、乌斯藏尤近，其北热水、祁连诸山。祁连之阴，则庄浪、甘、肃矣。青海之地[6]，土谷浑据于汉[7]，吐蕃灭之。王莽受卑禾地，始为中国，置郡为西海。周海亭燧相望，盖夸耀焉。或曰今海北四十里有郡遗基云，或云是明之镇海营也。明初置四卫于沿海为外藩，故洮、河、庄、湟无夷患。四卫之废，则亦卜喇为之。亦卜喇败，惟[8]卜儿孩一部独全，夷推为卜失兔汗[9]。今之漫延于青海间者，皆卜失兔之苗裔也。中国人不察，等之四卫，误矣。青海在西宁西四百里，唐诗所称青海者是也。《唐书》载：哥舒翰筑神威军于青海上。西海者，从王莽所置郡而言也。然此海不当名西海，按北魏[10]凉州刺史袁翻曰：西海在酒泉[11]北，去高车所居[12]金山千余里，正北夷往来之冲，汉家行军之旧道。土地衍沃，大宜耕种，可为重戍镇防西北云。由此观之，则西海在五郡之北。今孛罗撒[13]之西有海谓之西海。至于青海在五郡之南，且周匝才千余里，不及中国一湖，岂足当四海之一乎？王莽以青海为西海，盖夸大其事，以为美名耳。海岸周一千二百里[14]，水深而咸，不可饮焉[15]。海中鱼甚多，不大而无鳞，背负黑点。海中海心山周百里，山有寺无住持，僧或喇嘛有德行者，冰合而往，至则周行诵梵咒，欲离此山，亦待冰合，然亦罕有往者。世传海有龙，冰合纵牝马于海心山，域纵牧海岸可得龙种云。海岸皆有水草，西宁之西，百谷之水所注。独海之西北一隅无水草，故皆不牧畜其地。松潘、茂州皆四川地，河州、洮州皆在海东南，自海而往松潘、茂州，必渡黄河，其里至则不可考[16]，亦通四川[17]之打剑炉。哈密在西北，金山即沙陀，在海之西。今嘎尔旦所居之地，或云自海至金山约六十程[18]云。乌斯藏在西南，今达赖喇嘛所居。热水山在西宁西[19]三百里，在庄浪西南。祁连山在西宁西北，在凉州、甘、肃南，远近不一，不可里计。青海东至西宁四百里，东北至庄浪六百里，北至凉州之黄城儿计行十日，北至甘州之扁都口行十有二日云。今近海四十里，有城墙基址[20]，相传明初立镇海营于此。四卫废，乃移营于西宁西南五十里，然无可考。明正德间，夷亦不剌乃拥众万余寇掠[21]边，又请居哈密主[22]西域贡，为中国外藩，议者不许。四年，乃侵青海之四卫，掠诸番，尽有其地。则固夷人中之有才能者，中国不善用之耳。而永邵卜、卜儿孩之属皆依焉。及扯力银[23]、俺答往来海上，火落赤、真相党恶于南，宾兔、宰僧、青把都儿犄角于北[24]。所以洮、河、湟[25]、庄多夷患也。亦卜剌据青海二十余年，为吉囊所袭，惟卜儿孩独全，遂称卜失兔罕，盘据四卫。今之达赖黄台吉，卜儿孩之子；麦力干、达尔加黄台吉，皆卜儿孩之孙[26]也。青海今夷人达赖黄台吉住牧。

校勘：

①灰本误“其味咸”为“其水盐”。

②半本作“海西山”，据诸本改为“海心山”。

③灰本误“非”为“水”。

④半、关本作“其地”，四本作“其地隅”，据灰、古、今本改为“其他隅”。又半、关本误“百”为“北”。

⑤半、关本作“山山”，据诸本改为“金山”。

⑥灰本误“地”为“北”。

⑦半本作“土谷挥”，据诸本改“挥”为“浑”。又灰本作“据降汉”。

⑧四本误“惟”为“为”。

⑨四本误“汗”为“汉”。

⑩半本作“此魏”，据诸本改为“北魏”。

⑪半、关本作“九泉”，据诸本改为“酒泉”。

⑫灰本脱“高车所居”。

⑬半、关、四、古本作“孛罗撒”，灰、今本作“孛罗撒”。

⑭灰本作“一千一百里”。

⑮诸本作“饮马”，据灰本改为“饮焉”。

⑯半、关本作“其里至则可考”，据诸本改为“不可考”。

⑰古本误“四川”为“西川”。

⑱半本作“约六十里”，据诸本改为“约六十程”。

⑲灰本脱“西”。

⑳灰本误“址”为“趾”。

㉑四、灰、古、今本误“寇掠”为“寇凉”。

㉒灰本误“主”为“居”。”

㉓半、关本作“扯力银”，四、古、今本作“扯力良”，灰本作“扯力克”。

㉔灰本误“北”为“此”。

㉕灰、古本误“湟”为“边”。

㉖四本误“孙”为“孩”。

罕东卫，在青海东北，有明置之，以处西羌别种。初，西羌知天命，称臣献马，乃赐之冠带，给金牌，岁一至西宁茶马司，彼此互市。于是封锁南吉剌思为指挥，传其兄塔力，袭数世无他变。卫无城郭宫室，以毡帐为庐舍，逐水草，孳牧畜，与曲先①、安定、阿端辅车相依，而各分地，要不离乎青海左右。及亦卜剌、阿尔秃斯来侵，残掠其众，罕东之人，徙就西宁沿边，留为生番，为降夷，卫乃名存实亡矣。卫在西宁西北三百余里。明洪武三十年，锁南吉剌思贡马来降，因置罕东卫。乃以其目为指挥佥事，领其部落中马②，岁赴互市。永乐三年，锁南吉剌思死，因其兄塔力袭为指挥，以奴奴为指挥佥事[1]。正德四年亦卜剌及阿尔秃斯据其地，罕东之人皆徙近内地，卫遂虚。按罕东卫在青海，罕东左卫即沙州，在甘肃之西，相距二千里许。世之著书者，以二卫合而为一，不知多一左字③，相去悬殊。即留心边事如丘浚[2]④，二卫亦不能辨。以此言之，边地考据，岂易言哉。今达赖黄台吉住牧。

注释：

[1]锁南吉剌思：原为罕东部酋长，于明洪武三十年(1397年)遣使入贡，诏置罕东卫，授指挥佥事。明永乐元年(1403年)，偕其兄塔力(《明史·西域传》作"答力")入朝，进锁南吉剌思为指挥使，塔力亦授指挥同知。永乐四年(1406年)，锁南吉剌思死，塔力即袭指挥使。至明洪熙元年(1425年)，授奴奴(《明史·西域传》作"那那")指挥佥事。

[2]丘浚(1418—1495年)，字仲深，广东琼山人。景泰进士，官至翰林学士、国子祭酒、礼部侍郎及尚书，文渊阁大学士，参预机务，

撰有《大学衍义补》、《世史正纲》和《琼台会稿》。

校勘：

①半、关本作“孳生处，于曲先”，据诸本改为“孳牧畜，与曲先”。

②灰本误“中马”为“牛马”。

③半本作“不知少一左家”，据诸本改为“不知多一左字”。又关本亦误“多”为“少”。

④半、关本作“邱浚”，灰本作“丘琼山”，四本作“左浚”，古、今本作“丘浚”。应以“丘浚”为是。

曲先卫，在罕东卫北，大通河之南也。元置曲先元帅府，明因之而治卫焉。以土人散西思为指挥，传至黑麻乩贡献不绝，互市相安。及明中叶，夷人外讧，曲先之众窜于穷荒，或依土鲁番云[①]，而海上饶野，为他人有矣。卫在西宁西北三百里。元置曲先答林元帅府。明永乐四年置曲先卫，以散西思为指挥同知，领其众，给冠带，给金牌[②]，岁赴西宁茶马司互市。正统初，以黑麻乩为指挥[③]，常遣其部目火丁赴京贡献[④]。亦卜剌之乱[⑤]，曲先远徙，今麦力干部落住牧。

校勘：

①半、关、四本作“或依土鲁番去”，灰本作“或依土鲁番云”，据灰本改“去”为“云”。

②诸本均作“金牌”，惟灰本作“金印”。

③诸本均作“指挥”，惟古本作“指挥使”。

④诸本均作“赴京贡献”，惟灰本作“赴京来贡”。

⑤四本误“乱”为“乩”。

安定卫，在西海北①，曲先之西南也。元遣扬州乐户，谓之撒力畏兀儿。元末，自哈密而徙青海。明初，烟帖木儿贡铠甲刀剑内附。乃以乐户之后，分为若先、帖里二族。顷之，置卫，合二族为安定卫，给茶中马与三卫同，而分地独宽②，二族独多。及避夷患，举族徙西宁边外，相依仍旧。卫，在西宁西南三百八十里，元封哈忽失里为武威王，迁③扬州乐户一族，以快其心。遂以乐户之族为撒力畏兀儿。久之，其人同回夷之俗，然必养犬豕以自别。元末，乃同阿端之人徙于青海，其族特众，有不乐徙者，则留居哈密焉。或以永乐时迁扬州乐户为安克铁木儿者，误也。烟帖木儿乃安定阿端之王，入贡在洪武七年。正德间，亦卜喇之乱，卫人或迁甘州，或就西宁沿山，流为黑番。卫地今达赖部落住牧。

校勘：

①半、关本作“在西海北”，四、灰、古、今本作“青海”。

②灰本误“宽”为“寡”。

③半、关、四本作“遣”，古、今、灰本作“迁”。

阿端卫，在曲先西南，盖鞑靼别种。自哈密迁青海，与安定之人同属于①烟帖木儿者也。明初，效顺来归，亦分二部，曰阿端、阿真。未几，合阿真、阿端而置卫焉，给牌印、号纸与三卫同。数传后不能守其分地，遂徙徼外。卫在西宁南四百八十里。初，阿端与[②]安定皆居哈密，族虽各别，部本无分。元末，迁青海。明初，烟帖木儿再[③]入贡，即分阿端、安定为二部。洪武八年，以烟帖木儿所部，凡属夷种，皆为阿端，以别于乐户之族，中马互市同于三卫。及亦卜剌夺其地，其人分散，遂逃沙漠，卫遂废。今达赖[④]部落住牧。

校勘：

①半、关本作“子”，据诸本改“子”为“于”。

②半本作“于”，据诸本改“于”为“与”。

③古、灰本脱“再”。

④灰本误“达赖”，为“达旦”。

多巴，在西宁西五十里，今互市地也。黑番、回回筑土室成衢，为逆旅主人。凡九曲、青海、大通河之夷，为居垄断。远而西域回夷，为行贾者，皆于是乎在。世以西宁市口在镇海北川，恶知所谓多巴耶。多巴在镇海西北五里，北川南七十里。多巴复见者旧为内地，今为市口也。世所传西宁市口，皆谓镇海北川，即律例亦不载及多巴，岂为市口未久乎？今皆番、回居住。主市者[①]，夷人达赖下宰僧一，麦力干部宰僧一，中国反不设官焉。

校勘：

①灰本误为“市主者”。

白塔儿，在西宁西北，北川营之口外也。山环地衍，其土沃润，其道西夷错杂。厥革：貂鼠、白狼、艾叶豹、猞猁猻、元狐、沙狐、牛皮、鹿、麂、羊羔[1]。厥货[2]：镔铁、金钢钻、球琳、琅玕、琐幅、五花毯、撒黑刺[3]、阿魏、哈刺、苦术、绿葡萄、琐琐葡萄。厥牧：马、骆驼、犏牛、牦牛、羝羊、羱羊。厥居：土屋、平房、木几榻。厥人：则汉、回错杂，各为村[4]落，弓矢佩刀，未尝去身。厥贡：则输之于夷，夷亦莅以宰僧，董麦、粟、力役之征，如民牧焉。四方之夷，往来如织。以旧市于北川[5]，今近于多巴。惟白塔儿为道主也。白塔儿在西宁西北九十里，北川口西二十里。地有塔，蜃灰垩之，故谓“白塔儿”。其地之皮及货，皆至自西域，非白塔儿所产，但聚于斯耳[6]，多巴亦然。银鼠白如雪，其毛似貂[7]，但微短浅而细腻过之。狼皮以白为贵。艾叶豹其毛青而白，其斑微黑，不似金钱豹之甚。猞猁猻即[8]土豹。沙狐之皮，聚而分之，可为四种：其腹天马，其颔乌云豹，其腋[9]金边，其背则沙狐皮也。狐皮以玄色为最贵。牛皮即香牛皮也，本牛皮，夷以香物制之，加[10]紫红色茜之，夷以为靴，则蛇虺不敢近；以为褥，可避诸虫，其香虽久不散。琐幅[11]、撒黑刺、五花毯皆羊绒织成，产于失刺思安、各鲁、撒马儿罕诸国。阿魏物之最臭者，西域诸国皆产。塞外产兽颇多，不能尽载，然西塞独无虎，故不及之[12]。多巴及此地之屋[13]，皆高堂大厦，且有仓廒。有小河激水转硙，于内地易驴以转磨。其人，男耕女织，且有老学究授四书、毛诗⑭章句者。其地之汉人，则西宁之亡命；回回，则顺治八年之叛党，各仍其俗，共居于此。其添巴则纳麦力干。分地给种，皆麦力干所为也。宰僧，夷目总名。

校勘：

①半本作“狳猁猴”，据诸本改“猴”为“狲”。又补“沙狐”。灰本误“厥革”为“厥货”，误“牛皮”为“牛虎”，又脱“鹿”与“羔”。

②灰本脱“厥货”。

③半、关本作“撤黑刺”，据诸本改“撤”为“撒”。

④四本误“村”为“材”。

⑤半、关、四本作“以旧事于北川”，据灰、古、今本改“事”为“市”。又灰本误“北川”为“水川”。

⑥灰本脱“但聚于斯耳”。

⑦半、关、古本作“丝”，据四、灰、今本改为“貂”。

⑧半、关本作“及”，据诸本改为“即”。

⑨半、关本作“掖”，据诸本改为“腋”。

⑩四本误“加”为“如”。

⑪半、关本作“琐福”，据诸本改为“琐幅”。

⑫灰本脱“故不及之”。

⑬半、关本作“产”，据四、灰、古、今本改为“屋”。

⑭灰本脱“毛诗”。

红崖沟，在西宁北，黑松林峡之口外也。山石微赤，夹道稍宽，沟长十里许，左右多歧，小涧多泉水，羌人牛羊于是牧焉。自亦卜剌乱后，族类多散处庄、湟间，其安土重迁者，今西夷臣矣。红崖沟在西宁北一百五十里，平戎驿北一百里，威远营北四十里。黑番尔阁隆族[1]住牧，纳夷人添巴。其族甚众，有居庄浪之西山连城者五百余家，皆为中国中马，不纳夷人添巴。居红崖沟者，其一派也。

校勘：

①诸本作“尔加洞族”，依今本改作“尔阁隆族”。

掌吉儿壑岘，在碾伯之西。两山峭峙，壁立千寻，罡风起则岘中水六月可冰。其地西达青海，北由他共石而趋西大通[1]。岘无居人，湟、庄番族之游牧者，或一至焉。掌吉儿壑岘在碾伯西二十里。他共石在岘之东北二十里，又三十里为庄浪之马营，又八十里为黑古城，又六十里为弓弝城，又二十里为罗罗城，又二十里为丰乐堡，又二里至西大通堡焉。

校勘：

①灰本误为“西大道”。

棹子山，在庄、湟之交，冰沟堡之北，山顶之平如几席然。自麓至山腰，蜿蜒十里许，多茂草，冰沟土人咸植牧焉。番亦依山而牧云。棹子山在西宁冰沟堡北三里[1]，今黑番上先密族于此住牧[2]。

校勘：

①半、关、今本作“冰沟堡北三里”，四、灰、古本脱“三里”。

②半、关本作“山上先密族”，四、灰、古本作“今黑山上先密族”。据今本改为“今黑番上先密族于此住牧”。

大通河，在祁连山南，西宁西北也。河源发于祁连，东南流，庄浪①南山之水杂注之，西宁北山之水又注之，流数百里，经西大通河堡西，东流而入湟河②，或云即可可川，郦道元所谓浩门水也。河水迤逶，源远流长，不能执一地以名，远近惟源。北接凉州③，东连白塔，南通青海，西界甘州。水不甚深，其地可耕可牧，毡裘之君长在焉。且他夷所居，不过施毡帐逐水草耳。惟河源之夷，为栋④为椽，茅覆灰墁，有宫室之规，而夷人曾不深居，乃有牧无度，非禀性使之然与。河源之间，招纳流亡，牧羊孳马，溉种深耕，为根本地。且黄城、酸茨河、三角城、白塔儿、昝卜寺等⑤，青海之部落，凡受命咸听于此，亦足征其为一都会矣。大通河源在西宁西北三百五十里⑥，在凉州之黄城儿南二百余里，青海北五百余里，甘州大马营之东南⑦二百八十里。西大通堡属庄浪，河经其西。大通河北属西宁，河经其北。河流数百里，凉、庄、湟地皆有大通河，而源则在昝卜寺西二百里，于湟、庄、凉、甘⑧为适中。其地在万山内，开广平衍，有土可耕，水草大善，夏凉冬温，旧为塞外弃地。顺治十六年，麦力干于此开地伐木、陶瓦、大营宫室，使其长子南力木⑨居之。而麦力干往来于黄城、酸茨之间。其长子招集流亡，种麦豆，畜牛马，竟如内地矣。黄城、酸茨、三角、白塔，昝卜及青海之曲先卫，皆其部落，凡事悉来禀命，其诞生罔[10]不毕集。今南力木部落所住牧。

校勘：

①半、关本作“庄浪”，四、灰、古、今本作“凉庄”。

②诸本均作“黄河”，应为“湟河”。

③灰本误“州”为“川”。

④半本作“东”，据诸本改为“栋”。

⑤半、关、四本作“白塔寺儿昝卜等”，灰本作“白塔昝卜寺”，据古、今本改为“白塔儿，昝卜寺等”。

⑥诸本均作“三十里”，据今本改为“三百五十里”。

⑦灰本作“北东南”，“北”为衍文。

⑧灰本误“湟、庄、凉、甘”为“湟、庄、浪、甘”。

⑨半、关本作“南力”，今本作“南扎力”。据四、灰、古本改为“南力木”。

⑩四、灰本误“罔”为“冈”。

右西宁境内外番夷壤地，附西宁诸隘口，合十有六焉。小峡口，西北至西宁三十里。大峡口，西北至西宁九十里。哈喇只山口，西至西宁一百五十里。木恰儿硖[1]，北至西宁九十里。归德峡口，北至西宁一百一十里。且思贡口，北至西宁一百五十里。西石硖，东至西宁一百五十里。经纳峡，东至西宁一百五十十里。剌撒儿硖，东至西宁一百五十里。北石峡口，南至西宁一百里。插把峡，南至西宁一百里。西石峡口，西南至西宁一百二十里。红崖子山口，西南至西宁一百五十里。撒儿山口，西南至西宁一百五十里[②]。西番沟山口，即剩防沟也，西南至西宁二百里，黑松林山口，西南至西宁二百五十里。

校勘：

①半、关、灰、古、今本作“木恰儿峡”，四本作“木哈儿峡”。

②诸本均作“一百五十里”，惟四本作“一百二十里”。

古浪
下水泉墩
古城墩
寇路
鎮羌驛遞
石門
石灰溝墩
打柴溝墩
火燒城墩
岔口驛遞
寇路
寇路
寇路
寇路
雪山
雪山
雪山
雪山

寇路
孤山兒墩
打柴溝墩
黑馬圈河
暗門
大沙溝墩
馬營溝墩
武勝驛遞
鐵鍋泉堡
大營灣堡
何家營堡
白石頭溝墩
勅賜堡
西寧河

寧夏中衛界
青石硤墩
打麥水墩
莊浪衛
通遠驛遞
高山墩
西大通河驛堡
大通河遞運所
大通山口驛遞
黑城堡
古城堡
破山口墩
泉水墩
大沙溝墩
孫家溝墩
火燒衛墩
白土崖子川
青羊水
分水嶺墩
馬營

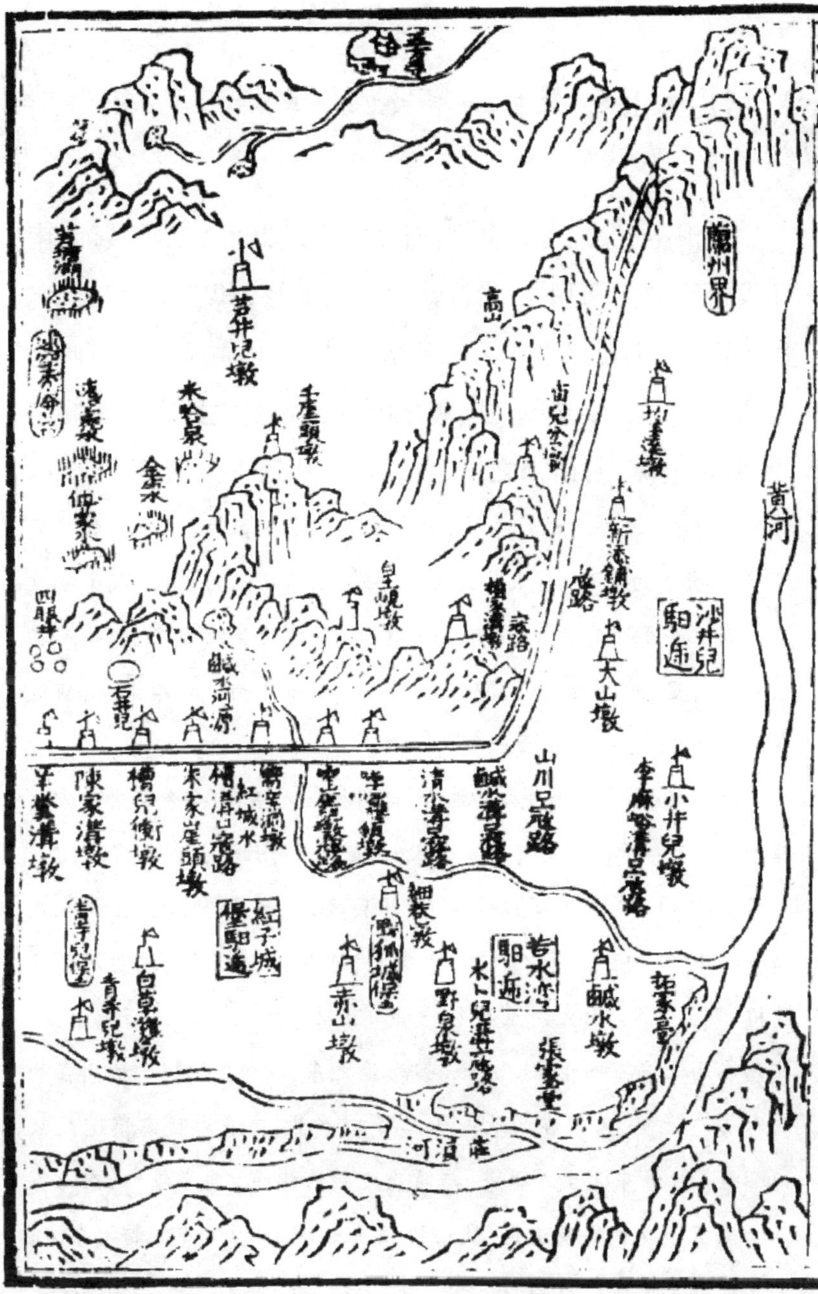
黃河
蘭州界
高山
苦井兒墩
米糧泉
四眼井
石井兒
沙井兒驛遞
新添鋪墩
大山墩
小井兒墩
山川口寇路
陳家灘墩
紅城水
紅子城堡驛遞
細腰墩
苦水灣驛遞
野狐城堡
赤山墩
鹹水墩
白草塘墩
張家臺
莊浪河

庄　浪　卫雍正初年，改卫为平番县①。

庄浪卫，汉之允吾县[1]，前凉之广武郡也。东距黄河，南环大通②，西界乌稍[2]，北筑新边。其地狭，其山宽，其土瘠。兵民而外，土司之人十万③，熟番之户三千。其于河东西为兰州门户，凉、湟堂奥，甘、肃之咽喉，靖、夏之捷径。车马络绎，毂击肩摩，乃诸郡之统会，九达之庄逵[3]也。允吾，音云鸦。汉为允吾县，昭帝始元六年置，属金城郡。前凉张氏，允吾县属广武郡[4]④。唐初为凉州地，宋为元昊[5]所据，元为庄浪县，明洪武十年改置庄浪卫而平凉府所属。庄浪与此不同，盖彼为县此为卫也。黄河在东百二十里，渡河为兰州，即河东也。大通河在南一百二十里，新边在北二百里，乌稍岭在西一百二十里。

土司姓鲁，本巩卜失加[6]之后。自明初世袭指挥。今袭职者鲁宏⑤，其子名帝臣。所部精锐有三万余人⑥。又有土司姓毛，明伏羌侯毛忠[7]之后，亦有土兵。庄浪藉以保障者，非兵之力，土司之力也。兰州在东二百二十里，自红城子⑦，野狐岭、苦水、沙井驿、金城关，渡黄河镇远浮桥，即兰州也，由兰州至西安一千四百里。西宁在西⑧三百七十里，凉州在西北三百四十里。庄浪在凉、湟之东，故曰“堂奥”。甘州在西北八百二十里，肃州在西北一千二百四十里，庄浪为甘肃馈道⑨，故曰咽喉。庄浪东北至三眼井，与靖虏之芦塘相连。自芦塘⑩而东七百五十里至宁夏⑪，盖便道也，故曰捷径。凡甘、肃、凉、湟之趋河东者，舍庄浪更无他途⑫，故曰“统会”。

注释：

[1] 汉之允吾县，其具体地理位置虽迄在争议中，但依《水经注》，其大约方位，在湟水会入黄河处以西的湟水之南、黄河之北处，应无疑义。不当在庄浪卫。梁份误隋改广武县为允吾县，与汉允吾县混淆。

[2]“乌稍”，即“乌鞘”，又作“乌梢”，位于今甘肃天祝县中部，属祁连山支脉冷龙岭东南段。

[3]庄逵：逵，馗或字。庄馗，六达九交之道也。

[4]“前凉张氏，允吾县属广武郡”：按，允吾于隋大业初改广武为允吾。“前凉张氏”即张寔，张寔分晋兴置广武郡，属令居、枝阳、广武三县。治所在广武。

[5]元昊：即李元昊(1004—1048 年)，于公元 1032 年称帝，建立西夏。据有“东尽黄河，西界玉门，南接萧关，北控大漠，地方万余里”之土地，并定制设官。国势日盛，与宋形成对峙之局面。

[6]鲁土司：始祖巩卜失加，元裔。父脱欢，封武定王，兼平章政事。洪武四年(1371 年)，率诸子部落投诚，授巩卜失加为百户长，统所部居庄浪，以功升百户。永乐初，子失加袭职，累署庄浪卫指挥同知，赐姓鲁氏。崇祯十年(1637 年)，鲁印(胤)昌任西宁副总兵。十四年(1641 年)，李自成农民军贺锦部进向西宁，鲁印昌率部阻战，殁于阵。

[7]毛忠(1393—1468 年)：字允诚，西陲人。曾祖哈剌万，洪武初归附，起行伍千户，战殁。祖拜都，从征哈密，亦战殁。父宝以饶勇充总旗，授永昌百户。忠袭职时，年 20，膂力绝人，善骑射。为将严纪律，善抚士。后以战功，累官至左副总兵，并赐姓名毛忠，镇守甘、肃。

明天顺五年(1461年),孛来以数万骑分掠西宁、庄浪、甘、肃诸道,入凉州,忠死战却敌,因功封为伏羌伯。明成化四年(1468年),与固原满四鏖战,中流矢而卒,年75。

校勘:

①半、关本有题注,其余各本皆无。

②灰本误为“大海”。

③诸本作“土司十万”,据今本改为“土司之人十万”。

④半、关、四、灰、古本作“前凉张氏,允吾县属广武郡”,今本作“前凉张氏置广武郡,隋复为允吾”。

⑤据四、灰、古本,改为“今袭职者鲁宏”。

⑥诸本作“有三万余人”,灰本作“有三万人”。

⑦灰本误“红城子”为“江城子”。

⑧半、关本作“西宁在西”,灰、古本作“南”,今本作“西南”,四本误为“北”。

⑨半、灰本作“馈道”,四、古、关、今本作“饷道”。

⑩半、关本脱“芦塘”之“塘”字,据四、灰、古、今本增补。

⑪半、关、灰、古、今本作“宁夏”,四本作“靖、宁”。

⑫半、关本作“便无”,今、灰本作“无他途”,据四、古本改为“更无”。

汉收五郡通西域,率由河湟,故允吾为散地[1],仅属于金城。有明,考道里之迂直,通四郡者,由兰州而渡黄河,故庄浪重而置卫焉。其制,文武官必备,卒必精,其民居中,土兵居外地，外而熟番，又外而生番。其四境之外，东兰、西凉、西南湟中，皆接连疆界，易以防闲。其可患者，莫如北之大松山[2]，此有明之故辙也。松山重冈连阜，水草特多，垣御未设之先，特内地之瓯脱耳。成化间，夷人火筛取道内侵，数载一至，或一岁一至。及五单于①稽首称臣，诸边与之互市，盖羁縻之于塞外之地，未尝开市于腹里也。庄浪贪皮马之细，忘经远之猷，往事不惩，私与互市，故大松山数百里地，为宾兔、阿赤兔②王庭。拊扼背吭，久假不归，遂成夷薮。及其东市西剽，道路寇攘，河东西几梗呼吸，乃缩地筑长堑，登埤乘塞，亦已晚矣。汉霍去病收河西五郡通西域，其出师皆由河州而至西宁焉。庄浪之官，文有监司、经历，武有参戎，凡西宁之官兵皆属焉。火筛，夷人名。有明嘉靖间，俺答等，蹂大同，深入泽、潞、宣、大③，抵紫荆关，且西略延庆，东寇辽阳，无岁不被兵。自其孙把汉那吉[3]归义后，封俺答为忠顺王，弭兵者十数年。各夷目皆内附，所谓五单于稽首，是为边郡云中、上谷、榆林、朔方是也。阿赤兔初款于中卫，而私互市于松山，皆隆庆以后事。长堑即今所谓旧边也，筑松山于外焉。

注释：

[1]散地：谓士卒易于逃散之地也。

[2]大松山：又称大小松山，一名密哈山。山多禽兽，在今甘肃天祝藏族自治县境内。明嘉靖三十八年(1559年)，俺答携其子宾兔、丙兔等数万众，袭据青海。已而引去，留宾兔据松山，明人称为“松

夷”,留丙兔据青海湖地区,明人称为“海夷”,互相呼应,寇掠西宁、河西诸卫。

[3]把汉那吉:俺答第三子铁背台吉之子。于隆庆四年(1570年),率其属阿力哥等十人来降。明授把汉为指挥使,授阿力哥为正千户。

校勘:

①半、关本作“及单于”,据四、灰、古、今本应增补“五”字。

②灰本误为“阿赤儿”。

③据诸本改“人”为“大”。

初,河、湟、洮、岷之间,青海、两川之夷,蜂屯蚁聚,而庄浪独安者,夷处湟西南,而庄浪在湟东北也。湟、河各守其地,亦无大患。及松山已据,夷之南北通而又臂续,彼招此引,大肆鸱张,犯西宁者三,寇洮河者再。当斯时也,岂惟河西同于累卵,而庄浪且阽在危亡矣。惟伏兵扒沙,伏兵速罕秃,聊固吾圉,不犹奉漏卮而灌沃焦耶①。苟非筹边老臣,拓筑新边,则庄浪之祸,尚可言哉。青海即西海,两川即河州之二川。正德间,夷人亦卜喇等相继据青海,火落赤等据二川②。万历间,夷犯西宁、洮河,副将李魁[1],李联芳[2],游击李芳[3],皆先后御夷,没于阵焉。扒沙,即今之凉州大靖也。速罕秃其地有泉,谓之速罕秃泉,在卫东二百里。万历二十六年,巡抚田乐,总制李汶,专意主剿,乃檄副将达云督率各镇官兵,为进讨计。先克昌宁湖[4]之青把都，次破青海之永邵卜③。其时阿赤兔、宰僧④，尚在大松山，乃令甘、肃、凉⑤之兵由泗水，庄浪之兵由黄羊，河东之兵由兰州、由靖虏，夷乃悉甲以待，各路并进，互相牵制，而泗水之兵直捣扒沙，黄羊之兵直捣鱼沟，皆捷。夷乃奔遁，悉平松山。乃起于凉州之泗水，尽于靖虏之索桥，筑边三百七十里，谓之新边，环松山于内矣。有明，于庄浪开市，其害如是，近乃有开市于甘州之洪水，害其小哉！

注释：

[1]李魁：副总兵，明万历十六年(1588年)，在西宁与永邵卜作战中，被诱杀。

[2]李联芳：洮州副总兵，万历十八年(1590年)，在西宁与永邵卜作战中身亡。

[3]李芳：西宁卫游击。万历十八年(1590年)，河套蒙古大掠河州、临洮、渭源，总兵官刘承嗣率部御之，败绩，李芳阵亡。

[4]昌宁湖：明时有湖，为俺答之属部青把都所据，现已枯涸，遗址在今甘肃民勤县西昌宁堡附近。

校勘：

①半、关、四本作“而灌焦耶”，据灰、古、今本增“沃”。

②半、关本作“处二川”，据四、灰、古、今本改“处”为“据”。又灰本误“二川”为“三川”。

③灰本误“永邵卜”为“永郡卜”。

④灰本误“宰僧”为“宰桑”。

⑤半、关、四本脱“凉”，据灰、古、今本增补。

或曰：松山已为内地，然则庄浪今日不已安如磐[1]石乎？曰庄浪四境，昔之重地独在北[2]，今之重地在西南，何也？青海渐繁，倍蓰于往日，祁连切近，百什[3]于两川[4]。则镇羌、西大通[5]间，要害之地，通川之道也。其入也，无堑边之隔，其归也，无穷日之劳[6]。昔阿赤兔通青海，皆[7]由此而出入[8]焉。今之夷虽暂安驯服，然内地属番，劫以积威，惟夷命是从，万一因隙败盟，阻大通之津，当乌稍之道，塞岔口之衢，则湟、凉、甘、肃求一线之通，亦不可得。庄浪外绝邻封，内生他变，存亡危虑，不待智者而后知矣。故曰今之重地在西南也。青海今[9]达赖黄台吉住牧，部落五千余人[10]。祁连山下则麦力干住牧，所部亦有五千余人。镇羌堡在西一百三十里，其地直通大通河。讨来川、三角城皆夷盘据，即祁连之下也。西大通堡在西南一百二十里，其地近大通河，远则[11]青海，皆近于夷疆也。镇羌为凉、甘、肃必由之大路，西大通为西宁必由之大路[12]，所谓要害也。明嘉靖间，已筑旧边，及平松山时，阿赤兔欲坏镇、岔[13]旧边，走青海，伏兵拒之。前此未筑旧边，则镇、岔为通衢也。庄浪之番富者多畜牧，贫者善窃盗[14]，自卫而东，皆不容其入城市，自卫而西，无处不有番焉[15]。一有意外，则他变必生矣。

校勘：

①灰本误“磐”为“盘”。

②灰本误“北”为“此”。

③半、关、四本作“什佰”，灰、古、今本为“百什”。

④半、关本作“西川”，据四、灰、古、今本改为“两川”。

⑤半、关本作“西大同”，据诸本改“同”为“通”。

⑥半、关、四本作“无穷日之势”，据灰、古、今本改为“劳”。

⑦半、关本脱“皆”，据诸本增补之。

⑧半本误“入”为“人”，据诸本改。

⑨半、关本作“前”，据诸本改为“今”。

⑩半、关本作“二千余人”，据诸本改为“五千余人”。

⑪诸本作“远则青海”，四本误“则”为“其”。

⑫半、关、四本脱“西大通为西宁必由之大路”。据灰、古、今本补。

⑬半、关本脱“岔”，据四、灰、古、今本补“岔”。

⑭诸本作“庄浪之番，贫者善窃盗”，据今本增补“富者多畜牧”。

⑮半、关本误“焉”为“马”，据诸本改之。

庄浪南边堡：西大通堡，庄浪卫西南一百二十里，西宁冰沟东北五十里。新站，庄浪南四十里，西大通堡东北八十里。庄浪卫，西宁卫东北三百七十里。武胜驿，庄浪西三十里。岔口堡，武胜堡西北五十里。镇羌堡，岔口堡西北五十里。

庄浪北边堡：裴家营，凉、庄分界之所在，大靖城东四十里。阿坝营，在裴家营东四十里。下红水营，阿坝东四十里。三眼井堡，下红水营东南四十里。

庄浪近疆：平山，庄浪西南、西大通南五十里。黑山岭，西大通南三十五里，红古城北五十里。红山川，西大通南二十里，红山堡南一里。河脑，西大通西十里①。他喇都川，在庄浪东南、通远堡南三十五里。排路沟，在他喇都川②之北，通远西南十五里。小川子③，在庄浪西，武胜驿西南十里。马营沟，武胜西北二十里。大沙沟，庄浪之西，岔口堡东南二十里。乾沙沟，岔口东北二十五里。宽沟，④岔口堡北八里。火烧城，岔口北十六里。沙金沟，岔口西北二百七十里。野狐川，金沙沟后十五里。先密寺，庄浪西北，镇羌堡东南四十里。乾柴窊，镇羌西二百里。

校勘：

①灰本误“西十里”为“四十里”。

②灰本误“川”为“门”。

③灰本误为“山川子”。

④灰本脱“岔口东北二十五里。宽沟”。

庄浪南边庄浪而西，则南北皆有边堡，故称南边以别之。

西大通堡，宋王韶所建，盖庄、湟①之交也。西即大通河，因以名堡。堡临水负山，居民稠密，四达之地，乃西宁之咽喉也。河脑之番虽少，亦有阴款于夷。堡北则②连城[1]土司之家在焉。其西山有木，商则采之，不当为国家仓卒军储计耶！西山之番输贡者③亦多。堡西循河则黑古城，番汉杂居。

由黑古城而西北，则掌吉鏊岘[④]，往来青海，则朝扬鞭而夕秣马者也。故红山川、卓子山之番族，外纳添巴，不惟偪乎。堡东则达通远堡[⑤]。犹有边墩，乃古驿路，其黄泥冈则危途也。堡东有小径通于红古城[⑥]，兰湟旧路，昔之避征商者，每取道焉。夫径多则难于阻险，人杂则易于容奸，而况据我之上流有人耶[⑦]。东南上下山坡，则今之驿路矣。东北至新站八十里。宋神宗时，王韶使王厚收复河湟，因地形险要，筑大通河城，或曰即今堡，或曰在河州、西宁之间，未知孰是[⑧]。大通河[⑨]在堡西一里，其源出于祁连山之摆大川[⑩]，流数百里至此，又东南流而入湟水[⑪]矣。大通河脑之黑番五家，其目曰：汪东尔加，今纳夷添巴。连城在北三十里，土司姓鲁，自明至今，皆赐职，凡庄浪之土人皆属焉。有明时[⑫]，河湟间常造舟载军仗，下宁夏以平贼[⑬]，宜留木以待用。番僧东尔阁隆寺[⑭]五百人，于连城中马[⑮]。余番则纳夷添巴。夷，即麦力干也。黑古城在西一百里，掌吉鏊岘在西北二百二十里。青海在昔为达赖黄台吉[⑯]所住牧。红山川堡之番，即阁都刚族，住报恩寺中。卓子山之夷，即上仙密族，皆纳达赖、麦力干添巴。通远堡在东北七十里，即宋之孙路[2]所谓通远至熙河者是也。黄泥岗在通远堡之西北八十里，红古城在东南八十里。此山僻小径，兰州西宁之捷路也。昔私商自南而至红古城，而西大通，而上川口，以避征税，今亦罕由之矣。堡居人仅五六家[⑰]，把守止[⑱]一把总，东北至庄浪一百二十里，西南至西宁之冰沟五十里。

注释：

[1]连城：在甘肃永登县城西，自明代起为鲁土司政权中心，土司衙门至今保存完整。

[2]孙路：字正甫，开封人。进士及第，宋神宗元丰（1078—1085年）中为司农丞，通判兰州，夏人入寇，有捍御功，除陕西转运判官。宋哲宗时为吏部、礼部员外郎。司马光议弃河、湟，路谓之曰："自通远至熙州才通一径，熙之北已接夏境，今自北关辟土百八十里，濒大河，城兰州，然后可以捍蔽，若捐以予敌，一道危矣。"光幡然曰："赖以访君，不然几误国事。"议遂止。继建议取青唐之策，遂由王愍、王赡收复邈川、青唐，后累官至兵部尚书，卒于徽宗初年。

校勘：

①灰本误"庄、湟"为"庄浪"。

②半、关本脱"则"，据四、灰、古、今本补。

③半、关本误"者"为"则"，据四、灰、古、今本改。

④半、关、今本作"掌吉壑岘"，四、灰、古本作"掌吉黑岘"。

⑤灰本误"通远堡"为"尔远堡"。

⑥半、关本作"堡东则经通红古城"，四、灰、古本作"堡东则径通红古城"，据今本改作"堡东则小径通于红古城"。又按文意，"则"应为"有"。

⑦半、关本误"耶"为"助"，据四、灰、古、今本改。

⑧今本将"宋神宗时"至"未知孰是"四十六字误为正文。

⑨灰本"大通河堡"之"堡"为衍文。

⑩半、关本作"捞大川"，四、灰、今本作"摆大川"，又古本误为

"大摆川"。

⑪诸本均作"黄河","黄河"为"湟水"之误。

⑫半、关本脱"时",据四、灰、古、今本补。

⑬半、关本误"贼"为"赋",据四、灰、古、今本改。

⑭古本误"阁"为"关",关本作"各"。

⑮四本误"中马"为"中焉"。

⑯半、关本脱"黄台吉",据四、灰、古、今本补。

⑰半、关、四本作"堡居人仅五六家",灰、古、今本作"近五六百家"。

⑱半、关本脱"止",据四、灰、古、今本补。

新站,盖移新牛站于此。其地源泉不通,耕种常废,居人汲水在深山二十里许。故冬则撮雪窖冰①,春则向空受雨,而番汉杂居于南北,站无防兵,殆以庄浪之非遥乎。北历山陂,涉河四十里②,则至庄浪焉。新站站③肆相连,小筑平岗,驿卒寥落,盖建置之未久者。往来络绎,苦于奔驰者,非一日矣。地无所生,泉无所汲。

校勘:

①半、关本"撮雪窖水",据四、灰、古、今本改"水"为,"冰"。

②半、关本作"涉西十里",四、古本作"涉河四十里",今本作"北至庄浪四十里",灰本作"涉河十里"。据《甘肃省地图集》,新站在永登县治西偏南数十里处,今本是,惟"北"当是"东北"。

③四本误"站"为"山",灰、古本误"站"为"于"。

庄浪卫，古城在南，射斗在西，今皆废焉。南绕河水，北列旧边，东通金城，河西东之接壤，西南凉、湟两岐分合处也。绛节之所络绎，土汉之所杂居，黑番之所出入，盖九达之区，河西之都会也。郛郭[1]之间有番场，或潜①入卫城为偷儿。南向万山，番族所居。沿边②西自羊圈沟循大路，渡庄浪河三十里为武胜驿。古城在南五里，射斗在西十里，庄浪河在西门外，源出镇羌之分水岭，至卫南流入黄河。旧边在北二里。明正德间，因夷阿赤兔据大松山，乃自兰州至金城关起，悉筑长城，至于凉州之泗水堡，直③接今之长城。及万历间平定大松山，又筑新边于极北，故此为旧边焉。由红城、野狐城、苦水、沙井而至兰④州统二百二十里。凉州在西北三百四十里，西宁在西南三百七十里。番场在城外，番子多善窃盗。卫南之堡，曰大柳树堡，相距十五里，二十里曰黑城堡，三十里曰南大通堡。西山、南山多番族。卫旧设副将，今改参戎。明崇祯十六年，土司鲁布圣⑤闻贼渡黄河，乃髡其⑥发，曰不能杀贼，岂肯降贼，从此与世长辞矣。卒不知所终。其浮家在城内南门。西至羊圈口二十五里。

注释：

[1]郛城：即外城，泛称城郭，语出《韩非子·难二》："赵简子围卫之郛城。"

校勘：

①半、关本误"潜"为"堑"，据四、灰、古、今本改。

②半、关本作“沿边”，灰、古、今本作“路难沿边”，四本作“虽沿边”。“难”为“虽”之误。

③半本误“直”为“真”，据诸本改。

④灰本误“兰”为“肃”。

⑤半、关、四本作“鲁布圣”，灰、古、今本作“鲁希圣”。

⑥半、关本误“其”为“乎”，据四、灰、古、今本改。又古、今本作“乃尽髡其发”。

武胜驿，堡在平地，河流其北[①]，山环于南。河北旧边，废为营蒯。东西隙壤[②]，尽列羌番，探丸之举，时时有之。武胜本置邮，虽非要地，而属堡[③]则有喜风咀，分地则有铁沙、野狐二岭，皆当慎毖，而讪于无兵。野狐岭之南，大通河流焉。西北五十里至岔口。庄浪河在北一里，山即骆驼、刀[④]楞、石咀、兀儿兔四山也。虽非要地，然七族黑番居焉。喜风咀堡在西南三十里，其堡之西有白石头沟岭，最为冲要云。铁沙岭在西八十里，野狐岭在南二百里。堡有把总。

校勘：

①半、关本作“其河流北”，据四、灰、古、今本改为“河流其北”。

②半本误“壤”为“攘”，据诸本改。

③半、关本作“堡属”，据四、灰、古、今本改为“属堡”。

④四本误“刀”为“力”，灰本误为“刁”。

岔口堡，堡当平地，南山北河，同于武胜。土冷薄收，难于粒食[①]，加以春夏大雹，折木偃禾，无岁不祲。而六族熟番，食毛践土于此。毳帐当路，畜马弥山，盖地通塞外，如大通河、青海者不一而足。堡之东山宜防者五：曰梓尖堡、曰黄草冲、曰栢林掏、曰大沙沟、曰狐头咀。西山极冲者十有二焉：曰土鲁干、曰石门硖、曰青山坂[②]、曰野葱沟、曰骆驼岘、曰散岔山[③]、曰滥泥沟、曰充草岭、曰思加羊[④]、曰新河坝[⑤]、曰捏耳朵、曰金沙沟。又西北五十里至镇羌堡。庄浪河在北二里，河北即边墙。熟番六族俱纳麦力干添巴。崇祯十六年，诸番叛逆，三月十一日副总兵[⑥]鲁胤昌，从堡进剿先密等番[⑦]，斩杀殆尽。堡有把总。

校勘：

①半、关本作“难于粒食”，四、灰、古本作“艰于”，今本作“艰难”。

②半、关本作“青山坂”，四、灰、古、今本作“青山坡”。

③四本作“散岔口”，诸本均作“散岔山”。

④半、关本误“思加羊”为“加思羊”。据诸本改。

⑤半、关本作“新河坝”，四、古、今本作“新阿坝”。灰本作“新阿伯”。

⑥灰本作“总兵”。

⑦灰本误“番”为“处”。

镇[①]羌堡，同于岔口，岁祲大雹，无岁[②]无之。山有祁连，河有大通，川有讨来，今之虎穴虎子[3]皆在焉。然亦逐[4]水草而列毡帷耳。独三角城之寇，屯田筑室，为不拔之基，去此甚近。昔阿赤兔于青海北边，假道于此，盖镇羌一堡，为南北塞外相通之要道，安知今日不指为续臂地耶。虽北有重边，而南之蹊涧成路者特多。其党朵儿，尤[5]为要冲，西古城为次冲，兵即足守，则谨其阸塞何容缓与。渡河而西北，则乌稍岭，虽非甚高，最为荒旷，但有蠢动风闻，经行绝迹，夷虽未至，蒙虎皮而行者甚[6]也。西北三十五里，则凉州之安远堡也。祁连山麓起于堡之西南，讨来川岭在西二百四十里。讨来之水，发于岭而[7]西流。大通河在西一百三十里，其水发源于摆大川而东流。二水俱在祁连之南。三角城在西二百七十里，麦力干之部落在焉。筑室耕稼，亦如内地。三角城亦近凉州，盖凉州南山之南，祁连之北也。有明时，夷阿赤兔阻于青海，假道镇羌，许之。嗣是南北往来皆取道于堡。今堡河北有旧边，更北有新边，所谓重边也。当朵儿在西一百六十里，西古城在西五十里。河即分水岭之河，东流而下至庄浪，凡岔口[8]、武胜所指皆此河。河在北数里[9]，乌稍岭在西五里，从此而西五里，则渡河。既渡即岭，其岭平而且长[10]，直达于安远。志书[11]以为在堡西者，误矣！岭既空旷，而黑番每假夷名于此为寇盗。堡有游戎。

校勘：

①灰本误“镇”为“副”。

②灰本误“岁”为“日”。

③灰本脱“虎子”之“子”。

④灰本误“逐”为“列”。

⑤灰本误“尤”为“兀”。

⑥半本作“甚”，四、灰、古、今本作“多”，关本误为“鲜”。

⑦半、关本脱“而”，据诸本补。

⑧灰本误“岔口”为“金口”。

⑨半、关本作“数里”。四、灰、古本作“数武”，今本作“步”。

⑩半、关本作“既渡即汉平而且长”，灰本作“既渡河既渡即岭，岭平而且长”，四本作“既渡即岭。平而且长”。据古、今本改为“既渡即岭，其岭平而且长”。

⑪灰本脱“书”。

庄浪南边，自西大通而西至镇羌，凡六所，二百八十五里。其南皆山，其山皆番，无长城[1]为之界限，遵路为疆而已。

校勘：

①半本误“城”为“域”。据诸本改之。

庄浪北边

裴家营，凉、庄疆域所分也。堡在平原，土瘠沙多，水利不通，非香沟分灌，安人畜之不渴死耶？西望大靖，南近火烧，东连沙沟，北环边堵，援应虽近，而暗门罕闭，边颓不修，甚非所以防祸于未萌也。又东四十里为阿坝营。香沟属大靖，分其余以灌溉。大靖营在西四十里，大靖居高，营地则卑，可望见也[1]。火烧沟[2]在东南三十里，沙沟在东二十五里，长城在北一里。大靖、阿坝相距不甚远，可为援也。

校勘：

①半、关本作"可望也"，四、灰、古本作"可望见也"。

②半本作"火烧城"，据诸本改为"火烧沟"。

阿坝营，地高而平衍，土脉不毛。其北暗门[1]迤西之阿坝、水空，键闭宜修，斥堠宜明[2]。其边外有大泉水，更北有黑石山，水足草深，夷必争牧，况乎营盘水之密迩为邻乎！内地则双井堡，为芦、裴捷径，则中川寇虐[3]宜遏也。又东四十里为下红水。堡迤南水泉二处，疏通水槽，引入堡内。水空在西十里，夷向每从此入犯，今则沙高墙缺，可入[4]之地，不止水空矣。大泉水在东北十八里，摆言湖在北三百八十里[5]，双井堡在南四十里，芦塘属靖虏，在双井之东一百一十里，裴家营在西四十里。芦、裴往来循新边而行，则一百九十里，由双井则一百三十余里，所谓捷径也。中川属松山，在双井之东二十里。堡有游戎。

校勘：

①半本作“其此暗行”，据诸本改为“其北暗门”。

②半、关本作“斥堠宜明”，灰、今本作“伍候宜明”，四本误“伍”为“五”。

③古本误“虐”为“长”。

④灰本作“引入”。

⑤诸本皆脱“大泉水在东北十八里，摆言湖在北三百八十里”，又衍“在北二十五里”。据今本改补。

下红水，自松山平而亭障筑也。南近大松山，北近黑石山，风沙日扬，边墙渐圮①。且营盘水直连贺兰山后，其途甚便，况乎游牧者，不但贺兰后②之夷哉。又东四十里则三眼井。大松山在南七十里，黑石山在边外西北二十里，营盘水③在东北一百六十里。自营盘水五十里至黄沙坡，又二十里至小风口，又十里至大风口，又三十里至拜寺④口，又三十里至垒石口，又三十里至黄峡口，又五十里至贺兰山口。自堡至宁夏之贺兰山后，共五百二十里。贺兰山后之夷祝囊、老藏、克气三台吉住牧。若游牧者不可胜记。堡有守备。今自宁夏出中卫之永安墩口，经长流、营盘两水头，直达红水或三眼井，成坦途矣。驿站既设，商旅通行，而芦塘一路惟平，固避税者则由之⑤。

校勘：

①半、关本误“圮”为“北”，据诸本改。

②半、关本脱“后”，据诸本补。

③四本误“水”为“山”。

④半、关、四本误“寺”为“等”，据灰、古、今本改。

⑤灰、古、今本脱“今自宁夏出”至“固避税者则由之”一段。

三眼井堡，地极空旷，堡近新边。其东永宁堡，旧有边兵，以为犄角，今亦无之。其南由狼沟口而至沙井堡，路极崎岖，盖趋兰州之大道也①。其北有麻黄滩，逼近于边②，至冲之地也。其北至黄沙券，以及水塘湖、水头之地，则侦夷人之动静也。若夫张既[1]之所取道，理有可信，文无可征。又东七十里为靖虏之芦塘营。永宁堡在东九十里，明以兰州之参将改置永宁。以永宁去新边才五十余里③，而三眼井又在西四十里也。狼沟口在南三百里，沙井驿在狼④沟口南四十里，兰州在沙井驿东四十里，自堡至兰州三百八十里，路僻山荒，行人惮之。麻黄滩近边墙一里，昔夷人每入犯，必由麻黄滩⑤。以其在红水、三眼井之间，空旷无守故也。黄沙券在边外之北二百里，水塘湖亦在北一百二十里⑥。魏之张既，文帝使为武威刺史⑦，时卢水羌反，闻既将至，乃拒于鹯⑧阴口。既扬言⑨兵经鹯阴，乃于金城渡河，潜于揟次，间道直抵武威，破之。或以⑩堡既张既之间⑪道，然无可⑫据矣，堡有守备。

庄浪北边，自裴家营之团⑬庄起，东至三眼井，界靖虏⑭之芦塘营止皆长城⑮，凡四堡，一百九十里。

注释：

[1]张既：字德宏，三国魏之高陵(陕西高陵县)人。曾为京兆尹，出为雍州刺史，后迁凉州，封西乡侯。

校勘：

①半、关本作“大道也”，四、灰、古、今本作“便道也”。

②半、关本作“通近于边”，据四、灰、古、今本改“通”为“逼”。

③半、关、古本作“五十余里”，灰本作“止五十余里”，据四本补“才”。

④半、关本脱“狼”，据灰、古、今本补。又四本误“狼”为“浪”。

⑤半、关、今本脱“麻黄滩近边墙”至“麻黄滩”，据四、灰、古本补。又灰本脱“每”。

⑥灰本误为“二百一十里”。

⑦灰本误为“武威太守”，又半本误“刺”为“剌”。

⑧四本误“鹯”为“颤”。

⑨半、关本误“扬言”为“言扬”，据诸本改。

⑩半、关本误“以”为“此”。据诸本改。

⑪关本误“间”为“开”。

⑫半、关本误“可”为“口”，据诸本改。

⑬灰本误“团”为“围”。

⑭灰本“虏”作“鲁”。

⑮古本脱“皆长城”。

庄浪近疆[1]自庄浪西南接西宁界起，折而南又折而西，以接凉州界止。

平山，在庄浪西南，西大通堡之南。丛山之中，忽有平地，山有丰草，流水注之，孳牧为边外最，黑番[2]住牧于兹。南通青海，西近大通，则与接帐连鞲者，不惟逼乎。平山在西大通南五十里，黑番苏东奔族于此住牧。

校勘：

①灰、古本脱"庄浪近疆"之标题。

②半、关本误"黑番"为"黑山"，据诸本改。

黑山岭，在西大通之南，红古城之北。岭旧有墩，迤而南则海石湾。湾南则李家村，湾东达可可川之王家山城。岭之东西南北无非内地，黑番居此，其族甚微，领茶孳马，宜其子孙世世无敢萌异志也。今外交于夷矣。黑山岭在西大通南[1]三十五里，红古城北五十里。黑山墩南至海石湾一十五里，海石湾东西二路，南至李家村五里，东至可可川地方王家山城五十里，无一非内地也。岭[2]，今黑番尔革日族[3]住牧。

校勘：

①半、关本作"在大通南"，据四、灰、古、今本改为"在西大通南"。

②灰本脱"岭"。

③半、关、灰、今本作"尔革日族"，四、古本作"尔华日族"，又灰本脱"族"。

红山川，在西大①通之南。川有堡，堡有居民，迤东有红古城而趋苦水，盖昔之通衢也。川在堡南，居内地中，黑番居之，阴款于夷。红山川在西大通南二十里，红水堡②南一里。由川东至红古城六十三里，又五十里至③苦水，此昔日商贾之途也。川为番僧阎都刚族④、报恩寺僧住牧⑤。

校勘：

①半、关本误"大"为"太"，据诸本改。

②半、关、四本作"红水堡"，灰、古、今本作"红山堡"。

③半、关本脱"至"，据诸本补。

④半、四、古、今本作"阎都刚族"。关本误"阎"为"暗"，灰本误"阎"为"阁"。

⑤诸本作"川为番僧阎都刚族报恩寺僧住牧"，灰本作"川为报恩寺番僧阁都刚族住牧"。

河脑，在西大通之西，红山川之北。大通河之源流，不知其几千百里也。西大通人以其地在上流,谓之“河脑”[1]。黑番就牧河干者①,依我宇下,今顿首于夷之庭不暇焉。河脑在西大通西十里②,黑番汪束尔加族住牧。

校勘:

①灰、古、今本脱“者”。

②诸本作“在西大通西十里”,今本作“在西大通西四十里”。

他喇都川,在庄浪东南,通远堡南。河西平原之地,通谓之川,不专指流水也。川地广衍,其地瘠薄,其木①萧疏,腹里不毛之地,可牧而不可耕者。西大通通远堡之属堡,于川为挥肱地也②。黑番駾喙于此,谁曰不宜,而输诚恐后于塞外焉。他喇都川,在通远堡南三十五里,黑番写尔素族③住牧。

校勘:

①半、关本误“木”为“水”,据诸本改。

②诸本作“挥肱地也”,灰本作“股肱地”,又半、关、四本脱“地”,据灰、古、今本补。

③半、关、古本作“写尔素族”,今本作“写尔族”,灰本作“尔素族”,四本作“写舄素族”。

排路沟,在通远堡西南,他喇都川之北。沟皆芗萁草,充斥道路,故曰“排路”。或曰一名牌楼①。沟在内地,明设有骑步，今番则外臣于夷矣。沟在通远堡西南一十五里。芗其草名，河东西皆取之以编席者。明于沟设兵一十三名[2]，马一十三匹，今无矣。沟今[3]黑番蝉乐族住牧。

校勘：

①四本误“牌”为“排”。

②灰本作“十五名”。

③诸本脱“今”，据今本补之。

小川子，在庄浪之西，武胜驿南。平衍之地，两山夹之，故曰小川。七族之番俱在焉，迩来周道之间，肆为胠箧矣。川在武胜西南一十里，庄浪而西之山，土人皆谓之西山。川亦平地，为撒卜儿马其等七族住牧，今其目名阿扛，时为盗。

马营沟，在武胜西北，岔口东北，西近团庄，南近伏羌。沟在岔口之东山，盖重边之内也。黑番处地，夷讵能害，而南向事之何耶？沟在武胜西北二十里，岔口东北二十里。大马营、团庄在沟西七里，伏羌在沟南六里。庄浪有新旧二边，沟在旧边北，新边南。今黑番白扎尔族住牧。

大沙沟，在庄浪之西，岔口堡之东南，沟北接壤平城，黑番住此，而远输于夷。沟在岔口东南二十里，平城堡南三十里，今黑番阿盖族于此住牧。

乾沙沟，在岔口东北，大沙沟北。沟为岔口山场，草木足供畜牧。岔口之人公其利，与羌人共之。乾沙沟在岔口东北二十五里，黑番钱朵族住牧。

宽沟，在岔口之北，乾沙沟之西。沟有墩，自墩至沟脑[1]，一望[2]平川，亦岔口山场也。番族住此者，与大沙沟、乾沟皆阳奉阴违焉。宽沟在岔口北八里。明制，有墩塘，兵一十二名，马一十二匹[3]，今裁。自墩至宽沟脑延长十二里。今黑番红[4]扎尔族住牧。

校勘：

①灰本脱“脑”。

②半、关本误“望”为“里”，据诸本改。

③诸本作“兵一十二名，马一十二匹”，灰本作“兵十二骑”。

④灰本脱“红”。

火烧城，在岔口北，镇羌堡东，切[1]近曹家堡。番之羊、马、犏牛、牦牛充斥道途，而奉夷惟[2]谨，或亦为之倡与。火烧城在岔口北一十六里，曹家堡在北五里，城今黑番朵卜藏族住牧。

校勘：

①灰本脱“切”。

②半、关、古、灰本脱“惟”，据四、今本补之。

沙金沟，在岔口西北，沟地特远[1]，其形胜不可得而知。趋其地者必由新阿坝、捏耳朵焉[2]。距岔口既遥，则鞭长不及，宜矣。沟在岔口西北二百七十里，自岔口而西北二里[3]为土鲁干。又一十五里为石门[4]峡，又一十五里[5]为青土坡，又一十七里为野葱沟，又二十里为滥泥沟，又二十里为骆驼山，又三十里为散岔山，又一十五里为充草岭，又二十里为思加羊，又二十五里为新阿坝[6]，又三十里为捏耳朵，又四十里为沙金沟。沟为黑番思国忙族住牧。

校勘：

①灰本脱"沟地"，又"特远"作"甚远"。

②四本误"焉"为"为"。

③半、关本作"二里"，四、灰、古、今本作"三里"。

④半本误"门"为"北"，据诸本改。

⑤半、关本作"一十五里"，四、灰、古、今本作"一十里"。

⑥诸本作"新阿坝"，四本作"沙金坝"。

野狐川，在岔口西，沙金沟后，地为尤远，与煤炭沟[1]为邻，明之守军今皆废矣。川在沙金沟后一十五里，明时野狐川、煤炭沟各设墩军二名[2]。川今为黑番朱已族[3]住牧。

校勘：

①灰本脱"沟"。

②诸本作"明时野狐川、煤炭沟各设墩军二名"，灰本作"明有墩车二名，今裁"。

③今本作"朱巴尔族"。

先密寺，在庄浪[1]西北，镇羌东南。寺极宏壮，番僧居之，饮食起居，无异于番，惟屏妻子，衣黄衣耳。添巴之纳，则远输乌斯藏焉。寺在镇羌东南四十里，甚宽广。明初，敕建以处番僧，先密僧特[2]多，于是分为二族，所谓上先密，下先密，皆寺族类也。寺东为庙儿沟，西为黄草充，北为打柴沟，西为镇羌焉。今番僧绰尔只等族住牧。

校勘：

①半、关本脱"浪"，据诸本补。

②灰本脱"特"。

乾柴窊，在镇羌之西，南山之南，其地属境外。西接三角城，东通党朵儿、红鏊岘，以至于分水岭焉。黑番处此，远于内而近于外[1]，物以群分，固其宜也。乾柴窊在镇羌西二百里，三角城在其西七十里，党朵儿在其东二十里，又东二十里为红鏊岘，又东二十里为分水岭。窊今黑番住牧。

校勘：

①半、关、灰、古本作"黑番处此，远于内而近于外"，四本作"黑番远处于内而近于外"。

右庄浪南山内外，番族壤地，附庄浪诸要塞，合四十有五焉。

羊胸子城[1]，南至西大通四十里。工巴城，东南至西大通四十里。毛儿茨壑，东至西大通六十里。膀卜老硖，南至通远堡三十八里。乱石窊，东北至武胜驿四十里。红壑岘，北至武胜七十里。铁沙岭，北至武胜一百里。寺儿沟，北至武胜一百三十里。熊窝沟，东北至武胜一百里。香炉山，东北至武胜一百六十里。白石头沟[2]岭，东至喜风嘴二十五里。野狐岭，东至喜风嘴二百里。石门峡，东至岔口五十里。骆驼岘，东至岔口七十里。散岔山[3]顶，东岔至口一百里。滥泥沟，东至岔口一百二十里。充草岭，东至岔口一百三十五里。思加羊，东至岔口二百一十里[4]。新阿坝，东至岔口一百八十里。捏耳朵，东至岔口二百一十里。沙金沟，东至岔口二百五十里。大沙沟，西至岔口二十里。狐头嘴，西北至岔口五十里。大滥泥沟，东至镇羌堡二十二里。四道沟，东至镇羌[5]四十里。红沟儿[6]，东至镇羌五十里。鸡冠石，东至镇羌八十里。散岔，东至镇羌一百里。人头岘，东至镇羌一百三十里。宽沟，系凉南境外，东至镇羌一百六十里。红腰岘，系凉南境外，东至镇羌五十里。小木麻儿，系凉南境外，东至镇羌堡二百二十里。白石头，由城儿沟东至镇羌堡一百二十里。分水岭，东至镇羌一百三十里。白石头空高崖，东至镇羌一百四十里。党朵儿，东至镇羌一百六十里。红壑岘，东至镇羌一百三十里。泉子岭，东至镇羌一百八十里。牛心山，东至镇羌二百里。讨来川岭，东至镇羌二百四十里。乾柴窊，东至镇羌二百里。

此庄浪南面之要塞，皆南通西夷之路，番夷所出入焉。

虽南山之外，未居一夷，然三角城、大通河以及青海相距非遥，不能域以封疆之界也。

校勘：

①半、关、四、古本作“羊胸子城”，今本作“羊脑子城”，灰本作“羊胞子城”。

②四本脱“沟”。

③半、关本误“山”为“口”，据诸本改。

④四、灰、古、今本作“一百六十里”，半、关本作“二百一十里”。

⑤四本作“镇羌堡”。

⑥四本误为“红儿沟”。

秦边纪略·卷二

脫歡山
尖山
陝鋪
金川堡
野馬川

永昌衛
水磨川驛遞
尚義堡
重仁堡
杜家寨
黑水墩
紅羊圈墩
鎮虜墩
孫家井墩
鎮朔墩
古城墩
水閘口
饅頭山墩
水磨墩

境外
白鹽池
水泉墩
破古城
安遠堡
西紅沙口寨路
宮家堡
永寧堡
新安鋪
九堡
清水營堡
樂豐堡
黃家寨
要害

墩外
赤卿泉
明沙墩
紅崖口墩
東黑山墩
正西墩
正西腰墩
馬頭墩
馬跑泉墩
沙灘新墩
井兒溝墩
明沙窩墩
東紅沙口
黑水堡
朱王堡
永安墩
鎮西墩
沙湖墩
沙灘墩
昌隆堡
西根山墩
大口子墩
延達墩
定西寨
石橋堡

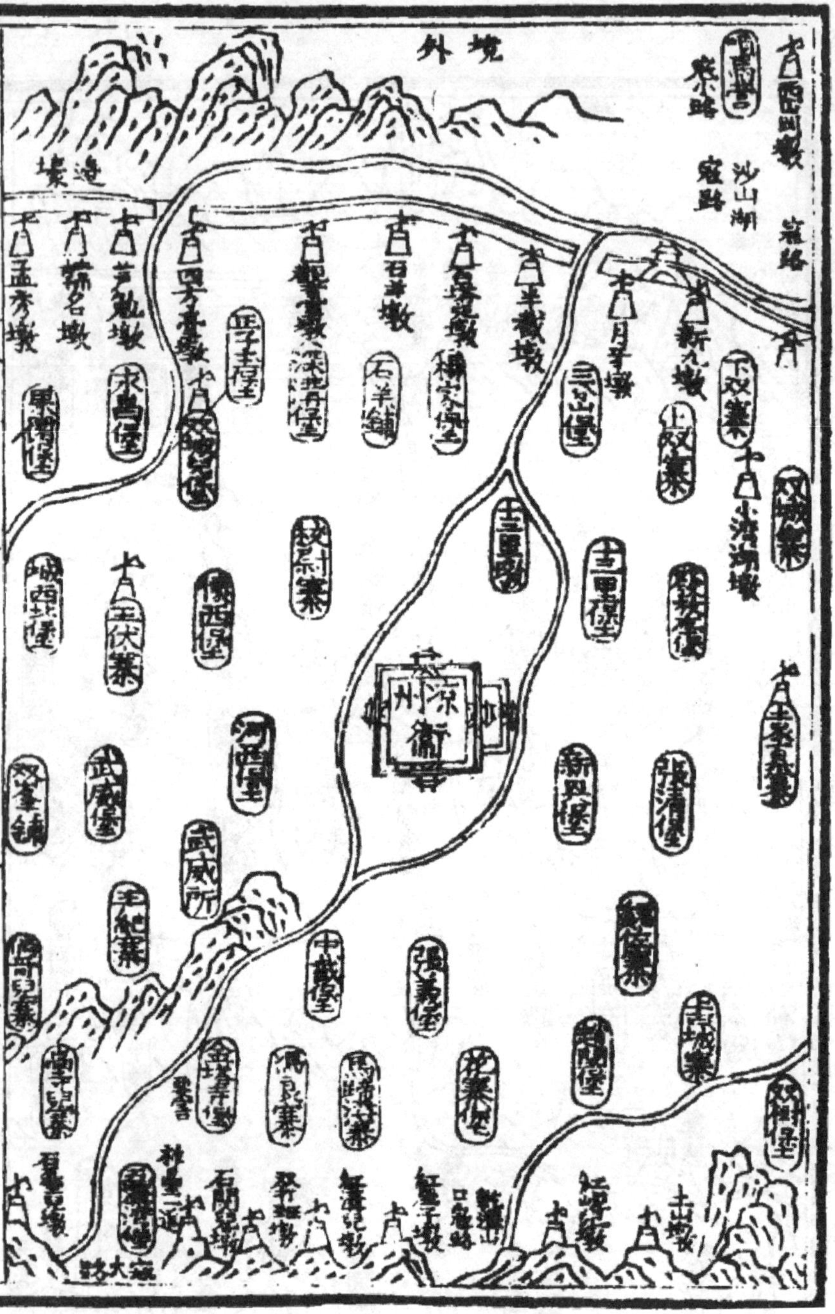
境外
邊墻
寇路
沙山湖
孟秀墩
石羊墩
石羊鋪
下雙寨
上雙寨
月牙墩
校尉寨
涼州衛
武威堡
武威所
中截堡
張義堡
張清堡
寇大路

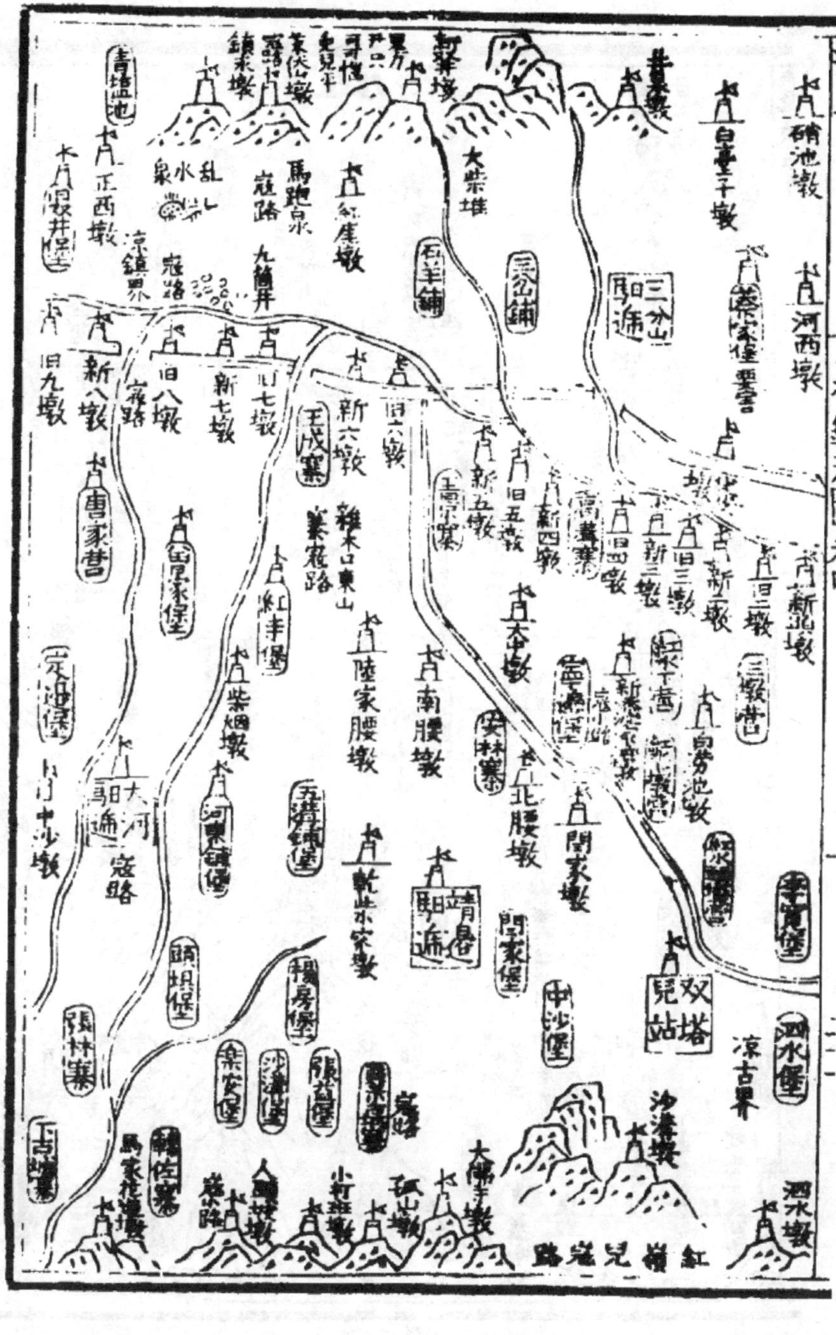

紅嶺兒寇路
硝池墩
河西墩
青鹽池
正西墩
乱水泉
馬跑泉
寇路
九箇井
大柴堆
三分山
驛遞
新八墩
旧八墩
新七墩
旧七墩
新六墩
旧六墩
旧九墩
新五墩
旧五墩
新四墩
旧三墩
新三墩
新二墩
旧二墩
新一墩
曹家营
紅寺堡
柴烟墩
陸家腰墩
南腰墩
北腰墩
閆家墩
閆家堡
靖虜驛遞
中沙堡
双塔兒站
涼古界
沙溝墩
張林寨
大河驛遞
中沙墩
沙溝堡

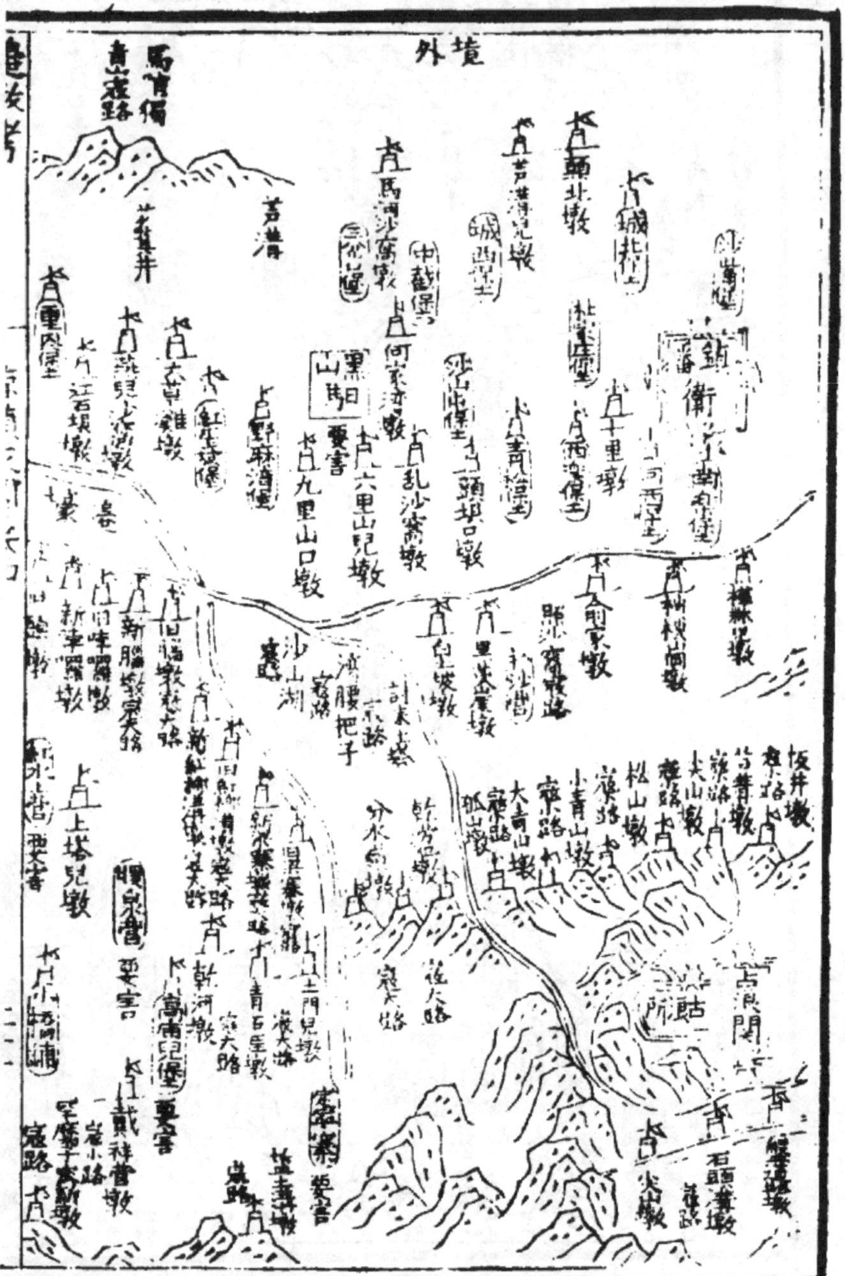
境外
馬背嶺
芦溝
馬河沙窩墩
中截堡
黑山驛
野麻湾堡
要害
九里山口墩
六里山兒墩
乱沙窩墩
十里墩
沙山湖
上塔兒墩
松山墩
夾山墩
板井墩
小青山墩
大青山墩
石頭溝墩
火山墩

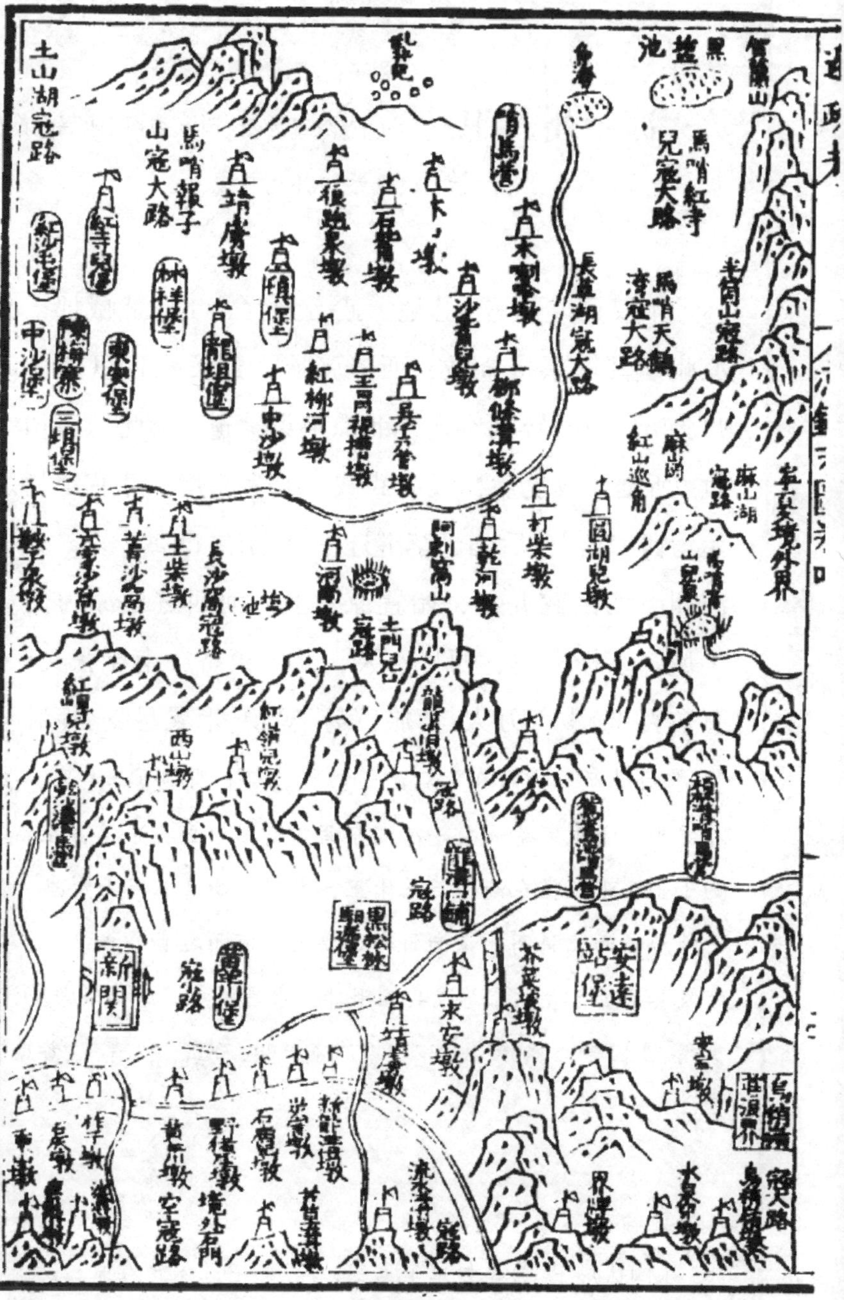

賀蘭山
黑鹽池
土山湖寇路
馬哨報子山寇大路
馬哨紅寺兒寇大路
長草湖寇大路
馬哨天鹹湖寇大路
麻山湖寇路
紅山巡角
長沙窩寇路
紅柳河墩
中沙墩
中沙堡
東安堡
新關
安遠站堡
來安墩
寇路

凉州卫雍正初年，改卫为府，附武威县，永昌、镇番、古浪、平番四县属焉①。

本汉匈奴休屠王[1]地。武帝元狩二年置武威郡，又改凉州。其壤东接金城，西连张掖，延长八百里。晋曰凉州，五凉[2]时皆据有之，北凉沮渠蒙逊[3]都此。唐初为李轨[4]所据，收复后，或为武威，或为凉州，靡有定焉。宋始为西凉府②，后陷于李继迁[5]。终宋之世属于夏。元为西凉州。明洪武九年，始置凉州卫。河西之地凉为大。今之域：东极大靖，西尽水泉，北控镇番，南暨张义③。横亘数百里，甲士万人，商旅贸易④辐辏，米粟足支，扼胜势以自守裕如矣。大靖在东二百一十里，永昌在西二百三十里，其分界在更西三十里定羌庙，是凉之东西四百七十里矣。镇番在北二百四十里，张义堡在南一百三十里，则凉之南北三百七十里。然凉之地势，西北斜高，东南斜卑。要之，河西之甘、肃、庄、湟皆不及其幅员之大。凉总戎兵五千外，永昌副戎、凉州城守及镇番、大靖、高固等处参游，兵合万人。凉不产稻，而豆、麦、青稞、黄糜皆产焉。

注释：

[1]休屠王：为匈奴单于属王，与昆邪王居匈奴右地。汉武帝元

狩二年(公元前121年),骠骑将军霍去病率万骑出陇西,过焉支山(今甘肃山丹大黄山)千余里,破休屠王与昆邪王。单于怒昆邪正、休屠王居西方为汉所杀虏数万人,欲召诛之。二王恐,谋降汉。汉使骠骑将军迎降。昆邪王杀休屠王,并将其众降汉。休屠,读如朽储。

[2]五凉:即南北朝时前凉、后凉、南凉、西凉、北凉,史称"五凉"。按五凉所据之地,皆在今甘肃省河西和青海省东北部地区。

[3]沮渠蒙逊(367—433年):临松(今甘肃省张掖南)卢水胡人,属匈奴族。公元397年,蒙逊怂恿后凉建康(今甘肃省高台县南)太守段业叛吕光建立北凉,定都建康。公元401年杀段业,自称凉州牧、张掖公,改元永安,定都张掖。公元412年夺取姑臧,迁都于此,改元玄始,自称河西王。沮渠蒙逊于姑臧南天梯山大造佛像,规模宏大,颇有艺术价值。沮渠蒙逊博通经史,重儒学,有英略,善权变,文治武功皆有建树。

[4]李轨(?—619年),河西姑臧(今甘肃武威)人,字处则。隋大业末补鹰扬府司马。时薛举作乱于金城,轨与同群曹珍、安修仁等计谋先据河西,以观天下变。617年,自称河西大凉王,次年自称皇帝。未几,据有河西五郡之地。仅三年,败而被杀。

[5]李继迁(963—1004年),其先据夏州(今陕西靖边县境),宋初,慑于宋之威势,退居地斤泽(今内蒙古自治区伊克昭盟巴颜淖尔),纠集党项各部,频犯宋边。995年,助辽攻宋,两年后受辽封为西平王。真宗立,宋对外采取屈辱妥协之方针,授李继迁以夏州刺史,定难军节度使等职,遂据有夏、绥(今陕西绥德县)、银(今陕西米脂县西北)、宥(陕西省靖边县东)、静(米脂县西)五州地。1002年,以重兵攻陷宋之西北重镇——灵州,改为兴庆府,定都于此,另占据

西凉府等地。

校勘：

①半、关本有题注，四、灰、古、今本均无。

②半、关本误为“凉州府”，据四、灰、古、今本改。

③灰本误“张义”为“张掖”。

④半、关本作“贸易”，四、灰、古、今本作“贸迁”。

封疆之外，祁连前隔，沙漠后绕，腹背皆要荒也[①]。左引庄、兰，右通甘、肃。甘、肃为诸郡之臂指，而凉则甘、肃之咽喉也。且祁连之外即西宁，沙漠之东为宁夏，凉州盖四达之地也。祁连山起于凉南，绕甘州南面，止于肃之西南，延长千有余里。其山积雪不消，亦呼为雪山，冬暖夏凉，宜于孳牧。史载：夺我祁连山，使我六畜不蕃息。又谓[②]，天为[③]“祁连”。史云夷语，殊不知此西羌语耳，即今之黑番也。夷人谓天为腾革勒[④]，不呼为祁连。今或呼[⑤]为天山，或呼为[⑥]雪山，然呼祁连者为确。其山在凉州藏南山之南。藏南山在凉州南八十里。凡祁连之下，沙漠之间，皆夷人纵牧地[⑦]，故曰要荒也。庄浪在东南三百四十里，兰州在东南五百七十里，甘州在西北四百八十里，肃州在西北九百里，西宁在南，而阻于祁连，故由庄浪以往。宁夏在东，而限于沙漠，故由靖虏以通。

校勘：

①半本误“也”为“水”，据诸本改。

②半、关本误“谓”为“为”，据四、灰、古、今本改。

③半、关、灰本误“为”为“山”，据四、古、今本改。

④四本误“腾革勒”为“胜革勒”。

⑤四本误“呼”为“忽”。

⑥四、古本脱“为”。

⑦半、关本误“地”为“也”，据四、灰、古、今本改。

昔①，晋失凉州，武帝临朝而叹[1]。五凉割据，多都于此。夏衹都兴州，甘、凉遂为元有，夏亦寝灭。盖凉为五郡适中之地，可以四方策应也。晋与五凉策之熟矣。晋初，凉州刺史杨欣为夷树机能所害。晋武帝每有西顾之忧，临朝叹曰：“孰能为我讨此贼，通凉州？”马隆请行，卒②平之(详后永昌中)。晋惠帝时，张轨[2]据凉，九传，为前凉；晋孝武帝时，吕光[3]据之，四传，为后凉；晋安帝时，秃发傉檀[4]③据之，为南凉；李暠[5]④起于敦煌为西凉；沮渠蒙逊据之，再传，为北凉，所谓五凉是也。夏李继迁据有五郡，都兴州，即今之宁夏是也。传⑤德明、元昊、谅祚、秉常、乾顺、仁孝、纯佑、安全、遵顼⑥、德旺⑦、睍⑧凡十二传，为元所灭。夏所以但都兴州者，盖其远祖赫连氏久居统万城，在今河套之忻都，夷言哈喇兀速是也。且宋尝用兵于今之榆林地，故夏不及都凉。五郡：武威、张掖、酒泉、敦煌、金城⑨是也。

注释：

[1]晋咸宁四年(278年)，鲜卑族作乱，凉州刺史杨欣兵败战

死。鲜卑攻占凉州,河西交通断绝。晋武帝每有西顾之忧,"临朝而叹曰:'谁能为我讨此虏通凉州乎?'朝臣莫对。马隆进曰:'陛下若能任臣,臣能平之。'"隆即严格选拔三千勇士,深入敌境,转战千里,击杀鲜卑首领树机能,平定凉州之乱,遂任马隆为凉州太守、宣威将军。

[2]张轨(254—314年),安定乌氏(今甘肃平凉西北)人。曾任西晋散骑常侍,征西军司等职。永宁元年(301年),任护羌校尉,凉州刺史。辛勤治理,立学校,兴礼教,凉州成为西北唯一安全地区。于是,关中和中原士民流徙凉州避难,保存了中原文化。

[3]吕光(336—399年),字世明,略阳(今甘肃天水东北)人,氐族。常从苻坚出征,屡立战功,任鹰扬将军,后迁骁骑将军。东晋太元八年(383年),光率兵十万,铁骑五千,出征西域,大破龟兹,西域诸国纷纷献贡。还师至酒泉,凉州刺史梁熙阻击之,为光所败。十一年,自领凉州刺史,及闻苻坚为后秦姚苌所害,便自称三河王,置百官,定年号为麟嘉,建立后凉。东晋隆安三年(399年)病卒。

[4]秃发傉檀(364—415年),南凉秃发乌孤之三弟。乌孤堕马身亡,其二弟利鹿孤即位,军国大事皆委以傉檀。东晋元兴元年(402年),傉檀称凉王,迁都乐都,改元"弘昌",骄横自恃,穷兵黩武,屡败于乞伏炽磐及沮渠蒙逊,最后降于炽磐,封左南公,旋为炽磐所鸩。在位十三年。

[5]李暠(351—417年),字玄盛,陇西成纪(今甘肃秦安)人,初仕于段业,寻被群雄拥戴为朔将军、敦煌大守,遂启霸业。东晋隆安四年(400年),建立西凉,都敦煌。五年后迁都酒泉。暠于敦煌、武兴、武威三郡,安置自中原避荒乱人户数万,大开屯田,广积粮食;兴办学校,培育人才;知人善任,聚集力量,以图统一河西。义熙十三年

(417年)年卒。子歆立,为北凉沮渠蒙逊所败,国亡。

校勘:

①古本误"昔"为"若"。

②半本误"卒"为"辛",据诸本改。

③半、关本误"傉"为"傅",四、灰本"檀"作"擅",据古、今本改为"傉檀"。

④半、关、四、灰、古本误"暠"为"嵩",据今本及《北史·凉武昭王李暠传》改。

⑤半、今本误"传"为"傅",据四、灰、古、关本改。

⑥半、关本误"项"为"顿",据四、灰、古、今本改。

⑦四本误"德旺"为"德任"。

⑧半、关作"晛",《元史·太祖纪》亦作"晛",四、灰、古、今本作"睍",《宋史·外国二·夏国下》亦作"睍"。

⑨今本误"金城"为"朔方"。

然则凉之自守,不綦重哉。昔所患在大松山之穴,自筑新边,莫予毒也已。今日所患,南之连峰叠嶂,积雪不消,我难以往,彼可以来者祁连也。北之黄沙白草,广野弥漫,限华夷于一堵者,塞垣也。顾瞻前后,所宜环甲而枕戈焉。然凉之大患不在此,西之内地,不有黄城儿[1]、大草滩与?其外不有昌宁湖与?防而不能①守,患在是矣。大松山属庄浪,在东二百六十里。有明时为夷阿赤兔等所据。新边起于泗水堡,止于靖虏之索桥。黄城儿在西南三百二十里,由黑沟口,西把截、才止百里②。今黄城儿为麦力干所住牧。大草滩东起于水磨川,西至于甘州之洪水,南起于甘之白石崖、扁都口,北至大黄山硖口、新河,延长三百余里,横八十余里③。其草之茂为塞外绝无内地仅有者。其地直侵甘、凉大道,今夷人刀尔吉、怀阿尔赖以及麦力干三部之部落多纵牧其中,且有据大黄山④为巢穴者。昌宁湖在西北(详永昌、宁远中)。

注释:

[1]黄城儿:又作"皇城儿",蒙文史料谓之"西拉塔拉"、"莎勒塔拉"、"夏日塔拉",含义是"金色草原",又略有"夏宫"之义。今河西肃南,有辽阔草原及皇城镇,亦作"皇城儿"。

校勘:

①今、灰本脱"能"。

②半、关、四本作"才止百里",灰本作"止二百里",古、今本作"才二百里"。

③古本脱"横八十余里"。

④灰本误"大黄山"为"大草滩"。

何以凉之患在内地也?祁连息喙,故黄城之蚕食①日深;洪水开市,故草滩之牧马不已。抚有所不行,剿有所不敢,无已而为之防,防而不战,与不防同,守而非隘,与不守同。今防于永昌,防于高古,能闲其出入,绝其畋牧乎?则易更弦而理之时矣。祁连山下之夷甚多，不可胜计。麦力干初住西宁之北川口，比②至己亥年，渐次据大通河一带，蔓延至于黄城儿各处。洪水属甘州，开市在辛卯年[1]。大草滩为甘、凉腹里，夷因洪水开市，遂入大草滩。己酉年[2]，朝廷于永昌设副戎，以塞其北；于高古城③设游戎，新城设守备，以扼其东；大马营、马营墩各设守备，以备其西，皆为大草滩之故。

注释：

[1]辛卯年，即万历十九年(1591年)。

[2]己酉年，即嘉靖二十八年(1549年)。

校勘：

①灰本作"吞食"。

②半、关本误"比"为"北"，据四、灰、古、今本改。

③四本误"高古城"为"高台城"，灰、古今本脱"城"字。

夫夷即不狡然启疆，但颓墙而出，是彼已断之臂复续，使我呼吸无以通，状乎豺狼之性，不可测哉。大通河之麦力干，常由黄城儿出石峡口、水磨川，欲越边而北出；贺兰山之祝囊，常欲逾边南入，盖自永昌而西至于石峡口，或地僻、或墙卑、或暗门水榨之多。苟夷于此出入，则括甘、肃于囊中，故曰呼吸无以通也。

昔高阙之地，蒙恬[1]犹筑亭障，今独①不可置屯堡于黄城乎？盖黄城可因山之险，缮塞增兵，扼其要途，良易于御②。若已越此，则地形宽衍，八达四通，何以防之？昔高闾[2]有言："草尽则走。"今大草滩之草，岂不可尽乎？且白石崖、扁都口、西水关诸口，垒木石、设虎落[3]③、筑城堠，又焉得入？此皆卑之无高论，有近效而无后难者，犹不宜更弦而理乎哉！

《水经注》：赵武灵王自代北阴山下至高阙为塞。山下有长城，长城之际，连山刺天，其山中断两岸若阙焉。自阙至阙④口，右城跨山，谓之高阙戍⑤。自古迄今，常⑥置重捍⑦，以防塞道云。今黄城儿亦万山绵亘之间，忽然中断，可通往来，仿高阙之戍，夫何难哉？若黄城不守，夷人既入，则凉之东西南北，听其所往，虽有千万⑧之众，不能遍防也。黄城苟设屯，非数百人不可（其隘塞可御之地，详凉南边堡中）。北魏之高闾谓：夷短于攻⑨城，长于野战。但筑长城，则野无所掠，草尽则走云。今大草滩之草，饲马不加豆而马肥。戍兵土著赖⑩以资牧⑪。欲尽大草滩之草，每岁秋，顺风纵火焚之，或今兵民预先芟刈⑫，地既无草，夷来何为？白石崖以下诸口，皆属甘州。其要塞明时皆有制度，遗规尚存。因其地极寒冷，兵苦危险，不复修理增设。故⑬夷公然往来，渐次毁坏。今因防大草滩，甘、凉共⑭增设二副戎、三游戎、五守备，岁费金钱数万，刍豆不与焉。而夷出入数牧，若至无人之境，且今又盘据于大黄山中矣。大黄山即胭脂山[4]。

注释：

[1]蒙恬（？—公元前210年），其先为齐人。秦始皇二十六年（公元前221年），蒙恬因家世得为秦将，攻齐，大破之，拜为内史。及始皇统一全国，使蒙恬将三十万众，北击匈奴，收河南地（今河套

一带)。筑长城亭障,堑山堙谷,西起临洮,东至辽东,延袤万余里。居上郡,威震匈奴。二世即位,蒙恬为赵高所构陷,矫诏赐死。

[2]高闾(?—500年),字阎士,渔阳雍奴(今天津武清县境)人。北魏孝文帝承明元年(476年),为中书令、给事中,委以机密。后上表论治国之道,曰:“今故宜于六镇之北筑长城,以御北虏,虽有暂勤之劳,乃有永逸之益……狄来,有城可守,有兵可捍。既不攻城,野掠无获,草尽则走,终始必惩。”

[3]虎落:以竹篾相连遮落之也,是一种军事防御工事。

[4]胭脂山:即焉支山,位于甘肃山丹城东南,有大黄山林区。

校勘:

①半、关本误“独”为“犹”,据四、灰、古、今本改。

②半、关本误“御”为“筑”,据四、灰、古、今本改。

③半、关、四本误“虎落”为“市落”,据古、灰、今本改。

④灰、今本误“阙”为“关”。

⑤半本误“戍”为“戎”,据诸本改。

⑥灰本误“常”为“当”。

⑦半、关本误“捍”为“杆”,据四、灰、古、今本改。

⑧半、关本作“千万”,四、灰、古、今本作“十万”。

⑨半本误“攻”为“考”,据诸本改。

⑩半、关本误“土”为“吐”;关本误“赖”为“颗”,半本为“稞”。据四、灰、古、今本改。

⑪半、关、今、古本作“资牧”,四本作“孳马”,灰本作“孳牧”。

⑫半、关、古、今、灰本作“芟刈”,四本作“芟川”。

⑬半、关本误“故”为“或”。据诸本改。

⑭半、关本误“共”为“其”；灰本误“共”为“兵”。据四、古、今本改。

何以凉之衅在外地也？昌宁为瓯脱，夷所垂涎久矣。其土沃，沃则争；于内地为近，近则逼。据必争之地，乘可逼之机，则将烽火四达，祸结兵连，而无已极，不待[1]智者而后知焉。智者图功于未发，及今设镇增戍，岂无策哉！即不然塞外早寒，草枯木落之际，火攻岂出[2]下策耶。奈何不早为之所，而徒委之永昌哉！昌宁湖在西北边外，极为空旷，水深草茂，鸟兽尤多，且有榆杨各木。北边之夷络绎牧猎于此，不但祝囊之部落而已。凡镇番、永宁、宁远、永昌、毛卜喇、水泉等处，皆与昌宁湖相比连，故于内地为近也。昌宁虽在北边之外，然与南山外之大通河、黄城儿，内地之大草滩，远者不过三百里，近者不满一二百里，彼此苟通，势必络绎往来，而甘、肃之路无所通，凉州之间烽火不绝矣。凉城守各处，皆永昌副戎所辖，如此之事，岂一副戎所能料理者哉！

校勘：

①半、关本误“待”为“但”，据四、灰、古、今本改。

②灰本脱“出”，又多“秋烧草，来年益茂，非策也”。

凉南边堡：安远堡驿，凉州东南一百八十里，凉庄之分界也。黑松堡，安远堡驿西三十里。古浪所，黑松堡西三十里。张义堡，凉州南一百三十里，古浪西四十里[1]。南把截营，凉州南三十里，张义堡西北一百二十里。西把截营，凉州西七十里，南把截西南五十里。炭山堡，凉州西九十里，南[2]把截西五十里。寨占口，炭山口西南六十里。黄城儿，寨占口南八十里。酸茨河，黄城儿南八十里。新城堡，寨占口西六十里。高古城，酸茨河西四十里。

校勘：

①灰本误"古浪西四十里"为"古浪所四十四里"。

②古本误"南"为"西"。

凉北边堡，定羌庙，凉州西二百五十五里[1]。水泉堡，定羌庙东三十五里[2]。水磨川，水泉堡东五十里。毛卜喇堡，水磨川北十五里。永昌卫，毛卜喇东南六十里。宁远堡，永昌东北八十里。永宁堡，宁远东南一百里。蔡旗堡，永宁堡东三十里。黑山堡，蔡旗堡北六十里。镇番卫，黑山堡北六十里。高沟堡，镇番南一百六十里。泗水堡，高沟东九十里。土门堡，泗水东三十里。大靖营，泗水东南八十里。

校勘：

①灰本脱"凉州西二百五十五里"。

②半、关本作"三十五里"，四、灰、古本作"二十五里"。

凉州近疆：三角城，在凉州詹詹[1]口南。可可口，在安远东南三十里[2]。东西山，在黑山堡之左右。古浪所之东西山，在古浪所之左右。乾柴窊，张义堡南六十里。西山顶，在上古堡西五十里。五沟湾，在西把截东十里。东打班，在炭山东三十里。黄城儿、酸茨河、南山，在高古城南五里[3]。昌宁湖，在凉州西北，永昌[4]卫北。脱欢山，在永昌北。浚稽山，在凉州之北，镇番卫北。鱼海，在镇番东北，浚稽东南。白亭海，在镇番东北，鱼海东南[5]。扒里扒沙，在镇番东。

校勘：

①灰本脱一“詹”字。

②半、关本作“在安远东南三十里”，四、灰、古本作“在安远南二十里”。

③古本脱“南山”，灰本脱“南五里”之“南”。

④半、关本误“昌”为“宁”，据四、灰、古本改。

⑤半、关、四本作“东南”，古、灰本作“西南”。

凉州南边

安远驿堡，亦谓之打班堡，凉庄之分疆也。东接乌鞘，西连黑松。堡在山冈，如斗大，荒凉实甚，且肘腋皆番，河山所隔皆夷，可可口诸番为夷编氓久矣。堡为三郡通衢所在，东如乌鞘岭，宜与镇羌互相巡逻。迤西北二十五里则黑松堡①。乌鞘岭在东五里，其岭长二十里许。堡四境皆山，土瘠多雹，地无所产②，止蘑菇耳。可可口在境外③三十里。番④目阿扛，岁纳麦力干添巴。堡之供力役者，皆熟番男妇也。毛打班在⑤堡北三里，熟番居之。堡旧制有参戎，今但设守备。西北至凉州一百八十里。

校勘：

①半、关本误"黑松堡"为"松山堡"，据四、灰、古、今本改。

②半、关本作"地中所产"，四、灰、古本作"地无所产"。

③古本作"可可口外在境外"，前一"外"为衍文。

④半本误"番"为"悉"，据诸本改。

⑤半本误"在"为"皆"，据诸本改。

黑松堡，南山西①北边也。山河两腋，隘狭不堪，而夹路之侧，杂以黑番。明驻游击将军[1]于此。西至古浪所三十里。旧边在河北一里，河，即分水岭之河也②。直达古浪而西，熟番百余家，俱在东西两山，皆纳麦力干添巴。明设游击③于此，东援④镇、岔，西蔽古浪。然安远之参戎厅事，及今尚在，与堡相距才二十里，不应此处更设游戎，谅必志之误矣，姑仍之。西北至凉州一百八十里。

注释：

[1]游击将军：明代设于镇戍军中，位在参将之下，职责是率游兵往来防御。

校勘：

①古、今本误“西”为“而”。

②半、关本脱前一“河”字，据四、灰、古、今本补。

③四、今本“游击”作“游戎”。

④灰本误“援”为“接”。

古浪所，唐之和戎城也。西连南山，北横旧边，其石峡天险，扼以雄关，城坚而人众，足以自守。五凉隘狭，自和戎筑而地宽。所之①水利良多，乃或卤莽灭裂以报之②。今强邻密迩，而所之壁垒不新，胜势未扼，殆非恒情所可测矣。其山后之西川堡，广野膏腴，宜树艺，必益之以兵，乃可使民安于耕，而扼③夷于险也。自是而西北三十里，由④双塔六十里，历大河驿四十里，则凉州之孔道。若沿边堡，则西四十里至张义堡。和戎城，唐郭元振[1]所筑。南山在西南一里，旧边在城东北十步，分水岭之水绕于北⑤，所谓河也。祁连山在西五十里。按唐凉州幅员仅四百里，突厥、土番岁至城下，民无宁日。中宗十八年[2]筑此城，又于北筑白亭军，地广至千五百里，民赖以安。所引渠灌田，不忧亢旱。熟番各族皆住牧于南山之西东。所之⑥南山之南，祁连之北，常为麦力干部落往来⑦游牧，所谓强邻也。西川堡在⑧西三十里，明之监司姚九功⑨所创。所有都司，又有古浪所千总。考今凉州疆域，南北相距不满三百里⑩，即自古浪委曲而至镇番，亦不满四百里，所谓广至一千五百里者，周凉地而计之则有余，古书与今书不同，多如此类。凉州卫非边堡也，然卫地虽居中，不可不载。而古浪所则直趋凉州之大路，故次之。

注释：

[1]郭元振(655—713年)，名震，魏州贵乡(今河北定县)人。十八岁中进士，为通泉尉，武后授右武卫铠曹参军，进奉宸监丞。证圣元年(695年)，吐蕃请和，元振充使与吐蕃大将论钦陵和议。后拜凉州都督，置和戎城、白亭军，制束要路，拓境千五百里，自是州无虏忧。又兴屯田，善抚御，夷夏畏慕。后升安西大都护、金山道行军大总管。

[2]中宗十八年(701年)，即武后大足元年。

校勘：

①半、关本误“之”为“以”，据四、灰、古本改。

②灰本脱“乃或卤莽灭裂以报之”。

③半、关、今本作“扼”，灰、古本作“拒”，四本误为“距”。

④半、关本误“由”为“曲”，据四、灰、古、今本改。

⑤半、关本误“北”为“此”，据四、灰、古、今本改。

⑥灰本误“之”为“云”。

⑦灰本脱“往来”。

⑧半、关本误“在”为“而”，据四、灰、古、今本改。

⑨半、关、四、灰、今本作“姚九功”，古本作“姚力功”。

⑩半、关、四、古、今本作“三百里”，灰本作“二百里”。

凉州卫治，汉之姑臧①县也。臧南前屏，潴野左列，地平而宽，城高而壮，麰麦之所生，商贾之所集，奋击之所聚②，四郡之所统会也。故古之潜窃者，恒都于此。夫四郡之地，凉居其中，岂徒一总戎所能控驭哉？考汉制，良将精兵为诸郡最；有明，布置偏重张掖，而外患恒多，然未有秣马向城隅者。近则一回作乱，乱者四起，岂非因有明之不善，而益之以不善与！其地东通大靖，北抵镇番，西接永昌，南极南山，其大略也。臧南山在南一百里，即祁连之支也。潴野在卫东，一名凉泽，本天梯山之水流为河，经镇番出北海，而凉志以为即禹贡原隰底绩③，至于潴野云，天梯山在南八十里，山④高而陡，路径盘折，有若梯然。四郡朔方在北，张掖、酒泉在西，允吾在东，湟中在南，故曰凉居其中也。明初，于甘州建封肃藩，文武官司，不可胜计，所谓偏重也。所谓未尽善者，不审凉之形势，可以四方策应，不似甘之远出于西也。今庚寅[1]⑤回子丁国栋[2]叛据凉州城，河西尽起，虽不旋踵，而祸莫大焉。今甘州仅有一提督⑥，凉州仅有⑦一总戎，较明制又为疏略矣。大靖城在东一百一十里，镇番在北二百四十里，永昌在西一百六十里。南山即臧南，天梯山在南八十里。卫文有监司、司马⑧，武有卫守备，城守都司，又有总戎，五营全设焉。

注释：

[1]庚寅，即顺治七年(1650年)。

[2]丁国栋(？—1650年)，回族，与米喇印(回族军官)于顺治五年(1648年)初夏据甘州抗清，攻破凉州，东渡黄河占据岷、兰、洮、河诸州。不久为清将刘友元击败，遂退守甘州，粮绝降清。次年，又起

兵抗清，再度攻占凉州、肃州。不久，又被清督孟乔芳所败，旋为清兵杀害。

校勘：

①半、关本误“姑臧”为“始臧”，据四、灰、古、今本改。

②灰本脱“奋击之所聚”。

③四本误“绩”为“绪”，关本误为“续”。

④半、关本脱“山”，据四、灰、古本补。

⑤按《清史稿·世祖本纪》及《武威简史》当为“己丑”，即顺治六年(1649年)。

⑥半、关、四本作“今甘州仅有一提督”，灰、古本作“今甘州仅有甘肃镇”。

⑦四、灰、古本脱“有”。

⑧半、关、四本作“文有监司、司马”，灰、古、今本作“监司、经历”。

张义堡，俗谓西黄羊也[①]。东接古浪，南面南山，西通南[②]把截，北距凉州，土壤甚宽，山环则隘也。渠水东绕而北流，足资沟洫。游骑扰者，整其兵；隘口多者，扼其要。若南山之南榨子岭、宽沟口、红腰岘，非夷所牧马而畋兽耶！先据北[③]山，又焉得入？考之明制，靖边屯兵，上古设戍，鼎立角张，何念之深也。迤西北一百二十里，至南把截营。古浪在东四十里，南山口在南一里，南把截在西北一百二十里，凉州在北一百三十里。堡之分防隘口，不可胜计。榨子沟在西南四十里，宽沟口在西南一百二十里，红腰岘在南一百五十里。牧马畋兽者麦力干之部落也。靖边在北一百里。明制，靖边驿屯兵一百五十名，马六十匹，上古堡在西一百里，明制，上古屯兵八十名，马三十匹。其地与番族腔巴近。崇祯十六年，游击唐虞际领土司，从上古进剿腔巴番族，平其祸乱。堡今有守备。

校勘：

①半、关、四、古本作“黄羊也”，灰、今本作“黄羊川也”。

②四、灰、古、今本脱“南”。

③半、关本误“北”为“此”，据四、灰、古、今本改。

南把截营，壁垒几虚，非以凉州切近乎！堡之山后，两山夹道，为境外之通衢。山后迤西，隘口有六，迤南隘口有七，北则凉州，西南五十里为西把截营堡。凉州在北三十里。祁连之北，南山之南，两山之间，中有大路，所谓夹道也。迤西隘口有六：曰黑沟、曰龙滩、曰石牌沟、曰藏马脑①、曰牛心山②、曰四沟坪。迤南隘口有七：曰天池沟口、曰白水口、曰水沟榨、曰石咀榨、曰傥哥儿③、曰扎力麻阿博、曰牛心官濠。十三隘口，皆近堡，而直达乎凉州者也。堡有把总。

校勘：

①半、关本作“藏马脑”，四、灰、古、今本作“藏经脑”。

②古本误“牛心山”为“斗心山”。

③灰本误“傥哥儿”为“党哥儿”。

西把截营堡，四境环山，诸山环堡。而山谷可通黄城[①]者，其路特宽，莫甚于[②]阿兰口也。口内有田，田南有寺，寺南诸口，虽砌小石[③]，不能塞夷马之往还也。又西五十里，至炭山堡。把截者为凉州南山堡之把截也，堡在凉之西，故名。阿兰堡在北十里，阿兰口在南二十里，口内[④]有寺，寺名云庄。寺南诸口，曰黑沟、曰水磨口、曰藏经口。云庄寺在堡西南二十里，寺皆喇嘛番僧。堡东至凉州四十里[⑤]。堡设有守备。

校勘：

①半、关本误“城”为“河”，据四、灰、古、今本改。

②灰本脱“甚于”。

③灰本误“石”为“山”。

④灰本脱“内”字。

⑤今本作“七十里”。

炭山堡，在山中。东通凉州，西近永安[①]，南当山口。大口子而外，要冲有四。明制，屯兵较之今日何其多也。苟永安旧制有存，庶几可张犄角。今永安分地，尚劳越俎，奚有于炭山哉！迤西南六十里则塞占口。凉州在东九十里，永安在西三十里。山口即西把截口，又谓之阿兰口，通山后黄城之路也。明制，兵六十名，马三十匹。大口子在南八里，要冲有四，曰西孤山、曰黑沟口、曰横梁山、曰西打班。永安堡，明制：兵一百二十名，马三十匹，今皆裁焉。其分地隘口，曰黑沟口、曰石脑儿、曰寺儿沟，今皆永昌卫为之守瞭。永昌在永安之西北四十里，所谓越俎也。堡有守兵三十名。

校勘：

①半、关本误“永安”为“永昌”，据四、灰、古、今本改。

塞占口，有墩无堡。盖连山中断，车马可通，从此出入南山也。北近真景，西连永昌，民堡山庄，左右罗列，而口难于设险，无地[1]屯兵，故黄城之夷多从口出。自口而出，南为唐家沙沟[2]，其地稍隘，其路四通，乃其堡甚小，其兵甚危。又难为黑沟口，更难为一颗树，虽有墩兵，只供候望，宜乎凉南之多夷马也。自口随山而西，直接新城皆内地。自口历唐[3]家沙沟而南，至黄城儿八十里，西至新城六十里。南山连络不断，间有平坡，即为山口，惟塞占忽然中断，由口而南，委蛇曲折，皆民居小堡也。口有塞占渠，源出雪山，而流合水磨川之水，分为九渠，土人藉以灌溉。真景站在二十里，永昌卫在西北三十里，其地在口之东，西北者皆民居小堡也。黄城儿在南九十里，唐家沙沟在南三十里，此冲要之地，虽有堡寨，兵仅数十人。黑沟口在南四十里，黑沟口而东，两山忽开，中成大道，可以抵炭山，可以抵西把截，可以抵凉州，可以抵庄浪之镇羌焉。一颗树在南五十里，自唐家沙沟而黑沟，自黑沟而一颗树[4]，俱[5]有墩、有兵。塞占口南至黄城儿八十余里，黄城儿、酸茨河[⑥]皆非边堡，亦非内地也。然而为凉南患者悉由之。其入内地，必由塞占口，故次之于塞[⑦]占口[⑧]之下。

校勘：

①灰本误“地”为“北”。

②半、关本作“唐家沙沟”，四、灰、古、今本作“唐家沙”。

③灰本脱“唐”。

④半、关本误为“自唐家沙沟而历酸茨河沟”，据四、灰、古、今本改为“自唐家沙沟而黑沟，自黑沟而一颗树”。

⑤关本误“俱”为“但”。

⑥半、关本脱“八十余里，黄城儿、酸茨河”，据四、灰、古、今本补。

⑦四、灰、古本皆作“蹇”，今本作“詹”，半、关本皆作“寋”。

⑧半、关、四本脱“于塞占口”，据灰、古、今本补。

黄城儿，元之永昌王牧马地也，其时谓之干耳朵城。其避暑宫遗址[①]犹有在焉，或曰古苕藋戍云。有明置兵，硙磨废堡，至今未湮没也。其地[②]宽衍而善水草，夷马因欲牧于斯。且无屯兵以守，虽欲禁之乌得而禁之[③]？其内有唐家沙、黑沟口、一颗树、红泉口之可扼；外有烂泥、打班、江宁口、水关口之可防，奈何久假不归，遂夫胜势。夷自是而南，东五凉，北永昌，随其所向，至于临山一带，如四坝、朱家寨、校尉营、风鹤之恐，无处无之。且自是而西通新城，达高古，趋大草滩，夷为政矣。善后之策，乌可缓耶。南至酸茨河八十里。元封王子阔端[1]为永昌王，筑宫于凉北，即今之永昌堡也。黄城儿避暑宫遗址，及永昌王墓，今犹有遗迹。明制：于黄城设防兵二百名④。夷人牧马，即麦力干黄台吉及⑤其部落也。唐家沙在北六十里，黑沟在北五十里，一颗树在北三十里，红泉口在北二十里，渐近于内地，故谓之内。烂泥、打班在东三十里，黑番呼岭⑥为打班，江宁口在南二十里，水关口亦在南二十里，自黄城儿渐出于外，故谓之外焉。黄城本中国地，麦力干借以耕牧⑦。康熙二十二年⑧，议复取不果。永昌在西北一百二十里，四坝在永昌之南三十里，朱家寨在永昌之南四十里，校尉营亦在永昌之南四十里。

注释：

[1]阔端(1206—1251年)窝阔台之次子，封为西凉王，又称永昌王。南宋淳祐二年(1242年)承其父之意旨，函请西藏学者萨班，共商西藏大事。萨班不顾年迈，于淳祐六年(1246年)千里跋涉至凉州，经过商谈，西藏遂统一于元朝中央政权之下，纳入中国版图，结束了西藏近四百年之混乱局面。

校勘：

①灰本误“址”为“距”。

②灰本误“地”为“池”。

③半、关、四、古本脱“欲”，据灰、今本补。又半、关本作“乌”，四、灰、古、今本作“恶”。

④古本作“三百名”。

⑤半、关本误“及”为“夷”，四、古本误“及”为“或”，按文意改。

⑥半、关本作“岭”，灰、古、今本作“山”，四本误为“番”。

⑦半、关、四本作“耕牧”，灰、古、今本作“耕种”。

⑧灰本作“康熙二十三年”。

酸茨河，今之境外也。夷居之，烽墩徒设，莫敢过而问焉。酸茨河皆麦力干部落所居，种麦豆、牧羊马，麦力干亦常至此地①。西通甘州，而南达凉州焉。

校勘：

①半、关本脱“地”，据四、灰、古、今本补。

新城堡，东接塞占口，西连高古城，旧为民堡，今且屯兵。盖大草滩、焉支山切近于堡，堡之南①有火烙口，特为要害。若大草滩之御，非杯水能息车薪也。东北至永昌七十里，西至北古城三十里，西至高古城四十里。永昌②属堡，名新城者有二，此其一也；又肃北边有新城堡，甘州北边之靖安亦名新城堡。塞占口在东六十里，高古城在西四十里，大草滩在堡西二十里，焉支山在堡北五里，火烙口在南五里，自火烙口至永昌七十里，故曰要害也。堡今③有守备。

校勘：

①四、灰、古本脱“切近于堡”之“于”，又脱“堡之南”之“堡”。

②四本误“永昌”为“永安”。

③半、关本脱“今”，据四、灰、古、今本补。

高古城，后魏之焉支城也。环堡皆山，东接永昌，北近水泉，南环雪山，西尽阿博。蜿蜒岁①崱[1]于前者，大黄山也。饮马牧羊于侧者，则大草滩也。设官增戍，与永昌、永固犄角而互张。堡分防之地，近而大河口、大黄山口、小马营沟；远而酸茨河、白石崖，无一非要害也。今堡且日与贸易，几成互市矣。自堡而西大草滩五十里，而至大阿②博则甘、凉之界分焉。后魏置焉支县于焉支山下，属番和郡[2]。永昌在东九十里，水泉在北二十里，雪山者即祁连之支干也，在南一里，大阿博在西五十里。大黄山即焉支山也，山③在堡北一里，其山产大黄，且有锦纹，故俗即④以名之；更产松柏，又名青松山，一名瑞兽山。按⑤山东西百里，南百二十余里。山之四麓，即大草滩，水草茂美，为河西之冠。汉元狩二年，霍去病击⑥匈奴，过焉支山，匈奴歌曰：“夺我焉支山，使我妇女无颜色。”大草滩堡之外，即草滩也。其地东起于堡之东，西至于甘之洪水，东西三百里；南起于白石崖、扁都口，北至于甘之大马营、定羌庙焉，横八九十里。其地有泉数十处，俱生芦草，其草之美，可供饲秣，为河⑦西内地所无。天启中，特设守戎于堡，鼎革后仅设步兵八十名，递减至三十名，及夷人据，始于甘州之永固，凉州之永昌设立副戎，于堡设游击，然堡之兵才百余人耳。南山之隘口甚多，大河口在南八十里，大黄山⑧口在西五十里，酸茨河在东南一百三十里，白石崖在西一百二十里。堡每平明，则大黄山、大草滩之夷，策马而至，或市各皮，或市酥油，易钱、易烟、易布、易酒，纷纷交易焉。堡设有游戎。

凉州南边，自安远而西至于高古，凡十所，五百二十里。其凉州为内地，其黄城、酸茨河为塞外不与焉。

注释：

[1]岃崱：峰高耸之貌。

[2]番和郡：汉置，故城在今永昌西。晋曰“番禾”，后凉置番禾郡，后魏置番和郡。诸本皆误为“和番郡”，今据《魏书·地理志》改。

校勘：

①古本误“岃”为“方”。

②半本误“阿”为“河”，据诸本改。

③半、关、四本脱“山”，据灰、古、今本补。

④半、关本脱“即”，据四、灰、古、今本补。

⑤半、关本误“按”为“接”，据四、灰、古本改。

⑥四本误“击”为“系”。

⑦半、关、四本脱“河”，据灰、古、今本补。

⑧半、关、四、古本脱“山”，据灰、今本补。

凉州北边

定羌庙，古所谓“西岭”，在古城洼之阜，前逼大黄山，右跨大草滩，后倚边堵，中环数椽，左右无居人者，几一舍焉。地僻墙卑，边长戍少，援远①夷近，安得不坏乃长城哉！庙中基窄，绠汲艰难，戍卒于盛夏尚衣重裘。东历冈坂二十五里，则为水泉堡。西岭亦曰山丹岭。《唐志》：姑臧有二岭，南曰洪地岭②，西曰山丹岭。后凉杨颖曰：今疆宇日③蹙，崎岖二岭间。特④以山丹岭以西谓之岭西，而张掖、酒泉、建康、晋昌皆谓之岭西地云。大黄山即焉支山，在南五里。大草滩在大黄山后⑤。环山而出，庙当其冲焉。庙祀关壮缪，其后土屋，则戍兵所寝处也。东至水泉，西至峡口，皆二十五里，始有居人。丁未年[1]，夷拥众欲越边北行，甘、凉之兵阻之，相持一月不解，一日对语，译者方往来，甘兵独发大炮，夷马大惊，且有未及乘者⑥，遂溃，甘兵乘势逐之，斩夷娃二，夷妇⑦一，世所传定羌庙之捷者此也。盖夷恃为必不败盟，乃不为备，故致于溃焉，非胜之也。庙有防兵数名。

注释：

[1]丁未年，即康熙六年(1667 年)。

校勘：

①半、关本误“远”为“速”，据四、古、今本改。又灰本脱“援远夷

近”至“戍卒”二十二字。

②半、关、灰本作“洪地岭”，四、古本作“洪池岭”。

③半本误“日”为“曰”，据诸本改。

④半、关、灰本误“特”为“时”，四本脱“特”，据古本改。

⑤半、关本脱“大黄山即焉支山，在南五里。大草滩在大黄山后”。据四、灰、古、今本补。

⑥灰本脱“且有未及乘者”。

⑦半、关本脱“夷妇”之“夷”，据四、灰、古、今本补。

水泉堡，层峦叠嶂者，焉支、祁连也：连畦接町者，大草滩也；单薄缺窦者，北长城也。南欲逾垣而出，北欲穿塞而前，续其断臂，莫便于此。虽有永昌之应，高古之援，欲保边圉如金城，胡可得耶！故黄城不城，草滩养草，则水泉之患，不知所税驾[1]矣。其东之三道沟，夷之为绿林豪客地也。由三道沟而东五十里至于水磨川。焉支山在南五里。焉支之南为南山，南山之南则祁连也。大草滩在焉支之南，北长城在北十里，当西硖山之下，土脆墙卑，缺窦甚多。南欲逾垣以出者，黄城大草滩之夷也；北欲穿穴而入者，北面临贺兰山①，昌宁之夷也。永昌在东五十里，高古在南二十里，黄城儿在东南一百五十里。三道沟，山冈之沟有三，横截于路，往来之所必经也。忽高忽下，莫能见远。沟南即焉支，夷多于此剪径，其沟之高冈，各筑有墩，所以候望焉。堡有守备。

注释：

[1]税驾，犹解驾，言休息也。

校勘：

①半、关、四、灰、古本脱“贺兰山”之“兰”，据今本补。

水磨川堡，即云川也。川水可以转硙①。堡北小寺，寺北即川。前有南山，既有塞占之周道；后有北山，即毛卜喇之坦途，北往南来，夷甚便之。今在南如焉支、黄城之部落，相安无事，则以此为货②马市酒之场。启衅兴戎，而堡寥寥数卒，谁为乘其势而当其锋哉？东向孔道，则为永昌。北入山谷五十里③，则有毛卜喇焉。云川④之水，发源于鸾鸟山之平羌脑儿都山口，东流至此⑤，水势⑥益急，可以转硙，故以名川。其水逾堡北流，出塞占入昌宁湖。南山在南八里，塞占口在东南七十里，由口而南八十里即黄城儿。北山在北七里。在南欲北者，如甲子年[1]麦力干黄台吉由塞占口出，设毡布帐房⑦于堡南五里，欲由毛卜喇而出昌宁湖之类是也。堡每平明，有大黄山之夷，驱马持酥油各皮来市，或易布、帛、烟、酒而归。北山番族结屋山腰，因其不纳夷人添巴，亦不载于番族之内矣。堡有防兵数名。东至永昌二十里。

注释：

[1]甲子年，即康熙四十三年(1564年)。

校勘：

①灰本误“硙”为“垲”。

②半、关本误“货”为“贷”，据四、灰、古、今本改。

③半、关、灰本作“五十里”，四、古本作“十五里”。

④半、关本误“川”为“山”，据四、灰、古、今本改。

⑤半、关本误“流”为“荒”，误“此”为“北”，据四、灰、古、今本改。

⑥灰本误“势”为“劳”。

⑦半、关本作“毡布帐房”，四、古、今本作“毡布帐帏”，灰本脱“房”及“帏”。

毛卜喇堡，堡在山谷，北距长城，南环北山，此水泉、永昌之北门锁钥焉。暗门而北，直趋昌宁，可达镇番，堡当南北之极冲。循墙而东南，攀崖梯石，六十里至永昌。毛卜喇，番语也，宁夏之河东亦有与此同名者。长城在北五里，有暗门、昌宁湖在东北，镇番卫亦在东北。边外夷人游牧不定，即肃州新城堡所载者是也。堡设千总一员，兵四十名。

永昌卫，汉之番和县也。雪山当前，金川拥后，大黄西止①，土鲁东连。门庭之②寇，内则大草滩，外则黄城儿。外惟塞占口可入，内则随地可通。故卫西之新城，南之四坝，西南之北古城，犹有御人于国门之外者，况乎③要荒之地，如酸茨河之远者乎；况乎极西南如白石崖、野马川，极南如三角城，极北如脱欢山，昌宁湖尤远者乎？昔马隆用偏箱鹿角，而城金川，哥舒翰[1]以刈麦伏兵，而胜石碛[2]。傅友④德[3]追击失次罕[4]，皆建功于永昌者，阃以外将军主之能行乎哉！孔道则东南由丰乐、阿兰至凉州。沿边八十里，而东北有宁远堡焉。汉置番和县，农都尉治此⑤。后魏置⑥番和郡，后周改番和镇，唐于此置赤泉军⑦，幅员五千余里，军之最大者。开元间改为大斗军⑧，因大斗拔谷而名。按《凉州志》作鸾鸟县，又有苍松、嘉麟二县，皆今永昌云。盖永昌有卫、有堡，相去三十里许⑨，考古之建制，多混淆而不可考矣。雪⑩山即祁连，在南一百八十里，金川即金昌城⑪，在北二十里，大黄即焉支山，在西八十里，土鲁干⑫境内地名，在东南一百八十里，大草滩在西七十里，黄城儿在东南一百一十里⑬。大草滩至永昌，大路则由水泉、水磨川；边山则由高古、新城，故曰随地可通也。若黄城至永昌，必由红泉、一颗树、黑沟口、唐家沙而至寨占口，所谓惟口可入也。新城堡在西南七十里，四坝堡在南三十里，北古城在西四十里，大黄山之夷多出没于各堡云。酸茨河在南一百六十里。白石崖属甘州界，在西南一百九十里，刀⑭尔吉所住牧也。野马川亦属甘州⑮，在西南二百里，怀阿尔赖所住牧。三角城在南五百里，麦力干之旧巢也。脱欢山在西北四百里，昌宁湖在东北一百里，其地之夷往来不定。晋时夷人树机能陷凉州，据险以拒⑯晋兵。马隆率三千人，以八阵图作偏箱车，且战且行，奇谋间发，悉平诸夷。至永昌之金川，筑金吕城，城就，夷不敢犯。唐之哥舒翰为大斗军⑰副使，每岁积⑱石军麦熟，土番辄来获之，翰先伏兵其侧，夷至，断其后，夹击之，尽殪，自是积石无夷患。明洪武五年，冯胜师次兰州，令⑲傅友德率骁骑五千为前锋，遇元失次罕兵击败之，追至永昌卫。边城在北十里，有中西二暗门。卫有副戎，凡凉州各戎皆属焉。大路东九十里至丰乐，又二十里至朵兰，又五十里至凉州。

注释：

[1]哥舒翰(？—757年)，其先突厥人，曾任陇右节度使王忠嗣衙将。吐蕃犯边，拒之于苦拔海(今青海共和县境)。翰击之，无不披靡，由是知名。唐天宝六年(747年)，充陇右节度副使，河源军使。时每岁积石军麦熟，吐蕃辄来取之，莫能御之者，谓之"吐蕃麦庄"。翰先伏兵于其侧，吐蕃兵至，断其后，夹击之，无一人得返者，自是吐蕃不敢复来。后代王忠嗣为陇右节度使，兼西平郡太守。

[2]石碛：据《新唐书·哥舒翰传》，当为积石(军)。

[3]傅友德(？—1394年)，宿州(今安徽宿县)人。明洪武五年(1372年)，从征西将军冯胜西征，败失剌罕于西凉，至永昌，又败元太尉朵儿只巴，略甘、肃，射杀元平章不花，降元太尉锁纳儿等。洪武十七年(1384年)，封为颖国公。

[4]失次罕：《明史·傅友德传》作"失剌罕"。

校勘：

①半、关本误"止"为"至"，据四、灰、古、今本改。

②灰本误"之"为"三"。

③灰本误"乎"为"于"。

④半、关、四本误"友"为"有"，据灰、古本及《明史·傅友德传》改。

⑤半、关、四本作"治农都尉治此"。据灰、古本前一"治"字为衍文。

⑥半、关本脱"置"，据四、灰、古本补。

⑦半、关、四本作"唐十此置赤泉军"，灰、古本作"唐于赤泉置赤

泉军”。

⑧半、关本误“军”为“郡”，据四、灰、古本改。

⑨半、关本误为“三里”，四本误为“三千里”，据灰、古本改。

⑩半、关、四本误“雪”为“云”，据灰、古、今本改。

⑪半、关本作“金昌城”，四、灰、古、今本作“金吕城”。

⑫半、关本误“干”为“千”，据四、灰、古、今本改。

⑬半、关、四本脱“大草滩在西七十里，黄城儿在东南一百一十里”，据灰、古、今本补。

⑭半、关本误“刀”为“力”，据四、古、今本改。又灰本误“刀”为“刁”。

⑮半、关、四本脱“甘州”，据灰、古、今本补。又四本“野马川”作“野麻川”。

⑯半、关本误“拒”为“距”，据四、灰、古、今本改。

⑰半、关本误“军”为“郡”，据四、灰、古、今本改。

⑱诸本均作“碛”，据《新唐书·地理志》改。

⑲灰本误“令”为“今”。

宁[1]远堡，突出于外，远接镇番，相为犄角者也。左右皆山，前后筑堡，有险可凭，有兵可守，然切近于北[2]。有昌宁湖，虽广野平川，而水深草茂。湖侧有破古城，可以栖[3]息，故西若[4]坤都鲁，东若贺兰山诸夷，皆游牧于此。有明时为豺狼盘踞，贻北边患，今之垂涎于湖者，又不但北边之夷矣。折而南[5]，循墙而东一百里有永宁堡。堡北出边外七十里为沙咀,又九十里至镇番卫。昌宁湖在北四十里,湖多水草杨木,永昌之人常牧马刈刍于此。自祝囊等作俑,于焉游牧,边之人殆不敢往矣。破古城在西北三十里,坤都鲁,今⑥罕顿、尔鼎合首气所住牧,在昌宁之西。贺兰山,今⑦祝囊、克气劳藏等所住牧,在昌宁之东。明时之夷曰青把都与松山之阿赤兔党⑧恶寇边。万历二十六年甘山之捷,青把都惧而走去,故昌宁无王庭焉。南边之夷麦力干于甲子年[1],欲⑨往昌宁养病,盖昌宁之水大善,而草甚丰。堡有守备。至永昌八十里。

注释:

[1]甲子年,即康熙二十三年(1684年)。

校勘:

①半、关本误“宁”为“安”,据四、灰、古、今本改。

②灰本误“北”为“此”。

③古本误“栖”为“接”。

④半本误“若”为“苦”,据诸本改。

⑤古本脱“折而南”三字。

⑥半、关本误“今”为“等”,据四、灰、古、今本改。

⑦半、关本误“今”为“昔”,据四、灰、古、今本改。

⑧半本误“党”为“傥”,据诸本改。

⑨半、关本脱“欲”,据四、灰、古、今本补。

永宁堡,后魏之永宁县①,西魏之弱水县也。西达永昌,东邻蔡旗，长城之后，环以阜冈，风沙不扬，易于保聚。然昌宁伊迩，水头且多。明制多兵，必自有说。东三十里为蔡旗堡。按后魏置永宁县，而改西郡[②]治于此。西魏废西郡，而改永宁为弱水。永昌[③]在西一百二十里，长城在北二十里，边外水头有梧桐树地方，在北二百四十里。堡兵更番[④]侦探，以取先往之藏木签为信。明制：设兵五百五十名，有把总。西至永昌一百二十里。

校勘：

①灰本误“永宁县”为“永宁堡”。

②古本误“西郡”为“西宁”。

③灰本误“永昌”为“永宁”。

④灰本误“番”为“相”。

蔡旗堡，南连三岔，北接重兴，右列边城，左[①]环河水，于沙咀为犹近。时警烽烟，且当镇、凉之交，为南北之应援者也。北六十里则有黑山堡。三岔堡在南二十里，重兴堡在北二十里。河水即三岔河之水。凉州之西南，五涧谷水，北流至此[②]；凉州之东北有沙河，北流至此，故谓之三岔河。合为一道，绕蔡旗堡而北流，至于镇番城之西南，乃东北流出境外，入于白海。白海子水色白，故名。沙咀在边外七十里，镇番在北一百二十里，凉州在南一百一十里。明[③]制：兵二百二十名，马一百五十匹，今防守步兵一百五十名而已。堡有守备。

校勘：

①灰本误“左”为“方”。

②半、关、四、灰本脱“此”，据古、今本补。又灰本误“西南”为“西东”，误“谷”为“各”。

③半本误“明”为“则”，据诸本改。

黑山堡，因山为险[1]，因险为关。有山泽之蔽，而风起扬沙，犹不免于淤塞。堡东西两掖，尽为要荒，盖镇番锐出于北[2]，而黑山则其通道也。黑山不戒，则镇番括于囊中矣。黑山东西皆备，则无所忧[3]。又北六十里则镇番矣。山险即黑山，关，即黑山关[4]。堡之迤东迤西，皆属境外沙漠，故曰要荒。明制：马兵[5]二十名，守兵一百三十名。今堡有防兵三十名。

校勘：

①灰本作“因山为固”。

②灰本误“北”为“此”。

③半、关、四、古本误“则无所忧”为“则无所不寡”，据灰本改。

④半、关本脱“关，即黑山关”，据四、古、今本补。又灰本脱“黑山关”。

⑤灰本误“马兵”为“兵马”。

镇番卫，汉之休屠县也。地在碛中，是凉州之脱颖而出者。其北之东则鱼海子，北之西则居延海城[1]。东通宁夏，西通甘州、肃州②,此穷荒之要地,五凉之北屏也。汉置休屠以卫酒泉,唐郭元振置白亭军,而凉始可守。其土沃而饶,其人勇而知义。其城外则皆沙漠,风飘拥积,高于雉堞。卫之东则有红沙,而西有青松,昔皆屯兵,远为贺兰、昌宁③之卫,近为苏武、来伏之防,则凉无北顾之忧,而庄浪、靖虏④亦藉以稍纾矣。折而南循边⑤一百六十里则至高沟堡焉。《镇番通志》作镇边,讳之也。汉初休屠王据之,及浑邪王杀休屠降汉,休屠之子金日磾[1]没入为奴,尽忠于汉,县之得名盖由于此。宁夏在卫东六百里,边外捷径也。若腹里⑥,由庄浪而靖虏,则远在千里外焉。凉州在南二百四十里,鱼海子在边外东北二百八十里⑦。亦集乃即居延,有城有海,元俱谓之亦集乃⑧,在塞外西北一千二百五十里(郭元振详南边古浪中)。白亭军即今镇番也。镇番文武⑨之盛,甲于河西,不但凉州冠冕也。红沙堡在东二十里,青松堡在西三十里。明制,红沙⑩屯兵一百六十名,青松屯兵八十名,今皆无之。贺兰山在东四百余里,昌宁湖在西一百五十里,苏武山⑪在东三十里,相传为苏武牧羝处,即汉书之北海云。来伏山在西八十里,以其山势向镇番则渐卑,如俯伏之状,故名。卫有参戎。沿途皆无城堡。

注释:

[1]金日磾(公元前 134—公元前 86 年),字翁叔,匈奴休屠王太子。其父被昆邪王所杀,日磾降汉,没入官奴为马监。因忠于武帝,升迁为侍中、附马都尉、光禄大夫、车骑将军等职。后破莽何罗刺杀武帝之阴谋,益得武帝之信爱。武帝崩,磾与霍光受遗诏辅政。

校勘：

①灰本脱“居延海城”之“城”。

②半、关本作“西通甘州，卫肃州”，四、灰、古本仅作“西卫肃州”。依文义：改为“西通甘州、肃州”。

③半、关、四本脱“昌宁”，据灰、古、今本补。

④灰本“虏”作“鲁”。

⑤半、关本误“边”为“墙”，据四、灰、古、今本改。

⑥灰本误“里”为“裹”。

⑦灰本作“二百八十里”。

⑧古本作“亦积乃”。

⑨灰本脱“文武”。

⑩古本误”沙”为“纱”。

⑪古本脱“山”。

高沟堡，旷远[①]平原也。西接凉州，东近边堵，自镇番循墙至此，乃有堡。寥阔之地，皆恃墩军远哨。明之按伏于扒里扒沙，今兵制损之又损，安能按伏耶！堡之塞外有水头，则逻卒宜勤也；墙多颓圮，则窒塞宜固也。循墙而东九十里，则泗水堡矣。凉州在西五十里，边墙在东五里，镇番在北一百六十里，扒里扒沙即大山子山[②]，其山在凉、庄、靖、宁之间。明制：凉州各堡抽调千人，更番按伏于扒里扒沙也。堡之外边，其水头十三个井，在东北一百八十里，塞外祇此有永，今逻兵持签更番，更宜严谨，恐久而懈耳。堡有守备。沿边城而行，经圆子墩[③]，乃折而东[④]，九十里则有泗水堡焉。

校勘：

①四本作“旷野”。

②半、关、四、古本作“大山子山”，灰本作“太子山”，今本作“大沙子山”。

③古本作“团子墩”。

④今本在“乃折而东”下有“自堡至泗水九十里”。关本有“九十里则有泗水堡焉”，依关本补。

泗水堡，新边旧边皆在其地。庄浪之松山为夷有，故筑长城以障之，此旧边之得名也。及松山为内地，又筑新边以环之。新边起于堡，而尽于索桥，环土门、大靖，直[1]越芦塘，为中国版图者皆新边也。自移兵土门堡，堡惟有民而已。古浪遥在于南，长城远卫于北，既有重城，不可置戍乎？又迤而东三十里，则至土门堡。旧边起于兰州之镇远桥，历沙井、苦水、野狐[2]城、庄浪、武胜、岔口、镇羌、安远、黑松、古浪，至于堡而止，北接连高沟之长城。大松山为夷所据，在明之正德时。大松山为内地，在万历年间。新边所环，凉之土门、大靖，庄之松山、永泰、双井、裴家营、阿坝、下红水、三[3]眼井，靖之芦塘是也。堡旧设守备，自筑新边，乃移驻土门矣。古浪南三十里，新边[4]在北二十里。堡今[5]无防矣。

校勘：

①半、关本误“直”为“真”，据四、灰、古、今本改。

②半、关本误“狐”为“猪”，据四、灰、古、今本改。

③灰本误“三”为“至”。

④灰本误“边”为“永”。

⑤灰本脱“今”字。

土门堡[1]，西邻永丰，东联夹山，南达古浪，北近长城。地平水顺饶谷，为古浪属堡最。其东有黄沙冈，河东西之捷径①，常为畏途。东南②由黄沙冈八十里至大靖城。永丰堡在西二十里，夹山堡在东三十里，古浪所在西南六十里，长城在北九里③。古浪之属堡：曰大靖、曰土门、曰安远、曰黑松、曰泗水、曰西川、曰夹山、曰永丰，而麦、豆、青稞、黄米，以土门为最。黄沙冈在东四十里，河东、河西以取道新边为捷径。堡，明制马兵五十名，守兵三百名，马五十匹，今堡止有步守兵一百四十名。设守备一员。

注释：

[1]土门堡：即明长城甘肃镇关堡，位于今甘肃古浪县境。按《古浪县志》，筑堡于万历二十七年(1599年)。由土门东向北行，至今常家庄段，损毁严重。

校勘：

①半、关本作“捷道”，据四、灰、古、今本改。

②半、关本误“南”为“西”，据四、灰、古、今本改。

③半、关本作“九里”，四、灰、古、今本作“五里”。

大靖营，亦名扒沙营，昔之屯田处也。自松山属内地，而大靖始①城，所以扼旧边、新边之要，固②松山、双井之疆，制甚善也。城居高亢，引水可虞，范文正公[1]之秘井仿而行之，或不致绝汲也。南有扒沙旧③营，其兵可撤④。野马墩其番固驯，乃重兵屯驻，亦惩松山之已事乎？古浪所属，惟城兵多。若夫塞外则镇番捍于北，阿坝扼其东，可稍息肩也。从此而东，在目中者四十里，为庄浪之裴家营。明初，屯田⑤于扒沙营，正德间，阿赤兔据松山，而扒沙为夷出没地。万历二十六年⑥，荡⑦平大松山，遂筑新边，而扒沙筑大靖城焉。新边在北二里，旧边在南一百一十里，双井在东八十里。大靖取水，在城南五里之龙王庙侧，引水进城⑧。又于城北之酸茨、直沟引水灌溉，然水流城外，无入城者。扒沙旧营在南五里，野马墩在南山，其番曰红番，其目曰拉麻夹⑨，其众有二百余家⑩，因其未纳夷人添巴⑪，故不列于番夷族中。大靖，明制兵一千七百名，马二百三十四。今马兵二百，守兵四百，马二百匹。城之西南即古浪、黑松、安远一带。自城至古浪一百二十里，镇番陡出于外，故在城之北。阿坝属庄浪，在城之东八十里，城有参戎。

注释：

[1]范文正公，即范仲淹(989—1052年)，字希文，苏州吴县人。北宋祥符八年(1015年)举进士。仁宗时，西夏赵元昊屡犯宋边，康定元年(1040年)进攻延州(今陕西延安)。范仲淹以龙图阁直学

士，和韩琦并为陕西经略副使，抵御西夏。他守边数年，号令严明，爱抚士卒，西夏人甚畏惧，不敢犯边，人称“胸中自有数万甲兵”。庆历三年(1043年)，西夏请和，仲淹还朝，任枢密副使，又迁参知政事。

校勘：

①半本误“始”为“姑”，据诸本改。

②半、关本误“固”为“因”，据四、灰、古、今本改。

③四本误“旧”为“河”，又灰本脱“旧”。

④四本误“撤”为“撒”。

⑤灰本误“田”为“沙”。

⑥半、关本误“二十六年”为“二十一年”，据四、灰、古、今本及《宋史·达云传》改。

⑦灰本误“荡”为“为”。

⑧灰本脱“引水进城”，半、关本误“近”为“进”，据四、古、今本改。

⑨半、关作“拉麻夹”，四本作“拉麻来”，灰、古、今本作“拉麻采”。

⑩半、关本作“其众二百余家”，今本作“其部二百余家”，古、灰本作“其部一百余家”，四本误“部(众)”为“目”。

⑪灰本误“添巴”为“深巴”。

凉州北边堡，自定羌而东至于大靖，凡十有四堡，八百八十里，其镇番之民堡不与焉。

凉州北边近疆自凉州之西北接甘州之界起，以至于东北①接宁夏之界止。

昌宁湖，在凉州永昌卫北。湖周百里，水甘冽清湛，水中鱼大小毕见，春深秋浅，匝岸皆小洲，榆杨荻苇生焉，鸟兽之所依栖。有明时青把都儿[1]据之，蔓延于边山，为甘、凉害。嗣后永昌之人，刍荛雉兔皆往焉。今南北诸夷，皆垂涎其地者，水草召之也。湖在永昌卫北一百里，镇番卫西一百五十里。明万历间，夷青把都据之，与庄浪大松山之夷宾兔、阿赤兔②宰僧，青海之夷永邵卜彼此相为声援，侵犯内地。万历二十六年，巡抚田乐征兵败之，青把都遁去。今北面之夷，不胜屈指，人但指为祝③囊，其实不止于④一部也。南边之夷则麦力干，于康熙二十三年夏冬，两拥众屯詹詹口，欲越边而北，谓昌宁湖⑤水最宜于养病云。昌宁湖今祝囊等部落往来⑥游牧者甚众。

注释：

[1]青把都儿，蒙古哈喇慎部首领，俺答汗部属昆都力之子。明人瞿九思《万历武功录·青把都儿传》，是研究哈喇慎部和青把都儿的重要历史文献。

校勘：

①灰、今本脱“西北”之“北”，又脱“东北”之“北”。

②半、关、四本误“宾兔、阿赤兔”为“滨兔赤”，灰、古、今本误为“滨（宾）赤兔”。据《明史·达云传》改。

③四本误“祝”为“脱”。

④古本脱“止于”。

⑤灰本误“昌宁湖”为“昌永湖”。

⑥灰本脱“往来”。

脱欢山，在永昌北，大漠平沙之中。地①多乔松，常风②作则怒涛若雷。秋冬雪压枯枝，折声闻数十③里。非盛夏避炎蒸，罕有至者，夷之游牧此其时矣。山在永昌北四百里，夷人游牧，部落无定。

校勘：

①四、灰、古本误“地”为“也”。

②灰、古本作“长风”，半、关本作“常风”，四本作“当风”，今本作“风作”。

③半本误“十”为“千”。据诸本改。

浚稽山，在镇番卫北。山平而宽，水草皆乏，此故战场也。赵破奴[1]军没于此，李陵[2]与夷遇焉。今山麓之西有水草，岂隐于昔而现于今也，抑塞北之地，非张骞[3]必至于乏水草耶！山在脱欢东可百里，世以此山为汉左右贤王分居者，非也。其时，左右贤王亦逐水草畜牧，彼此相遇于浚稽山耳。今山西有茂草，有水曰“米哈王速”，汉言肉水也，言其水美如肉汁也，或谓水侧多野兽，故谓“肉水云”。破奴、李陵虽各有取败之道，然无如张骞者，以为军导故也。今夷人游牧者部落无定。

注释：

[1]赵破奴，武帝时为骠骑将军霍去病之司马；后为匈河将军，击虏楼兰王，封浞野侯。寻将二万骑击左贤王，为其所生得，居匈奴十载，后亡归，又坐巫蛊事，族诛。

[2]李陵(？—公元前74年)，字少卿，李广之孙。少为侍中建章监，武帝以为有广之风，使将八百骑，深入匈奴二千余里，过居延视地形，还拜为骑都尉，将勇士五千人，教射酒泉、张掖以备胡。天汉二年(公元前99年)，李陵将其步卒五千人出居延，至浚稽山，与匈奴单于相值，匈奴骑三万围陵军。陵英勇奋战多日，杀伤匈奴近万人，最后兵尽粮绝，不得已而降匈奴。

[3]张骞(？—公元前114年)，汉中成固(今陕西城固)人，建元中为郎。建元三年(公元前138年)，应募使月氏，经匈奴，被俘，留十一年。后乘机亡走大宛、康居，转至大月氏。还，拜大中大夫。元朔六年(公元前123)，从大将军卫青击匈奴，知水草处，军得以不乏，乃封为博望侯。两年后，与李广出右北平击匈奴，因骞后期，当斩，赎为庶人。后骞请赂乌孙，以断匈奴右臂，拜为中郎将。至乌孙，分遣副使至大宛、康居、大夏，西北诸国始通于汉。

鱼海，在镇番东北，浚稽东南。周数十里，不及居延远甚。古①军行多过此，其名特著。海岸有山，山麓有草，明时师临海上焉。海在镇番东北二百八十里，亦名鱼儿海，又谓之鱼海子。唐高适[1]诗所谓“洗兵鱼海云迎阵”也。虽有海名，而无百川之赴。明时阿台扰边，定西伯蒋贵[2]出鱼海，侦夷所在，蹑足追之，大胜之于石城。鱼海今夷人游牧者部落无定。

注释：

[1]高适(701—765年)，字达夫，渤海蓨县(今河北景县南)人。唐天宝八年(749年)，举道科中第，调封丘尉。三年后，由河西节度使哥舒翰表为左骁兵曹参军，掌书记。居河西、陇右多年，写成多篇富有爱国激情之边塞诗，撰有《高常侍集》。

[2]蒋贵(1379—1449年)，字大富，江都(今江苏江都县)人。以燕山卫卒从成祖起兵，迁都督同知，充总兵官。正统二年(1437年)，阿台寇甘、凉，贵率轻骑败之于狼山，追抵石城。遂出镇夷(今甘肃高台县北)，间道疾驰三日夜，抵其巢，阿台方牧马，贵猝入马群，大败之。阿台仅以数骑远遁，边患即平。次年，封为定西伯。

校勘：

①灰本脱“古”字。

白亭海，在镇番东北，鱼海西南。五凉之休屠泽，五涧谷水注之。东北流而停畜于海，水色洁白，谓之白海，其谓小阔端海子者方言也①。海宽而水浅，罡风②息则光鉴毛发，镇番之人旧常牧③海上，指为苏武牧羝处。以白为北，谁能辨之，今无复问津者。海在镇番东北一百八十里。休屠泽，一名丽泽，在镇番之东北。五涧谷者，凉州五涧也，其水北流，经丽泽而后东注白海焉。苏武牧羝处，当以居延为是。

校勘：

①古本误“小”为“山”，灰本脱“端”。

②半、关、灰、古本作“罡风”，四本作“至风”，今本作“风则息”。

③灰本脱“旧常”，古本误“牧”为“饮”。

扒里扒沙，在镇番东，宁夏中卫之西，亦谓之大沙子山。明伏羌伯①实生其地。控扼凉、夏②，屏藩庄、靖，故明制抽调凉、夏边兵，更番按伏，及其久也，以为孤远而撤之，边城愈缩，而夷愈近，今夷马之矢，与山齐矣。扒里扒沙在镇番东可四百里，宁夏中卫西可三百里。明伏羌伯毛忠，扒里扒沙人也，以战功累封至伯。成化间，土达满四③因参将刘清指挥马杰索降夷赂，降夷反，拥满四为魁，四击败清、杰，退据固原之山中白石城。于是都御史项忠[1]总督军务，发甘、凉、延、宁官兵五万讨之。兵分六路，伏羌伯毛忠兵屯木头沟。成化四年十一月十三日，诸路兵进，忠麾兵进攻贼东山，路险隘，忠恃勇独前，没于阵。及满四平，封忠伏羌伯。明初之制，凉州各堡抽兵合④一千五百名，更番按伏于扒里扒沙，其后皆言水颇不足，遂停止，而凉之北面各筑边堵以代⑤之。不知自镇番而东，接乎中卫[6]，皆汉家行军旧道，弃而不守，则南[6]如庄浪、靖虏遂当其冲，故庄、靖以镇番、中卫为左右门户，而扒里扒沙又当枨闑之间也，撤按伏则去藩篱矣，按伏所以保各卫也。今游牧部落无定。

注释：

[1]项忠(1420—1502年)，字荩臣，浙江嘉兴人。明正统进士，初授刑部主事，进员外郎。天顺初，任陕西按察使，颇有政绩。成化四年(1468年)，满俊(亦称满四)反，忠总督军务讨之，大小三百战，满俊平，论功，进右都御史，撰有《藏史居集》。

校勘：

①灰、古今本误“伯”为“侯”。

②半本误“凉、夏”为“宁夏”，据诸本改。

③灰本误“满四”为“满回”。

④半、关本脱“合”，四本误“合”为“各”，据灰、古、今本补。

⑤灰本作“防”。

⑥灰本脱“接乎中卫”。

⑦四本误“南”为“西”。

右凉州北面境外[1]，夷人壤地，附诸隘口合七十有三焉。

石昌水头，南至水泉堡一百八十里。韭菜口，东南至水泉九十里[2]。西山口，东南至水泉六十里。十五里口，东南至水泉十五里。大白箕笈口，西南至水泉二十里[3]。小白箕笈口，西南至水泉四十里。红井腰岘，西南至水泉六十里。盘道口，西南至水泉三十里。石昌口[4]，东南至永昌卫二百里。高泉，东南至永昌四百三十里。马跑泉，南至永昌三百里。赤纳泉，南至永昌五百里。平泉，南[5]至永昌二百五十里。孙家井，南至永昌九十里。昌宁湖，西南至永昌一百里，南至永宁堡五十里。破古城[6]，西南至永昌一百三十里，南至永宁堡三十余里。车路口，南至永昌六十里。鹿[7]泉，南至永昌八十里。土打班，西南至永昌一百二十里。草打班，西南至永昌一百八十里。三岔口，南至永昌八十里[8]。芦沟套，南至宁远堡五十里。榆树沟，南至宁远堡五十里[9]。架跑咀，南至宁远堡三十里[10]。高崖子，西南至宁远堡四十里。黄毛沟，西南至宁远七十里。黑水，西南至宁远一百二十里[11]。高寺儿，西南至宁远一百二十里[12]。寺儿沟，西南至宁远一百七十里。新庄子，南至宁远三十五里。梧桐树地方，南至永宁堡四十里。破山口，南至永宁二十里。齐头山，东南至永宁一百二十里[13]。红崖子，南至永昌二十五里[14]。东黑山，西南至永昌八十五里。圆湖儿，东南至蔡旗一百三十里。河口，东南至蔡旗一百三十五里。白土坡，南至蔡旗一百四十里。黑茨崖，南至蔡旗一百五十里。阿[15]喇骨山，东南至东山堡一百里。红山口，东至黑山一百里[16]。沙儿井，东南至镇番二十五里。乱井儿，东南至镇番二百四十里。三个泉，东南至镇番二百七十里。小白盐池井边，东南至镇番二百四十里[17]。古城，东至镇番一百里。连城，东南至镇番一百二十里。三角城，东南至镇番一百一十里。古城、连城、三角城彼此相连，基址至今犹存焉。三角城与在大通河者迥异。盐池，南至镇番四十里。乾河，南至镇番四十里。柳条湾，南至镇番五十里。沙咀儿，西南至镇番八十里。柳湖儿，西南至镇番四十里。近双井，南至镇番三十里。伏湖，西南至镇番七十里[18]。土塔，西南至镇番一百里。瞭江石，西至镇番一百里。远双井，西南至镇番五十里。芦沟儿，西南至镇番四十里。鞍子山，西至黑山堡八十里。旧庄家，西至黑山六十五里。乱沙窝，西至黑山五十里。一颗琐琐，西至黑山九十里。花林儿，西至黑山一百里。十三个井，南至高家堡一百八十里，鹅头山，南至土门堡五十里。黄花儿滩，南至土门五十里，酸茨沟，东至大靖营四十里。石喇牌，东至大靖八里。张兴寨，东至大靖一十五里。赵家窑，东南至大靖二十里。庄浪沟，南至大靖三十三里。大山顶，南至大靖二十五里。

校勘：

①灰、古本脱“凉州北面境外”。

②今本作“五十里”。

③半、关、四本作“二十里”，灰、古、今本作“四十里”。

④今本作“石晶口”。

⑤灰本误“南”为“西”。

⑥灰、古本误为“破沽城”。

⑦灰本误“鹿”为“广”。

⑧半、关、四本作“八十里”，灰、古、今本作“一百八十里”。

⑨灰本作“西”，半、关、四、灰本作“五十里”，古本作“七十里”，今本作“三十里”。

⑩半、关本作“三十里”，四、灰、古、今本作“二十里”。

⑪四本作“一百一十里”。

⑫半、关本作“一百二十里”，四、灰、古、今本作“一百二十五里”。

⑬四本作“一百一十里”。

⑭四本作“一十五里”。

⑮四本误“阿”为“河”。

⑯据今本补“红山口，东至黑山一百里”十字。

⑰半、关本作“二百四十里”，四、灰、古今本作“二百二十里”。

⑱四本作“五十里”。

此凉州北面之隘口、水头也，虽皆环边堵，乘障塞以守之，然夷欲穴墙寇凉州也，不在镇番，则在水泉。盖寇镇番以拊凉之背，寇水泉以通南北之途，则凉州可虑，无逾于水泉者矣。其他即有侵掠不过偶然耳，不足患也。

凉州近疆 自凉州东南接庄浪界起，以至于西接甘州东南①界而止。

三角城，在凉州之南，庄浪之西，西宁之北也。其城负山，山险不可②升，环其三面，垒土石为之，故曰“三角”。其城女墙、雉碟、敌楼、飞甍一如内地。其中土屋，其外平川，旷者如阡陌，卑者如坻池，可耕可牧之地也。有明，置此城以处黑番，城外驼山寺，则番僧国师居之。自亦卜剌乱，黑番遁[3]而城空，今之居者则甘、凉之叛回，新附西夷者也。城在凉之南詹詹口南二百里，甘之白石崖口东三百里，庄浪之镇羌西三百七十里，皆隔于祁连山也。在西宁之北川营西北二百余里，则阻于大通河也。城外平旷之地，延长近[4]二百里，广数里不等，号为沃壤。明正德间，海夷[5]内犯甘、凉，每取道于此，而黑番远窜，土地荒芜矣。顺治八年，甘、凉叛回既败，其余党四百余人降于麦力干，使居三角城，为其部落。

校勘：

①半、关本误“南”为“西”，据灰、古本改为“东南”。

②灰本脱“可”。

③四本作“避”。

④灰本脱“近”。

⑤半、关误“海夷”为“海西”，据四、灰、古、今本改。

可可口，在凉州东南，安远堡之南也。可可川水发于祁连，流数百里而入于黄河。故庄浪之南，皆有所谓可可川者，或曰即大通河，然无所考。可可口者就安远而名之也。黑番住牧于口，恒[1]就食于安远，岁纳税于西夷。曾不若毛打班之番，供使令于汉也[2]。可可川口在安远南二十里，毛打班在安远[3]北三里。熟番都剌族[4]住牧，不纳夷添巴。可可口黑番儿加洞族住牧。

校勘：

①灰本脱“恒”。

②半、关本误“供”为“共”，据四、古、今本改，又灰本作“臣于汉也”。

③半、关本误“安远”为“宁远”，据四、灰、古、今本改。

④半、关本脱“族”，据四本补，又灰、古、今本作“武都剌”。

东西山者，黑松堡之二山，在凉东南[1]。两山夹黑松堡，番族处此，与中夏之人，朝斯夕斯，谓之“熟番”也。今亦臣于夷矣。东西山在黑松堡之左右。黑番红宛卜族、白宛卜族住牧。

校勘：

①四本误“东南”为“东西”。

又古浪所二山，亦曰东西山，山夹所城，如黑松然。黑番族类纷如也，而与黑松二山之夷，俱有携二之心焉。山在古浪所左右，擦扛族、小宛冲族、温古六族、年错族住牧，皆纳夷添巴。

乾柴窊，在张义堡东，地以乾柴名者，往往有之，此其一耳。番族住牧，殆非一日，然西夷伊迩，外向又何怪焉。窊在张义堡东六十里，黑番史加课族住牧。

西山顶，在凉南上古堡之西也。山在堡西[1]，故曰西山。山即藏南，亦曰“天梯”，此其一枝耳。地平而草夭[2]，山顶雪消，流为沟浍[3]，牛马所宜牧焉。黑番栖息于此，而畏夷之威者有之矣。山[4]在上古堡之西五十里，黑番东股巴族、嘎[5]尔麻宛冲族住牧。

校勘：

①半本脱“西”，据诸本补。

②半、关本误“夭”为“沃”，据四、灰、古、今本改。

③古本误“浍”为“会”。

④四、灰、古本误“山”为“堡”。

⑤半、关本误“嘎”为“嘎”，据四、灰、古、今本改。

五沟湾，在凉南西把截之东。湾善水草，逾山则达黄城，亦危地矣。湾在西把截东一十里。黑番长把的族、铁咀族[1]住牧。

校勘：

①灰本“铁族”之“族”字为衍文。

东打班，在凉西南炭山堡东。炭山四境，无一非山，打班当其东也。山高泉清，番族孳牧，固乐土矣。而私献于夷焉。打班在炭山东三十里，黑番沙麻儿宛中族住牧。

黄城儿，在祁连山中，连山叠嶂，崎岖山谷间，地势忽宽衍，循两山之谷而北，东通庄、凉，西趋甘州，无不可者。明时，兵民处城中，黑番处城外，故凉州、永昌间，高枕而卧。自夷乘衅，乞假种牧于斯，而甘、凉之间无宁日矣，而未尝烦一兵发一矢何耶？城昔为内地，今为夷疆，故重见也。自黄城儿南，山谷窄狭，仅容一马，更南则酸茨河矣。自黄城儿北五十里为黑洞口[①]，横出一道，祁连、臧南二山南北峙立，道宽而坦，可达凉、庄之南山诸堡。自黄城而北三十里为一颗树，横出小径，直达火烙口，至凉之新城、高古，更数程则大草滩也。自黄城而北，由大道可直[②]抵詹詹口。嘉靖二十八年，肃州黑番绰尔加杀伤官兵，逃至黄城儿，住牧城外。初，正德间海夷之乱，设兵黄城儿守御，故城中有民有兵。明季城荒，遂为弃地。康熙十三年麦力干承滇、黔之乱，借以养马，久假不归，且数为边患。久之，议复，纷云竟不果[③]。后夷以为固有矣[④]，今其部落住牧。

校勘：

①半、关本作“黑洞口”，四本脱“口”，灰、古、今本作“黑沟口”。

②四本脱“道”，又误“直”为“宜”。

③灰本脱“久之”，又作“议复不果”。

④灰本脱“后”、“以”及“矣”三字。

酸茨河，在黄城之南，祁连之阳，发源祁连，流注大通河。盖河之小派，冰融则溢，溢则流澌百十里，故甘、凉间皆有酸茨河之名焉。惟黄城之南，夹岸地平可耕也，坳洼坻岸可牧也，河水清浅可饮也。昔时番族游牧其地，海夷乱而后内徙，今夷人游牧，蔓延河干百里许[1]矣。河在黄城西南八十里，在[2]凉之永昌南一百五十里，在大草滩界之南九十里。由滥泥、打班空凉州二百八十里，由讨来川岭至庄浪三百五十里，南至青海八百里[3]，至西宁四百余里。今麦力干住牧。

校勘：

①灰本脱“百里许”。

②半、关本误“在”为“而”，据四、灰、古、今本改。

③灰本误为“八十里”。

南山，在凉州之西，高古城之南。凉南之山，皆谓南山，此就高古城而名也。高古城外[1]为大草滩，高古城之西山为大黄山。南山之番今皆听命于夷矣。南山在高古城南五里，今黑番住牧于此者名六受族[2]。

校勘：

①灰本脱“外”。

②半、关、四、灰、古本作“六受”，据今本补“族”字。

右凉州南境外，夷番壤地。今大草滩、大黄山皆为夷所盘据。当事者匿不以闻，近疆不载二地者，因其所讳而讳之也。附凉南诸隘口，合七十焉。

红沟儿，北至安远堡六十里。可可河，北至安远三十里。倒坡河，东北至黑山堡二十五里。青石崖，北至黑松三十五里[1]。湖滩窊，北至黑松二十五里。九地子，北至黑松一十五里。牛头窊，北至黑松二十五里。龙沟榨，北至黑松一十二里。冰沟，西至古浪所一十里。樊家口，北至古浪一十五里。哈西榨，北至古浪一百里。黑茨沟，西至张义堡二百里。木[2]麻沟，西至张义一百八十里。宽沟口，西北至张义一百二十里。榨子口[3]，北至张义四十里。红腰岘，北至张义一百六十里。乾柴窊，北至张义六十里。青腰岘，西北至张义八十里。红沟，西北至上古堡二百里。卯藏榨[4]，北至上古一百二十里。牛头阿博，西北至上古二百五十里。红沟脑，西北至上古二百五十里。七个草窝，北至上古一百八十里。花山，北至上古一百六十里。朵兰兔儿，东北至上古一百四十里。马头阿博，东北至上古一百余里。黑沟，东至南把截一百一十里，至[5]西把截一百四十里，东至炭山堡一百三十里，北至永安堡一百里，西北至永昌卫九十里，南至黄城二十里。龙滩，北至凉州一百八十里。石牌沟，北至凉州一百五十里。藏经脑，北至凉州二百九十里。牛心山[6]，北至凉州一百九十里。牛心山官濠，北至凉州一百五十里。四坪沟，北至凉州九十里。白水石[7]，北至凉州九十里。天池口，北至凉州一百七十里。冰沟榨[8]，北至凉州六十里。倘哥儿，北至凉州九十里。石咀榨[9]，北至凉州三十里。扎力麻阿博，北至凉州一百三十里。水磨沟，东北至西把截一百二十里。[10]藏经口，东至西把截一百三十里。大口子，北至炭山堡八里。横梁山，北至炭山六十里。西打班，东至炭山四十五里，北至永安堡三十里。小口子，北至永安二十五里。石脑儿，北至永安七十里。起龙堡，北至永安五十里。东打班，西至永安三十里。寺儿沟，北至永安一十里。四沟打班，西至永昌五十里。六沟打班，西至永昌六十里。捍杖打班，西至永昌六十里。蝉头窝，北至永昌九十里。鸾鸟口，西北至永昌一百三十里。平羌口，北至永昌二百六十里。五龙五池，北至永昌二百六十里。酸茨河，北至永昌一百五十里。水关口，西北至永昌卫一百三十里，北至黄城儿二十里[11]。江宁口，北至永昌卫一百三十里，北至黄城儿二十里。一颗树，北至永昌卫八十里，西止新城七十里，南至黄城儿三十里。唐家沙，北至永昌卫五十里，南至黄城儿六十里。滥泥打班，北至黄城儿三十里，东北至凉州二百里。火烙口，北至新城五里。中马路，北至高古六十里[12]。寒鸦口，北至高古七十里。大河口，北至高古八十里。西打班，北至高古六十里。马营墩，北至高古四十里[13]。大黄山口，北至高古五十里。白石崖，东至高古一百二十里。

校勘：

①半、关、四本作“三十五里”，灰、古、今本作“二十里”。

②半、关本误“木麻沟”为“水麻沟”，据四、灰、古、今本改。

③半、关本作“榨子口”，灰、古、今本作“柞子沟”，四本作“祚子

沟”。

④半、关本作“卯藏榨”，灰、古、今本作“卯藏柞”，四本作“卯藏祚”。

⑤四本脱“至”。

⑥四本脱“牛心山”。

⑦半、关本作“白水石”，四、灰、古、今本作“白水口”。

⑧半、关本作“冰沟榨”，今本作“冰沟柞”，灰、古本作“水沟柞”，四本作“冰沟祚”。

⑨半、关本作“石咀榨”，灰、古、今本作“石咀柞”，四本作“石咀祚”。

⑩半、关、四本多“石咀榨”，据灰、古、今本删。

⑪灰本作“三十里”。

⑫半、关本作“六十里”，四、灰、古、今本作“四十里”。

⑬半、关本作“四十里”，四本作“三十里”，古、今本作“五十里”，灰本作“六十里”。

此凉州南面之隘口。凉南以臧南、祁连为障，皆高山深谷，鸟道悬崖，虽部落小寇，随在可通。夷人大举，必在黄城，盖其地宽衍可以驰驱，可以四达也。

秦边纪略·卷三

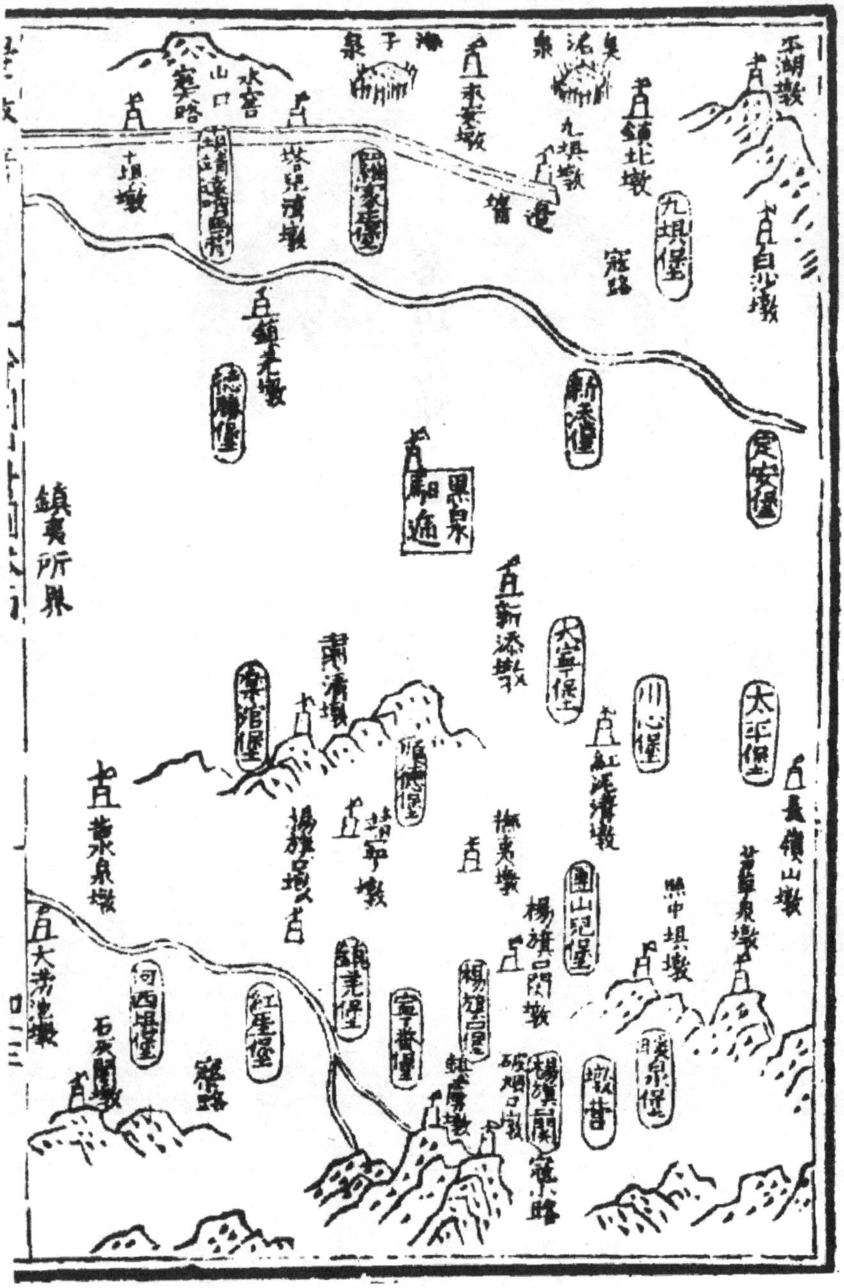

平湖墩
海子泉
臭泥泉
永安墩
鎮北墩
九垻墩
九垻堡
白沙墩
寇路
水窨
山口
寇大路
十垻墩
塔兒濱墩
邊牆
鎮羌墩
德勝堡
新添堡
定安堡
黑泉驛
鎮夷所界
新添墩
大寧堡
川心堡
太平堡
紅泥灣墩
長嶺山墩
團山兒堡
鎮羌堡
紅崖堡
河西堡
石灰關墩
寇路
楊旗口堡
暖泉堡
寇小路

老鴉泉寇大路
槍花泉
笄尖山墩
平虜墩
鶯窩口寇小路
十墩
寇小路
雙尖山口
鎮西墩
八墩
破烟口寇大路
鎮遠墩堡
八墩堡
寇路
七墩堡
水口堡
青山墩
集善堡
宣化堡
永安堡
亨利堡
鎮遠墩
懷忻堡
禎祥堡
高臺千戶所
鎮和堡
宣威堡
鎮朔堡
柔遠堡
曲豆王堡
順虜遲堡
資益堡
來與堡
來與墩
定遠堡
白城山
寇小路
猪子溝墩
官相堡
榆木溝墩
寇小路
帖木哥城

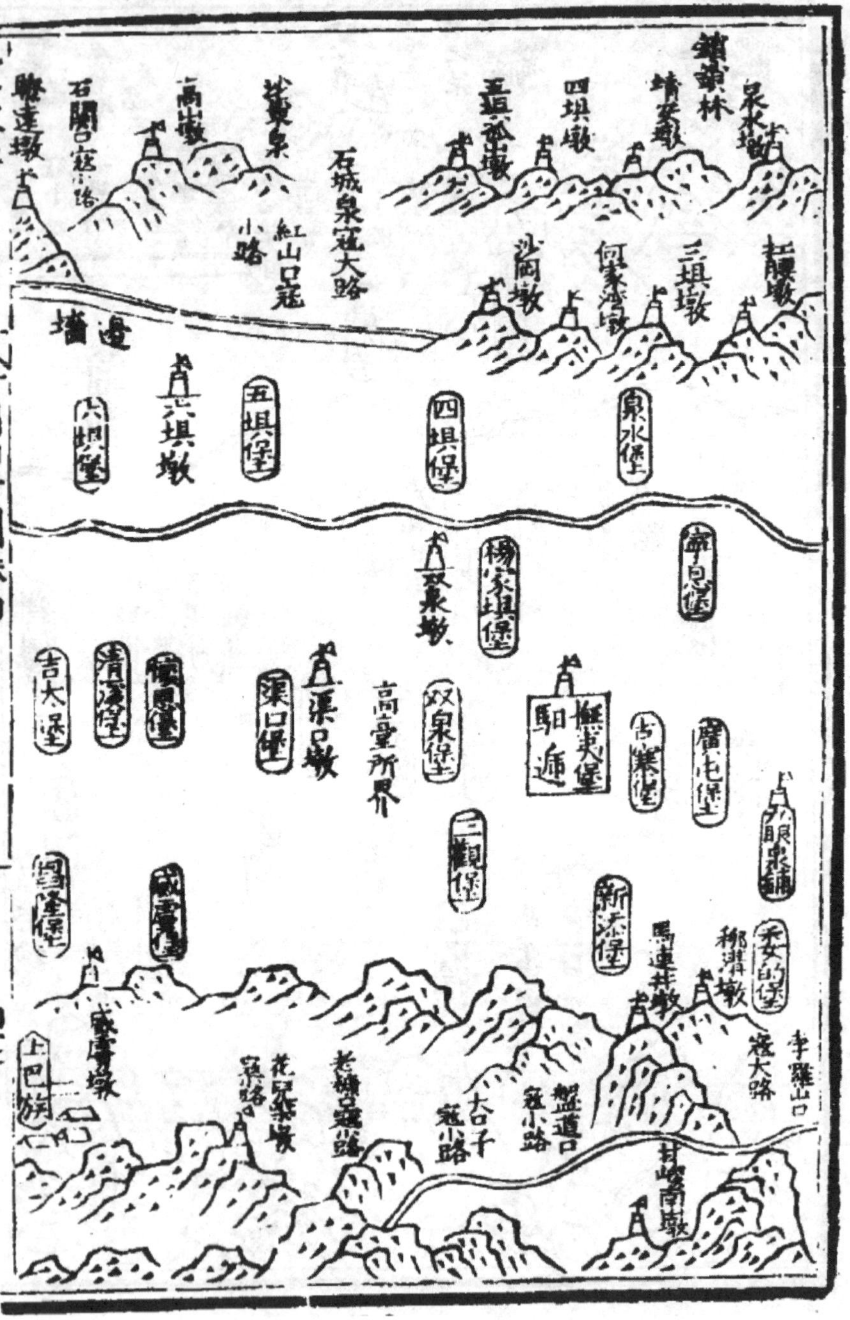

泉水墩
鎮羌林
靖安墩
四墩
五墩
四墩
高山墩
石關口寇小路
聯達墩
石城泉寇大路
紅山口寇小路
紅腰墩
三墩
何家灣墩
沙崗墩
邊墻
泉水堡
四墩堡
五墩堡
六墩
六墩堡
寧息堡
楊家墩堡
双泉墩
撫夷堡
騶遞
双泉堡
高臺所界
渠口墩
渠口堡
懷恩堡
清水堡
吉大堡
屯堡
古寨堡
六眼泉鋪
二觀堡
新添堡
國安堡
威虜墩
威虜堡
安的堡
柳溝墩
馬連井墩
寇大路
李羅山口
盤道口寇小路
大台子寇小路
老楼子寇路
花兒宗墩
寇路口
威虜墩
上巴旗
甘峻南墩

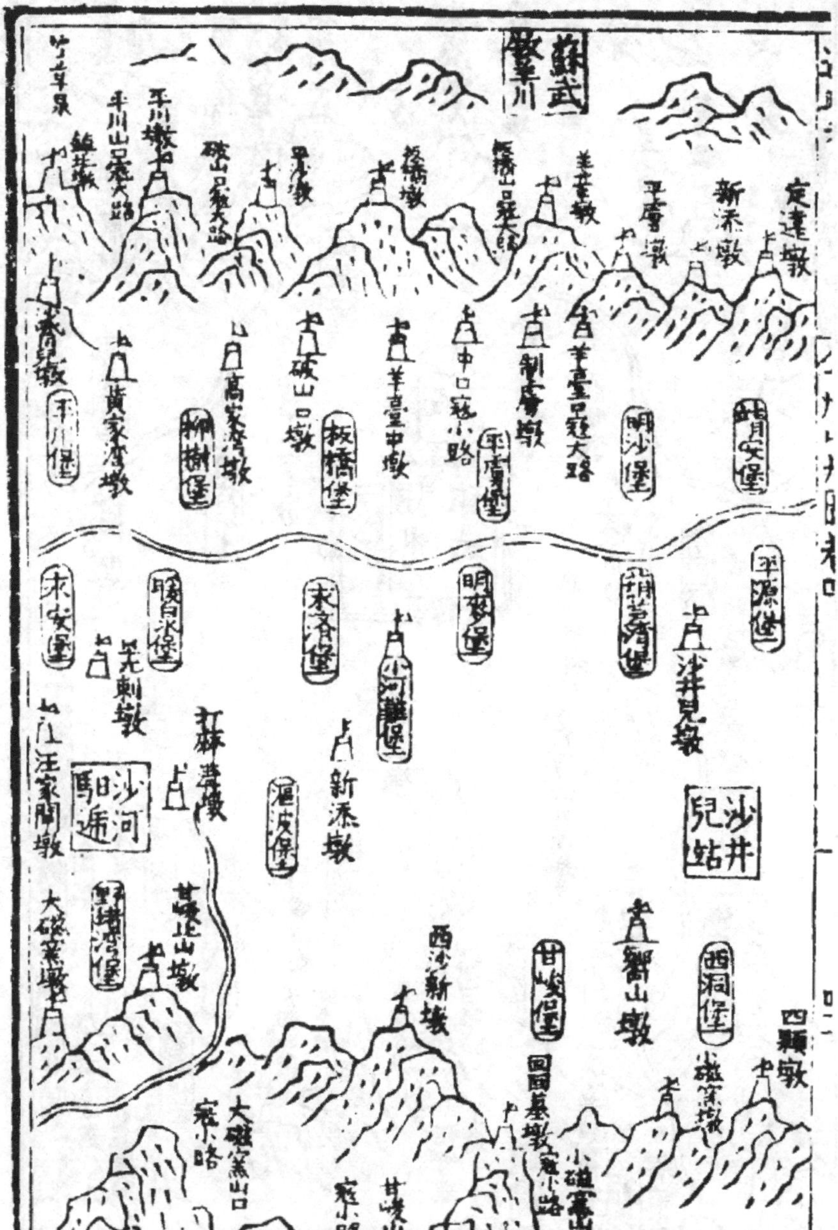

蘇武
平川
平川墩
平川山口寇大路
破山口寇大路
板橋墩
板橋山口寇大路
羊臺墩
平虜墩
新添墩
定邊墩
黃家灣墩
高家灣墩
破山口墩
羊臺中墩
中口寇小路
制虜墩
羊臺口寇大路
平川堡
柳樹堡
板橋堡
平虜堡
明沙堡
靖安堡
永安堡
永濟堡
明沙堡
平原堡
沙井兒墩
小河灘堡
新添墩
沙河驛遞
沙井兒站
汪家閘墩
打麻灣墩
大磁窯墩
甘峻山墩
西沙新墩
甘峻堡
響山墩
西洞堡
四顆墩
小磁窯墩
回回墓墩
大磁窯山口寇小路
寇小路
甘峻山口
小磁窯山口寇小路

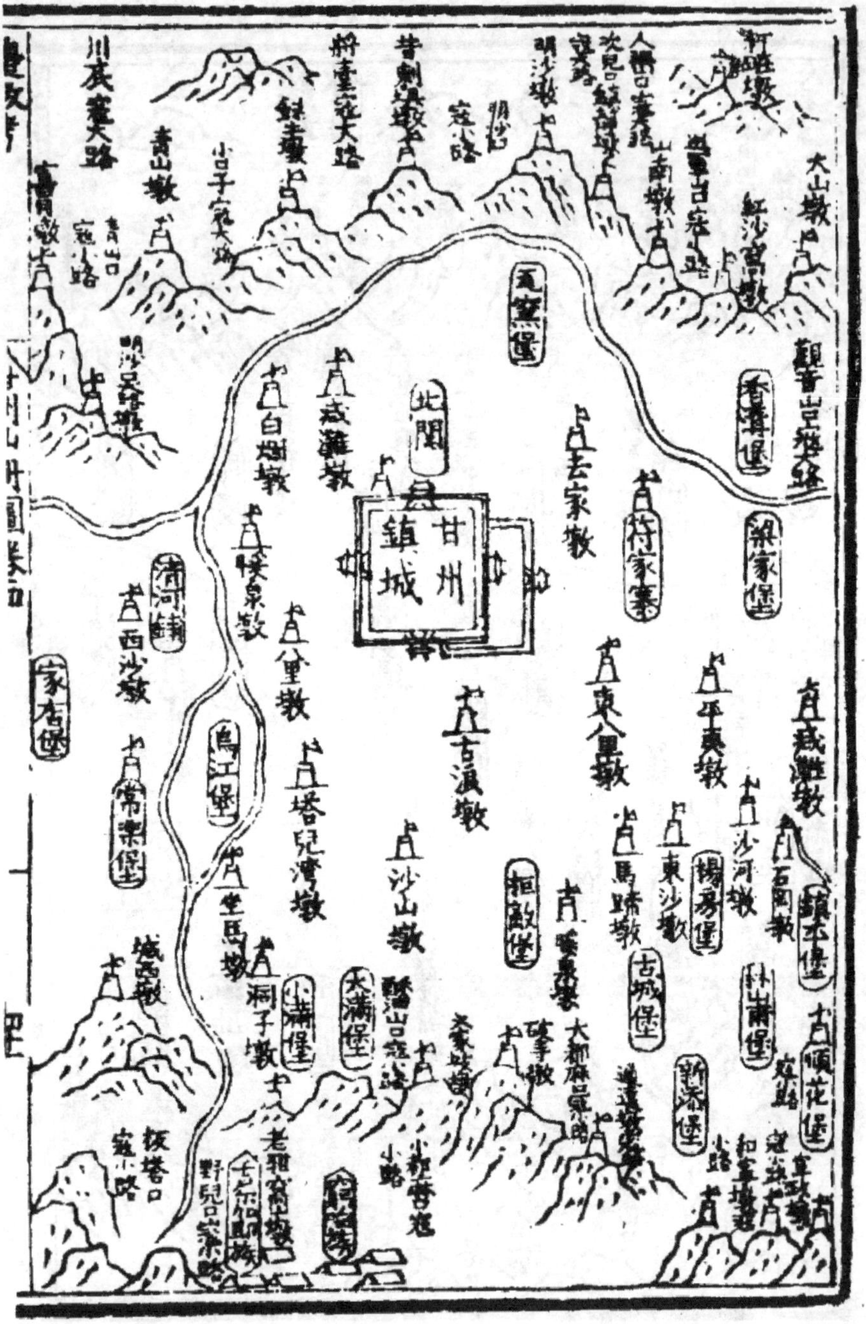
邊政考
甘州山川圖
甘州鎮城
北關
青山墩
大山墩
紅沙窩墩
觀音山口張大路
香溝堡
梁家堡
沙河墩
東沙墩
古城堡
古浪墩
沙山墩
塔兒灣墩
西沙墩
常樂堡
烏江堡
大滿堡
小滿堡
洞子墩
東八里墩
馬蹄墩
順化堡
明沙墩

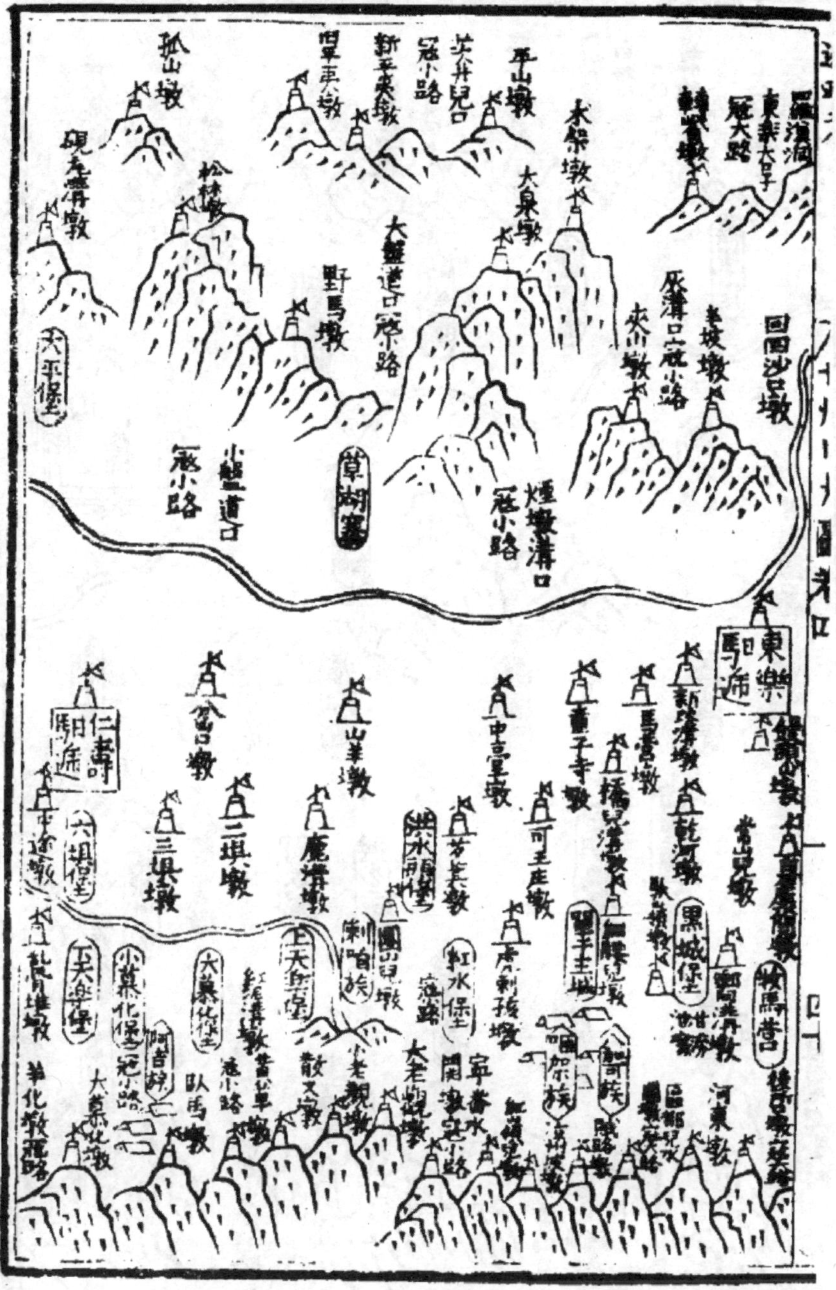

孤山墩
平山墩
大泉墩
野馬墩
松林墩
大平堡
草湖寨
東樂驛
仁壽驛
六壩堡
三壩墩
二壩墩
山羊墩
中高墩
黑城堡
洪水堡
紅水堡
大樂堡
大黃化堡
河東墩

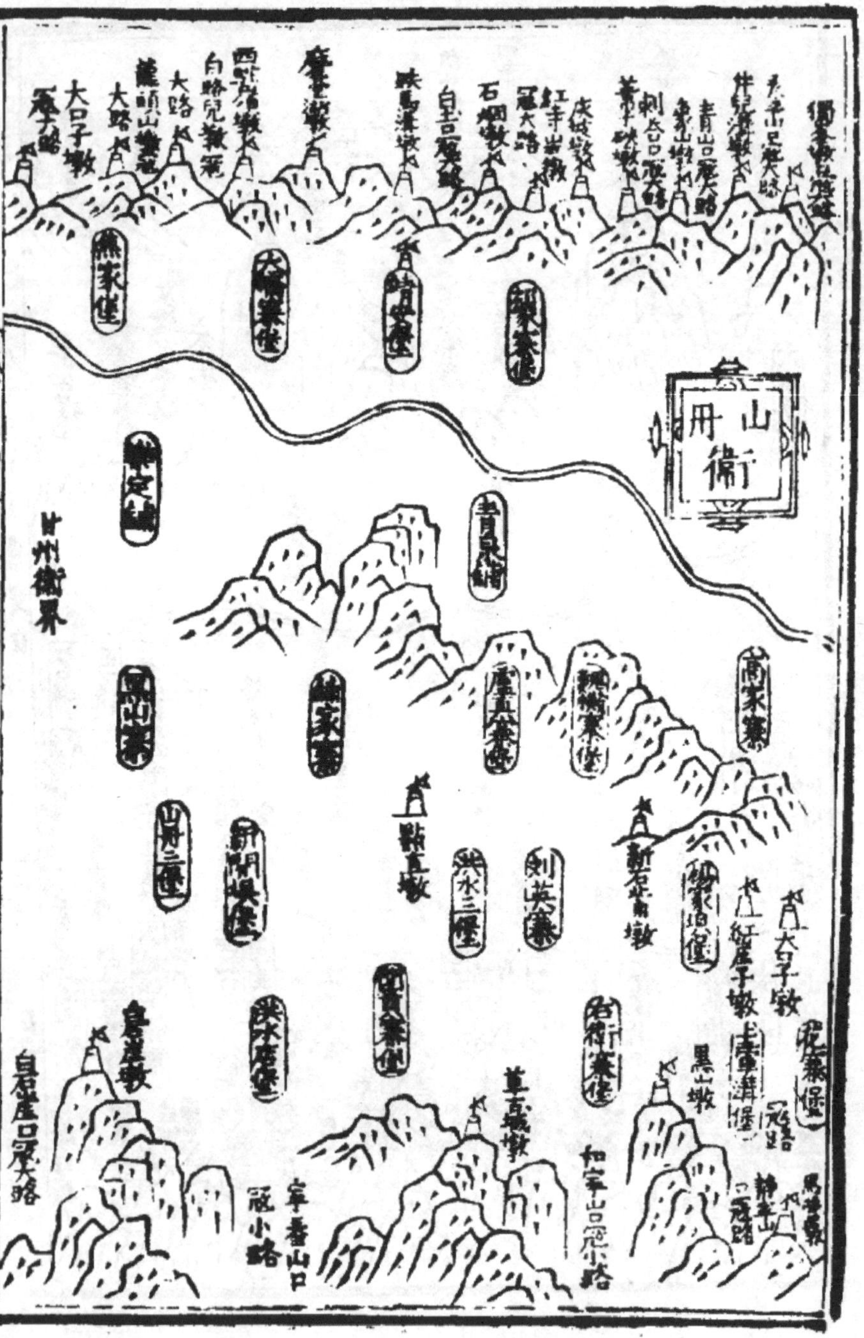
山丹衛
甘州衛界
青泉鋪
高家寨
山丹三堡
洪水三堡
剣英寨
洪水店堡
大口子墩
黑山墩
新石峽口墩
白石崖口墩
石門口墩
紅寺兒墩
大路

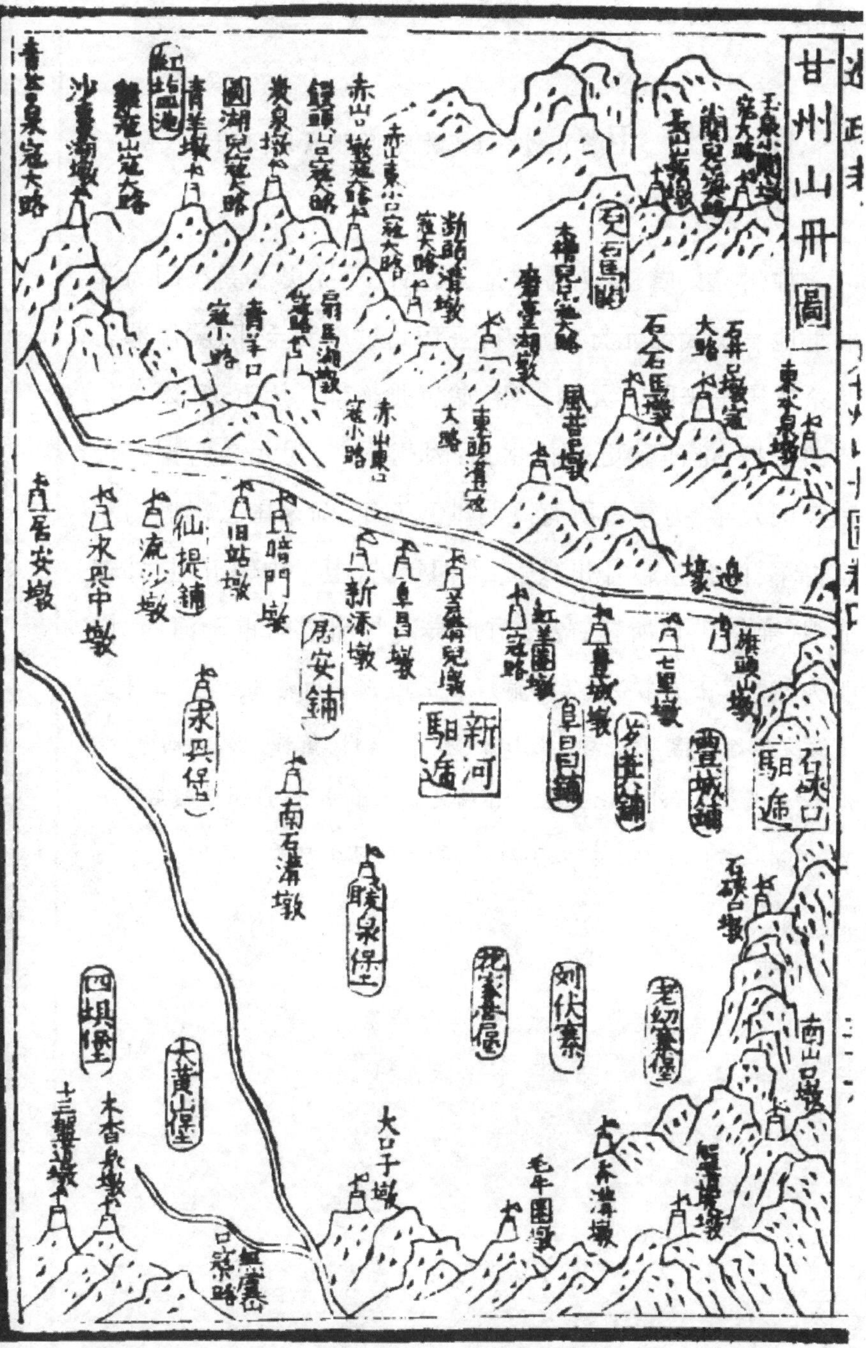

甘州山川圖
新河驛
石峽口驛
居安鋪
仙提鋪
豐城鋪
永興堡
暖泉堡
四壩堡
大黃山堡
劉伏寨
老幼寨堡
邊墻
東水泉墩
新添墩
南石灘墩
大口子墩
旗頭山墩
七里墩
居安墩
流沙墩
旧站墩
暗門墩
木香泉墩
南山口墩

甘　州　卫雍正初年改卫为府，附张掖县、山丹县属焉[1]。

甘州，唐、虞、夏为雍州地，其后沦于羌夷。秦汉间为浑邪王地。汉武帝元狩二年，霍去病始过焉支至祁连，浑邪王始杀休屠王来降。元鼎二年，始置张掖郡。历五凉、隋、唐，皆曰张掖，惟西魏更名甘州，后因革不一，为元昊所据。理宗宝庆元年，为蒙古所有。明洪武五年，命宋国公冯胜为右副将军，由金兰趋甘州[2]。二十四年，置卫。内辖五卫，外辖七卫，兼辖千户所三，屹然重地矣。甘州之畸重于河西，惟明为然。二十五年分设左右前后中五卫，所谓内辖五卫也。二十六年设陕西行都指[3]挥使司，凡山丹、永昌、凉州、镇番、庄浪、西宁、肃州皆[4]属焉，所谓外辖七卫也。甘属之高台千户所，肃州之镇夷千户所，凉州之古浪千户[5]所，无不属焉，所谓兼辖千户所三焉。

校勘：

①半、关本有题注，四、灰、古、今本均无。

②半、关、四本作"甘州"，灰、古本作"甘、肃"。

③四、灰本脱"指"。

④四本脱"皆"。

⑤灰本脱"千户"。

其地东有武威，西有酒泉，南有祁连之阻，北有合黎之环。南北相距，仅可百里，如筑甬道，中通一线，通饷道而接声援耳。何以畸重若此哉？盖其河黑水，其田上上，其民五方错杂，其俗朴而刚，此所以畸重也。凉州在东四百八十里，肃州在西五百四十里①，祁连在南一百五十里，霍去病至祁连山斩首万级者也。合黎山在北四十里，即《禹贡》导弱水至于合黎是也。甘之南北相距宽者可二百里，隘者才十里许，言百里者举其概也。黑水发源于祁连山下，北流至甘之城西十五里，与山丹之弱水合而西流，至肃之镇夷，流向②合黎山焉[1]。黑水非《禹贡》之黑水，西河盖《禹贡》之黑水，在雍梁之间，与此悬殊。甘之黑河，但可谓之张掖河耳。高台一带皆因黑水为渠，以灌稻麦，无旱涝之忧。稻为河西③所仅有者。《禹贡》雍州，厥田上上，今惟甘足以当之。汉武帝时发徙民以实甘州。甘虽产稻而民贫实甚。

注释：

[1]“黑水发源于祁连山下……与山丹之弱水合而西流”一节，与实际情况有出入。据《甘肃地图集》，黑河（亦称黑水）发源于青海境内之走廊南山与陶勒山之间，东南流至祁连县黄藏寺附近会八宝河北折，出祁连山谷。至张掖地区纳其支流山丹河，又折而西北流，出合黎山之正义峡，以上统称黑河。在金塔县境之一段称弱水。至额济纳旗之狼心山附近分为二支，东支为东河（纳林河），西支为西河（木林河）。再北流注于居延海（嘎顺诺尔）与索果诺尔。

校勘：

①半、关、四本作"五百四十里"，灰、古、今本作"四百二十里"。

②灰本误"向"为"而"。

③四本误"西"为"东"，灰、古、今本作"稻为河东西所仅有者"。

从来称五郡者，必曰断夷人右臂。盖五郡远出四千里，外接西域①之疆，入夷腹内，我征不庭[1]，则可以捣其巢；彼掠边郡，则可以蹑其后；要党结②叛，则可以遏其途。今五郡仅存其四，虽缩地一千余里③，而西夷不敢越河西而东犯④者，四郡之蔽于西也。甘州在四郡之⑤中，则又若阵之中坚，磨之有枢纽，身之有腹心，甘州之所以畸重者，岂偶然哉。兰州而西为金城郡，凉州而西为武威郡，甘州而西为张掖郡，肃州而西为酒泉郡，赤金蒙古而西至哈密为敦煌郡。明正德间弃去哈密，而敦煌遂为绝域。然明开国之初，亦以嘉峪关为声教所及，其赤金蒙古[2]、罕东左卫[3]、哈密[4]三卫，皆羁縻夷属而已，故曰仅存其四。自嘉⑥峪关外，西至哈密一千九百余里。

注释：

[1]不庭：背叛不来王庭者，语出《左氏·隐公十年》："以王命讨不庭。"

[2]赤金蒙古卫：见本书卷四《肃州卫·肃州近疆》之《赤金蒙古卫》条。

[3]罕东左卫：在原沙州卫故城，即今敦煌。明洪熙时，青海湖东

侧之罕东卫部之奄章固与种族不相能，数仇杀，乃率其众逃沙州境。朝廷即许其就地耕牧。岁纳马于肃州，不受青海罕东卫统属。至其子班麻思结，从讨曲先有功，宣德七年(1432年)授为罕东卫指挥使。然犹居沙州，不还本卫。十年，进班麻思结为都指挥使佥事。后，原沙州卫部众全部内迁，班麻思结遂尽有其地。成化初，班麻思结卒，孙只克嗣职，部众益盛。明成化十五年(1479年)，即于沙州故城置罕东左卫，只克仍以都指挥使统属，明廷令其捍御西陲。

[4]哈密卫：见本书卷六《外疆·哈密》条。

校勘：

①半、关本误"域"为"城"，据四、灰、古、今本改。

②古本误"结"为"诘"。

③半、关、四本作"一千余里"，灰、古、今本作"二千余里"。

④半、关、四本误"犯"为"折"，据灰、古、今本改。

⑤灰、古、今本脱"之"。

⑥灰本误"嘉"为"贾"。

河西之南北，何地非夷。我之所甚重者，无如甘州；夷之所怨者，亦无逾甘州。彼在南者欲北，在北者欲南，而甘州适当其中，横截其路，则必自东而西，循墙而走，动辄以月①计。苟通甘州则直出直入，朝发于南，暮宿于北，令众长驱，随所欲为矣。夷之垂涎窥伺②者，岂一日哉？昔小王子[1]欲寇凉州，拥众之大松山。部属阿尔秃斯曰："截列虎巴娃，甘斯得窟隶勿，火落赤③刀答计勒勿，伊个阿论落得勿。”谓当分兵取甘州，约会火落赤到，则大事成矣。小王子不听，及败，悔之。小王子在明之成化间，称可罕者也。也先为小王子所杀。小王子之相，曰亦卜剌④，有罪窜居青海。阿尔秃斯夷目之多智者也。其时有夷目曰火落赤者，性极凶残而善战，住牧于河州之捏工川。阿尔秃斯劝小王子分兵取甘州，小王子不听，败于松山。

注释：

[1]小王子：明代宗景泰五年(1454年)，鞑靼部长孛来曾立故东蒙古可汗脱脱不花之子麻儿可儿为可汗，因其年幼，明人称为小王子。以后相沿成习，历代蒙古可汗均称“小王子”。至明英宗天顺六年(1462年)，小王子麻儿可儿复与孛来仇杀。麻儿可儿死，众立马古可儿吉思为可汗，亦号小王子。自是，鞑靼部长益各专擅，小王子稀通中国，所传世次，多不可考。至明成化间入侵者复称小王子，其势甚强，自称大元大可汗。正德四年(1509年)与亦卜剌仇杀。亦卜剌西窜西海，阿尔秃斯与会。

校勘：

①古、今本误“月”为“日”。

②古本脱“窥伺”。

③灰本误“火落赤”为“大落赤”。

④灰本误“亦卜剌”为“尔卜剌”。

且契丹摧陷，元昊割据，蒙古内侵，河西之受敌，甘、肃为先。譬之常山之蛇，击首尾应，击尾首应，击其中首尾俱应，独击其项，则一身无所施。甘州者常山之项也。北宋大中祥符三年，契丹入甘州，后破肃州及各郡。北宋天圣六年，李德明使其子元昊略取肃州①。南宋宝庆元年，元铁木真使察罕[1]陷甘州，而河西诸郡，遂成破竹之势。

注释：

[1]察罕（？—1255年），初名益德，其父曲也怯律为西夏大臣，其妾方怀察罕，不容于嫡母，逼迫嫁于掌羊群者及里木。及稍长，其母告以情。察罕武勇过人。幼牧羊于野，被成吉思汗奇之，收至宫中，供事内廷。及长，常从成吉思汗征略。公元1225年成吉思汗自西域还，攻取沙州，破肃州，师次甘州。时察罕父曲也怯律居守城中。察罕射书招之，且遣使谕城中早降。曲也怯律副将阿倬等三十六人合谋杀曲也怯律，并杀使者。城破，成吉思汗欲尽坑城中居民，察罕止之，只罪三十六人。甘州既下，西夏遂亡。元太宗进攻南宋时，授察罕都元帅。

校勘：

①诸本作“略取肃州”，今本作“略甘取肃”。

考有明之制，坐镇甘州者，不但行都司而已，文有抚军，武有总戎，率一代之名臣宿将，屯兵三万有奇。其时祁连谁敢牧马，合黎孰敢①弯弓，厝黄河②东西，安如泰山，可谓善用常山之势者矣。明制：甘州坐镇者，自行都司外，有巡抚、都察院，有行太仆寺③卿，有监司，有总兵，有副戎，有都司佥书。且洪武二十八年，肃王[1]移国于甘州，三十二年肃王始内移于兰州。五卫兵二万五千九百名，山丹兵六千七百七十名，高台一千四百六十名，所谓三万有奇也。后递减至一万二千五百人④，洪水之增设不与焉。甘州城正官兵有马者三千员名，步兵、骑⑤兵、游兵、守望兵⑥，不在其数。其卫、所、城、堡兵马，即此可概见矣。

注释：

[1]肃王(？—1419年)，名朱楧，明太祖第十四子。洪武十一年(1378年)封汉王，十五年(1382年)改封肃王。二十八年(1395年)就藩甘州，督理甘州五卫军务。三十二年(1399年)，内徙兰州。

校勘：

①灰本误“敢”为“散”。

②半、关、四本误“黄河”为“湟水”，据灰、古、今本改。

③灰、古本误“寺”为“司”。

④半、关、四、古本作“一万二千五百人”，灰本作“一万一千五百人”，今本作“一万二千五百八十名”。

⑤半、关、四、古、今本误“骑”为“奇”。据灰本改。

⑥四本作“守兵望兵”。

今官兵不及有明，而祁连为夷之渊薮，公然而入大草滩矣，此永固城之所以特筑也。合黎乃我雉兔刍荛之地，今我以为绝域，而夷以为交衢。此人宗山、斜濠口、石硖口之所以可虞也。甘州抚军[①]，今驻于兰州。今甘州文[②]有监司[③]、监牧、同知；武有[④]甘肃提督，五营全设。又永固协镇副戎，甘州城守参戎，山丹、高台、黑城、洪水四游戎，硖口、大马营、马营墩、高古城[⑤]、梨园[⑥]、红崖、平川七守备，此今之官制也。提督兵[⑦]五千员名，永固协及各路城堡统四千三百六十二[⑧]名。今甘州之兵，计之不满万人，此今日之兵制也。永固城在东南一百八十里。自顺治八年甘州总兵开市于洪水，而夷人遂据大草滩。乃请于永固置副戎，黑城置游戎，大马营、马营墩置守备，皆在大草滩之内(在甘凉南北边堡中)。今大草滩之夷刀尔吉、怀阿尔赖之部落。合黎山之夷，无一定之部落，人宗山口在东北三十五里，石峡口在东一百九十里，斜濠口在东六十五里[⑨]。

校勘：

①灰、古、今本作“巡抚”，半、四本作“抚军”，关本误“抚军”为“抚车”。

②半、关、四、灰、古本脱“文”，据今本补。

③灰本误“监司”为“盐司”。

④半、关、四、灰，古本脱“有”，又半、关本误“武”为“王”，据今本补改。

⑤半、关本作“高古城”，四、灰、古、今本作“南古城”。

⑥灰、古本误“梨园”为“黎园”。

⑦半、关本作“提督兵”，四、灰、古、今本作“提标兵”。

⑧灰本脱“二”。

⑨灰本作“六十里”。

甘州南边:大阿博,高古城西五十里。大马营,大阿博西十余里。黑城堡,大马营西三十里。马营墩,黑城堡南二十里。永固城,黑城堡西北三十里[1]。洪水堡,永固城西三十里。南古城,洪水西北七十里。花塞堡,南古城西五十里。龙首堡,花塞堡西北四十里。甘峻堡,甘州西南六十里。梨园堡,甘峻堡西三十里[2]。高台所,梨园堡西九十里。榆木山口,高台所西南七十里。暖泉堡,榆林山口东南二十里。红崖堡,暖泉堡西南三十里。

校勘:

①灰本作“四十里”。

②半、关本作“二十里”,四、灰、古、今本作“三十里”。

甘州北边:九坝堡,肃州胭脂堡东二十里[1]。四坝堡,九坝堡东五十里。平川堡,四坝堡东三十里[2]。仙姑庙,平川堡东三十里。板桥堡,仙姑庙东一十五里。新城堡,板桥堡东三十里[3]。瓦窑堡,新城堡东三十里。人宗山口,瓦窑堡东三十里。观音山口,人宗山口东四十里。斜濠口,观音山口东五十里。山丹卫,斜濠口东南,西距甘州城一百二十里。新河堡,山丹卫东四十里。石硖口,新河堡东四十里。

校勘：

①半、关、四本作"肃州胭脂堡东二十里"，古本作"西二十里"，灰本作"西三十里"。据《甘肃省地图集》，古、灰本均误"东"为"西"。

②半、关本作"三十里"，四、灰、古本作"二十里"。

③半、关本作"三十里"，四、灰、古本作"四十里"。

甘州近疆：白石崖，在甘州之大马营南百里。野马川，在甘州东南扁都口①南五十里。巴丝墩川②，在甘州之南水关外。大都麻口，甘州东南洪水堡南。小都麻口，洪水之南，大都麻之西。酥油口，甘州之南，南古城南。野儿口，甘州之南，在花寨堡之东。板答口，甘州之南，龙首堡之南。平顶，在板答口之南，马啼寺巅。哱啰口，在甘州西南，梨园堡之西。哱啰口外，在口南③。摆通河，甘州西南哱啰口之南。黑河源，在摆通河西。古水涧④，在梨园堡西，哱啰之西南。牛毛山，在古水涧之西。青圪搭，在牛毛山之北。仄稜，在青圪搭西南。榆木山口，祁连之北，高台所之南⑤。半个山，在甘州之西南，暖泉堡之东南。新墩子，在暖泉堡南，半个山之北⑥。拜浪河，在甘州西南，红崖堡口外。红土坡，在拜浪河之南。草打班，在拜浪河西南。水关口，在红崖堡西⑦。哱啰口，在红崖南。石灰关口，在红崖西南。海明子，在红崖西北。居延城，在甘州之北⑧。居延泽，在城东。合黎山，在甘州之北。红泉堡，在甘州东北观音山外。红盐池，在甘州东北，山丹卫北。

校勘：

①诸本脱“口”，据《甘肃省地图集》补。

②灰本误“川”为“州”。

③灰本误“南”为“西”。

④半、关、四本作“古水涧”，灰、古本作“古木涧”。

⑤灰本误“高台所之南”为“高古台西南”。

⑥半、关、四本作“半个山之北”，灰、古本作“半个山西”。

⑦半、关、四本作“在红崖堡西”，古本作“红崖南”，灰本误为“红崖卫”。

⑧半、关本作“在甘州之北”，四、灰、古本作“在甘、肃之北”。

甘州南边

大阿博，墩名也。为甘、凉之界，当大草滩中。东接高古城，西连大马营，北通硖口堡，南近白石崖。其地风寒无水，候卒二三人，登台远眺而已。西四十里则大马营。高古城在东五十里，属凉州。大马营在西四十里，石硖口堡在北五十里①，白石崖在南九十里，大黄山在北一里，定羌庙在东北三十里。大草滩、大黄山之夷刀②尔吉、怀阿尔赖之部落，朝暮见于墩下。甘、肃通衢，舍此更无他途。墩有墩军二三名，汲水必东向十数里云。

校勘：

①半、关本脱“石硖口堡在北五十里”，据四、灰、古、今本补。

②灰本误"刀"为"力",又脱"大黄山"之"山"。

大马营,亦当大草滩中①。大阿博在其东,大黄山峙其北,幽僻遐陬,茂草隙地。在山南者,毡裘接踵,乃设官置戍于其②地,婴城自守,犹履春冰,求其置重捍于酸茨河、白石崖者,何可得焉。又西三十里则黑城堡。大阿博在东四十里,大黄山在北二里,即焉支山。甘、凉之民凡近焉支山者,于山采药、伐木、猎兽以资生。今夷盘踞山中,莫之或过。营在大草滩,其草甚茂,不稼不蔬,所谓隙地也。游畋于大草滩者刀尔吉,怀阿尔赖之部落也。南山之后,即祁连山下之夷所居者:曰白石崖③口、曰野马川、曰酸茨河是也。设官置戍在辛卯年[1]。酸茨河在东九十里,麦力干部落所居,白石崖在东南一百里,口外六十里,刀尔吉所住牧。营有守备,兵一百四十五④名。西⑤北至甘州二百四十里。

注释:

[1]辛卯年,即顺治八年(1651年)。

校勘:

①半、关本脱"大",据四、灰、古、今本补。

②半、关本脱"其",据四、灰、古、今本补。

③半、关本误"崖"为岸,据四、灰、古、今本改。

④灰本脱"五"。

⑤灰本误"西"为"而"。

黑城堡亦在大草滩中。有事则左提大马营，右①挈马营墩，非堡之援也②。祁连当前，其隘口独宽，如白石崖者，并驰十马。昔之浚渠濠墙③，修设台榨，盾橹木石，皆为乌有。其后山所口④今亦无所凭恃矣，奈何不使盗至此耶！草滩可谓漫藏，天险不设，互市且开，可谓诲盗，即裕之蛊，何以干耶？斜而西北三十里，则永固城，迤而南至马营墩二十里。

大草滩之夷，以其地而言，内则焉支山中、外则白石崖⑤、扁都口、后山所；以其部而言，则刀尔吉、怀阿尔赖二部落也。大马营在东三十里，马营墩在南二十里，祁连山在南一百里，白石崖口在东南九十里，其外即刀尔吉部落住牧，其部出入大草滩者，率由白石崖焉。后山所口在南六十里，亦祁连山下之夷出入之路也，互市在辛卯⑥年[1]，开市于洪水，蔓延至今（详洪水中）。堡，今设有游戎，兵三百八十名。西北至甘州城二百一十五里⑦。

注释：

[1]辛卯年，即嘉靖十年(1531年)。

校勘：

①灰本误“右”为“在”。

②半、关、四本作“非堡之援也”，灰、古、今本作“非堡之任也”。

③半、关、四本作“浚渠濠墙”，灰、古、今本作“浚筑濠墙”。

④诸本误“后山所口”为“后山口”，据四本改。

⑤半、关本误“崖”为“岸”，据四、灰、古、今本改。

⑥半、关、四、灰、古本误“辛卯年”为“辛酉年”,据今本及《洪水堡》目改。

⑦半、关、四本作“二百一十五里”,今本作“二百里”,灰、古本作“二十里”。

马营墩即马家墩也。雪山南峙,草滩北环。兵士堕指裂肤,不但三冬祁[1]①寒而已,四时不识菜根。扁都口在南,昔之夷王,欲假途而北甘、肃,出师青海,率由于此,其为要道由来旧矣。口外之野马川,且有王庭,然扁都诸口,昔之高岸峻防者,已视为具文,听其废置矣。迤而西四十里,则有洪水,折而北二十里,则有永固。雪山,即祁连山②之支干,积雪不消,在南三十里。大草滩环堡而北,尤宽阔,故曰北环也。其地盛夏有霜,终岁无菜。扁都口在西南五十里,明时有夷王扯刀艮,逼于西宁之青海,欲假道北③归,以扁都口请,当时未之许也。又经略郑洛会师④,洗青海火落赤、真相等,而甘肃之兵悉由扁都口出,会于西宁焉。凡往来青海、西宁者,由口而行,路虽逾山,实为捷径也。野马川在扁都口南五十里,今怀阿尔赖住牧,其部落往来大草滩,皆由扁都口。堡有守备,兵一百八十四名。西北至甘州城二百里。

注释:

[1]三冬:即冬季、三九寒天;祁:通祇,极、盛也。

校勘：

①诸本作"祁"，灰本作"祇"。

②灰本脱"山"。

③半本误"北"为"此"，据诸本改。

④灰本误"师"为"归"。

永固城，汉为单于城，凉之祁连郡也。明季插汉[1]至此，遂殒厥身。而六畜久不蕃息于祁连，大草滩①纵牧，乃因迹②筑垒，特设官司，而永固之名始立，覩大草滩在目中也。其所辖之大马营、黑城、马营墩，鼎立滩内。近有洪水为之右臂，远有永昌、高古为之声援，此因事补救，似为得之，而杀伐不张，欲阻寇之入阃域也，得乎哉！况乎与之贸迁③有无也。迤西④三十里为洪水。汉武帝初，单于居此，谓之单于城。前凉张元靓[2]改为祁连郡。唐开元十六年，金吾将军林宾客[3]破土番于此。明北夷插罕于天启元年入河套，吞并套部，扰榆林，犯凉州，攻甘州，所向无前，于甘病滞，下至祁连城而死。祁连山在南五十里，己酉年[4]，大草滩有夷游牧，乃设关筑塞，新名之曰永固城也。地在大草滩中，而势差高耳。大马营在东六十里，黑城在东三十里，洪水在西四十里⑤。永昌、高古属凉州，永昌在东二百二十里，高古在东一百五十里。城有副戎，凡甘之营堡皆属焉。兵九百八十二名⑥。西北至甘州一百八十里。

注释：

[1]插汉（？—1634年），元裔打来孙，住牧宣化府外，惧俺答所并，徙帐于辽。四传至陵丹·巴图尔台吉，号库图克图合罕，明人称为“虎墩兔”。据插汉儿地，亦称“插汉王子”。势益盛，自恃其强，攻略蒙古诸部，并扰明边塞，所到之处破坏甚残，民谚曰：“合罕怒则毁其政，大象怒则毁其城”，遂陷于孤立。明天启元年（1621年），入河套，吞并套部，扰榆林，犯凉、甘，所向无前。后病死于祁连城。

[2]张元（玄）靓（350—363年），前凉王张骏之孙，重华少子。继位后，为骏少子天锡所杀，在位九年（355—363年）。

[3]林宾客，唐玄宗开元十六年（728年）为陇右节度使，率弩手四千人与吐蕃战于祁连城下，大破吐蕃军。

[4]己酉年，即明万历三十七年（1609年）。

校勘：

①四、灰、古、今本均脱“滩”。

②半、关本作“乃因迹筑垒”，四、灰、古、今本作“因基筑垒”。

③灰本作“贸易”。

④半、关、四本脱“西”，据灰、古、今本补。

⑤半、关、四本作“四十里”，灰、古、今本作“三十里”。

⑥古本误为“二百八十二名”。

洪水堡，当大草滩之口，屏甘州于内也。有明设兵，又增修各隘口险要，南北扼塞，屯兵弹压，当时无识者，犹有答骖移白①之讥焉。而今也开市，与之互市矣。西至南古城七十里。在明嘉靖间，巡抚唐泽[1]因西宁之西海夷人披猖，乃奏设兵八百名、马五百匹于洪水堡，又增修各隘险要。辛卯年[2]，甘肃总兵官贪②皮马之利，于洪水开市，于是夷人尽至，而大草滩之毡帐几充塞无间矣。虽环大草滩皆屯士马，莫之谁何焉，而人皆忌讳，诩为相安无事云。西水关在南四十里，古佛寺在巴丝墩川，在西水关之南七十里。戊子[3]，回回丁国栋反于凉州，米③剌印反于甘州。及讨平之，其余党逃散于四方，或归西域，或为夷部，在古佛寺者其一也。巴丝墩之夷，曰滚卜台吉④，今叛回为其部落，所谓为虎附翼也。西水关，有明之所设险，今皆为夷毁坏，几于无迹矣。堡，今⑤有游戎，兵四百三十五名⑥。北至甘州城一百五十里。

注释：

[1]唐泽，明嘉靖时人，曾为陕西巡抚。《明史》无传。

[2]辛卯年，即明嘉靖十年(1531年)。

[3]戊子，即清顺治五年(1648年)。

校勘：

①半、关本误“答骖移白”为“台骖移白”，据四、古、今本改。又灰本误“答”为“苔”。

②古本误“贪”为“贫”。

③半、关本误“米”为“来”，古本为“米剌印”，灰本误为“末剌印”，据四、今本改。

④半、关本误“台”为“白”，据四、灰、古、今本改。

⑤灰、古、今本脱“今”。

⑥灰本误“名”为“各”。

南古城即古城堡也。虽渐远于大草滩，而逼近乎祁连山，隘口纷纭，其最著者有宁番，有大都麻口，有小都麻口，有酥油口，小者不胜①屈指焉。有明于酥油各口，凿山驱石，漆城荡荡，今城覆于隍[1]，因之而成路矣。又西五十里有花寨②焉。宁番在东③八十里，大都麻口左南七十里，小都麻口亦在南七十里，酥油口在南十五里④。甘、凉之堡以古城名者甚多，故俗增南以别之。明于酥油口、散岔道沟、山塞断要路，修砌短垣。黑番在大都麻口，其目曰囊索⑤，在小都麻口，曰七庆喀，在酥油口者，其目曰黄⑥牛家番子，今皆纳夷⑦添巴，城有守备，兵一百一十八名。南至甘州城一百里。

注释：

[1]隍：城池也。有水曰池，无水曰隍。

校勘：

①半本误“胜”为“甚”，据诸本改。

②四本误“寨”为“塞”。

③半、关本作“东”，四、灰、古、今本作“东南”。

④四本误“十五里”为“五里”。

⑤灰本误“索”为“素”。

⑥古本脱“黄”。

⑦四本脱“夷”。

花寨[1]堡，昔之屯兵堡也[2]。洪水居中，有中坚之势，堡与黑城分为两翼。今堡乃去兵，夫孰与守之？又西北四十里，有龙首堡。明之巡抚唐泽，奏设兵二百六十名于堡，又设兵二百六十名于黑城，二处又设兵二百五十名，皆统于洪水营[3]焉。堡分防之地，有野儿等口。口外黑番，其目曰黑罗汉。堡，今无防汛。西北四十里[4]至龙首堡。

校勘：

①灰、今本误“寨”为“塞”。

②半、关本脱“也”，据四、灰、古、今本补。

③灰本误“营”为“磨”。

④半、关、四本作“西北四十里”，今本作“五十里”，灰本作“西北至龙首堡四十里”，古本脱“四十里”。

龙首堡，昔之刘果城也。黑河水利率[1]先得之，土沃则人蕃，明所以展筑请防与。板答口之黑番，首鼠两端；平顶之黄番，向背不一。而口外临松城之马蹄寺，赐额犹存，今喇嘛居之，夷常至此而熬广茶。黑河有石，其文内蕴，岂魏所云柳谷石乎？西度张掖河，则有甘峻堡矣。堡，上龙首堡也，旧名刘果城也。盖明初遣戍[2]者各筑城以居，即以姓名名[3]城，今宁夏名堡多类是也。堡旧城废，及更筑，因地近龙潭④，乃名龙首焉。黑⑤河一名解水，一名羌⑥谷水，即张掖河水也。源出祁连之北，曰摆通河。北流经龙首⑦，至甘州西而弱水入焉，绕高台西流⑧，至镇夷北流至于合黎，下入居延海，即《书》所谓导弱水至于合黎⑨，余波入于流沙是也。水色微黑，土人或⑩呼为黑河，且谓即《禹贡》之黑水。按《禹贡》华阳黑水惟梁州，又曰黑水西河惟雍州，是黑水为⑪梁雍之界矣。甘州为雍之西北，去凉州二千余里，非《禹贡》所谓黑水可知。且导黑水至于三危入于南海，盖在汉蜀间，始可入于南海也，此水但可谓之张掖河而已。黑水北流近甘州城，会弱水西流至于肃州之镇夷，乃北流出塞，至于合黎山下⑫焉。而甘州之地及肃州⑬之镇夷，皆资黑水灌溉，河西独甘有稻，亢旱无忧，黑水之利也。堡得黑河首派，故土最沃。明巡抚杨博[1]修筑木龙坝，于是堡之废田尽为沃土，人⑭益富庶，乃展筑张钦城以居，即今下龙首堡也。堡于明时自请设防，而募兵二百名屯于其堡，今则无之。板答口在南二十里，黑番之目曰白道人。平顶在南四十里，马蹄寺之岭也。黄番盖瓜、沙二州内附之夷，平顶黄番之目曰格家，其言语、服饰与夷同，而与黑番异。临松城前凉张天锡[2]所置，吕光置中田⑮护军镇，南凉秃发傉檀掠临松千余户，西秦乞伏炽磐[3]⑯破临松，徙其民五千户于枹⑰罕，沮渠无讳[4]拔酒泉，围张掖不克，退保临松，皆此地也。马蹄寺在坂答口⑱外二十里，寺甚宽，永乐间赐额“普观寺”，山石有迹似马蹄，因以名之。寺左右有丹硖、临松、青松三山。石洞有七，石门有二十，洞中皆大小浮图像。今寺有喇嘛高僧，其名曰摆布哈⑲，自乌斯藏来者，取黄番、黑番添巴，以转输于乌斯藏之达赖喇嘛。摆布哈住持此寺，诸夷常牵牛羊持酥油赴寺，谓之熬广⑳茶。黑河中有石，色如玉，剖之，中有五色纹理，或山、水、禽、

鱼之状。后秦[21]张掖柳谷水涌溢宝石负图者，盖即此等也。黑河在堡西二里，堡无防汛。东北至甘州五十里。

注释：

[1]杨博(？—1574 年)，字惟约，蒲州(今山西永济)人，嘉靖进士。嘉靖二十五年(1546 年)升为右佥都御史，巡抚甘、肃，募民垦田，永不征租；又筑肃州榆树泉及甘州平川境外大芦泉诸处墩台，凿龙首诸渠。时罕东左卫之番民，因避土鲁番之乱，迁肃州境内，博为之筑金塔、白城七堡，召其酋长，令率属七百余帐徙居之，于是肃州相安无事。

[2]张天锡(346—406 年)，前凉张骏少子，字纯嘏。骄恣淫昏，不恤民务。杀玄靓自立。东晋太元元年(376 年)秋，前秦苻坚派大军攻前凉，张天锡败于赤岸，即降于苻坚。

[3]乞伏炽磐(？—428 年)，西秦乾归之长子，东晋义熙八年(412 年)嗣位。后袭秃发傉檀于乐都，灭之。

[4]沮渠无讳(？—444 年)，北凉沮渠蒙逊之子，沙州刺史。刘宋元嘉十七年(440 年)无讳拔酒泉，围张掖，不克，退居临松(今张掖县南)。二十年(443 年)，鄯善王比龙西奔且末，无讳遂渡流沙，据鄯善。

校勘：

①灰本误“率”为“罕”。

②半、关本脱“戍”，据四、灰、古、今本补。

③灰、古本误“名”为“民”。

④半、关本误“潭”为“单”，据四、灰、古、今本改。

⑤半、关本误“黑”为“果”，据四、灰、古、今本改。

⑥半、关本误“羌”为“详”，据四、灰、古、今本改。

⑦灰本“北流通经龙首”之“通”为衍文。

⑧半本误“绕”为“浇”，关、四本误“西”为“而”，据灰、古本改。

⑨半、关本脱“下入居延海，即《书》所谓导弱水至于合黎”，据四、灰、古本补。

⑩半、关、四、古本作“或”，灰本作“咸”，今本作“因”。

⑪半、关本误“为”为“惟”。据四、灰、古、今本改。

⑫半、关本脱“下”。据四、灰、古、今本补。

⑬灰、古本脱“肃州”。

⑭灰本脱“人”。

⑮半、关、四本误“田”为“曰”。据灰、古、今本改。

⑯半、关、四本误“磐”为“击”，灰本误“磐”为“盘”。据古本及《魏书》卷九十九《鲜卑乞伏国仁传》附《炽磐传》改。

⑰灰本误“枹”为“袍”。

⑱半、关、四本脱“口”。据灰、古、今本补。

⑲灰本误“哈”为“嗒”。

⑳灰本脱“广”。

㉑半、关本作“后秦”，四、灰、古本作“后汉”。

甘峻堡[①]，因甘峻山而得[②]名。自黑河而西，黄番之在南山者，种落渐繁，昔之屯兵者，盖有为焉。今祁连之夷，部落日多，而西洞、磁窑各为民堡，山口甚多，脱有意外，谁之责耶？又西三十里③至梨园堡。《水经注》：张掖④水历绀峻山南，因山名堡，而讹绀⑤为甘也。甘州南山，凡自黑河而东皆黑番住牧，黑河而西皆黄番住牧。黑番自⑥汉至今与⑦中国杂居，稍为驯伏。黄番则罕东左卫之夷，有明时臣服，及吐鲁⑧番侵之，乃举族徙入。嘉靖八年，总督王琼[1]奏安插于甘、肃各地，以罕东左卫都指挥枝丹置南山甘州是也，俗呼“黄鞑子”。其后巡抚杨博于堡⑨奏设防兵二百名。山口即甘峻山口，在南二十里，从此而往来于祁连也。西洞子堡在东二十里，磁窑堡⑩亦在东二十里，西洞磁窑之南十五里，有⑪山口曰大磁窑口，曰小磁窑口。堡无防汛。东北至甘州六十里。

注释：

[1]王琼(？—1532年)，字德华，山西太原人。明成化进士，累官至户部、兵部尚书。明嘉靖六年(1527年)有边警，七年以琼为兵部尚书兼右都御史督陕西三边军务，奏准抚纳土鲁番通贡，自是西域复定。琼在边戍备甚饬，荡平西疆诸部，西陲益靖。

校勘：

①灰本脱《甘峻堡》目之注文。

②古本脱“得”。

③半、关、四本作“三十里”，古、灰本作“二十里”。

④古本脱“掖”。

⑤半本脱“绀”，据诸本补。

⑥四本误“自”为“之”。

⑦半、关本误“与”为“于”，据四、灰、古、今本改。

⑧古本脱“鲁”。

⑨古本脱“于堡”。

⑩半、关本脱“堡”，据四、古、今本补。

⑪半、关本误“有”为“南”，据四、古、今本改。

梨园堡[①]，南眺祁连，西接榆木，其哱啰口黑河之所来，番夷之所由也[②]。堡有渠，引水灌田。口外即黄番，乃孤军戍此，山高路涧[③]，兵少援稀，其若之何？孙祯之事，可为前车。西由威故堡九十里至高台。祁连山在南九十里，榆木山在西南十里。哱啰口俗谓波啰口。黑[④]河源出祁连山之摆通河，或呼谓摆大川，但分一派流百十里，北向哱啰口之水关而入于甘州。其关连山，石崖一里，钻明沟四十丈，石洞四十五丈，甘州之人常裹粮集众，出哱啰口外百余里，伐木浮黑河而至甘州。其口外之路，东通野马川、巴系墩诸处，更东至凉州诸处，西至红崖[⑤]，更西至肃州诸山外，东南至西宁界，然皆层山峻岭，积雪凝寒，无一定之路。口外黄番，其目曰滚卜；又有古木涧之黄番，其目曰白头家；又有牛毛[⑥]山之黄番，其目曰麦力干，俱呼为八个家，盖[⑦]头目之别名，或谓即八个舍人之种落云。宣德十年，夷入哱啰口，正千户孙桢率六十人御之，战于口内，既胜，祯单骑追之，陷阵死焉。威敌堡俗呼苇之城，在西四十里。梨园堡有守备，兵一百四十五名。东北至甘州九十里。

校勘：

①灰本脱《梨园堡》目之正、注文。

②半、关本作“由”,四、古、今本作“入也”。

③半、关本脱“堡有渠,引水灌田。口外即黄番,乃孤军戍此,山高路涧”,据四、古本补。

④半、关本误“黑”为“需”,据四、古、今本改。

⑤半、关本误“崖”为“岸”,据四、古、今本改。

⑥半、关本误“毛”为“尾”,据四、古、今本改。

⑦半、古、今本作“盖”,关、四本作“尽”。

高台所,汉之乐绾①县,唐之建康军也,西有古台,因之名焉。祁连远拱,合黎近峙,白城前顾,黑水后环,地平水顺,五谷皆生②,屯③田之地也。郭元振开置,尽水陆之利,行之至今。东接张掖,西控酒泉,交衢大道,实在于此。乃属堡之在南者,苦于隔山,在北者阻于涉水。且南皆夷穴,为患日深,北则偶至,为寇莫测。而南山之夷,且有潜入而贸易于此者矣。迤而西南七十里则至榆木山口矣。乐绾县,汉以之属酒泉郡。前④凉张骏置建康郡⑤。北凉都于此。唐置建康军,名胜志⑥,以建康在高台西南者误也。明初为高台⑦站,正统中改为所,西二十里有古台,高一丈,建寺于上,因以名之。祁连在西南一百里,合黎山在北八十里,即《书》所谓至于合黎也。白城子在西南八十里,黑河在城北二百步⑧。黑河自⑨南发源而东流,又折而西流,绕⑩高台之地三面。故高台土膏水足,五谷毕登⑪,尤为多稻,河西诸郡多挽稻于此。高台之属堡,以九坝为最,以及肃之镇夷,皆产稻之地。唐武后时,郭元振为凉州都督,令甘州刺史李汉通[1]开置屯田,尽⑫水陆之利,旧粟麦斛至数千，及足一缣籴数十斛，军食支数十年云。甘州即汉之张掖郡，在东一百五十里。肃州即汉之酒泉郡，在西二百七十里。所之属堡在南者如红崖等堡，为榆木山所隔；在北者如九坝等堡，为黑水所阻⑬。高台东往甘州。黑河犹可涉者，分流散漫也；北往九坝而黑河不可涉者，河流合一也。虽常架木为桥，亦不终日之计耳。所有游戎，兵三百八十七名⑭。

注释：

[1]李汉通，新、旧《唐书》均无传，只于郭元振传中略述其屯田业绩。周武则天大足元年(701 年)，郭元振为凉州都督，凉州南北界不过四百余里。百姓苦突厥、吐蕃岁至侵扰。元振于南境北界分置和戎城和白亭军，拓境一千五百里。又令甘州刺史李汉通开置屯田，尽水陆之利，稻收丰衍。旧凉粟麦斛至数千，及汉通收民开屯之后，一缣籴数十斛，积军粮支数十年，牛羊被野，道不拾遗，自是无边患。

校勘：

①古、今本误“绾”为“涫”。

②灰本脱“高台所……五谷皆生”46 字

③灰本误“屯”为“井”。

④半、关本误“前”为“南”，据四、灰、古、今本改。

⑤四本误“建康郡”为“建东郡”。

⑥灰本误为“名胜忠”。

⑦四本误“高台”为“高白”。

⑧灰本作“三百步”。

⑨半本误“自”为“至”，据诸本改。

⑩四、灰本误“绕”为“统”。

⑪半、关本误“登”为“发”，据四、灰、古、今本改。

⑫半、关本误“尽”为“产”，据四、灰、古、今本改。

⑬四本误“阻”为“沮”。

⑭灰本作“二百八十九名”。

榆木山口即榆林沟，高台①、红崖之大道也。满目荒郊，常无人迹。盖榆木山延长，路当其北，红崖诸堡，遂隔于南。而山口则峰回路转之地，黄番所息喙，藉夷为声援，往来震②惊，虽有墩军将焉用之。杨博之经制，不犹其疏焉者乎。折而东南二十里则至暖泉堡焉。榆木山起于梨园堡之西，尽于山口，隔威敌、高台于北，幅红崖、暖泉、顺德诸堡于南。黄番住牧于榆木山者，或南或北或中，其山既宽，其名各异，如牛毛山、青圪搭之类，皆榆木山也。山东近梨园，南近暖泉、红崖，故山中黄番杂见于各堡，无一定之疆界焉。明巡抚杨博经理红崖诸③堡，俱为详密，独榆木山口无所设施，故犹疏也。南至顺德堡三十里。

校勘：

①四本误“高台”为“台台”。

②四本误“震”为“振”。

③四本误“诸”为“请”。

暖泉堡，居民小[1]堡，通红崖之路而已。西邻顺德，村落相望，人皆足食。然今番夷交通，各隘纷如，则置戍以卫民，扼要途而通呼吸，所宜亟矣。折而东南三十里，则红崖堡焉。甘州，堡名暖泉者有二：其一在甘之西北，此在甘之东南。堡及镇羌、顺德、杨旗[2]、镇夷五堡，明时因近番夷，民皆逃窜，五堡渐废。及巡抚杨博于红崖设官屯兵，始渐兴复。今[3]各堡不惟畏夷而且畏番，盖番多假为夷也。各隘口有杨旗、大口子诸处，诸番住牧有五：曰半个山，在东南八十里，今番目哈舍人等；曰仄楞，在南八十里，番目八部代蒙古弄等；曰新墩子，在南六十里，番目宣黑卜等；曰榆木山口，在东二十五里，番目了刺儿等；曰明海子，在西北六十里，番目司千总[4]等。诸夷之[5]目有四：曰麦尔根黄台吉、曰绰库兔、曰滚卜插罕、曰劳藏。住牧之地不一，要之不离拜浪河、哱啰口一带而已。堡有邮递兵数名。

校勘：

①半、关本误“小”为“少”，据四、灰、古、今本改。

②古本脱“旗”。

③半、关本脱“今”，据四、灰、古、今本补。

④半、关本作“总”，四、灰、古、今本作“尊”。

⑤半、关本误“之”为“子”，据四、灰、古、今本改。

红崖堡，撑突孤悬之地也。虽地平土衍，稌[1]黍皆宜；野广草丰，便于孳牧。而四境皆山，千谿百谷，射雕牧马，实繁有徒，俘掠人畜，特细故耳。其近者若拜浪河、若草打班，五虎环聚，其远者则姑置之。盖山既蜿蜒，路尤散漫，无隘之可扼。其七族黄番、五个摆[2]眼、八个家、罗儿家黄番，皆安于泰山，而我之各堡，则危于垒卵，何孤危若是也。自是而西，或沿山，或由马营庄，九十里则至肃之清水堡矣。祁连在南，榆木在北，凡无名之山，不胜数也。地虽宽衍，而四境则千岩[3]万壑。拜浪河溶雪成流，其河不大，只供红崖灌溉，无他注也，在东西二十五里。草打班在东南九十里。五虎者：麦尔根、绰库兔、滚卜插罕、劳藏四兄弟，住牧于拜浪河一带；其一则嘎尔旦之圈头，曰完布，住牧于草打班者是也。远者若巴系墩、野马川、大通河、酸茨河、白石崖诸夷皆有路可通。肃南之讨来川、卯来泉，山后无不可往来也。七族黄番：曰虎狼家叶赛，住水关口，在南三十里；曰白克代，住黑河源，在南四十里；曰了剌儿，住榆木山，在北四十里；曰司千尊，住明海子，在西北九千里；曰云奔，住绰哼口，在南七十里；曰黑宣布，住暖泉新墩子，在南六十里；曰乃满滚布，住石炭关，在南五十里，所谓七族黄番也。五个摆眼：曰尚世嘎、曰阿尔旦、曰右[4]帖木、曰登帖木，俱在榆木山之青圪搭，所谓五个摆眼是也。八个家：曰滚布，住哼啰口；曰白头目家，住古木涧；曰麦力干头目，住牛毛山，所谓八个家是也。罗儿家黄番：曰哈舍人，住半[5]个山；曰格家头目，住平顶；曰八代[6]部、曰蒙古弄，俱住仄楞，所谓罗家儿黄番是也。诸番俱纳夷人添巴，故相安无事焉。堡有守备，兵一百二十六名。西北沿山至肃州之清水堡五十里，其路少有行者，由肃州至马营庄，纡回取道至清水堡则九十里焉。

甘州南边自大[7]阿博而西至红崖堡，凡十有五所，六百五十里[8]。

校勘：

①半、关本误“稌”为“稔”，据四、灰、今本改。

②灰本误“摆”为“捞”。

③半、关本误“岩”为“岸”，据四、灰本玫。

④半本误“占”为“右”，关本误为“古”，据四、灰、古、今本改。

⑤半、关本误“半”为“羊”，据四、灰、今本改。

⑥半、关本误“代”为“伐”，据四、灰、今本改。

⑦四本脱“大”。

⑧古本脱《红崖堡》条全文。

甘州北边

九坝堡，甘、肃于此分疆。西接胭脂，东连六坝，北近合黎，而限以边墙；南通高台，而阻于黑水。其地引[1]水平畴，桔槔不设，而穰穰满家，西戎[2]挽粟，塞于庄馗。然合黎山口特近，夷[3]窥内地，乘虚寇壤，盖北城圮塌，沙且外填，出入不由暗门也[4]。设[5]有大举，高台虽来援，不阻盈盈一水哉。自堡而东，由六坝、五坝五十里而至四坝矣。胭脂堡属肃州，在西二十里，六坝堡在东六十里，合黎山亦[6]要途，其山东起硖口，环甘之北，止于肃之镇夷，延长三百余里。其山产茶。边墙在堡北二里，高台所在东南四十里。黑水即张掖河，自甘州西流而至，其在甘州甚散漫，自板桥流至此，河为一道，水深沙浮，不可徒涉。自新城以至此，率引黑水灌田，旱魃不能虐也。明制：堡守兵一千五百名[⑦]，今皆不设。六坝、五坝产米，与堡相同。其两堡皆在北二里，黑河在南一里。

校勘：

①半、关本误“引”为“因”，据四、灰、古、今本改。

②半、关、灰、古、今本作“戍”，四本作“城”，俱不通，按文意改为戎。

③半、关本作“夷巢”，据四、灰、古、今本“巢”为衍文。

④半、关本作“少隘，外夷出入不由暗门也”，灰本误作“何且外填”，四本误作“少阻外填”，古本作“沙土外填”，据今本改为“乘虚寇攘，盖北城圮塌，沙且外填”。

⑤四本误“设”为“省”。

⑥四、古本误“亦”为“一”，灰、今本作“一名要途”。

⑦灰、古本脱“名”，又今本作“一百五十名”。

四坝堡，地沃而米多，与九坝诸堡无异。而川原平旷，风起沙扬，犹为过之。东二十里为平川堡。明巡抚唐泽[①]，以四坝诸[②]堡极为难守，经制疏略[③]，乃改筑边墙一道，防兵二百，昔人之留心边事如此。今夷行边外，沙漠无水，乃入饮黑河，出入不由暗门。堡及九坝俱无防汛。东南至甘州一百四十里，沙不胜挑，其小边不可扩充乎？内地湫隘，其边外不可斥[④]地乎？

校勘：

①灰本误“泽”为“铎”。

②四本误“诸”为“请”。

③灰本脱“经制疏略”。

④灰本误“斥”为“仟”。

平川堡，北枕合黎，南临黑水，土沃而地平，墙低而沙壅，同于四坝也。夷之北行，仅隔一堵，甘之西北，惟[1]此屯兵。百数十里之间，谁为御之？苟夷入寇，屯兵过少，自守不足，况其他哉？又东三十里为仙姑庙。明制：骑兵二百[2]，步兵一百，庶几可以巡守。本堡救援各村，今兵殊少，又皆老弱。堡有守备，兵[3]一百八十名。东南至甘州一百二十里。

校勘：

①半、关本误“惟”为“为”，据四、灰、古、今本改。

②灰本脱“百”。

③灰本误“兵”为“共”。

仙姑庙，庙而已，无城堡，无屯戍。北山南[1]水，亦类平川，东板桥而西柳园，见距[2]之道里均焉。庙在边外，夷人祷之，祈[3]灵观兵焉。鼎新小庙，跨于墙垣，中外之分，几无畔岸。又东五十里至于板桥堡。其地有庙无堡，柳树堡在西十五里，庙旁有暗门焉。而墙皆湮没，出入皆不由暗门[4]。庙南至甘州一百一十里。

校勘：

①四本脱“南”。

②半、关本作“见距”，四、灰、古、今本作“相距”。

③四本误“祈”为“祁”。

④灰本脱“暗门”。

板桥堡，合黎在北，而羊台为通衢。黑河在南，分流至此而合一。堡之平衍土膏，与四坝平川埒。昔皆屯兵，翼张鼎峙，嗣夷饮黑河，公然无忌，苟区划如前，岂使①夷马至此。又东四十里至新城。合黎在北之山外，羊台口在北三十里，相传苏子卿牧羊处。黑河上流皆泛滥，至此合为一派。明制：堡屯兵二百，与四坝之屯兵相应。虽有暗门，夷行边外，渴则入饮，不由暗门，其边之淤塌可知。明以柳树堡至堡，皆里口潮鹻，外口沙壅，乃于内地改筑一道，阻绝夷冲，而旧墙遮蔽飞沙，两得之焉。东南至甘州九十里。

校勘：

①半本误“使”为“是”，据四、灰、古、今本改。又关本作“畏”。

新城堡即靖安堡①，俗谓之新城。东接瓦窑，西连明沙，后以人宗[1]为险，前有黑河为隍。阡陌交通，河渠灌溉，亦饶野矣。然无亭障而多塞道，昔有屯兵，今无候卒，殆以甘州甚迩耶。又东三十里为瓦窑堡。瓦窑堡在东，明沙堡在西二十里[②]，堡无长城，而倚天险。人宗山长数十[③]里，其北则合黎焉。黑河在南五里，自南来折而西流，人宗山口[④]塞道，曰明沙口，曰小口子，曰青山口，皆与堡相近者。堡无防汛。东南至甘州卫城四十里。

注释：

[1]人宗山，又作"人祖山"，在今甘肃张掖城北，又西北有新石器时代之黑水国遗址。

校勘：

①半、关本误"即"为"及"，据四、灰、古、今本改。又半、关、四本作"靖虏堡"，灰、古本作"靖鲁堡"，按今本及《中国历史地图集》第七册明之《陕西》图改为"靖安堡"。

②灰本作"十里"。

③灰、古本误"十"为"千"。

④半、关本误"口"为"名"，据四、灰、古、今本改。

瓦窑堡，居民之小堡也。枕崇山而面弱水，东山口而西新城，沿边独堡，于甘为近。东三十里至人宗山口。堡南皆平原，北枕人宗山，所谓崇山也。弱水东自[①]山丹流向西，合黑水至镇夷而出塞矣。二水既合称黑水，而不称弱水者，以其小于黑水也。山口即人宗山口。堡无[②]防汛，南皆内地。自堡至甘州城二十里[③]。瓦窑堡沿边而东，即人宗山也。然甘为重镇，故次载之，以其近之近者也。

校勘：

①半、关本误“自”为“至”，据四、灰、古、今本改。

②半、关本脱“无”，据四、灰、古、今本补。

③灰本作“三十里”。

甘州镇[1]，汉之张掖郡也。黑河右绕，弱水后环，东接山丹，西连乐绾，凉、肃交通咸集于是。其城大而坚，其糗粮足以资庄、湟，其勇悍足以援四郡，况乎[2]卫城之中，官无不备，兵多而精，宜其金汤之固矣。乃昔有流寇之屠戮，近有回逆之披猖，至于外患，自古为多，明则莫甚于土鲁番。今南山之蚕食日深，合黎之鼠窃时有[3]，则因时补救者，宜何如也。甘地洼下，黑河南来[4]，秋高则水溢，几于排山倒海，苟非老君坝堰堤障水，则沉灶产蛙之患不能免矣。真铁木儿亦见及此，是任斯土者，所当计及也。镇当秦汉前，昆邪王地。汉武帝元狩二年昆邪王降，以为武威、酒泉郡地。元鼎六年始置张掖郡，取张国臂[5]掖之义。西魏改为甘州，因州东甘峻山而名也，世亦呼甘泉。后[6]为李轨所据。唐武德二[7]年置甘州，天宝后没于土番，大中时始复。宋为夏据，改镇夷郡，又改宣化府。元置甘州，又置甘州总管府，又置甘州等处行省中书，以总河西诸郡。明洪武五年置甘州卫。黑河在西十五里，弱水在城北，山丹在城东[8]一百二十里，又三百六十里至凉州；乐绾即高台，在西一百五十里，又二百七十里至肃州。甘州产稻米，凡凉州、庄浪、西宁至此驮载。四郡今河西皆是。明季⑨闯贼攻城，文武坚守。城中西南隅有达子营，秣马之所也。降夷数百居之，降夷⑩内应，城陷为贼所屠。庚⑪寅[1]各郡回夷尽叛，城为叛回米剌印所陷，此内患也。南山即祁⑫连山，部落甚多。土鲁番之真铁木儿[2]以为质⑬于内地，寓甘州。正德八年归，而与满速儿[3]曰："甘州城南黑河，可引以灌城"，于是满速儿日夜谋攻甘州矣。嘉靖元年满速儿以二万骑寇甘州，薄城仰攻，都御史陈九畴[4]率众先登力战，乃解围去。老人坝在西南二十里，或云即志书所载老人渠云。镇文有监司、郡佐，武有卫守备，有城守参戎，兵八百员名，又住扎甘州提镇，五营全设，兵五千⑭人。卫东北至人宗山三十五里。

注释：

[1]庚寅，即顺治七年(1650 年)。

[2]真铁木儿：吐鲁番酋长阿黑麻之子，满速儿之弟，明正德四年(1509 年)因质寓甘州。

[3]满速儿(？—1545 年)，吐鲁番酋长阿力之孙，阿黑麻之长子。明弘治十七年(1504 年)，嗣为速檀(即素丹、算端、苏丹、苏鲁檀之别译，意为君主)。正德九年(1514 年)诱拜牙即叛，复据哈密，并犯肃州。嘉靖三年(1524 年)寇肃州，掠甘州。四年(1525 年)，复寇肃州，皆失利去。于是卑词求贡，许之。

[4]陈九畴，曹州(今山东荷泽)人，字禹学。弘治进士，除刑部主事。世宗时擢为右佥都御史，巡抚甘肃。嘉靖三年(1524 年)，吐鲁番速檀满速儿以二万骑围肃州，九畴自甘州昼夜驰入城，破之，旋又出兵击走之。满速儿部分掠甘州者，亦为总兵官姜奭所败。论功，进为

副都御史。

校勘：

①半、关、四本误“甘州镇”为“甘之镇”。据灰、古、今本改。

②古本误“乎”为“于”。

③半、关本作“时有”，四、灰、古、今本作“未息”。

④灰本误“南来”为“西来”。

⑤半、关本误“臂”为“背”，据四、灰、古本改。

⑥半、关、四本误“后”为“峻”，据灰、古本改。

⑦半、关、四本脱“二”，据灰、古本补。

⑧灰本误“城东”为“城北”。

⑨半、关、四本误“季”为“李”。

⑩灰本脱“降夷”。

⑪灰本误“庚”为“唐”。

⑫古本误“祁”为“祈”。

⑬半、关本误“质”为“资”，据四、灰、古本改。

⑭半本误“千”为“十”，据其他诸本改。

人宗山口即人祖口[①]也。其口两山忽断，大道中通，状如紫荆、居庸，北高而南卑，夷俯[②]而入，我仰而防。山口之外有砚瓦、孤山[③]、木架诸墩，久无候卒矣。昔于砚瓦，灌作叠水凿石井，确有成效；又于石井之南，作山南关，重险既设，又设城儿沟，遗规尚存。但因高下以为峻防，则北至之夷，何能越此。沿山而东，四十里有观音山口。山名人祖，俗以祖为宗，又名快活山。不生草木，隘口独此处为大，故④谓之人宗口。甘州北出塞外，率由于此。盖合黎草木刍茭雉兔向多往焉。甲寅[1]而后，西夷盘据游牧，部落繁多，今遂为阱于山中⑤矣。砚瓦各墩，在口北十里，作叠⑥水凿石井，皆明之太监陈浩所布置，后夷入犯，至此不能入。明之巡抚杨博阅边至此，乃作山南关。今山口有千总。山南关下多纹石，如彩⑦玉，锯而折之⑧，与黑河中石相似。

注释：

[1]甲寅，即康熙十三年(1674年)。

校勘：

①灰本误“口”为“山”。

②半、关本误“俯”为“附”，据四、灰、古、今本改。

③半、关本误“山”为“木”，据四、灰、古、今本改。

④灰、古本脱“故”。

⑤灰、古、今本误“中”为“外”。

⑥古本误“叠”为“垒”。

⑦半、关本作“彩玉”，灰本作“采玉”，四本作“菜玉”，古本误为“菜”。

⑧半、关、四本作“锯而折之”，灰本作“锯之”，古本作“锯而视之”。

观音山口，亦北高[①]而南卑，路径险狭，夷骑难窥[②]。山内东山寺，口外红泉堡，昔皆设险，故沿山安堵。今红泉既废，而夷据为居停矣。更沿山而东五十里为斜濠口。口内有泉，夷每入饮。太平堡在西南二十里，红泉堡在口外三十里[③]，明设屯兵二百。今夷往来于红泉者，部落不一，非但祝囊，而[④]祝囊部落向牧于此，今他夷据之，人咸以为祝囊焉。其实，祝囊已[⑤]在宁夏之贺兰山也。山口无防守。西南至甘州五十里。

校勘：

①半本误“高”为“宽”，据其他诸本改。

②半、关本作“路径险狭，夷骑难窥”，灰、古、今本作“路虽险狭，夷骑常窥”，四本误为“路虽险狭，夷骑难窥”。

③灰本作“五十里”。

④灰本脱“而”。

⑤灰本脱“囊已”，又古、四本脱“已”。

斜濠口即灰沟也。东近东乐驿，北出烟墩沟，西之山势[①]，至此渐成平易。径路遂多，山不可削，隘不可关，亦由山水南冲，弱水北绕也。故甘山长城，实始于此。明于山内，增修隘险。墙之外有濠，濠之外有墩，木榨石叠，靡不备焉。因山口之出没时有，而甘山之行旅多危，虽甲子台军，不足为有无，则置兵东乐，修筑旧[②]规，何可一日缓也。东南则有山丹卫焉。灰沟口古所名也，今但知为斜濠口[③]。东乐在东南十五里，烟墩沟在口侧五里，甘之西自靖安至此，以山为固，此地山[④]平不险，乃筑长城，直接山丹而东矣。凡龙头诸山不可为险者，皆筑于外，今墙[⑤]多倾，山口无险，出入无阻焉。明之巡抚杨博，于灰沟设险尤备，自此而西至甘州，共修一十五处，而甘州之东北始安。山口之北，西夷甚多，秋冬间常由口入，行旅多危者此也。甲子墩[⑥]在东南十里大路间，筑墩在明季，《甘志》所不载。墩军数人，或存[⑦]或去，虽在不足恃也。斜濠口[⑧]无堡无防。东南至东乐一十五里，西至甘州六十五里。

校勘：

①半、关、古本误“西之山势”为“西山之势”，据四、灰、今本改。

②半本误“旧”为“日”，据四、灰、古、今本改。又关本作“修筑沟口”。

③半、关、四本误“斜濠口”为“斜沟”，灰本误为“斜沟口”，今本脱“口”。据古本及本条正文改。

④半、关本误“山”为“不”，据四、灰、古、今本改。

⑤四、灰、古、今本误“墙”为“城”。

⑥灰本误“甲子墩”为“甲子军”。

⑦半、关本作“存”，四、灰、古、今本作“在”。

⑧半、关、四、灰本误“斜濠口”为“斜沟口”，据古、今本改。

山丹卫，汉之山丹县也。西夏乃置甘肃军[①]于此。元为山丹州。祁连远拱，甘、肃西屏[②]，弱水夹流，长城后卫[③]，地平城广水足。然外有龙首山之隙地，南有白石崖、扁都口之远患，东有大黄山之近忧。而大黄山在几席之间，恶能逊为异人任也。至于《唐书》所载远而无庸，而昔人所禁，地非我有矣。东四十里为新河堡。汉山丹县，属张掖郡。后魏、西魏、唐、西夏皆山丹县。西夏据河西，置甘肃军于此，元改为[4]州，明为卫。祁连山在南一百九十里。甘峻即龙首山，其下有泉甘洌，故名甘峻，西魏以张掖为甘州，因此得名也。在西北边外二十五里，中有二石洞[5]，下有泉。弱水源出祁连，绕城前后，合而西流，至于新城，汇于黑河，谓[6]之张掖河，即《书》之弱水。既西，导弱水至于台黎是也。《地志》[7]云：弱水在张掖郡山丹县，是为得之。而《书》注引柳宗元：投之以物，则委靡垫没及底而后[8]止之说，今此水春冬之间[9]，褰裳可涉，及其涨也，虽[10]舟可浮，但河西不知造舟耳，岂有如柳宗元所谓者哉！蔡沉身未阅历，故引证失实如此。乃《西域传》有弱水在"条支"之说，似别为一派，而宗元之说，或谓"条支"之弱水，则涉于荒唐寓言，君子所不道矣。卫城不甚广，而南关特宽，城南有南草湖，城西有西草湖，皆引水以灌田。龙首山即甘峻，明之夷人青把都儿先据昌宁湖，渐次移住于此，数为边患。万历间，巡抚田乐合围龙首山，斩馘七百余级[11]，青把都儿单骑遁去，当时以为甘山之捷，即此也。今龙首山往来游牧之夷，指不胜屈(详肃州之新城堡中)。白石崖口在南二百二十里，口外为刀尔吉住牧，扁都口在西南二百里，口外为怀尔阿赖住牧，此皆大马营、黑城、马营墩之汛[12]地也。大黄山即焉支山，在东南四十里。《唐书》注：山丹北渡张掖河，西北行出合黎山硖口，口傍河东壖，屈曲东出，行三百八十八里[13]，有宁寇军。军[14]东北有居延海，又北三百里有花门山，又东北百里，有回鹘河。明杨一清云：大黄不生，则夷之人畜受暑热之灾；麝香不生[15]，则夷之卧榻受盘蛇虺之害云。大黄河西皆有，而各郡志俱言产山丹者佳，不知其实产[16]于焉支山所谓锦纹者是也。焉支山下即大草滩，滩为夷所牧，山为夷所居，今非一日矣。凡阅边及大帅[17]往来巡视，即[18]避山之深处，其狡如此，汛地之官，又不以闻，故焉支为夷薮，世不得而知也。卫有守备，又有游戎，兵二百九十二名。西至甘州城一百二十里。

校勘：

①半、关本误“甘肃军”为“肃州军”，据四、灰、古本改。

②半、关、灰、古本作“甘、肃西屏”，四、今本作“甘峻西屏”。

③半本误“卫”为“魏”，据其他诸本改。

④灰、古本误“为”为“丹”。

⑤灰、古本作“三石洞”，又灰本误“洞”为“涧”。

⑥灰本误“谓”为“沟”。

⑦灰本脱“至于合黎是也。《地志》”。

⑧半、关、四本脱“后”，据灰、古、今本补。

⑨灰本脱“之间”。

⑩灰本脱“虽”。

⑪半、灰、古本误“级”为“里”，据关、四本改。

⑫半、关本误“汎”为“汛”，又灰本误为“信”，据四、古、今本改。

⑬半、关本作“三百八十八里”，四本作“三百七十八里”，灰本误作“三千七十八里”，今本误作“千里”。

⑭灰本误“军”为“上”。

⑮半、关本作“大黄不生”，“麝香不生”，四、灰、古、今本作“大黄不去”，“麝香不去”。

⑯半、关、四本脱“产”，据灰、古、今本补。

⑰半本误“帅”为“师”,据其他诸本改。

⑱半本误“即”为“及”,据四、灰、古、今本改,又关本作“乃”。

新河堡,古驿递也。大黄起于南边,城倚于北,堡居平衍,路可四通。而张鹏[1]败寇于此山,可谓因地制胜矣。旧设防兵,今乃移其兵于马营墩,堡徒有居人耳。甘、凉孔道,扼塞之守,何可废也。又东由宁远堡四十里至石硖山。大黄山起于南五里,边城倚于北五里,马营墩在南一百四十里,移驻在己酉年[2]。堡至仲冬,沟渠水涸,则资汲绠饮马稍艰,商旅无投宿于此者。苟议防险,其惟步卒乎?东至硖口三十里。

注释:

[1]张鹏(1502—1545年),字鸣南,沁州(今山西沁源县)人。嘉靖进士,上经略九边封事,帝嘉纳之。历按甘肃、山东,皆有善政,撰有《北还集》和《东巡录》。

[2]己酉年,即康熙八年(1669年)。

石硖口堡,大黄立于南,合黎尽于北。山难设险,墙不胜防,但恃墩军左右望而为耳目焉。夹堡尽山,源泉无本,幕井常乾。明于边墙所起止者,斩断山崖,筑中墙而设沟堑,但为北面之防耳。今守于北,又怖于南,盖虑①草滩大黄之夷,彼处于中,我反居外也。其东并陉曲折崎岖,阴寒昼晦,出硖即滩口,大黄前峙,阴风四起,溽暑犹寒,道路之梗，恒为行路者危焉。其东有土阜荒祠，则定羌庙[1]。甘凉之界，于此分矣。大黄山在南八里，合黎在北长城外二十里②。硖口之山③，两峰相对，下有石井，而泉常竭，今引山水于数十里外，至于冬④犹不足用。明制：轮戍兵三千三十名⑤，可谓多矣。明制：西之边墙止于暗门，东之边墙始于窑儿，今则边墙不绝，较之他边，似有可观，然土皆沙石⑥，墙在山腰，易于倾圮耳。大黄山、大草滩止隔一土冈，俱在路之南，长城在路之北，北面犹有⑦长城可恃，南面则无可凭，故杀人越⑧货时时有之。硖口之路皆乱石高低，而曲折转侧，人马皆艰，人但知井陉之险，不知其平也。然硖口路里许，行路非艰，惟南北皆夷，一线之通，为可危耳。堡有守备。东至定羌庙二十五里。

注释：

[1]定羌庙：今谓之“绣花庙”，在今甘肃山丹城东，附近另有明代古堡遗址。《山丹县志》称：“定羌关帝庙，始建无考。”

校勘：

①四、灰、古本脱“虑”。

②灰本作“三十里”。

③古本误“山”为“外”。

④半、关本脱“冬”，据四、灰、古、今本补。

⑤半、关、四、古本作“三千三十名”，灰本作“二千三十名”，今本误作“二百三十名”。

⑥半、关本误“土皆砂石”为“上皆山石”，据灰、古、今本改。

⑦半、关本脱“有”，据四、灰、古、今本补。

⑧半、关、古本作“杀越人于货”，四、灰、今本作“杀人于货”，按文义应为“杀人越货”。“于”为衍文。

甘州北边自九坝而东，至于石峡，皆长城山险，凡十有三所，四百八十里，甘州属内地，不与焉。

甘州北边近疆 自甘州西北[1]接肃州界起，以至于东北接凉州界止。

校勘：

①灰本脱“西北”之“北”。

居延城，在甘、肃之北，晋之居延县，唐之宁寇军也。远在绝徼，汉霍去病过居延，而后南逾祁连。李陵未至居延，为单于军所[1]扼绝。其后苏武牧羝北[2]海，要之不离居延近是。迨元以为亦集乃路，以山丹、西宁二州属之。城固一都会，谓之亦集乃城。明初，冯胜进兵，逐其王，降其将。城郭[3]废，宫殿[4]至今岿然，其堂皇虽旧，而规模犹存。夷虽不乐[5]居此，而游牧其地者，夫固有之。城在甘州北可九百里，肃州镇夷北可六百里，凉州、镇番西北一千二百里。晋居延县属西海郡。唐之宁寇军在居延东百[6]里许，以居延为属地。元之亦集乃路在居延，有都总管府，又设行省，以山丹、西宁二州隶之。自居延而南，居人、里落、旅肆、邮亭，直达山丹。明洪武五年，宋国公冯胜兵至亦集乃路，守将卜颜帖木儿全城降，师至别架山，元岐王朵尔只班遁去，追获其平章长加奴等二十七人，马畜等万余。六年，元孽犯凉州，都指挥宋晟[1]讨之，追至亦集乃，斩其渠帅也速儿⑦。十三年，以沐英[2]讨火脱赤[3]于和林，由亦集乃路渡河至和林，获其全部以归。按秦塞本⑧无杉，而居延之宫殿梁栋皆杉⑨，不知何处得来。而黄瓦琉璃，鹿毛涂墁。梁间⑩有"至正元年重修"六字，其余漫灭⑪不可识。今夷人游牧部落无定⑫。

注释：

[1]宋晟(？—1407 年)，字景阳，安徽定远人。洪武十二年(1379 年)，为凉州卫指挥使。十七年(1384 年)讨西番叛酋，整亦集乃路，擒元海道千户也克帖木儿等，俘获万八千人，进为右军都督佥事，仍镇凉州，屡建战功。成祖即位，进后军左都督，拜平羌将军，仍镇凉州。永乐三年(1405 年)，招降把都帖木儿等，封西宁侯。晟凡四镇凉州，前后二十余年。

[2]沐英(1344—1392 年)，字文英，安徽定远人。洪武十年(1377 年)，充征西副将军，从卫国公邓愈讨吐番，西略川、藏，因功封西平侯。十三年(1380 年)明太祖命总陕西兵出塞，略亦集乃路，渡黄河，登贺兰山，涉流沙，七日至其境，擒脱火赤及知院爱足等，获其全部以归。

[3]火脱赤：《明史·太祖本纪》作"脱火赤"，又《沐英传》亦作"脱火赤"，今译又有作"脱禾出"、"秃合赤"者。

校勘：

①半、关、古、今、灰本脱"军所"，四本脱"单于"，按文义增补。

②半本误"北"为"此"，据其他诸本改。

③半、关本误"郭"为"都"，据四、灰、古、今本改。

④灰、古、今本脱"宫殿"之"殿"，四本作"宫室"。

⑤灰本脱"乐"。

⑥四本误"百"为"有"。

⑦四本误"也速儿"为"也连儿"。

⑧灰本误"塞"为"寨"，又半、关本误"本"为"木"，据四本改。

⑨半、关、灰、古、今本脱"栋"，据四本补。又半、关、古本"裹杉"之"裹"为衍文。

⑩半、关本误"梁间"为"皆"，据四、灰、古、今本改。

⑪灰本脱"漫灭"。

⑫半、关、四、古本作"游牧部落无定"，灰本作"今游牧无定"，据今本改。

居延泽，在城之东，古流沙漠[1]。献帝建安末，立为西海郡。元谓之亦集乃海。海近城，因城易名。海判为三，众水汇之，然不敌中原一小湖，故汉皆谓之居延湖云。海在城东南二十里[2]，亦曰亦集乃[3]湖。甘州黑水合弱水西流至肃之镇夷，乃出塞北流，讨来河水注之，是谓天仓河，东流至合黎山北，乃北流汇[4]居延，故曰众水所汇也。其海有三，哈班、哈巴、哈刺失三海也。今夷人游牧部落[5]无定。

校勘：

①灰本脱“漠”。

②半、关、四本作“二十里”，灰、古、今本作“十里”。

③半、关本误“乃”为“南”，据四、古、今本改。又灰本脱“亦曰亦集乃湖”。

④半、关、四、灰、今本误“汇”为“经”，据古本改。

⑤灰本脱“今”及“部落”。

合黎山，在甘州之北，《禹贡》所谓至于合黎是也。西起肃之镇夷，东尽甘之硖口①，南距人祖山，山南则张掖也。其麓清泉茂草，甘之苑囿在焉。其巅产茶，甘人不识也。今夷人四集矣。山在甘北五十里，一名要②涂山。其西北有小硖，则弱水、黑水与流沙相合之处。山延长三百余里，环甘州于南。人祖山在合黎南二十里。台黎多草木，甘人昔牧马猎兽于其下，然不知其上产茶也。康熙十一年，甘州参将石福始③知之，遣人采取，佯言秣④马，阴使家人制之，岁获多金。十三年后⑤，夷往来⑥游牧于合黎之下，无复又越人祖山口者。合黎今部落无定⑦。

校勘：

①灰、古本误“硖口”为“硖石”。

②灰本误“要”为“西”。

③灰本脱“始”。

④半、关、四、古、今本误“秣”为“牧”，据灰本改。

⑤半、灰、今本脱“后”，据四、关、古本补。

⑥灰、今本脱“往来”。

⑦半、关本作“合黎今部落无定”，四本作“今部落无定”，灰本作“今夷游牧无定”，今本作“今夷人游牧部落无一定”，古本作“今无定部落”。

红泉堡，在甘州东北，观音山口外也。夷行塞外，北则合黎，南则人祖，中则孔道焉。堡当其间，亦南趋观音山口之要途也。地平有水，昔人相度①，筑堡置兵，拒夷于高陵之外。自堡无屯兵，而夷为传舍矣。堡在甘州东北十里②。明时，夷每由观音口入犯太平湖、瓦③窑诸寨。嘉靖二十九年，巡抚杨博亲履险要，相度地宜，乃命有司创筑红泉堡，奏设兵二百，于是夷人不能越堡入口，而诸塞俱安。今城依旧，久无屯兵矣。夷人居傍，游牧无定。

校勘：

①灰本脱“相度”。

②半、关，四本作“十里”，灰、古、今本作“七十里”。

③灰本误“瓦”为“及”。

红盐池，在山丹之北。红盐味①甘，坚类石，色如丹，谓之盐根，河西多有之。其地多禽兽。夷虽不住，而未始不游牧也。池在山丹卫北五百里②。明洪武中，指挥庄德[1]岁往采盐，以供大内。后以其地在境外,乃奏停止。其地有醉马草,马食之如人醉,不能移足,以其草根煎之,和根傍之土以灌之,其醉始醒。河西之地,亦有此草。池多马鸡、松鸡,他刺卜花,以其鹿兔黄羊青羊之属。今夷人之部落游牧者不可考。

注释:

[1]庄德:《明史》作庄得,建文初为都指挥,隶宋忠。后从盛庸军战夹河,力战而死。

校勘:

①半本误"味"为"来",据其他诸本改。

②灰本误"五百里"为"五里"。

右甘州北面境外,夷人壤地。附诸隘口,合三十有四焉。

冰窑山①,南至高台所一百二十里。双纤山口,南至高台六十里。老鸦泉,南至高台五十里。红山口,南至高台三十里。破烟墩口,南至高台二十五里。石关口,南至高台二十里。鹰窝山,南至高台二十二里。破山口,南至甘州九十里。羊台口,东南至②甘州一百一十里③。青山口,东南至甘州七十里。小④口子,南至甘州六十里。明沙口,南至甘州六十里⑤。茨儿沟,南至甘州六十里。人宗山口,南至甘州四十里。观音山口,西南至甘州五十里。大盘道口,西至甘州五十里。小⑥盘道口,西至甘州五十里。斜濠口⑦,西至甘州六十里。东乐大口子，西至甘州一百里。龙头山口，东南至山丹二十五里。白露山口，东南至山丹三十里。白土口，东南至山丹二十里。红寺山口，南至山丹三十里。羚羊山口，西南至山丹四十里。青山口，南至山丹三十五里。刺答口，南至山丹六十里。独峰山口，南至山丹三十五里。红羊圈口，西北至山丹六十五里。青羊口，西南至山丹四十里。东山口，西南至山丹八十里。赤山口，西南至山丹八十里。石井口，西南至山丹九十里。玉泉口，西南至山丹一百里。小关口，西南至山丹一百里。

此甘州北面之隘口也。甘州⑧虽在合黎山之南，边堵之内，夷人内犯者固少，而往来游牧于山北者，则时有之。凡往来者必依边，故四坝、板桥有逾垣而入之惧；故牧者必依山，故观音山、斜濠口有越岭入寇之忧，然此皆其小者。最可患者⑨硖石口、大黄山⑩之夷，盘踞于南；边之外夷，邻于北⑪，所存为甘、凉大道者，广不足以容车耳。

校勘：

①半、关本作“冰窑山”，四、古、今本作“冰窨山”，灰本误作“冰害山”。

②半、关本作“南至”，四、灰、古本作“东南至”。

③半、关、四本作“一百一十里”，灰、古、今本作“一百二十里”。又四本作“东”。

④灰本误“小”为“水”。

⑤半、关、四本作“六十里”，灰、古、今本作“五十里”。

⑥灰本误“小”为“山”。

⑦灰本误“斜濠口”为“红濠石”。

⑧灰本误“甘州”为“甘北”。

⑨半、关、四本脱“最可患者”，据灰、古、今本补。

⑩四本“大黄石山”之“石”为衍文。

⑪四本误“北”为“此”。

甘州南边近疆自甘州东南，接凉州界起，至甘州西南，接肃州界止。

白石崖口外，在甘州东南，凉州之西也。口峭壁攒峰，下有涧①谷，曲折可以通行。口外五十里许②，出幽郁，高者忽平，隘者忽豁，水清草茂，四通八达。北甘、凉，南青海，大通虽险，皆可逾越③而至也。口外在甘州大马营南一百里，凉州、高古城西南④一百二十里，白石崖南五十里，青海北十三程，大通河西北八程。今夷人刀尔吉住牧。

校勘：

①灰本误“涧”为“洞”。

②灰本脱“许”。

③灰本脱“越”。

④半、关本脱“西南”之“西”。据四、灰、古、今本补。又四、灰、古

本脱“高古城”之“城”。

野马川，在甘州东南，扁都口之南也。有明时，张掖、青海相往[1]来，内若王师，外若海夷，咸出入扁都口，而止宿于野马川。盖山口之路宽平，而山中之水草丰茂也。海氛靖，川之草木猥奥，今则披山通道，出入扁都口者，马相接，肩相摩矣。川在边之扁都口南五十里。明时[2]，青海、甘州之兵，从扁都口出。先是[3]，夷王扯力艮在青海欲北归，假道扁都口入。今野马川为怀阿尔赖住牧。凡出入扁都口，亦游牧于大草滩，盘踞于焉支山者，皆其部落也。

校勘：

①四本误“往”为“望”。

②半、关、四、古本误“时”为“讨”，据灰本改。

③四本误“是”为“使”。

巴系墩川，在甘之南，西水关外。明初，设墩，以通西宁四卫声息。川有古佛寺，昔以居番僧，今鼠穴[1]豕伏。墩四角倾圮，而遗迹不尽澌灭。饮马川中者，非我族类，火攻擅长者，则叛回也。巴系墩在甘之洪水堡南[2]一百一十里，西水关南七十里。西宁之四卫与甘虽阻隔山谷，实为直径，此巴系所以筑墩也。寺，明初建置以[3]处国师者，今无[4]僧居，寺亦荒废。顺治八年，叛回余党数百善鸟枪者，逃出降于滚卜，滚卜亲率诸回住牧于巴系墩川，其部落多游牧于大草滩之地焉。

校勘：

①半、关本作“鼠穴”，四、灰、古、今本作“鼠拱”。

②半、关本误“南”为“至”，据四、灰、古、今本改。

③灰本脱“初”及“置”，又误“以”为“似”。

④四本误“无”为“有”。

大都麻口，在甘州东南，为祁连扼塞。北则内地，南则要荒，昔处黑番于此。自青海扬波，番臣于夷，今夷出入草滩口为驿路矣。口在洪水堡南五十里。今黑番七族住牧。

小都麻口，在洪口南，大都麻口西，与南古城近。山险地狭，黑番居此，或散而牧于虎赖害口，或迁而牧于西水关口，要不离乎小都麻口近地①。其背向之情，今昔顿异，不可不察也。口在洪水西四十里。今黑番七族住牧。

校勘：

①灰本脱“近地”，又古本脱“麻口”。

酥油口，在南古城南，番族住牧，当大草滩之捷径，夷人行李往来地也。口在南古城南一十五里。黑番七族住牧。夷俗取羊羔煎之，谓之酥油，以是名口①者。祁连山之雪融涣，山路滑泽，不异脂膏，故名之耳。

校勘：

①半、关本作"名口者"，四、古、今本误"口"为"山"。灰本脱此句。

野儿口，在花寨堡东[1]，近南古城，虽荒僻亦腹里地。黑番处此，东西皆夷，南则黄番。口在花寨堡东四十里。今黑番七族于此住牧。

校勘：

①半、关本脱"东"，据四、灰、古、今本补。又四本误"寨"为"塞"。

板答口，在龙首堡南，近马蹄寺。事佛谨，虽介于番夷，恃此不恐。口在龙首堡南二十里。番夷即黄番，最强悍，视黑番蔑如也。板答口今黑番七族住牧。

平顶，在板答口南，马蹄寺之岭，山顶平衍，故名为龙首。居人隙地，住牧其地者黄番也。昔土鲁番侵瓜沙，瓜沙之夷内附，中国矜恤之，各有分地，在肃州[1]间谓之黄鞑子，平顶其一族也。今黄番之纳添巴运输金山云。山在龙首堡南四十里(内迁始末详赤金三卫中)。甘、肃呼黄番曰黄鞑子，盖夷而番也。金山在西域。平顶罗儿家族住牧。

校勘：

①半、关本作"肃州间"，四、灰、古、今本作"甘、肃间"，惟灰本脱

"间"。

哱啰口,在梨园堡西。西河之源在南山南,由口流入甘州。口外为祁连山八达之区,多生乔[1]松,枝相格[2]而无曲干,人行木下,不见其巅,盖番夷之弃物,而甘人之刍荛也。黄番今背向顿殊矣。口在梨园西五里。甘之产松惟焉支及此地而已[3]。松似彬似楠,质直无节,凡物皆以松为之,他木不足用也。甘人夏则出此口伐木,及秋水方[4]甚,浮于黑水至于甘州。番夷以马矢炊爨,不伐木为薪,畏其烟焰也。今黄番八个家家族住牧。

校勘:

①半、关本误"乔"为"桥",据四、灰、古、今本改。

②半、关、灰、古本误"枝相格"为"相枝格",据四本改。

③灰本脱"而已"。

④灰本脱"方"。

哱啰口外,在哱啰口南。祁连蜿蟺,巑嵂于群山中,驰奔云矗[1],延长千余里,首注五凉,尾蟠荒陬,独呼哱啰口外,山形若折,坦然渐夷。谷中曲径逶迤,草木蓊薆,岩[2]石倚仄峭出,咫尺间[3]不可见,折而西,迤而南,山谷间忽有斥卤地,长林丰草,随处有之。明安插黄番于此,故梨园之戍,刁斗不击。自黄番外附,而地非职方之所载[4]矣。口外在哱啰口南五十里,梨园堡[5]南六十里。今夷人墨尔根部落游牧。

校勘：

①灰本脱“蜿蟺，巑嵂于群山中，驰奔云矗”。

②半、关本作“崖”，四、灰、古、今本作“岩”。

③灰本脱“间”。

④灰本脱“所载”。

⑤半、关、四本脱“堡”，据灰、古、今本补。

摆通河，亦谓之摆大川，在哱啰口南，祁连山谷之间。黑水之源发于摆大，水不患其不足，张掖伐木，常至于川。草不患其不丰，摆大之源出石罅间，若喷雪花[①]，不数武而成川。川近[②]榆木，盖黄番纵牧之地。今青海残孽，草茂则来，草尽则往矣。河在甘州西南二百一十里，哱啰口南百余里，榆木山麓东南二十里(黑河水源详梨园堡中)。河今为滚卜插罕[③]游牧。

校勘：

①诸本作“若喷花”，据今本改为“若喷雪花”。

②半、关本误“近”为“返”，据四、灰、古、今本改。

③灰本脱“罕”。

黑河源，在摆通河之西。河源之水注于摆通，亦黑水源之一耳。河源与川相隔一山，水草便利，黄番于焉长子孙者数世。今且与夷往来，而张掖之樵牧，反为厉禁矣。河[①]在梨园堡南一百二十里，摆通河西一十五里。今[②]黄番七族住牧。

校勘：

①灰、古本误“河”为“源”，据四、灰、古、今本改。

②灰本脱“今”。

古木[1]涧，一作土木，或云枯木。在梨园堡西，哱啰口西南。涧皆山水，恶浪湍急，夹岸皆山，夏犹寒慄焉。涧在哱啰口西南八十里，黄番八个家依涧而处，盖哱啰口一族也。

校勘：

①半、关本误“木”为“水”，据四、灰、古、今本改。

牛毛山，在古木[1]涧之西，近榆木山，万山绵亘。黄番八个家族住牧焉。山在古木涧西八十里，左右居[2]人，强名之曰牛毛。黄番与哱啰口之黄番同一族云。

校勘：

①半、关本误“木”为“水”，据四、灰、古、今本改。

②古本脱“居”。

青圪搭[1]，在牛毛山北，榆木之南山也。地多溪涧深泽，凡黄羊、青羊、沙狐、兔、鹿之属皆聚焉。黄番五族享其利而聚族于斯。其入内地：东通梨园，西接红崖，北趋高台。其外交也：哱啰口外巴系墩川、野马川在其东，拜浪河在其西，红土坡在其南。故青圪搭之黄番富于他族矣。青圪搭在梨园堡西南一百三十里，黄番五个摆眼住牧。

校勘：

①半、灰、古、今本作“青圪搭”，关、四本作“青圪塔”。

仄棱，在青圪搭西南，榆木山之南山也。黄番皆臣服金山，独仄棱以姻亲不与焉，故黄番咸倚重之。沿山之夷，强者与之交欢，弱者事之惟谨矣[①]。仄棱[②]在青圪搭西南三十里，黄番罗儿家族住牧，其目之妻嘎尔旦之妹也。

校勘：

①灰本脱“沿山之夷，强者与之交欢，弱者事之惟谨矣”。

②灰本误“仄棱”为“山”。

榆木山口，在祁连之北，高台所之西南。山延长百数十里，东起梨园，西尽暖泉。塞地宜榆，甘州差少，山则产之，以此得名。山宽则[①]地名各异，山口其一焉。黄番居之[②]。山口在暖泉堡东北二十五里，红崖堡北四十里。黄番藉夷声势，掠红崖诸堡，杀伤官兵，各族多与其事，而榆木山口为尤甚。今[③]黄番七族住牧。

校勘：

①诸本均脱“则”，据今本补。

②灰本脱“黄番居之”。

③灰、古、今本脱“今”。

半个山，在甘州西南，暖泉堡东南，为榆木山之麓，北俯南仰，亦名半角。黄番七族住①牧。南通红崖，北入榆木②，挟其族类之多，为探篋者③，时有之矣。半个山在暖泉东南七十余里。

校勘：

①古本误“住”为“诸”。

②灰、古本误“木”为“林”。

③半、关、四、灰、古本脱“挟其族类之多，为探篋者”，据今本补。

新墩子，在暖泉南，半个山西。旧筑新墩以为斥堠，其地在山僻，逶迤百折，惧伏莽焉①，黄番归命以来世居之。墩在暖泉南六十余里。

校勘：

①半、关本误“惧伏莽焉”为“旦伏莽马”，据四、灰、古、今本改。

拜浪河，在甘州西南，红崖堡①口外。河水春冬凝结，雪消冰泮，清浅无波，人以是名其地焉。其地纵横[2]数里，周围丛薄，薄外百涧千溪。南达青海大通，东趋榆木山[3]、哱啰口，巴系墩、野马川，西至讨来川。虽崎岖偪仄，夷乃[4]按辔徐行也。河在[5]高台所南一百四十五里[6]，红崖堡东南二十五里。红崖之田，资拜浪河以灌溉，故水源发祁连而流至于田[7]中，无他注也。南至青海十有二程，至大通河十有一程，东至榆木山麓三十余里，又东至哱啰口一百九十里，至巴系墩川二百余里，至野马川二百六十里，西有讨来川，流甚长。今夷劳藏游牧。

校勘：

①四本脱"堡"。

②灰本误"横"为"广"。

③半、关、四本脱"山"，据灰、古、今本补。

④灰本脱"乃"。

⑤半、关本误"在"为"至"，据四、灰、古、今本改。

⑥诸本作"一百四十五里"，灰本作"一百四十里"。

⑦灰本脱"田"。

红土坡，在拜浪河南。讨来川水歧而为二，环坡其中，绝水四面，山壁立，乌[1]鸢止波中者，恒沾沾不可上。川水合于西，触石成潭，深不可测，旋转驶疾，木叶浮而至者，咸没其中，惟上流散漫可渡。彼岸皆石，水啮有声，其巅宽夷，土沃草茂，木叶常丹，望之者以为土红[2]云。或以红崖之红土山，以实坡者误也。坡在拜浪河南九十里，红崖之近地。有红土山、童[3]山，不可畜牧者也。红土坡，今夷人绰库兔住牧。

校勘：

①半、关、灰、古本作“乌”，四本作“鸟”，今本作“焉”，如作“焉”，当为“山壁立焉，鸢止波中者”。

②灰本作“红土”。

③四本误“童”为“重”。

草打班[1]，在拜浪河西南。自红崖而西，多石峰不可牧，惟草打班草茂蒙茸焉。草打班[2]，在拜浪河西南一百里，肃州清泉堡[3]南九十里。夷人宛卜族[4]住牧于此。

校勘：

①今本误“草打班”为“打草班”。

②灰本脱“草打班”。

③半、关本作“清泉堡”，四、灰、古、今本作“清水堡”。

④灰本脱“族”。

水关口，在红崖堡南。拜浪河水由口入，两山高耸，至口而伏。红崖之人昔牧于此，及黄番内附，割以界之。口在红崖南三十里，今黄番七族于此住牧。

绰哼口，在红崖南，水关口[1]西南。南倚祁连，北眺榆木，其间怪石横列，口外②则侧径不容马足，盖红崖③之要塞也。黄番居之④。口在红崖南七十里。黄番七族住牧于此。

校勘：

①半、关、四、今本脱“口”，据灰、古本补。

②灰本脱“口外”。

③灰本误“红崖”为“黄番”。

④灰本脱“黄番居之”。

石灰关口，在红崖西南，绰哼口①西北。关连肃壤，山接祁连，黄番居之②。其地有石，同于蜃灰，故名。在红崖西南五十里。黄番七族住牧。

校勘：

①灰本脱“口”。

②灰本脱“黄番居之”。

明海子，在甘、肃之交，红崖西北，地属肃州。东接甘之黑泉，西连肃之马营庄，固内地也。多芀笈、茾草，地虽窪下，冬春①间无杯水，不知何以名焉。海子[1]在红崖西北九十里，本属肃州地界。以其近于红崖，故载于此。黑泉堡，甘、肃往②来之大道也，在高台所西六十里，肃州临河堡东二十里。马营庄在肃之临河堡东二十里，镇夷所南一百二十里。今黄番七族住牧于此。

注释：

[1]海子：蒙古人谓水、湖为“海”、“海子”。

校勘：

①灰本误“春”为“夏”。

②灰本脱“往”。

右甘州南边内外番夷壤地，附甘州诸隘口，合三十焉。

和宁山口，西北至山丹卫一百三十里。静宁山口，北至山丹一百二十里。白石崖山口，北至山丹卫二百二十里，西北至甘州三百里。宁番口，北至山丹一百三十里，西北至甘州二百里。无虞山口，北至山丹一百三十里。扁都口，东北至山丹二百里，北至甘州二百五十里。后所山口，西北至甘州一百七十里①。大都麻口，北至甘州二百里。小都麻口，北至甘州二百里。酥油口，北至甘州九十里②。野儿口，北至甘州九十里。通远口，北至甘州八十里。顺化口，北至甘州九十里。宣政口，北至甘州一百里。阳化口，北至甘州一百里。大慕化口，北至甘州一百二十里。小慕化口，北至甘州一百一十里。板答口，东北至甘州九十里。大磁窑口，东北至甘州七十里。小磁窑口，东北至甘州七十里。哱啰口，东北至甘州九十里。甘峻山口，东北③至甘州七十里。老康口④，北至高台所四十里。梋子沟口，北至高台五十里。榆林沟，即榆木山，北至高台七十里。花儿寨，北至高台八十里。扬旗口，有扬旗堡，口有关，北至高台所一百二十里。大口子，北至高台一百二十里。盘道沟，北至高台一百三十里。红崖水关口，北至高台一百三十里。

校勘：

①半、关、四本作“一百七十里”，灰、古、今本作“二百七十里”。

②灰本误为“九百里”。

③半、关本作“东北”，四、灰、古、今本作“东”。

④半、关本作“老唐口”，四、古、今本作“老康口”，灰本作“老康山”。

甘南以山为险，夷之盘据特多，白石、扁都为其孔道。若红崖诸堡，漫无障塞也。隘口宽而且多，实难于塞，亦不胜塞也。

秦边纪略·卷四

上青草湖墩寇大路
黑山兒墩
石烟墩
黑城兒寇大路
下柘楊林墩寇大路
上柘楊林墩
回回墓墩
赤斤城
黑城
王子庄城
沙州城
苦峪城
騸馬城
川邊寇大路
瓜州城
紅泉墩

花墩兒墩寇大路
梧桐林墩寇大路
鄭家堡
鉢和寺墩凡三俱寇大路
屯庄堡
居中墩
斷山口墩寇大路
鉢和寺營
老觀窩墩
黄草墩
新城兒堡
老觀窩堡
烽臺墩
安遠墩
東溝子堡
西溝子堡
文殊口墩寇路
兔兒壩堡
討來河墩
九眼泉墩凡二
北邊墻墩凡二
石門兒墩寇大路
大路
子埧

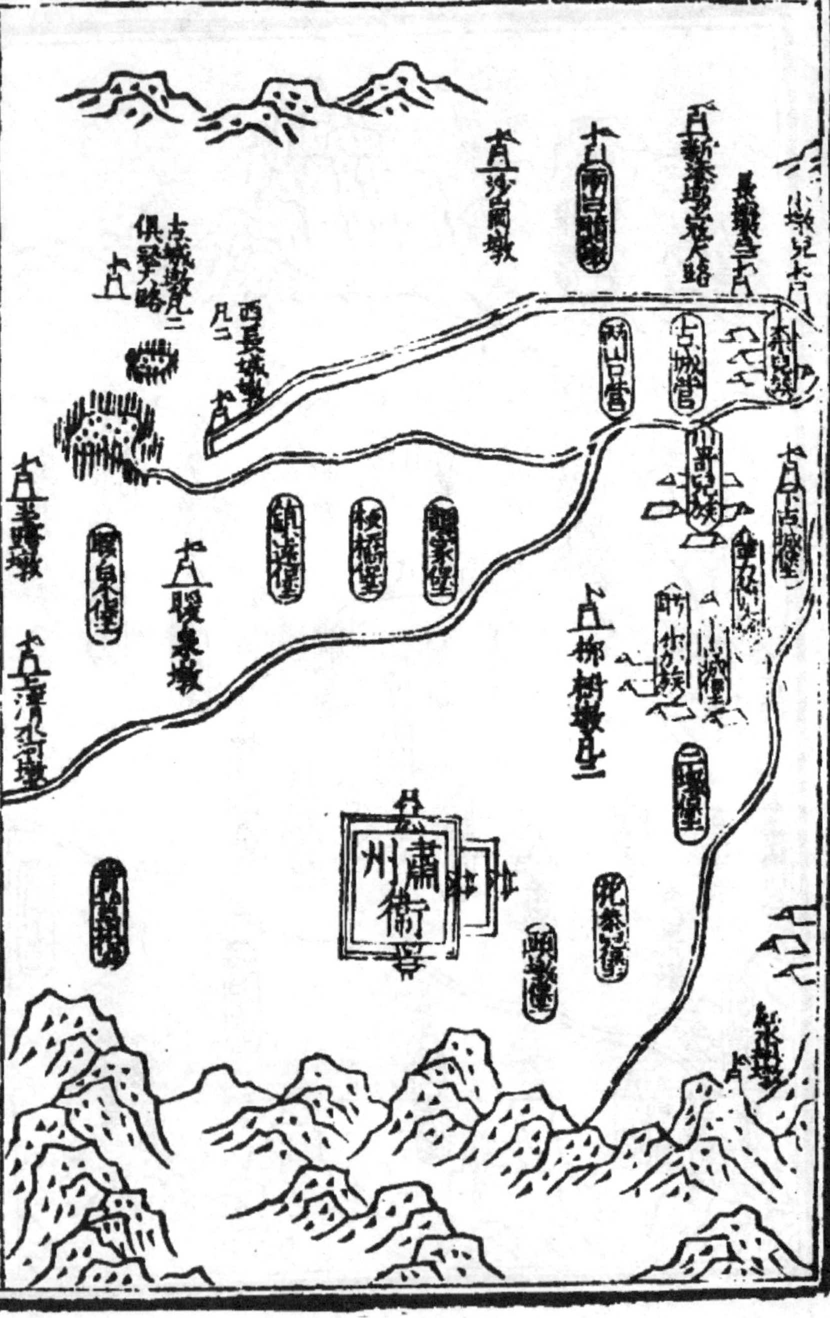
沙岡墩
長城墩
小墩兒
古城墩凡二
俱舉火路
西長城墩
凡二
兩山口營
古城營
下古城堡
暖泉堡
暖泉墩
鎮海堡
清水河墩
柳樹墩
肅州衛

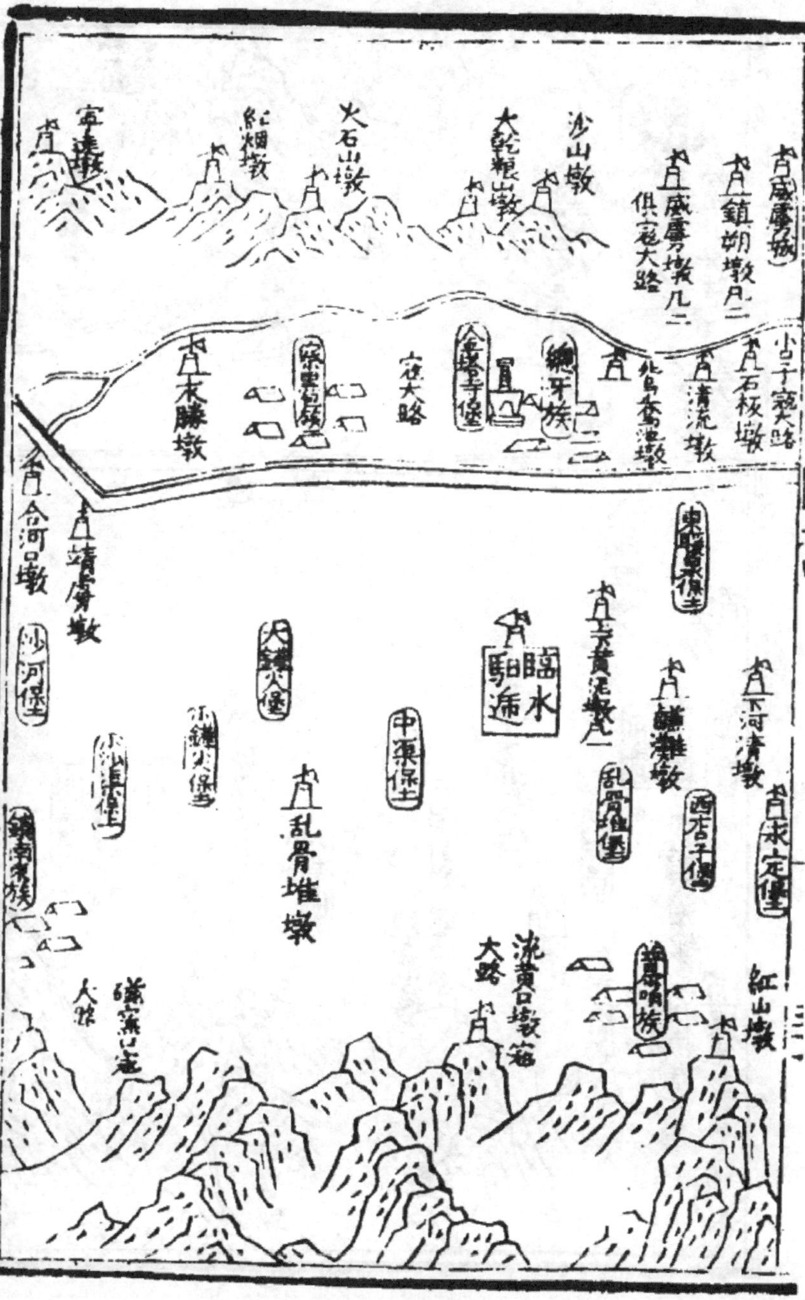

威虏城
镇朔墩凡二
威虏墩凡二
俱寇大路
沙山墩
大乾粮山墩
火石山墩
红烟墩
宁远墩
小口子寇大路
石板墩
清流墩
总牙族
寇大路
木滕墩
合河口墩
靖虏墩
沙河堡
临水驿递
黄泥墩凡二
下河清墩
中渠堡
乱骨堆墩
乱骨堆堡
永定堡
红山墩
大路

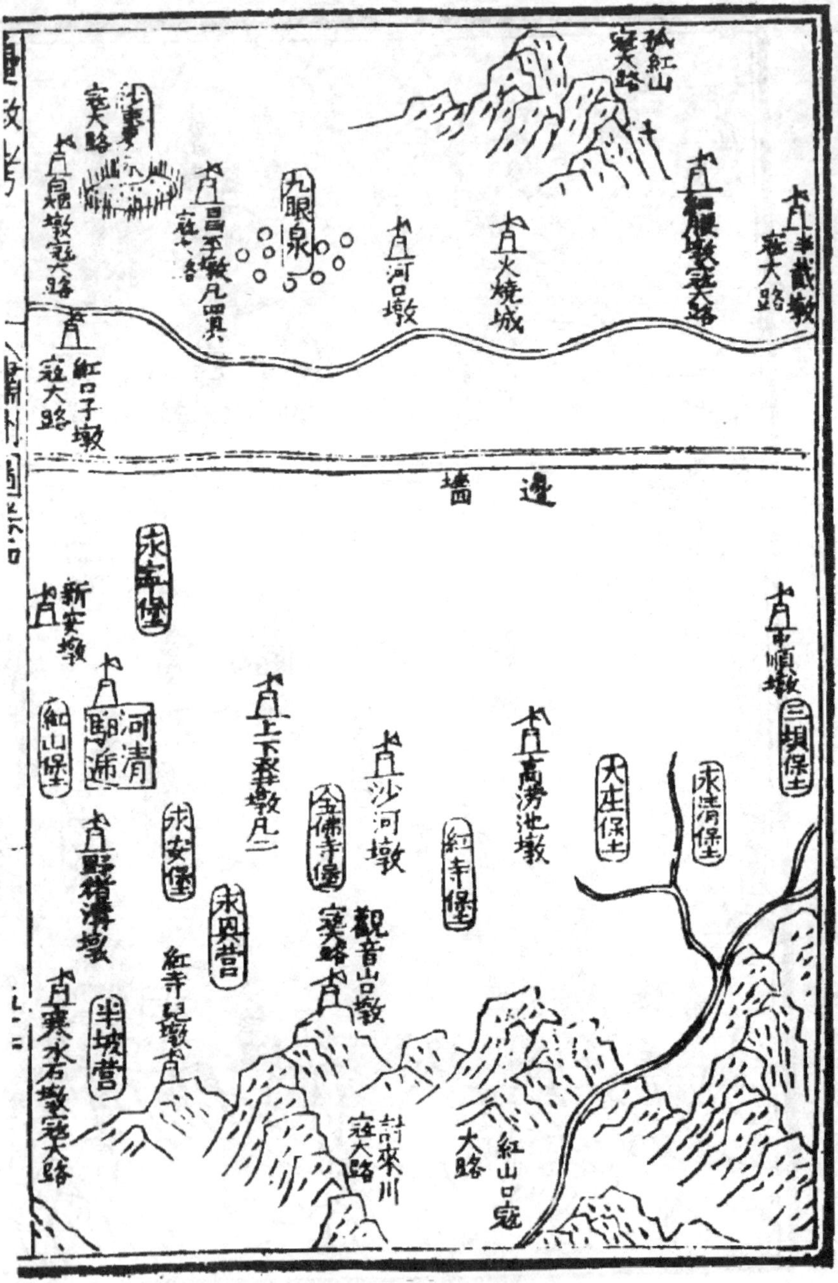
孤紅山寇大路
半截墩寇大路
細腰墩寇大路
火燒城
河口墩
九眼泉
紅口子墩寇大路
邊墻
中順墩
大莊堡
永清堡
紅寺堡
沙河墩
金佛寺堡
永安堡
觀音山口墩寇大路
新安墩
紅山堡
半坡營
寒水石墩寇大路
討來川寇大路
紅山口寇大路

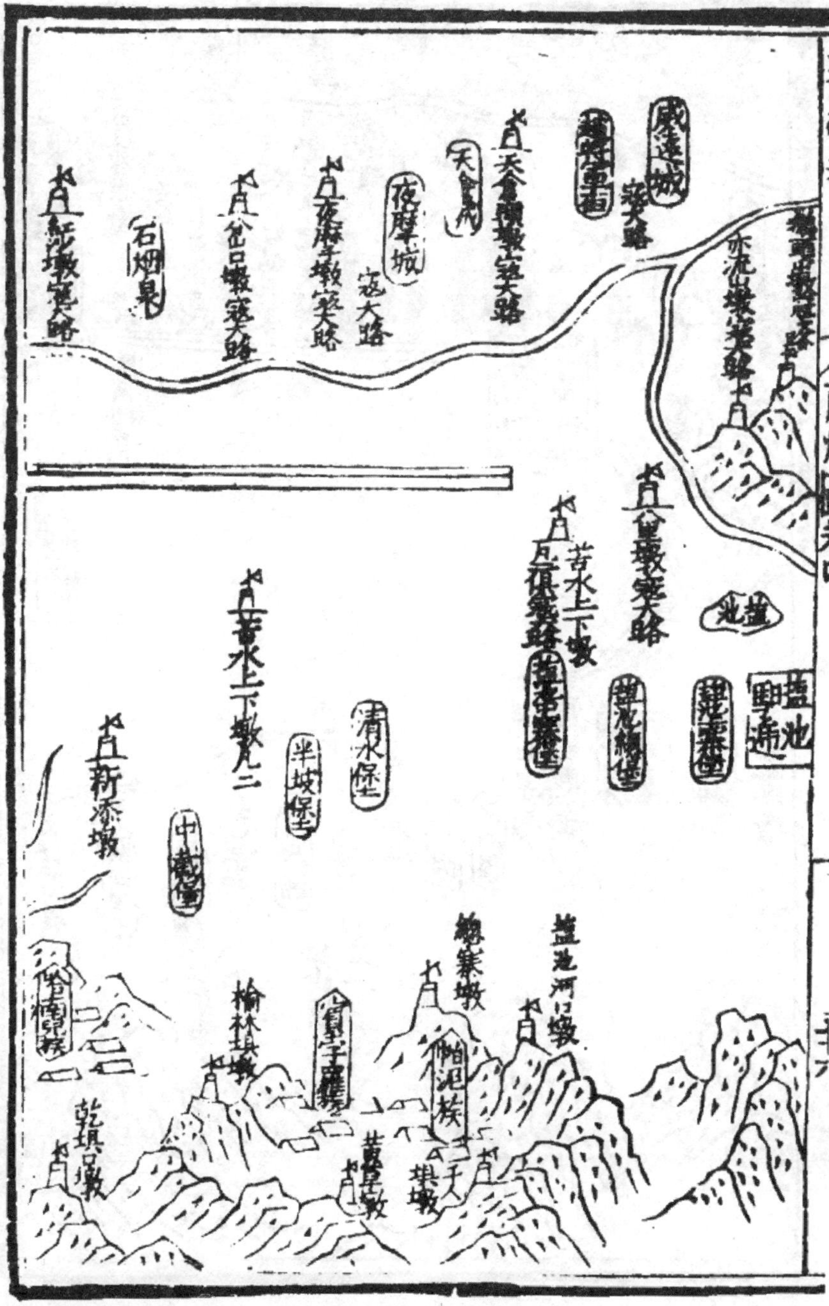
威远城
天仓城
夜摩城
石烟泉
盐池
苦水上下墩
清水堡
半坡堡
中截堡
榆林墩
盐池河口墩
乾沟口墩

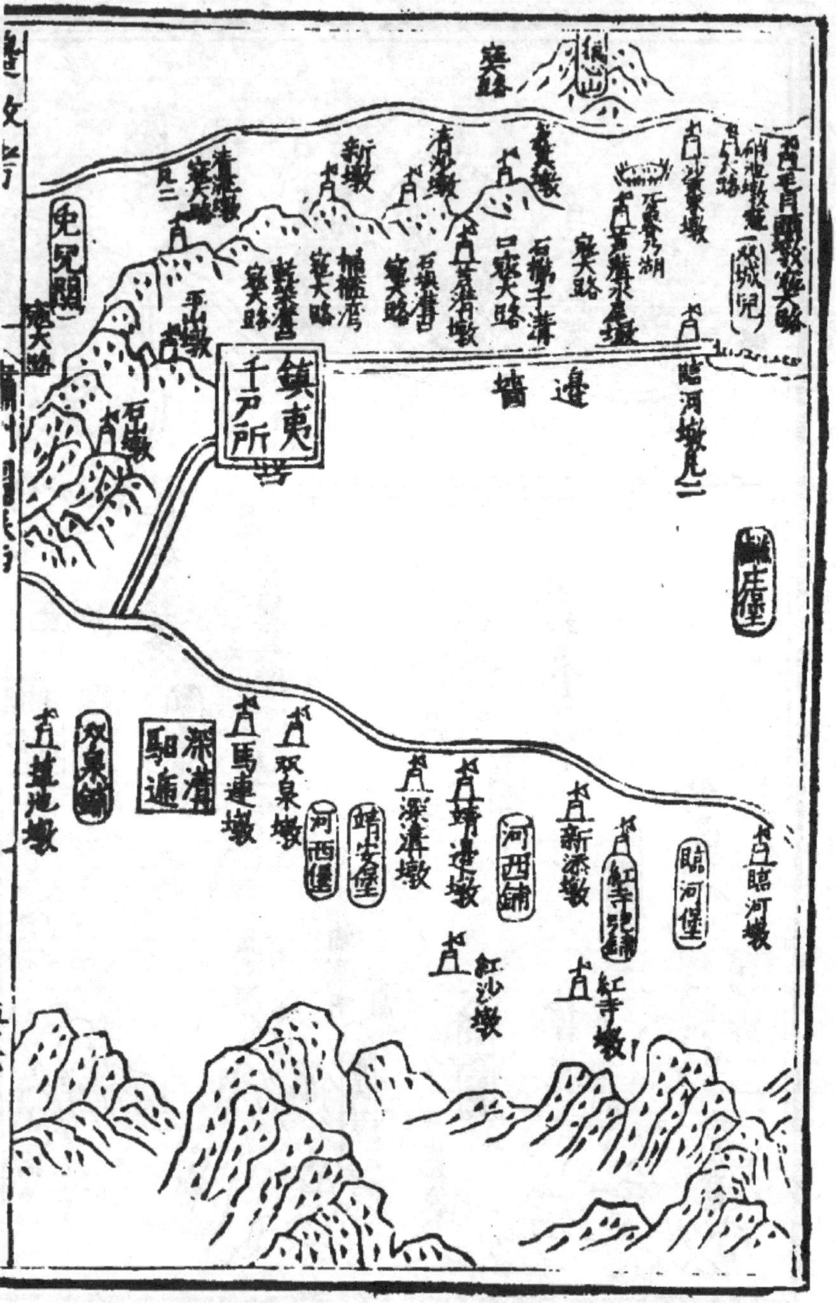

鎮東千戶所
邊牆
臨河墩
臨河堡
臨河墩
河西鋪
河西堡
靖安堡
新添墩
紅寺兒鋪
紅寺墩
紅沙墩
靖邊墩
深溝墩
雙泉墩
馬連墩
深溝驛遞
雙泉鋪

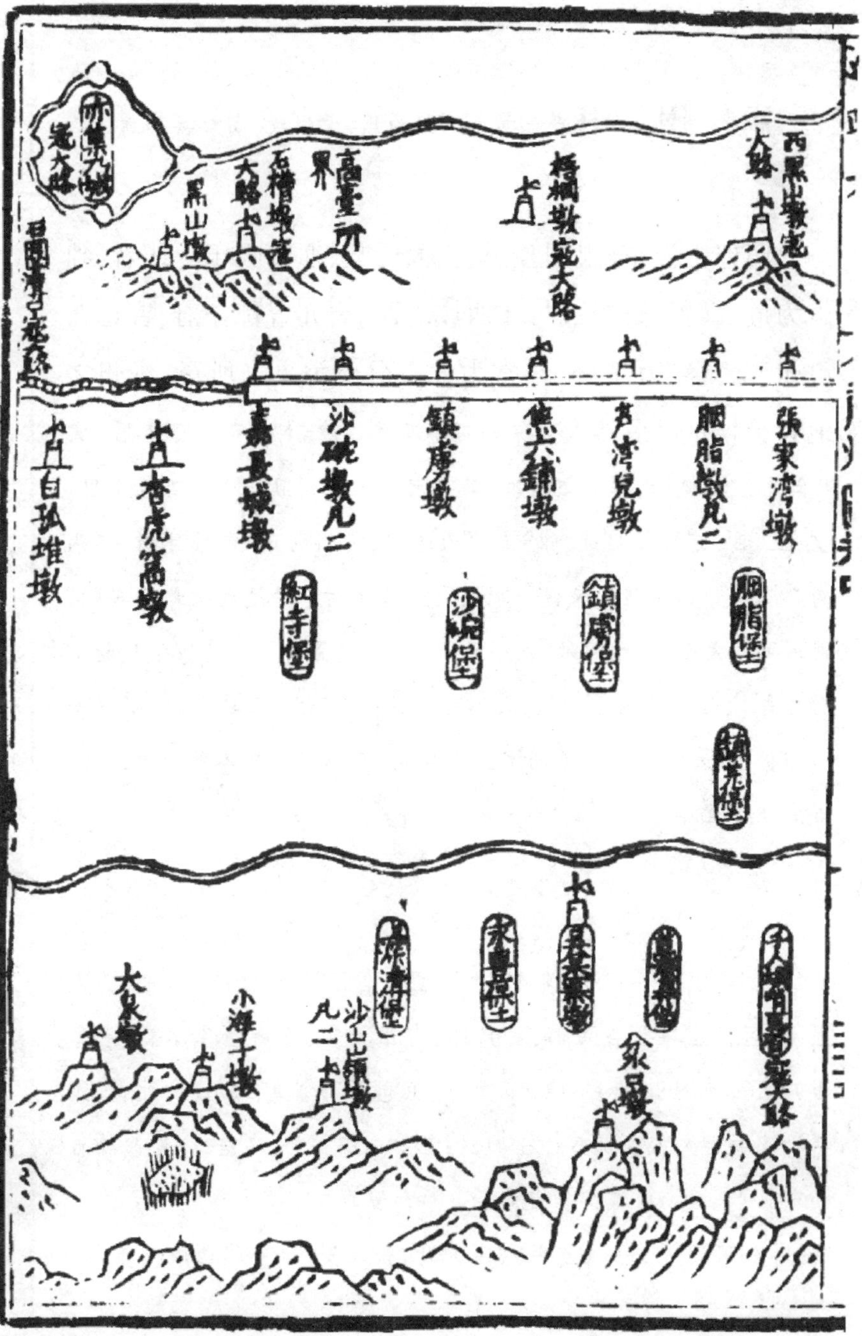
西黑山墩寇大路
梧桐墩寇大路
高臺所界
石槽墩寇大路
黑山墩
張家灣墩
胭脂墩凡二
芦灣兒墩
鎮虜墩
沙碗墩凡二
白孤堆墩
胭脂堡
鎮虜堡
沙碗堡
紅寺堡
沙山口墩
凡二
小海子墩
大泉墩

肃　州　卫雍正初年改卫为州，设州牧，高台县属焉①。

四郡去河东，肃州独远，三面受敌，通呼吸于一线者，独肃为危。汉置都护校尉，在西域之西。唐亦置都护府，皆远在肃州②之虚空万里外，未常为危。况肃为禹迹所至，雍州之地者乎！亦存乎其人耳。四郡不及于敦煌者，久弃于塞外也。肃州为秦塞之极西，当夷之极冲，其去河东之兰州且一千九百五十里。湟、庄、甘、凉皆相接连，惟③南北为边塞，肃州则正④东接甘州，其西南北三面皆属夷疆。汉伐⑤西域，自武帝元封三年遣赵破奴击车师、困乌孙⑥、大宛，始于酒泉⑦列亭至玉门矣。汉置都护⑧，自宣帝用骑都尉郑吉[1]，始置校尉于西域，则不可胜数，若班超[2]又卓卓者。唐置安西都护，自太宗始。禹道弱水至于合黎，在肃州东北二百四十里，故曰禹迹所至。

注释：

[1]郑吉（？—公元前49年），西汉会稽（今浙江绍兴）人。为人强执，习外国事。宣帝时，任侍郎，屯田渠犁（今新疆库尔勒、尉犁西），因发西域诸国兵攻破车师，迁卫司马。神爵二年（公元前60年），率兵迎匈奴西部日逐王归汉，任西域都护，治乌垒（今新疆轮台县东北）。汉设西域都护自此始。后封安远侯。

[2]班超（32—102年），字仲升，扶风安陵（今陕西咸阳东北）

人。班固弟。为人有大志,不修细节。永平十六年(73 年),从窦固击北匈奴,旋奉命率吏三十六人赴西域,攻杀匈奴王派驻鄯善之使者,又废亲附匈奴之疏勒王,巩固东汉在西域之统治。章帝初,北匈奴在西域反扑,超坚守疏勒等地,后得援军,开始反击。自章和元年(87 年)至永元六年(94 年)间,陆续平定莎车、龟兹、焉耆等变乱,并击退月氏入侵。永元三年(91 年)任西域都护,后封定远侯。

校勘:

①半、关本有题注,四、灰、古、今本均无。

②四、灰、古、今本脱"州"。

③半本误"惟"为"为",据诸本改。

④半、关、灰本误"正"为"止",据四、古本改。

⑤半、关、古本误"伐"为"代",据四、灰、今本改。

⑥四本误"乌孙"为"乌松"。

⑦半本作"始焉于是九泉",关本作"始焉于是酒泉",四、古、今本作"始于是酒泉",据灰本改为"始于酒泉"。

⑧灰本误"都护"为"郡护"。

肃州①之东为甘州,可②置勿论。其西则嘉峪关,金墉[1]玉门在是也。南有祁连,较之甘州,走集多险,但守重冈硖,则随山三百里,虽高枕可也,何言乎独肃为危也?甘州在东四百二十里,其接界则在东之花墙儿,相距二百四十里。嘉峪关在西七十里,其外则在山天险,其墙则坚固高厚,出关而外,则皆昔之赤斤蒙古地,今③皆西夷据牧之。金墉玉门言其坚也。祁连在南一百五十里。祁连之北，且有观音山、红山、寒水石山、硫黄山，重岗复岭，深河急水，故夷大举，必不能由此，不过小窃往来耳。重冈硖在东南二百八十里，凡夷往来南边必由此硖。肃之南边，东自清水起，西至④嘉峪止，统二百七十里，皆依山阻险，故曰随山三百里也。

注释：

[1]金墉：谓牢固之城池，语出《文选·西京赋》："似阆风之遐坂，横西洫而绝金墉。"

校勘：

①半、关、四本作"肃州"，灰、古、今本脱"州"。

②四本误"可"为"所"。

③半、关本误"今"为"昔"，据四、灰、古、今本改。

④半、关本误"至"为"自"，古本误"至"为"止"，据四、灰、今本改。

虽肃之可虑者常在北，北之外皆沙漠①，内地尽潮卤，不能因山边险，堑溪谷以缮治者三之一焉。然肃屯于中，下古②屯于边，金塔屯塞外，万里长城以人为之矣，何言乎独肃为危也？凡河西潮卤之地，每岁孟夏③仲秋，其土潮涨，泥水自地中涌出，当此两月，不惟墙崩，且能陷马。肃之北边，西自嘉峪关起，东至胭脂堡④止，统三百九十里，西自嘉峪关至两山口，东自⑤胭脂而至镇夷，皆有边堵。惟下古城而东，至于深沟堡，统一百六十里，全无长城。虽抽兵筑板，未几⑥即圮。有明，常浚濠数道，然土脉潮涨，则濠亦不免于倾没。肃州城有副戎。下古城在东北四十五里，有守备。金塔寺堡在东北九十里，有游戎。

校勘：

①诸本作"虽肃州之外，地皆沙漠"，今本作"虽肃之可虑者常在北，北之外皆沙漠"，按今本文义较为完整，因据以改之。

②半本误"古"为"右"，据诸本改。

③半、关本误"孟夏"为"孟冬"，据四、灰、古、今本改。

④半、关本误"胭脂堡"为"胭脂关"，据四、灰、古、今本及《肃州北边·胭脂堡》条改。

⑤关、四、古本误"自"为"至"。

⑥四本误"未几"为"乘机"。

且河西之插入夷地，三面受敌者，西宁亦然。西宁如象唇，肃州如象鼻，形势同也。西宁撤四卫，而藩篱单薄，肃州弃三卫，而寇逼门庭，外侮同也。青海、黄河、祁连，紫塞[1]列于左右，萃渊同也，何言乎独肃为危也？西宁四卫，曰罕东、曰曲先、曰安定、曰阿端，皆明初洪武间置于青海上，以处内附之夷，为西宁西面之蔽者也。正德间，亦卜剌窜据青海，而四卫遂废。肃州三卫，曰赤斤蒙古卫、曰罕东左卫、曰哈密卫，皆明永乐间置于古敦煌地，以处内附之夷，通西域之贡道者也。正德间，土鲁番①侵伐哈密而三卫遂②弃。青海、黄河皆近于西宁，祁连山居西宁、肃州之间，紫塞即黑山在北。今西宁之青海[3]为达赖黄台吉住牧，河州、西宁之间，捏工川、莽剌川、滚卜川为达尔加黄台吉住牧，祁连山下之大通河为麦力干黄台吉住牧，此西宁之莘渊薮也。肃南之讨来川为麦尔干喀住牧，红泉为阿尔赖青台吉住牧，肃之西有扇马营，为索囊王建儿台吉及[4]绰力兔合首气台吉住牧，又西有赤金湖为藏劳滚卜及绰尔吉住牧，北之威虏城为额力刻窟隆住牧，又北坤多鲁为汉顿台吉及无素赖尔定合首气住牧。其他[5]远牧之夷尚多(详新城堡中)，此肃之莘渊薮也。

注释：

[1]紫塞：即长城，秦筑长城，土色皆紫，故名。于本书中，又多指黑山，地当今甘肃嘉峪关西北。

校勘：

①古本脱“番”。

②灰本脱“遂”。

③半、关本作“昔西之青海”，四、灰、古、本作“今西之青海”，据今本改为“今西宁之青海”。

④灰本误“及”为“又”。

⑤灰本误“他”为“地”。

曰非然也。西宁与肃已有同而不同者。孤悬独出，西南北皆夷，不若西宁三面可据。河东比[1]壤也，商旅不行，日中开市[2],不如西宁之贸迁辐集也。土碱而瘠,野无余粮,不若西宁之仓箱辇载也。流亡渐多,熟番无几,不若西宁之户口增而土司盛也。北无扼塞,且至二百里,不若西宁住牧之夷,关市久而相安也。如是且不得与西宁絜长短,则何解乎独肃为危也。然则绸缪牖户之计,乌可不早为耶?西宁东通河州,东北通庄浪,西北可至甘州,所谓三面可据也。肃州自贸市布皮[3]而外,无他行旅,止镇夷产稻,他堡虽有杂粮,然皆薄收。汉初,徙民以实酒泉,户口一万八千有奇。明洪武时,户五千八百五十,口一万三千六百。递至嘉靖[4]、万历代有减少,至天启、崇祯,岁有减少。肃之属番,属编户才五百户。其黑番、黄番在各边[5]堡者,则已纳夷添巴,非可得而臣民者矣。肃州一副戎,二游戎,三守备,合[6]兵二千五百员名耳。

校勘:

①半、关、四本作"三面可据",灰、古、今本作"三面可援"。又半、关、灰本误"比"为"北",据四、古、今本改。

②灰、今本误"开"为"闭"。

③半、关本作"贸市布皮",四本作"贸易布皮",灰、古、今本作"贸布市皮"。

④四本误"嘉靖"为"嘉峪"。

⑤半、关本误"边"为"后",又半、关、四本脱"各",据灰、古、今本改补。

⑥四本误"合"为"台",又灰本脱"二千"。

肃州南边：清水堡，在甘州红崖西五十里。金佛寺，清水堡西五十里。永安堡，金佛寺西一十里。红山庄，永安堡西十里。文殊口，红山庄西四十里。卯来泉[1]，文殊口西南七十里。嘉峪关，卯来泉西四十里。

校勘：

①半、关本误“卯来泉”为“仰来泉”，据四、灰、古、今本及《甘肃地图集》改。

肃州北边：嘉峪关，肃州卫西七十里。肃州卫，甘州卫西四百三十里。野麻湾堡，嘉峪关东北五十里。新城堡，野麻湾西十里。两山口，新城堡西三十里。下古城堡，两[1]山口东三十里。金塔寺堡，下古城北五十里。临水堡，金塔寺南六十里。双井堡，临水堡东六十里。盐池驿，双井堡东四十里。深沟堡，盐池驿东四十里。镇夷所，深沟堡[2]北三十里。沙碗堡，镇夷所东二十五里[3]。胭脂堡，沙碗堡[4]东二十五里。

校勘：

①灰本误“两”为“西”。

②灰、古本脱“堡”。

③四、灰、古本脱“所”，又四本作“三十五里”。

④四本脱“堡”。

肃州近疆：石灰关，在肃州之东南，清水堡之东。黄草坝，在清水堡之东，镇夷所之南[①]，甘州之高台西南。讨来川，肃之南，祁连主山之北。速鲁川，肃州之南，草打班之西。卯来泉，在肃州西南。扇马城，在肃[②]州之西，嘉峪关之外。赤斤蒙古卫，肃州[③]之西，玉门旧县之南。玉门县故城，扇马[④]城西，赤斤卫北。晋昌县故城，在赤斤蒙古卫北，玉门旧县之西。广至县故城，在肃州之西南，瓜州之东[⑤]。坤都鲁，在肃州西北，赤斤蒙古之东北。黑山，在肃州之北[⑥]。威鲁城，在肃州东北，金塔寺之北。北大路，在肃州之北[⑦]。威远城，在肃州东北，镇夷所、金塔寺之北。毛目城，在镇夷所之北。平朔城，在镇夷所之北。兀鲁乃湖，在镇夷所北，甘州之西北。遮鲁障，在肃州镇夷之北。

校勘：

①灰本误“南”为“西”。

②灰本误“肃”为“扇”。

③四本误“肃州”为“赤斤”，又半本误“州”为“之”，据关、四、灰、古本改。

④灰本脱“马”。

⑤半、关、四本脱“晋昌县故城”注文，及“广至县故城”，据灰、古本及《肃州近疆》之“晋昌县故城”与“广至县故城”条补。

⑥四、灰本脱“黑山”条。

⑦四本脱“威鲁城”及“北大路”两条。

肃州南边

清水堡，在南山之下，东接红崖，南通山口，皆夷人可以驰逐之途，非若九九[1]山狭隘者比也。堡依山而①地则平，黄草、榆林诸坝②水利虽通，而黑番取之内府，输之外府，不亦异哉。则扼险防奸，兵宜同于明制，守宜严于他堡矣。西五十里至金佛寺。清水堡，甘、肃之接界也。肃南皆山，统谓之南山，山外始为③祁连。红崖属甘州，在东五十里。山口即南山口，在南二十里。九九山在东南三十里，其山口可通西宁，然狭隘难行，多重冈复岭焉。堡地平衍宜稼穑，黄草坝、榆林坝、乾坝皆引水来灌田。三坝皆黑番喃唔儿住牧。其目曰蛇眼宛冲，今其目曰蛇眼宛卜，今纳乌斯藏达赖喇嘛添巴。明制，骑兵二百，步兵一百，番兵五十名④。今堡有守备。北至镇夷一百五十里⑤。

注释：

[1]九九：言多数也。

校勘：

①灰本误“而”为“西”。

②古本作“堡”。

③半、关、四、灰、古本误“外”为“则”，据今本改。又古本误“为”

为“谓”,灰本误“为”为“于”。

④今本误为“十五名”。

⑤半、灰本误“里”为“名”,据四、关、古、今本改。又今本作“一百五十五里”。

金佛寺堡，临山在南，井田在北,清水东达,红水内引[①],亦四达之地也。寺建于明初,堡扩[②]于中叶,土地平衍,水泉可通。而堡之西南若观音山、红山、寒水石山、硫黄山,山外即讨来川也。楚坝桥为往来之豁径,苟断桥而守之,则堡之西南可稍舒焉。西十里至永安堡。临山在南十五里。井田庄在北四十里。红水坝河在西六十里,其河源发南山,夏流冬[③]涸。金佛寺建于天顺间,黄番宗释为建寺,封僧[④]羁縻之而已。嘉靖二十八年,巡抚杨博缮广堡城,增置戍兵。观音山麓在堡西南二十里,其山则与祁连相连,相去甚远,因山有观音寺,故俗即以此呼之。红山在观音山之西,与观音山相连,寒水石山与红山相连,硫黄山与寒水石山相连。讨来川在堡南二百一十里。楚坝桥在观音山口内[⑤],山水漂浮林木,纷纭交积,水从下流,其木日久坚定,渐积如桥,人马行其上。黑番今其目曰官代完卜,纳达赖喇嘛添巴。明制:兵一百四十三名,番兵二十名。今堡有把总。西北至肃州九十里。

校勘:

①半、关、四、灰、古本作“红水内引”,今本作“红水西引”。

②灰本误“扩”为“筑”。

③四本误“冬”为“各”。

④四本于“封”与“僧”之间衍“河源发南山”五字。

⑤半、关本脱“坝”，据四、灰、古、今本补。又灰本脱“内”。

永安堡，在观音山口，丰乐川原从此而发，引渠折派，边堡之灌溉藉焉。肃南以祁连、火山为障，诸隘多险，独观音山口，路阔山宽，故讨来[①]、速鲁二川，以及红泉之路，皆可通焉。夷苟内犯，至此而分，则肃南诸堡，随其所之矣。其口内之天生桥[②]、楚坝桥，但一斩绝，则河水流澌，夷固不能飞渡，渡桥迤而南有重冈硖，凡犯肃南不经此硖，更无他途。但一人守之，万人莫能当者[③]，二桥虽不断焉，可也。堡亦谓之观音山[④]堡，然山在南九十里，但堡在山口耳。祁连山在南一百二十里余，火山亦在其南，与[⑤]祁连相连。讨来[⑥]川、速鲁川今住牧西夷，曰麦尔干喀[⑦]、曰阿尔赖青[⑧]台吉。红泉在西南，今住牧西夷，曰索囊南占。天生桥在南八十里，其地南面重山，而讨来河水从此而至，入地伏流，不数武而出地如桥然，可通人马，如天造焉，故曰天生桥[⑨]也(楚坝详金佛寺中)。明参将焦麟[⑩]曾斩断此桥[⑪]。楚坝今历年久，徒杠[⑫]舆梁又成矣。河水即讨来之水，源出祁连，绕[⑬]肃南而西流者也。重冈硖在堡西南一百九十里，各山之总硖，硖窄[⑭]而陡，马不可骑，必牵之而行，鱼贯以过[⑮]。堡旧[⑯]为黑番小宛卜族住牧，盖番僧长结思冬之后也。堡属于金佛寺，旧无戍兵。西北至肃州八十里。

校勘：

①半、关本脱“来”，据四、灰、古、今本补。

②诸本脱“故讨来、速鲁二川，以及红泉之路，皆可通焉。夷苟内犯，至此而分，则肃南诸堡，随其所之矣。其口内之天生桥”。依灰、今本补。

③半、关、四本作“但一人（四本作‘夫’）守之，万人莫能当者”，灰本作“一夫守之，虽万人莫能当”，古、今本作“但一人守之，虽万人莫能当者”。

④半、关、四本脱“山”，据灰、古、今本补。

⑤灰本脱“与”。

⑥四本脱“来”。

⑦半、关、四本误“喀”为“哈”，据灰、古、今本改。

⑧灰本脱“青”。

⑨半、关、四、古本脱“桥”，据灰、今本补。

⑩半、关、四本作“焦麟”，今、灰、古本作“崔麟”。

⑪灰、古、今本脱“此桥”。

⑫关、半、古本误“杠”为“扛”，据四、灰、今本改。

⑬半、关、四本误“绕”为“逆”，据灰、古、今本改。

⑭半本误“窄”为“榨”，据诸本改。

⑮灰本脱“必”、“而行”、“鱼贯”五字。

⑯半、关、四本误“堡旧”为“旧堡”，据古、今本改。又灰本脱“旧”。

红山庄，因近红山而得名。文殊在左，观音在右，庄居其中，左右可投之地也。其土宽衍，仰儿坝之水，远溉田畴，沃野可耕之地也。番僧悉居于此，广罗族类，为肃之南面外藩焉。今番族外①附，则左右山口尤宜防闲[1]。而卯来、金佛相去甚遥，必宜增屯兵于此，一以为金佛之传钵沙门，一以为观音、文殊之降魔护法也。西四十里则文殊口。山色红，故名红山。文殊口在西四十里，观音口在东十里。仰儿坝即红泉新坝也。明时乌斯藏之番僧曰普尔咱住牧于此，传至结思冬，其徒甚盛，乃分为②大宛卜、小宛卜二支。而黑番贪其货贿、饮食多有种落焉。今黑番属官代宛卜所辖，仍纳达赖喇嘛添巴。卯来泉在西八十里，金佛寺在东二十里，卯来、金佛相去百里许。庄旧无戍兵③。

注释：

[1]防闲：防，堤也；闲，圈栏也，引申为防备和禁阻。

校勘：

①古本误“外”为“内”。

②灰本脱“为”。

③半、关本脱“庄”，又误“戍”为“戎”，据四、灰、古、今本补改。又灰本作“庄原无屯兵”。

文殊山口，凿山为洞，覆瓦①为寺，番僧之所居也。山口两山对峙，水泉中流，南为滥泥山，可通天生桥。文殊无守，则夷由此以前，而塔儿湾、黄草坝等堡先受其荼毒矣。有明之监司,斩断文殊口,筑嘉峪长城,而各堡始安堵焉。然断桥斩土,恃[②]地为险,又不若守小[③]硖,以人踞险,鼠斗穴中,夷之长技无所施也。西南七十里至卯来泉焉。文殊山在南,而山口在寺后。寺甚多,旧云有三百禅室,皆唐初所创[④],俗谓之“小西天”。元太子喃达失有碑记在焉。滥泥山在西南百余里,其山多水泉泥泞,故曰[⑤]滥泥,一作淖泥(天生桥已详永安堡中)。塔儿湾堡东北至肃州三十里,黄草坝堡东北至肃州十五里,清水堡亦有坝,与此名同而实异也。兵备李涵斩断文殊口,绝夷人南入之途也。筑嘉峪关长城绝夷人西来之路也。小硖在文殊口内,其硖峭[⑥]壁窄径,人马难行,文殊口番族所住,旧无防兵,北至肃州三十里。

校勘:

①灰本误“覆”为“发”。

②灰、古本误“恃”为“特”。

③灰本误“小”为“山”。

④灰本误“创”为“制”。

⑤灰本脱“泥泞,故曰”四字。

⑥半本误“峭”为“硝”,据诸本改。又古本误“壁”为“辟”。

卯来泉堡,在山腰。泉流堡右,幽僻荒凉之地,黑番多居之,堡西可达肠子沟,红泉墩[①],长城所自起也。堡前后则牌楼山、松山环峙如城郭。堡西南远而小昆仑,虽无居之者,切近则小雪打坂,其外则速鲁、讨来二川,为夷一大都会也。则淖泥牌楼诸山之后，凡可以渡水者，必谨遏御之。昔人于堡屯兵，不为是也。今夷之在南在北者，有不以此为捷径耶。西北四十里则嘉岭关矣。堡在半山。西南依山阻险，东北直达肃州。堡小地僻，多山无田，黑番白刺宛冲族住牧，今其目曰掌印罗汉，与达赖喇嘛添巴。肠子沟东至肃州一百九十里，红泉墩东北至肃州一百五十里。南山、讨来川及各夷欲入腹里，必从堡南渡河，若扼险峻防，则必从肠子沟至红泉墩，于长城尽处入也。牌楼山距肃州百里，形如牌楼。松山即松打坂[1]，在淖泥山之东北，距肃州百余里。昆仑山在西南一百八十里，小雪打坂即祁连山，祁连至此渐卑，故呼为小雪打坂，即山坡，盖夷语也。讨来川即麦力干喀及阿尔赖青台吉住牧。淖泥山即滥泥山，水即讨来川水，自东而西，绕南山之后，其势甚急，人马不可涉，惟天生、楚坝二桥可渡。水至卯来分流一派入境，谓之卯来泉。泉水东北流向肃州，偃坝灌田，而河水差小，及合清水、红水、白水、沙河，从下古城由边东流，谓之讨来河。至岔口、镇夷界，合张掖河水，谓之天仓河②，东北流向合黎焉③。讨来河与讨来川不同，川在肃南，其分至肃北者谓之河也。有明时兵备王忠显置堡，设兵二百二十名④，番兵五十名。今堡有把总。东北至肃州七十里。

注释：

[1]打坂：又作“达坂”，系蒙语，含义为山口、山岭。

校勘：

①半、关本误“墩”为“沟”，据四、灰、古、今本改。

②灰本脱“谓之讨来河……谓之天仓河”二十一字。

③半、关本误“焉”为“为”，据四、灰、古、今本改。

④半、关、四、古本作“二百二十名”，灰本作“三百二十名”，今本作“一百二十名”。

嘉峪关，即璧玉山，亦谓之玉石山。明收河西地，而以①嘉峪为中外巨防，此河西之极西②，而譬诸吐舌之末也。地无居人，为屯兵焉。四面平川，而关在坡上。初有水而后置关，有关而后建楼，有楼而后筑城，长城筑而后关可守也。嘉峪南连卯来，北接野麻，东达肃州，西出塞外。明以哈密主西域贡，故西域出入咸在嘉峪。及三卫内徙，闭关已久，关之西一民非臣，尺地非土。关外则有大草滩，水足草美，往来番夷所停骖而驻足也。西北有石关儿③，石峡天险，扼塞之区。硖外则扇马营，昔皆屯兵④，今城已为颓墙堕瓦，而降阿⑤饮池于其地者，駷牝三千矣。更西则赤斤蒙古卫[1]，有山有河，有城有堡，今鹊巢不为鸠居也，自此益远。夫夷之在南方者，不过祁连、西海而止，其在西、在北、在西南、在西北者不胜数。三郡梗其中，故四方之往来咸绕⑥于关前。则嘉峪之为重地，岂三郡之一隅一径所可同日而语哉！循墙而北五十里，则为野麻湾矣。嘉峪关在嘉峪山冈上。明洪武间，冯胜取河西，西抵瓜州，而以嘉峪为限。坡下有九眼泉，夏不致竭，冬不致冻。弘⑦治七年闭嘉峪关，绝西域贡献。其后兵备李端建关楼，大学士翟銮[2]阅边筑嘉峪关、长城，使兵备李涵⑧监筑，起于卯来泉之南，以接于野麻湾之东北，板筑甚坚，鉏耰莫入，夷常穴之，必不能穿，其综理之密可知。后之阅边经营之制，殊不睹⑨焉。卯来泉在东南四十里，野麻湾在东北五十里，肃州在东⑩七十里。明初，哈密卫封有忠顺王[3]，主西域各国贡道。三卫者，曰赤斤蒙古，曰罕东左卫，曰哈密是也。嘉峪而西二百四十里为瓜州，即赤斤蒙古卫也。一千六百里⑪为沙州，即罕东左卫也。一千八百四十里为哈密卫。正德间，三卫为土鲁番侵扰，多内徙于甘、肃二州之间，而西域贡道遂绝。大草滩在关外之西二十里，名与甘、凉间之大草滩同。大草滩之南有山，亦名昆仑山，以其似昆仑而名之。石关儿在嘉峪西五十里，扇马营亦在西一百六十里，今扇马营城为索囊王建儿⑫台吉及绰力兔⑬合首气台吉住牧，此二部⑭乃真西夷也，其他⑮沿边者皆北夷，而臣伏于西夷之嘎尔旦焉。赤斤湖今为劳藏滚卜及绰尔吉住牧。三郡者武威、张掖、酒泉也。嘉峪关今有⑯游戎。自关循边墙而东北，至野麻湾五十里。

肃州南⑰边堡，自清水堡而西，至于嘉峪关，凡七所，二百七十里。其卯来泉而东皆山，卯来泉而西则长城也。

注释：

[1]赤斤蒙古卫：又作赤斤卫、赤金卫。永乐二年(1404年)，元故相苦术子塔力尼归附，以其部设赤斤蒙古千户所于赤斤站，八年升为卫，地当今甘肃玉门西北赤金。正德中为吐鲁番所破，部属内迁肃州南山。康熙朝复置，乾隆二十四年(1759年)并入玉门县。

[2]翟銮(1475—1545年)，字仲鸣，山东诸城人，明弘治十八年(1505年)进士。嘉靖十八年(1539年)任兵部尚书兼右都御史，诸边文武将吏咸受节制。且以帑金五十万犒边军，东西往返二万余里。与总督刘天和议拓嘉峪关，使兵备李涵监筑。

[3]忠顺王:即哈密王。元末威武王纳忽里镇之,寻改为肃王。卒,弟安克帖木儿嗣。洪武中,太祖既定畏兀儿地,置安定等卫,渐逼哈密。安克帖木儿惧,将纳款。永乐初,遣使招谕之,安克帖木儿即遣使来朝,贡马百九十匹。永乐二年(1404年)复贡,即封安克帖木儿为忠顺王,赐金印,世袭。成祖以哈密为西域要道,欲其迎护朝使,统领诸番,为西陲屏蔽。两年后,置哈密卫。

校勘:

①灰本脱"以"。

②半、关本脱"西",据四、灰、古、今本改。

③半本误"西"为"石",又误"石"为"吉",据诸本改。

④灰本脱"兵"。

⑤四、今本误"阿"为"河"。

⑥半、关、四、今本作"绕",灰、古本作"统"。

⑦半、关本误"弘"为"宏",据四、灰、古本改。

⑧半、关、四本脱"李涵",据灰、古、今本补。

⑨半、关本误"睹"为"费",据四、古、今本改,又灰本脱"后之阅边经营之制,殊不睹焉"。

⑩半、关本有"东北"之"北",据四、灰、古、今本为衍文。

⑪灰、古本作"一千六十里"。

⑫半本误"儿"为"为",据诸本改。

⑬四本误"兔"为"儿"。

⑭四本误"部"为"郡"。

⑮半、关本误"他"为"地",据四、灰、古、今本改。

⑯四本脱“有”。

⑰灰本脱“南”。

肃州北边

嘉峪关，肃州北边所自起，北接野麻湾者也(嘉峪关已载南边之末，可不复言)。然野麻湾[1]不足以冠北边，若肃州则居中为卫，不可谓之边堡，复载嘉峪关为北边之首。嘉峪关东至肃州七十里，东北至野麻湾五十里。

校勘：

①灰本误“野麻湾”为“野麻关”。

肃州卫，汉始开置酒泉郡，隋始为肃州，至今因之。卫地东依甘州，西极嘉峪，雪山南峙，紫塞北临，三面[1]皆夷，中原版图于斯尽也。卫城面金佛而背新城，左临水而右卯泉，城小而坚，溪环而曲，兵民以饷[2]为命，烽火之达为常，五郡之瘠薄孤危者，岂有过于肃哉！夷之南北往来，戕贼边吏，不严遏绝，不伸挞伐，则长此[3]安穷哉？肃州周为西戎地[4]，秦为月支国，汉元狩二年，霍去病破昆邪，始开置酒泉郡。因城东[5]北一里许有泉，色[6]黄而味如酒，故以名郡。西凉李暠都于此。隋初始置肃州，炀帝废州而属之张掖。唐为肃州，又为酒泉。宋为西[7]夏元昊所据。元为肃州路。有明，洪武二十四年，冯胜逐元守臣哈咎达鲁花乃置卫。自嘉峪关外，皆为羁縻地，于是以肃为华夷界矣。甘州在东四百三十里。嘉[8]峪关在西七十里。雪山在南一百五十里。紫塞即黑山，在北一百八十里。金佛寺在南[9]九十里。新城堡在北三十里。临水堡在东四十里。卯来泉在西南七十里。卫环城皆水，但属小溪，尽红水、丰乐、讨来各水之资灌溉者。哈密卫徙居卫之东关厢者三族：曰[10]畏吾儿族，其人与汉俗[11]微同；曰哈喇灰族，其人与夷俗同；一曰白面[12]回回，则回族也。今皆男女耕织，或为弟子员矣。商贾营伍皆有其人。城有寄住黑番为编户，其目曰永住，部五百余家，不纳夷人添巴，今不列番夷族中。肃州文有监司，武有总戎[13]。西北至野麻湾五十里。

校勘：

①灰本误"三面"为"面三"。

②灰本"饷"作"馕"。

③灰本误"此"为"山"。

④灰本"地"为"也"。

⑤半、关、四、灰、古本脱"东"，据今本补。

⑥四本误"色"为"也"。

⑦灰、今本脱"西"。

⑧半本误"嘉"为"喜"，据诸本改。

⑨四本误"南"为"西"。

⑩灰本误"曰"为"日"。

⑪半、关本误"俗"为"族"，据四、灰、古本改。

⑫灰本脱"白面"，古本脱"面"。

⑬半、关、四本作"总戎",灰、古、今本作"副戎"。

野麻湾堡,嘉峪列于西南,长城列于东北[①]。贞[②]壤平川,荒凉之地也。然长城外卫,则负耒荷戈,聊足自固。惟飞沙附墙,陂为之平,虽挑之障之,防夷逾越,亦目前苟且计耳。北边长城悉多沙患,安得有因地措宜者,以人力而御天风耶。东十里则新城堡焉。堡筑于万历四十四年。西南至嘉峪关五十里,皆沿边墙;东南至肃州五十里,则为内地。堡虽荒凉,实可耕稼,而沙壅墙卑,常如平地。凡北边近山者无沙,平原广漠,风大沙多,沙干如细面,若游尘扬于空中,在在如是,旋挑旋壅,良无益也。惟有因地措宜[③],或筑内边,以为重险;或筑战台,以跨边墙;或植木于外[④],以障风势,在乎经营得人耳。堡有把总。

校勘:

①四、今本误"东北"为"西北"。

②灰本脱"贞"。

③灰本误"宜"为"置"。

④灰本误"外"为"此"。

新城堡,渠水可引,平原可耕,长城可守。然西[①]北边外,皆夷往来之路,恃一墙以隔,而苦于沙淤。从来边堡不在自守于内地,在乎觇外之水头。近有花城儿河[②],为伏奸之所;远有钵和寺为聚众[③]之渊,则覆索侦候所宜密也。东三十里则两山口焉。钵和寺坝，引水灌田，故可耕稼。花城儿河在西三十里，可以牧马。钵和寺有湖，在西一百里，又有小钵和寺，亦在西三十五里。山口有榆林泉④，可以饮牧。钵和西即柏杨林⑤，路极平坦，可以通车，故西夷往来必取道于钵和寺也。今夷之游牧于北⑥边者，不可胜记。其各有分地者，载于分地之堡。其往来西北住歇于新城之水头者，曰把都儿台吉，同⑦此名者有三；又有曰色吝⑧长素、曰占木⑨素台吉、曰桑格思巴台吉⑩，又有曰额力刻绰台吉⑪，同此名曰有二；有曰答力汉绰尔吉、曰倒朗⑫色楞台吉、曰阿要⑬台吉、曰达里吴麻把什⑭、曰挥都鲁台吉、曰满吉太台吉、曰额吝庆台吉、曰胡隆⑮木石台寺、曰拨讨⑯台台、曰额亦得尼合⑰首气台吉，其目之多如是，则部落之众可知矣。堡有把总。南至肃州卫三十里。

校勘：

①半、关本误“西”为“而”，据四、灰、古、今本改。

②半、关、四本作“花城儿河”，灰、古、今本作“花城儿湖”。

③半、关本误“众”为“象”，据四、灰、古、今本改。

④半、关本作“榆林泉”，四、灰、古、今本作“榆树泉”。

⑤灰本作“柏树林”。

⑥半、关本误“北”为“此”，据四、灰、古、今本改。

⑦半本误“同”为“固”，据诸本改。

⑧半、关本误“吝”为“各”，据四、灰、古、今本改。

⑨半、关本误“木”为“本”，据四、灰、古、今本改。

⑩灰、古、今本作“桑喀思巴台言”。

⑪四、灰、古本脱“又”。又关、今、古本作“额力刻绰尔台吉”，半、

四、灰本作“额力刻绰台吉”。

⑫半、关本误“朗”为“把”，据四、灰、古、今本改。

⑬灰本误“要”为“耍”。

⑭半、关、灰、古本作“达里吴麻把什”，今本作“达里麻吴把什”，四本作“答里吴麻尔什”。

⑮灰本误“胡”为“故”，古本误“隆”为“阴”。

⑯今、灰本作“拨什”，古本作“拨计”。

⑰灰本误“合”为“令”。

两山口堡，城小地平，而边垣剥落①，土地皆鹻，无可恃之险，有窥伺之夷。若乾海子、黑山口，虽专有责成，恐大武不设矣。东三十里至下古城。城周一百二十步②，故曰小。地在下湿，土极潮鹻，墙垣自堕，渐次全倾。乾海子在西北一百五十里，夷之住歇水头也，特设此堡③以防之。黑山屹立沙漠中，望之如墨，且黑水经其下，故曰黑山，俗④又谓之紫塞。其山口在西北一百四十里，亦夷饮马休足之地也，堡有把总。南至肃州卫二十五里。

校勘：

①灰本误“剥”为“薄”，又脱“落”字。

②灰、古、今本作“文”。

③半本误“堡”为“土”，据四、灰、古、今本改。又关本作“城”。

④灰、今本脱“俗”。

下古城堡，土脉潮亷，不可以筑边垣；河流不定，不可以设险阻；最为要地，而最阽①于危也。边外大乾粮山，听其出没，昔日劳来安集之开府，搴旗斩将之虎臣，今安得不拊髀思之。下古南连临水，东接双井，虽倾仆②边城，犹近内地。若北出暗门③则鸳鸯池，水浅而草丰，又北则大口子，地阔而山卑，已如西出阳关矣。况又北出如金塔寺④。北出金塔寺五十里。讨来河因众水会入，从堡之左侧北流出边，然其水时消时溢，溢则溃决边墙，消则河皆平地，夷每乘而入犯。考宁夏⑤之横城，当黄河之堰，驱石甃砌，直接河堧，遂无夷患。今肃虽无石，岂无土木乎？是在乎留心边计者耳。癸亥年[1]，夷目摆代拜彦杀官兵，掳财物，皆边备不修之故也。大⑥乾粮山，又名沙山，其侧有小口子，在东北六十里，属堡分管。明巡抚杨博增城堡、招流亡、给牛种⑦，而堡又富庶。参将马恩、指挥周钦⑧大捷于山口，夷不敢犯者十余年。临水堡在南十里，双井堡在东七十里，鸳鸯池⑨在北五里，夷人至秋，每牧于此。大口子在北二十里。堡有守备。西南至肃州四十五里，南至临水堡一十里。

注释：

[1]癸亥年，即康熙二十二年(1683 年)。

校勘：

①半、关本误“阽”为“估”，据四、灰、古、今本改。

②半、关本误“仆”为“僕”，据四、古、今本改。又灰本误“仆”为

"外"。

③半、关本误"北"为"此",据四、灰、古,今本改。又四、今本作"関门"。

④四、灰本误"寺"为"守"。

⑤灰本误"考宁夏"为"老宁官"。

⑥灰本误"大"为"六"。

⑦半、关本作"耕种",据四、灰、古、今本改为"牛种"。

⑧灰、古本作"马思",又误"周钦"为"固钦"。

⑨半、关本脱"池",据四、灰,古、今本补。

金塔寺堡,因有塔而名也。地无居人。悬兵塞外,以望沙漠,无甬道以通内地,可危者一;夷未薄城,沙已先登,可危者二;天仓为夷所必由,鸳鸯为夷[1]所必牧,东南皆梗,可危者三;南而大口子难防,北而红口子难备,可危者四;近而威鲁城之刍牧,远而坤都鲁之探丸,其他狼心、红[2]狐各山,羊头、沙枣诸泉之患,可危者五。昔以金塔安插降夷。豢养西番,庶几以备古城、临水耳。今之悬军于此,一以代天仓夜摸之戍,远候边声;一以塞临水、盐池之冲,出边按伏也。然委孤军于[3]塞外,不如退保于腹中,是在乎[4]因时用变者。南入内地之边堡。六十里至临水堡。寺已久倾,塔今尚存,然颓坏极矣。堡外插棘,架木为卫,而平原旷野,风扬沙石,直泊堡城。天仓河在北三十里,夷之北来者经双树儿渡水,由箍桶湾顺天仓河至堡。鸳鸯池在堡南四十里,大口子在南三十里,红口子在东北六十里,威鲁城在[5]北八十里，原安插瓜州总牙族，今[6]西夷额力刻窟隆住牧。坤都鲁在西北六百里，今西夷罕顿台吉及无素奈尔定合首气台吉[7]住牧。狼心山在东北三百五十里，凡往来哈密北山者，必聚于此。羊头泉在北一百二十里。沙枣泉在北一百七十里。明设堡安插西番曰羔剌族[8]及关西各夷。天仓墩在东北二百六十里，明设[9]墩军，呼天仓墩，名鬼门关。夜摸墩[10]在天仓墩西十里。堡有游戎。东至镇夷境外之箍桶湾五十里，西南至肃州五十里。

校勘：

①灰、古本脱"为夷"。

②半、关、四本误"他"为"地"，据灰、古、今本改。又灰本脱"红"。

③半、关本脱"于"，据四、灰、古、今本补。

④四、古、灰本脱"乎"。

⑤半、关本脱"在"，据四、灰、古、今本补。

⑥半、关本误"今"为"昔"，据四、灰、古、今本改。

⑦灰、古、今本脱"台吉"。

⑧半、关、四本脱"剌族"，据灰、古、今本补。

⑨半、关、灰、古、今本误"设"为"时"，据四本改。

⑩半本误"墩"为"关"，据诸本改。

临水堡，汉之会水城也。北连下古，南接河清[1]，西肃州而东双井，地居适中，为甘、肃孔道。碱地可耕，樵苏可爨，然无睥睨可守，徒恃下古、金塔以为屏翰耳。且合河口、大口子皆其[2]要害，而夷常牧于鸳鸯池，则增防殆不可缓也。东六十里至双井[3]。会水城汉置会水县，以讨来、沙河、清水、红水所会也。城旧有堰水障，今废。下古城在北十里，河清堡在东南七十里，肃州在西四十里，原有边墙。合河口[4]为讨来、红水二河相合，沙滩隙地须防，今边墙多为碱所倾，随在通行，不但防合河口矣。大口子在北三十里，鸳鸯池在北二十里。堡有把总。

校勘：

①半、关、四本误"河清"为"清河"，据今、古、灰本及《甘肃地图集》改。

②四本误"其"为"甚"。

③灰本脱"徒恃下古……东六十里至双井"四十五字。

④半、关本误"口"为"水"，据四、古、今本改。又古本衍"只"字。

双井堡，大道平原，边颓濠壅[1]，交衢行且危疆也。至于照壁、石板为其分地，顾此失彼，安能及之，增防不可已矣。东四十里至盐池。西自[2]临水，东至深沟，皆甘、肃[3]之大道也。旧制边墙[4]且虑其倾，又浚深壕，或一道或二道，今议筑浚者，且绝响矣。照壁山在西三十五里，石板墩在西北三十里。堡有把总。

校勘：

①半、关本误"壅"为"涌"，据四、古、今本改。

②半、关本误"自"为"至"，据四、古、今本改。

③半、关本误"甘、肃"为"肃州"，据四、古、今本改。

④半、关、四本作“边墙”，古、今本作“筑墙”。

盐池驿堡，产盐地也。随取而足，无煎煮之劳，然汗牛所载，不值一铢。堡道[①]如砥，备御全无。东四十里则有深沟焉。堡所产盐，其色甚白，镇夷鸳鸯池所产亦同。甘、肃二州皆取盐于鹾池焉[②]。堡从无边垣，皆浚濠以防其北面耳。堡[③]有把总。

校勘：

①古本误“道”为“通”。

②半、关本误“盐”为“鹾”，据四、灰、古、今本改。又灰本作“三碱池焉”，古、今本作“三鹾地”。

③半本脱“堡”，据诸本补。

深沟堡，平川下地。黑河在北，草沟在南，地[①]卑湿无墙。盖西起下古[②]、临水，东至镇夷之西，无封疆以限华夷。由其地咸碱不可筑浚，万里长城至此独缺，虽曰腹中，何殊边外，惟恃斥堠远置，修[③]堡近防而已。深沟而东，由临河以至黑泉，则甘、肃之孔道。若沿边而北三十里，则至镇夷矣。黑河即甘州之张掖河，流至此，北去而合讨来为天仓河也。草沟井堡在南八十里。明制：下古城兵三百九十名，马二百二十匹。临水堡兵九十二名。双井堡兵二百二十名，马一百四十匹。盐[④]池站兵四十名，马十四匹。深沟堡兵五十名，马十四匹[⑤]。临河堡即花墙儿，在深沟之东三十里。黑泉属甘州，在临河之东二十里。堡有把总。

校勘：

①灰本脱“地”。

②半本误“古”为“右”，据其他诸本改。又灰本脱“盖”。

③四、灰、古、今本误“修”为“收”。

④半、关本误“盐”为“临”，据四、灰、古、今本改。

⑤古本误为“四十四”。

镇夷堡，古沙碛地。明永乐二十九年[1]，马溥始于其地筑哨马营。明年①置镇夷所。其城近河，为黑水之所冲决。天顺间，始改筑今城。黑水之深在西南，边堵之崇起于北②。南眺③深沟，东连沙碗，且有④羌谷之天城，悬桥之地利，金汤之固，富庶之地矣。近有石峡口，神工鬼斧，险绝人区，虽无可虑，若鹅头山则夷所⑤罄控也。分水岭，千人坝夷所褰裳也。黑山、合黎夷之所登以远眺也。威鲁、毛目夷之时所⑥盘踞处也。远有兀⑦鲁乃湖夷所群聚而后散也。亦集、居延夷所饮马而长驱也。故山溪之险不可恃，不但镇夷也。而镇夷但当自保其富庶耳。又东二十里则至沙碗堡焉。黑河在西四里，边墙从黑河墺起，绕城北⑧直接甘州而东，郡名羌谷。天城者，四面山崖耸削⑨，状如城然。黑河经此而入石峡口，北⑩流出塞外。镇夷二门皆有吊桥。河西惟甘州⑪产稻谷，肃州惟镇夷而东产稻谷，由于水足土膏，水足者引黑河以灌溉也。石硖口在北七里，其口如凿，俨然石门⑫，黑水从此出。鹅头山在西北五十里。分水岭乃渠霸之水隘，在西北二十五里。千人坝在东一百四十里。黑山在西北二十里。合黎山在东北三十里，山自此起，环甘州之北，而尽于石峡口堡，威鲁在北二百五十里，今夷人额力窟隆住牧。毛目城在北一百五十里。兀鲁乃湖在北五百里⑬，夷常住牧⑭。亦集乃海亦名居延海，因有居延县也，又谓之宁寇军，在北一千二百里。自兀鲁以至居延，庄、凉、甘、肃彼皆可通，不但镇夷也。镇夷道里可考耳。所有游戎。

注释：

[1]按永乐纪元，下限止于二十二年，不当有廿九年，但诸本皆同，又无他书可稽，今存疑。

校勘：

①半、关本脱“年”，据四、灰、古、今本补。

②半、关本误“北”为“此”，据四、灰、古、今本改。

③灰本误“眺”为“挑”。

④灰本“有仓”之“仓”为衍文。

⑤灰本脱“所”。

⑥四、灰、古、今本脱“时所”。

⑦半、关、四本误“兀”为“厄”，据灰、古、今本改。

⑧半本误“绕”为“统”，关本脱“北”，据四、灰、古、今本改补。

⑨半本误“削”为“制”，据诸本改。

⑩半本误“北”为“此”，据诸本改。

⑪灰、古、今本误“甘州”为“肃州”。

⑫灰本作“其山口如凿成石门”。

⑬半、关本误“五百里”为“五十里”，据四、灰、古、今本改。

⑭半、关、灰、古、今本误“牧”为“此”，据四本改。

沙碗堡，枕边城而面黑河。平原之地，渠水疏通，深耕溉种，岁每有年。若夫外患与镇夷共之。东二十五里至胭脂堡。堡多引黑河之水以溉田，稻麦特多，为肃道之冠，故居人稠密，既庶且富，非酒泉之乐土耶！堡北至边墙一里。旧设有防守官，今裁汰。

胭脂堡，西夏所置胭脂城也。西接沙碗，东界九坝，南邻黑泉[1]，北倚边堵。其地饶平，耕稼仓箱，远资甘、肃，与沙碗、镇夷呼为雄长。然由沙井子、大花山之分地，乃堡无戍兵，距镇夷五十里而遥，一旦有警，夫何及焉。东至九坝二十里，则甘州境矣。黑泉属甘州，在南二十里，故曰邻。边墙在北一里。西宁、庄浪皆至此[2]运米。沙井子在边外八十里，大花山在边外一百二十里，可通兀鲁乃湖及狼心山堡。

校勘：

①半、关、四本误“黑泉”为“黑水”，据灰、古本改。

②灰本脱“此”。

肃州边堡，自野麻湾而东，至于胭脂堡，依长城山濠凡十堡，三百二十里。其嘉峪则见于南，肃州[1]则入于中，金塔则出于外，皆不与焉。

校勘：

①半、关本误“肃州”为“肃中”，据四、灰、古、今本改。

肃州近疆 自肃州东南，接甘州界起，迤而西，折而东，以至于甘州西北界止[1]。

校勘：

①半、关本脱“折而东，以至于甘州西北界止”。据四、灰、古、今本补。

石灰[1]关，在肃州东南，清水堡东。石灰关口之北，为黄番分地，关中则黑番居之。黑番不若黄番之犷者，非居中国为尤久耶[2]！关在清水堡东一百里，甘州红崖堡西北四十里。关本甘之高台地，而载于此者，以其近于清水堡也。今黑番小宛卜族[3]住牧。

校勘：

①四本误“灰”为“炭”。

②灰本脱“非居中国为尤久耶”。

③四本误“小宛卜族”为“小儿卜族”，灰本误为“卜宛卜族”。

黄草坝，在清水堡东，镇夷所南，甘州高台所西南也。坝于榆林、榆林甘志作茹霏非也。乾草，皆畜水以灌田，清水之人咸[1]赖之。昔筑墩以候望。黑番居此，明制藉之为兵，错杂于守望焉。坝在清水堡东三十里，镇夷所南一百五十里。昔为蛇眼宛冲族住牧，今为黑番南唔[2]儿族所住牧。

校勘：

①半、关本误“咸”为“或”，据四、灰、古、今本改。

②古本误“唔”为“语”。

讨来川，在肃之南，祁连[1]主山之北也。祁连支山，从北蔽之，故川水夹两山之间，源发分水岭而西流，经卯来泉[2]分流入中国者，肃谓之讨来河也。川流殆千里，山水皆赴之，山石左右冲决，激而成声，怒浪如奔，人马皆不能涉。川之崖畔，为甘、肃接壤，间多平地，介于红崖、草打坂者，恒有牧羊秣马之夷矣。川水源流千里，夷所住牧也。在红崖堡南一百里许，草打班南三十里，清水堡东南一百六十里，夷阿赖清台吉住牧。

校勘：

①半本误“连”为“南”，据诸本改。

②灰本脱“泉”。

速鲁川，在肃州南、草打班西。祁连支脉不胜数[1]，各[2]山之水汇为二川而西流，在山阴者为讨来，山阳者为速鲁。

速鲁远在徼外，川流逶迤甚远，不可得而稽，相传草打班西夷之马牧焉，而清水有戒心矣。川在肃州南山之南，源流甚远，隔山甚多，计里无可考也。惟与草打班彼此往来，相传夷人在其西一程。今麦力干喀[3]游牧。

校勘：

①关、四、灰、古、今本误“脉”为“派”。灰本又脱“不胜数”。

②灰本误“各”为“及”。

③四、灰、古本作“麦尔干喀”。

卯来泉，在肃之西南腹里，有堡有居民。黑番居堡外，有番僧为之长，自此而西，更无番族矣，盖番皆依于[1]中华。沿山而[2]西则塞外矣。卯来泉在[3]肃州东南七十里，黑番伯剌宛冲族[4]住牧。

校勘：

①灰本脱“于”。

②灰本脱“而”。

③四本误“在”为“则”。

④古本作“卜剌冲族”，盖译音无定字也。

红泉，在卯来泉南，小昆仑山下。小昆仑土赤水浊，其岭有张骏所筑西王母废[1]祠。山南平地，水泉特美，泉以水色得名。其南有墩，中华之所候望也。水西流而北，夹岸皆②夷，去肃之南山远矣。泉在肃之卯来泉南一百二十里。昆仑在西域甘朵思之北，去肃不知其几千百里也。小昆仑在肃西南二百五十里，高出诸山，因以昆仑名之。后凉太守马岌请于张骏立祠祀王母，今有遗址。墩在卯来泉南八十里，旧设墩军，今裁。今索囊南占住牧。

校勘：

①灰本脱“废”。

②半、关、四、灰、今本误“皆”为“坦”，据古本改。

扇马城，在肃州西，嘉峪关外。回回墓在其东，赤金城在其西，固西域之大道，番族所居也。自弃三卫，城遂倾颓，乃筑墩台，嘉峪分兵候望焉，明制也。有二水贯城西流，夷人往来必宿于此。今乌斯藏[1]之爪牙据为营窟矣。扇马城①，俗称扇马营，在肃西二百三十里，嘉峪关西一百六十里。城东四十里有回回三②大冢。赤金卫在西八十里，旧为番族牙兰部所居。自土鲁番乱，牙兰部内附，安插于金塔寺，为筑城置戍，守瞭③于扇马城。今达赖喇嘛部落王建儿、绰力④兔合首气于此住牧焉。

注释：

[1]乌斯藏：又作“乌思藏”，系藏语音译。“乌思”含义是中央，即前藏，“藏”即后藏。在明代，乌斯藏是对今西藏及川西巴塘、理塘的合称。

校勘：

①灰、古本脱“扇马城”。

②半、关本误“三”为“堡”，据四、灰、古、今本改。

③四本误“瞭”为“参”，灰本误为“燎”。

④灰本脱“部落”，四本误“力”为“刀”。

赤金蒙古卫，在肃州之西，玉门旧县之南。春秋九姓之戎居之，汉敦煌郡治置此，唐置瓜州，晋昌地产美瓜故也。东有三棵树，西有苦峪城。卫东有河，水足草丰，元丞相子居之。明初，傅友德兵至其地，其后率众来归，于焉置卫。及土鲁肆虐，遂内徙而域荒。今夷之金戈铁马，雄于塞外矣。卫在肃州西三百一十里，玉门旧县南四十里。自嘉峪而西至哈密，皆汉敦煌郡也，郡治①在赤金城焉。晋、唐为郡为州，则卫从来为重地。三棵树在东五十里，苦峪城②在西一百七十里。城东之河或谓之湖，故俗亦称赤金湖也。洪武五年，傅友德追元岐王[1]至瓜州。元丞相子塔力泥[2]于永乐二年率熟达男妇五百余人来降，乃筑赤金城以居之，以塔力泥为指挥，苦求为都督，传子旦旺失加，贡献不绝。成化二年，土鲁番阿力侵之不已，相率内附，徙入肃之南山，今黑番是也。卫今为西夷劳藏滚卜、绰尔吉二部住牧。

注释：

[1]岐王：即朵儿只班，元末太尉，与甘肃行省右丞朵儿只失结同住西宁。洪武初，朵儿只失结率所部降明，岐王朵儿只班遁河西之

甘州、肃州。洪武五年(1372年),冯胜、傅友德进军河西,师至别笃山,元岐王朵儿只班遁去,追获其平章长加奴等二十七人及马驼牛羊十余万。是年九月,西宁朵儿只失结会河州卫指挥徐景等领兵至西宁卫之息利思沟闪古儿,又攻破岐王朵儿只班营,岐王遁去,获其金印一,司徒银印一及士马而还。

[2]塔力泥:《明实录》卷三十五,永乐二年(1404年)十月"辛未"条云:"故鞑靼丞相若木子塔力泥等率所部男妇五百余人,自哈剌秃之地来归。诏设甘州赤斤蒙古千户所,以塔力泥为千户,赐诰印袭衣彩币。赤斤,甘肃邻境也。"

校勘:

①半、关本脱"郡治",据灰、古、今本补。又四本误"郡治"为"郡地"。

②灰、古、今本误为"苦峪卫"。

玉门县故城,在扇马营西,赤金卫北①。汉县属敦煌。光武闭关却贡,不通西域,迁玉门于此而置县,去玉门关七百里许。今其地鞠为茂草,已不知几千百年矣。夷有游牧其地者,无定部落也。县在扇马城西八十里,赤金卫北四十里。晋高居诲[1]②《使于阗记》云:"肃州渡河百里,出天门关,又西北③百余里,出玉门关。"所谓玉门关者,即此玉门旧县也。此地当称玉门旧县,不当称玉门关,班超所称愿生入者,远出于西数百里,去肃州方千里也。汉武帝通西域,自酒泉列亭障至玉门,光武中兴,西域车师等十八国遣子入侍,请都护至再不已,帝谢绝之,乃移置玉门于此,即今之旧县也。今旧县夷人游牧者部落无定，不但赤金卫夷而已也④。

注释：

[1]高居诲，五代后晋人，天福三年(938年)，石敬瑭遣他作为副使，协同张匡邺出使于阗，撰《于阗记》，又作《使于阗记》，记录这次出使见闻。

校勘：

①半、关、四本误“北”为“地”，据灰、古、今本改。

②灰本误“高居诲”为“高居海”。

③灰、古、今本脱“西北”之“北”。

④灰本脱“不但赤金卫夷而已也”。

晋昌县故城，在赤金蒙古卫北，玉门旧县之西。汉曰冥安①，隋曰常乐，唐则曰晋昌，盖以赤金蒙古为郡，此则为县也。自兹以往无闻焉，弃为要荒久矣。县在赤金蒙古卫北一百三十里，玉门旧县西八十里。唐以赤金蒙古卫为晋昌郡，此则县也。今游牧者②甚多，部落无定。

校勘：

①诸本俱误“冥安”当“宜安”，据《汉书·地理志》改。

②半、关、四、古、今本脱“者”，据灰本补。

广至[1]县故城，在肃州西南，瓜州之东。县置于汉武时，宜禾都尉常居之，历晋、隋、唐[2]不易其名。自宋以往，非中国版图矣。明时番族居之，或曰即柴城儿、卜木儿加内徙，付之大漠[3]也。县汉武初置，在肃之西南。地有昆仑障，在县东南，因小昆仑山而名也。卜木儿加、柴城儿番族之目也。夷人游牧无定。

校勘：

①四本误“至”为“玉”。

②灰本误为“唐、隋、晋”。

③四本误“漠”为“汉”。

坤都鲁，在肃州西北，赤金蒙古卫东北，其地不载于职方。四面环山，从谷口入，有湖水，青停黛蓄[1]，有嘉鱼、有榆杨，大小参差，中有枯朽[2]者，盖数百年物也。四境之外，禽兽繁殖，此天地生成之所，而古今咸无得者。迩来夷人居之矣。坤都鲁，在肃州西北[3]七百余里，赤金蒙古[4]卫东北五百余里，金塔寺西北六百余里。今罕顿无奈素定合首气住牧，摆代拜彦[5]亦依于此。

校勘：

①半、关本误“青”为“清”，又误“蓄”为“畜”，据四、灰、古、今本改。

②灰本脱“朽”。

③半本脱“西北”，据诸本补。又灰本脱“坤都鲁”。

④灰、古本脱“蒙古”。

⑤半、关、四本作“罕顿无奈素定合首气”，灰、古本作“罕顿无素奈尔定合首气”，今本作“罕顿无奈素尔定合首气”，盖译无定字。又四本误“摆代拜彦”为“摆伏拜彦”。

黑山，在肃州北，即紫塞也。山在沙漠，望之黝然，故名。东控镇夷，西俯钵和，酒泉之北屏焉。今夷人逐水草而依山者何多也[①]。山在肃州北[②]一百八十里，起于镇夷所之北二十五里，尽于大钵和寺之东三里。大钵和寺属边外，在[③]嘉峪关外八十里。夷人之游牧无定焉。

校勘：

①灰本脱“今夷人逐水草而依山者何多也”。

②灰本脱“北”。

③半、关、四、灰、古本脱“在”，据今本补。

威鲁城，在肃州[①]东北，金塔寺北。讨来之水，至此为渠，所以灌浸平畴也。明置威鲁卫，肃北之铁障步焉。既而[②]以功获罪，军兵咸叛，非误于刀笔之吏与？招抚定而民内迁，乃徙羌以实之，亡羊补牢，当日筹边[③]之至计矣。威鲁城，在肃州东北二百三十里，金塔寺北八十里，镇夷所西北一百五十里。城有渠曰广禄，明所筑也。讨来河水流其南，自是而东则为天仓河矣。明时夷犯卫地，卫军斩馘夷首，上功请赏，御史赵春以为杀降，当抵死，酷刑讯之，罗织甚多，于是卫之军民皆譟，反戈以叛，单骑抚之乃定④，既而悉迁其民于内地，卫军乃罢归。嘉靖二十七年，重修其城，安插瓜州头目总牙族住牧。城今倾圮。夷人额力刻窟隆住牧于此。

校勘：

①半、关本脱“州”。据四、灰、古、今本补。

②灰本脱“既而”。

③半、关、四本脱“边”。据灰、古、今本补。

④半、关、四、古本作“单骑抚之乃定”，灰本作“抚之乃定”，今本作“有司驰往抚之乃定”。

北大路，在肃州之北，平沙广漠之地。当元时诸夷之赴燕京者，取道于此①，辙迹犹在。路之所向，水草俱足。或谓霍去病出②北地，逾居延，至祁连；李陵从贰师[1]取道转战，皆出于此，然无可考。今夷游牧，交错其间，未可一二数也③。北大路非一定之地，自肃而北，相距可五六百里，有大路迹④。今夷人游牧部落无定。

注释：

[1]贰师：即李广利(？—公元前89年)，中山(今河北定州)人。太初元年(公元前104年)，授贰师将军征大宛(今中亚费尔干纳盆地)。随后，又出征匈奴，屡立功勋。

校勘:

①半、关本误“此”为“地”,据四、灰、古、今本改。

②半本误“出”为“故”,据四、灰、古、今本改。又关本作“攻北地”。

③灰本脱“今夷游牧,交错其间,未可一二数也”。

④灰本脱“有大路迹”。

威远城,在肃州东北,镇夷、金塔之北。城成于唐,卫置于明。当时军民杂处,及其闻风疑畏,远窜鲁迷,抚表犹存,归来乌有也。城在肃州东北三百八十里,镇夷所北二百五十里,今金塔寺北①二百三十五里②。明时威远③失误,秋表④仪部,绳韩、杭⑤二官以法。二官恐,乃流⑥言云,尽逐威远之人,女子入教坊[1],于是军民尽反,逃于西域之鲁迷,衣巾皆背服⑦,以示反⑧明民也。其地硙磨墙基⑨犹存,明所竖招降旗杆⑩犹峙立其三云。城今夷人游牧者,无定部落。

注释:

[1]教坊:唐初置于禁中,教习音乐,属太常寺。所谓“女子入教坊”,实即没为官妓。

校勘:

①半、关本脱“今”和“寺”二字,据四、灰、古、今本补。

②灰、古本作“二百三十里”,今本作“三百二十里”。

③灰本脱“威远”。

④四本误“表”为“长”。

⑤灰本误“杭”为“航”。

⑥灰、今本脱“流”，四本误“流”为“浼”。

⑦半、关本误“服”为“腹”，据四、灰、古、今本改。

⑧半本误“反”为“及”，据诸本改。

⑨灰本脱“墙基”。

⑩半、关、四、古本脱“杆”，据灰、今本补。

毛目城，在镇夷北，威远属地也。城中之人，既窜鲁迷，其地肥美，夷所以争，此有明之所以设城置燧与。城在肃州镇夷北一百五十里，游牧部落无定。

平朔城，在镇夷北，毛目城东北，亦属于威远。相率而逃[1]。城小而坚，郛郭之间，教场最广，居人壤址[2]，隐然存焉。城在镇夷北二百五十里，在毛目城东北九十里。今夷人游牧，部落无定。

校勘：

①“亦属于威远”与“相率而逃”之间，疑有脱文。

②灰本误“址”为“趾”。

兀鲁乃湖，在镇夷北，甘州西北。湖水清浅，夏则涸焉。湖岸周环皆杨木，不千百步[1]则尽黄沙，岂湖水涸而沙扬乎。湖之南岸多短草，夷常聚此，而后分寇诸边焉。湖在镇夷北五里，今夷人游牧，部落无定②。

校勘：

①半、关本误“不千百步”为“不十百里”，据四、古、今本改。

②灰本条脱“皆杨木”至“部落无定”之正、注文。

遮鲁障，在肃州镇夷之北，古长城也。起于居延泽畔，直达哈密北山。或以为筑于汉，或以为筑于元，皆未可知。世传甘、肃凿凶门之要道。障今漂没已多，不尽没者亦有之。遮鲁障曲折逶迤，非一定之城①，在肃州东北可六百里，在镇夷北可四百里。《史记》汉武帝命强弩都御路博德[1]筑遮鲁障于居延泽②上。一云元以居延泽为亦集乃路，当时皆有居民旅肆，往来山丹之路，故筑城以阻绝西夷，防其夺掠云。一说秦始皇所筑，则大谬③。城起居延，经狼心山而西，直至哈密北山止④，且有墩台遗迹俱存。或曰酒泉、张掖出兵西讨，此谓要道云。考汉时四郡，皆从今之塞外而入，及其西讨张掖、酒泉出入之道，每在居延之间，《史记》《汉书》可考也。遮鲁障虽不能确定其筑于何时，要之为出兵之路无疑。今夷游牧，部落无定。⑤

注释：

[1]路博德：西河平州（山西离石）人，汉武帝元狩四年（公元前119年），以右北平太守从骠骑将军霍去病，屡征有功，封邳离侯。武

帝元鼎六年(公元前111年),博德以卫尉为伏波将军,伐破南越。其后,坐法失侯,又以强弩都尉,屯居延,卒于边城。

校勘:

①半、关、四本误"城"为"域",据古、今本改。

②半本误"泽"为"障",据关、四、古、今本改。

③四本误"谬"为"醪"。

④半、关、古、今本脱"止",据四本补。

⑤灰本脱"遮鲁障"条正、注文。

右肃州西、南、北三面边之内外番夷壤地,附肃州诸隘口,合二十有九[1]焉。

九九山口,西北至肃州一百五十里。黄草坝山口,西北至肃州一百七十里。榆林坝山口,西北至肃州一百六十里。乾坝山口,西北至肃州一百一十里。观音山口,西北至肃州七十里。重冈硖,西北至肃州一百八十里[2]。红山口,西北至肃州七百余里[3]。寒水石山口,西北至肃州八十里。硫黄山口,东北至肃州五十里。文殊山口,东北至肃州四十里。黑山口,东南至肃州二百五十里。榆林泉山口,东南至肃州一百里。盐沟口,东南至肃州七十里。临水合河口,南至肃州四十五里。山口子,西南至肃州十七里。大口子,西至肃州六十里。红口子,西南至肃州一百五十里。[4]分水岭口,东南至镇夷二十五里。孙官儿口,南至镇夷三十里。兔儿关,南至镇夷三十里。石圈儿沟,西至镇夷一十里。乾柴沟口,西至镇夷一十里。石坝沟口，西至镇夷一十五里。牛头沟口，西至镇夷一十五里。黑山沟口，西至镇夷一十五里。千人坝，西至镇夷一百四十里。毛目头墩口，西至镇夷一百九十里。

校勘：

①后文所列之隘口，只有二十七处。

②古、今本作“二百八十里”。

③古、今本误为“七十余里”。

④灰本脱“右肃州西南……红口子”

此肃州南北之要塞。南面皆山，最为险峻，良可无虑。西则长城之外，石[1]山天险。惟北面地脉潮碱，既无遮堵，亦无深濠，边堡之外，弥望平川，无山河之阻，何地不可入，岂但区区隘口之足虑哉！且自嘉峪而北，夷之部落尤多，住牧者少，游牧者多。住牧者可以防，游牧者难于御，此肃州之所以可虑也。

校勘：

①半本误“石”为“右”，据诸本改。

苦水驛
沈家臺
鹹水溝
莊浪河口
張家臺
張家河灣
積積灘堡
寇大路
鹹水橋
寇大路
大山墩
胖哥川
西河州界
高山堡
寇大路
河州胖哥川

安定城
烟洞沟
黑石沟
安定城墩
羊头崖墩
深沟儿墩
黑石头沟
红道
小路
水
十里店
深沟儿墩
黑石头墩
镇宁墩
沙冈墩
安宁堡
庄浪卫界
沙井驿
虎头崖
新东西墩
礼拜寺
水磨沟
黄峪沟
深沟儿
回回湾
西古城
白谷堆
柳沟口
碱水沟
水磨沟堡
黄峪堡
天柳树营
崔家崖墩
崔家营
崔家堡
柳家营
回回堡
水泉儿墩
冰凌沟
红土坡
石门儿
石硖山
箭山
马山儿
范家坪
红山岭儿
双营儿
沙泥驿
临洮府

蘭州衛
什字川堡
盐場堡
金城關
買子堡
東岡城
三十里店
五泉寺
柳溝堡
定遠驛
清水驛
阿干鋪
中鋪
天城堡
駱駝巷
金縣
黃石坪
九州臺
紅柳灘
什字川墩
凝牛溝

苦水溝
茶坪
井溝
青崖溝
神樹溝
水磨溝
榆木岔
水泉河口
一條城堡
東古城
甘草店
三角城
双店兒
白虎山墩
天城堡
安定界

大沙河溝
平灘堡
平灘墩
魏家臺
大浪口墩
中原堡
羊營
郭城驛
紅崖堡
白馬廟
黑城子
韓家山
會寧縣
西鞏驛
安定縣
通安驛

小松山
燕窩子
土寺兒
古墩兒
黄水河口
靖虜衛
紅柳泉墩
月河墩
城南溝
城南墩
青家驛
會寧縣界
高家堡
通渭縣

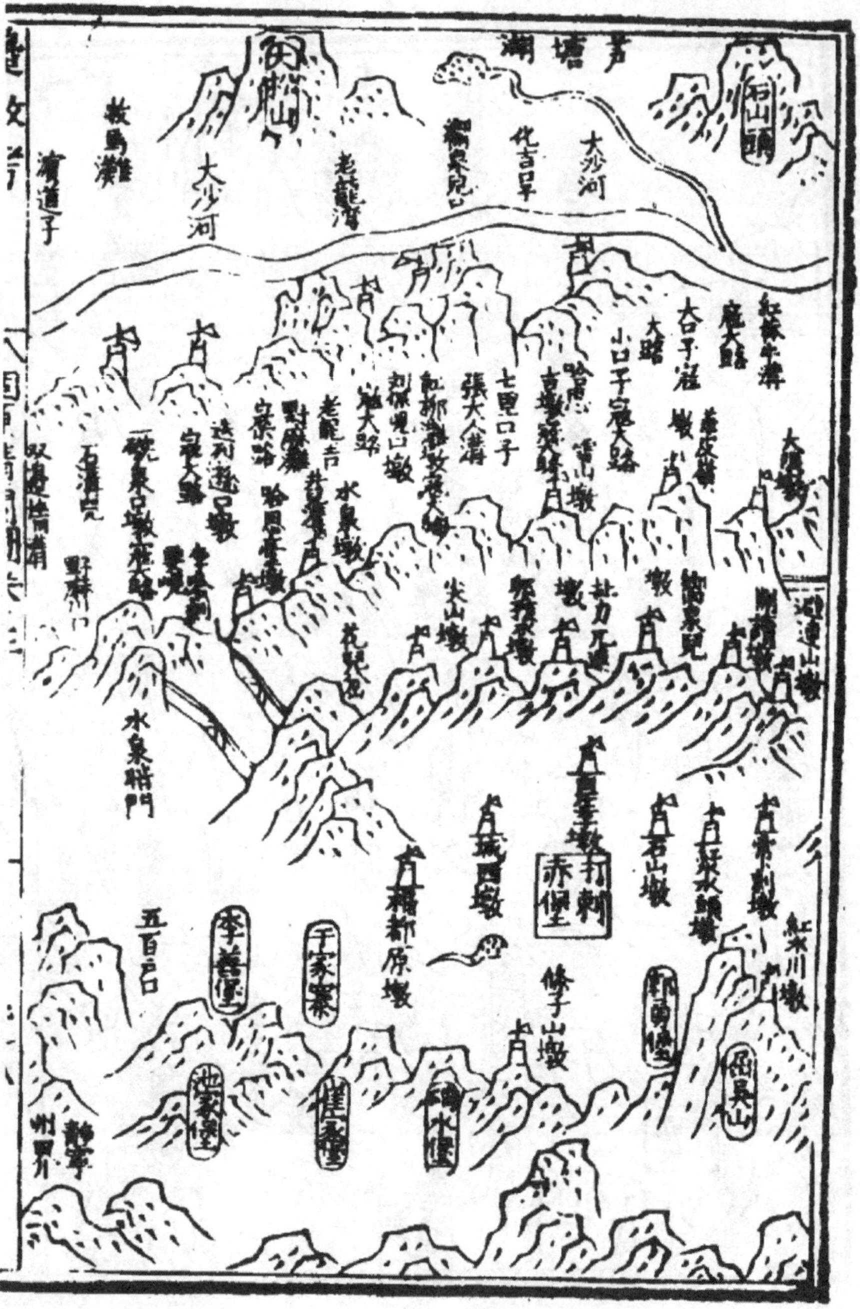

青塘湖
大沙河
大沙河
化吉口子
老龍灣
牧馬灘
石山頭
水泉墩
尖山墩
七里口子
張大溝
打剌
赤堡
城西墩
若山墩
五百戶口
李善堡
于家寨
水泉柵門

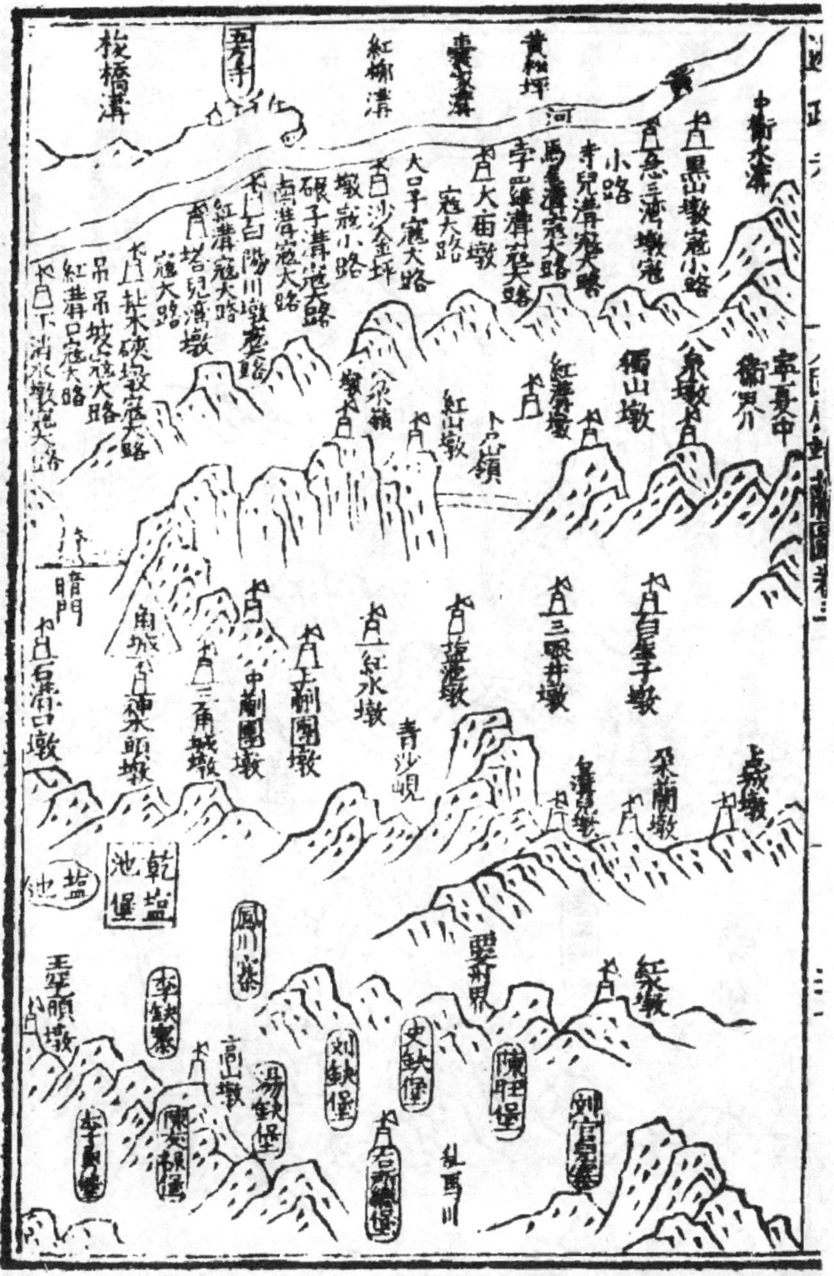
河
小路
大廟墩
沙金坪
紅山墩
獨山墩
三眼井墩
紅水墩
青沙峴
石溝口墩
乾鹽池堡
鹽池
高山墩

長流水
西安州
海剌都營
喬山
麻張堡
廟山堡
李俊堡
揚名堡
石城兒

韓家水
寬台井
沙葱兒水
山神廟墩
羊房堡
寇小路
黃羊坪
寇小路
寇大路
皮房墩
排樓山墩
黃羊坪墩
錦雞兒墩
羊房墩
米山墩
黑水苑
羊房堡
沐家堡
紅崖堡
群牧所
田關堡
張易堡

沙家井
姚家井
青土嶺墩
徐家水墩
梁家泉
沙鹿兒墩
平虜所
界牌墩
紅古城
鎮戎所
五營
四營
三營
孔骨都堡
三營墩
二營
扯木硤墩
黑馬圈墩
頭營
城兒山墩
張洪堡
黃茶墩
腰峴墩
東山墩
東山城
固原鎮城
開城
牛營
平涼界

固原靖蘭圖

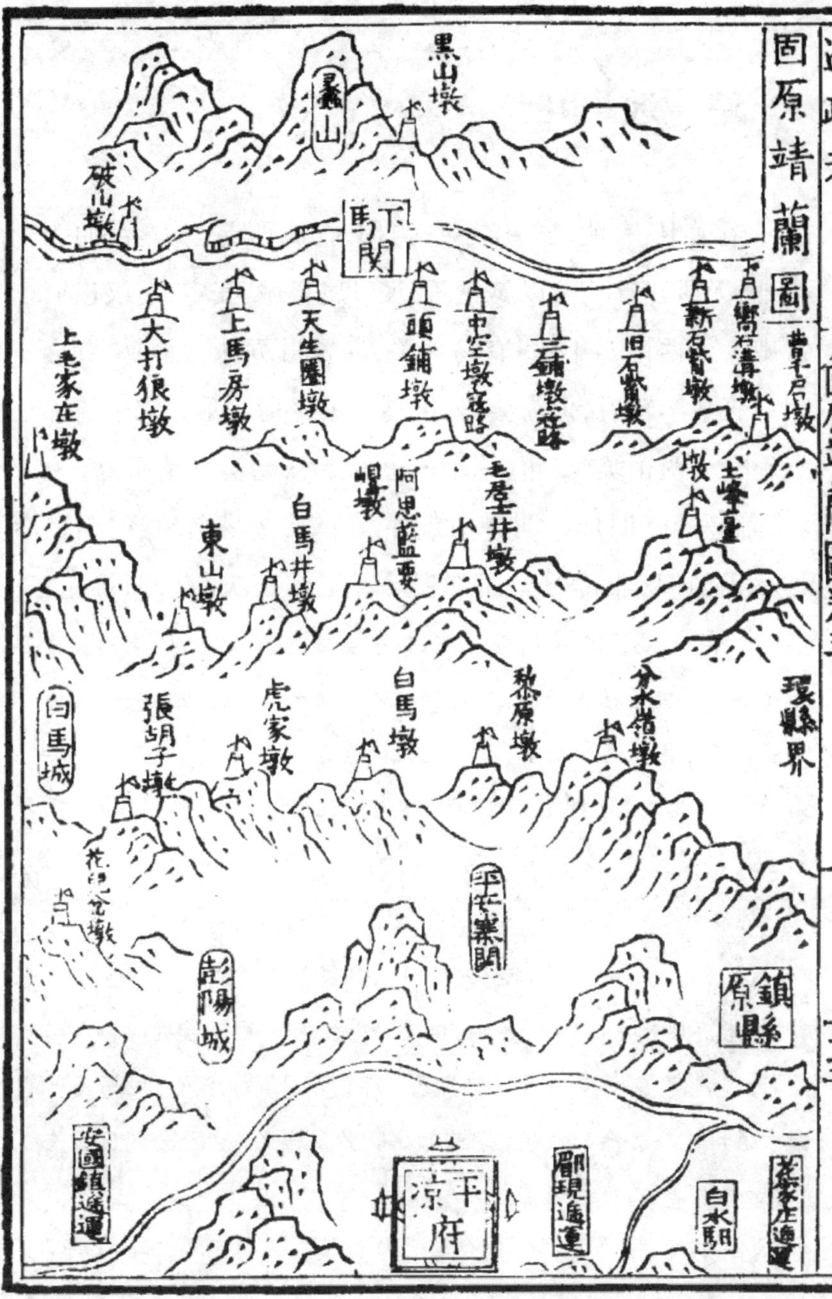
黑山墩
破山墩
下馬關
上毛家在墩
大打狼墩
上馬房墩
天生圈墩
頭鋪墩
中空墩
三鋪墩
旧石嘴墩
新石嘴墩
響石溝墩
東山墩
白馬井墩
白馬城
張胡子墩
虎家墩
白馬墩
分水嶺墩
環縣界
鎮原縣
彭陽城
平涼府
白水驛

靖 远 卫

靖远卫,有明之靖虏也。当周时,属西羌,及秦汉始为内地,无所建置。秦以属陇西,汉以属金城、安定,后汉以属武威。卫西南二十里①有乌兰关,汉置祖厉县,西魏始置会州。唐平李轨后,仍为会州,于乌兰关置乌兰县。宋于倚郭置施县②,明正统③二年,总制三边陈谥[1],始奏置靖虏卫。卫城即唐④会州旧址⑤,明方伯戴弁[2]所筑,今易名靖远,而民称率仍明旧,非传习久而难变乎。卫东极庆、夏,西接庄、兰,甫界平、巩,北尽龙荒。庆阳、宁夏接壤于东,庄浪、兰州接壤于西,平凉、巩昌接壤于南,卫之北鄙皆沙漠之地,夷人所游牧,故曰龙荒。卫为固原西协所驻,故所隶在内地者曰:平凉营、下马关⑥、关山营、西安州四处。其他防⑦汛[3]地不可胜记。

注释:

[1]陈谥(?—1453年),《明史》作“镒”,字有戒,吴县(今江苏苏州)人。永乐十年(1412年)进士,初授御史,明正统九年(1444年)进右督御史,镇守陕西。明景泰二年(1451年),陕西饥,军民万余人请曰:“愿得陈公活我。”监司以闻,帝复命之。谥至是凡三镇陕西,先后十余年,陕人戴之若父母。

[2]戴弁,字士章,浮梁(今江西景德镇)人,明正统二年(1437

年），为陕西布政参司，受命督粮，与户部主事苏震相地筑会州城池，置靖远卫。

[3]防汛：明清驻防于地方上的军队，谓之“防汛兵”。清制：千总、把总、外委所属的绿营兵称“汛”，分防地称“汛地”。

校勘：

①今本作“一百二十里”。

②半、关本误“倚”为“荷”，据四、灰、古、今本改。又半、关、四本作“施县”，灰本作“虏施县”，今本作“敷施县”，古本作“膚施县”。按《宋史·地理志》：“崇宁三年置倚郭县曰敷文。”《元史·地理志》：“会州，唐初改西会州，又为粟州，又为会宁郡，又为会州，宋置敷川县。”于《中国历史地图集》（六）中，北宋“秦凤路”图为“敷川”。

③半、关本误“正统”为“正德”，据四、灰、古、今本改。

④半、关、四本脱“唐”，据灰、古、今本补。

⑤灰本误“址”为“趾”。

⑥灰本误“下马关”为“下马营”。

⑦半、关本脱“防”，据四、灰、古、今本补。

所隶虽多，而守黄河之塞，当极北之边，可按籍而稽焉。芦塘在河西，接庄浪之长城；永安、芦沟在河东，距宁夏之边堵、卫之重地，不在斯乎？芦塘营①，在卫西北二百二十里，在黄河之西，与庄浪之三眼井②堡相接。永安堡在卫北一百七十里，在黄河之东。芦沟城在卫东北二百六十里，亦在黄河之东，与宁夏之中卫境地相接。永安不与中卫接壤，因皆属边地，故并及之耳。

校勘:

①古本误为“芦沟营”。

②古本脱“井”。

就卫城言,其地平衍,四境环山,文武官司咸居于此。城小而坚,产菽麦,仅足于食。俗勇悍善战。水泉在其东,黄河流其北,虎豹扼于西,打剌赤卫其南。卫城盖近塞之腹里,以应援卫之北鄙者也。卫土城周六里,城外平衍。文有经历,武有卫守备,又有西协副戎在焉。水泉堡在东九十里,自卫至芦塘、芦沟必由之地也。黄河在北二里,分流之一派也。虎豹口在西[①]四十里。打剌赤,堡名,在南七十里,卫往平凉,必由打剌赤,趋红井子、南川堡、小河城[②]、观音店、瓦亭驿,此南面[③]之通衢,而商贾由平凉趋新边[④],乃[⑤]甘、凉之捷径也。芦沟城、永安、哈思吉、芦塘在卫之东北、西北,故统曰北鄙。

校勘:

①古本脱“西”。

②古本脱“小河城”。

③半、关、四本作“南面”,灰、古、今本作“南向”。

④半、关本误“新边”为“新城”,据四、灰、古、今本改。

⑤半、关本作“乃”,四、灰、古、今本作“向”。

卫为近塞之腹里,何以近黄河?盖黄河至卫之西,分

六、七派，逾卫折而西北乃合为一。其近于卫城者，分流之支派耳。故卫北不尽于黄河也，谓之腹里非与？卫之北有永安，有哈思吉，有裴家营。卫之东北有芦沟，有大涝坝，皆不渡黄河而至，盖河曲折故也。独芦塘则往来必渡，黄河在卫之西北故也。循河有堰，唐刺史安敬忠[1]①所筑，以捍河流。水向西北，卫始无淹没之患。循河而西，至什字川则兰州、金县[2]界矣。

注释：

[1]安敬忠，开元七年(719年)，为会州刺史，筑会州(今靖远)城北之黄河堰，以防河水泛滥。

[2]金县：汉为榆中县，隋为金城县，明清改金县，即今甘肃榆中县。

校勘：

①半本脱"刺史"之"史"，据诸本补。又灰本误为"刺史"，古本误"安敬忠"为"安敬仲"。

卫为①近塞之腹里，何以建置卫，而且为固原西协之所驻呼？盖卫之重地莫过于北鄙，北鄙之河西有边堵，故夷患常有②。北鄙之河东止恃河，故侵凌莫测。苟非卫居中统驭③，左右支持，则门户危而求堂奥安，不可得矣。卫非绝塞之重捍，北鄙之中坚乎！北鄙之河西，即芦塘也。其长城东起索桥，西接三眼井，非无夷患，但有常耳。北鄙之河东即哈思吉、永安、芦塘④、烟墩沟、大涝⑤坝也，旧无边堵，距河为界。黄河之北，往来牧猎者无一定之夷，无一定之地⑥，或践水而过，无远无近，靡不受其荼毒。甲寅年[1]，直犯卫城，一日夜乃去，卫兵闭城以守而已。

注释：

[1]甲寅年，即康熙十三年(1674 年)。

校勘：

①半、关本误“为”为“在”，据四、灰、古、今本改。

②半、关、灰、古、今本误“常有”为“有常”，据四本改。

③古本误“统驭”为“统持”。

④半、关本作“芦塘”，四、灰、古、今本作“芦沟”。

⑤半、关本误“涝”为“湾”，据四、灰、古、今本改。

⑥半、关、四本脱“无一定之地”，据灰、古、今本补。

当有明之时，患在河套，故花马池之烽燧传，而后卫之戒严急。今河套暂且息肩[1]，所忧者乃在卫之北鄙，而北鄙莫甚于河东。河东旷远空虚，无可恃之险。卫之兵守不可以分，援不可以及。向有议于黄河之北筑长城，东接中卫，西接芦塘，即以为荒远而难守矣，则黄河以南创制以守何容已耶？有明中晚，总制驻①宁夏之花马池，防河套之夷也。故民②人策固远、靖虏者，皆以花马池为重地。今河套之夷③山旦王、古禄王皆内附食禄，故曰息肩也。河东即哈思吉、大涝坝是也。

注释:

[1]息肩:让肩头休息,比喻卸除责任、免除赋役之类,语出《左传·襄公二年》:“子驷请息肩于晋。”

校勘:

①半、关本误“驻”为“置”,据四、灰、古、今本改。

②诸本俱作“民”疑为“明”之讹。

③灰本脱“今河套之夷”。

所谓创置①者,东起中卫之镇关墩,西抵卫之哈思吉,二三十里②为一营寨,榆林、宁夏之兵制可倣也。因河委③折,六七营寨而已足矣;倚河为湟④,垒土为城,二百余里,而已足矣;且兰州之麦可以顺流,中卫之稻,可以逆挽;又可募失业之民,顺土地之宜,播菽麦之种,则食可足矣,此万世之利也。榆林、宁夏凡三四十里有堡寨,有墩台⑤,有官兵。而卫北自明至今独无者,以旧有边城起于徐斌水,至于黄甫川也。不知此边久已淹没,且在黄河之南数百里,虽有,不能关隔,而况于无乎?卫之河东,自大涝坝以至哈思吉,才⑥二百四十里,则循墙⑦曲折当不满三百里,故曰六、七营寨⑧而已足也。兰州⑨、河州皆在黄河上流,中卫在黄河下流⑩,其地产米。

校勘:

①半、关、四本作“制”,灰、古、今本作“置”。

②半、关本作“二三十里”，四、灰、古本作“三十里”，今本作“三四十里”。

③半、关本误“委”为“为”，据四、灰、古、今本改。

④半、关、灰本作“湟”，四、古、今本作“隍”，湟、隍俱可作城池解释。

⑤灰本脱“有墩台”。

⑥今本误“才”为“统”，灰本脱“才”。

⑦半、关本脱“当”，据四、灰、古、今本补。又今本误“循墙”为“循河”。

⑧四、灰、古本脱“寨”。

⑨四本脱“兰州”之“州”

⑩半、关、四本脱“中卫在黄河下流”，据灰、古、今本补。

且他郡边外，有一定之夷，一定之地，独卫北夷游牧无常。其来其去，率然忽然，非无所关隔之故与。卫北之夷，自祝囊[①]台吉、劳藏台吉、克气台吉外，有曰厄而得呢合首气台吉，有曰拔计台吉，有曰胡隆木石台吉，额吝庆台吉，有曰满吉太台吉，有曰浑笃鲁台吉，有曰达里麻吴把什，有曰倒郎色楞台吉，有曰阿要[②]台吉，又有曰额力刻绰尔台[③]吉，有曰答力汉绰台[④]吉，有曰桑嘎思把台吉，有曰点木素台吉，有曰把都儿台吉，共部落不胜计而游牧无定处。

校勘：

①半、关本误“祝囊”为“朱囊”，据四、灰、古、今本改。

②半、关、四本误“阿要”为“防要”，据灰、古、今本改。

③半、关、四本脱“台”，据灰、今本补。又古本脱“绰尔”。

④古本误“台”为“尔”。

或曰固原之镇筑[①]于平凉，卫苟有警，可以相援[②]，何北鄙之足患耶？曰夷骑之来，在于呼吸[③]，夫平凉距卫且六百里，距北鄙且千里而遥也，鞭策虽长能及马腹哉！则所谓创制者何容已耶。

校勘：

①古本误“筑”为“萃”。

②灰本误“援”为“接”。

③古本脱“卫苟有警……在于呼吸”共二十四字。

靖虏边堡：芦塘营，庄浪三眼井东七十里。索桥，芦塘营东三十里。哈思吉，索桥东三十里。裴家营，哈思吉东三十里[①]。永安堡，裴家营东二十里。芦沟城，永安堡东南七十里[②]。大涝坝，芦沟城东南[③]七十里。

校勘：

①灰本作“二十里”。

②古、灰、四本作“九十里”。

③半、关本误“东”为“南”，据四、古本改。又灰本误为“东西”。

靖虏近①疆：银盘水，本卫北，宁夏西南。长流水，在宁夏西南中卫之西。贺兰山后，在宁夏城西六十里。

校勘：

①半、关本误“近”为“边”，据四、灰、古本改。

靖虏边堡

芦塘营，外环山而内平地。北绕新边，而边尽①于河堧[1]；东限黄河，而地尽于河西；西接三眼井，为庄、固之交；东达哈思吉，即河东之地。边外之银盘水、长流水毡帐特多。南则大松山，即为内地，故沙井、双井②路皆相通，则南向防寇，北向防边③，于是乎在矣④。东逾山坂⑤三十里，则至于索桥。芦塘辖于靖虏卫，而靖虏又辖于固原，故因称之。新边起于凉之泗水堡，止于索桥之黄河堧。黄河在东南三十里，渡河而东，则非复河西地⑥矣。三眼井属庄浪，在西四十里，银盘水、杓儿坝水皆在北。哈思吉在东南五十里。大松山在南，山口有堡，曰永泰，相距八十里。沙井在东南三百余里，双井在西南一百二十里。大松山、永泰、沙井、双井皆在庄浪属堡也。堡有游戎。

注释：

[1]河堧：河边空地，语出《史记·河渠书》：“故尽河堧弃地，民

茭牧其中耳。”

校勘：

①半、关本误“尽”为“近”，据四、灰、古、今本改。

②灰本误“双井”为“双泉”。

③灰本脱“南向”、“北向”之“向”。

④灰本作“不可已矣”。

⑤半、关本误“东逾山坂”为“东榆林坡”，据四、灰、古、今本改。

⑥半、关本脱“地”，据四、灰、古、今本补。

索桥，黄河之津处也，名桥而实无之。索桥夹岸杳无居人。新边所筑，及[1]河而止。寒冬河冻，夷沿河登岸，如履平地，且下流硖口，河狭山高，上下之冰解，而硖口犹坚，河东可虑，常在于兹矣。东二十里至哈思吉。黄河独兰州有镇远桥，连船施板，车马可通，为河东西之大道。索桥不过鼓棹浮舟，往来津渡而已。庄、凉[2]、甘、肃而往河东，自镇远、索桥外更无他途也。桥非大道，盖宁夏、固原往河西之捷径耳。然西安商旅亦有不由兰州往河西，而取道靖虏以渡索桥者，路捷三日也。硖口在津处下流五里，河东即东岸哈思吉一带，暗门在河堧数步。舟子日纳[3]渡赀一金于官，其利可知。渡河而东至哈思吉。

校勘：

①古本误“及”为“度”。

②半、关本误“凉”为“浪”，据四、灰、古、今本改。

③四本脱“纳”。

哈思吉，西北环山，南通靖虏，低城小堡，有民无兵。数里之外即河，一水之隔即夷，乃上流自[1]索桥东南至芦沟，以河隔阂[2]，不筑边墙，三冬冰合，沿河诸地，何以防焉！东二十里至裴家营。靖虏卫在东南一百七十里，城堡居民，寥寥数家，有防守兵而无戍兵。黄河在堡北五里，筑墙为边[3]，直接庄、凉、甘、肃，所谓新边也。索桥南岸皆有河无边，直抵于芦沟城焉。

校勘：

①灰本误“自”为“至”。

②四本误“阂”为“关”。

③古本衍“所谓”二字。

裴家营，民堡也。城才数尺，土屋数间。东枕雪山，巉岩壁立，而山后即为永安。南抵水泉，山谷崎岖，而道路直通靖虏，则堡亦喉吭之地也。南则靖虏，东循河堧二十里至永安堡。堡屋卑栖，寥寥数灶，隙地遂多，同于堡外焉。其四面皆山，无地可耕，居人伐木运木[1]以取值，日不再食。雪山者冬常积雪，故名雪山。其山东面特多松木，在堡东[2]一里。水泉堡在[3]南六十里，靖虏卫在南一百五十里。西起芦塘，东至芦沟，往来靖虏卫，必经此堡。黄河在堡北一十里，河外即夷。堡无边墙，故为冲要。

校勘：

①半本误"木"为"水"，据诸本改，又灰本脱"运木"之"木"字。

②半、关、灰本脱"东"，据四、古、今本补。

③灰本脱"在"。

永安堡，背山面河，土寒地隘①，居人苦之，米粟全无，故按籍之兵常少，至于冰合，防夷较之他堡尤甚。山有乔松，可以设疑兵，阻驰突，樵采宜为厉禁。自堡而东南，则乱骨堆②荒山满目，鸡犬无闻。由此而东南九十里至芦沟城。雪山在堡西，故曰背山。黄河在堡北，故曰面河。华夷之界，特恃一河隔之。夷不止祝囊台吉、劳藏克气之部落已耳。夷凡牧于河西者，与堡呼应相通，毛发可见，至于冰结则又甚焉。乔松即雪山所产，凡靖属需木，皆取诸此。乱骨堆荒凉之地，而永安、芦沟之通衢也，在东南五十里。堡有守备。

校勘：

①半、关本误"隘"为"湿"，据四、灰、古、今本改。

②灰、今本衍"积"。

芦沟城，在荒坡之间，土屋土城，兵民无几，盖靖虏中卫相往来止宿之邮亭[1]耳。城之置古无可考。黄河在北，既无高崖深谷，且无高城深堑。今①河北之夷，与昔迥异，张解设难，但计所费，不图其安，营平[2]之所扼腕焉。东南七十里，由烟墩沟而至大涝坝矣。靖虏、中卫之往来，必止宿于此者，东西四十里[2]皆无居民也。有明夷患咸在中卫、宁夏之西东，盖宁夏之东为河套，中卫之北为贺兰，夷皆不取道芦沟，以为无用，不屑侵也。今河套久已臣服，贺兰山后之祝囊等亦不轻举，宁夏中卫之守，较之靖虏堡为彼善于此，故芦沟而西一带，夷目特多，游牧无定。且河堧无边，出没甚便，芦沟向为空虚散地，今则可虞，时移而势[3]变也。黄河在北[4]，计[5]里无可考。中卫边墙直抵芦沟界。而芦沟界以西直至哈思吉，则绝无边墙矣。烟墩沟在东南四十里，其地有居人约数十家[6]，夹沟而居，土室卑栖，荒凉之甚。芦沟、中卫往来所必由之地。城有守备。

注释：

[1]邮亭：供传递文书者沿途休息的简易处所，因形制似亭而得名。

[2]营平，即西汉赵充国，封营平侯。

校勘：

①半、关本误“今”为“故”，据四、灰、古、今本改。

②半、关、四本作“东西四十里”，灰、古、今本作“东西数十里”。

③半、关、四本误“势”为“世”，据灰、古、今本改。

④半、关本误“北”为“此”，据四、灰、古、今本改。

⑤灰本脱“计”。

⑥半、关、四本作“数十家”，灰、今、古本作“十数家”。

大涝坝，宁、靖之交也。居民仅三五家，无城堡，故地志皆不载。陶穴[1]萧条，与烟墩无大异。四境冈陵，北抵黄河，东环边堵，则设防筑堡①，以通宁、靖之呼吸，势所不容已者。况乎河②北山后之夷，安知窃发之不由此耶。东南由③老虎沟五十里，至中卫之常家寨。大涝坝从无城堡。东至宁夏之中卫一百二十里④，西至靖虏卫三百四十里。边堵即中卫之长城也。河北之夷，其目甚多(详靖虏卫中)。山后即贺兰山之后也，今祝囊等住牧于此⑤。老虎沟在东南三十里焉。

注释：

[1]陶穴：凿地而成之土室，语出《诗·大雅·绵》："古公亶父，陶复陶穴，未有家室。"

校勘：

①半、关本脱"堡"，据四、灰、古、今本补。

②半、关、四本脱"河"，据灰、古、今本补。

③半、关本误"由"为"有"，据四、灰、古、今本改。

④灰、古、今本作"一百一十里"。

⑤半、关本误"今"为"昔"，据四、灰、古、今本改。又四本脱"此"，灰、古、今本脱"于此"。

靖虏卫边堡，自芦塘而东至于大涝坝，或城或河，以为疆界，凡七所，三百里。

秦边纪略

下册

青海地方史志文献丛书

[清]梁份 著

赵盛世 王子贞
陈希夷 姚继荣 校注

青海人民出版社

秦边纪略·卷五

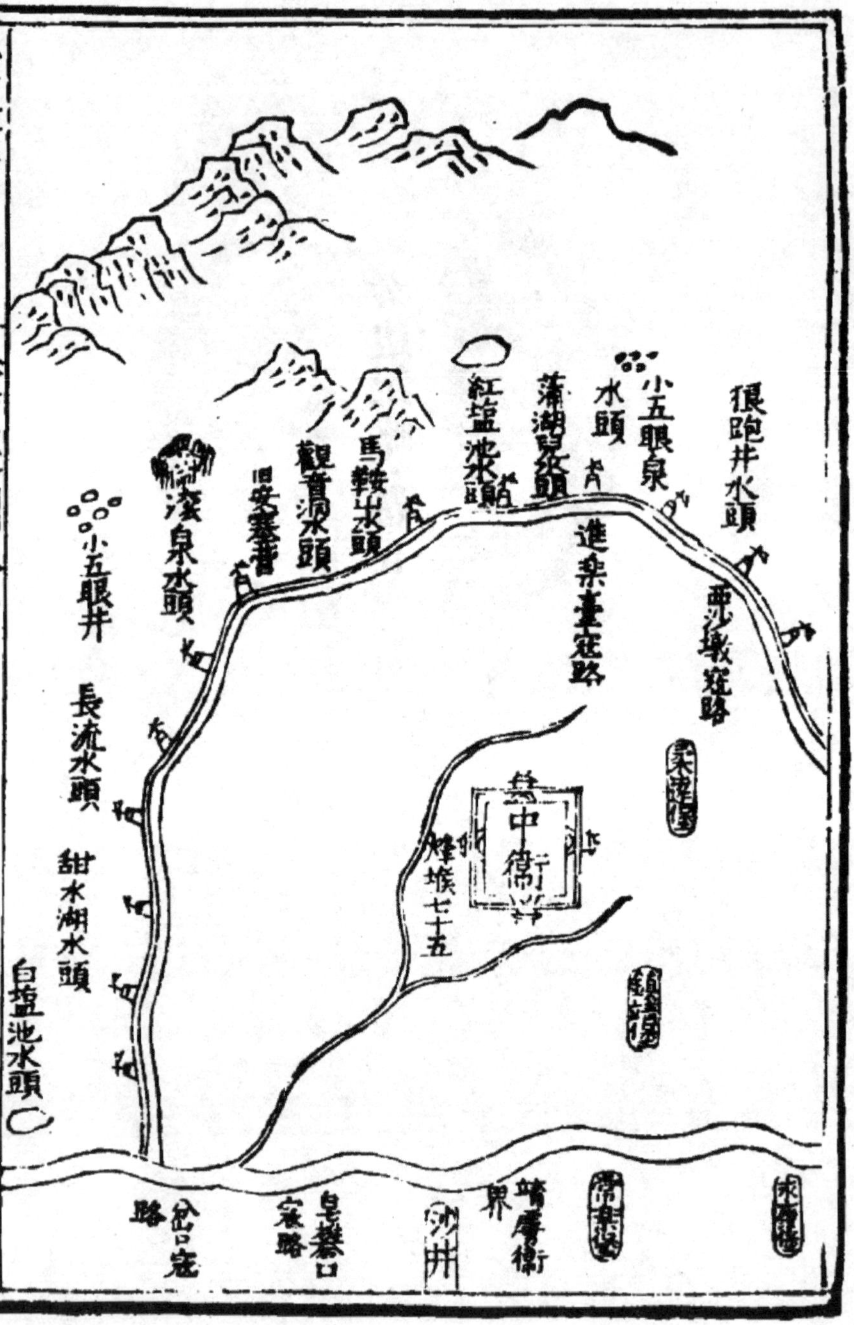
狼跑井水頭
小五眼泉
水頭
蒲湖兒水頭
紅鹽池水頭
馬鞍山水頭
觀音洞水頭
滚泉水頭
小五眼井
長流水頭
甜水湖水頭
白鹽池水頭
西沙墩寇路
柔遠堡
中衛
烽堠七十五
常樂堡
永康堡
靖虜衛
界
沙井

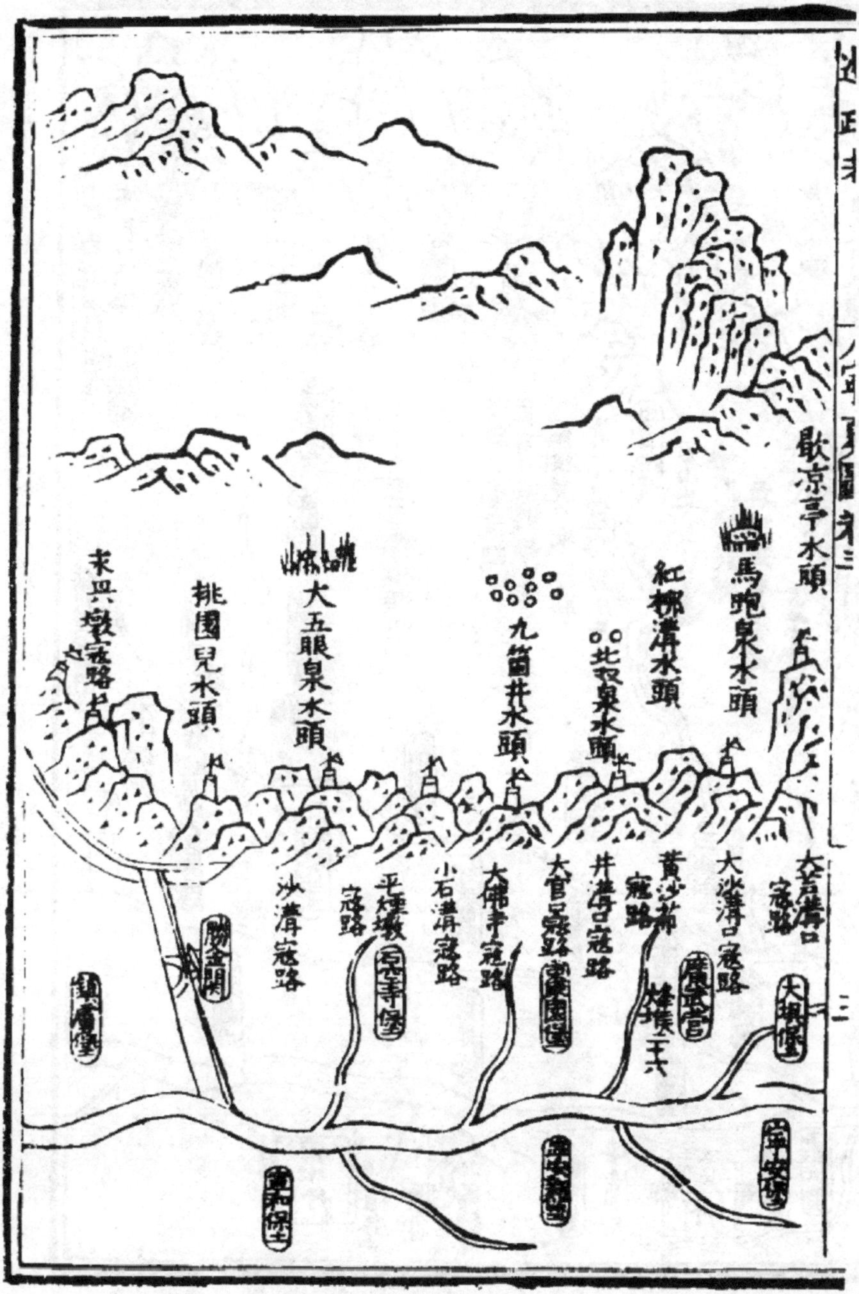
歇涼亭水頭
馬跑泉水頭
紅柳溝水頭
北長泉水頭
九箇井水頭
大五眼泉水頭
挑園兒水頭
來興墩寇路
大石溝口寇路
大沙溝口寇路
黃沙都寇路
井溝口寇路
大官口寇路
大佛寺寇路
小石溝寇路
平煙墩寇路
沙溝寇路
廣武營
大壩堡
烽堠二十六
石空寺堡
勝金關
寧安堡

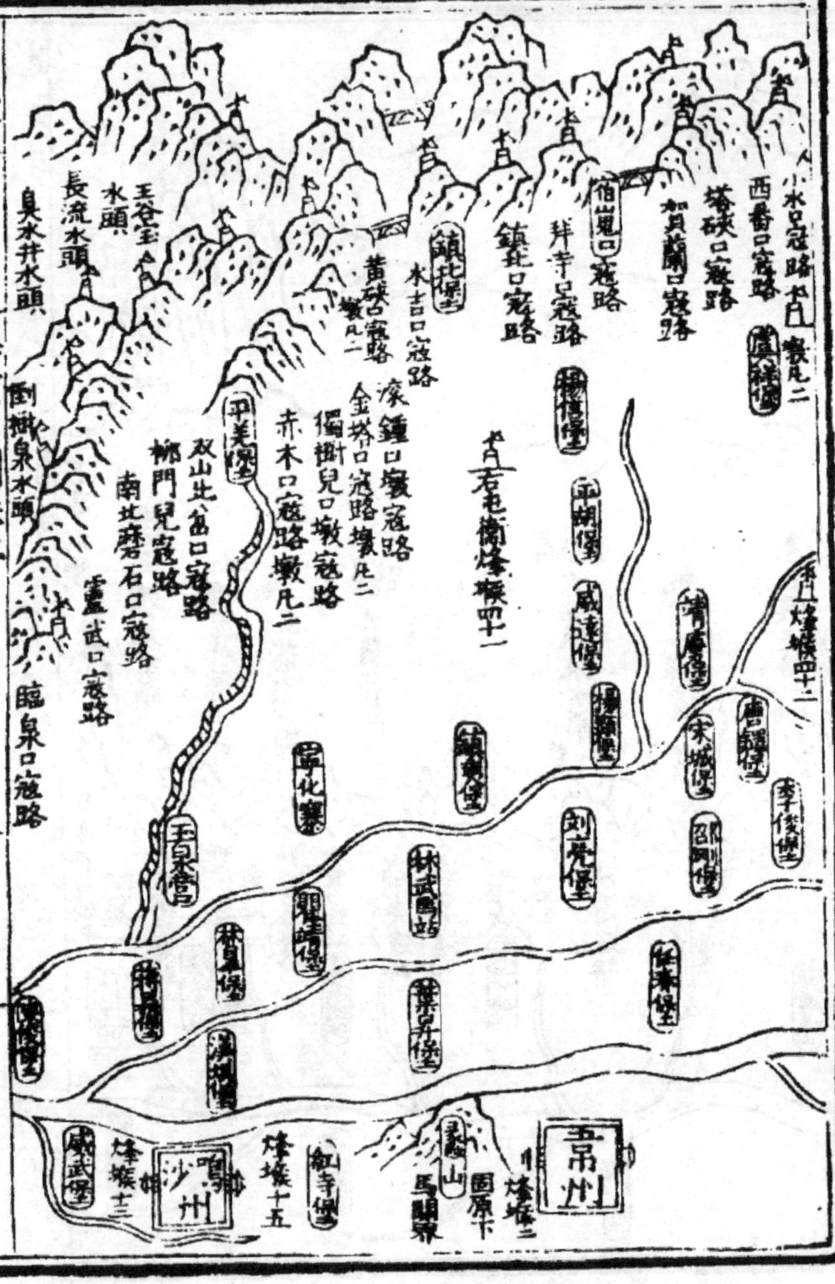
小水口寇路
墩凡二
西番口寇路
塔峽口寇路
賀蘭口寇路
伯崖口寇路
拜寺口寇路
鎮北口寇路
鎮北堡
水吉口寇路
黃峽口寇路
墩凡二
滚鍾口墩寇路
金塔口寇路墩凡二
獨樹兒口墩寇路
赤木口寇路墩凡二
双山北岔口寇路
棉門兒寇路
南北磨石口寇路
靈武口寇路
平羌堡
玉谷泉水頭
長流水頭
臭水井水頭
倒樹泉水頭
臨泉口寇路
右屯衛烽堠四十一
烽堠四十二
平湖堡
威遠堡
靖虜堡
宋城堡
鎮朔堡
寧化寨
玉泉營
林武馬站
葉口升堡
威武堡
烽堠十三
鳴沙州
烽堠十五
紅寺堡
固原下
馬頭寨
烽堠二
韋州

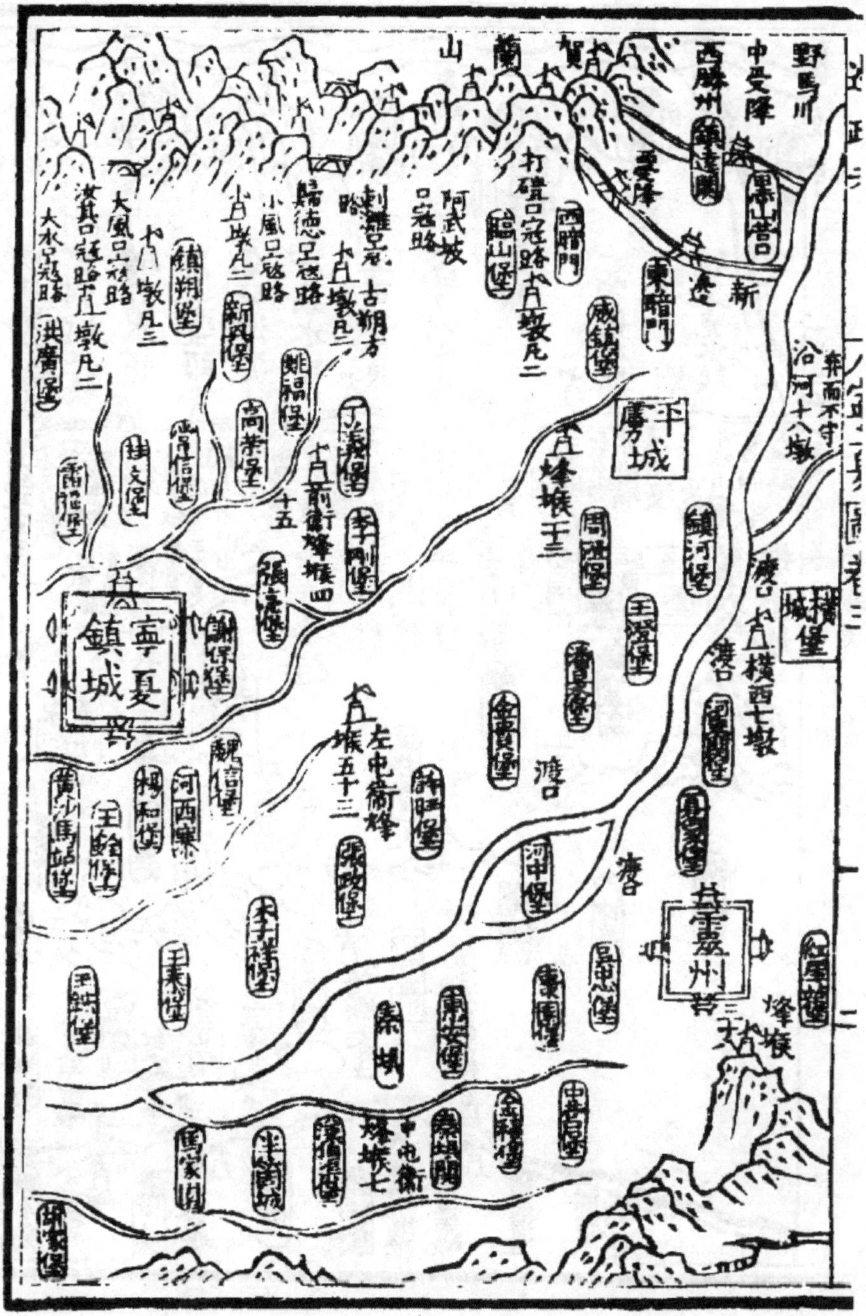
野馬川
中受降
西勝州
鎮遠關
黑山營
賀
蘭
山
西受降
新
邊
打礶口寇路
墩凡二
阿武坡口寇路
西暗門
臨山堡
東暗門
威鎮堡
平虜城
烽墩十三
刺狸口寇路
古朔方
墩凡二
歸德口寇路
小風口寇路
墩凡二
大風口寇路
墩凡三
汝箕口寇路
墩凡二
大水口寇路
洪廣堡
鎮朔堡
新興堡
姚福堡
高榮堡
常信堡
掛文堡
丁義堡
李剛堡
前衛烽墩十四
十五
張亮堡
謝保堡
寧夏鎮城
沿河十八墩
棄而不守
鎮河堡
周澄堡
王澄堡
渡口
横西七墩
横城堡
金貴堡
渡口
河中堡
靈州
左屯衛烽墩五十三
張政堡
李祥堡
王鉉堡
河西寨
楊和堡
王鋐堡
黃沙馬站堡
魏信堡
中屯衛烽墩七
吳忠堡
烽墩
馬家口
紅寺堡

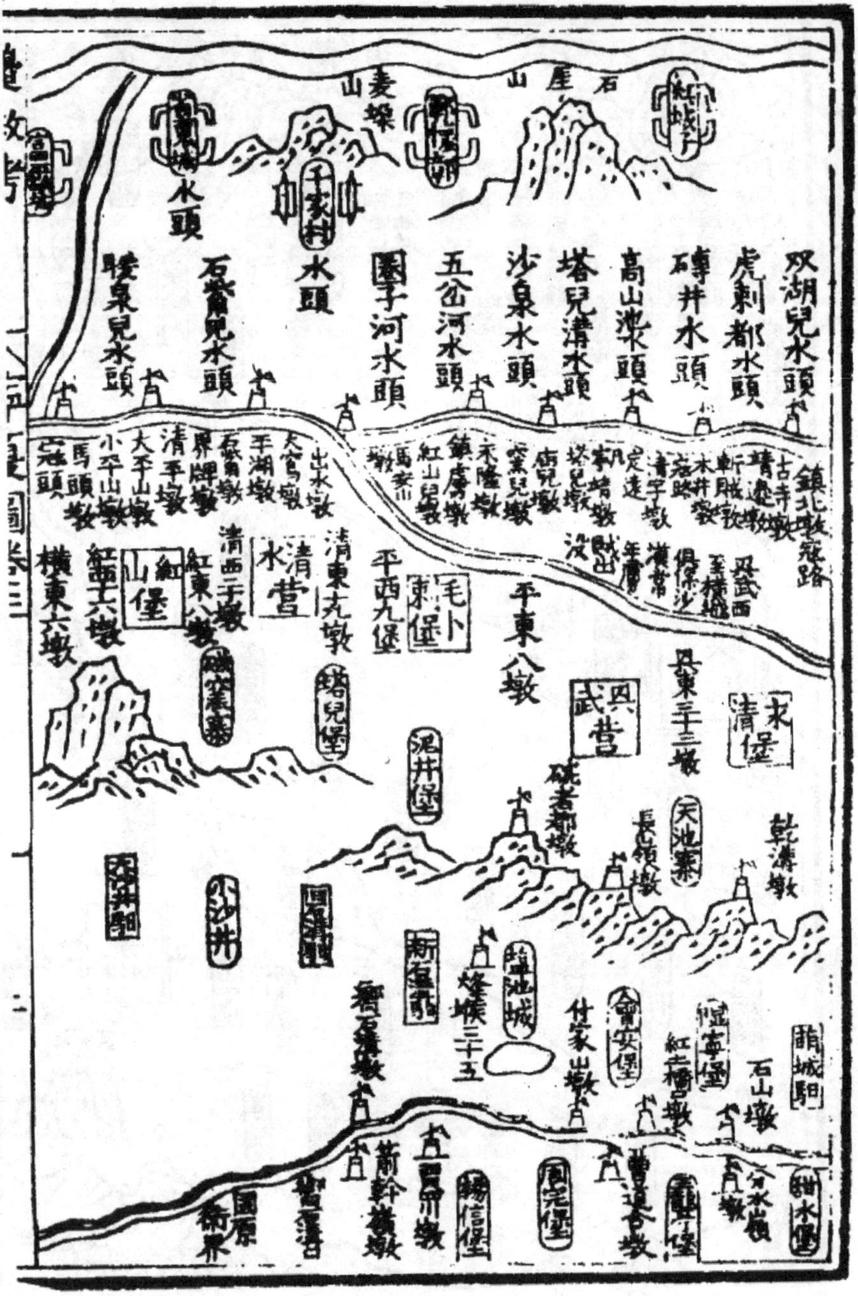

石崖山
麦垛山
千家村
水頭
双湖兒水頭
虎剌都水頭
磚井水頭
高山滌水頭
塔兒清水頭
沙泉水頭
五岔河水頭
園子河水頭
石紫筒兒水頭
騍泉兒水頭
鎮北墩
寇路
古寺墩
平東八墩
清東九墩
平西九堡
毛卜剌堡
清水營
紅山堡
横東六墩
紅西十六墩
紅東八墩
清西二十墩
興武營
興東三十三墩
清水堡
天池寨
長山頭墩
乾溝墩
塔兒堡
泥井堡
鹽池城
小沙井
大沙井驛
烽堠三十五
什家山墩
石山墩
分水嶺
甜水堡
萌城驛
紅柳溝墩
蘭岭墩
國原界

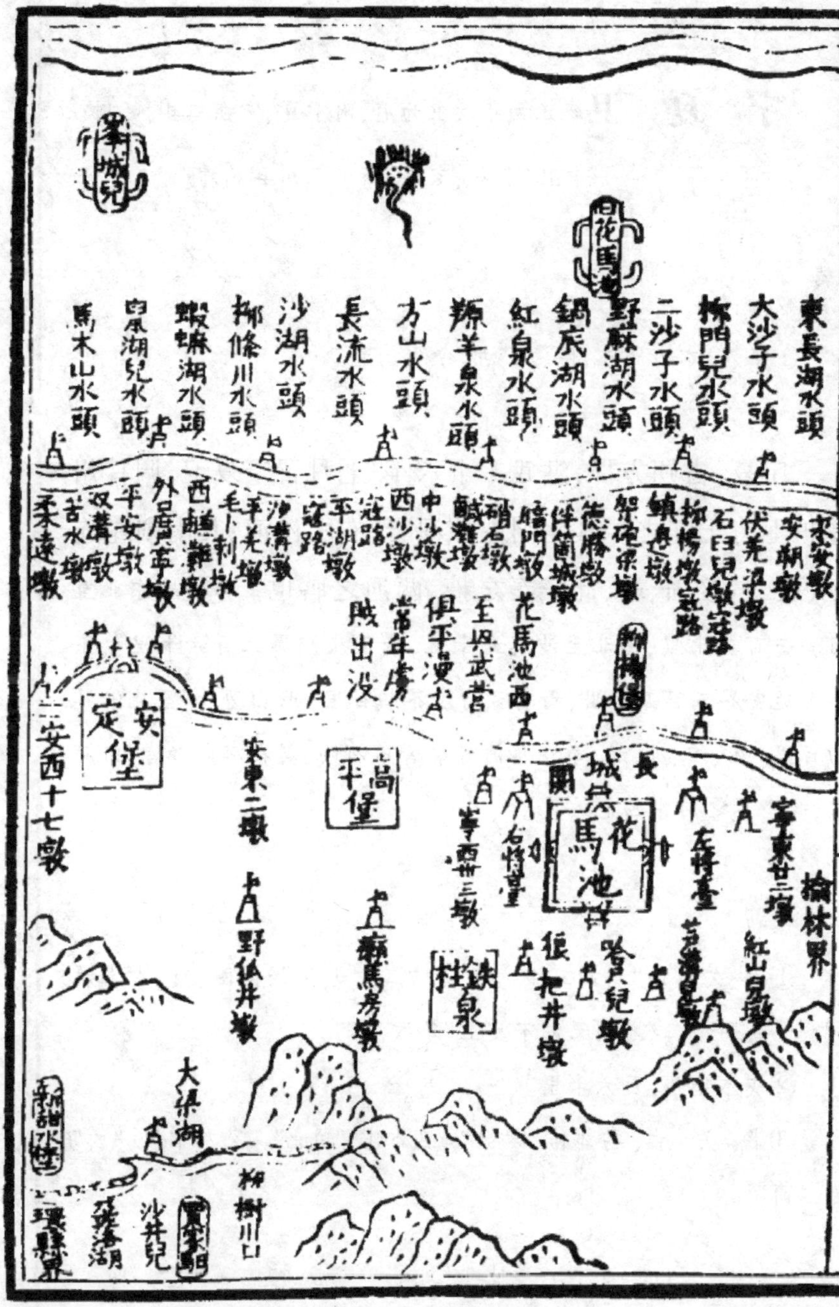

花馬池
東長湖水頭
大沙子水頭
柳門兒水頭
二沙子水頭
野麻湖水頭
鍋底湖水頭
紅泉水頭
羱羊泉水頭
方山水頭
長流水頭
沙湖水頭
柳條川水頭
蝦蟆湖水頭
泉湖兒水頭
馬木山水頭
永安墩
安邊墩
伏羌梁墩
石臼兒墩
柳楊墩
鎮邊墩
賀家梁墩
德勝墩
伴箭城墩
牆門墩
硝石墩
鹹灘墩
中沙墩
西沙墩
平湖墩
沙井墩
平羌墩
毛卜剌墩
西鹹灘墩
外盾寺墩
平安墩
雙井墩
苦水墩
柔遠墩
花馬池西
至興武營
俱平漫
常年虜
賊出沒
安定堡
安西十七墩
高平堡
安東二墩
長城
花馬池
石將臺
左將臺
野狐井墩
鐵柱泉
榆林界
紅山兒墩
大鹽池
柳樹川口
沙井兒
環縣界

宁夏卫雍正初年改卫为府，附宁夏、宁朔二县，灵州、中卫、平罗、宝丰、新渠五州县属焉。①

校勘：

①半、关本有题注，四、灰、古、今本均无。

宁夏，古朔方郡，洪武二十六年①七月置宁夏卫，调甘州左护卫将士守之。其北则左控河套，右引沙漠；其南则左连延、庆，右接固、靖，此三秦之掖，两河之唇也。宁夏城东北至河套一百二十里，西北至沙漠九十里，南至庆阳界三百六十里②，东南至延安界三百五十里，西南至靖虏界四百里。西由边外③至庄浪界四百里。庄、湟、凉、甘、肃在黄河外者皆曰河西，其在河内者皆④曰河东，此全秦之河东西也。

校勘：

①半、关本误“洪武二十六年”为“二十七年”，据四、灰、古本及《明史》卷四十二《地理三》“宁夏卫”条改。

②灰本作“二百六十里”。

③半、关、古、今本作“边外”，四本作“边北”。又灰本误“西”为“而”。

④灰本脱“皆”。

黄河中流，毡帷北列。河西以贺兰为隘，河东以长城为疆，其东北之河套，则周、秦之河南地，汉之定襄郡，唐之六郡[1]。张仁愿[2]且逾河筑三受降城[3]，减内地戍兵数万，历代疆域固如彼，而今缩地千里者，河套属之旃蒙，而长城所以北筑也。黄河绕兰、固，顺流而下，贯穿宁夏之中，直趋河套而出，故曰中流。所以，宁夏一郡有河东西也。河套在北之东，西夷在北之西，东西以河为界，皆在宁夏北，故曰北列。河西东者，宁夏之河西东也。河西贺兰环之，山外即夷。河东筑长城，墙外即河套。贺兰山延亘五百余里，高者积雪不消。河套三面皆阻黄河，河南面切近内地，在宁夏之东北，榆林之北，偏头关之西。在周为朔方地[4]，秦塞因河为河南地。唐有六州，在今套内。武后之时，筑三受降城于河套之北，史谓岁省亿万计，减戍兵数万，不知者谓其置烽堠千八百所，所须万人，不知三城之屯四万人足矣，烽堠之卒，每所二三人而止，合而计之不必万人，此即四万中之数。受降城守，则河套以及延边数千里可以减戍，内地可以不防，何啻数万耶。史所云者，计供屯挽输，约言之耳。明失东胜，而也先[5]、毛里孩[6]、吉囊[7]等渐据之，筑室树艺，遂为固有。长城，杨一清更修，余子俊所筑也。筑四十里，为刘瑾[8]罢去。

注释：

[1]六郡：即唐河曲六州（郡）地，为丰州、胜州、灵州、夏州、朔州和代州。

[2]张仁愿(?—714年),华州下邽(今陕西渭南)人。唐神龙二年(706年),为左屯卫大将军。景龙元年(707年),为朔方总管,乘虚取漠南之地,于河北筑三受降城,首尾相应,以绝突厥南寇之路。

[3]三受降城:中受降城,在今内蒙古五原县黄河北岸;东受降城在今内蒙古托克托县黄河东岸;西受降城在今内蒙古临河县黄河北岸。三城相距各四百余里,皆据津济,遥相应接。其北皆大碛也,斥地三百里而远。仁愿又于牛头朝那山北置烽堠千八百所。自始突厥不敢逾山牧马,朔方益无寇。

[4]在周为朔方地:此说与史实有出入。按《史记》,汉武帝元朔二年(公元前127年),大将军卫青取河南地,始置朔方郡,使校尉苏建筑朔方城。秦称河南地。《诗经·小雅·六月》有"出车彭彭,城彼朔方"之句,按此"朔方",盖泛指北方也。

[5]也先(?—1455年),瓦剌部丞相脱欢之子。明正统四年(1439年)脱欢死,也先嗣位,称太师准王。于是北部蒙古诸部皆服属也先。后攻破哈密,又结合沙州、赤金蒙古诸卫,破兀良哈,胁朝鲜,其势愈强。正统十四年,诱胁诸番,分道大举入犯。也先至大同,太监王振挟英宗亲征。明军大溃,在土木堡英宗被掳,于景泰初送归。明景泰四年(1453年),也先自立为可汗,恃强益骄,荒于酒色,为其知院阿剌所杀。

[6]毛里孩,《蒙古源流》称摩里海,为元太祖成吉思汗弟别勒台吉后裔。明成化初,为鞑靼部长孛来之部属,攻杀阿剌后,与孛来雄视部中。成化元年(1465年)孛来,小王子、毛里孩占据河套,抄掠延绥无虚时。二年春,又大举入扰延绥,劫掠平凉,入灵州及固原,

长驱静宁、隆德等处。未几，蒙古诸部内讧，孛来杀小王子马古可儿吉思，毛里孩杀孛来，独据河套，时而入贡，时而掠边，为患不已，至成化七年(1471年)毛里孩之势渐衰。

[7]吉囊(?—1524年)，按《蒙古源流》沈曾植笺证云："《名山藏》称'吉囊、俺答，为赛那剌之子，歹额哈之孙。'"嘉靖初，吉囊、俺答据河套，为诸部长，相率蹂躏诸边。明嘉靖十二年(1533年)，吉囊拥众屯套内，将犯延绥，边臣有备，乃突以五万骑渡河西，袭亦不剌、卜儿孩两部，大破之。十五年吉囊以十万众屯贺兰山后，分兵犯凉州，副总兵王辅御之。又入庄浪境，总兵姜奭遇之分水岭，三战三胜之。后吉囊屡扰边，受挫。吉囊死，诸子狼台吉等散处河西，势既分，俺答独盛，岁扰延绥诸边。

[8]刘瑾(?—1510年)，陕西兴平人。本姓谈，入宫后依刘姓宦官得用，乃冒姓。明正德元年(1506年)，掌司礼监，在外厂、西厂外，加设内行厂，使缉事人四出活动，镇压异己，斥逐大臣，引进私党。诱武宗游宴微行，侵夺民间土地，增设皇庄至三百余处。后为宦官张永揭其图谋反叛，被处死。

宁夏有丰年而无旱潦，所以有"塞北江南"之号。自汉唐以来，引黄河灌田，可蓄可泄，故恒①言黄河为害于汴梁，独利于宁夏。迁五方之人，而江左尤多，故衣冠言语类于三吴。自萧关[1]②来者，始见林木茂美，风景顿殊。有土达，乃元之部落，谓之降夷，散处灵州、瓦渠、金积、四里③，强壮④者籍之为兵。

注释：

[1]萧关：史上有二，一在今宁夏固原县东南，为关中通向塞北之要冲；二在今宁夏同心县南，北宋崇宁四年(1105年)为防西夏所筑。

校勘：

①灰本脱“恒”。

②灰、古本误“萧关”为“肃关”。

③灰本作“四堡”。

④四本误“壮”为“庄”。

灵武之兴，肃宗以复两京而有余；元昊割据，以韩、范经营之而不足，其为重地概可知矣。故中国有之，足以御外夷；外夷有之，可以扰中国，主父偃[1]所策特其小小焉耳。唐名宁夏为灵武郡①，肃宗即位于此。元昊累世为宁夏节度，僭号不臣。韩琦[2]、范仲淹为经略，不能平之。主父偃言于汉武帝曰：朔方地肥，外②阻黄河，蒙恬城③之，以逐夷省转运④，广中国也。

注释：

[1]主父偃，山东临淄人。汉武帝元光元年(公元前134年)，西入长安，上书言事，拜为郎中，旋四迁为中大夫。偃盛言朔方地肥饶，外阻河，蒙恬城之以逐匈奴，内省转输戍漕，广中国，灭胡之本也。公卿皆言不便，武帝竟用其计，立朔方郡。

[2]韩琦(1008—1075年)，字稚圭，相州安阳(今属河南)人。宋仁宗天圣进士，累迁右司谏。宝元三年(1040年)，任陕西安抚

使，进枢密直学士，陕西经略安抚副使，与范中淹等防御西夏，时人称为“韩范”。

校勘：

①半、关、四、古、今本脱“宁”，据灰本补。又灰本脱“郡”。

②半、关本脱“外”，据四、灰、古、今本补。

③半、关本误“城”为“乘”，据四、灰、古、今本补。

④半、关本误“以逐夷省转运”为“以通转运”，据四、灰、古、今本改。

曰：然则如之何？曰：有郭子仪[1]而后军始振，有张仁愿而后筑三城，非然者，宁夏之门安能禁夷骑之不入乎？若掊克隐占，酷虐聚敛者，则外侵内叛，祸尤烈焉。明巡抚党馨[2]以减刍价，裁花、布。飞语[3]，为悍卒刘东旸①所杀，与哱拜诱夷助逆。参将许汝继以用法严，为土达[4]杨文遇所杀，灵州大乱。

注释：

[1]郭子仪（697—781年），华州郑县（今陕西华县）人。唐天宝十三年（754年），累官至天德军使兼九原太守、朔方节度右兵马使。次年安禄山反，以子仪为卫尉卿兼灵武郡太守充朔方节度使，在河北击败史思明。至德元年（756年）肃宗即位，任关内河东副元帅，配合回纥兵收复长安、洛阳。因功升为中书令。代宗时仆固怀恩叛变，纠合回纥、吐蕃攻唐，子仪说服回纥与唐联兵拒吐蕃。德宗继位，尊为尚父，罢兵权。

[2]党馨，明万历朝宁夏巡抚。万历十九年(1591年)，洮河告警。郑洛经略陕西、延、宁、甘肃及宣、大、山西边务，檄夏镇调发兵，党馨奉檄遣土文秀率千骑西援，哱拜亦请郑洛愿以所部三千人与子承恩从征。馨歧视哱父子，有功而不得赏，且欲核拜冒粮罪，又诬承恩以强娶民女罪，哱拜遂怨馨。会镇戍请冬衣布，花月粮，允勿给。次年，哱拜即嗾军锋靖虏卫人刘东旸等叛，党馨被杀。刘东旸、哱拜等遂与套部著力兔等合，势大猖獗，全陕震动。年底，乱始平。

[3]飞语：流言也，民间说法。

[4]土达：为故元降众，主要分布于甘宁青地区；为官者称"达官"，为民者称"达民"，从军者称"达兵"、"达军"。

校勘：

①四本误"旸"为"赐"。

况今日贺兰之夷，已满数千，有虎噬之心，有方张之势，而且发纵有人。彼虽恋栈山后，未敢凭陵，过计者咸谓，发速祸小，发迟祸大，天祚宁夏，幸而斯言之不中乎。贺兰之夷，祝囊、劳藏、巴绰气克气等部落三千余。发纵者，嘎尔旦部落三十余万，自称博硕①克图汗。犄角之夷，绰力库合首气台吉、王建儿台吉、憨顿、麦力干黄台吉等。山后即贺兰山之后也。

校勘：

①半、关本误"硕"为"顾"，据四、灰、古、今本改。

今之贺兰山后，干①掫不设，贺兰天险既与夷共之矣。自中卫以至平虏，阨塞之地五十有奇，奈何堑垒犹为乌有耶？贺兰山后，自中卫起直接大山根止，原有边墙拒夷于外。今墙废不修，听其上下。平虏今改平罗。

校勘：

①灰本误“干”为“平”。

贺兰自固，人尽知之，河套当守，人每忽焉。夫河套昔与我为仇，今与我为臣，所谓辅车相依者也。西夷侵之，求援得援是矣。然乞之以师，孰若资①之以力。是宜于履冰道路，筑城障，移彼之半，居于沿河，足以游徼②自守。诚善后之计，一劳而永逸者也。明时插汉、吉囊等住河套，时为边患③，绵延至今。封山旦王、古禄王、吉公贝子等部落数万，今之调遣征发皆此辈也。西夷即祝囊。凡西夷自汉人外，皆蔑视之，故祝囊特附嘎尔旦，亦以奴隶待河套，欲并山旦、古禄之众。河套沿河二千里④，全筑良难，但于坚冰可通行者筑之，则成功甚易，况命河套之夷，为自守之计，宜其听从惟命，惟⑤板筑[1]之地，须指示资助而已。

注释：

[1]板筑：又作“版筑”。板，即夹板；筑，即杵。筑墙，以两板相夹，填土其中，用杵捣实，谓之“板筑”，引为筑城、筑墙。

校勘：

①半本误“资”为“贤”，据诸本改。

②半、关本误“游徼”为“游牧”。据四、灰、古、今本改。

③半、关本误“边患”为“后患”。据四、灰、古、今本改。

④半、关本作“三千里”，四、灰、古、今本作“二千里”。

⑤四本误“惟”为“推”。

虽然河套渝盟，不几①藉之兵而赍之粮乎？曰：城以御外，非以捍内也。明欲城之而不能，岂能之以不城乎？设河东之重险，复汉、唐之旧疆，在此举矣。河套议复言者，充积公车，李贤[1]、王越[2]、杨一清、曾铣[3]、王琼[4]、周尚文[5]等尤切实用，所不欲复者严嵩[6]等耳。

注释：

[1]李贤(1407—1466年)，字原德，邓(今河南邓县)人。明宣德进士，累官至少保，华盖殿大学士。成化二年(1466年)，奏议复河套。

[2]王越(1424—1498年)，字世昌，浚(今河南浚县)人。明景泰进士，初授御史，出按陕西。成化初，屡败毛里孩、阿罗出之入犯。成化八年(1472年)两次奏言加强延绥、宁夏一带边防。次年，满都鲁及孛罗忽、癿加思兰大举深入，直抵秦州等地。越与延绥总兵许宁、游击将军周玉直捣红盐池，擒其老弱，自是满都鲁等远徙北去，不敢复居河套，西陲息肩者数年。

[3]曾铣(？—1548年)，字子重，扬州江都人。明嘉靖进士，累

官至兵部侍郎。嘉靖二十五年(1546年),总督陕西三边军务。时俺答以十万骑西入保安,掠庆阳、环县,铣率参将李珍等直捣其巢于马梁山后,斩首百余级,敌始退。铣遂上疏建议整顿军务,发兵收复河套,得到首辅夏言支持。时严嵩与言争权,强谓河套无法收复,又设计诬铣掩败不奏,克军饷巨万,铣竟被杀。

[4]王琼(?—1532年),字德化,太原人,明成化进士。嘉靖七年(1528年)以兵部尚书兼右都御史督陕西三边军务。是年河套蒙古入犯庄浪,琼部诸将遮击之,挫敌获胜。次年,河套蒙古又以数万骑扰宁夏,已而又犯灵州,琼督游击梁震邀斩七十余人。秋,琼集诸道精卒三万,按行塞下,河套蒙古闻之,徙帐远遁。琼在边多年,戎备甚严,边陲暂得安宁。

[5]周尚文(1491—1548年),字彦章,西安后卫人。明嘉靖元年(1522年)任宁夏参将,寻进都指挥同知,为凉州副总兵。筑边墙百二十里,以御吉囊。九年(1530年),充宁夏总兵官,督筑边墙,浚渠开屯,以利军民。二十一年(1542年)吉囊以数万骑犯宁夏前卫,尚文与战黑山,杀其子满罕歹,追至凉州,斩获颇众,进右都督。二十七年,在弥陀山等处大破俺答兵。

[6]严嵩(1480—1567年),字惟中,江西分宜人,弘治进士。明嘉靖二十一年(1542年),任武英殿大学士,专国政二十年,官至太子太师。以子世蕃与赵文华等为爪牙,操纵国事,吞没军饷,以至战备废驰,倭寇、鞑靼之侵扰,更趋严重。主张收复河套之大臣夏言、将领曾铣、抗倭有功之张经、指责其罪行之谏官杨继盛等,均遭其杀害。后御史邹应龙、林润相继弹劾世蕃,世蕃被杀,嵩被革职,家产籍没,不久即卒。

校勘：

①灰本误“几”为“终”。

虽然熙河可下兴州，岂宁夏不可复河套乎？曰：黄河之水浮于积石至于龙门，唐治舟师溯流上下；明之临、巩巨炮至朔方；宁夏雄师直抵河套，皆已事也。攻守机宜，固在于兹。然守之于先为其所易，争之于后为其所难。设使河套不能守之于创蔑之余，既为并吞，岂能攻之于孔炽之际？若果如是，是犹厚积薪于曲突，而割肉养虎以俟其猛，张空拳以搏之也。熙河即今之临洮河也。兴州即今之宁夏。元昊祖居河套，属兴州地。积石，河州之积石关也。龙门在韩城县东北六十里。唐高祖时，将作大匠于筠①请于五原、灵武置舟师于河。温彦博[1]曰：魏为长堑遏夷人，今可用。帝乃使桑显和堑边大道，召江南船工②，大发卒治战舰。明临、巩监司刘光裕，以船筏载灭虏涌珠炮位药线之类至灵州，以资攻叛逆，此上流而至者。李汶[2]发甲士三十六人，由夏乘船直出河套，斩馘凯旋。又队长任③勇自夏鼓棹，直抵偏关，此自朔方顺流而下者。商市庄浪④山木顺流而下，日行二百里许，夏之宫⑤室廨署皆资之。又自上流而至，可谓通行河道，但自兰、会北流，两岸多崇崖峭壁，河狭而水急耳。宋邢恕[3]奏：乞下熙河路船五百艘于黄河，顺流直取兴州。李复[4]谓：黄河过会州人韦精山，石硖隘狭，自上垂流，直下高数十丈，船岂能过？西安州之东，分为六七道，水浅滩碛⑥，不胜载舟，此声若出，必为夏所侮笑云，故邢恕之谋遂寝⑦。

注释：

[1]温彦博(573—637年)，字大临，温大雅弟，并州祁县(今山西祁县东南)人。早先为隋文林郎，入唐，为中书侍郎，封西河郡公。唐武德八年(625年)从张瑾进攻突厥，任行军长史，兵败被俘。突厥颉利可汗以其近臣，苦问唐之虚实，彦博坚持不答，被迁于阴山苦寒之地。贞观四年(630年)任中书令，主张迁突厥降众至河套，为太宗所采纳。

[2]李汶，河北任丘人，明万历朝延绥卫神木守备。

[3]邢恕，字和叔，郑州阳武人。北宋末，蔡京当国，起为鄜延经略安抚使，擢至龙图阁学士。恕乞筑萧关，采其里人许彦圭车战法，为浅攻计。又欲使熙河造船，直抵兴、灵，以空西夏之巢穴。因其谋皆迂诞，未用。

[4]李复，字履中，长安(今陕西西安)人，宋仁宗元丰进士。绍圣间为西边使者，喜言兵。蔡京当国时为转运使，谓邢恕之军事计谋类儿戏，不可用。

校勘：

①半、关本误“�”为“臣”，又“于”作“於”，据四、灰、古、今本改。

②半、关本误“召江南船工”为“石江南绍工”，据四、灰、古、今本改。

③半、关本误“任”为“往”，据四、灰、古、今本改。

④半、关、四本作“庄浪”，灰、古，今本作“庄湟”。

⑤半、关本误“宫”为“官”，据四、灰、古、今本改。

⑥古本误“碛”为“积”。

⑦按灰、古、今本，在“遂寝”之下，半、关、四本脱“嗟乎，复真指

鹿为马矣，不知时事曷观之，古不亲阅历曷验之。人而故为无稽以阻硕画者，盖复为熙河漕使，故诞漫以惑人耳”。

宁夏边堡：常家寨，靖远大涝坝东南五十里。古水井堡，常家寨东北六十里。中卫，古水井堡北三十里。镇虏堡，中卫东四十里。石空寺堡，镇虏堡东北三十里。枣园堡，石空寺堡北四十里。渠口堡，枣园堡东四十里。广武营，渠口堡东北三十里。大坝堡，广武营北三十里。玉泉营，大坝堡西北四十里。平羌堡，玉泉营北六十里。镇北堡，平羌堡北五十里①。宁夏镇，镇北堡东北四十里。洪广营，镇北堡北五十里。宁夏镇西四十里。镇朔堡，洪广营北三十里。威镇堡②，镇朔堡北四十里。平虏城，威镇堡东三十里。横城堡，平虏城东南六十里。红山堡，横城堡南二十里。清水堡，红山堡东南五十里。兴武营，清水堡东南七十里。安定堡，兴武营东六十里。花马池，安定堡东南六十里。

校勘：

①灰本作“三十里”。

②古、灰本误“威镇堡”为“镇威堡”。

宁夏近疆：长流水，宁夏西南，中卫之西。贺兰山后，宁夏城①之西。河套，贺兰山②之东。

校勘：

①半、关、古、灰本脱“城”，据四本补。

②半、关、古、灰本脱“山”，据四本补。

宁夏边堡

常家寨，宁、靖①之交衢也。边城内卫，黄河外环，北虽邻夷，恃此不恐。寨固内地，而近长边，山环四面，寨筑其中。永康、宣和之间，米粟转饷，居然乐郊[1]矣。然寨为民堡，而驻防不立。东向孔道，则有常乐堡。若夫沿边东北，则有古水井矣。自靖虏之大涝坝至此②，皆言边城者。中卫边城，西至芦沟坝三百一十余里也。永康、宣和二堡皆在边之东南，其地饶产稻麦，寨属民堡，本无汛兵，东至常乐堡四十余里。

注释：

[1]乐郊：即乐土，语出《诗·魏风·硕鼠》：“逝将去女，适彼乐郊。乐郊乐郊，谁之永号。”

校勘：

①半、关本误“靖”为“夏”，据四、灰、古、今本改。

②半、关本误“此”为“北”，据四、灰、古、今本改。

古水井堡，旷远边冲之地也。南有常乐①，北有长城，东则黄河，西则旷野。边堵年久，化为女墙[1]，黄河冬寒②，不成衣带。山后之夷已难于防，乃所守之北二百里而遥，虽中卫近在河西，而河津在于常乐，道阻且长，呼吸莫应。则常乐、常家寨之间，宜设为犄角焉。南至常乐，渡河而北，三十里则中卫矣。长城起于堡之山外，黄河堧西③，循墙直至芦沟界，更无边堡。今之取道常家寨、大涝坝，皆往来大路，非循墙也。贺兰山后所住牧之夷，曰：祝囊、劳藏、克气三④台吉。古水分守之边，二百一十九里，宁夏西路之河，东至古水有兵防守。中卫与堡相距一河，然必由黄沙古⑤渡而渡，是折而南至于常乐，复折而北至于中卫⑥，相距且三十里矣。南至常乐堡十五里，由常乐至黄沙古渡又十里。堡有守备。

注释：

[1]女墙：城墙上的墙垛，又作房屋外墙高出屋面的矮墙。

校勘：

①半本误“常乐”为“长乐”，据四、灰、古、今本改。

②灰本作“冰合”。

③四本误“西”为“而”。

④灰本误“三”为“二”。

⑤四本误“古”为“东”。

⑥古本脱“复折而北至于中卫”。

中卫，元之应理州，明宁夏之中卫也。卫在河西，故九曲南绕，边从河起，故百堵西环，连宁夏而通庄、固，交衢要地，莫重于兹。其民勇干，其资耕猎，渠通美利，土尽膏腴，兵食足矣。北之夷厂，犹在乎[1]山后，长蛇封豕，虽相互市，荐食之心，且数马齿之加长也。卫之境外，北有黑山嘴、观音山，夷所游牧；西南有黄沙坡、长流水[2]，夷之水头；扒里扒沙，夷之捷径。今之中卫苟能自守足矣，何暇及分疆之外哉？其近若蒲湖、水塘沟、五眼井防之不可已者，循墙而北，则空夷柔远。迤而[3]东四十里则镇虏堡焉。有明，各卫皆设左、右、前、后、中等卫，沿革纷纭，独宁夏之中卫至今仍旧[4]焉。黄河在[5]南五里，长边在西十五里。边起河口，迤西而北，直至大山根而止，长三百一十里，环山于内，险为我据也。今边墙不修，墩台不守，夷骑出入，贺兰之险与夷共之，沿山皆然矣。宁夏在东北三百六十里，固原在西南庄浪界，由边至银盘水，才三百二十里。美利，渠名，引黄河以溉田也。夷厂在控夷堡之北，明所置[6]也。贺兰山后，夷人祝囊等住牧，其部落甚多，散处银盘水、长流水一带。观音山在北五十里，黄沙坡在边外西南十里，长流水在黄沙坡西九十里，为靖、宁境外之接界也。扒里扒沙即大[7]沙子山，其山在凉、庄、靖、宁之交，非今之大靖，大靖但名扒沙也。蒲湖在贺兰山后，有明，王越于此大胜。水塘沟，有明时夷由此出入，大破之。五眼井，明将马鑑于此败夷人论卜等。卫有副戎。北至控夷堡六十里，东北至柔远堡七十里。

校勘：

①灰本误“乎”为“于”。

②半、关本误“水”为“也”，据四、灰、古、今本改。

③灰本脱“而”。

④半、关本误“仍旧”为“始改”，据四、灰、古、今本改。

⑤半、关、四本脱“在”，据灰、古、今本补。

⑥半、关、四本误“置”为“制”，据灰、古、今本改。

⑦灰本误“大”为“六”。

镇虏堡，今别为镇罗矣。平衍临河，耕稼之沃野，然米粟之多，尚逊河东也。迤东二十里则为胜金关。堡今或作镇罗[1]，而民间相传但知为镇鲁也。北通柔远，南临黄河。黄河渠水浇田，故为沃野。河东有古水、常乐、永康、宣和、宁安、威武、张恩、红寺、鸣沙州等堡，俱系饶野，产稻最佳。堡有千总[2]。

校勘：

①半、关本脱“或”，据四、灰、古、今本补。又灰、今本误“罗”为“乐”。

②半、关本作“千总”，四、灰、古、今本作“把总”。

胜金关，山[1]河之逼，一线之通，盖中卫、宁夏之锁钥也。迤而东北三十里则石空寺堡。关筑于弘[2]治六年，人谓其胜于金城，故名[3]。南临黄河，北倚高山，中卫、宁夏往来大路也。迤东为张义堡，东北则石空寺矣。

校勘：

①灰本误“山”为“小”。

②半、关本误“弘”为“宏”，据四、灰、古、今本改。

③灰本脱“故名”。

石空寺堡，其北则石空山，南近黄河。堡小而兵多者，一以为山后之防，一以为胜金之守也。其缸[1]子渠，适资灌注[2]耳，谓能限夷马[3]，不敢谓然矣。更东北四十里为枣园堡。山后，今[4]祝囊等住牧，距胜金关虽远，亦足为守望之声援。缸子口即石空渠，口狭而腹[5]宽，灌田亩甚广。堡有守备。

校勘：

①灰本误“缸”为“釭”。

②古本误“适”为“通”，又四本将“灌注”作“沟泾”。

③灰本误“马”为“焉”。

④半、关本误“今”为“昔”，据四、灰、古、今本改。

⑤四本误“腹”为“复”。

枣园堡，其渠源远而流长，其滩地平而草茂。其隘则观音口，为堡分地。东四十里为渠口堡。渠，即枣园渠，滩，即广武草滩。观音口在西北，乃枣园分守之地。堡有把总。

渠口，古墩名也。堡筑于明中，为唐来诸渠而设[1]。其南有青铜硖，两山相夹[2]，黄河经其中。昔于硖口筑唐来、汉延二渠③,引水灌田,故朔方之地,媲美江南,渠之力也。东北三十里则广武营。万历四十年,始筑堡。唐来渠在汉延上流数里,北魏④刁雍[1]所筑者。青铜硖在渠口南,硖东北至宁夏一百四十里。山名金积山,上⑤有牛首寺,下有深林茂木。汉延渠在唐来渠下流数里,虞诩[2]所筑者。宁夏之稻麦丰登,无亢阳之患,皆汉延、唐来二渠之利。世所谓黄河为害于汴梁,独利于宁夏⑥者此也。黄河自中卫至黄沙古渡而下,狂澜安流,环府带郭,随地决注,以溉田亩亦异矣。渠口无防汛,盖内地也。

注释:

[1]刁雍(389—484年),字淑和,渤海饶安(今河北盐山西南)人,官至青州刺史、徐州刺史。北魏太平真君五年(444年),为薄骨律镇(今宁夏灵武西南)将。以西土缺雨,凿唐来渠,灌溉公私田四万余顷。又造城储谷,置兵守备,名"刁公城",以旌其功。

[2]虞诩,字升卿,汉陈国武平(今河南鹿邑西北)人,初为朝歌(今河南汤阴西南)长。安帝永初四年(110年),羌胡反乱,残破并、凉,大将军邓骘欲弃凉州,诩力持不可,众从诩议。安帝元初元年(114年)羌寇武都,迁武都太守增灶进兵,大破羌人。乃占相地势,筑营壁百八十所,招还流亡,假赈贫人,郡遂以安。顺帝永建四年(129年),诩为尚书仆射,上疏请复于朔方营城邑,事耕屯。帝纳其议。即设驿站,浚渠屯田,达万余顷。

校勘:

①半、关本脱"设",据四、灰、古、今本补。

②灰本误"夹"为"硖"。

③半、关、四、古本脱"硖口"之"口",据灰、今本补。又诸本脱"唐来、汉延二渠"之"二",据今本补。

④半、关本作"魏",据《魏书》卷三十八《刁雍传》,应为"北魏"。四、灰、古、今本误"北魏"为"北卫"。

⑤古本误"上"为"下"。

⑥灰本"宁夏"作"银夏"。

广武营,宁夏之西路营也。黄河流于东南,贺兰峙于西北,分地既广,山口良多,西河之冲要。从来夷患每在于兹,若今山后之夷,尤为包藏祸心云。内则渠口、枣园诸堡之卫,外则井沟、大佛寺之防。又北三十里则大坝堡矣。黄河在东南,逾河五里即灵州也。贺兰在西北三十里,山口多①者。营之分守,西至中卫界山后起,北至玉泉营界山后止,总有一百三十里。山后之夷,即祝囊等。渠口、枣园皆营之属堡。有明时,夷犯广武,总兵萧汝薰[1]败之于井沟。大佛寺口,营之冲要,出入贺兰之夷所必由也。营为宁夏西路,有游戎。

注释:

[1]萧如薰(?—1628年),字季馨,延安卫(今陕西延安)人。明万历二十年(1592年)二月,宁夏都指挥加副总兵哱拜率其子哱承恩、义子哱云与军锋刘东旸等叛,占领中卫、广武营,河西望风披靡。拜等又率兵渡河,欲取灵州,以金帛诱套部著力兔等驻牧花马池,全陕震动。著力兔引控弦三千骑与哱云攻平虏,如薰坚守,其妻杨氏馨簪珥劳军,围数月不能下,使叛者不敢入河东。三月,官军先后收复营堡四十七,擢如薰为副总兵。六月,与三边总督魏学曾擒满克兔

等。八月，如薰率固原、甘肃、延绥、宁夏各裨将兵攻宁夏城，九月城破，乱平。

校勘：

①灰本误“多”为“交”。

大坝堡，吞唐来水也。其势奔下，俯临城邑，若毁坝则宁夏成泽国，此内患之当毖者也。今防之口有五，最要莫如灵武，此外侮之宜防者也。况从此而至镇朔，有山险[1]而无亭障，则隘口宜何如慎重耶？大道在北有小坝，直通宁夏。沿边四十里则西北至玉泉营焉。唐来渠，黄河之水也，流至大坝，浅者及腰，深者不可测，若毁坝纵水，随所欲灌，筑堤向之[2]，无不湮没，盖宁夏皆在下流也。分防五口：曰双山北、曰双山南、曰灵武口、曰林泉口、曰哈喇水[3]，皆大山口，小者不与焉。灵武，山名[4]，非肃宗即位之灵武。肃宗即位之灵武，在今庆阳府环县，亦非宁夏之灵州也[5]。灵武山口有婆罗横山[6]，多水可屯兵。有明，沐英于此擒夷人[7]叆阻脱火赤[8]处也。大路北二十里[9]至小坝，又二十里[10]至叶升堡，又三十里至王洪堡，又六十里至宁夏焉。堡有守备。

校勘：

①半、关本误“山险”为“山阴”，据四、灰、古、今本改。

②灰本脱“随所欲灌，筑堤向之”。

③半、关、四本作“哈剌水”，灰、古、今本作“哈剌木”。

④灰本误“名”为“口”。

⑤古本脱“在今庆阳府环县,亦非宁夏之灵州也”。

⑥灰、今本作“婆罗横山”,半、关、四、古本作“娑罗模山”。

⑦半、关、四本误“人”为“八”,据灰、古、今本改。

⑧半、关、灰、古、今本作“瑗阻脱火赤”,四本作“媛阻脱火赤”,又四、灰本误“火”为“大”。

⑨灰本作“三十里”。

⑩半、关本作“二十里”,四、灰、古、今本作“四十里”。

玉泉营,宁夏之南路营也。黄河东流,贺兰西峙,多汛地而无边城。营之分守,有赤水关①,百马并驱,莫之或阻。盖贺兰山势至此散漫,而泉少砾多②,难于版筑,且低峰③仄径,可通行者不胜筑焉。有明,石④砌关墙,斩断崖谷,其迹徒存耳。他若金塔、磨石⑤,虽大异于赤水,然不可以其隘也而忽之,况金塔今之⑥通衢乎。又北六十里则平羌堡矣。黄河在东三十里,贺兰山在西三十五里。营之分守汛地,南自广武界起,北至打⑦硙口止,共二百一十里。赤水关,明巡抚杨守礼[1]修筑,得土壤故处,因山有团石,可以作砌,省斧凿功,经营成之。金塔口在西五十里。磨石,亦山口⑧名。金塔出口通银盘水,抵庄浪之下红水,所谓通衢,盖塞外之路也。营为宁夏之南路。营设游戎一员焉。

注释:

[1]杨守礼(?—1555年),字秉节,山西蒲州人。明正德六年

(1511年)进士,嘉靖时,迁至右副都御史,巡抚宁夏。嘉靖十九年(1540年)七月,蒙古吉囊部犯固原,为总督刘天和所败,守礼与总兵任杰等伏兵又败之。八月进右都御史,总督陕西三边军务。奏准修筑自打硙口经临山堡至赤水关之城障台墩。同月,吉囊乘延绥游兵往援宣、大之机,攻固原城,分兵四掠,杀戮甚惨。诸将多畏缩。召革任总兵周尚文精锐夹击,杀吉囊子小十王,余众遂夺气敛去,杨守礼及宁夏总兵任杰等于铁柱泉迎击之,追奔出塞,斩获甚众。

校勘:

①半、关本作"赤水关",四、灰、古、今本作"赤木关"。

②古本误"泉少砾多"为"泉多砾少"。

③灰本误"峰"为"岸"。

④灰本误"石"为"所"。

⑤古本误"磨石"为"模不"。

⑥四本误"之"为"大"。

⑦灰本误"打"为"行"。

⑧灰本误"磨石"为"磨山",又误"亦山口名"之"亦"为"赤"。

平羌堡,山城土屋,切近贺兰,而独树、干沟为堡分地,非玉泉策应,何以堪之。然守险非难,兵寡为难也。东北则宁夏。沿边五十里,而北则镇北堡矣。独树口、干沟口俱在堡西,堡所分防之地也。堡属于玉泉,故策应①赖之。堡有把总。东北至宁夏四十里,宁夏镇非边堡也,而与平羌为近,以其为镇,不可不载之。故次之于平羌,其实平羌②直接镇之北也。

校勘：

①半、关本脱“应”，据四、灰、古、今本补。

②四本误“次”为“以”，并脱“其实平羌”。

宁夏镇，东绕黄河，西耸贺兰，金城天府，西塞雄疆也。城坚不可攻，民强可以战，征之往事皆然矣。然贺兰之口约四十处，夷不可①源源而来乎？灌城之攻，已②至于再，水不可以亡人国乎？冬③寒冰结，则浊水洪涛，化为平壤矣。明李④贼[1]据秦中，破榆林，遂趋宁夏，不闻有一人援桴鼓而前，为国立功，岂不贻羞于榆林哉！今城郭之中，华⑤夷杂沓，走险侦谍，庸或有之，则防之宜何如豫也。渡河而东，则临河堡⑥为宁夏官津，即史镛[2]夺舟处也。沿河北⑦下三里，是为横城，乃河套之咽喉。由横城假道马鞍山，直达红山堡⑧，榆林之康衢旷如也。宁夏在腹里，若边堡连属，则宁夏不与焉。

镇，汉为朔方郡，唐为夏州，属⑨朔方郡，又为灵州，灵武郡。唐末为李氏所有，延及宋代，元昊帝制自为，国号夏，与宋相始终。明初为宁夏府，后改为卫，藩⑩封庆府在⑪焉。黄河在东三十里，贺兰山在西六十里。城高⑫三丈六尺，厚二丈。明初迁卫民于长安，而徙五方之民以实之，江南之民⑬尤多。万历间哱拜之子据以叛，官民攻之七阅月，内应献城始平。贺兰难倚为固⑭，其山口大者三十有七，小者十许处。灌城一见于魏之攻曹泥，城不浸⑮者四尺，再见于明之攻哱承恩，水之浸者八尺。冬寒冰结者，黄河上流之口在中卫，下流之口在横城，河冻皆如平地也。明季李闯既陷榆林卫，而宁夏遂降。榆林李闯桑梓⑯，攻围犹血战数日⑰,城陷巷战而死者七十余人。卫,文有监司、经历,武有城守、都司,又有总戎,五营全设。卫东三十余里,渡黄河有临河堡,又三十里即红山堡。有明时,寘⑱鐇[3]之变,灵州参将史镛夺渡黄河船,贼乃不得渡河。寘鐇本庆藩宗人,窥伺神器也。卫西北至红广营六十里,卫至镇北堡四十里。

注释:

[1]即晚明李自成农民军。

[2]史镛,《明史》作史墉。明正德五年(1510年),安化王寘鐇反,撤黄河渡船于西岸以绝渡,使官兵不得进宁夏。陕西总兵官曹雄闻变,遣指挥黄正驻灵州,檄杨英督灵州兵防黄河。杨英令史镛浮渡夺西岸船,扎营河东,焚大、小二草坝,寘鐇不得渡,遂被擒。

[3]寘鐇(?—1510年),乃庆靖王曾孙也。弘治五年(1492年)寘鐇嗣王,性狂诞,是时刘瑾擅权,流毒天下。寘鐇素有逆谋,与宁夏卫生员孙景文、孟彬往来甚密。阴结指挥周昂、千户何锦等杀巡抚安惟学,大理少卿周东等,以讨刘瑾为名,正德五年(1510年)反。仅十八日,寘鐇即为都指挥韩斌所擒,赐死。

校勘:

①灰、古本脱“可”。

②灰、古本脱“已”。

③灰本误“冬”为“久”。

④半、关、四、灰本作“明李”,古、今本误作“明季”。

⑤半、关本误“华”为“叶”,据四、古、今本改。

⑥古本在“堡”下衍“而东”二字。

⑦古本在“沿”之下衍“城”，并误“北”为“西”。

⑧古本误“红山堡”为“红城堡”。

⑨半、关、四、今本脱“属”，据古本补。又四本误“夏州”为“下州”。

⑩半、关本误“藩”为“落”，据四、古、今本改。

⑪半、关本误“在”为“存”，据四、古、今本改。

⑫半、关、四本脱“高”，据古、今本补。

⑬古本脱“之民(人)”。

⑭半、关、四本作“难倚为固”，古、今本作“虽倚为固”。

⑮半、关本误“浸”为“侵”，据四、古、今本改。

⑯古本脱“榆林李闯桑梓”。

⑰古、今本作“贼攻围犹血战数日”。

⑱半本误“寘”为“冥”，据关、四、古、今本改。

镇北堡，东抵宁夏，北连洪广。堡小而近山，地阔而兵少，滚钟山口、宿嵬[1]山口大有可虞。今之兵制，大非明比，山后之出入，谁与守哉？北五十里则洪广营焉。宁夏在东四十里，贺兰山在西十五里，平羌堡在南五十里。堡隶于洪广营。滚钟口、宿嵬口在西五里，堡所分防者也。有明兵制，堡军一百六十名，马七十九匹，今仅设把总而已。堡之墩口，曰黄硖外口、曰宿嵬口、曰石关、曰高渠[2]、曰宿墩、曰黄硖、曰敌台、曰乾渠、曰镇靖、曰下古、曰马房，统[3]十有一墩也。

校勘：

①四本误“嵬”为“崑”。

②四本误“高渠”为“商渠”。

③四本误“统”为“绕”。

洪广营，宁夏之北路营也。贺兰在其西，平虏[1]当其北，属堡环于边[2]。五路山口之多，无逾北路，夷之近亦无逾北路。坚壁于中，游防于外，可一日怠耶！近北三十里有镇朔堡焉。贺兰在西三十里，平虏城在北六十里。属堡有九：曰镇北、曰杨信、曰丰登、曰徐鹤、曰虞祥、曰桂文、曰常信、曰高荣、曰镇朔也。汛地南接玉泉营界起，北至平虏西暗门止。边城南自滚钟口起，沿山北至红儿口止，统二百一十里。山口有十七[3]：滚钟、黄硖、水吉、镇北、宿嵬、拜寺、贺兰、新开、塔硖、西番、大水、小水、汝箕、大风、小风、归德[4]、桃柴也。祝囊等三大部落，皆在山后，故曰近。营为宁夏北路。营设游戎一员。

校勘：

①半、关本误“虏”为“广”。据四本改。

②古本误“边”为“北”。

③半、关本误“山口有十七”为“山口有七十里”。据四、古、今本改。

镇朔堡，贺兰之麓所环抱也。山口既多，士马甚少，恃洪广为援耳。稽之明制，倍蓰其防。盖贺兰口外，或出以诇[1]夷情；六盘山前，或登以侦动静。今盐池俎醢，陈迹荒凉，避暑遗宫，登临如昔。西北有贺兰口、沙漠、河套，无不可通，北四十里为威镇堡。山口有黄硖、水吉、宿嵬、拜寺、贺兰、新开、塔硖、西番、大水、小水、汝箕、大风、小风、归德[②]、桃柴十有五隘口。虽属洪广统防，实为本堡汛地。明制：兵二百名，马一百匹。贺兰口在西二十里，自贺兰口出往五岔河，探松山、海夷动静。其时，庄浪未筑新边，此明制也。六盘顶有元昊避暑宫，遗址尚存。黑盐池在黄硖口外，有明时于此斩杀夷人无算。拜寺口去黄硖口五十里，黄硖口去贺兰口五十里。贺兰口今设把总。口外东七十里为麦朵山，又东五十里即河套界。堡有把总。

校勘：

①四本误“诇”为“詗”。

②灰本误“归德”为“临德”。

威镇堡，逼近长城，夏人谓之北长城也。北长城西起贺兰，东趍河堑，北面套冲，南尽河涘。明有套患，夏秋则浮渡侦谍，冰合则距河防边。今之患不在河套而在贺兰、打硙诸口，堡与[①]镇朔、平虏共之。山城非险，捍御为险，况长城废而不修者乎。折而东三十里则平虏矣。长城西南自红口儿起，沿山而东，历宁[②]朔墩，又自北山接黄河堰，循河而南至镇河堡止，此[③]北长城之大概，非堡之所专防也。河套地西近宁夏，东至山西偏头关，北界受降城，此三面皆阻黄河也。自明正德间为夷所据，乃于南面隔以边墙，宁夏、河东、榆林北面，皆守边墙者也。堡之边墙，皆防贺兰山后之夷，亦防河套之夷，渡水而至，今惟严祝囊等耳④。堡有把总⑤。

校勘：

①半、关、四本误“与”为“于”，据灰、古、今本改。

②半、关本误“宁”为“夏”，据四、灰、古、今本改。

③半、关、四本误“此”为“山”，据灰、古、今本改。

④诸本作“今惟严祝囊等耳”，灰本作“今惟严山后耳”。

⑤古本误“把总”为“边墙”。

平虏城，今作平罗城，或作营，夏之北门锁钥也。东连河套，西距贺兰，北御沙漠，三面滨险。长城塞河山之缺，夷厂[1]当暗门之间，隘口值土城之断，陆路之界宜严也。黄河北流，夷能溯水，战舰之兵必设也。朔方之堡，当夷锋者，平虏独甚。昔哱承恩之叛，河西皆陷，独平虏婴城固守，贼乃南不敢渡河，北不得走夷，皆平虏之阨其前，而议其后也。城西北之将台，地势平旷，可为战场，可以练兵，虽非险要，不可弃也。城北之镇远关，山河之交，天设之险，平虏之扃①键也。打硙水患乃弃而不修，故乾关、枣儿沟、桃坂夷骑飚至，莫之御焉。关南之黑山，贺兰之尾，形如虎踞，扼隘饮河。旧制：黑山营，仓储皆备，镇远之兵所屯也。饷缺卒逃，废而不复，故沿河沿山，讧乎内地。及议筑北门，三年不成，临山设堡，未几而废，故平虏墙垣至今单薄也。王琼亦城平虏，而弃镇远、黑水，不几失乎天险耶？自城截河而南，东至宁河台六十里，是为横城也。宁夏五路，独北路兵多，有平虏参将，又有洪广游击。城东十五里渡河，又五里即河套。西六十里即贺兰山，北九十里即镇远关，今为沙漠地。夷厂在东南②二暗门外，明抚夷人丑气把都儿，今废。隘口即打硙、三关口，夷常据以为巢，数犯平虏。有明时，套夷常渡河为患，巡抚张文魁于平虏以北，多设战舰，夷始寝③谋。平虏当明时最多夷患，一胜于平狐④墩，一胜于架炮梁，一胜于水塘墩，一胜于沙竹梁，一胜于沙山老湾，一胜于蜂窝山，其不可考者尚多。哱承恩三攻平虏，参将萧汝薰三却之，宁夏之复，汝薰之功也。古将台，俗传狄青[2]练兵处，不知宋时宁夏为夏所都，狄青安得至此。镇远关在北九十里，打硙口在西北四十里，弘治间不守镇远关，水遂⑤冲塌。黑山营⑥在北八十五里，其兵西守打硙，东守镇远者也。嘉靖十年，总制王琼废镇远关⑦而城平虏，已弃地百余里矣。北门关在北四十里，正德间，有议于王玘口起，曰沙河，西抵枣儿沟设险，内墙外堑，约⑧三十五里，或以其西斥卤难筑，不足为有无云。有明，于平虏北十里，展筑边墙，墙之尽处西设临山堡⑨。而临山极北不毛，苦⑩难防守，寻废为墩台，今则墩台且⑪无守者。宁河台在黄河之东，津吏堠卒皆在焉。城为宁夏北路。城有参将焉。

注释：

[1]夷厂：明代于沿边设立的与少数民族互市之场所，又作“夷市”、“番厂”。

[2]狄青(1008—1057年)，字汉臣，汾州(今山西汾阳)人。出身行伍，善骑射，在北宋与西夏战争中屡立战功，为韩琦、范仲淹擢

用，自士兵累迁至彰化军节度使、枢密使。

校勘：

①半本误“扃”为“局”，四本误为“扁”，据关、灰、古、今本改。

②半、关、四、灰本作“东南”，古、今本作“东西”。

③半本误“寝”为“侵”，据诸本改。

④半、关本误“平狐墩”为“平孤墩”，据四、灰、古、今本改。

⑤四本误“遂”为“远”。

⑥半、关、四本脱“营”，据灰、古、今本补。

⑦灰本脱“关”。

⑧半本误“约”为“纳”，据诸本改。

⑨半、关、四本误“临山堡”为“临水堡”。又半、关本脱“西”。据灰、古、今本及《边政考》宁夏卫卷之三《形胜建置》改补。

⑩半本误“苦”为“若”，据诸本改。又灰本作“防守艰苦”。

⑪灰本误“且”为“具”。

横城堡，河东所自始，长城之马头，河套之津口也。自堡而东统九城，亘四百里，直接于此，徐廷璋[1]①、王琼所设施者。堡之以北，长城西尽河堰②，水涨则土墙皆倾，水落则平地尽出，非驱石筑城，犹无边圉③也。边圉初筑，起于黄河嘴，草茂之地，悉筑于中。王琼缩④边横城，美地弃之于外，琼能议余子俊之非，而目乃不自见其睫哉！今之河套，可谓积弱，然西夷为邻，常怀吞并，故横城之北，戍甫戍申，非守河套,为河套守,盖亦劳矣。若长城风沙,易于壅塞,北边皆然也。迤[5]东南二十里,逾马鞍山为红山堡。明成化间,巡抚徐廷璋筑长城,起黄河咀[6]至花马池止[7],长三百九十里。凡水草便利处,皆筑之于内,使夷绝牧;沙碛之地,筑之于外,使夷不庐。及琼改筑新边,起于红城,又失筑边初[8]意矣。琼议余子俊城榆林,曰:失策正在于此,是明于议人,暗于议己也。今河套之夷,近宁夏者:曰山旦王、曰阿尔敦素;近榆林者:曰古禄王,俱奉调遣,亦岁赐之廪禄,所谓蒙古是也。西夷即祝囊等,住牧贺兰山后,与套隔河才二百余里,常欲并山旦等部落,故河套畏之如虎。今套中[9]当冰冻时,恐力不足,乞宁夏官兵助守,其积弱如此。横城在官津下流三里许。堡有守备。

注释:

[1]徐廷璋,字公器,河南罗山人。明景泰二年(1451 年)进士,官至宁夏巡抚。成化十年(1474 年)五月,筑边墙自紫城砦(梁份作黄河咀,在今横城北)至花马池。后王琼改筑新边,由紫城砦缩至横城。

校勘:

①半本误“徐廷璋”为“徐延璋”,据四、关、灰、古本改。又今本作“余子俊”。

②半本误“堰”为“渥”,据诸本改。

③古本误“围”为“隅”。

④四本误“缩”为“筑”。

⑤灰本脱“迤”。

⑥半本误“咀”为“筑”,据关、四、灰、今本改。

⑦古本误“止”为“山”。

⑧古本脱“初”。

⑨灰本脱“今套中”。

红山堡,极冲要害之地也。城若弹丸,兵尤寡弱。又南五十里至清水堡。堡城周一里,有把总。南至临河堡三十里,则宁夏之大路也。

清水堡①,城不宽而夷厂在其北,明于此抚套夷。今互市之地,设官分职,以莅其间,套马驽疲,恶用是蹇劣为哉!或以互市宜置横城,尤为非策。盖横城为宁夏转挽之咽喉,不可信夷之果革心也。明制:营属右司,设守备,兵六百,马一百六十。今套中之互市,不及西宁之多巴,榆林之红山。盖盐铁皆套中所有,盐池在套内,产铁在麦朵山②也。米麦虽禁,民皆以此交易,夷无他物,止有马耳。其马非老即疲,常以驴易,犹不屑焉,其驽可知。宁夏、灵州之挽粟,切近横城,横城置市,脱有意外,恐其中梗矣。营有把总。东南至毛卜喇堡四十里,又至③兴武营共七十里。

校勘:

①半、关、四本作“清水堡”,灰、古本作“清水营”。

②半、关本脱“山”,据四、灰、古本改。灰本误“铁”为“缺”。又灰、古本作“麦垛山”。

③半、关本误“至”为“有”,据四、灰、古本改。

兴武营,宁夏之中路营也。宁、灵重地,平、庆要藩。北列长城，南连山麓，野无青草，田不苗畲。元昊离宫[1]于此，是遵何说与？其地沙土相半，剥落边墙，不堪保障，所恃浚濠，以为重险耳。暗门启闭，蔺石、渠答①，殆不可无。虽河套②帖服，不可不防他盗，明之插汉可鉴已。碱滩、詹家滩③，昔④皆有备无患，可不务⑤乎？迤东南永清堡，六十里则至安定堡。

宁夏在西北，灵州在西南，平凉在西，庆阳在南。河套，当明时常防瓦剌侵之，及明季插汉入套，套夷大受其患，多内附以求援。既而插汉数侵内地，边兵莫当其锋，此昔之他盗也。今西夷祝囊等虎噬河套，欲肆东封，形于奏请，此今之他盗也。有明时，夷寇兴武，游击谈世德败之于詹家滩，又聚众入寇，总兵吴升败之于碱滩。营为宁夏中路，有游戎。东至永清堡三十里，又东南三十里至安定堡。

注释：

[1]元昊离宫：又作“西夏离宫”，在今宁夏平罗县城西南大水沟沟口两侧，现存台地遗址数十座。

校勘：

①灰、古本作“兰石”，半、关、四、今本作“蔺石”。又半、关、灰、古、今本作“渠答”，四本作“渠谷”。

②灰本误“套”为“道”，古本误为“盗”。

③半、关、四本作“詹家滩”，灰、古、今本作“詹家沟”。

④古本脱“昔”。

⑤灰本误“务”为“谨”。

安定堡，地势同于兴武。而城外之飞沙特多，及效云中筑台，兵不劳而守自固。北面长城，安得参错如若人哉。城同黑①子，而暗门出入，可不防耶。东南至高平三十里，又三十里至花马池，共六十里②。明巡抚黄家善[1]见堡多沙，乃效云中台式，于沙湃跨墙，以砖石圈甃为③敌台者四，台上有亭，可远望，可以御敌，名曰敌台。堡城周二里，故曰黑子。暗门在北，外即河套。堡有守备。

注释：

[1]黄家善：当为黄嘉善（？—1619 年），字惟尚，山东即墨人。明万历进士，官至大同知府、宁夏巡抚、兵部尚书。

校勘：

①四本误“黑”为“墨”。

②半、关、四本脱“又三十里”及“共六十里”，据灰、古本补。

③半、关本误“圈”为“卷”，灰、古、今本误为“券”，据四本改。又半、关本误“为”为“台”，据四、灰、古、今本改。灰本误“石”为“右”。

花马池城，古盐州，宁夏之东路营也。平、固门户，环、庆襟喉，定边羽翼，不但榆林之接壤，宁夏之边冲而已。其地势之漫衍，弥望平川，而四通八达。有明之总制常驻于此，其为重地，与他营千万焉。旧花马池在塞外故边，所①环甚宽，自王琼改筑②今城，而边城亦缩，城外杨柳废堡，为花马池之患，琼实贻之。北有长城关，暗门外通，飞楼③远眺，可谓重险；关外远探延绥，近防边患，可谓索情。南有铁柱泉，自边外入，独此有水，往者夷患，犯此最多，自筑城环水其中，又筑梁家泉等堡，重关叠险，而邻境皆安，仁人之利，不亦溥哉。自城而④东南三十里则榆林之盐场堡矣。平凉、固原皆在西，平、固以其城为大门。庆阳、环州在南二百八十里。定边营⑤属延绥，在⑥东南七十里。旧花马池今在套中故边，成化间余子俊所筑，今城新边，皆嘉靖间总制⑦王琼所筑，新故二城皆守，则如云中大边小边之设，藩篱益厚⑧矣，乃撤旧边而专守新边，已为失策。而边外杨柳堡遂废，夷乃潜伏其中，为城⑨之患。长城关在城北六十步，关外有那吝井、可可脑儿。明制，更番夜役，探听延绥河⑩套内边警。铁柱泉在城西南九十里，泉广数百步，可饮万马。夷由定边之乾沟、劖崖而入，数百里地止有此泉，从此饮马，或由青沙岘犯安定、会宁⑪、金县，或散掠宁夏，或长驱平凉、巩昌间。正德中，总制刘天和[1]筑城，周四里⑫，环泉于中，使夷绝饮，因名“铁柱泉”。又于铁柱泉之南百里，亘东西为墙堑，于梁家泉筑堡，于甜水、红柳、榆树等泉筑墙，于史把都、韩家、长流等水泉俱据守之，于是夷进为新边所扼，退为大边所邀，每失利。嗣是，近宁夏地皆无夷患矣。城为宁夏之东路。城有副戎。

注释：

[1]刘天和(1479—1546年)，字养和，麻城(今属湖北)人。明正德进士，后出按陕西。嘉靖初，以右佥都御史督甘肃屯政，招山、陕流民于近边耕牧，田利大兴。嘉靖十五年(1536年)，以兵部左侍郎总制陕西三边军务，改进兵车，修边墙濠堑，加强防务。同年，吉囊以十万众屯贺兰后，遣部屡扰凉州、庄浪，天和与总兵官姜奭屡败之。十九年，又天

和与总兵周尚文等在黑水苑大败吉囊,并斩其子小十王,边患稍靖。

校勘:

①灰本脱“所”。

②古本脱“筑”。

③半本误“飞楼”为“接楼”,关本误为“接壤”,据四、灰、古、今本改。

④灰本脱“城而”。

⑤半、关本误“定边营”为“安边营”,据四、灰、古、今本改。

⑥古、灰本脱“在”。

⑦半、关、四本脱“总制”,据灰、古、今本补。

⑧灰本误“厚”为“原”。

⑨古本误“城”为“夷”。

⑩四、古本误“河”为“地”,灰、古本误“听”为“近”。

⑪灰本误“会宁”为“今宁”。

⑫半、关本误“里”为“百”,据四、灰、古、今本改。

宁夏边堡,自常家寨而东,至于花马池,长城之缺,则山险焉。凡二十有三堡,九百一十里,其宁夏卫为内地不与焉。

宁夏近疆宁夏之西,直接凉州界起,以至于东直接河套界止。

银盘水,在靖虏卫北,宁夏西南。塞北百里间,有杯杓之水,必争就之，况营盘水之掘地及泉者乎！且其地有高山，远望则百里在目中，山阴有长林丰草，于兹牧马①，不数夕而肥，宜乎夷之住牧矣。营盘水在庄浪之下，红水东北一百六十里。靖虏卫、芦塘营北七十里，宁夏之小风口西二百二十里。今夷人祝囊、劳藏、克气三部落住牧。

校勘：

①灰本误“马”为“焉”。

长流水，在宁夏西南①，中卫之西。水源发于贺兰之支山，南流入黄河。水源远，故迤逦曲折，或合或分，至此归一道焉。且可蹇裳而涉，惟盛夏则深，盖贺兰之雪涣也。两岸漫延，可望见数十②里焉，夷不就牧，乌乎牧哉！长流水在中卫西一百七十里，一说在镇夷关北，未知孰是。今夷人祝囊、劳藏、克气三部落住牧。

校勘：

①诸本作“西南”，四本误作“西北”。

②四本误“十”为“千”。

贺兰山后，在宁夏之西，汉为保靖县地。东连河套，西通①西域，南障朔方，北引沙漠，延亘五百里。高出云表，雪霜凝积，盛夏而后融。其林木青白，望之如骏马，夷呼马为贺兰，因以名山。山巅梵刹百许，元昊有避暑宫，化为颓墙堕墉久矣②。明西平侯沐英讨和林，历此山。其后，朔方樵牧于其上，及其中叶无复登者。西北之麓有穹庐也，今巢[3]穴于兹者，随处而有，不独山后已焉，山后则为王庭耳。山在宁夏城[4]西六十里，河套西二百里。山后者贺兰山后[5]之西北，其地甚宽，不可一处名。按旧史称山如骏马，北[6]人谓马为贺兰，今考夷呼马为摩林，与贺兰之音不类，则贺兰之名山，当别有在。但统言山后，不一处也。大约距中卫才二百里，距宁夏可百余里，为宁夏北屏，自古为中国地。明初，元国公火脱赤屯和林，屡为边患，命西平侯沐英总陕西兵讨之，由亦集乃路渡黄河，历贺兰山。弘治八年，夷人倚山为巢穴，乃奏内地之人，不得往[7]山畋牧，至今朔方之人莫敢登贺兰山者。山后今夷[8]祝囊、劳藏、克气三台吉住牧。

校勘：

①灰本误“通”为“迩”。

②诸本作“化为颓墙堕墉久矣”，灰本作“久颓废矣”。

③半、关本误“巢”为“筑”，据四、灰、古、今本改。

④半、关本误“城”为“域”，据四、灰、古、今本改。

⑤诸本作“山麓”，四本作“山后”。

⑥灰本误“北”为“此”。

⑦古本误“往”为“住”。

⑧四本脱“今夷”。

河套，在贺兰山之东，今别为一篇附于后[1]者，以河套之地甚广，东南[2]跨榆林，西南跨宁夏也。

校勘：

①古、今、灰本脱“附于后”。

②灰本脱“南”。

右宁夏西北境外夷人壤地，附诸隘口合四十有一焉。

黑山嘴、黄沙漩，皆近中卫。观音口，近枣园堡。大佛寺外口，大佛寺里口、大佛寺小口，皆近广武营。哈喇木口、林泉口、灵武口，皆近大坝。双山南、双山北岔、双山北臼、磨石里口、磨石中，皆近玉泉。赤木里口、赤木新口，皆近宁化。金塔中口、独树里口，皆近平羌。独树儿口、杨显堡、威镇堡、滚钟里口、黄硖里口、水吉口、镇北堡、白寺口、宿嵬里口、贺兰口、新关口、小塔硖口、大塔硖口、西番口、小水口、大水口、汝箕口、桃柴口、小风口、大风口、归德口、归德外口、大风外口、打硙里口，以上各口皆近镇朔。

此宁夏西北之隘口也。东北则河套以长城为界，半堵之外，皆漫延平沙，并无所谓隘口也。即有墩台扼要之地，姑置不论，河套之归命也久矣。宁夏之西则中卫有边，垣以为疆，庶几可无患。惟北面则贺兰山，向所恃以为固者，山为我有；今则可危者，山为夷有也。山为夷有，何地不可侵，何隘不可入，岂独区区方策之山口为然哉？

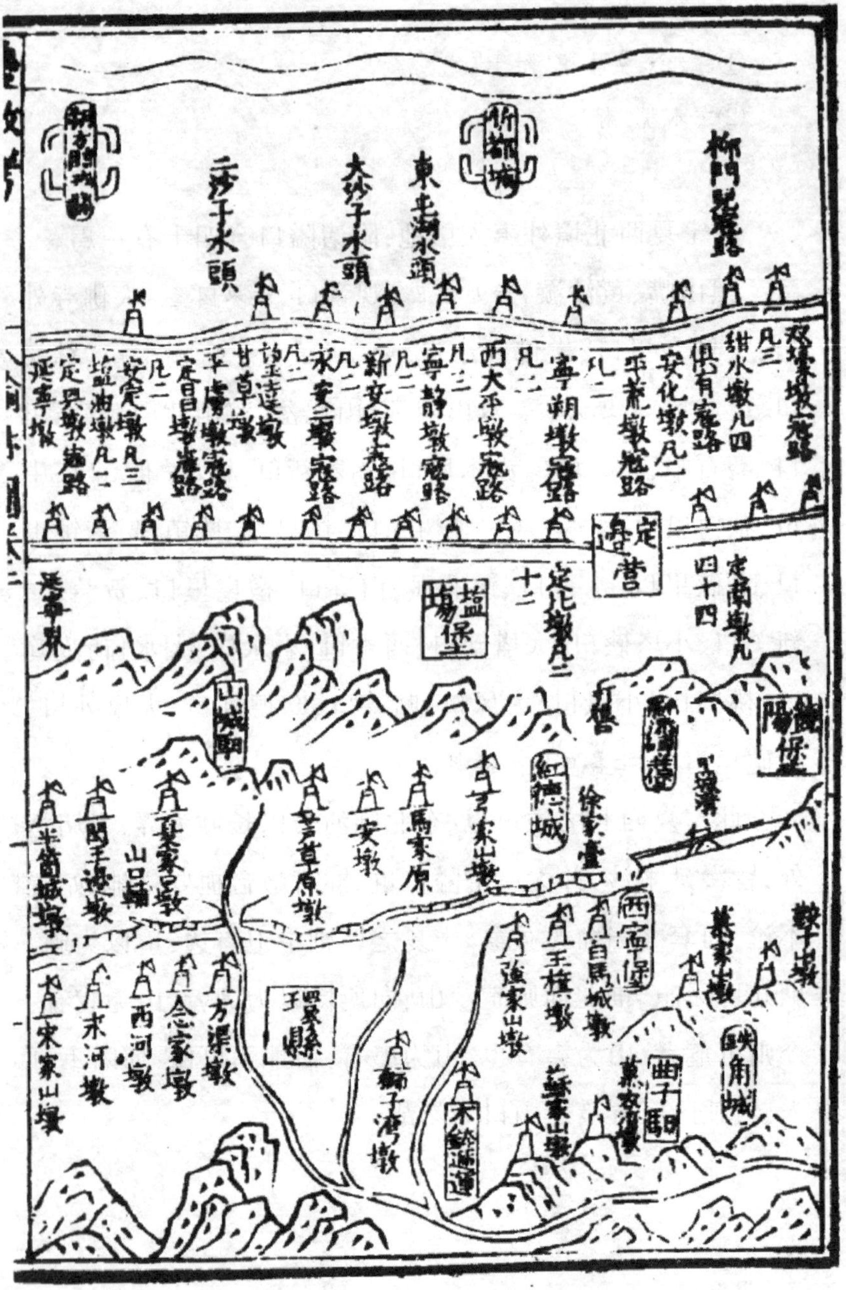

東西湖水頭
大沙子水頭
沙子水頭
安定墩凡三
鹽湖墩凡二
定興墩寨路
平虜墩寨路
甘草墩
望遠墩
永安墩寨路
新安墩寨路
寧靜墩寨路
西大平墩寨路
寧朔墩寨路
平虜墩寨路
安化墩凡二
甜水墩凡四
定邊營
鹽場堡
定北墩凡二
定南墩凡四十四
山城驛
紅德城
延寧界
徐家臺
西安堡
安墩
馬家原
方渠墩
西河墩
環縣
曲子驛
鐵角城

柳樹井寇路
閻家昔寇路
明水湖寇路
鍋底池寇路
凡三
長安墩
凡三
柏糖店墩寇路
凡三
安遠墩寇路
凡四
關門墩寇路
凡七
凡三
安邊墩凡三
永壽墩寇路
凡五
清平墩凡四
凡六
凡四
圪塔墩寇路
旧安邊
白泥灣
水頭兒
張木匠臺
龍伯要峴
柳匠溝
鋪官人
石澇池堡
新興堡
走馬城
沙家寨
三山堡
乾溝
五筒掌
淮安川
李家寺
鐵邊城
路旗寨
明皇寨
懷安堡
五角寨
皂城驛
紅柳溝
板木橋
楊木匠臺

駱駝山
艾蒿澗寇路
卯孩水
紅山兒寇路
明水池寇路
石井兒寇路
芦湖海子寇路
忻都城寇路
孫家井寇路
沙園兒寇路
忻都大川寇路
威武墩
長梁墩
山梁墩
東山崖墩
河口墩寇大路
界碑墩
廣安堡墩凡二
寧靖山墩
守口墩寇路
寧遠山墩寇路
芦荊墩凡二
沙梁墩凡二
柳樹墩凡二
石碑澗墩寇路
圓平墩凡四
毫訓梁墩
古路墩寇路
常樂墩凡三
野馬澗墩寇路
凡七
凡四
凡二
乾寨
新安邊營
永濟堡
張家泉佛寺
紅寺兒
紅泥山
鎮骨都城
中堂山
把都河堡
新堡
月落寨
慶陽府
新堡
寧州

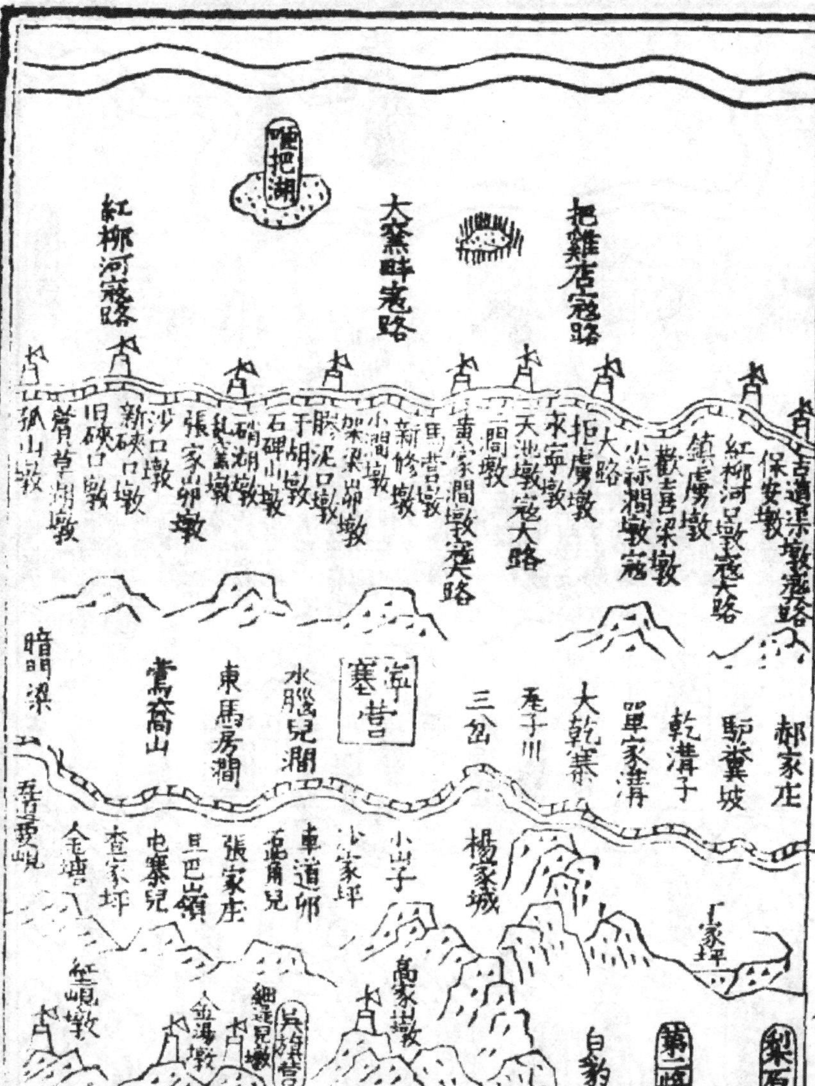
紅柳河寇路
大窯畔寇路
保安墩
紅柳河口墩寇大路
鎮虜墩
歡喜梁墩
大路
拒虜墩
永寧墩
天池墩寇大路
二間墩
馬營墩
新修墩
小澗墩
于胡墩
石碑山墩
硝湖墩
張家山卯墩
沙口墩
孤山墩
郝家庄
乾溝子
單家溝
大乾寨
毛子川
三岔
寧塞營
東馬房澗
暗門梁
楊家城
小山子
車道峴
張家庄
屯寨兒
查家坪
金塘
丁家坪
細腰兒墩
金湯墩
白豹里
第二將堡
梨園堡
合水縣
政平驛

北虏中受降城
北建自汉武
饮马槽
佛堂寺
察罕城寇路
白河兒寇路
鮎巴湖寇路
拓家畔墩
蒲罗窝墩
平城墩
麻黄渠墩
沙峴墩
永达墩
麻地墩
快滩河墩
保安墩
镇涧墩
草滩墩
抗胡墩
康连山墩
十里原
马连崖
打火店
笔架城
镇靖堡
铁叶塞
巡检司
顺宁集
饮马沟
芍药渠
靖边营
石楼台
石头滩
榆林坡
灰村涧
马湖峪
石堡寨
园林堡
龙安寨
靖边寨
西阳川

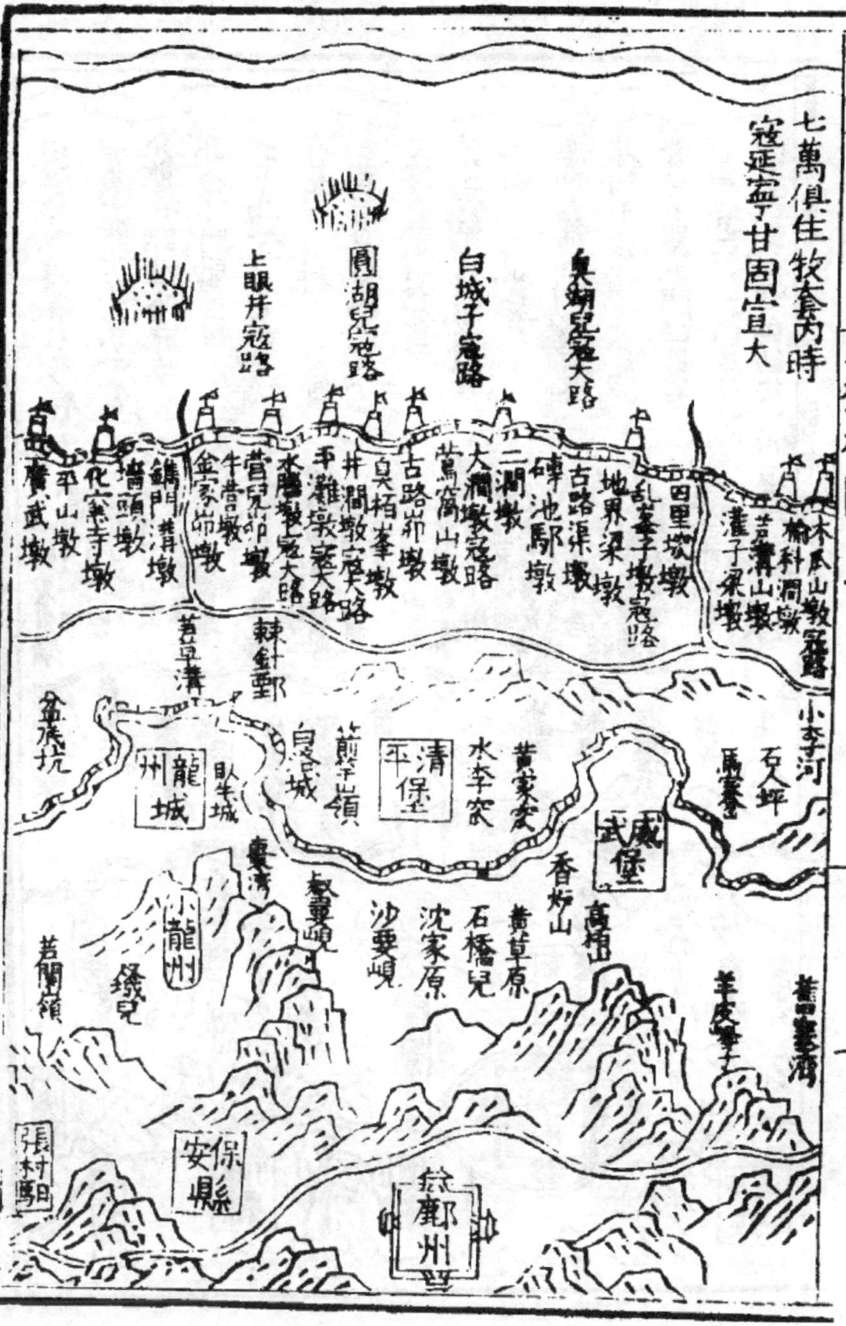
七萬俱住牧套內時
寇延寧甘固宣大
臭湖兒寇大路
白城子寇路
圓湖兒寇路
上眼井寇路
木瓜山墩寇路
榆科澗墩
苦清山墩
灌子梁墩
四里城墩
乱塔子墩寇路
地界梁墩
古路渠墩
磚池驛墩
二澗墩
大澗墩寇路
鷹窩山墩
古路峁墩
臭栢峯墩
井澗墩寇大路
平灘墩寇大路
水磨墩寇大路
營兒峁墩
牛營墩
金家峁墩
鎮門清墩
墻頭墩
化家寺墩
平山墩
靖武墩
苦草溝
棘針鄄
小李河
石人坪
清平堡
威武堡
龍州城
臥牛城
香炉山
高柏山
黃草原
石橋兒
沈家原
沙要峴
小龍州
保安縣
鄜州
張村驛

曰奴毋真曰塔不乃麻舊屬太師亦不剌今皆分散各部惟哈麻嗔部金耳阿兒禿廝部下為營者七曰亦屬亦不剌今則大酋吉囊領之合為四營曰哼合廝舊屬甚曰叭哈廝納曰打郎滿官嗔部下為營者八舊屬火篩今則大酋俺荅阿不孩領之合為六營曰多羅土門曰畏吾兒曰兀甚曰叭要曰兀魯曰土吉剌三部兵約共

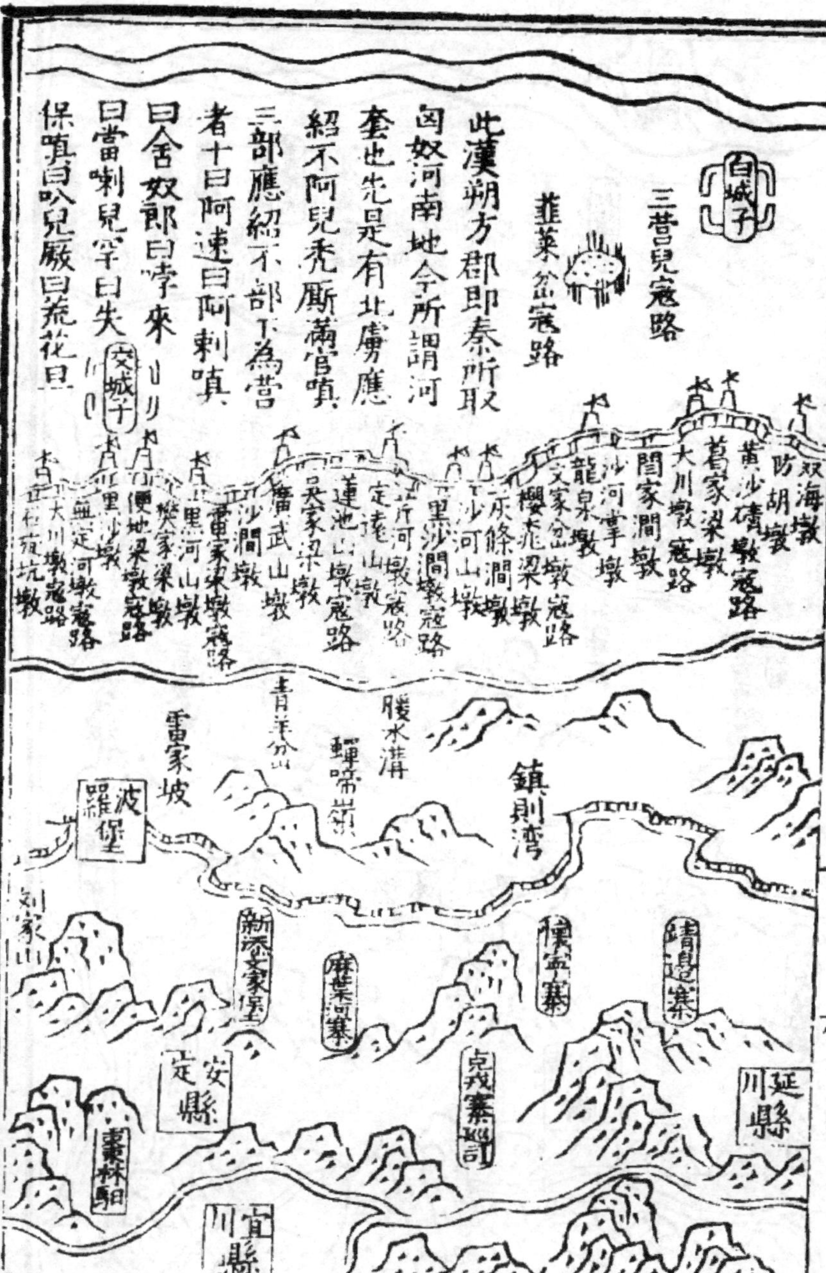
白城子
三營兒寇路
韮菜岔寇路
此漢朔方郡即秦所取匈奴河南地今所謂河套也先是有北虜應紹不阿兒禿厮滿官嗔三部應紹不部下為營者十曰阿速曰阿剌嗔曰舍奴郎曰孛來曰當喇兒罕曰失保嗔曰叭兒厫曰荒花旦
双海墩
防胡墩
黃沙磧墩寇路
葛家梁墩
大川墩寇路
閻家澗墩
沙河掌墩
龍泉墩
文家岔墩寇路
櫻桃梁墩
灰條澗墩
沙河山墩
黑沙澗墩寇路
定遠山墩
蓮池山墩寇路
吳家梁墩
廣武山墩
沙澗墩
雷家梁墩寇路
黑河山墩
樊家梁墩
便地梁墩寇路
黑沙墩
交城子
無定河墩寇路
大川墩寇路
腰水溝
青羊岔
雷家坡
鎮則灣
波羅堡
劉家山
新添安家堡
麻葉河寨
懷寧寨
靖邊寨
安定縣
克戎寨巡司
延川縣
棗林驛
宜川縣

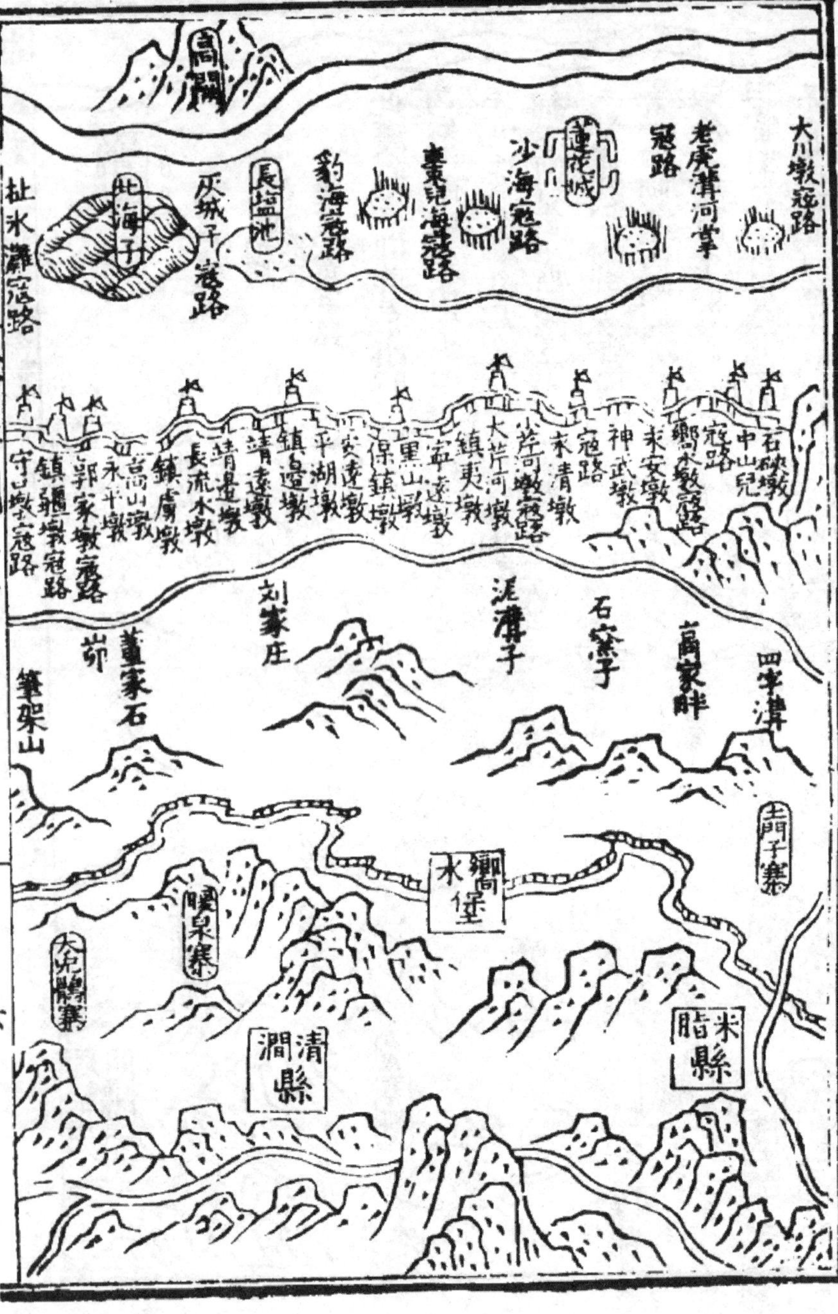
高闕
大川墩寇路
老虎溝河掌寇路
蓮花城
沙海寇路
黃兒海寇路
豹海寇路
長塩池
灰城子寇路
北海子
扯冰灘寇路
石砂墩
中山兒寇路
嚮水墩寇路
來安墩
神武墩
寇路
永清墩
波河墩寇路
大芹河墩
鎮夷墩
安遠墩
黑山墩
保鎮墩
安遠墩
平湖墩
鎮邊墩
靖遠墩
靖邊墩
長流水墩
鎮虜墩
高山墩
永平墩
郭家墩寇路
鎮疆墩寇路
守口墩寇路
四字溝
高家畔
石窯子
泥溝子
刘家庄
董家石
峁
筆架山
土門子寨
響水堡
暖泉寨
大兒臘寨
米脂縣
清澗縣

紅鹽池
紅山墩
永寧墩
常家墩
新興墩
新安墩
靖虜墩
鎮安墩
保寧墩
鎮寧墩
沙山墩
永昌墩
地界墩
常樂墩
榆林鎮城
半坡山
舊常樂堡
關山嶺
魚河
魚河堡
田庄
綏德州
延長縣
碎金驛

深河兒寇路
中梁墩
金梁墩
艾蒿梁墩
刘家梁墩
部家梁墩
双泉凋墩寇路
鎮胡墩
紀家梁墩寇路
楊家梁墩
徐家梁墩
双山墩
潘家梁墩
鎮遠墩寇路
黑河墩
倒柳樹寇路
黑河口墩
平夷墩
清新墩
張家梁墩
守口墩
王家閣墩
暖泉山墩
土蒿梁墩
橫河墩
花豹石
沙梁墩
秦家畔
双山堡
秦家畔
常樂堡
閻家川
五女川
鎮川堡
義合驛
通津堡

海子山
大珍睦寇路
小珍睦寇路
安綱墩
水泉墩
趙家梁墩
桑樹梁墩
高庙兒墩
鄧其澗墩
杏樹梁墩
孫家梁墩
閆家梁墩
牛皮要墩
武家堡墩
明沙梁墩
高家澗墩
中沙梁墩
老虎清墩
柏泉墩寇路
黃草梁墩
丁家梁墩
河西墩
界牌梁墩寇路
安家梁墩
火燒澗墩
謝家墩寇路
石灰圍墩
古塔坪墩
峯子山墩
陳家嗎墩
萬松嶺墩
王家圳墩
刘家岔
水池湾
韓家山
建安堡
神樹梁
金河寺
棗樹鄄
麻庄山
開荒川
謝家溝堡
柳樹會寨
寧河堡
七山兒堡
大會
張家庄
河西驛
烏龍鋪

古城子
井兒峰寇路
惡水河寇路
大泉溝寇路
轉輪灣寇路
野猪灣寇路
燒酒溝寇路
䎽水堂寇路
八辦山墩
白家梁墩
柏林山墩
界石梁墩
新添墩
史家溝墩
靖虜墩
綿羊頭墩
保澗墩
沙澗墩
峯子梁墩
司家梁墩
施家梁墩寇路
除胡墩
韓家梁墩
桃家梁墩
黃家梁墩
高家梁墩寇路
譚家梁墩
金剛墩
田家峁墩
柞子峁墩
新寨墩寇路
石嘴墩
楊家梁墩
碾兒梁墩
柏林堡
鄉巷口
虎頭外
四字川
高家堡
鮮堂鋪
康定堡
三角城
薛家會
三眼泉堡
神木縣堡
烏龍寨
永興堡

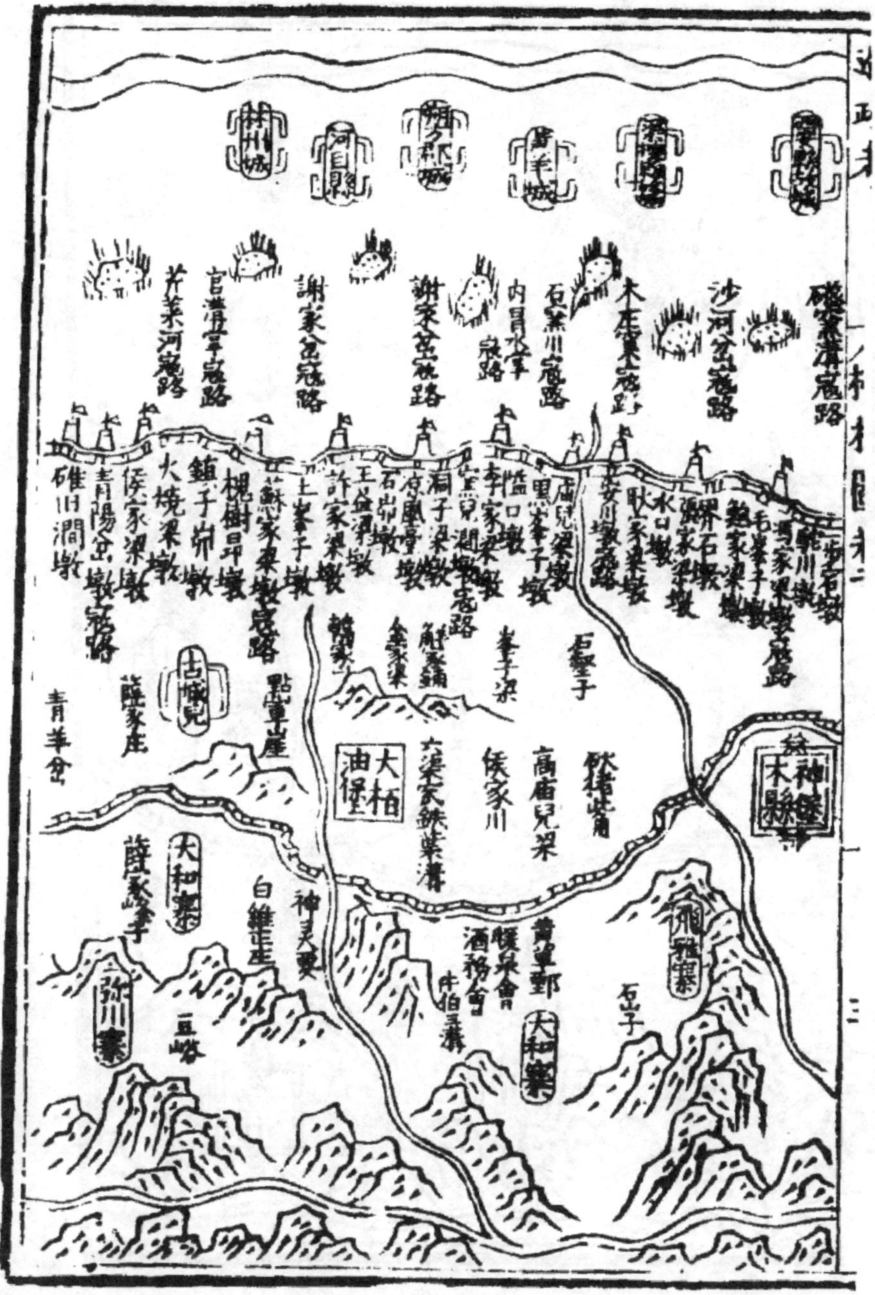
河曲縣
青羊城
古城兒
大柏油堡
神木縣
大和寨
飛雞寨
彌川寨
石紫川寇路
沙河岔寇路
謝家岔寇路
芹菜河寇路
內目水寨寇路
青陽岔墩寇路
大燒炭墩
槐樹峁墩
許家梁墩
上峯子墩
王盆溝墩
石峁墩
涼風臺墩
洞子梁墩
李家梁墩
黑峯子墩
店兒梁墩
水口墩
界石墩
毛峯子墩
蘇家梁墩寇路
鎮子峁墩
侯家梁墩
碓臼澗墩
峯子梁
石盤子
高廟兒梁
侯家川
六渠家鐵菜溝
石山子
白維正庄
神木要
酒務會
牛伯王溝
青羊岔
薛家庄
薛家峯子
點燈山座
五峪

崔家峯墩
黑城墩
王貫岔墩
寨路
香樹梁墩
地界墩
楊家城墩
桃林昂墩
鎮邊墩
鎮川墩
寧川墩
石背墩
棋杆墩
西平墩
乾溝墩
石川墩
兔毛川墩
永安墩
寨路
寨路
太平墩
清河墩
永寧臺
榆林庄
寨路
永興堡
臥牛峯子
路迷峯
十里鋪
麼夫嶺
濱水坪
葭州

察罕兒曰克
石且卜尔報
東营曰阿兒
西营曰把卸
郎阿兒入寇
無常
常年虜賊出入渡口
連城
石砦樓
沙山兒
天塔墩
張家梁墩
沙塔寺墩
松樹梁墩
平頭山墩
新興墩
余家梁墩
龍王廟墩
龍泉墩
汪家梁墩
明達墩
高家梁墩
鎮羌山墩
羌城墩
界牌梁墩
郭家梁墩
黄草梁墩
求興山墩
松林墩
刘家梁墩
神木山墩
双乃山墩寇路
樺林卯墩
党家梁墩
張茂春寇路
天四墩寇路
上双泉
双廟兒
七里廟兒
鎮羌堡
枯松樹牌樓驛
强川寨
石馬川
小木川

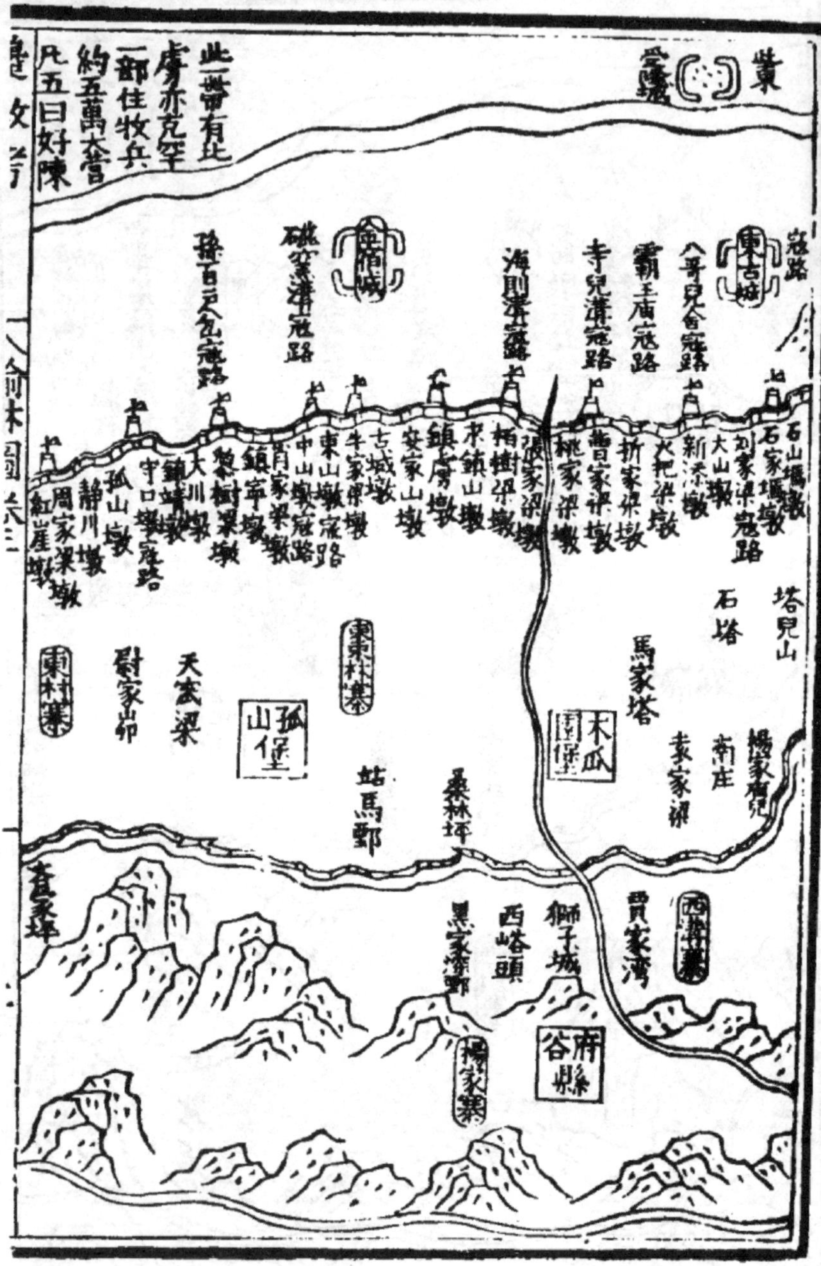
此一帶有北
虜亦克罕
一部住牧兵
約五萬大營
凡五曰好陳
東古城
八哥兒台寇路
霸王廟寇路
寺兒溝寇路
海則溝寇路
礁窰溝寇路
石山墩
石家墩
劉家梁寇路
大山墩
新添墩
大把梁墩
折家梁墩
曹家梁墩
桃家梁墩
張家梁墩
楠樹梁墩
永鎮山墩
鎮虜墩
安家山墩
古城墩
牛家梁墩
東山墩寇路
中山墩寇路
肖家梁墩
鎮寧墩
榆樹梁墩
大川墩
鎮靖墩
守口墩寇路
孤山墩
靜川墩
周家梁墩
紅崖墩
塔兒山
石塔
馬家塔
楊家府兒
南庄
袁家梁
木瓜園堡
東村寨
孤山堡
尉家山峁
天窯梁
站馬鄞
桑林坪
西村寨
賈家灣
獅子城
西峪頭
黑家溝鄞
府谷縣
楊家寨
直家坪

榆林鎮圖

延　绥　卫乾隆初年改卫为榆林府,附榆林一县①。

延绥镇,今在榆林卫②。榆林古无镇,有之自明始。明初亦无镇,有之自王祯[1]、余子俊始。延绥之间,安内攘外者,莫善于唐,其次则宋,莫不善于明。镇名延绥者,合延安③、绥德而名之也。明正统间,东胜州失守,移置绥德,谓之延绥镇。正统中,都督王祯始于出哨之水头,曰榆林庄,筑榆林堡。成化中,始置卫,故曰明初无镇也。余子俊为巡抚,成化八年,乃移镇。东起清水堡之紫城,西至定边之盐场一千二百里。弃河套于北,而内增三十六城堡,分为东、西、中三路,筑边墙④连墩勾⑤堡。其高山深崖,因其形势,下厚者斫削,稍衍者垒筑,每三里起对角敌楼,连比不断,空处筑墙,如新月状,以侦敌避射,至今仍之。然而边墙崖堑不修,皆可超越矣。

注释:

[1]王祯,陕西西安人。明成化间,为延绥镇都督佥事,督筑榆林城,并增沿边营堡墩台至二十四所,列营积粮以为固,河套蒙古不敢深入。但自王祯始,由河内徙,置榆林边堡,而弃河套之地。河套富饶,地广田腴,时人多非之。

校勘：

①半、关本有题注，四、灰、古、今本均无。

②半、关本误"榆林卫"为"延绥卫"，据四、灰、古、今本改。

③半本误"延安"为"绥安"，据诸本改。

④半、关本误"墙"为"城"，据四、灰、古、今本改。

⑤半、关本误"勾"为"包"，据四、灰、古、今本改。

夫榆林，西连宁夏，东通三晋，南引庆、延，北跨河套，东西一千二百里而遥。乃画壤[1]守沙碛不毛之地，示夷以割河套，及今二百年而莫之改，惜哉！榆林西至宁夏之花马池六百三十里，东至山西之岢岚州[2]、楼子营五百四十里。庆阳府界在西南四百八十里，延安府在西南四百五十里，河套在城北十里。榆林西南二路多黄沙环壅，中路多山而多瘠薄不毛[3]。

校勘：

①四本误"壤"为"环"。

②灰、古、今本脱"州"。

③半、关本作"而多瘠薄不毛"，灰、古、今本作"而皆"，四本作"而土"，今本误"中路"为"东路"。

何善乎唐也？延绥之边，惟北面，唐初因河为守，仍秦汉也。既而逾河筑三城，越出榆林北七百里，且未闻转饷于内地，何善之善乎！及举军复两京，兵虽单弱，依然金汤。虽有土番论恐热[1]①之变，不旋踵而败之矣。唐宣宗大中元年，河东节度使王宰[2]及朱邪赤心②败论恐热于盐池。

注释：

[1]论恐热（？—866年），吐蕃人，姓末名农力，亦称尚恐热。唐武宗时为吐蕃落门川讨击使，旋自称宰相。会昌、大中间，数与吐蕃鄯州节度使尚婢婢相攻战。既败婢婢，大掠鄯、廓、瓜、肃、伊、西等州，所过捕戮，积尸狼藉，麾下内怨，皆欲图之，遂投唐，旋叛而奔廓州。唐懿宗咸通七年（866年），为回纥之仆固俊斩杀。

[2]王宰，又称晏宰，怀州温（今河南温县）人，累官至河东节度使。唐宣宗大中元年（847年），吐蕃论恐热乘武宗之丧，诱党项、回纥余众寇河西，诏王宰统代北诸军进击。宰以沙陀朱邪赤心为先锋，败论恐热于盐州。

校勘：

①四本误“论恐热”为“论恐熟”。

②半本误“朱邪赤心”为“宋邪赤心”。

何并善乎宋也？银、夏、绥、宥、静，虽委于夏，而麟州以及延、鄜皆为版图①，及囊霄②跋扈，日寻干戈，然境内不闻饥且叛者，据可守之地，得转饷之方也。银、夏、绥、宥、静五州，按银州即今之银州关也。夏州即赫连氏之统万城，在西套③中。宥州亦在河套，汉之三封县④，唐之长泽县，天宝中始名宥州。惟绥、静二州今无可考。麟州今永兴堡，延今延安府，鄜今鄜州，囊霄即元昊小字。自麟州斜而西南以至延、鄜，其地皆可耕种，且依山阻水可守。欧阳文忠公[1]谓鄜州用粮七万余石，草二十一万束⑤。又云运输过河供馈，即此可见转输有方也。

注释：

[1]欧阳文忠公，即欧阳修(1007—1072年)，字永叔，庐陵(今江西永丰)人。宋仁宗庆历初，以右正言知制诰。后奉使河东，用兵西夏，议者欲弃麟州(今陕西神木县西)以省馈饷。修力持“麟州天险不可废，废之，则河内郡县，民皆不安居矣。不若分其兵，驻并河内诸堡，缓急得以应援，而平时可以省转输，于策为便。”由是麟州得存。又奏准忻、代、苛岚之废田，令民耕之，岁得粟数百万斛，以供馈饷。

校勘：

①四本误“版图”为“叛图”。

②灰、今本误“囊霄”为“曩霄”。

③半、关、四本作“西套”，灰、古、今本作“河套”。

④半、关本误“三封县”为“三套县”，据四、灰、古、今本改。

⑤半、关本误“二十一万束”为“二千一万束”，据四、灰、古、今本改。

力有余者当法唐，力不足者当法宋，不再计而决焉。明初，特以大将驻延安①，以其为西北要地。及城东胜，则东受降之故壤也，虽未尽唐制，而黄河之内，莫非王土。绥德犹且无镇，而况榆林乎！使祖制不湮，则卜世卜年，岂易量哉。洪武二十七年，筑东胜，在黄河外，即唐之东受降城，俗所谓白城子、黑城子是也。守东胜则东南与山西之偏头关、宁武、雁门相为唇齿，而西南可以屏蔽河套一面矣。惟东胜西四百里为中受降城，更西四百里为西受降城，未复唐制耳。其时，套内延绥、宁夏②之人，耕牧其中，樵采围猎，无不往焉。且亦修城设守，防其践冰③，故延、庆之间不知夷患，则河套蔽之也。其时屯兵东胜，故不但榆林无镇，即延绥亦无兵焉。

校勘：

①半、关、四本误“特”为“时”，据灰、古本改，又古本误“延安”为“西安”。

②古本“宁夏”作“银夏”。

③灰本误“冰”为“水”。

东胜不复，则河套空虚之地①，宜其或往或来，然未尝为王庭也。当余子俊之时，即不能逾河复三城，但因秦汉故疆，以河为界而复之，其费与城榆林等，兵不加多而足守。饶野之地可以耕，水次之舟可以挽，三边皆安，万世之利也。东胜不复，天顺六年，毛里孩、阿罗出、孛罗忽始入河套，犹贡马献琛②，未为边害，未几即去。成化初，又同乩的思兰入，始抄掠，即追逐之北渡。嗣后或一岁一入，或间岁一入，出套则犯大同、宣府，朱永[1]等讨之，皆无功，亦未尝以河套为巢穴也。今河套乃秦之新秦、河南、上郡，汉之定襄郡，唐之六州，城郭特多，盖因河为塞也。套地长一千余里，余子俊筑边，东起榆林之清水，西止宁夏之横城，亦一千六百余里，故曰与河套等③。宁夏城堡东中二路，兵八千二百七十名，榆林三路，三万八千二百名，合六万三千六百有奇。世言套地，沙深土浅，不宜耕稼，不知秦、汉、唐兵民所食何物？且今套内众近十万，麦、豆、青稞，无所不有，从何得耶？况上流即有河、兰④、固原、宁夏，下流即有山西，万一水旱，皆可鼓棹浮舟也。守河套，则偏头、延绥、宁夏皆无夷患⑤矣。

注释：

[1]朱永(？—1496 年)，字景昌，夏邑(今属河南)人。明成化元年(1465 年)，平刘通，论功进侯。六年，河套蒙古阿罗出寇延绥，大败之。十五年(1479 年)，拜靖虏将军，进爵保国公。十九年秋，小王子入边，宣、大告急，以永为镇朔大将军，督诸将周玉、李玙等击败之。永治军严肃，所至多奏功，前后八佩将军印。

校勘：

①古本误“地”为“城”。

②四本误“琛”为“参”。

③半本误“等”为“守”，据诸本改。

④半、关本误“兰”为“南”，据四、灰、古、今本改。

⑤灰本脱“夷”。又四本作“遗患”。

苟夷已据，才力不胜，以俟后之人可耳。乃敌有所不争，力有所能为①，地有所可守。顾苟焉而内缩地数百里，于黄河②四塞，嵚崎硗确间，累筑绵引，相接为长城，延长二千里，外不足为藩屏之功，内不足有地利之益。此何为者哉！徐亨[1]论王祯之失，而余子俊固蹈③之矣。虽文贵[2]更增大边，以护屯田，因仍补救，亦何益耶！成化八年，套中无夷住牧，彼此视为瓯脱，虽逾河受降城④，夷不及争，况城河南乎！河南以河为险，有地可耕，诚可守之地。延长二千里，合榆林、宁夏言之，皆为防河套也。自宁夏之横城至榆林而东⑤，则多山崖，虽少沙患，而瘠不能尽地利也。

注释：

[1]徐亨，大冶（今属湖北）人。明正统九年（1444年），征兀良哈，出界岭口、河北川，封侯，出镇陕西。曾奏王祯擅弃原守寨堡，移入腹内，恐边寇占据所弃寨堡，以为巢穴。于是敕祯俟春暖河开，仍住原寨守备，事不果行。

[2]文贵，辽东人。明正德二年（1507年），为兵部左侍郎，后继杨一清总制陕西延绥军务。又以屯田多在边外，于是修筑大边，防护屯田。

校勘：

①半、关、四、今本作"力有所能为"，灰、古本误作"力有所不能为"。

②半、关、四本作"黄河"，灰、古、今本作"黄沙"。

③半、关、四本误"蹈"为"陷"，古本误为"踏"，据灰本改。又灰、古本误"固"为"顾"。

④四、灰、古、今本误"受降城"为"城受降"。

⑤半、关本误“东”为“南”，据四、灰、古本改。

虽有王越、曾铣之才能，不以为邀功，则以为启[①]衅，盖以榆林有[②]边故也。夷因筑边，知套内乃中国弃地，不事兵革，公然而为巢穴。居比邻之地，排数尺之墙，小寇大举，无日无之。故进不能如唐，退不能如宋，惟有就沙碛间，据垣株守而已。且榆林之兵多至五万五千三百八十人，坐食穷边，阴耗物力，奈之何其不饥且盗也。成化九年，总督王越因满都鲁、孛罗忽[③]等自套入寇韦州，越知其辎重子女在套之红盐池[④]，乃率兵袭杀焚烧之。夷被大创，号哭渡河北去，不复敢渡[⑤]者二十余年。嘉靖间，夷人大猖獗，总督曾铣于二十六年大举搜套，杀获甚多，夷皆踉跄北徙，而严嵩指为开衅，斩铣东市，嗣是言搜套复东胜者绝响矣。于是小王子、火筛、俺答、吉囊、火落赤、吉能[⑥]、银定等纷纷入套。其后为患于榆林，于秦、于晋，杀戮动以万计。边吏止以边墙为界，不敢逾越尺寸，或婴城自守，或拥兵自卫，夷益骄恣，攻城掠野[⑦]，边将边兵死者不可胜计。天启元年，插汉入套，套中旧部惧其吞并，多降中国。今之套虏昔之降夷也。崇祯间，李自成等多榆林人。

校勘：

①半、关本误“启”为“起”，据四、灰、古、今本改。

②半、关本误“有”为“自”，据四、灰、古、今本改。

③四本误“孛罗忽”为“李罗忽”。

④半、关本脱“池”，据四、灰、古、今本补。

⑤半、关本误“渡”为“犯”，据四、灰、古、今本改。

⑥半、关本误“吉能”为“告能”，据四、灰、古、今本改。又灰、古本误“火筛”为“大筛”。

⑦半、关本误“掠”为“战”，据四、灰、今本改。又古本误为“挖野”。

有明之事往已，今欲为榆林善后计，奈何？曰惟有因有明以变通之耳。一曰：修边堵。昔夏初与金和好，故金得专力南侵，夏亦不受兵者八十载。及兵连不解，一胜一负①，两败俱伤。夏主②遵顼[1]议与金和，诇③者以报。金宰臣曰：就令如此，备边必不宜弛④。金主然之。然口血未干，而兵已犯境矣。今河套封古禄为晋王于东，封山旦王于西，有公有贝子，四方征战，每调其人，其王公⑤、贝子月有俸，即今所谓蒙古是也。乃边城靡有及肩，墩台高不盈⑥尺，若如金宰臣之言，将若之何？况套夷岂能如⑦遵顼哉？榆林开红山、神木、黄甫川三市，宁夏于横城开市。明⑧隆庆六年，亦于红山开市云。一曰：增屯兵。今制：三营及诸屯堡兵九千六百二十九员名，有明则五万五千四百有奇，已不逮明之什二。又从而汰之，而又有从而坐占之，苟变生不测，谁为战守耶⑨？非谓必当如明之多也，择其当增而增之，防河套之不轨，备他盗之吞并耳。河套当明时北防瓦剌之侵，内有吞并之事。其后竟为插汉杀掠，盖豢养之久而人疲马弱也。今畏西夷如虎，而贺兰山后之祝囊等，常谋并其部落焉。一曰：垦荒地⑩。明制：三守七屯，多在沿⑪边。延、庆二府召募军丁及摘拨⑫赖字号军，分置卫所⑬，三分守城，七分屯种。其后渐次逃避脱籍，而屯政大坏，今军已尽为民矣。明制：盐法，商人输粟于边，谓之报中。即领引于淮于浙支盐，故边地有募人开垦，有他⑭方转运，而米粟充积者，商人输粟之功也。嗣后淮、浙间私商甚行，引盐壅滞，而商人坐困⑮。于弘治间，商人厚赂叶琪[2]，琪乃奏罢赴边报⑯中，以盐引之银输纳户部，而边地之粟少矣。官屯、商屯之法坏，则荒地安得不多！今榆林荒地四万二千余顷，开垦之弊难言之矣：有冒熟为荒者；有贪求⑰不起科而弃熟就荒者；有着令几年起科，而不肖有司即征者，在乎得人而政举耳。此皆备边之实事，有明之善政，所当因而行之者也。一曰：通运道。河南本邑，由陕川而至潼津则黄河也，递及渭河才数十里。由渭而洛而北，上源则榆林边堡，即水急艰于行舟，然用秦、汉、隋、唐之法，以所用于关中者，何不可用于延绥耶⑱？山西之米豆，运至石州、保德州，则循河而至府谷，相去甚近，且府谷去黄甫川才二十五里，清水营亦然。其他诸堡远者不过一百里，惟西⑲路诸堡为辽阔耳。明布政文贵，改抛荒为折色，侍郎马清[3]⑳又改本色为㉑折色，于是边民㉒愈无粟矣。边之兵民无粟，荒年欲其无乱得乎？明季，流寇之所以起也㉓。崇祯间，王嘉胤[4]起府谷，神一元[5]起于宁堡㉔，张献忠生于柳树涧堡，李自成生于怀远堡，其他若李过、高一功数十贼目，无一非榆林人也。惟在鉴明季之弊，奋然更张之，所谓变通者在是矣。

注释：

[1]遵顼（1163—1226年），原为西夏宗室齐王彦宗之子。南宋嘉定四年（1211年），发动宫廷政变，废襄宗安全，自立为帝，在位十二年。顼即位之初，欲乘蒙古攻金之机，掳掠财物，扩大疆域，即对金发动多次战争，多为金所败。后依附蒙古，于嘉定十六年（1223年）。在蒙古胁迫下，传位次子德旺，称“上皇”。

[2]叶琪(淇)(1412—1496年),字本清,山阳(今安徽淮安)人。明景泰五年(1454年)进士,授御史。成化中官至大同巡抚。孝宗立,召为户部侍郎,明弘治四年(1491年),擢为户部尚书,居户部六年。变开中之制,令淮商以银代粟,盐课骤增至百万,悉输之运司,边储由此萧然矣。

[3]马清,《延绥卫志》作冯清。明正德朝为户部侍郎,与布政使文贵改本色为折色,即以应征米麦折价改征银钱。

[4]王嘉胤(?—1631年),陕西府谷人。明崇祯元年(1628年),在府谷县聚众起义,不久扩大至三万令人。同年,王大梁起义于汉南,高迎祥起义于安塞,王左挂起义于宜川,义军声势日益浩大。次年,命杨鹤为三边总督,进攻起义军。参政刘重遇攻杀王二、王大梁,参议洪承畴击败王左挂。崇祯三年(1630年),又有神一元、混天浪结伙蜂起,攻陷城堡,分合无定。义军以王嘉胤为首,高迎祥、张献忠皆为属部,以陕晋交界之府谷、河曲为根据地,称王置官署。四年,为明将曹文诏击破之,嘉胤旋为部属王国忠所杀。

[5]神一元兄弟:为明末农民起义发难者之一。崇祯三年(1630年)一月,赴援辽阳之延绥边兵哗变。神一元和其弟神一魁自辽阳逃回陕西,于十二月聚众三千起义,攻克新安(今陕西吴旂西北)和宁塞(今陕西靖边西南)而据之。继之,又陷柳树涧及保安诸城。四年正月,败于副总兵张应昌,一元死,由一魁领其众。

校勘:

①半本误“负”为“员”,据诸本改。

②半、关本误“主”为“至”,据四、灰、古本改。

③半、四、古本误“诇”为“调”，据关、灰本改。

④半本误“弛”为“他”，据诸本改。

⑤半、关本误“王公”为“公主”，据四、灰、古、今本改。

⑥半、关本误“盈”为“益”，据四、灰、古、今本改。

⑦灰本误“如”为“知”。

⑧灰本误“明”为“则”。

⑨半、关、四本误“耶”为“即”，据灰、古、今本改。

⑩灰本脱“一曰垦荒地”。

⑪半、关本误“沿”为“北”，据四、灰、古、今本改。

⑫半、关、四本误“拨”为“发”，据灰、古、今本改。

⑬灰、古、今本“分置卫所”作“分卫置所”。

⑭半、关、四本误“他”为“地”，据灰、古、今本改。

⑮古本误“坐困”为“生困”，灰本误为“作困”。

⑯古本误“报”为“堡”。

⑰半、关、四、古、今本误“求”为“永”，据灰本改。

⑱半、关本误“耶”为“即”，据四、灰、古、今本改。

⑲灰本误“西”为“为”。

⑳半、关、四本作“马清”，灰、古、今本作“冯清”。

㉑灰本误“为”为“西”。

㉒灰本误“民”为“氏”。

㉓半、关、四、古、今本脱“边之兵民无粟，荒年欲其无乱得乎？明季流寇之所以起也”，据灰本补。

㉔四、灰、古本误“堡”为“保”。

延绥边堡：盐场堡，宁夏花马池东三十里。定边堡，盐场堡东四十里。砖井堡[①]，定边堡东四十里。旧安边堡[②]，砖井堡东五十里。柳树涧，旧安边堡东南四十里。宁塞堡，柳树涧东四十里。靖边堡，宁塞堡东四十里。镇虏堡，靖边堡东四十里。镇靖堡，镇虏堡东四十里。龙州城，镇靖堡东四十里。清平堡，龙州城东三十里。威武堡，清平堡东四十里。怀远堡，威武堡东南四十里。波罗堡，怀远堡东北四十里。晌水堡，波罗堡东南四十里。保宁堡，响水堡东北四十里。榆林卫，保宁堡东北三十里。红山市，榆林卫北十里。常乐堡，红山市[③]南三十里。双山堡，常乐堡东南四十里。建安堡，双山堡东南四十里。高家堡，建安堡东四十里。栢林堡，高家堡东南四十里。大栢油堡，栢林堡东四[④]十里。神木县，大栢油堡东南四十里。永兴堡，神木县南四十里。镇羌堡，永兴堡东四十里。木瓜园，镇羌堡东南四十里。清水营，木瓜园东三十里。

校勘：

①半、关本误“砖井堡”为“砖石堡”，据四、灰、古、今本改。

②半、关本误为“奋安堡”，据四、灰、古本改补。

③灰本误“市”为“东”。

④灰本误“四”为“南”。

延绥边堡

盐场堡，延宁之错绣[1]也。西接花马池，东连定边营。沙塞平原之地，虽有盐池，而城堡屯兵自古无之。及移镇榆林，而堡始设，亦定边、花马池之亭堠耳。北则河套，限于一墙，乃堡相去特远，游牧良苦，且边外风沙，墙常淤没，与其挑浚徒劳，不如近堡改筑之有功。东四十里则定边营。堡为延绥西路所自始。花马池在西三十里。堡有盐池，周三里许，中有井，灌水其中，越宿成盐，故堡名盐场也。明成化八年，巡抚余子俊移绥德之延绥镇于榆林，乃增置三十六城堡，筑套于外，西起于堡，东尽于黄甫川。边墙在北二十里，榆林边久不修，倾塌①沙淤，几为坦途，不但盐场也。堡设把总。

注释：

[1]错绣：色彩交杂之锦绣。

校勘：

①古本误“塌”为“顿”。

定边营，隋之盐州，唐之五原郡也。南通石涝，北枕塞垣，而长城关在焉。壅门守拒，今且何如。塞外充路、汉才党，穹庐相望①，安知其不内扰，高梁之困，可为前车矣。营西郭外南北二沙，挑之复塞，石坑[2]旧寺，已为沙埋，明制文有监司，兵有三千，今兵已汰十之七八矣。东五十里至砖井堡。秦时属北地郡[3]地，隋炀[4]帝因其近盐池，置盐州郡，唐为五原郡，置都督府。石涝池堡在南一百里。边墙在北五十步，长城关出塞之门也。充路、汉才党地名，在河套中，今住牧者有黄台吉，有坐挟[5]丹台吉。高梁儿亦地名，明季总兵李琦与黄台吉战于高梁，为夷所围[6]，琦出奇胜之。西郭之南北二沙，时劳畚锸[7]。石坑寺在东北十里，元大德中所凿，久为沙淤，弘治中掘地出焉。明制：兵二千七百名。营有副戎，为延绥之西协。

校勘：

①古本误作"岂敢穹庐相望"。

②灰本误"坑"为"沆"。

③半、关、四本脱"地"，据古、今本补。又灰本误"北地郡"为"九原郡"。

④半本误"炀"为"杨"，据诸本改。又古本在"炀"下衍一"地"字。

⑤古本误"坐"为"生"，只灰本误"挟"为"扶"。

⑥半、关本误"围"为"图"，据四、古、今本改。又灰本作"囤"。

⑦半、关本误"畚锸"为"番插"，据四、灰、古、今本改。

砖井堡，宋之盐州地也。南接新兴，而梁山、洛水隔之；北望恒都，而长城烽燧障之。自堡而东，依山临堑，有险可扼。然西接定边，相去五十里，疏远空虚，则瓦劄梁之亭堠宜增置，以备应援者。堡在平川，垣颓兵寡。自堡而东南，则新安边，沿边而东五十里，则旧安边焉。砖井者，古有井，而以砖甃之。堡旧为新兴，后移新兴于堡南八十里。南有冢①岭，俗呼南梁山。恒都古城在套内。堡东北五十里，汉用兵之地。明制：兵八百五十名，今止一百一十名，堡有守备。边墙在北一里。

校勘：

①灰本误“冢”为“家”，古本在“南有冢岭”之上衍“俗乎”二字。

旧安边营，宋之盐州地，俗谓之深井。明初置城，石彪[1]所转战而成功立威地也。余子俊以平漫沙漠，难于筑浚边濠，不利士马出入，乃于中山坡改筑新营，所谓新安边也。王轮[2]①仍改守此。营在平川，久无垦土。明制兵近三千，新营且有六百，今二十而存一矣。东南②四十里至柳树涧。正统二年，置营。天顺二年，夷寇边，命大同总兵官③石彪往御之，与夷战于安边，追至昌平墩，大败于野马涧、平坡墩，转战六十余里，斩鬼力赤平章，擒获无算。成化十年，置新安边于中山坡，则北至边墙六十余里。巡抚王轮以旧营切近大边，东连宁塞，西接砖井，比之昔年孤悬者不同，乃复守此。营有荒田，民欲开垦，有司不许。营有守备④，明制：营兵二千一百，又新营五百九十，今止一百三十名，堡南至新安边六十里，北至大边一里。

注释：

[1]石彪(？—1460年)，陕西渭南人，石亨从子。初以舍人从军，饶勇善战，积功至都督同知。明景泰三年(1452年)，蒙古进犯大同，彪率壮士冲击，斩把秃王，封定远伯，充总兵官。明天顺三年(1459年)，蒙古骑兵二万人掠安边营，彪与彰武伯杨伦等御之，连战皆捷，斩鬼力赤，因功进定远侯。

[2]王轮，山西蒲州人，明嘉靖时为延绥巡抚。

校勘：

①半、关本作"王论"，四、灰、古、今本作"王轮"。

②古本误"东南"为"东西"。

③古本误"总兵官"为"兵总官"。

④古本脱"营有守备"。

柳树涧堡，宋之夏州①地也，涧有柳树②，因名堡焉。堡③置于明初，而余子俊南移永济，则定边、宁塞益以孤危，董威[1]复移于此。自堡迤东，无险可据。而堡与宁塞为延安门户，套夷居常④小窃，秋高大举，率多由此，诚吭嗌[2]也。今兵不逮明之什一，而三山石涝、新兴皆在腹里，分其兵以守冲要，亦补偏救弊之一端乎！张献忠生长此堡。东四十里至宁塞堡。永济堡在南三十里，嘉靖末⑤巡抚董威复移永济堡于此⑥，因旧堡而修筑焉。明制：兵一千八十名。流贼张献忠本堡人，初为快手，崇祯二年，从苗美[3]为贼，谓之西营八大王。堡有守备。北⑦至边堡一里。

注释：

[1]董威，河南信阳人，嘉靖间为延绥巡抚。

[2]吭嗌：咽喉也，比喻形势险要之地。

[3]苗美：原为陕北饥民之为“盗”者，被统治者辱为“土寇”。崇祯元年(1628年)，苗美起义于绥德，众至四千，转战绥德南部，与地主武装相抗衡。

校勘：

①灰本误“夏州”为“交州”。

②半、关本作“涧有柳树”，四、灰、古本误为“涧曰柳树”。又今本误为“涧名柳树”。

③灰本误“堡”为“盐”。

④灰本误“套”为“况”，又古本误“居常”为“常居”。

⑤灰本脱“末”。

⑥半、关本误“于此”为“守此”，据四、灰、古、今本改。

⑦半、关本脱“北”，据四、灰、古、今本补。

宁塞堡，古之栲栳城[1]也。堡在山源，明移三岔堡兵守此。西南有把都河堡，河①之北若莲花山，顺宁川有古塞焉；金汤川、莺窝山有战场焉；河之南架炮山、旗杆山亭燧存焉，皆希文范公之遗迹也。审度地利，自此而北，皆白苇黄沙，险无足据与？守把都儿堡②，安可无患与？宁塞逼近边城③，有明之兵，多至二十倍，且有神一元兄弟相继为乱，覆车之下，可不谨与？东至四十五里则靖边营矣。把都河在西南三十里，莲花山、顺宁川在南十五里，金汤川④、莺窝山在西南二十五里。大盗神一元本堡人。堡有守备。

注释：

[1]栲栳城：在今陕西吴旗长城乡黄涧村，筑设无考。明成化十一年(1475 年)，于此创设宁塞堡；另于今周湾镇徐台子沟村(旧城子)创设把都河堡，万历六年(1578 年)并入宁塞堡。

校勘：

①半、关本脱“河”，据四、灰、古、今本补。

②半、关本误“堡”为“保”，据四、灰、古、今本改。

③灰本误“城”为“地”。

④灰本误“金汤川”为“金满川。

靖边营，宋之兀①剌城也。延安远在其南，长城近列于北，明撤内地兵以守此，非以其冲要乎！东西有哨马营，西②南之黄花戍，以及莜麦③城、范老关皆文正公所经营者。营即保安军焉，其为重地，宋且然矣。明兵十倍于今，犹有小墩窊之失，奈何平原要塞，镇以游击将军而兵才二百耶？东四十里至镇虏堡。兀剌，宋所筑城也，即今之营也。《通志》以为即宁塞则误矣。延安府在南三百二十里④，大边在北一里。明移保安县兵守此。哨马营又谓之范将军马营，盖文正公⑤旧迹也。黄花城在西南五里，即黄河古戍也。营城外有荍麦河，渡永济桥则荍麦城[6]。明制：文有监司，兵二千二百六十名。营今有游戎，兵二百名。

校勘：

①灰本误“兀”为“元”。

②半、关、四本误“西”为“而”，据灰、古、今本改。

③灰本误“荍”为“收”，又古本误为“奴”。按“荍麦”即“荞麦”。

④灰本脱“延安府”之“府”，又作“在南三百六十里”。

⑤灰本脱“公”字。

⑥古本误“荍麦城”为“荍麦河矣桥”。又灰本误“荍麦城”为“收麦桥”。

镇虏堡，宋之夏[1]州地也。明初未尝有堡，因镇靖、靖边[2]东西辽阔，而置堡适中，城小而当要塞[3]，兵才及明之什一，非[4]置堡之初心也。东四十里至镇靖堡。镇虏今易名镇罗。镇靖、靖边相去八十里。堡周三百有七丈。明制：兵四百四十名，今五十名。参将杜茂谓居人耕种于边外云。堡有把总。北至大边半里。

校勘：

①灰本误“夏”为“交”。

②半、关本误“边”为“远”，据四、灰、古、今本改。又灰、古、今本误“靖边”为“镇边”。

③灰本误“塞”为“寨”。

④灰本误“非”为“然”。

镇靖堡，即白[1]塔涧也。南有芦关，延水出焉。明初谨守塞[2]门，继之进军笔架，余子俊乃移至此，地利失矣。两为波臣，再为刀俎，死者数千焉。今堡宜迁高阳，兵宜增设。东四十里则龙州城。堡又名白滩儿。塞门，所名[3]，笔架，城名。嘉靖五年，大水入堡，四十三年，又为水淹。套夷于嘉靖四十年陷[4]堡，杀掠二千余人，四十三年又为所陷。明制：兵二千五百名，今止一百二十名。堡有守备。南至延安府三百里，北至边二里。

校勘：

①灰本误“白”为“面”。

②灰本误“塞”为“寨”。

③灰本误“白滩儿”为“花滩儿”，又半本脱“名”，据诸本补。

④半、关本脱“五年，大水入堡，四十三年又为水淹。套夷于嘉靖四十年陷”，据四、灰、古、今本补。

龙州城，汉之龙州，宋之石堡寨[1]也，范文正于此置马营。境有龙城关，北近边堵，南为延安城，乃延境首冲。今鸦儿巷脑，四面天险，建城堡以扼吭喉，足资保障。城南宜家畔，有荒忽都河[2]，无定河之上流也。堡之沟涧良多，善用之则为险，不善用之，则为害也，地利岂有常胜哉？东三十里则清平堡。边堵在北五里，延安府在南三百里。堡在平地，不如鸦儿巷为险。圁水出塞外之白城儿，至此于堡之荒忽都河水合，南流益大，谓之无定河。水中之沙人马践之，如行幕上，多陷没之患，浅深不一,故名无定。且水急流之际,时或逆上如海潮然,唐人诗中皆指此也。延绥西路止于此堡③。堡有把总,兵五十名。明制:兵五百六十名。

校勘:

①半、关本误“寨”为“塞”,据四、灰、古、今本改。

②灰本误“河”为“沙”。

③灰本误“西路”之“西”为“要”,又误“止”为“在”。

清平堡①,汉之白土县地也,旧名砖营儿。堡在平原②,而城外之沙,常陷车骑,而距边甚远。昔有导鲊鲍③之水,而边堵以安,则择形势以迁堡,亦终焉永臧也。且自堡而东,若威武、怀远,边堵险阻,山岭崎岖,而谷口则平如砥,西川小理河汉灞,尤为扼塞,干掫之吏不戒,则白④落、卧牛,靡有坚城矣。东四十里为威武堡。嘉靖十五年,堡为套夷所陷。鲊鲍河⑤在边外五十里,其水贯墙而入,岸址倾圮,水浅则河堧平沙漫衍。靖边监司文作[1]于边外审视得石广数丈,水障而下,乃凿石为穴,导水下流,而石若梁焉,石上施城⑥,边墙遂固。白落,城名,在西六十里⑦。卧牛,亦城名,在南七十里。堡为延绥中路所自始也。堡有守备,兵一百名。明制:兵二千二百名。

注释:

[1]文作,四川涪州人,嘉靖时为靖边道兵备道。

校勘：

①四本误“清平堡”为“清水堡”。

②四、灰、古、今本误“平原”为“山原”。

③古、今本误“鲍”为“鲃”。

④灰本误“白”为“花”。

⑤灰本误“河”为“涧”，又古、今本误“河”为“湖”。

⑥半、关本误“石”为“岸”，据四、灰、古、今本改。又灰本脱“施”。

⑦灰、古、今本作“西南”，又灰本脱“六十里”。

威武堡，即响铃塔也。北有威武关，堡以名焉。堡在山阜，明始得缮城置戍。牛心在其东，赤木峙其北，依山险阻之地也。南有狄青原，武襄之所驻兵于此。奏虏功者，犹在边堵未筑之先，则榆林之边固无益于守也。今海流兔之地，岂不密迩，边既不修，兵且过少何耶？东南四十里则怀远堡矣。成化五年，巡抚王锐[1]①撤大兔鹘堡兵守此。牛心山在东十余里，赤木山在西二十里，狄青原有水，在南十里。成化二年，毛里孩②入寇，总兵扬信[2]战于狄青原，大胜之。其时并未筑边，且能战胜固守，及③边已筑，人心懈怠，夷人入犯，未有若此之胜者。海流兔，地名，在套内，今超罗代台吉、五榜式台吉④所住牧。明制：兵六百五十名。堡北去边四里。堡有把总，今兵五十名。

注释：

[1]王锐，迁安（今属河北）人。明天顺时为延绥巡抚，请于沿边

筑墙建堡，为久远计，工未兴而罢。

[2]杨信(？—1477年)，字文实，江苏六合县人，颍国公杨洪从子。常从洪出征，累功至指挥佥事。明天顺元年(1457年)移镇延绥，进都督同知。次年破寇青阳沟，封彰武伯，充总兵官。四年，河套蒙古以二万骑入榆林，信击却之，斩平章阿孙帖木儿，夺回所掠人畜万余。明成化元年(1465年)毛里孩据河套，命佩将军印，总诸镇兵往御，屡却之。

校勘：

①半、关本误"王锐"为"裴锐"，据四、灰、古、今本改。

②半、关、四本脱"孩"，据灰、古、今本补。

③灰、古本误"及"为"乃"。

④半、关、四本脱"五榜式台吉"，据灰、古本补。

怀远堡，即白家梁也。堡①在山岭，城如黑子，明移土门军守此。山下苦②水川，合圁水而东，则无定河也。明时堡之旗杆戈戟，火出有声，而闯贼乃生于李继迁寨[1]，以锻铁驿夫，覆八荒无外之金③瓯，变不虚生哉。堡距边甚远，今速盖之地，毡帐星罗，兵不及明十二，何以御之？东北四十里则波罗堡焉。城周二里。土门子在南二十里。旗杆戈戟出火，在隆庆元年。李自成世为李继迁寨人，寨在堡侧，自成幼牧羊，长为铁匠，未成，耕田无得，年二十余，始为银川驿马夫。崇祯元年，裁驿站，无所得食，四年，入苗美部为贼，号闯将。父守忠，祖海，曾祖世辅，皆怀远农民。崇祯间，米脂诸生贺时雨，贡生艾诏上书，乃掘骸扬灰。堡北至边墙二十里，东南至米脂县一百里。速盖在套内，今马太麻台吉、捧④

速台吉所住牧。明制:兵四百七十名。今堡有守备,兵一百一十名。

注释:

[1]李继迁(963—1004年),又名赵保吉,银州(今陕西米脂)党项人。出生地在无定河畔,谓之“李继迁寨”。西夏建国的奠基者。其孙李元昊称帝后,追谥为神武皇帝。庙号“太祖”。

校勘:

①半、关、四本误“堡”为“梁”,据灰、古、今本改。又四、灰、古本作“巅”。

②半、关本误“苦”为“若”,据四、灰、古、今本改。

③半、关本误“金”为“全”,据四、灰、古、今本改。

④半、关本误“捧”为“奉”,据四、灰、古、今本改。

波罗堡,堡有波罗寺。堡依山筑,南通绥德,北跨马鞍,东控土门,西引三捷。然沿边之外,沙高于墙。无定河可以为湟,戎马不能徒涉,所防常在冰坚,今河水既浅,安足恃乎！自堡东至保宁,几于三舍,沿边空虚,虽东南有响水堡,距边辽远,则增堡移兵,宜何如变通也。东南四十里至响水堡。波罗寺亦依崖而构。绥德州在南一百五十里①,马鞍山在北五里,土门寨在东十里,三捷关在西二十里,边城在北十三里。寨外之夷,即超罗代、五榜式。堡为延绥中协副戎所驻扎。今马步兵共六百六十名。

校勘：

①灰、古、今本作“二百五十里。”

响水堡，汉之圁阴地也。堡近黑河，或呼为黑河上云。东连归德，南通鱼河，绥德在于西南，榆林出于西北。惟北甚远于边，苟有缓急，不介马而趋，恐亦无及。明已移军平夷，及余子俊复移守堡。东北四十里则保宁堡。归德堡在东四十里，鱼河堡在南七十里，绥德州在西南二百里，榆林镇在东北六十里，边墙在北七十里。正统初已移平夷堡，成化间余子俊又移复。明制：兵八百名。今堡有守备，兵一百名。

保宁堡，古梁城也。波罗西接，榆溪东引，响水直[①]其南，红山通于北，切近长城。自大川口，版筑虽坚，而风沙特甚。夫堡于常乐实扼归德、鱼河、大川之冲。雕阴上郡，在在可虞，虽中路兵驻波罗，而马二百，兵仅倍之。明，常移波罗之兵守此。堡为水泽之区，迩来潴水渐涸，马无所饮，其若之何？东北则红山市，东三十里[②]至榆林卫。波罗在西八十里，红山市口在边外三十里，长城在北一里，大川口在西二十五里。堡在平地。明制：兵一千三百名。今堡有守备，兵一百名[③]。

校勘：

①四本误“直”为“值”。

②四本作“东三百里”，古本作“二十里”。

③古本误“名”为“里”。

榆林卫，榆溪旧塞①也。春秋时属白狄[1]地，秦属上郡，汉为云中、九原地，隋为榆林郡地，历代无所建置于此地也。明失东胜，而守绥德，此其出哨水头耳。城筑于王祯，镇移于余子俊，创始增修，且东西缮三十六堡，堑山湮谷，筑河套于外，而重兵屯于榆林，于是为雄镇矣。东倚驼山，西限榆溪，北距边堵，南引银州②。其城三面凭山，一面临水，可谓天险。然东南山阜参差，林木隐蔽，沙峰置楼，则高与城埒，攻击可虞也。其海潮寺逼居城下，掘地可虑也。夫榆林贪功习战之士多，务本力田之人少，其地硗瘠刍粮不充。闯贼焚杀，城陷而犹巷战，忠魂毅魄，直与日月争光可也。北十里则红山市。秦使蒙恬筑长城，略河南，拓榆林地③，千里属之。上郡今河套，即河南。而榆林所属皆古④榆中也。汉为云中、九原，又谓之五原。隋炀帝巡幸至此，有榆林宫⑤。明武宗正德十三年，亦巡幸至此。绥德州旧亦无镇，因东胜失而退守绥德也，正统间，总兵王祯始筑城，成化八年，余子俊移绥德之兵于榆林，而榆林始有延绥⑥镇矣。城东有驼山，城半筑其上，山形类驼，世呼榆林为“驼城”云。獐河之水，匝湟堑于城西，为西河，合⑦榆林之水，流入于红石硖，绕城带郭，所谓一面临河也。北六里有红山，其上有款贡城，边堵在焉。又北二里⑧为红山市，汉夷互市处也。城南一百四十里为银州关，即古银州地。榆溪、无定二水，皆南流至银州关而合也。崇祯十六年，贼李过、高一功、王良智攻榆林城，于沙峰上起飞楼，与城楼相对，矢石交至；贼又于海潮寺穴地道，城中掘地拒之，卒之东南城陷，死者颇多，巷战死者七十余人。镇，明时设有巡抚，今裁。今惟有总戎，三营马步守兵二千六百名。城有都司，守兵五百名。南至归德堡四十里，东至常乐堡⑨四十里。

注释：

[1]白狄：又作“白翟”，为北方古代少数民族之一，始见于《左传》僖公三十三年（公元前627年），主要分布于古雍州北（今陕北），后东迁河北，所建鲜虞中山国，为赵国所灭。

校勘：

①灰本误“塞”为“寨”，古本为“壑”。

②四本误“银州”为“银川”。

③半、关、四本误“林地”为“中城”，据灰本改。又古本作“拓榆中地北二千里”，今本作“拓榆中地”。

④灰本误“古”为“名”。

⑤灰本误“官”为“营”。

⑥半、关本脱“延”，据四、古、今本补。又灰本脱“延绥”。

⑦灰本误“合”为“台”。

⑧半、关、四、今本作“二里”，古本作“三里”，灰本作“四里”。

⑨古本误“常乐堡”为“常德堡”。

红山市，为款河套而开也。始于隆庆，迄今而未有已者。市口有城，开市有日，货物有禁，而有明之赏则无之。明制：一年无犯，则许市一年，而朝款夕寇，不知其①几。今向化虽醇，族类不一，过此以往，未之或知也。烂泥湾为内地草场，而近什喇百黎，边女争桑，至于启衅，不可不戒也。南由榆林四十里，至常乐堡。明隆庆五年，吉能乞贡，遂开市于红山。今②市口有土城，不屋而陶穴以居，或设帐房。正月望后开，间日一市，往市者烟、茶、梭布、棉布、草缎、盐，所禁者军器、米、麦，夷所至者，马、骡、驴、羊各皮毛。而明时③一岁止一易，赏以万金计。元昊谓：我戎人本④事鞍马，而以资邻国，易不急之物，非策也。王忠嗣[1]于夷互市，每高估马价，诸夷争以马⑤来市，夷马遂少。然今套夷甚弱，套马甚驽，盖豢养久也。烂泥湾在市外，镇军岁时采草地也。什喇百黎在市之北，今喇迷达台吉、彭松台吉住牧。南至榆林十里，西至保宁三十里。

注释：

[1]王忠嗣(704—749年)，太原祁(今山西祁县)人。开元二十九年(741年)，因功擢为朔方节度使兼灵州都督。忠嗣每至互市，辄高偿马值，诸蕃争来市，故蕃马愈少，而唐兵益壮。及镇河、陇，又请徙朔方、河东九千骑以实军。唐天宝四年(745年)，以河东节度采访使，自朔至云中，缘边数千里，当要害地开拓旧城，或自创制，斥地各数百里。五年，充河西、陇右节度使，又权知朔方、河东节度使。频战青海、积石，皆大克捷。

校勘：

①半、关本误“其”为“平”，据四、灰、古、今本改。

②四本误“今”为“合”。

③古本脱“时”。

④半、关本误“本”为“不”，据四、灰、古、今本改。

⑤四本误“马”为“易”。

常乐堡，汉之榆溪也。旧堡在南，沙碛无水。弘①治间移置岔儿河，即今堡焉。西接榆林，东接双山，葭州在其南，边圉②当其北。塞外飞沙，逾垣而入，虽有③獐水，浅不可隍。堡南鸳鸯河，水草大善，镇之刍茭咸赖焉。边外白崖河越出獐外，以为饲秣，保夷之不争④得乎？东南四十里至双山堡。成化间，筑旧堡于南二十里，弘治二年，巡抚刘忠[1]改筑今堡，堡在平川。榆林在西三十里，葭州在南一百四十里，长城在北半里。獐水出本堡，而塞外葫芦海之水，南流而至与獐水合流入红石硖。边外白崖河为镇军草地。堡为延绥中路所止。设有守备，兵一百一十名。

注释：

[1]刘忠：濮州（今山东鄄城境）人，明孝宗弘治时为延绥巡抚。

校勘：

①半、关本误“弘”为“宏”，据四、灰、古、今本改。

②灰本误“圉”为“围”。

③半、关、四本脱“有”，据灰、古、今本补。

④灰本作“不伺”。

双山堡，汉之真①乡县地也。初筑堡于水池湾②，成化中移置今堡，堡在山冈，有险可守矣。南近葭州，而府谷、吴堡，亦皆密迩。而大川当米脂之冲，则北门锁钥，堡亦无所诿其任矣。长堑在北，依山[3]阜而少风沙，然山泉溃决，庸或有之，疏导之不可废者。白崖儿可以伏兵，覆索之不可已者。边外邵家梁美地荐草，易起争端，慎之哉。东南四十里至建安堡。正德二年，筑堡水池湾。余子俊移于今堡，撤西南之柳树，会兵守之。葭州在南九十里，府谷县在东南，吴堡县在南，米脂县在西南，边桥在北十里。明时，贼伏白崖儿，副总兵陈凤死[4]之。邵家梁在边外，为镇军草地。明制：兵六百六十名。今堡有守备，兵一百名。堡为延绥东路所自始。

校勘：

①灰本误“真”为“直”。

②半、关本作“水池湾”，四、灰、今本作“水地湾”，古本作“水地堡湾”。

③半、关本脱“山”，据四、灰、古、今本补。

④半、关本误“死”为“知”，据四、灰、古、今本改。

建安堡，汉之圁阳县地也。古未有堡，余子俊城崖寺于是为今堡。南有建安关，因以名堡焉[1]。南直黄河，北限障塞。堡在山畔，然塞外抬瓮之水，贯边而入，彼有窦焉，可不防与！自堡而东，冈阜交错，蜿蜒四百余里，东路之固，固在险也。且逼近黄河，军需苟乏，水陆可通，其如世无实心任事者何！东四十里则高家堡矣。成化十年，始筑堡[2]。黄河在南一百五十里。盖黄河自宁夏北流而东，几二千[3]里，至君子济，则折而南流，贯太原④、延安之间，故延绥东路，南近黄河也。东路之北则为河套，河套之北亦为黄河者，水之曲折也。边墙在堡北五里。抬瓮，山名，在边外，水自边外而入，经堡而南，为秃尾⑤河。明制：兵六百六十名。今堡有守备，兵一百二十名⑥。

校勘：

①诸本脱"因以名堡焉"，据今本补。

②半、关本误"堡"为"城"，据四、灰、古、今本改。

③灰本误"千"为"十"。

④半、关本误"太原"为"太康"，四、古本误为"大康"，据灰、今本改。

⑤灰本误"尾"为"瓦"。

⑥古、灰本脱"兵"，又四本作"二百二十名"。

高家堡，唐之丰州地，宋之飞鸦川也。堡在平原，南通葭州，北限隍陘①。万户峪在南，赵保吉[1]之众，从此犯麟州。幽陵在北，唐开元中置也。南有弥勒川，众水所会也，堡固东路中之平原乎？马鞍山为古战场。夷之内犯，亦从堡入。今塞外之五蓝脑，毡裘罗列，备可疎与！东南四十里则柏林堡。葭州在南一百六十里，边墙在北三里，万户峪在南一百二十里。李继迁宋赐姓②名赵保吉。麟州即今永兴堡。幽陵都督府在堡东五里。弥勒川，宋置有弥勒寺③寨，下有金刚沟，皆永利河水之所经也。明初，百户宋锐战死于马鞍山。插汉本北夷，入套驱併④诸夷，套夷屡败不支。崇祯六年，火落太及古鲁太⑤皆举族内附以避之。插汉入边，从堡而入。至崇祯十年，插汉西犯甘州，病死于祁连城。套夷自乞降后，而榆林边患遂息。及李过攻榆林，榆林义士且借其兵数千来援，以众寡不敌退去。五⑥蓝脑在河套，今打儿杖贝子、哈叹⑦台吉、引章耐台吉住牧。明制：兵一千六百。今堡有守备，兵一百四十五名。

注释：

[1]赵保吉：即李继迁。淳化二年(991年)七月，归附北宋，授银州观察使，赐姓名赵保吉。

校勘：

①半本误“陋”为“喔”，据诸本改。

②四本误“宋”为“孙”，又古本脱“姓”。

③灰、古、今本脱“寺”。

④半、关本误“併”为“並”，据四、灰、又今本改。古本脱“併”。

⑤四本误“古鲁太”为“古鲁火”。

⑥古本误“五”为“黑”。

⑦灰本误“叹”为“汉”。

栢林堡，唐之胜州地，堡之得名者，其地产栢多也。堡从未有风尘之警，据①山原而地利得之。南跨黄河，北据②堑垒，而堑外之耿波党、把汉波党③，沦为异域也久矣。虽有野麻湾之水，曾不濡马足者。南有点④军崖，其事不经，非关隘阨塞，可不道矣。东四十里，则大栢油堡矣。黄河在南一百二十里，边墙在北二里。耿波党及把汉波党，皆地名，属河套，为聂克台吉住牧。野麻湾亦在套内,其水自堡西流入⑤高家堡。点军崖在南三十里,其崖有马蹄及人跪坐衣文⑥。明制:兵六百二十名。今堡设有守备,兵一百一十名。

校勘:

①半、关、四本误“据”为“距”,据灰、古、今本改。

②诸本作“距”,按上下文意应改为“据”。

③半、关本脱“把汉波党”,据四、灰、古、今本补。

④半、关本脱“点”,据四、灰、古、今本补。

⑤灰本脱“入”。

⑥四本误“跪”为“迹”。又灰本误“崖”为“岸”。

大栢油堡,唐之麟州地也。堡在山巅,水环城外,寇夷交讧,而堡相安于无事,非河山之助耶!南黄河而北长城,与栢林同之。其石盘山,诞漫①无稽,惟兵制所宜扩充耳。东南四十里则神木县矣。城外东西二水,俱自边外而入,南合栢林城东。黄河在南二十里,大边在北三里。石磐山在东南,山石有巨人迹、车辋迹,世谓周世宗败伞过此云。明制:兵四百六十名。今设守备,兵一百名②。

校勘:

①半、关、四本误“漫”为“谩”,据灰、古、今本改。又灰本误“诞”为“涎”。

②灰本脱“兵一百名”。

神木县，汉之光禄塞①，魏之朔州，隋之丰州，宋之神木寨也。明因宋为县。城在平原，南界黄河，北距市口，其凤头、笔架，则武宗之所驻跸也；其柴沟，燐火之所常青也；其河口堡则水滨之捍卫也。河山既改，而高有才唧石填海，盖可悲②矣。县东之龙眼、锦屏山环，秦、汉、唐之郡县，今久③湮于套中，而塞外之五奴、故兔，今分茅胙土，封建存焉。相与互市，同于红山。乃邑之屯兵仅及明什二，不亦过少耶！南四十里则永兴堡矣。县西十五里，有古松二株，因以为名。元亦于此置云州，明始为县，而名则因宋焉。黄河在南一百二十里，边城在北四十里，凤头④、笔架二山，皆在东一里。正德十三年十月，武宗巡幸榆林，驾驻二山。孛来入寇，总兵张钦[1]败之于柴沟。河口堡在西北，墙长八里许，恃为藩篱。戊子年[2]，总兵姜瓖[3]⑤变于大同，己丑[4]，高有才起于神木以应，王永疆[5]⑥变于榆林以应。高有才遂尽有榆林地，直趋三原，适吴三桂自汉中疾⑦趋至，有才战败，退保府谷，攻之逾年始克，高有才乃投黄河死。龙眼、锦屏山，其南有汉之光禄塞⑧，北有唐之麟州故城，及连谷城。又南四十里有秦之新秦县，唐之靖寇寨⑨、惠宁堡、镇川堡，东有元之银州旧城。五奴、故兔，地名，在边外，今封古鲁为晋王，王⑩及古鲁什贝子、捏克台吉皆住牧其地，互市大约与红山市口同。明制：兵二千四百名，今止五百一十名。县，文有监司、县令，武有副戎。

注释：

[1]张钦：睢宁（今江苏睢宁县）人，明英宗天顺时为延绥总兵。

[2]戊子年，即顺治五年（1648 年）。

[3]姜瓖(？—1649年)，陕西，榆林人，官至宣化镇总兵。李自成至居庸关，瓖迎降。多尔衮定京师，瓖乘机入大同，奉表投诚，遂镇大同，顺治五年(1648年)，瓖据大同叛，被围，食尽，为部下所杀。

[4]己丑，即顺治六年(1649年)。

[5]高有才、王永疆(强)：顺治五年(1648年)，姜瓖于大同叛清，山西刘迁、神木高有才、榆林王永强并起响应。六年三月，王永强陷延安、榆林等十九州县，延安巡抚王正志等死之。后吴三桂击败之，于是年五月吴三桂、李国翰复延安，七月又复延绥，八月姜瓖部下杨震威斩瓖降清，乱遂平。

校勘：

①灰、古本误"塞"为"寨"。

②四本误"悲"为"患"。

③半、关、四本误"久"为"又"，据灰、古、今本改。

④古本误"头"为"道"。

⑤半、古、今本误"瓖"为"壤"，四本误为"环"，据关、灰本及《清史稿》卷四《世祖本纪一》改。

⑥诸本同。按《清史稿》卷四《世祖本纪一》，应为"王永强"(疆)。

⑦半、关本误"疾"为"直"，据四、灰、古、今本改。

⑧半、关、灰、今本误"塞"为"寨"，据四、古本改。

⑨半、关、灰本作"寨"，四、古、今本作"塞"。

⑩灰本误"王"为"二"。

永兴堡，隋之连谷县，唐之麟州郡，宋以谓之黑城也。

南近黄河，北连长堑。榆林各堡，当有明时，套夷外侵，流寇内乱，而堡岿然独存者，堡在山原，以险为固也[①]。宋欲废州为寨，且欲弃之，欧阳修曰：城堡坚完，地势高峻，天设之奇险，可守而不可攻，其至黄河府州[②]各才百余里[③]，不可弃也。以今观之，其言不益信哉。东四十里则镇羌堡。堡即宋之麟州，又谓之黑城地。黄河在南九十里，边城在北十三里。府州，今黄甫川，在东南一百二十里。明制：兵一千一百名。今堡设有守备，兵一百一十名。

校勘：

①灰本作“以险固也”，今本作“险固也”。

②灰本误“州”为“谷”。

③半、关本误“才”为“县”，又脱“里”，据四、灰、古、今本改补。

镇羌堡，唐麟州地也。明初守东胜[①]，继而移置于此。南抵府谷，北绕[②]长城。堡在山原[③]，百年无兵戈，与永兴共之。境内天窊关可以守御。堡有荒田而禁垦，惜哉。东南四十里则孤山堡。成化二年[④]，移筑今堡。府谷县在南八十里，大边在北十里。明制；兵七百名。今堡有守备，兵一百一十名。

校勘：

①四、灰、古、今本误“东胜”为“东村”。

②半、关、灰本误“绕”为“统”，据四、古、今本改。

③半、关、灰、今本作“山原”，四、古本作“平原”。

④灰本作“三年”。

孤山堡，即孤圪塔营也。南接府谷，北限长城，与镇羌同焉。堡置山巅，昔屯重兵开市，及移神木，而堡日就荒凉。南有葭州①，不足为重，汤胤□[1]所谓黄沙白草，四望漫漫，一腔热血，乃委此耶。今边外之北黄河畔，有执躬圭者，然时势多变迁，可不为之长虑耶？东南四十里则木瓜园堡。府谷县在南四十里，大边在北十五里。乙未[2]，移堡之兵及市于神木。葭州②在南四、五里。有明，参将汤胤勣守孤山，与夷战败，死之。北黄河畔在套中，今掌岁公③住牧。明制：兵二千六百名。今堡有守备，兵一百一十名。

注释：

[1]汤胤勣：濠(治今安徽凤阳)人，字公让。为信国公汤和之曾孙。景泰中，署指挥佥事。天顺初，为延绥东路参将，分守孤山堡。孤山最当寇冲，胤勣奏请筑城聚粮，增兵戍守。未报，寇大至。胤勣病，力疾上马，陷伏死。

[2]乙未，即明成化十一年(1475年)。

校勘：

①四、灰、古、今本误“葭州”为“芭州”。

②四、古、今本误“葭州”为“芭州”，灰本误为“邑州”。

③灰本作“孛岁公”。

木瓜园堡，亦唐之胜州地也。东路城堡，木瓜园独置于后者，古无此堡也。府谷在南而近，长城在北而遥，奔走守望，何以不劳。堡在山巅[1]，城小而荒，一陷于阎王海[2]，再辱于王嘉胤也。东三十里[3]则清水营。成化十六年，始置堡。弘治十三年，始屯兵。府谷在南五十里，长城在北四十里。小寇阎王海陷堡，杀掠已甚；崇祯三年，流贼王嘉胤起于府谷，攻陷本堡。明制：兵八百八十名。今堡有守备，兵止一百二十名。

校勘：

①古本脱“堡在山巅”。

②古、今本作“阎山海”。

③古本作“二十里”。

清水营，唐之胜州地，宋以属府州。西南府谷，东北长城。明初以黄甫川而[1]属于营者，延绥东路。长边尽于营之紫城塞[2]，及于黄河堧也。逾河则山西，全秦之边尽是矣。清水城在山坡，当极冲之地，而兵不及明之什一。东南十五里则黄甫川焉。清水营[3]，成化二年城，移府谷之兵守此。府谷县在西南八十里[4]，长城在北二十里。明制：兵一千一百名。今设有守备，兵一百名焉。

校勘：

①古本误“而”为“西”。

②半、关本误“紫”为“柴”，又误“塞”为“穿”，据四、灰、古、今本改。

③半、关本误“营”为“堡”，据四、灰、古、今本改。

④四本误“里”为“名”。

黄甫川，唐之胜州，宋之府州也。明初隶于清水，而开关置戍焉。城在山畔，东滨黄河，南邻府谷，北尽长城，西北清水，一河之隔，岢岚之楼子营也。黄河从塞外至东胜州，经君子济[①]，折[②]而南经堡之东，则出套矣。黄河天堑，然冬寒冰合，万马可渡，故延绥他堡，止于防套，惟堡则防他寇焉。小堡互市，同于红山[③]，岂但焦家坪，为是纷纭交易哉？延绥沿边之城堡，实止于此，此[④]就今日之疆域筹之耳。天顺间，堡犹隶清水，弘治中始设关。黄河在东二十五里，府谷县在西南九十五里，北边在北二十里，清水营在西北十五里。岢岚堡东南至灰沟营、唐家会，渡河[⑤]直达偏头关。又东渡河，逼近杀虎口，故堡与山西各处，但隔一河耳。焦家坪在河套，今索铃贝子住牧。明制：兵一千六百名。今堡设有游戎，兵一百九十七名。

校勘：

①古本误“济”为“营”。

②半、关、古、今本误“折”为“抑”，据四、灰本改。

③古本误“红山”为“红水”。

④半、关本误“此”为“止”，又脱“此就”之“此”，据四、灰、古、今本改补。

⑤灰本误“河”为“外”。

延绥边堡，自盐池而东至于黄甫川、长城之间，或杂山险，凡三十堡，一千九百里，其红山为塞外不与焉。

右北边[1]自肃州之野麻湾至于延绥之黄甫川，统四千一百七十里。

校勘：

①灰本误“右北边”为“堡在北边”。

秦边纪略·卷六

河　　套自宁夏东北起，以至于榆林东北止，皆河套也。

河套在宁夏之东北，而榆木山①之北也。其地东距河则山西之偏头关，西距河则宁夏卫，延长二千里有奇。长城限其南，其三面有黄河之阻，其广或八九百里，狭隘②或一二百里。河套地界，惟黄甫川与黄河稍近。以南焦家坪，两岸夹山，水先合后泮，及娘娘滩，羊圈③渡口。交冬冰坚，夷或由坪，或由滩，或由渡口以入河套。荒废之城郭州郡，往往错杂其间。

校勘：

①半、关本作"榆木山"，四、灰、古、今本作"榆林"。

②四本误"隘"为"阻"。

③四本误"圈"为"园"。

河套本中国地，古未有河套之名也。自明筑河套、榆林之长城，弃其地于外，而河套以名。其地战国属于赵，秦为河南、新秦、上郡、九原地。始皇三十二年，使蒙恬发兵三十万，北击夷，略取河南地。明年，以榆中并河北来，属之阴山，以为三十四县[1]，城河上为塞。又使渡河取高阙、陶(阳)山，北假中，筑亭障。三十五年，除道，道九原抵云阳，堑山堙谷一千八百里。沿河筑城，扶苏[2]、蒙恬所经营，为县三十有奇。汉置五原郡①。汉王既定雍地，遣将略定北地、上郡。汉高祖六年，置定襄郡。武帝元朔二年，卫青出云中，以西至高阙，遂略河南地，按榆溪旧塞，绝梓岭、梁北河。六年春，卫青出定襄，斩首数千而还。四月后，复出定襄，捕斩万余。元狩四年，霍去病始出定襄，言单于东还，又令卫青出。定襄郡领县有十[3]。主父偃所谓河南地肥饶，外阻河，蒙恬城之，内省输运戍漕，广中国边备也。晋因汉领县十，后属苻秦[4]②。晋末始据于赫连氏。赫连氏者，其先有曰刘虎，汉时南单于之苗裔也。南单于刘猛死，虎领其众居于新兴，号铁弗氏。虎之子曰勃勃屈弓，引兵袭没奕干，并其众，自恃其强，耻姓铁弗，易为赫连氏。筑统万城，高十仞，其坚可以砺刀斧。名其四门：东曰招魏、南曰朝宋、西曰服凉、北曰平朔。称大夏天王，再称皇帝，卒为魏王所灭。其后宇文泰[5]据有其地。隋置胜州、榆林郡，更筑长城。隋炀帝大业三年七月，筑长城，发丁百余万筑之，西距榆林，东至紫河，二旬而毕。六月，驾至榆林，出塞耀兵，八月始还。唐初破突厥，以处颉利[6]之来降者，置六州，而以唐人为刺史。武后并为二州。中宗置兰池都督府，分六州为县。玄宗③改为宁朔郡，以六县为六州，又续增宥州。张仁愿北逾黄河，因赵武灵王[7]故址，筑三受降城。及灵武中兴，而武臣带甲之士④多出于此。唐贞观四年，李靖夜袭突厥颉利于定襄，大胜颉利，入朝降者十万，乃分颉利之地为六州以处之。六州：曰番、曰丽、曰含、曰塞、曰依、曰契是也。十八年，突厥俟利苾可汗北渡河，与薛延陀相恶，数相攻。俟利苾十万之众悉南渡，请居于胜、夏之间，许之。高宗永隆元年，突厥阿史那泥熟逼反，二十四州种落皆相应，乃以大将军裴行俭[8]为定襄军道行军大总管讨平之。开耀元年，阿史那伏念与阿史德温傅连兵为寇，复以行俭进讨，降之。武后时，并六州为二，曰匡州、曰长州。中宗置兰池都督，府亦名朔方郡，以州为六县。玄宗复以为六州，又增宥州。天宝中改为宁朔郡。武帝太初间，朔方军兴，突厥以河为界，河北有拂云祠，筑中受降城，东西相去各四百余里，各筑一城，谓之东受降城，西受降城，皆据津要，首尾相应，北拓地三百余里。于牛头朝那山置烽堠千八百所，一夫登障，百里洞见。自是突厥不敢渡山南畋牧矣。《史记》赵武灵王自代并阴山下，至高阙为塞。山下有长城，长城之际，连山刺天，其山中断，两岸双阙，善能云举，望若阙焉。自阙北出，故有高阙之名也。自阙北出荒中，阙口有城，跨山结局，谓之高阙戍。自古至今常置重捍，以防塞道云。既筑三受降城，仁愿镇之。继之者如常元楷等皆一时名将。天宝之末，以郭子仪代为朔方节度，裴冕[9]、杜鸿渐为留后[10]、段秀实[11]为绥德府折冲，以及浑城李光弼等[12]皆朔方将。安禄山反，玄宗幸蜀，肃宗即位灵武，郭子仪等以朔方军至，军威始大振，卒平安史之乱焉。唐末拓跋思恭、思忠[13]，以讨黄巢[14]功，赐姓拜爵，奄有宁夏绥、丰、胜、宥、麟五州地。延五代及宋，遂建国为夏。及元昊僭号，以夏竦[15]、韩琦、范仲淹为经略，种世衡[16]、狄青为将，仅遏其虐，不能灭之⑤。盖地广大，根固盘结，非一朝一夕⑥，终宋之世，而莫之何也。拓跋氏本拓跋魏之后。流党项别部，居中夏。唐贞观初，有拓跋赤辞来降，赐姓李。唐中和间，拓跋思恭以讨黄巢功，复赐姓李，拜延绥节度使。思恭死，弟思谏代为靖难节度使。思谏子仁福事梁，封朔方王。仁福生彝超、彝殷，历事唐、晋、汉、周、北汉，兄弟相继为王。宋兴，彝殷献马，死后追封夏王，此国号所由建也。彝殷子克睿以破北汉吴堡功，加检校太尉。克睿子继筠，以征北汉、略太原功，加检校司徒，定难军节度观察留后。筠死，弟继捧嗣。太宗时，捧率族人入朝，尽献银、夏、绥、宥四州地。留京居之，使人如夏州护其亲族赴京，惟定难军管内都知蕃落使李继迁不至。迁之远祖盖拓跋思忠也。从讨黄巢，拒贼渭桥，表有鹌铁，射之没羽。战没，赠宥州刺史。继迁奔亡地斤泽，每为边患。雍熙四年，乃以继捧为定难军节度使，赐姓名曰赵保忠，使镇夏州。淳化二年，保忠与继迁战安庆泽，继迁败，乃奉表降，以为银州观察使，赐姓名赵保吉。未几，二人皆叛，使李继隆[17]讨之，执保忠送京，释为宥罪侯，诏削保吉所赐姓名。至道二年，命李继隆出环，丁罕出庆，范廷召[18]出延，王超[19]出夏，张守恩[20]出麟，五路进讨，直趋平夏，虽颇战胜，终不能擒之。咸平五年，继迁陷灵州，六年，陷西凉为潘罗支[21]流石击死，景德三年，赵德明请降，后封西平王。德明虽称臣于宋，而于本国则仍称帝。仁宗天圣六年，德明使其子元昊袭甘州，取之。明道元年，德明死，元昊嗣。元昊性雄毅，有大略，晓浮图，学通蕃、汉文字，善绘画，能创制各物，自制蕃书，教其国人。案上置法律，出入常携《野战歌》、《太乙金鉴诀》等书。初德明常以马易汉物，不如意欲杀之。元昊方十余岁，谏曰：我戎人，本从事鞍马，乃以资邻国，易不急之物，已为非策，而又从而杀之，失众心。德明从之。曹玮[22]为经略，欲识元昊，使人诱致之，不可得，乃使善画者图形容。至，观之曰：真英物也，此子必为边患。元昊数谏父无臣宋。德明戒之曰："吾久用兵，疲矣。吾族三十年衣锦绮，此宋恩也，不可负。"元昊曰："衣皮毛、事畜牧，蕃性所使。英雄之生，当王霸耳，何锦绮为？”既袭西平爵，明号令，以兵法勒诸部。乃居兴州，兴州即怀远镇也。元昊以地方二万余里，皆即堡镇号州。河南之州九：曰灵、曰洪、曰宥、曰银、曰夏、曰石、曰威、曰会。河西之州九：曰兴、曰定、曰怀、曰永、曰凉、曰甘、曰肃、曰瓜、曰沙。熙洮河外之州四：曰西宁、曰乐、曰廓、曰积石，统二十有二。仁宗时称帝，国号夏。以张元、吴昊为谋士，以野利天都为将，日犯边地。仁宗乃削其姓名官爵，以夏竦守泾原、秦凤，以范雍[23]守鄜延、环庆。雍败，乃以竦为招讨使，以韩琦、范仲淹副之。后韩、范被贬，元昊轻侮夏竦。未几，竦亦贬，乃起韩、范为经略安抚招讨使。元昊兵疲，上表求和。庆历八年正月，元昊死，子谅祚嗣。谅祚小名宁令哥，蕃语谓“欢喜”[24]。“宁令”嗣位时方期岁，史言宁令哥弑元昊，非也。谅祚于英宗治平间每入寇，僭号二十年死。子秉常嗣，立十八年死。子乾顺嗣，辽以成安公主嫁之。金灭辽，即称臣于金，宋使者至则用敦国礼。立五十三年死，子仁孝嗣。仁孝建学立教，亲释奠，尊孔子，策举人，建内学，修法律，置翰林学士，修实录。立五十四年死，子纯佑嗣，在位十三年，为从弟安全所废。安全立四年，请和于元，又二年，族子遵顼立，元兵攻之。立十三年，传子德旺，自称太上皇。德旺立三年，以忧死。侄睍嗣立二年，元占有其地，夏遂亡。自继迁立至亡，凡十二世，历年二百五十有八年。按夏自李元昊显道元年建元，终末至李睍宝义二年，凡十传，共一百九十六年。元灭夏置中书省，亦谓之中兴路。宋理宗宝庆三年，元主以夏主睍归，废宥州，置西夏中兴尚书省。有明追元败将于察罕脑儿，逐王保保[25]后，城东胜州，此⑦千里之地，墙堑墩台，居然腹里，何以有河套之名？洪武三年，中山侯汤和逐元将王保保。其众既败，退守今之河套及金山。(明军)出大同取东胜，始遁去。洪武二十七年，于东受降城故壤筑东胜州，立屯戍。其地平衍，登望台瞭望，则一人匹马可见。夷皆远去，莫敢近者。盖东胜虽在山西偏头之西，实当河套之东北，河套既有三面黄河之阻，且有东胜为之重捍，故居然腹里矣。何以言弃河套于外也？明东胜不守，巡河探哨，焚草燎原于其地。即毛里孩等往来践蹂，李贤知为后患，而当事⑧者苟安目前，智不及于徙薪，而力不能救火。及益以乩加思兰⑨纠合满都鲁等，树党日多，寇边日甚，而大同、延绥、宁夏数千里，烽燧不息，鼙鼓相闻者，则河套为之巢穴也。英宗天顺五年，毛里孩、阿罗出、哱罗忽三大部，践冰入河套，亦使人贡马。成化初乃寇边，追逐之，不过一岁一入，或间岁一入，未尝为巢穴也。其时榆林、宁夏之民耕畋其中、畜牧其中自若也。天顺间，大学士李贤疏云：河套与延绥、宁夏接壤，原非夷人巢穴，今夷人出没无常，苟欲安边，必须大举。疏入，英宗召大同总兵杨信授方略。又命宣、大同、延、宁、甘、凉各整兵候期调发。毛里孩乞贡不许，毛里孩等乃侵大同。于是抚宁伯朱永为大将军往讨。毛里孩又卑辞乞贡，许之。后毛里孩攻杀孛来，稍并其众，又逐阿罗出出套，势渐弛，遂称苓王。又纠哈密北山之夷蒙古别部曰乩加思兰同居河套，又结元裔满都鲁，亦同居河套，于是势力盛大，大扰各边。大同、延绥、宁夏、固原遂无宁日矣。

注释：

[1]应为四十四县。

[2]扶苏(?—公元前210年),秦始皇长子。因劝阻始皇坑儒生,被派往上郡(今陕西绥德县境)监大将军蒙恬。始皇死后,宦官赵高、丞相李斯伪造始皇诏书,命其自杀,拥立胡亥。据传扶苏墓在今绥德县城内疏属山巅。

[3]按《汉书·地理志》,应为十二县。

[4]苻秦:东晋穆帝永和七年(351年),氐族人苻健据关中称帝,都长安,国号秦,史称前秦或苻秦。十一年,苻健死,苻坚自立为帝,以王猛为相。镇压豪强,休息民力,政治清明,国势大振,疆域扩大,拥有西域、大漠南北、黄河流域及长江上游广大地区,与东晋对峙。东晋孝武帝太元八年(383年),苻坚亲率大军征东晋,在淝水败溃,前秦分裂为燕、秦、凉三部,互相攻夺,三年后,为北魏所灭。

[5]宇文泰(504—556年),字黑獭,代郡武川(今内蒙古武川)人,鲜卑族。雄武多略,奉以为主,遂统鲜卑十二部落,世为大人。永熙三年(534年),孝武帝受高欢之逼,西奔长安,泰拥帝与高欢相拒,进为大丞相,独揽朝政,并藉关陇豪绅之支持,用苏绰、卢辩等,改革官制,行均田、府兵制。于西魏恭帝三年(556年)卒。子觉代西魏,是为北周。

[6]颉利(?—634年),名咄苾,启民可汗之少子。颉利初嗣立,承父兄之资,兵马强盛。唐高祖时屡举兵扰边,唐太宗曾为之亲征。贞观四年(630年)被唐将李靖破之,遂灭其国,并由行军副总管张宝相俘送长安。太宗优遇之,授虢州刺史,赐以田宅。贞观八年卒,赠归义王。

[7]赵武灵王(公元前340—公元前295年),名雍,在位二十七年。二十四年(公元前302年),行胡服骑射。相继灭中山、破林

胡、楼烦，国势大盛。二十七年传位子何(即赵惠文王)，自称王父。后因内讧被李兑围困于沙丘宫，饿死。

[8]裴行俭(619—682年)，字守约，绛州闻喜(今山西闻喜县)人。贞观中，举明经，苏定方奇之，授以用兵奇术。麟德二年(665年)，拜安西大都护。仪凤四年(679年)，计擒西突厥十姓可汗阿史那匐延都支，拜礼部尚书，兼检校右卫大将军。不久，突厥阿史那伏念与阿史德温傅鸠集余众十万而叛。永隆元年(680年)，行俭总诸军讨之，屯军于代州之陉口，纵反间说伏念与温傅，令相猜贰。伏念恐惧，密送降款，仍请自效。少间，伏念执温傅来降，遂尽平突厥余众。后斩伏念及温傅于都市。以勋封行俭为闻喜公。

[9]裴冕(703—769年)，字章甫，河东河中(今山西永济)人。哥舒翰任河西节度使时，辟行军司马。安史之乱，玄宗入蜀，冕自河西至灵武，与杜鸿渐等，拥立肃宗，进为中书侍郎，同中书门下平章事，倚以为政。两京平，封冀国公。后坐刘烜事，降施州刺史，徙沣州。大历中，因郭子仪言其冤，召回京，拜左仆射、同中书门下平章事。不逾月卒。

[10]杜鸿渐(?—769年)，字之选，濮州濮阳人。天宝末，累迁大理司直、朔方留后。肃宗按军平凉，鸿渐力劝肃宗至朔方。及至灵武与裴冕等劝即皇帝位。至德二年(757年)，累官至河西节度使、凉州都督。两京平，迁荆州大都督府长史，荆南节度使。卒，赠太尉，谥曰文宪。

[11]段秀实(706—783年)，字成公，陇州汧阳(今陕西陇县)人。沉厚有断。天宝四年(745年)，因功授安西府别将。大历十一年(776年)，为泾原、郑颍节度使，三四年间，吐蕃不敢犯塞。建中四年

(783年)朱泚反,以秀实有人望,使骑往迎,秀实阳与合。一日与泚议事,突夺象笏击之,唾其面而大骂之,笏中泚额,流血被面。秀实遂遇害。

[12]李光弼(708—764年),营州柳城(今辽宁朝阳)人,契丹族。善骑射,严毅有大略。曾任河西、朔方节度副使等职。安禄山叛,任河东节度使,与郭子仪进攻河北,收复十余郡。又在太原击败史思明。乾元二年(759年),率军进击安庆绪,败守河阳,不久攻克怀州,因功封临淮郡王。宝应元年(762年)出镇徐州,进封临淮王。

[13]拓跋思恭、思忠:并为兄弟,为西夏李继迁之祖先。唐咸通十四年(873年),思恭据宥州(今陕西靖边东),自称刺史。中和元年(881年),拓跋思恭与鄜州李孝昌誓讨黄巢,僖宗贤之,以为左武卫将军,权知夏、绥、银节度使。后因讨巢功,擢为夏州节度使,赐姓李,封夏国公,统辖夏、绥、银、宥四州。

[14]黄巢(?—884年),曹州冤句(今山东荷泽)人,私盐出身。乾符二年(875年),率众响应王仙芝起义。五年,王仙芝战死后,被推为农民起义军之领袖,称冲天大将军,年号王霸。南下经江西、浙江,进入福建。六年进入岭南,攻克广州,众至百万。是年十月回师北伐,进入湖南,渡长江、淮河,进军淮北,改称天补大将军。中和元年(881年),进入长安,即皇帝位,国号大齐,年号金统。四年,兵败退泰山狼虎谷,为官兵追及,不屈自杀。

[15]夏竦(985—1051年),字子乔,江州德安(今江西德安县)人。仁宗宝元二年至庆历元年(1039—1041年)间,任陕西经略安抚使等职,防御西夏,为夏人所轻。庆历三年(1043年),召为枢密使,以谏官反对,改判大名府。七年,任枢密使,封英国公,皇祐三年

(1051 年)卒,著有《文庄集》等。

[16]种世衡,字仲平。仁宗时,方用兵西夏,世衡建言:延安东北二百里有故宽州,请因其废垒而兴之,以当寇冲。右可固延安之势,左可致河东之粟,北可图银、夏之旧。朝廷从之,命董其役。夏人屡出争,世衡且战且城。又对西夏及羌,用恩抚之策,以靖边患。在边数年,积谷通货,益兵增饷,善抚士卒,皆能得人死力。及卒,人皆画像祀之。

[17]李继隆(950—1005 年),字霸图,潞州上党(今山西长治)人。以荫为供奉官,参与平蜀、平江南、征太原之役,屡破西夏、契丹兵。淳化四年(993 年),为河西行营都部署,征西夏,俘赵保忠。宋太宗至道二年(996 年)为灵、环十州都部署。真宗即位,加使相,解兵权。宋真宗咸平四年(1001 年),为山南东道节度使,判许州。

[18]范廷召(926—1001 年),冀州枣强(今属河北)人。后周广顺初,应募为北面招收指挥使。宋初,从征太原、范阳。雍熙三年(986 年),从征契丹于固安南,破其众。端拱二年(989 年),大破契丹三万众于徐河。淳化二年(991 年),为平虏桥砦都部署,历并代、环庆两路副部署。至道中,遣将从五路讨李继迁,命廷召副李继隆为环庆、灵都部署。是役诸将失期,独廷召与王超屡克捷,获契丹兵器、铠甲数万。录功为殿前都指挥使。

[19]王超,赵州(今河北赵县)人。太宗尹京,召置麾下。真宗嗣位加检校太傅,领天平军节度,后为侍卫马军都虞侯,镇州行营都部署,又帅镇、定、高阳关三路。契丹入边,与战于遂城西,俘馘二万计,斩其裨王骑将十五人。李继迁陷清远军,以超率定州路行营,行加镇、定、高阳关三路都部署,许便宜从事。加升府仪同三司、检校太

尉。后数次御辽，皆无功。超为将善部署，对下有恩，然临军寡谋，拙于战斗。

[20]张守恩，北宋初大将张令铎次子。宋太宗淳化中，累至崇仪副使，稍迁崇仪使，领锦州刺史。真宗景德初，就加西上阁门使，知泰州。

[21]潘罗支(?—1004年)，吐蕃西凉府六谷都首领。咸平四年(1001年)，因其愿助攻李继迁，乃授以盐州防御使兼灵州西部都巡检使。五年，贡马五千匹。六年，请会兵讨李继迁，乃以为朔方节度、灵州西面都巡检使。是年十月，继迁攻入西凉府，他集六谷诸豪及者龙族击败之。景德元年(1004年)，为继迁种落迷般嘱及日逋罗丹二族袭杀。

[22]曹玮(973—1030年)，字宝臣，真定灵寿(今河北灵寿县)人，宋初大将曹彬子。初知渭川，后累迁知秦州兼泾、原、仪、渭镇戎缘边安抚使。屡破羌族诸部，迁宣徽北院使、镇国军节度观察留后等。宰相丁谓逐寇准，被指为准党，谪知莱州。丁谓败，复华州观察使、知青州，迁彰武军节度使，统兵四十年，未尝失利。

[23]范雍(981—1046年)，字伯纯，世家太原。咸平初中进士第，为洛阳县主簿，官至河北、陕西转运使。环、原州属羌扰边，以雍为安抚使，请抚有功，迁右谏议大夫，权三司使。后李元昊反，拜振武军节度使，知延州。守城有功，迁户部侍郎，知安州。后为资政殿学士，知永兴军兼转运司事，后迁尚书左丞，有政绩，又迁礼部尚书。

[24]宁令哥：按《通鉴长编》卷一百六十二，宪成皇后叶勒氏(野利氏)颀长有智谋，元昊畏之。生三子：长子宁明好，学神仙术，气忤而死，次子宁凌噶为太子；三子早死。南宋《东都事略·西夏传》称

宁凌噶作宁凌哥。沈括《梦溪笔谈》卷二十五，又作宁令受，并说："'宁令'者，华言'大王'也。"又云："元昊……纳没藏讹庞之妹，生谅祚而爱之。"《宋史·夏国传上》又云：谅祚小字宁令哥，汉意为"欢嘉"(疑为"欢喜"之误)。元昊死时，谅祚不满周岁，遗嘱传位于从弟威噶尔宁。大臣且外戚的没藏讹庞认为"父死子继，国人乃服"。谅祚始以冲令登上王位。

[25]王保保(?—1375年)，元末沈丘(今河南沈丘)人，即扩廓帖木儿。察罕帖木儿之甥，自幼被养为义子。察罕死，代为统帅，至正二十二年(1362年)冬，破益都，后驻兵冀宁(治今山西太原)，与诸将孛罗帖木儿等相攻击。二十五年，为河南王，总天下兵。洪武元年(1368年)，明军大举北征，保保败走甘肃。三年，徐达大破保保兵于沈儿峪口(在今甘肃定西车道岘之南)，保保拥元太子爱猷识理达腊居和林。后屡扰明境，拒绝招降，不久即卒。

校勘：

①灰本"五原郡"为"九原郡"。

②半、关、灰本误"苻秦"为"符秦"，据四、古本改。

③半、关本因避康熙讳作"元宗"，据四、灰、古、今本改为"玄宗"。

④半、关本误"带甲之士"为"带甲之力"，四、灰、古本误为"而师武臣力带甲之力"，据今本改，但今本衍一"师"字。

⑤半、关、四、古本脱"不能灭之"，据灰本补。

⑥灰本脱"非一朝一夕"。

⑦半、关本误"此"为"北"，据四、灰、古本改。

⑧古本误"事"为"时"。

⑨灰本误“乩加思兰”为“乩加恩兰”。

昔虞诩[1]有言：三郡沃野千里，水草丰美，土宜产牧，宜复城邑，事耕屯①，灼灼明矣。自叶盛[2]倡诞谩之论，遂坚弃河套者②之心。嗟乎，古郡县其中者，皆移粟于他所乎！当日延、宁耕植于中者，皆种豆成萁乎？河套畜牧十倍延、宁，昔苟难而今何以易乎？一言丧邦，或叶盛之谓乎！于是余子俊、王琼阴用其言，后先合志，设重兵于榆林③旧堡。筑长城东起黄甫川，西至宁夏，乘障列燧，划④壤分疆，举北面千余里而弃之，此河套所以至今⑤不为内地也，推⑥子俊与琼之心，或先自守而后可施攻取，然城已筑成，已示夷人为已弃之地。立懦夫自守之疆，河套之弃，非二子作俑而谁耶？成化七年，吏部侍郎叶盛，自延绥归奏云：河套皆沙土，且水浅难畜牧，又多冰霜，早春气迟，耕植亦不利。若搜套复东胜，其势不易，不若益兵守险便。宪宗是其言，置河套亦不问。成化八年，陕西巡抚余子俊筑长城，起于黄甫川，止于定边营之西，皆延绥地也。及王琼代为巡抚，筑长城，东起花马池至止横城堡，皆宁夏地也。虽延绥旧亦有边，子俊又于边外特加创筑置堡、置兵，遂划然为彼疆北界耳。河套东自偏头关，而直抵宁夏，不啻千里，言千里者举大略也。

注释：

[1]虞诩（？—137年），字升卿，陈国武平（今河南鹿邑）人。官至怀县令、武都太守、司隶校尉、尚书令，撰有《请复三郡疏》、《荐左

雄疏》和《上疏谏输义钱》。

[2]叶盛(1419—1474年),字与中,昆山(今属江苏)人。正统进士,初授兵科给事中,景泰间擢为右参政,督饷宣府。天顺二年(1458年),召为右佥都御史,巡抚两广。成化间满都鲁诸部久驻河套,成化七年(1471年),叶盛巡边后,以时无良将,边备久虚,转运劳费,力言搜河套复东胜未可论议,而以守为良策。

校勘:

①古本作"事耕稼屯"。

②半本误"论"为"谕",又半、关、四、今本脱"者",据灰、古本改补。

③半、关本误"榆林"为"榆木",据四、灰、古、今本改。

④半本误"划"为"尽",据诸本改。

⑤灰本脱"至今"。

⑥半、关、四、古本脱"推",据灰本补。又今本作"揆"。

英宗、宪宗之世,未尝不谋搜河套、复东胜也。然当时膺阃外之寄者,则朱勇[1]、赵辅[2]、刘聚[3]之徒,所用非其①人。宜其相继无功,而以搜之复之为难,以蔗杖为梃,而谓天下皆坚器亦惑矣。及王越捣巢,夷悉远徙,河套之易复亦②明矣。机有可乘,而卒不能者,因循久而畏惧生,议论多而求备甚,宜乎河套之终于弃也。英宗以李贤之言,命抚宁侯朱永出师,以无功还。成化八年,以武靖侯赵辅往征河套,未几称疾,无功还。又以刘聚代之,亦无功还。九年,套夷孛罗忽与满都鲁等人寇韦州。时总督王越知夷之妻子辎重在河套之红盐池，乃率总兵许宁以兵五千[4]，两昼夜行三百三十里[5]至其地，分兵千为十覆以备非常。越与宁分两哨，薄其营。部署定，北风暴起，尘翳目，众欲还。一老卒前曰："天赞我也。去而风，使敌不觉。还军，遇归寇，处下风。乘风击之，蔑不胜矣。"越大喜，挥兵进，遂破之，擒斩三百五十，获子女驼马牛羊无算，焚其庐帐而还。时孛罗忽、癿加思兰寇韦州，及归，相顾痛哭，渡河北去，不敢复入河套矣。越既抚秦，忌者抑其功，以越交通宦者。汪直薄其为人，亦不言其功。史言王越不值一文，是责功名之土，为鲁参孝己之行也。

注释：

[1]朱勇：按朱勇于正统十四年(1449年)从英宗战死。此处朱勇疑为朱永之误。

[2]赵辅(?—1486年)，字良佐，凤阳(今属安徽)人。袭职为济宁卫指挥使。明成化元年(1465年)与韩雍讨两广蛮，克大藤峡，封武靖伯。八年，廷议大举搜河套，拜辅为将军，陕西、延绥、宁夏三镇皆听节制。辅至榆林，蒙古毛里孩等深入大掠，辅不能制，数被劾，帝皆不问。

[3]刘聚(?—1472年)，清丰(今属河北)人。太监永诚之从子。累官至右都督。成化六年(1470年)，从朱永赴延绥，论功进左都督，封宁晋伯。八年冬，代赵辅为将军，总陕西诸镇兵。河套蒙古入花马池，率副总兵孙钺、游击将军王玺等击却之。

[4]按《明史》卷171《王越传》：乃率延绥总兵官许宁、游击将军周玉各将五千骑。

[5]按《明史·王越传》作八百里。

校勘：

①灰本脱“其”。

②灰本脱“亦”。

孝宗之际，火筛入套，肆为侵陵。延宁、大同数千里间①，覆军杀将，略地攻城，而后图搜河②套、复东胜、开屯田是犹可为也。而逆党阻之，械之入朝矣。正德间，是以有固原、临洮、巩昌之祸。迨至嘉靖，视河套为久弃地，而平凉、固原、延绥、环、庆、宁夏，以至泾州、三原、泾阳，岁遭虔刘[1]，动以万计。宋之王庶[2]有言：延安陷，则南侵三辅，如建瓴③而下。明弃河套而全陕骚然，四方震动，固如是哉。弃河套之效，彰彰明矣④。其时束手无策，皆不敢议恢复之举，又未有守御之方，惟总制中丞槛车对簿[3]，固已晚矣。嗟乎！以天下全胜之势，困于弹丸之河套；以天下之人困于火筛、吉囊、俺答之数夷，犹为中国之有人乎！弘治八年，火筛每于夏秋居于河套，冬春寇大同、犯延宁，岁以为常。十五年，诏议防套，以开城县改为固远州，设总制督府三边军事。孝宗欲北伐，群臣皆谏乃止。十七年，以杨一清巡抚陕西，督三边军事。正德二年，宦者刘瑾奏逮一清入京下狱。初，一清上疏，陈战守之策，其意当复东胜，先卫内地。于是自宁夏之横城，更筑边墙，高厚坚完，俨然巨障。甫筑四十里至红山，遂为瑾所劾。瑾不欲修边，内批罢役。军需皆镕大锹解京，而朔方复套之议中止。十四年，夷由花马池入边，趋固原、临洮、巩昌，杀掠兵民无算。嘉靖元年，火筛、吉囊等入固原、平凉、泾州，又寇固原、环、庆、宁夏，杀伤万计。八年一月，寇榆林、宁夏。二十五年，犯延安，直趋三原、泾阳，杀掠官民兵不胜计，诏逮总督张珩、巡抚张子立入京下狱。

注释：

[1]虔刘：劫掠，杀戮。语出《左传·成公十三年》："芟夷我农功，虔刘我边垂"。

[2]王庶(1069—1143年)，字子尚，庆阳(今属甘肃)人。崇宁进士，知泾州、保定县。建炎元年(1127年)高宗即位，累立战功，升龙图阁待制，节制陕西六路军马。金人大举入寇，破潼关，秦陇皆震。统制曲端不受节制，遂陷延安，庶以失律自劾，寻拜枢密副使。秦桧主和，力诋和议凡七疏，乞免官，出知潭州，责道州安置。

[3]槛车对薄：比喻视察核实。

校勘：

①灰本脱"间"。

②半、关本脱"河"，据四、古、今本补。又灰本作"而后搜套"。

③灰本误"瓴"为"瓶"。

④半、关、四、古本作"弃河套之效，彰彰明矣"，灰本作"河套之不可弃，彰彰明矣"，今本作"弃河套之害，彰彰明"。

夫河套在河山之内，自古为中国地。有明所世守者，自筑长城，凡逾短垣，谓之出塞，是委河套于敌，而自遗腹心忧。不知复河套而后延绥宁，复东胜而后河套固，此必然之势，中国之利也。唐筑受降城，及御夷于黄河之外；明筑榆林堡，则养夷于河套之中，是自损其①腹里之地，使夷横据其中，岂非弃利就害，徒为天下后世惜哉？世宗诚厌兵端，虽曾铣有壮猷，兵出②有功，旋遭严嵩、仇鸾[1]之构，遂使主者、效力者，尽于一网，是自坏藩篱以媚盗。且明示臣工，以搜套、复③东胜为戒矣。边警益急，君臣咸咎开边之祸。呜乎！铣未出师之先，夷人之入寇者，谁开之与④？嘉靖中，以曾铣总督三边，二十六年，套夷入寇，铣使李珍[2]夜袭之，夷大败。铣奏云："延绥与套为邻，自定边至黄甫川，连年入寇，率由是道，所当急为修缮。"上可其奏，命修边堵浚濠。铣又奏请复河套，疏云："套贼不除，中国之祸未有已也。宜练兵，水陆并进，直捣巢穴，贼必远遁。然后因祖宋之故疆，并河为守，修墩隍、置卫所、分戍卒，讲求屯政，以省转输，壮中国形势。夫臣方请修边而又议复套者，盖筑边不过数十年计耳，复套则驱斥凶残，临河作障，乃国家万年久远之计也。"世宗得奏曰：诚壮猷也。未几，铣出奏捷，列功罪以上。上置弗问。铣又奏复套十八事，帝下群臣议，皆不合，惟大学士夏言[3]力主铣议，未决。夏言与严嵩同乡而相忤。嵩子世蕃有隐事，为言所持，嵩父子顿首于言私室。言曲隐之，而嵩怨言益深。今复套之议久而未决，嵩揣知上意，不欲复套。乃倡为套不可复，攻言甚力。初，曾铣总制三边，以甘、肃总兵仇鸾所为不法，痛抑之，上章劾奏。世宗且以鸾为咸宁侯。二十七年，嵩阴令仇鸾诬奏铣开边致夷，世宗大怒。嵩曰："罪先在夏言，党铣以召祸也。"即日罢言相，缇骑缚铣弃市，天下冤之。未几，俺答寇边，嵩奏曰："此开边所致。"乃逮言下狱。俺答又寇宣府。帝曰："何开边之衅无已耶？"乃刑夏言。自后议搜河套、复东胜者绝响矣。河套之不复，夏、曾之死，皆嵩、鸾所为，罪通于天矣。夫河套者，非夷能取之，乃明弃而与之；非不能复，乃禁人之复耳。英宗而下，有欲[5]复之君，而无能复之臣；武宗而下，有能复之臣，而无欲[6]复之君。至于发言盈廷，惟杨一清之议得中策，杨琚[7]移堡防边[8]之议得下策，其他遥度坐谈[9]，皆为无策。嗟乎！河套非绝徼也，复之固难，言之亦难耶！杨一清疏云："今之河套即周之朔方、汉之定襄，赫连勃勃之统万城也。唐张仁愿筑三受降城，城置烽堠千八百所，自是突厥不敢逾山牧马。朔方无寇，岁省亿计，减镇兵数万。古之举大事者，劳而后逸，类如此。受降远在河外，据三面之险，当千里之蔽。正统以来，侵失其险，舍受降而卫东胜，已失一面之险。又辍东胜以就延绥，则以一面之地，遮千余里之冲，遂使河套沃壤为夷所有。深山大河势乃在彼，而宁夏外险反南备河。此陕西受夷之患，所以相寻而莫之解也。兹欲复守东胜，因河为固，东接大同，西属宁夏，使河套千里之地，归我耕牧，开屯田数百万亩，用省内运。不然，则陕西用兵，殆无虚日，八郡之人疲于奔命。及今将延绥、宁夏一带边防设法整饬，贼来有以待之，虽非上计，犹愈于无策。夷闻之，或数十年来未敢轻犯，我得休养生息，东胜之议未必终不可复也。"杨琚疏云："河套屡为边患，近有百户朱长，年七十余，自幼熟游河套，亲与臣言：套内地广田腴，亦有盐池海子。正统间，宁夏副总兵黄鉴清于偏头关、东胜关、黄河西岸，自一棵树起而榆沟、速迷都六镇、沙河、海子山、火石脑儿、碱石海子、回回墓、红盐池、百眼井、甜水井、黄沙沟至宁夏之黑山咀、马营共立十三城堡,七十三墩台,东西七百余里,与宁夏偏头关相接,但隔一黄河耳。"当世宗之际,希旨议河套,以巧言乱真者固多矣。白面书生,不履边垣,不⑩亲戎马,以其失不止于半⑪,独怪倪岳[4]者,以卓然名臣,而复东胜、搜河套之议,犹不能无失言之讥,其他复何让焉。东胜之废才数十年,弃之非久也。去偏头、宁夏才二三百里,地形非难知也。唐守受降城,明初守东胜,非别屯一军以助也。则出孤军涉绝漠,劳师绝饷之大害,乃汉、唐通西域之陈迹,因设言之,以止人复东胜耶。至于河套虽长二千里,然三面距河,黄河为堑,非绵亘无际也。城郭未尽倾,土垒未尽废,非如沙漠无可居也。土地肥美,自古迄今,皆利种植,非无委积也。不鼓勇前行,而但守一墙以为固,则塞垣内地之兵民,岁供其杀戮,可谓据全胜而取败,反逸为劳矣。夫河套之与延宁无名山大川以关隔,又非有高垒深沟,无地不可入寇。此老成谋国者,宜尽心竭力,以图恢复,不宜以入室剥肤之患,等之邀功绝塞,而为郛郭无当之说以阻之。独指摘当时之兵将,则⑫固为燎若观火矣。成化、弘治间,尚书倪岳论边事状云:"近来毛里孩等大为边患。缘河套之中,水草甘肥,易于屯牧,腹里之地,道路旷远,难以守御。是以辖于榆林者,若孤山、安塞、安边,定边诸路;辖于宁夏者,若花马池、兴武、高桥、萌城诸路,皆其入寇之所。迤东则延安、延绥、鄜州诸路;迤西则环、庆、平凉、固原诸路,皆其骚掠之所。拥众长驱,逾千里。沿边诸将,或婴城自守,或拥兵自卫。既不能折其前锋,又不能邀其归路。夷遂源源而来，洋洋而去。夷势不辑，边患不宁。采之建白，察之议论，又往往纷纭。据指掌之图，肆胸臆之见者，率谓复受降之故险，守东胜之旧城，则东西之声援可通，彼此之犄角易制，是非不善也。第二城之废弃久，地形之险易未知，况欲复城河北，以为之守，必须屯兵塞外，以为主防。出孤远之军，涉荒漠之地，辎重为累，馈饷维艰，旷日持久，路行夜宿，人心警骇，军粮乏绝。进不得城，退不得归，声威大损矣。其有怀敌忾之心，驰伊吾之志者，谓统十万之众，裹半月之粮，扫荡王庭，边陲永靖，事非不善也。然帝王之师以全取胜，孙、吴之法，以逸待劳。今欲穷搜远击，乘危履险。运粮远随，则重不及事；提兵深入，则孤不可援。彼或往来迁徙，罢我驰驱；或掩袭冲突，挠我困惫。残夷安望于成擒，中国复至于大创。失坐胜之机，蹈覆没之辙必矣。甚者至谓：昔者东胜不可守，既以弃东胜。今之延绥不易守，不若弃延绥。则兵民可以息肩，关、陕得以安枕。向失东胜，故今日之害，萃于延绥，而关、陕震动。今弃延绥，则他日之害重于关、陕，而京师震惊。贼愈近，祸愈大。此实寡谋，遂尔大谬。呜呼！一倡百和，牢不可移，甲是乙非，卒莫能合。成功既鲜，高谈奚取焉。”状中言兵将云：“遣将徂征，奈何四年三举，一无寸功。乃析圭担爵，辇帛舆金，充牣私室，且其军旅一动，辄报捷音，赐予滥施，官爵轻授。杀伤我士卒，悉泯弗闻，掇拾彼器械，虚张声势。甚至滥杀被掳平民，妄称强夷首级。考其功籍，所载赏格，所加者非私家子弟，即权门厮养。而骨委战尘，血膏野草者，则什伍之卒，转饷之民。天怒人怨，祸几日深，非细故也。况夫京营之兵，素号冗怯，留镇京师，犹恐未壮根本，不可轻以出御，以亵天威。且延绥边也，去京师远，宣府、大同亦边也，去京师近。彼有门庭之喻，此无升楯之严，可乎？”按成化间，岭南内臣韦眷[5]诱撒马尔罕贡狮子，开海道。倪岳力言南海非西域贡道，禁不许通，斥还贡物，弘治六年，内臣韦眷传旨，召国师领占竹于四川，倪岳抗言。领占竹僭号法王，淫昏矫伪。上初登大宝，首纳谏言，削夺斥遣，传闻四方，共称圣德。今复召还，殊骇群听。

注释：

[1]仇鸾(1506—1552年)，字伯翔，陕西镇原(今属甘肃)人，仇钺之孙。嘉靖时出镇大同，俺答扰边，鸾为避战计，通俺答义子脱脱，约勿犯大同，且许通市。嘉靖二十九年(1550年)，俺答犯京师，鸾入援，遇敌而溃，冒功加太子太保，总督京营戎政。鸾与严嵩深相结，开马市于大同宣府，边卒尽撤，大遭寇侮，因罢官，恚恨而死。

[2]李珍：嘉靖二十五年(1546年)，曾铣总督陕西三边军务，从刑徒中录用，积战功至参将。时鞑靼以十万之众大掠延安、庆阳境，遣李珍捣其巢于马梁山阴，鞑靼闻之遁去。驻河套蒙古寇牧近塞，零骑往来，居民不敢樵采，使李珍及韩钦击之，驱之远徙。曾铣被严嵩、仇鸾诬杀，珍被指为爪牙，下狱。酷刑拷珍，令其诬承克饷行赂事。几死，卒不承认，竟论死。

[3]夏言(1482—1548年)，字公谨，贵溪(今江西贵溪县)人。正德进士，性警敏，善属文。嘉靖初为谏官，主张废除正德时之弊政。嘉靖十五年(1536年)，任武英殿大学士，旋为首辅执政。二十一年，被严嵩排挤去官。二十四年重起用，次年支持陕西总督曾铣收复河套之议，嵩知世宗无意出兵，借端攻击，与曾铣同时被害。

[4]倪岳(1443—1501年)，字舜咨，上元(今江苏江宁)人。天顺进士，授编修，状貌魁岸，风采严峻，善断大事。成化二十二年(1486年)，擢礼部右侍郎。弘治六年为礼部尚书。劝帝勤讲学，开言

路，宽赋役、慎刑罚、黜奸贪、进忠直、汰冗员、停斋醮、省营造、止滥赏，颇采纳之。前后陈请百余事，军国弊政剔抉无遗。疏出，人多传录之。尤以对河套边患防务之言，更为痛切。

[5]韦眷，字效忠，广西宜山人。成化、弘治间宦官，与内侍梁芳、钱能、王敬等结党，谄媚皇帝，陷害臣民。眷为广东市舶太监，放纵商人通诸番，聚珍宝甚富。眷又诬奏布政使陈选，被逮卒于道。自是，人莫敢违逆韦眷意旨者。弘治初，嗾使明孝宗朱佑樘召国师领占竹于四川，岳力谏不从，给事中夏昂，御史张祯等相继争之，始罢。后因结党冒犯纪太后，撤回京。

校勘：

①半、关本误“损”为“捐”。又半本误“其”为“于”，关本误为“与”。据四、灰、古本改。

②灰本误“出”为“中”。

③灰本脱“套、复”。

④灰、古本脱“夷人”之“人”。又灰本脱“与”。

⑤灰本误“欲”为“能”。

⑥灰本误“欲”为“能”。

⑦灰本误“杨琚”为“项琚”。

⑧灰本误“防边”为“移边”。

⑨灰本误“坐谈”为，“生谈”。

⑩半、关、四、灰、古本均脱“不”，据今本补。

⑪四本误“半”为“平”。

⑫四本误“则”为“明”。

嘉靖间,河套之议数千①言,娓娓可听者,莫如翁万达[1]②。万达③勋名赫奕,总制宣、大,宜其谙于边事,及饰浮词以取悦奸相,尤可怪焉。延绥镇抚杨守谦[2]之议,岂不之闻,乃故为舛错悖谬,与之背驰何也?进战之难,何王效[3]、梁震[4]屡有成④迹乎?守俭苟便,何夷人常入塞,东盗西寇、北扰南侵乎?冬则河冻草枯,膘⑤腾已减,春时冰⑥解,马更虺隤,非夷马之瘦乎?厩闲⑦而居,刍豆而牧⑧,冬春间我马不甚肥乎?则我强夷弱明矣。大同五堡,犹属边外⑨,河套之地,乃在河南,恐其必争则不复,将必揖让而后复乎?沿河虽有二千余里,较之边垣,仅多⑩五百里。移延、宁⑪守边之兵于沿河,因河为隍,缮垒为城,所谓其易十倍,何守兵须⑫三十万之众乎?套中之地,一岁而耕,再岁而获,所谓不费牛马⑬,其利百倍。复套移营,耕垦沃壤,何仰给于内地乎?曾铣用兵,已有成效,万达非不耳而目之者。势之弱强,事之难易,彼己之有余不足,莫不彰彰明矣,而故反其说者何耶?塞上之民,横被屠戮者日益多,沿边之卒,伤于锋镝者日益甚,所宜若救焚拯⑭溺复河套以安延绥、宁夏。延安、宁以固关陕⑮,不宜夸张夷势,引喻失义,沮志士之心,杜天下之口,使夷坐大举河套而弃之也。呜呼!万达者亦媚君相耳,否则久在行间,惮于出师而已,乌知所谓时势者哉!

注释：

[1]翁万达(1497—1552年)，字仁夫，揭阳(今属广东)人。嘉靖五年(1526年)进士，初授户部主事。二十三年，擢为右都御史，巡抚陕西，总督宣、大、山西、保定军务，屡上疏力言边务之重要。修筑边墙八百余里，河套蒙古不敢犯。时俺答常掠边，督兵屡御之，蒙古尝警曰："翁太师至矣！"于是遁去，诸将追击，连败之，帝侦万达督战状，大喜，立进兵部尚书兼右副都御使。

[2]杨守谦(?—1550年)，字允亨，徐州府(今属江苏)人。嘉靖八年(1529年)进士，授屯田主事。后擢右佥都御史，巡抚山西。十年，请准在偏头、老营堡二处大兴营田，计秋获可当帑银十万，边关谷价减十五，即将此法推行之九边。二十九年(1550年)，进副都御史，巡抚保定兼督紫荆诸关，颇有政绩，去镇之日，倾城号泣。俺答直抵通州，京畿大震，守谦率师倍道入援，但大将军仇鸾徘徊观望，守谦孤军无继，不敢战，以失误军机下狱，戮于市。边陲吏士知守谦死，无不流涕。

[3]王效(?—1538年)：延绥镇(今陕西绥德)人。能文辞，娴韬略，骑射绝人，中武会试。累官都指挥佥事，后擢为延绥副总兵。嘉靖十一年(1532年)冬，充总兵官，镇宁夏。吉囊犯边，效与梁震屡败之。尤其鼠湖、沙湖、安定、灵州之战，以孤军八百，当敌万余。旋以清水营之功，进右都督，又以打硙口之捷，进左都督。十六年，移镇宣府，次年卒。

[4]梁震(?—1535年)，南阳新野(今属河南)人。嘉靖七年(1528年)，进署都指挥佥事，寻充延绥游击将军，又擢延绥副总兵。与总兵官却敌镇远关，进都督佥事。十三年，吉囊、俺答犯延绥，震败

之黄甫川。吉囊复以十万骑入寇,震大破之于乾沟。次年进都督同知,充陕西总兵官。后屡获胜,进左都督。

校勘:

①灰本误“千”为“十”。

②半、关、四、灰、古本作“莫如翁万达”,今本作“莫如王锡爵矣”。

③四本脱“万达”。

④半、关本误“成”为“城”,据四、灰、古本改。

⑤半、关本误“膘”为“臕”,据四、灰、古本改。

⑥半本误“冰”为“兵”,据四、灰、古本改。

⑦半、关本作“闲”,四、灰、古本作“间”。

⑧半、关本误“牧”为“收”,据四、灰、古本改。

⑨半、关、四本误“边外”为“境外”,据灰、古本改。

⑩灰本脱“多”。

⑪灰本脱“延、宁”,又古本误“延”为“沿”。

⑫灰、古本误“须”为“顿”。

⑬灰本脱“所谓不费牛马”。

⑭灰本误“拯”为“振”,古本脱“若”。

⑮半、关本误“陕”为“隘”,据四、灰、古本改。

套夷自吉囊而后,日已式微,南恐捣巢之患,北备瓦剌之侵,则亦巢于幕上矣。有明,苟有中智之人,乘可为之时势[1],取河套复东胜,谁曰不可。顾畏之如虎,竭脂膏增市赏，贪一日之安，方以羁縻为[2]得计，夷岂不内笑其愚哉？套夷土地肥而豢养久，战争少而筋力逸[3]。至天启间，插汉入套，以夷攻夷，而套夷有举族内附者，此非成哀短祚而呼韩稽颡与？插汉入套，套夷始复故土，德中国卵翼之恩，愿为北藩。当贼攻榆林，犹欲为敌忾之忠，其若天之不祚明也，何哉？穆宗隆庆六年，套夷吉能乞款，许之。遂于榆林之红山，宁夏之清水设市。一岁一市，括金钱及缎帛布茶之类为赏赐，每市各费万金。夷且东市西剽，边患如初。万历间，乃罢市。天启元年，插罕入套，套夷与之相拒，不支，有为插罕所并者。崇祯六年，套夷火落太及古鲁部挈妻子入塞乞降，以避插罕。自此套夷悉属降夷矣。及插罕死，火落太等请复故土，使居之。十六年，李自成使其侄李过等寇榆林，榆林之义士走河套乞师。彼感旧恩，发兵来援，比至无及。

校勘：

①灰本脱“势”。

②四、灰本脱“为”。

③半、关、四、古本误“逸”为“疲”，据灰本改。又灰本误“少”为“无”。

河套自明以来，分为二大部，其分地以榆林、宁夏之边界[1]为疆。今套既封以王以公，月有俸禄，其色目以下为差[2]，可谓盛矣。然套夷自明以来，多为别部所吞并，未之有世守者。有黄河衣带之水，而无长城戍守之防也。今河套既受羁麋，而西夷又眈眈欲噬之，则为区画布置，所以保全唇齿者不可缓也。明季，套夷在榆林边之外者火落太等是也；在宁夏之边外者，东则山丹、色六等，西则阿炸儿、土坝等是也；今住牧于榆林外者，曰索铃贝子、曰掌岁公、曰古录王、曰古录什贝子、曰捏克台吉、曰聂克台吉、曰打儿大贝子、曰咳叹台吉、曰引张耐台吉、曰喇逆达台吉、曰彭松台吉、曰马太麻台吉、曰捧索台吉、曰起罗代台吉、曰五榜式台吉、曰黄台吉、曰坐挟丹台吉、曰扫闹贝勒；住牧于宁夏边外者曰山旦王、曰阿炸儿土坝是也。

校勘：

①古本脱“界”。

②半本误“差”为“产”，据诸本改。

套内山川：犁元山，在东古城南。牛心山，在黄羊城东。海子山，在石窑山城东。骆驼山，在察罕脑儿[①]城南。麦垛山，在省嵬城东。月儿海子，在牛心山东北。红盐池，在莲花城东南。长盐池，在莲花城东。北海子，在白城子东。佛堂寺沟，在鸳鸯湖西。鸳鸯湖、哑把湖，在骆驼山东。卯海子，其派有三，皆北入于河。紫河，今谓之紫河叉是也。石崖山，山文有战马状。阳山，在河北。马阴山，在河东北。

校勘：

①“叉罕脑儿”，据诸本正文改为“察罕脑儿”。

套内物产：盐，红白二色。金银，出麦垛山。铁，出麦垛山，夷常取用。石煤，出麦垛山。良马，出紫河。野马，不多。黄牛羊、青羊、黄羊、雉兔，甚多。狐、狼、鱼，出黄河甚多。河柳，可为箭。红柳、短松，即青木香。甘草，大而甘。酥油草，易肥牛马。芨芨草，可为席。高茨，皆可为薪。

河套古迹：富平故城，在省[1]嵬城西北。朔方临戎县故城，在哑把湖北。临河县故城，在高关东。河目县故城，在河南。唐龙镇，在胜州东，至黄河二十里。东胜州，在河北东故城，在犁元山北。佛堂寺，在鸳鸯湖东。鸡鹿塞，在朔方盛浑县西北。省嵬城，在麦垛山东北[2]。察罕脑儿，在骆驼山东。忻都城，在察罕脑儿城西。狄青海，在佛堂寺东。交城子，在白城子西。白城子，在北海子西。石窑川城，在红盐池西北。红子城，在月儿海子东南。冠留运城，在武花城西北。武花城，在沙濠西。连城，在沙领儿西。石牌楼，在河岭儿东。今宿城，在犁元山北。

校勘：

①半本误“省”为“肖”，据关本及《套内山川》之麦垛山注改。

②关本作“在麦垛山西北”。

外　　疆

赤金山,在肃州西三百里。其下有硖焉,夷之往来者恒由于此,伏兵用武此其地矣。

罕东左卫,即沙州城也。在肃州西一千一百三十里。唐初置沙州,天宝中陷于西夷,大中间刺史张义潮[1]①以州归,遂建归义军,以义潮为帅。元复为沙州,明初,傅友德②追败亡元③至瓜州,厥后始置卫,以俺章为都督。按俺章之弟曰苦④木,皆阿卜尔加之子。阿卜尔加之父曰哥哥把势,本乌斯藏番僧也。俺章兄弟谋杀元之耳交王,领其部属,妄称鞑靼丞相之子孙,于永乐元年修贡,故兄弟分封于瓜州、沙州焉。诸说纷纷,皆不得其实也。

注释:

[1]张义潮(799—872年),一作张议潮,沙州敦煌(今属甘肃)人。安史乱后,吐蕃攻占河西、陇右各州。唐宣宗大中年间,义潮乘吐蕃内乱,率民起义,占领附近瓜、伊、西、甘、肃、兰、鄯、河、岷、廓十州地。大中五年(851年)春,任为沙州防御史。同年冬,献河西十一州图籍。唐置归义军于沙州,任为归义军节度使。

校勘：

①半、关、四、灰、古本误“张义潮”为“张朝义”，据《新唐书·吐蕃传》改。

②半、关、四本误“傅友德”为“傅有德”，据灰、古本改。

③灰、古本脱“元”。

④半、关本误“苦”为“若”，据四、灰、古本改。

正德间土鲁番侵扰，皆迁肃州之东西暖泉及甘泉之高台、白城、哼啰口，即今之黄番也。嘉峪关西北二百四十里，至赤金城，又西二百里苦峪①城，历西阿丹六百二十里至沙州。

校勘：

①灰本误“峪”为“谷”。

白龙堆在沙州西门外，形如土龙身，无首有尾①，高大者二三丈，卑者丈余。岑参[1]诗：“秣马龙堆月照营”，即指此堆。东倚三危，北望蒲菖，盖沙州之要塞也。

注释：

[1]岑参(714—770年)，邓州南阳(今属河南)人。天宝进士，曾随高仙芝到安西、武威，后又往来于北庭、轮台间，官至嘉州刺史，卒于成都。其诗与高适齐名，长于七言歌行体，对边塞生活体验颇深，对塞上风光和战争景象描写逼真，气势豪迈，情辞慷慨，有《岑参

嘉州诗集》传世。

校勘：

①灰本误“尾”为“身”。

鸣沙山，在沙州南七里。天晴气朗，则沙州城中[1]闻鸣沙之声。冬夏间，其声殷殷若雷，疑即《禹贡》所谓流沙也。

校勘：

①灰本脱“城中”。

三危山，在沙州东南二十里。俗名升雨[1]山，三山特耸，故曰“三危”。

校勘：

①灰本误“雨”为“丙”。

渥洼水，汉之天马所生也[1]，在沙州境内。

寿昌县，汉之龙勒地也。在沙州西一百五十里。汉天马，朝发京师，夕至龙勒之北塞山。后魏置县曰寿昌，历代因之，沙州未废，而县空焉。

玉门关，近龙勒，在敦煌之西北，在肃州之西九百里，班超所愿生入者。昔，高居诲记肃州，渡金河西百里，出天门关,又西百里出玉门关。金河在肃州,天门②今不可考,必在沙州③地无疑矣。唐元奘[1]④《西域志》云:塞上无驿亭,又无山岭,止以火为识。玉门关外有五峰,苴蓿峰其一也。又有葫芦河,上狭下广,回波甚急不可测,上置玉门关,即西域之襟喉也。

注释:

[1]玄奘(602—664年),又作元奘,通称三藏法师,佛教学者,旅行家、翻译家。本姓陈名祎,洛州缑氏(今河南偃师)人。贞观三年(629年),从凉州出玉门关西行赴天竺,在天竺讲学论道十七年。贞观十九年(645年),返回长安,译出经、论一千三百多卷,撰有《大唐西域记》。

校勘:

①"生也"之间疑漏"地"字。

②半、关、四本脱"天门",据灰、古本补。

③灰本误"沙州"为"河州"。

④半、关本作"元装",诸本误"奘"为"装",据《旧唐书·方使·玄奘传》改。

阳关,在寿昌县西六里,去北庭二千七百里,北庭详西域中。高①居诲出玉门关,入土鲁界②,西至沙州南一十里鸣沙山③,又东南一十里三危山,其西渡都乡河曰阳关,则阳关东至肃州一千三百里耳。

校勘：

①灰本误“高”为“唐”。

②灰、古本误“土鲁界”为“土番界”。

③四、灰、古本脱“山”。

蒲类海，窦固[1]、班超所击呼衍王地也。海源远出于阗①，广延甚大，则诚用兵牧马之地焉。海一名蒲昌海，又名盐泽②，又名泑泽，俗谓之婆焟。东距阳关三百里。班固《西域传③》谓，海水潜行地中④，南出积石⑤云。其潜行无迹，固不可考，河有葱岭、于阗两⑥源，合而东注蒲昌海，则分晰不明，几令人以蒲类海之水，即黄河之水矣。度玉门关⑦见二水交流，发葱岭趋海冥，汇盐泽，伏流千里，至积石再出。史记盐泽去长安可五千里，《通鉴》注，盐泽在火州之土鲁番西南。

注释：

[1]窦固(？—89年)，字孟孙，扶风平陵(今陕西咸阳西北)人。好览书传，喜兵法。中元元年(56年)，袭父友封显亲侯。明帝时任奉车都尉，与骑都尉耿忠率兵一万二千骑，出酒泉至天山击北匈奴呼衍王，追至蒲类海。又与耿秉等出玉门，击败北匈奴。后任光禄勋、卫尉。

校勘：

①半、关本误“于阗”为“於阗”。

②诸本误“蒲昌”为“菖蒲”，据《中国历史地图集》第五册，唐“陇右道西部”改。又古本脱“又名盐泽”。

③古本误“传”为“中”。

④半本误“中”为“平”，据关、四、灰、古本改。

⑤诸本误“积石”为“碛石”。

⑥四本误“两”为“西”。

⑦灰本误“度”为“废”，并脱“关”。

哈密卫，汉曰伊吾卢、乌垒城，置都尉屯田，魏曰伊吾郡。晋为凉州牧张实所据。唐曰伊川，亦谓之伊吾。贞观中伊吾来降，置伊州①，郭知运[1]、王君㚟[2]②相继为刺史。五代小月氏居之。元封族子急纳失里为威武王。明永乐二年，安克帖木儿贡马，乃建哈密卫。封忠顺王，赐金印，使率其民城哈密居之，使掌西域贡。凡入贡者，皆取道于此，且译番文。三传至孛罗帖木儿为其下遮林③所弑，其母弩温答失力守国，谓之王母④。传国罕慎，罕慎贪残阻贡，为土鲁番阿黑麻⑤诱而杀之。乃求西宁安定王族陕巴立之，为土鲁番速檀阿力所破⑥，执去⑦，既归而废，乃立陕巴之子拜牙郎，贪残致怨，未几走土鲁番，卫遂为土鲁番所据。而哈密都督俺克卜剌率部畏兀儿、哈剌灰、回回三族来归，安插肃州城内。哈密至肃州一千八百四十里，《通鉴》⑧云，一千五百里。至瓜州界八百里,西至西州⑨七百五十里。土鲁番在其西一千五百里,南至沙州界一百四十里,北至伊吾军三十里,又北至瓦剌达子⑩一百里,《通鉴》注,数百里以天山为界。

注释:

[1]郭知远(666—721年),字逢时,瓜州晋昌(今甘肃安西)人。长七尺,猿臂虎口。败吐蕃将坌达延、乞力徐于渭源。进阶冠军大将军等。后徙陇右诸军节度大使、鄯州都督。开元四年(716年)大破吐蕃,次年将轻骑夜至九曲,获精甲、名马、牦牛甚众。后六州胡康待宾反,率王晙平之。拜左武卫大将军,九年卒于军,赠凉州都督。

[2]王君㚟,字威明,瓜州常乐(今甘肃安西)人。初事郭知远。知远卒,代为河西、陇右节度使,右羽林军将军,判凉州都督事。开元十四年(726年),吐蕃头目悉诺逻犯大斗拔谷,君㚟率秦州都督张景顺乘冰度青海袭破之。以功迁大将军,封晋昌县伯。后君㚟与吐蕃军力战,殁于军,玄宗痛惜之,赠特进,荆州大都督。

校勘:

①灰、古本误“伊州”为“西伊州”。

②半本误“王君㚟”,“为王昌㚟”,据关、四、灰、古本改。

③灰、古本作“者林”。

④半、关、四本误“王母”为“三母”,据灰、古本改。

⑤灰本误“阿黑麻”为“何黑麻”。

⑥灰本误“速檀”为“连擅”。又误“破”为“杀”。

⑦半、关本误“执去”为“执云”,据四、灰、古本改。

⑧四、灰、古本脱“通鉴”之“通”。

⑨四本误“西州”为“伊州”。

⑩关本误“瓦剌达子”为“瓦子”。

嘉峪关至哈密路程

嘉峪关，西一百四十里赤金城。又西二百里苦峪城。又一百二十里王子庄。八十里卜隆吉河。一百五十里河南那只令。一百里红柳泉。一百二十里哈剌骨。八十里五个井泉口。一百二十里古墩子。一百里也帖木儿泉山。八十里至哈密卫。

或自苦峪城北向羽寂灭，一百二十里莽来泉。西一百四十里垣力。西一百五十里哈剌灰。一百二十里哈至。一百三十里坡儿那。一百四十里羽六温。一百二十里俄伦突。九十里俄倒海牙。一百四十里阿赤。一百四十里克力把赤。一百三十里撒力哈密失，五十里哈剌木提。四十里至哈密卫。

嘉峪关至赤金路程

嘉峪关外西二十里大草滩。三十里黑山儿。七十里回回墓。四十里扇马城。三十里三颗树。五十里至赤金城。

或由大草滩北而西经大钵和寺，七十里亦至回回墓。

近疆西夷传

祝囊台吉者，故绰库兔[①]吴把什之别部也。多机智，好大喜功。初本西域土著，当七清乱，劝绰库兔[②]东徙，不听。及败，祝囊豫携其仲父克气、弟劳藏[③]三台吉，三部引弓者约六千，东走甘、肃塞外为行国[1]。久之，就畜牧宁夏贺兰山后。嘎尔丹称汗[④]，臣之。其内兄麦力干世牧青海。其少主憨顿逃避于坤都鲁[2]。祝囊时时相过从，循长城，绕祁连，苦路迂，间越边[⑤]，过则掠且杀戮。有一二书生，持羊、酒劳之。喜曰："所过不见有若此，此何如人？"左右曰："读书秀才。"祝囊曰："秀才知礼，天下者天下人之天下，非一人之天下。"[⑥]诸生曰："惟有德者居之。"曰："何为有德者？"曰："不杀、不焚、不掳掠。"祝囊捧腹大笑曰："但如是耶？"策马去，戒帐下不得更逾边，犯一草一木[⑦]。过憨顿曰："学佛经不如学汉人书。近边有秀才，可请为师傅。"憨顿从之。于是近边诸部[⑧]，多厚币延老学究，讲四子五经云[⑨]。贺兰山接壤故西受降城，逾黄河则河套，钦列伯山旦[⑩]当其冲。河套人众而弱，祝囊闻汉人为之防秋，常窃笑焉。康熙二十四年，同科尔坤十八部，由古北口入觐，豫宴⑪于芦沟桥而返，出口时迎者约万骑云。

注释：

[1]行国：游牧人之国，语出《史记·大宛列传》："乌孙在大宛东北可二千里，行国。"

[2]坤都鲁：又作"坤多鲁"，大略在今内蒙古西部额济纳河(今弱水)附近。

校勘：

①半、关本误"绰库兔"为"绰库忠"，据四、灰、古本改。

②古本脱"兔"。

③半、关本作"克其"、"罗藏"，四、灰、古本作"克气"、"劳藏"，系译音之异。

④半、关本误"汗"为"汉"，据四、灰、古本改。

⑤灰本误"边"为"所"。

⑥半、关、古本脱"人"，据四本补。又灰本误作"秀才知理，天下者天下岂一人可居"，古本亦误"礼"为"理"。

⑦灰本脱"一木"之"一"。

⑧灰本误"部"为"郡"。

⑨半本误"子"为"字"，据关、四、灰、古本改。四、古本误"五"为"武"，误"讲"为"购"。又半、关、古本误"云"为"去"，据四、灰本改。

⑩半本误"旦"为"且"，据诸本改。

⑪半、关本误"宴"为"安"，据四、灰、古本改。

绰力兔阿气黄台吉，嘎尔旦之别部也。叩甘肃关，通番文，达赖喇嘛遣来，以摆代生事边地，制之，请自今好[①]相与云。番之称甲士三千，觇之则所隐过半。扇马城，东抵肃州可二百里，王建儿黄台吉，有众二千牧[②]其地。初不知为何部，二部合乃知皆自西域来者。摆代在百里外，久不闻[③]以一矢相加云。

校勘：

①灰本误“好”为“始”。

②四本误“牧”为“收”。

③灰本作“初不闻”。

憨顿，西域人。嘎尔旦杀其父，其祖绰库兔吴把什走死。憨顿年少，方骑羊射鸟，闻败，仓惶无所往。其祖部落曰无素奈尔定合首气，奔还抱之，大哭曰：“故主骨肉尚在[①]，足矣。”收败亡百余人，择善马，抱以东奔，金山兵追之，背负矢如猬，易四马始脱，从者止五骑。至坤都鲁，遇祝囊以少主託。乃驰而西，号召旧部落得数百人[②]，牛、马、羊、骡、驴、驼称是，载妇人绕道抵坤都鲁。坤都鲁故沃野，乃劝部落勤牧射，一二年多盈余，即为之婚嫁。憨顿且长，就诸部议婚，咸畏嘎尔旦无一应。无素奈尔定合首气独揣知嘎尔旦无素憾，乃厚币走诣嘎尔旦。嘎尔旦喜曰：“腮汉！”(华语好丈夫也)间为言憨顿贫不能娶妻。嘎尔旦以绰力兔和首气女妻之，令护于归于坤都鲁，诸部始重憨顿，别部落日益归之云。无素奈尔定合首气内奉幼主，外整部落，数年众十倍于初。时年未老，发鬌尽白[3]，无一茎黑者。有子二：长曰滚布插罕，次曰滚布刀尔吉[4]，皆幼。

校勘：

①灰本作"故主子孙尚在"。

②古本作"号召旧部，得数百人"。

③古本脱"尽白"。

④关、四本误"刀尔吉"为"力尔古"。

摆代拜彦，身短而肥黑，膂力弓矢绝人。一身刀箭痕，累累无间隙[1]。行国随畜，其引弓士不满百，皆敢死，居闲[2]无所用力，则射死他部牛羊以启衅，夜则窃马以为常。夷法窃一偿九，摆代拜彦独不知法[3]，诸部咸指为贼。犯下古城，杀官兵无算，其三十[4]余骑，无一亡者。塞外无所容，乃依憨顿于坤都鲁。常与别部并骑行，遇黄羊，分逐之，至牧圈，则舍黄羊，射牧羊。或怪问之，曰："不盗食他人物常不甘。"作贼其天性也。常大言曰："与我千人，东西南北无敌[5]当我者。"

校勘：

①半、关本脱"隙"，据四、灰、古本补。

②半、关本脱"行国随畜，其引弓之士不满百，皆敢死，居闲"，据

四、灰、古本补。

③半、关本作“知法”，四、灰、古本作“如法”。

④半本误“十”为“大”，据诸本改。

⑤灰本脱“敢”。

完卜，一作宛卜，又曰关卜。为嘎尔旦收添巴者。添巴即赋税之谓，沿边西夷及黄番、黑番，俱纳嘎尔旦添巴，完卜主收焉[①]。谓之圈头，犹之转运使[②]也。带甲二百，祁连山诸夷羌靡不惟命。岁遣数骑[③]，驱[④]牛羊往金山，望日月出入，行者[⑤]阅两月，各部遇之，率辟易云。或曰是嘎尔旦耳目所寄，或曰为网罗人物，岂特圈头哉。

校勘：

①半、关本误“收”为“牧”，据四本改。又灰、古本脱“完卜主收焉”。

②灰本误“使”为“司”。

③灰本脱“数骑”之“数”。

④灰本误“驱”为“驴”。

⑤古本脱“者”。

墨尔根[①]黄台吉，一手反挛[②]，谓之乩手子。或曰永邵卜之孙，或曰亦卜剌之后，他素害之子。要之，青海中盘据之遗孽[③]也。兄弟四人：长墨尔根、次绰库兔、次滚卜插罕、次劳藏。夷名劳藏及滚布者甚多。墨尔根部落三百余骑，随畜牧于祁连山阴，与甘州、红崖相[4]接壤。劳藏掠红崖，杀游击，欲进取高台，曰："中国内乱，可乘势取河西地。"墨尔根持不可，曰："失人心，开边衅，为丈夫所笑。"悉驱劳藏所部出塞云。

校勘：

①灰本均误"墨尔根"，为"黑尔根"。

②半、灰本误"挛"为"孪"，据关、四、古本改。

③半本误"孽"为"孳"，据诸本改。

④灰本脱"相"。

怀阿尔赖，达兰太子也。世牧青海上。初卜儿孩称汗，既死，部落分，稍弱，达兰太始盛。已而卜儿孩子孙盛，达兰太[1]且死，怀阿尔赖与其弟滚卜、弟刀尔吉无分地，视卜儿孩之子孙为最贫。及洪水开市，兄弟独色喜，驱马数千，移穹庐于甘州白石崖口外之野马川。引弓之民，已满三千，乃分为三部。兄弟皆狡犷[2]，而相得无间。初，河西诸回回叛[3]，及败，刀尔吉诱致三百余人，皆善火器。怀阿尔赖曰："是善火器者不可分为奴，使教部落有大用，此天与我也。"梨园七族黄番，则收[4]其添巴。大草滩者，横截甘、凉二州，草丰茂，南北百里，东西三百里，中有焉支山，林木多[5]，禽兽繁盛。然在祁连山北，为甘、凉喉吭。三部入据之，边吏争之甚力，诸夏诸夷，咸质成于达赖喇嘛。乃命大宝法王往[6]视分界[7]。当是时，枢部、理番文武咸集，皆谓之内地。怀阿尔赖拔佩刀砍地曰："大明汗江山，独我不可[8]得一片土，天何用生我为?"卒不肯离大草滩。于是中国增官兵，副将一员，参将一员，游击一员，守备四员，顾在大草滩四隅。顷之，梗甘、凉路，边吏与之[9]对垒而军者，二旬不解。一日使命方往来，出不意发大炮[10]，其马惊不可控，始溃，入大草滩去，戳其老妇一，稚子一，世所传定羌庙之捷云。滚卜部落一千人，回回三百，住巴丝墩川。刀尔吉部落五百人，住白石崖口外。

校勘：

①四、灰、古本脱"太"。

②半、关本误"狡犷"为"侠犷"，据四、灰、古本改。

③半本误"叛"为"判"，据诸本改。

④半、关本误"收"为"牧"，据四、灰、古本改。

⑤半、关本脱"多"，据四、灰、古本补。

⑥灰本脱"往"。

⑦灰、古本作"分边界"。

⑧灰本脱"可"。

⑨灰、古本脱"之"。

⑩四本误"炮"为"駮"。

麦力干黄台吉，其祖卜儿孩，继亦不剌据青海，有众万人。麦力干与诸父诸兄三分其军，皆为黄台吉。麦力干分地在青海北，与西宁、庄浪、凉州特接壤。麦力干刚躁多嗜欲，而落落有大志。初闻大同姜瓖变，延、庆间群[①]起应，平西王吴三桂相与持于西安、平凉间。麦力干乃纠合各部，谋大举。诸父达赖黄台吉闻之，怒曰："动即杀汝。"达赖雅为诸夷所信服，时年五十余，须髯苍苍，麦力干即不动。因开白塔儿地于北川口，中国之亡命、回回叛败者，尽招致而馆谷之。分四民使各衣税食租，察其可用者，分任之，或以自随，其不愿者听。于是归附滋益多，其强胜为青海、祁连诸部最。常筑宫于大通河源，辄[②]行，国不一居。闻西南变，则入据凉州之黄城儿，欲以造衅。会边吏以时方多事容忍之[③]，达赖[④]又时相戒饬。初，争大草滩，麦力干独不屑[⑤]，曰："败杭。"(华语非丈夫也)麦力干雅与妻兄祝囊相厚，曰：南有我，北有祝囊，何事不可为。其从兄达尔加黄台吉，从兄弟怀阿尔赖辈，咸倚之为重。麦力干雅好结纳，以小利饵诸夷，故各部咸听命。即修贡于嘎尔旦，无外忧，益肆其力，以招叛亡。性好酒，耳不绝声，目不绝色。大宝法王劝以少贬损，麦力干善其言，而不能自制。常冀达赖黄台吉死，以庶几一逞其志。无何，病，入凉州之水[⑥]磨川，求[⑦]医药。毡帐接于交衢。所部马有践稼者，麦力干召田[⑧]主，牵其马去，曰："以偿汝"。乃鞭纵马者百十。近地军吏，多持牛羊酒面[⑨]进，曰："杯酒片肉，皆军士身上所扣来者，我何忍食。"悉不受。河西之兵闻之多涕下，未几死于水磨川，子南力木嗣为黄台吉。麦力干于康熙二十三年[⑩]故。

校勘：

①四本误“群”为“郡”。

②灰本脱“辄”。

③灰本作“多事置之”。

④半本误“达赖’为“大赖”，据诸本改。

⑤灰本误“不屑”为“不肯”。

⑥古本误“水”为“冰”。

⑦灰本误“求”为“来”。

⑧半、关本误“田”为“其”，据四、灰、古本改。

⑨半、关本误“面”为“曲”。据四、灰、古本改。

⑩灰本误“二十三年”为“十三年”。

达赖黄台吉，信佛，喜行善，卜儿孩失兔[1]之幼子也。生长青海上，日与黄衣僧讲经。父死，袭黄台吉，分部引弓之士甫三千[2]。初，集庆死，其子内乱，达赖召之至，数其罪，欲斩之，其子于是弃部落去，不敢复见。达赖之分地，直接[3]西宁，边地无掳掠患。而达赖晚年，部落增至六七千人，无贫乏者。诸存子见，蔼然[4]无疾词遽色，然皆严事之。西宁市口，西域回夷相杂处，多争端，乃使宰僧持平。银塔寺生菩提树，叶皆成佛像，乃出黄白金三裹之，汉、土、番、夷咸不敢盗取。初[5]，滇黔之变，三秦方汹汹，其从[6]子达尔加攻河州，阅月，麦力干取黄城儿，达赖力持不可，使者交驰于南北[7]，乃各罢去。达赖年五十，发多白，悉并绝妇人，一意学清净，及逾八十，发乃黑，颜如童稚云。

校勘：

①灰本作“卜儿孩、卜失免”。

②半、关本误“三千”为“二千”，据四、灰、古本改。

③灰本脱“接”。

④半本误“蔼然”为“惟然”，据关本改。四、灰、古本作“欢然”。

⑤半本误“初”为“取”，据四、灰、古本改。又关本脱“初”。

⑥半、关本误“从”为“后”，据四、灰、古本改。

⑦半、关、四、古本误“南北”为“西南”，据灰本改。

劳藏台吉，部落二千余人①，游牧贺兰山后。

校勘：

①四、灰、古本脱“人”。

克气台吉一千余人。游牧贺兰山后。

把督儿吉台，部落四千人。游牧鱼海、昌宁湖。

把都儿台吉，部落①五百余人②。游牧居延海。

校勘：

①四本脱“部落”。

②四、古本脱“人”。

把都儿台吉，部落一千余人。游牧居延海北。

色吝长素，部落三百人。游牧长流水[①]。

校勘：

①古本脱“三百人。游牧长流水”。

占木素台吉，部落五百余人[①]。游牧银盘水。

校勘：

①半、关本误“占”为“古”，据四、灰本改。又古本脱“占木素台吉，部落”。又四、古本脱“人”。

桑嘎思巴台吉，部落三千余人。游牧合黎山北。

额力刻绰尔吉，部落一千余人。游牧大钵和寺。

答力汉绰尔吉，部落七百人。游牧昌宁湖。

倒朗色楞台吉，部落五千人。游牧居延海西。

阿要台吉，部落八百余人。游牧坤都鲁。

答里麻吴把什，部落九百余人。游牧威鲁城。

浑都鲁台吉，部落四百人。游牧坤都鲁。

满素太台吉，部落一千三百人。游牧贺兰山后。

额力庆台吉，部落八百人。游牧乾海子。

吴伦幕台吉，部落七百人。游牧居延海西。

拨什台吉，部落一千余人。游牧居延海西。

额尔得和首气台吉，部落二千人。游牧居延海北。

额力刻隆窟隆，部落三千人。住牧威鲁城。

额力刻绰尔吉，部落二百人。住牧赤金湖。

劳藏台吉，部落五百人。七清汗之侄，为嘎尔旦所败，乙卯[1]至此，与绰力克兔阿气台吉相好，会与劳藏同至，住牧赤金湖。

滚卜台吉，部落一千人。住牧赤金湖。

索囊王建儿台吉，部落二千人。住牧扇马城。

索囊南古，部落三百人。阿卜赖之子，为嘎尔旦所败，逃至此。住牧红泉。

麦尔干喀，部落三百人。达赖喇嘛之圈头也。住牧速鲁川。

阿尔赖，部落四百人。其父居乌斯藏，住牧讨来川。

滚卜插汉，部落四百人。麦尔根之弟，游牧摆通河。

达尔加黄台吉，部落七千人。住牧河州西南三百里南岔滩滚卜川。

劳藏部落二百人。麦力根之弟，善为盗，游牧拜浪河①。

注释：

[1]乙卯，即康熙十四年(1675年)。

校勘：

①半、关、灰本脱“游牧拜浪河”，据四、古本补。

河套部落

古禄王者，吉囊之后也，其族系无可考。明崇祯间，为插罕所侵扰，不能自支。河套地饶，耕稼如中国。其士卒豢养久，不善弓马，举国之人，不能御千骑[1]，乃内附中国，谓之降夷。及李过攻榆林，举义旗来援，乃畏贼锋，逡巡不敢进。天下既平，始奉正朔，从征伐，所向有功云。今王以下皆锡之以禄，月王俸一百两，公及贝勒八十两，贝子六十两。其部分为六掌撤[2]，犹之五军也。王一，掌岁公一，古禄什贝子一，打儿仗贝子一，扫闹贝勒一。

校勘：

①灰本作“不能御于敌”。

②半、关、四本作“掌撒”，古、灰本作“掌撒”。

古禄王，住牧神木县之西，曰五奴故兔。

古禄什贝子，住牧五奴故兔。

捏克台吉，住牧五奴故兔。

索铃贝子，住牧黄甫川[1]之南，曰焦家坪。

校勘：

①半、关本脱“川”，据四、灰、古本补。

掌岁公，住牧孤山堡之北，曰黄河畔。

打儿仗贝子，住牧高家堡外，曰五盐[1]脑泉。

校勘：

①半、关本误“盐”为“盘”，据四、灰、古本改。

哈汉台吉，住牧高家堡外，曰五盐脑泉。

引章耐台吉，住牧高家堡外，曰五盐脑泉。

喇迷达台吉，住牧红山寺之北，曰什喇百黎。

彭松台吉，住牧红山寺之北，曰什喇百黎。

扫闹贝勒，住牧宁夏边外，曰什喇波里。

黄台吉，住牧长乐堡之北，曰充路汉才党。

挟丹台吉，住牧长乐堡之北，曰充路汉才党。

聂克台吉，住牧栢林堡之东，曰耿波党把汉波党。

马麻太台吉，住牧怀远堡之北，曰速盖。

捧速台吉，住牧怀远堡之北，曰速盖。

起罗代台吉，住牧波罗堡之北，曰海流兔。

五榜式台吉，住牧波罗堡之北，曰海流兔。

钦列伯山旦部落二万，住牧宁夏横城之北。

阿尔墩素，部落三千，住牧花马池之西北。

附蒙古四十八部落考略

科尔沁

土谢图王

卓礼克图王[1]名鄂齐礼[2]

秉图王

察萨克图王名布搭齐

巴图鲁王

朱尔扎汉

沙津人名封和硕额驸，管科尔沁中五旗事。

都司嘎尔公

按科尔沁一部，在蒙古中为最胜。然科尔沁一部，又分十部，和土墨特亦分二部是也。凡称四十八部，从所分言之，非部落总名有四十八部也。

科尔沁十部，今可考者列于左(右)，所未详者姑[3]阙之。

阿鲁科尔沁但称阿鲁亦可。

朱尔扎哈汉封多罗郡王。

土墨特住牧归化城一带。

达尔汉贝勒名额尔得木图。

滚记思扎布[4]封固山贝子。

翁牛特

达尔汉贝勒名叟色。

多罗杜冷郡王名笔礼[5]滚达来。

敖汉

多罗郡王名扎苏。

额林臣台吉

扎鲁特亦作扎赖特[6]。

达尔汉贝勒名巴达礼。

喀尔沁住牧朵颜三卫地。

杜令郡王名扎世，一作扎西。

镇困公名吴特巴拉。

多罗贝勒名扎木。

巴林

多罗郡王名鄂齐理。

固山贝子名吴尔占。

都儿本[7]

图思哈尔公沙津贝子[8]。

阿巴哈

奈曼《唐纪》作乃蛮。

多罗达尔汗名鄂齐理。

吴主亦作乌朱**穆亲**

色冷额尔得尼

郝齐得⑨

喀尔喀住牧归化城北。

绰克扎布公

按喀尔喀,本北方蒙古之通称,犹西夷之称厄鲁特也。是时喀尔喀有五部,作宾王家[1]久矣。今四十八部亦有喀尔喀者,因其五部之外,别有根敦大清一部来归,乃使之附庸于察喀尔,比数于四十八部也。

杜尔伯特

塞冷⑩达尔汗

扎赖特

蒙胯达尔汉

吴喇特

土门达尔汉

喀喇车里克

噶尔麻台吉⑪

鄂尔多斯

古木哈谈

四子

直尔扎木

苏尼特

腾吉思墨尔根台吉

阿坝垓

额齐格

索伦

达鱼毕⑫

厄鲁特

注释：

[1]"作宾王家"，即全家给王办事，与国家同命运。语出《书·微子之命》："作宾王家，与国咸休，永世无穷"。

校勘：

①半、关本误"卓礼克图王"为"草礼克图王"。

②半、关、古本脱"名鄂齐礼"，据四、灰本改补。四本又误"礼"为"札"。

③灰本脱"姑"。

④灰本误"滚记思扎布"为"滚记恩扎布"。

⑤灰本误"笔礼"为"军礼"。

⑥灰本误"扎赖特"为"扎赖得"。

⑦灰、古本误"都儿本"为"都儿木"。

⑧半、关本脱"沙津贝子"，据四、灰、古本补。

⑨古本作"蒿齐忒"。

⑩半、关本误"塞冷"为"寒冷"。

⑪半、关本误"噶尔麻台吉"为"噶户麻台吉"。

⑫半、关本作"达奂毕"，四、灰、古本作"达鱼毕"。

附喀尔喀七部七汗

扎沙克图汗

车陈汗

土谢图汗

七清汗一作气庆

那木厄金汗

赛应汗

巴尔湖厄勒得汗

鄂尔得蒙古

附记

阿克敦阿哈思浑额尔克代青那颜

达赖代青那颜　长子札萨克[1]额尔克阿海台吉

校勘：

①半、关、四、古本作“渣萨克”，据灰本应改为“札萨克”。

西域土地人物略

嘉峪关，西八十里为大草滩，其地广而多草。西四十里为回回墓，以地有回回三大冢，故名。迤北[1]钵和寺，寺[2]西五十里为柴城儿墓。西四十里为扇马城，中有二水北流。西三十里为三颗树。西五十里为赤金城。明所设苦峪卫处也。东有河，城中有二墩，迤北五十里为王子庄。西二十里则为古墩子，墩西有塔。西六十里至阿丹城。西北有河，河北为羽即戎[3]、卜隆吉儿。西南三十里为哈喇兀速城。西北为义班城。哈喇兀速义班间有河。哈喇兀速西南百里为瓜州城。其义班西南五十里为卜隆吉儿城，卜隆吉儿西南八十里亦会于西阿丹。义班之西、卜隆吉儿之北，其南路为垣力，为提乾卜剌、察提儿卜剌、额失乜、大羽六温。其北路为袄赤瞻永、为桓力、为哈剌、哈剌灰。又哈剌灰西为[4]阿母城，西为兀儿秃、为牙儿卜剌陈、为答失卜剌。迤北[5]为王子庄树，西北为哈剌灰、为召温虎都、乩失虎都、为扁肖、为阿赤、为卜儿邦、为哈卜儿葛、为赛罕。西阿丹西二百里为沙州城。明设沙州卫，古谓流沙城。西为虎木哥城、为答失虎都、为牙卜剌、为哈失卜剌。西北为哥子罕[6]、为阿赤、为引只克[7]、为哈密头墩、为羽木脱云，为乞儿巴[8]赤、为克儿革乜思[9]。沙州西三百里为哈密城。城东有河，河上有桥，有水磨。城北三十里为迷卜哈剌灰，南三十里为畏兀儿把力。西三十里为阿思打纳城。城[10]北十里有卜古儿，西五十里至阿打纳城。又西为乜帖木儿。又西五十里为剌木城。又西有巴儿海子、双山儿、崟把儿山，又西有双山儿。又西有钵和寺城。城西十里至哈剌帖乩。剌木城至哈喇帖乩亦五十里，自此而西有察黑儿，有川中双泉城。又西一百里有中中泉。又西百里有双泉尔墩、阿思打纳。西为把儿思阔，又西为脱合城儿，又西为北昌。又西为鲁珍城儿。城南有剌土，有芦苇草墩，有懒真城，有半截土墩，有把思阔山，北为羊黑城儿。西五十里为哈喇火州，即汉之火州，今谓之哈剌火州是也[11]。又西五十里为我答剌城。城西百里为土鲁番。回回种田，产各色果品树木。西北有委鲁母。西二百里为俺石城儿，城南有俺鼻城儿，北有撒剌池[12]。又西五十里为苏把赤，北有兔真城儿。又西二百里为昆迷失，其南有白山儿，其山东至俺鼻城，行六日，其北有池，有昌都剌城儿。西二百里为阿剌木。又西百里为义力失城，南有他林河。西百里为哈剌哈失铁城，其南格卜城儿、扯力昌河，北有苦他巴城儿、黑松林河。又西百里为瀼巴泉。又西百里为黑水泉，泉北有察力失城、丁城儿、泉儿河，其南为扯力昌城。泉西百里为双山儿城。又西百里为独树城儿，城北有兀马河及撒力滚把河[13]，西有一昼夜川。西百里为察力察井，井北有火炎山。又西二百里为淤泥泉，泉南为克列牙城儿，其城东至扯力昌城，行八程。泉西百里为察兀的河，其河南北俱与山相接。河西百里为榻子河[14]。榻子河西十里为古[15]克兀城，城北有雅思雅阿城，南有澇池，又百里为苦先城。又西百里为西牙河城[16]，城北有双山关，有阿思马力城，迤西为阔海子[17]，西有沙地郎哈，西南有花蛇河，河南有赤剌店。西三百里为阿黑马力城，城西南百里为土力苦扯城，其城东至摆城四十里，西北百里为阿迷城。西二百里为阿亦里城，城北有乜列河，南有阿丹城，西有泉。又西百里为克力宾城，城南有二回回墓及黑五河，北有石店子。又西百里为乾泉。又西百里至大井，井南有三筑城。西二百里为北[18]长店子，其南有乾羊城儿，北有石城儿。又西二百里为土台泉，其地土台上有二泉，南有恰木石干城。西二百里为桐河，南为牙力干城，北又有石城。西五十里为石子泉，泉西把力站，南为店子井，北为养泥城儿，其城东至石城行八程。泉西二百里为河西丁城，城南有锁城河儿，东南有海子。北二百里为亦的哈马城，城西南为哈失哈力城。西五十里为失哈力城，其南有米儿阿都剌城，其西有河，有民运。南为乜力灰、为黑沙纳思、为哈扎，北为黑失哈城。又西为尚力。又西三百里为我撒剌[19]，其西为讨墩巴失，西北为赛兰城。又西五百里为土剌城，其城形圆，四外屋庐罗之，中有王子一人住，回回不缠头，带白羊毛帽，不种田，吃鱼羊肉马乳。又西七百里为牙思城，有缠头回回。出羚羊角、帖角皮。西四百里为也失卜，其南有巴速儿，有打下[20]你俺的速，北有他失干城。西三百里为亦尔乞咱打班，其南有大热水泉、黑水泉，亦有可速巴、有黑石城、有赛兰城。又西二百里为亦乞咱打班。又西为把力干城，城南为哈剌界，为哈必打纳思、乞亦咱、撒剌思、咱力沙、乞咱力。又西五百里为俺的干城，城北有马儿黑剌。又西七百里为我失城，城南有懒阔、有马答剌撒、有火者阿力，东有[21]郎弩古力。又西三百里至马都城，其城引水七派，灌于其中，南有高山，北有沙儿黑纳马都。西南五十里至炊的把丹，其西有咱力都、有罕都、有撒力赤剌牙，北三百里为黑写歪[22]，其西北为虎帖城。西四百里至阿懒答。又西三百里至阿力炊打思，其南有兀鲁两尊[23]、有阿拜，即力姐民，有两六乜[24]、有水磨。其西北三百里为阿懒答，西北为阿速脱。又西为亦卜剌城，其四面俱水，出沙糖。其南有答黑答奔、有的火者、有昆都思、有剌巴的、木儿咱、亦卜剌，有哈儿斤，有哈沙打，有户伦城，有答儿哈，有盼黑的。其北有铁门关，有克力干城，有把黑里城，有失把力城，有俺的灰城。又西为黑楼城，至赤戏旦、黑猪、黑答兰城儿。四百里出狮子、西马、哈剌、苦术、金银、宝石、果品、青红、棉花、白纸，种田。其南有巴巴沙忽，有赤戏、黑猪、黑答兰城儿、有剌巴的剌、阿力阿城，东北有马力城。又西为阿伦城，城东有失黑山河。又西为火者阿都、阿剌黑蛮城，南有失黑山，西北有剌扒的城。又西为阿力伯，有缠头回回。其南有阿剌都伯，有失黑，有阿力店子。西为杂民城，城南有阿思民。西五十里为普哈城，有回回种田。出果品，养蚕。撒马罕克在[25]城住。其南有剌巴子火、马里麻、撒力瓦思，北有卜剌撒剌思，有克力干城。又西五十里为撒儿罕城，有缠头回回。出狮子、哈剌、苦术、大骡子、宝石、金、镔铁、鱼、牙把刀[26]、牯角皮[27]。养蚕，出琐琐葡萄、各色果木、撒黑剌、棉花、银鼠、青鼠、豹皮、剪绒单。其北有阿力城，有望日楼。又西五里为失剌思城，有缠头回回种田。又西三百里为高山，其南有山，北有马土力。西北有撒子城儿[28]，城西北为把黑打帖。又西为把答山城，出青金石。其南为西河城[29]，北为阿沙把力。又西一千五百里为怯迷城，有王子，外边住有四族番汉。出金子、金钢钻。其南有牙儿打儿，有阿把的纳都。又西为新旦城，有缠头回回种田，出稻米，各样果品。其南有把答力山城，有回回种田。有阿力伯城，有回回，出金子、宝物。又西四百里为孛思旦城，有回回种田、养蚕，出各样果品。其南为阿力阿伯城，中有回回。为俺的灰城，中有缠头回回，出五谷。又为黑者沙平城儿、孛思旦。西五百里至亦思他利八城，有缠头回回，种田出稻米，养蚕。其南为盼的干城，出镔铁、狮子、哈剌。又为巴巴沙葱城。又为户伦城，有回回种田，出葡萄。又为剌巴的、咱儿答及喇叭的迷城儿，剌巴的把尔斤、亦思剌八。西六百里为失剌思城，有缠头回回，出鱼，牙把刀。有院，有乐人，有各色果品，有长流水。又西行五日至亦思城，有缠头回回，属帖乩列思管。出琐幅、各色绫缎、好手巾、花毡子、阿魏、阿芙蓉。其南为阿巴的纳都、打剌木用城、马失卜城[30]、剌巴的、扯帖儿、瀼都儿城[31]、剌巴的米纳牙。其西北俱大川。路行十余日，又西八百里为琐力旦城，有缠头回回种田，出黑狐子。其南为苦兰城，有回回种田，出稻米。其北为亦的城。又西为阿即民城，四面环以屋庐，有小王子。出羊、木梳、各色果品、阿木。又为帖乩列思城，有小王子。缠头种田，出各样花毡。东至阿力旦城，行六日，其东南为颇力城儿，其东北为征扎城儿。又西行两个月为苦思旦城，有缠头回回种田，出各色树木。其东南为也尔的，其西有水磨。又西为沙密城，有缠头回回，出各色果品、琐琐葡萄、哈剌、骨马。又西行一个月至把黑旦城，其城引水七派，灌于其中。有回回二千家，出狮子、哈剌、苦术、金钱豹、三梭花布、手巾。其南为欠土城，北为陕西斤城。又西为也的纳城，有缠头回回一百，不出产物，种田。又西百里至饭店儿，又西行六程至天方国。其城二重，有出家回回，在城住，余皆进城礼拜。其南有架子井，北有阿思纳城。天方国西行十五程为迷的力城，有缠头回回种田。又西至牙瞒城，有黑发回回。出玛瑙、琥珀、犀、羊、布、各色棉花，又西为文谷鲁城，俱汉儿人，蓬头戴帽儿。种旱田，出珊瑚树、眼镜石，上有七样花草。城东有河，舟楫以渡。又西为阿都民城，有回回种田，出花布、手巾、各色果品。又西为也勒朵思城，其城四隅环以屋庐，周围有水，水有舟楫。俱汉儿人，蓬头戴帽儿。种稻田，出撒黑剌、镔铁刀、各样果品。又西为撒黑四塞，其城二重，俱汉儿人，蓬头戴帽儿。出乌木、银木、白紫垣木，各样药材。又西为哈利迷城，有缠头回回，多养羊、马，种旱田。有水磨，出黄葡萄及各山果品。又西为阿的纳城，属鲁迷城管。有回回种糜子，出棉花。又西为菲即城，其城一重，有小王子，俱汉儿人，剪踪披发戴帽儿。种稻田，养蚕，织金蟒龙、撒黑剌、剪绒毡，出金子、黑石、珍珠。又西为安各鲁城，有缠头回回，种旱田，出锁幅，各样三梭缎子、绸、羊毛织褐子，出大琐琐葡萄。城西距山，山上有巡检司。又西为可台城[32]，有缠头回回种地，出白棉花、夏布，山下出西天红花。城西有河，河有二泉磨。又西为孛罗撒城，有回回种旱田，出各样果品。又西有海，中有[33]船载千人，粮饭可用三个月，盔甲器械什物俱备。又西为鲁迷城，其城二重，有自立王子，有缠头回子及汉儿人，有通事。种旱田，不出物产。东至孛罗撒城一千二百里。

校勘：

①半本误“北”为“杆”，据关、四本改。

②半、关本脱“寺”，据四本补。

③半、关本作“羽即戎”，四本作“羽郎戎”。

④半、关、四本作“又为阿剌灰西阿母城”，按文意应为“又阿剌

灰西为阿母城”。

⑤半本误“北”为“东”,据关、四本改。

⑥半、关、四本误“北”为“卜”,按文意改。又半、关本作“哥子罕”,四本作“阿子罕”。

⑦半、关本误“引只克”为“引只尧”,据四本改。

⑧半、关本误“乞儿巴赤”为“乞儿已赤”,据四本改。

⑨半、关本误“克儿革乜思”为“克儿华乜思”,据四本改。

⑩半、关本误“城”为“西”,据四本改。

⑪四本脱“即汉之火州,今谓之哈剌火州是也”。

⑫半、关本误“池”为“把”,据四本及《边政考》卷八《西域诸国地理、物产、山川》表改。

⑬半、关本误“撒力滚把河”为“撒力瀼把河”,据四本及《边政考》卷八改。

⑭半、关、四本脱“河西百里为榻子河”,据《边政考》卷八补。

⑮关本误“古”为“克”。

⑯四本误“西牙河城”为“牙河城”。

⑰据《边政考》卷八,半、关、四本“西北有迤西为阔海子”之“西北有”三字为衍文。

⑱半、关本误“北”为“比”,据四本及《边政考》卷八改。

⑲半、关本误“我撒拉”为“撒拉”,据四本及《边政考》卷八改。

⑳四本误“打下”为“打卜”。

㉑半、关、四本误“东有”为“东百”,据《边政考》卷八改。

㉒半、关本误“歪”为“其”,据四本及《边政考》卷八改。

㉓半、关、四本作“两尊”,《边政考》卷八作“雨尊”。

㉔半、关、四本作“两六乜”,《边政考》卷八作“雨六乜”。

㉕四本误“在”为“任”。

㉖半、关、四本误“牙把刀”为“牙把力”。

㉗半、关本误“牯角皮”为“帖骨皮”,四本误为“帖角皮”,据《边政考》卷八改。

㉘半本误“撒子城儿”为“撤子儿城”,关本误为“撤子城儿”,据四本及《边政考》卷八改。

㉙四本误“西河城”为“西阿城”。

㉚半、关本误“马失卜城”为“马火卜城”,据四本及《边政考》卷八改。

㉛四本误“瀼都儿城”为“滚都儿城”。

㉜四本作“阿台城”,《边政考》卷八作“可台城”。

㉝半、关本脱“中有”,据四本补。

嘎尔旦传

嘎尔旦，称卜失可兔汗于西域者也。嘎尔旦亦作噶尔丹，卜失可兔亦作博硕克图，即大可汗之称。其王大父曰脱颖台司，大父曰哈喇忽剌，父曰把都儿，世世袭称①黄台吉。华言王也。彝咸推为故元苗裔云。世拥部落，土著金山，彝名阿尔太，译者曰金岭也。金山在沙陀，马东行六十日至肃州。把都儿生六子：曰积欠，亦作七庆；曰卓鲁火烧气；曰把都儿司；曰宛冲；曰僧格；其幼则嘎尔旦。初，嘎尔旦母梦身毒僧，言寄灵，及有身，多异征，金山时时有五彩云气。把都儿喜，始甚宠其母。嘎尔旦生而神异。岁在己丑[1]。稍②长，喜奉③释氏。有大志，好立奇功，父母深爱之，欲立为黄台吉，嘎尔旦曰："阿哥在。"乃尽髡其发，独身往乌思藏。东驰五六日，黄衣僧十数辈，迎而问曰："小阿哥，岂嘎尔旦耶？"曰："然，何从知？"中有捉短枪者，顾而授枪曰："此七世旧物，今达赖喇嘛使见还。"嘎尔旦惊喜，亟下马拜而受之，遂偕往乌思藏。乃师事达赖喇嘛，著黄衣帽。达赖喇嘛之徒遍西域，而特重嘎尔旦，所语密，虽大宝法王、二宝法王不得与闻。按明时封大宝法王、二宝法王于乌思藏，皆给金印世袭。今二法王皆称活佛，乃达赖喇嘛之徒。居乌思藏日久，不甚学梵书，惟取短枪摩弄。黄衣僧常叹息，西方回纥，不奉佛教，护法如韦驮，仅行于三洲。嘎尔旦笑曰："安知护法不生今日？"初，哈赖忽喇娶后妻，生子曰七清，亦作乞庆，独有宠，欲立为黄台吉。然把都儿长，久握兵，乃分所部属七清，使居沙陀西偏。七清勇而善战，捉野马如骑羊，彝咸称之为筛汉，为竖一拇指。筛汉华言好汉，竖拇指者云第一好汉也。雅④不爱于昆弟，其天性则然。得引弓之士万余，势日张。哈赖忽喇死，把都儿袭。把都儿死，长子积欠袭，未几死，无子，以次传僧格，皆居金山称黄台吉。七清部落日多，亲党日盛，自称为黄台吉，僧格弗能禁。僧格同母兄弟⑤，独嘎尔旦，既为僧，益孤立无助。于是七清杀僧格，并其众，收其妻妾，释黄台吉而称汗。僧格妻名阿奴慧而美，深爱嘎尔旦，使人怀袙服，间至西域。即乌思藏。嘎尔旦初微闻，遽入告达赖喇嘛，下高楼，释僧服，向金山去。嘎尔旦将行，达赖喇嘛多秘语，膜拜别，长叹⑥曰："杀运方兴，汝乃出也。"初，僧格遇害，部落有逃⑦而结聚者百十骑，屯大碛东，未知所附。久之，夜忽见火光千百，远远从东方来，皆大惊，群起勒马持满以待。比至，则嘎尔旦，手捉一枪，众审视惊喜，下马罗拜以为神。嘎尔旦益集合烬余。故部落闻嘎尔旦归，稍稍集聚千余骑。欲进，众曰："兵寡地险，姑少留，俟衅。"嘎尔旦曰："进！汝等⑧视吾枪所向。"众皆曰："者"。华言诺也。进次金山。七清汗易之，率万骑接战，三分其军，驰向东，尘翳障天日。嘎尔旦独当先，跃马挺枪，最深入，斩杀百十骑，溃其军，身不著一矢。七清汗退金岭口，岭高，转石如雨下。嘎尔旦命更番仰攻，众莫敢往。嘎尔旦立斩宰僧数人，徇于军。身率二十骑先登，呼声振天地。遇七清汗，入其军，手缚之，左右皆走散，莫敢当，皆大惊异以为神，弃弓矢，下马趋拜降。嘎尔旦既伏金山，乃招徕归附，礼谋臣，相土宜，课耕牧。修明法令，信赏罚，治战攻器械。乃西据俄罗斯，徙国居之，因以俄罗斯名其国。俄罗斯周城皆水，城有门四十。人皆回回。东南行十日至金山。按《唐书》多罗斯，南至西州，千五百里。《泰西职方外纪》有峨罗斯，峨即俄，多亦俄也。又并绰库兔吴把什万余骑，凡附七清汗者，诛之无遗类。于是富庶甲于西域，而使命往来无虚日。乌斯藏时有黄衣僧来[9]，人咸莫测其所以。嘎尔旦取沙油汁，煮土[10]成硫黄，取泻卤土煎硝，色白于雪。铜、铅、镔铁之属出地中。碛岸产金珠，则屏而不用。马骏而番庶，四方莫或过之。诸夏馈以缯帛、赤色盘。嘎尔旦曰："路远，他物不能去，然不可无报德者。"乃令一台吉出一马，使者遂驱名马数百骑[11]以归。又与以织金大蟒、立蟒刺绣诸彩[12]色。嘎尔旦皆罗列露文绣于外，引各台吉及各夷来视之[13]。嘎尔旦颐指之曰："筛！"诸彝合声曰："筛！"嘎尔旦曰："我国独少此，此中国物也。"诸彝咸艳慕之，徘徊不能去云[14]。盖示以中国之美也。资用极备，不取给远方，乃悉巧思，精坚其器械。作小连环[15]琐琐甲，轻便如衣。射可穿，则杀工匠。又使回回教火器，教战，先鸟炮，次射，次击刺。令甲士持鸟炮短枪，腰弓矢佩刀。橐驼驮大炮，出师则三分国中人[16]相更番，远近闻之咸慑[17]服。是时诸夏有滇、黔变，秦、蜀间蜂起，嘎尔旦谋所向。达赖喇嘛使高僧语之曰："非时！非时！不可为。"嘎尔旦乃止。其谋臣曰："立国有根本，攻取有先后，不可紊也。李克用之先世，发迹金山，根本不立[18]，遂不能成大事。我太祖初兴，灭国四十，奄有四方，然后促夏执金，混一称尊。"元太祖铁木真称成吉思可汗，事见《宋史》。嘎尔旦善其言，乃为近攻计。西北邻国，称黄台吉有六七部，尽擒其名王，收其兵。东则土鲁番、哈密诸国，尽蚕食之，所过无强敌坚城。又檄塞下诸夷，即今河西之南北边各部落。诸夷咸顿首称臣，献琛恐后。分命所亲信，居沿边，即宛卜等。又使其黄台吉居瓜、沙二州间，索囊、王建儿、绰力兔合首气等。使控制各黄台吉，且以诇刺喀尔喀焉。喀尔喀在诸夏之北，盖北彝也。有七部，部有一汗，曰土谢图汗、曰七清汗、曰赛应汗、曰车陈汗、曰札沙克图汗、曰那木尼金汗[19]、曰巴图尔额勒得汗。其地方数千里，带甲五六十万，南至山西之大同，西距斡难河。称汗已久，且作宾中土，未尝臣服于人。凡彝之在西者，中国目为额得忒，在北者指为喀尔喀，中国之外唯二部为大。若四十七旗及河套皆渺乎小矣。喀尔喀既富庶，多马，多皮革，往来大同、宣府之口相贸易，亦贸易于陕西之西宁市口。自嘎尔旦使人[20]住牧瓜、沙间，于是喀尔喀之人，无复至西宁市口矣。东方既臣服，乃西击回回，下数十城。回回有密受马哈纳非教者。马哈纳非，泰西[21]以为马哈默。初迎降，雪夜袭击之，杀伤至十余万，马匹器械，失亡[22]无算。壬戌年[2]，一入回回国，其国请降纳添巴，奉浮图教，许之。敛兵入其城，夜半，回回外援至，城中噪起[23]应之，内外合攻，火光烛天，嘎尔旦部落皆溃走[24]。是时积雪平坑堑，人马陷不可脱。城中尾击之，死者无数，唯嘎尔旦跃马持枪脱身去。回回削辫奏凯，辫有数骆驼云。马哈纳非，天方国以为圣人者。嘎尔旦丧师返国，未尝挫锐气，益征兵训练如初。嘎尔旦败归，集未教之兵，勒新羁之马，欲试之。闻极西有人，而形如犬，能日驰数百里，其妇女绝美好。乃携兵多驱马直入其国，挟妇女数人归，其人归追之，不能及云。使人谓回回曰："汝不来降，则自今以往，岁用兵，夏蹂汝耕，秋烧汝稼，今我年未四十，迨至于发白齿落而后止。"城中人咸闻股慄，门尝昼闭。其明年大破之，回回悉降，不敢复叛，于是益强盛。兵之在俄罗斯，与屯于金山者，有五十万，属国不与焉。嘎尔旦遣人至河西，河西陈兵五千，使观之，旗帜鲜靡，施幕弥山野[25]，甲胄刀戟之光烁日，且谓之曰："兵俱分屯塞上，此但护身亲军耳。"曰："诺，我固疑兵太少也。"曰："额鲁得何如？"曰："较此颇多，唯缯帛彩画等差不及耳。"西域既定，诸国[26]咸愿奉为汗。嘎尔旦乃请命达赖喇嘛，始行，卜失克兔汗事(视)西北诸国，唯喀尔喀为大，称汗久，莫之与京。按汗自万历间，有察哈尔林丹汗，称青吉思汗。自此之后，唯喀尔喀七部七汗而已。至于四十七旗，不过称王、称公、称贝勒而已，不敢与喀尔喀相[27]抗也。及嘎尔旦盛，顾易视北方，耻与并为雄长，有远攻之心，而日简练部落，若将赴斗者，其事多秘而不宣，喀尔喀于是有戒心焉。西域穷发之国，莫不奔命于俄罗斯，日以益盛，或谓亦达赖喇嘛为之期会云。

注释：

[1]己丑，即顺治六年(1649年)。

[2]壬戌年，即康熙二十一年(1682年)。

校勘：

①灰本作“世袭黄台吉”，据四本改为“世世袭称黄台吉”。

②灰本脱“稍”，据古本补。

③古本误“奉”为“逢”。

④灰本脱“雅”，据古本补。

⑤灰本脱“兄弟”，据古本补。

⑥灰本脱“长叹”，据古本补。

⑦灰本误“逃”为“众”，据古本改。

⑧灰、古本误“等”为“第”，按文意改。

⑨古本作“乌斯藏亦往往有黄衣僧过”。

⑩灰本脱“煮土”，据古本补。

⑪灰本脱“骑”，据古本补。

⑫古本脱“彩”。

⑬灰本脱“嘎尔旦皆罗列……来视之”据古本补。

⑭灰本脱“徘徊不能去云”，据古本补。

⑮古本脱“环”。

⑯古本误“国中人”为“中国人”。

⑰古本误“慑”为“摄”。

⑱古本误“立”为“力”。

⑲古本误“那木尼金汗”为“郡木厄汗”。

⑳灰本脱“使人”。

㉑灰本误“泰西”为“素西”，古本误“泰”为“太”。

㉒古本衍“物故”二字。

㉓灰本脱“噪起”，据古本补。

㉔灰本脱“走”，据古本补。

㉕灰本脱“施幕弥山野”，据古本补。

㉖灰本脱“诸国”，据古本补。

㉗灰本脱“相”，据古本补。

秦边纪略·附录

《清史稿·梁份传》

梁份,字质人,江西南丰人。少从彭士望[1]、魏禧[2]游,讲经世之学,工古文辞。尝只身游万里,西尽武威、张掖,南极黔、滇,遍历赵、秦、晋、齐、魏之墟,览山川形势,访古今成败得失,遐荒轶事,一发之于文。方苞、王源皆重之。其论山海关谓:“自明洪武间始设,隋置临渝于西,唐为榆关。东北古长城,燕、秦所筑,距关远,皆不足轻重。金之伐辽,自取迁民始。李自成席卷神京,败石河而失之。天之废兴,人之成败,而决于山海一隅。荒榛千百世之上,而偏重于三百年间。天下定则山海安,山海困则天下举困,其安危之重如此。”生平以未游山海为憾。为人朴挚强毅,守穷至老不少挫。卒年八十九。著有《怀葛堂文集》十五卷、《西陲今略》八卷。

(《清史稿》卷四百八十四,列传二百七十一《文苑》一)

注释:

[1]彭士望(1610—1683年),字达生,江西南昌人,晚明文学家,撰有《手评通鉴》、《春秋五传》和《耻躬堂诗集》。

[2]魏禧(1624—1680年),字冰叔、凝叔,江西宁都人,与侯朝宗、汪婉合称明清之际散文三大家,撰有《诗集》、《日录》和《魏叔子文集》。

《南丰县志·梁份传》

梁份，字质人，少以家人逋税系狱者九年，友人曾若武为馈食，得以不死。即出跅弛，不为人所礼，独谢进（字思退）见而奇之，取以女。已而学于邵先士（名睿明），又学于彭躬菴，魏凝叔（名禧）。为文章，得易堂秘龠。尚气节，有经济才，终身不乐仕进，而名动公卿者五十年，皆倒屣迎，唯恐后。明末，（谢）进尝从安恪王举兵，以军法杀人。康熙乙卯[1]，其子从耿逆为贼，遇进乐安，杀之。份闻变，即奋往杀盗，刳其心肝，祭毕，而后殓进。六十后游西北边，得其要领，著《西陲今略》，议攻战守成败如指掌。又著《帝陵图》。所刻行者惟《怀葛堂（文）集》。年九十[2]而卒。若武有孝行，后亦及躬菴门（《江西通志》）。墓在城外东北阳翠麓岭。

（清同治《南丰县志》卷二十五《人物》三）

注释：

[1]乙卯，即康熙十四年（1675 年）。

[2]《清史稿·梁份传》载："卒年八十九。"

《国朝先正事略·梁份事略》

梁质人者，名份，南丰人，彭躬菴、魏叔子高弟也。少从两先生讲经世之学。尝只身游数万里，西尽武威、张掖，南极黔、滇，遍历燕、赵、秦、晋、齐、魏之墟，览山川形胜，访古今成败得失，遐荒轶事，一发之于文。方望溪[1]、王昆绳[2]皆重之。为人朴挚强毅，退守穷约，至老不少挫。年八十有九。著《怀葛堂文集》。

（《国朝先正事略》卷三十七《文苑·魏叔子先生事略》）

注释：

[1]方望溪：即方苞（1668—1749年），字凤九，晚号望溪，安徽桐城人，与姚鼐、刘大櫆合称“桐城三祖”，撰有《望溪先生文集》。

[2]王昆绳：即王源，字昆绳，直隶宛平（今北京）人。康熙三十二年（1693年）举人，早年师从颜元，晚年云游四方，客死山阳。

梁质人年谱

汤中著

自　序

昔读《艺风堂文集》[1]中之《秦边纪略跋》,知清初有梁质人(份),精于西北地理之学。昨年扬州测海楼藏书散出,余购得质人所著《怀葛堂文集》,取而读之,见质人与熊孝感书,述重游秦塞之役,及指摘丘庄不知六卫之谬妄。并谓凡书可闭户而著,惟地舆必身至其地。呜呼!斯岂浅学之士所能言者。今之人皆以为治西北地理者,至有清嘉道间,自徐松、张穆、何秋涛始名家,讵知二百数十年以前,竟有身历边境,以实地调查,制成图说如梁质人其人哉。

《秦边纪略》原名《西陲今略》,刘献廷尝借录副本见《广阳杂记》,徐松曾引入《西域水道记》见卷三《哈喇淖尔所受水》之条,其书之价值可想。原书竟不传于世。乾隆《四库存目》虽载其书名,而已逸其姓氏,仅指为康熙间人所作;同治间,安徽藩台吴坤修刊于怀宁,以为乾隆时人所著;举人王灏刊于定州,以为蠡县李培撰,不辨作者之年代与姓名,遑论内容。质人尚著有《十三陵图说》,图用宋人石刻开方法,相方用指南针,计里用跬步,并订正《肃松录》诸书之误见《与朱字绿书》。其书必有可观，惜亦散佚不传南京国学图书馆藏有抄本《秦边纪略》，但非足本。闻嘉兴沈曾植家所藏写本最完足，惜未见。

质人除治地理之外，尤长于古文。王源云："自易堂诸君子殁，汤惕庵、谢秋水相继谢世，后起者率多浮沉，独蔡静子、梁质人古文可称后劲见《居业堂文集》卷六《与梅耦长书》。余谓怀葛堂诸作，实突过其师魏禧之文。

质人文章学问既卓卓可传，而其气节在明代遗民中亦不多见。因志存光复，而为韩大任[2]走数千里，乞援于吴三桂。恐明帝栖神之域湮没于残山剩水，而徒步至昌平州谒陵寝攒宫，为作《十三陵图说》。其它禾黍之悲、故国之痛，流露于字里行间者更不胜偻指。彭士望曰："余门下生之患难坎廪难危，谁有如梁生之甚。而生之志益坚，气益锐，持大义虽百折九死，曾不挫其毫末"见《耻躬堂文抄》卷七《门人梁份四十序》。呜呼！质人可称为豪杰也矣。窃怪如质人之学问文章气节，竟沉霾数百年无人为之表扬，作一翔实传记，能不代为太息乎！

近人所编之《清史稿》有梁质人小传一篇，寥寥数行，不知所云。盖以王源所撰《怀葛堂文集序》及质人《送张方伯往山海关序》，为其作传之蓝本，随意剿集，杂凑成文，绝无传记之价值见《清史列传》七十《文苑传》一。嗣见日本内藤虎博士所著《质人年谱》，约略翻阅，颇称完善。而细按之，阙漏错误，层见叠出。其最著者：对于谱主不辨生卒之年代，及失记系狱之大事，至以江西清江之鹿渚，误认为河南之鹿邑，尤为谬妄。余始而详校质人文集，继而博览其师友之著述，及各种方志中之列传，所搜材料愈积愈多，不忍弃置，遂下笔编次，此即余作此年谱之缘起也。

年谱之作，固以谱主为对象，而与谱主有关系之人物亦当附录。按质人为易堂弟子。易堂在清初顺、康之间，颇有声于天下，闽宁化之泉上、粤东之北田、新建之天峰、星子之髻山、南丰之程山、江东之板桥、浙之河渚、虞山之宛溪，与易堂相为酬酢见彭士望《与贺子翼书》。若辈多孤忠遗逸，痛明社丘墟，采山而隐。质人之文章气节，直接间接受其影响甚大，故依史家之例，一并叙述。

作此年谱有三难：(一)质人一生事迹无碑传志铭可以参考，其自著《怀葛堂文集》有《复伯兄书》，虽隐约述其家世，然记载不详。经再三探讨，而后乃能仿佛其始末。(二)质人所作文字，都不记撰述岁月。非自文中细考其甲子，及旁证他篇之事实，与夫题跋评语之附见者《怀葛堂文集》原刻本文后有评语题跋，则无从分年编注。若草草辑录，则难免参差失实之弊。(三)易堂诸子与质人游交，有如全祖望所云："其人踪迹非寻常游士所阅历，故似有所讳而不令知者"见《鲒琦亭集·刘继庄传》。欲搜集各人历史，按年附录，尤为不易。

余作此年谱，匪独对于谱主事迹力求翔实，即与谱主有关系之人物，非经考订确凿，亦不敢率尔编入。例如万斯同之生卒年代,言人人殊。黄百家则谓生于某年月日,以康熙壬申四月初八日卒于京邸,年六十五《万季野先生墓志铭》;方苞则谓卒于康熙丁丑《万季野墓表》:戊戌夏六月卧疾塞上,追思前言,距其殁盖二十有一年。按此推算即卒于丁丑;钱大昕则谓康熙壬午四月卒,年六十《万先生传》:《疑年录》所载崇祯十六年癸未生,康熙四十一年卒,年六十,系依钱传推算;而刘坊所撰《万季野先生行状》乃称:生于崇祯十一年正月二十四日戌时,卒于康熙四十一年四月初八日,京邸王司空俨斋明史馆中刘撰行状已收入《碑传集补》卷四十四。上列四说,余以刘说为最可信。盖刘、万交契有十年之久,行状之作,又徇斯同子世标之请,其言必有依据。且按诸王源所撰《万季野六十序》:"高士万季野客京师成六十,时丁丑春正月。"丁丑即康熙三十六年,距崇祯十一年确为六十,是则季野生于崇祯十一年正月,凿凿有证。而所载卒年月日,复与黄撰墓志铭相符。王、黄两氏,皆为季野亲交,此三者所记既属吻合,则自无疑义,故余决以刘说入谱。又如顾祖禹之生卒年代,陆心源三续《疑年录》,乃妄据姚椿《晚学斋集》,遂谓祖禹生于天启四年甲子,卒于康熙十九年庚申,年五十七,实则误以魏禧之生卒加于顾祖禹者。心源号称博雅,而读书疏忽,竟至如此。梁启超素长考核,对于顾祖禹之生卒年岁,亦欠于寻究。彼云:"顾祖禹生卒年无考。"又云:"我考了许久,考不出来"见《中国近三百年学术史》一四九页。余据魏礼之言,祖禹少先生七岁见《魏季子文集·先叔兄纪略》，乃推定生于崇祯四年辛未魏禧生天启四年甲子，祖禹少七岁，则生崇祯四年辛未。复据《无锡县志》卷三十祖禹卒年六十三，乃推定卒于康熙三十一年壬申，斯皆信而有征者。要之谱中记事，悉经绵密考订，力袪踵讹增伪之病。以上所云，仅举一端而已。

年谱中所搜资料以《怀葛堂文集》为主，并参考其他著述及各种方志，然后择要摘录，分年编入，或将有关系之文字全篇揭载，以明其一生之事迹及学问思想之渊源。读此年谱者，不独能明了质人一生之历史，并可知清初时代之背景。盖质人交游甚广，一时文人学者隐逸奇士，藉以旁见者不鲜焉。

区区此作，参考书籍不下四十余种。而主要文集往往翻阅至数十遍。若遇有疑义而案头无书可考者，辄寓书南浔嘉业藏书楼施韵秋主任，托其检查各书，务得确证而后止。

抑有一事尤堪追记者，余以朱书为梁质人挚友，意谓其所著《杜溪文集》必多参考资料，但遍求而不得，旋由友人蒋君竹庄向无锡丁君仲祜处转借而来，时在一月二十八日夕阳西下之顷。余得之狂喜，篝灯读之，遂至午夜。翌晨卧起，闻机关枪声如连珠不断，始知日军已猛攻闸北。余寓居虹口靶子路危楼一角，适当火线之冲，惟把卷诵读，不肯释手，因集中有梁质人《西陲三书序》，足正《秦边纪略》命名之失，爰伏案写录，不顾窗外之飞机炸弹声也。至三十一日炮声四起，危急益甚，乃抱此文集出走，余书未携一册。脱险之后，即以归还原主。窃幸借书之雅，未伤编纂之功。已竟濡笔，述此聊以志慨云尔。

民国二十一年三月二十八日，序于上海桃源村萧友梅[3]博士宅中，时闻琴声悠扬，回想炮声震耳之日，有如霄壤。汤中附识。

参考书籍

怀葛堂文集原刻本　豫章丛书本

耻躬堂文钞

宁都三魏集

谢程山集

髻山文钞

朱中尉诗集

广阳杂记

二曲集

槲叶集

受祺堂文集　初刻　续刻

受祺堂诗集

恕谷文集

居叶堂文集

独漉堂稿

寒支集

汉阳五家诗选

国朝诗韵

二十四泉草堂诗集

杜溪文集

戴南山集

望溪文集

安序堂文集

鲒埼亭集

道古道文集

潜研堂文集

章氏遗书

敬孚类稿

艺风堂文集

东华绿

圣武记

清史稿

碑传集

碑传集补

畴人传

程山年谱

全祖望年谱

疑年录汇编

读史方舆纪要

江西通志
南昌府志
建昌府志
南丰县志
星子县志
清江县志
陕西通志
兴安府志
畿辅通志
汉阳县志
无锡县志
鄞志稿
四库全书总目提要
郑堂读书记
近三百年学术史

梁质人年谱

质人名份，江西南丰人。家世寒微，自占籍南丰，历七八世，中间将仕郎三人耳，曾未有一为郡邑诸生者。见质人《复伯兄书》，《怀葛堂文集》卷一

明崇祯十四年辛巳，质人生。

质人长涂惕岩一岁，惕岩卒于康熙五十九年庚子，享年七十有九，依此推算，质人生于是年。

《涂君惕岩墓志铭》：上略易堂凝叔魏夫子多门下生，为师门翘楚者君也。君讳尚葎，字云石，晚号惕岩中略。君生崇祯壬午十二月二十九日戌时，终康熙庚子六月初五日丑时，享年七十有九中略。余与君同师门，先君一饭下略。《怀葛堂文集》卷七

吴其矩长质人七岁。康熙三十三年甲戌，其矩年六十一。依此推算，质人生于是年。

《赠吴其矩序》：上略吴子其矩学于躬庵彭夫子者也中略。吴子与先外舅为挚友，长于余七岁中略。

甲戌余重游秦塞，取道枹罕，执爵寿吴子。盖徂夏吴子客枹罕，年已六十矣下略。《怀葛堂文集》卷三

质人四十岁时，魏叔子五十有七。叔子即卒于此年十一月，时在康熙十九年庚申。依此推算，质人生于是年。

彭躬菴撰《门人梁份四十序》：庚申伏日，同勺庭及次儿厚本客邓尉山中略。是时余门人梁生份从勺庭南游，留金陵未至中略。余年七十有一，勺庭五十有七，而生之年亦且四十下略。《耻躬堂文抄》卷七

己未春，质人再至翠微，年三十有九。依此推算，质人生于是年。

魏敬士《送梁质人归南丰序》：上略己未春，梁君再至翠

微，家先生相与谈昼夜，遂邀训予弟侄于山中，欲令其徙妻子而居焉中略。孔子曰："年四十而见恶焉，其终也已。"今梁君三十有九，其见好于人者非一事下略。《魏敬士文集》卷三。敬士名世俨，魏礼之子。

综合以上四条之考证，质人生于崇祯十四年毫无疑义。内藤谱误作崇祯十三年庚辰，质人生于此岁。推其致误之原因，系曲解《李草堂墓志铭》。

按《李草堂墓志铭》云：草堂姓李，讳一凤，字五文，草堂其别号也中略。生明崇祯三年十二月甲子，卒清康熙壬午四十一年三月癸巳，享年七十有三中略。余在弘斋夫子门墙日，草堂已十年以长，宜余知之审也《怀葛堂文集》卷七。以为草堂长质人十岁，依此推算，质人即生于崇祯十三年。不知所谓十年以长者，乃约略言其年之整数，凡年长十年或十一二年者，皆可云十年以长，安得遽定为长其十年耶。

清顺治二年乙酉，质人五岁。

是年质人溺于河。

《潘柳东八十序》：上略而余五岁溺于河，亦与为无异下略。《怀葛堂文集》卷三

是年，左良玉破九江，金声桓入南昌，朱中尉议雱、彭士望两人挈妻子走建昌。士望三至宁都见魏禧，立谈定交，遂同中尉往依焉。与诸子结庐金精之翠微峰，讲易谈史，为易堂凡八九人。魏叔子《朱中尉传》

翠微峰距宁都城四十里，金精十二峰之一也。四面削起百十余丈，西面金精者苍翠，袤延如列屏；东面城大，赤如赭，中径坼自山根，至绝顶若斧劈然。或曰长沙王吴芮之所凿也。张丽英飞升，盖即其处，相传自上古来无或登而居者。岁甲申国变，予采山而隐，闻邑人彭氏因坼凿磴，架阁道于山之中干，辟平地作屋，其后诸子讲易，盖所谓易堂者也。予同伯兄、季弟大资其修凿费。丙戌春，奉父母居之，因渐致远近贤者先后附焉。魏叔子《翠微峰记》

当时易堂之经济、程山之理学、髻山之节义，鼎峙江西，有声于天下。见《查小苏九十序》，《怀葛堂文集》卷三

按易堂九子，为魏祥，一名际瑞善伯，又称伯子、魏禧冰叔，又称叔子、魏礼和公，又称季子、彭士望躬庵、林时益确斋，原姓朱，名议雱，明宁藩之后，为奉国中尉、彭任中叔、曾灿青藜、邱维屏邦士、李腾蛟咸斋，皆以文章经济名于时。质人受业于躬菴、叔子，又师事确斋。

按程山诸子，为谢文洊约斋、甘京健斋、封浚位斋、黄熙维缉、危龙光在园、曾曰都美公、汤其仁密斋等，邵睿明弘斋，亦讲学于程山学舍。谢文洊，江西南丰人。明季诸生，年二十余，入广昌之香山，阅佛书学禅。既读龙溪王氏书，复读阳明书，遂与友讲阳明之学，年四十会讲于新城之神童峰。有王圣瑞者，力攻阳明，文洊与争辨累日，为所动，取罗整菴《困知记》读之，始一意程朱。辟程山学舍于城西，名其堂

曰尊雒。时宁都易堂九子节行文章为海内所重。髻山七子亦以节概名。文洊独反己暗修，务求自得国史《儒林传》。程山居南丰城西，偏石园砥，可坐数百许人，在独孤弹琴马退石之左林塘幽阒，修竹翳如堂三楹，馆室亭榭凡数处。浚京与师约斋，尝授徒其内。吾易堂诸子每过，必出所撰著述近日行事，讲贯连日夜，互为规益。星渚宋未有曾一至，居旬日，叹为生平仅事。四方远近之游而过之者，殆无不知程山有谢子之学彭躬庵《程山堂碑记》。质人曾受业于邵弘斋，又因谢约斋得游易堂彭、魏二氏之门。《谢程山集》《己酉答吉安邓勿非书》之后有梁份注语云："因先生得游易堂彭、魏二师之门。"

按髻山七子为星子宋之盛，后改名惕未有，与同里吴一圣敬跻、余暐卓人、查世球天球、查辙小苏、夏伟及门人周祥发，讲学髻山，以节义称于时。宋之盛，崇祯己卯举人，其学以明道为宗，以识仁为要。晚读胡敬斋《居业录》，持敬之功益密。丫髻山在县南四十里，形如三台，时起云雾，刘仙真人得道处。上有庙，祈祷辄应，山巅有新民寺同治《星子县志》卷二"山川"。髻山当即丫髻山之简称。

南康县治东一里有东华山，其北有鲤山、髻山，皆当江水下流之口《读史方舆纪要》卷八十八《江西六》。此髻山即属南康县，则决非所称星子县之髻山也。

清顺治五年戊子，质人八岁。

是年质人友人刘继庄献廷、王昆绳源生。

清顺治六年己丑，质人九岁。

是年欧阳宪万斌元卒，年四十四，宪万为朱议雩所师事朱议雩即林确斋。

欧阳子名斌元，字宪万，号丽峰居士，新建人。家贫，幼奇慧，读书目十行下，终身不忘。为诸生，受知蔡公懋德、侯公峒曾，二学使以国士礼之。而同邑姜公曰广、清江杨公廷麟尤相推重中略。斌元生平，师多于友，每学一艺，即下拜事师，称弟子，必尽得其传中略。丁丑始与乐平王纲、南昌彭士望交中略，后更交贵池方嘉渭、句容朱议雩二人，皆师事斌元为门人中略。甲申国变，总督吕公大器为南司马，延之同行。南都初建时，宫府百度草创，馆阁部寺诸大僚求习知典故者咸推斌元下略。己丑幽忧病郁卒，年四十四，无后。彭躬庵书《欧阳子十交赞》

朱议雩庚寅过喜归来堂，哭欧阳宪万夫子："井井田庐好，惟悲人已亡。服衰无孺子，待养上高堂。世谊多兄弟，交情重死丧。生平未了事，终夜起皇皇。"《朱中尉诗集》卷三

是年熊极峰化殉节。极峰为见可兆行之父，养及颐之祖。

《静俭堂集》凡二十卷，清江熊极峰先生著也。中略先生年二十六，中万历进士，为行人，十年历官御史川东道。既国变，间关领海。己丑，当事欲迫见之，先生谓其家人曰："吾老矣，何用复生斯世！"为以脑子密置茶杯中，食之不效。佯曰：趣舆来，众出，乘间自投池水，水浅救免。先生大怒，

谓其儿子曰:“吾死决矣,且汝亦知大义者,何迟我死也!”于是闭户自经中略。时兵人驿骚,居者无宁宇,先生文集遂亡其板。最后仲子兆行字见可购得印本六册,藏于家。禧与兆行为昆弟交,子颐字养及,更受业,于是顿首以书来请。曰:子为举其要而序之中略。先生讳化,葬其赠公于太极峰,因自号极峰,而学士大夫皆称极峰先生云。魏叔子《静俭堂文集序》

清顺治十二年乙未,质人十五岁。

是年魏昭士世傚生,昭士为魏季子礼之长子。

清顺治十三年丙申,质人十六岁。

此二年质人就外傅,学举子业。

质人《复伯兄书》云:上略寒门衰祚,力学无人,心实伤之。是以就外傅时,辄妄自许,必光大吾宗。年十五六,则视举子业良不足学,第俯首二三年,取巍科如芥拾,即位极人臣,非异人事下略。《怀葛堂文集》卷一

质人受业邵弘斋睿明,当在学举子业以前。盖质人十六岁,李草堂已二十七岁。草堂幼师弘斋邵夫子,长事李先生淑旦,学举子业参看《李草堂墓志铭》、《怀葛堂文集》卷七。淑旦名藩,南丰人。少以制艺名,为谢约斋受业师。后欲反师约斋,引南大吉师王阳明、罗近溪师胡宗德例,约斋固辞,欲逃入深山,乃以其子璧为托,未几遂卒。顺治十五年正月,李璧奉遗命执贽约斋门下参看《谢程山集·李先生传》及《程山年谱》。由此可知,李淑旦死于顺治十五年以前,李草堂师事淑

旦，当更早于其时，故质人与草堂同学邵弘斋门墙，必不在十六岁以后也。

邵睿明字先士，明诸生。少颖异，留心小学性理诸书。及长，刻意励行，倾产脱兄难，出力脱人非罪，虽素不逊于己，弗计也。后山居讲学，不立门户，以为道本至公，岂容自私以成狭小，遂自号弘斋。文洊进之以毅，睿明应声曰："惟其不弘，是以不毅。"先后受业者至百许人，多博通弘远士。而梁份、汪瑶其最著者。同治《南丰县志》卷二十五《人物》三

清顺治十四年丁酉，质人十七岁。

是年质人友人朱字绿书生。

清顺治十六年己亥，质人十九岁。

清康熙四年，质人二十五岁。

是年易堂魏叔子，髻山宋未有会于程山，先后会者近百余人。程山讲学此为最盛。《程山年谱》

清康熙六年丁未，质人二十七岁。

质人以家人逋税系狱者九年，其时约在顺治十六年至康熙六年之间。

梁份少以家人逋税系狱者九年，友人曾若武为馈食，得不死中略。若武有孝行，后亦及躬庵门下略。同治《南丰县志》卷二十五《人物》三

上略年十五六则视举子业良不足学，第俯首二三年，取巍科如芥拾，中略不幸罹患难者九年下略。《复伯兄书》，《怀葛

堂文集》卷一

综观以上两书所载，可知罹患难者九年，即系狱中之九年也。至其入狱之初，当在十七八岁以后，故推定质人系狱之年约在顺治十六年至康熙六年之间。

清康熙七年戊申，质人二十八岁。

是年秋，宋未有之盛卒。

谢秋水文洊祭宋未有先生文：洊自癸巳、甲午间，已知南康有宋先生隐居讲学，心窃向往之，思一造其庐。及后彭躬菴、林确斋得交先生，洊与先生亦遂通音问。乙巳僧石与从先生至程山，相见互倾倒。时魏叔子教授新城先生以书付石与，招至合程山诸子作旬日之聚，彼此以学互质订。一时契合之乐，自谓有生仅事。丙午丁未，辄有书牍往还质疑。自丁未八月十四得一书，论禅者所见，洊尚未及复，戊申秋，遽闻讣《髻山文钞附录》。

清康熙九年庚戌，质人三十岁。

是年易堂诗人南昌危习生卒，年四十七。

余尝谓习生诗在易堂中清绝一往，如名山之有溪涧然，而五言律其尤工也中略。习生与叔子同年生，年四十七卒。魏叔子撰《危习生遗诗序》

魏叔子死于康熙庚申，年五十七。习生早卒十年，故推定卒于康熙庚戌。

清康熙十年辛亥，质人三十一岁。

质人娶谢思退进女为妻，约在此年。

澎躬菴撰《门人梁份四十序》：上略年三十余始娶妇，经数年不一顾下略。《耻躬堂文钞》卷七。梁份少以家人逋税系狱者九年上略。既出，跅弛不为人所礼，独谢进见而奇之，取以女巳。同治《南丰县志》卷二十五《人物》三

谢进字思退，于谢约斋为大父行。愿居门下引王文成待其叔祖克彰例，家庙叙叔侄，讲堂行师弟子礼，约斋不从，而进心师之，每称必曰先生。《程山年谱》

清康熙十二年癸丑，质人三十三岁。

是年，质人始以彭躬庵为师，并卒岁在冠石侍林确斋先生。

《哭魏勺庭夫子文》曰：上略份事树庐夫子于今八年下略。《怀葛堂文集》卷八。树庐即彭躬庵之别号。

叔子在翠微峰构草堂，阻石为池，莲华满其中，曰勺庭，学者因称为勺庭先生。康熙十九年庚申叔子卒，自兹溯算，质人师事彭躬庵当在此年。

《哭确斋先生文》曰：上略份前后至冠石皆不半载。惟癸丑卒岁侍先生，其教份之语已备载书册下略。《怀葛堂文集》卷八。冠石为金精山诸砦之一金精山在宁都县西北十五里，群山联络，延袤四十余里，中有黄竹、赤面、三岘、冠石诸岩。《读史方舆纪要》卷八十八《江西》六。林确斋种茶处也。

林确斋送梁质人归南丰诗曰：终年颇觉伤哀乐，得汝

如逢丝竹音。夕柝月明青壁路,晨门风入白头吟。孤生自分惟亲剑,老子何期遂断金。记得坡边梅树发,停杯相望共苔岑《朱中尉诗集》卷四。林、梁之契合,于此可见一斑。

是年梁器圃卒,年四十二。

器圃为北田五子之一。生平慕倪云林之为人,亦师法其画,闭户读书,足迹不入城市。显者造请,辄坚避不肯见。或求画,虽贫,亦璧不一作。乙卯彭躬庵入粤,而梁器圃则先二年殁矣。所谓北田五子者,指粤东陈元孝、陶苦子、何左王、何不偕及梁器圃之五隐君也。参看彭躬菴《赠北田四子序》

易堂与北田颇通声气,魏善伯和公兄弟及彭躬菴辈皆亲赴南海访北田诸子,和公与陈元孝尤相倾倒。元孝寄题魏和公吾庐诗云:今之人才可屈指,魏季宁都隐君子。《独漉堂稿》

是年十一月吴三桂举兵叛清。《东华录》、《圣武记》

清康熙十三年甲寅,质人三十四岁。

是年吴三桂军略四川、湖南、湖北等地。《东华录》、《圣武记》

清康熙十四年乙卯,质人三十五岁。

是年十二月质人自南丰至宁都。金精山冠石谒林确斋先生。

乙卯十二月梁质人自南丰至,作"兵火绵延千百里,草堂忽有故人来。乍传异说愁难信,详载长书怯未开。漫道三年牵别绪,曾知此语倍离怀。老夫家傍金精迳,欲问神仙哀

不哀。"《朱中尉诗集》卷四

读此诗,可想见当时兵戈满地,质人驰驱四方,几遭不测之祸。而确斋对于质人之关切又情见乎词。

清康熙十五年丙辰,质人三十六岁。

是年二月,吴三桂将高大杰陷江西吉安,未几大杰死,韩大任守之。《东华录》

是年二月,质人自江西抵长沙,为韩大任乞援于吴三桂。三桂留质人观战。

吴三桂据湖南,兵驻松滋久。乙丙之间,和硕安亲王统大兵自江西袁州直趋湖南,兵至长沙之东,三桂闻穆将军为战将,不敢轻敌。丙子当系丙辰之误二月,自松滋退军长沙拒战。梁质人自江西为韩非有即韩大任求援,三桂之意,先败安王而后援吉安,订于三月初一日合围,留质人曰:汝于壁上观吾军容,归以语东方诸豪杰也。官山在长沙东南,与浏阳相值。安亲王军长沙东官山之后,三桂军长沙西,连营岳麓山,亘数十里,军容之盛近古未有也。三桂欲自与安亲王决战,诸将苦谏而止,皆誓死以战。三桂坐浏阳门楼,质人以三桂命立城上。安亲王发兵十九路,自城北铁佛寺后布阵至城之西南,长数十里,三桂亦发兵十九路以应之。将军王绪先陷阵,清兵合围之数重,旗帜尽偃,金鼓无声,城上人尽失色,以为此军全没矣。少顷,闻交枪连发如急鼓,清兵纷纷堕骑,王绪军冲突无前,莫有撄其锋者,深入敌境,获全胜而返。伪将军吴应贵者，三桂之侄也，搏战为流矢所中，贯腮堕马，夏国相力战救之而归。穆将军追至城下，三桂于近城设伏以防，巨象伏岗下，敌至起而冲之，清兵披靡而走。交锋者凡三路，马宝军大捷，余杀伤略相当，呼声动天地。血战至日中，天忽大雨，交枪不得闻，各敛军而退。三桂初意气吞官山，先发十九路，余军驻岳麓，留为更番地，不胜则后军继之，必平官山而后已。及见应贵伤，复值大雨，为之夺气。曰：天意不测，遂入城而守。清兵亦掘濠不复出。未几应贵死。刘继庄《广阳杂记》卷二

是年八月，封位斋浚卒。位斋，程山谢约斋之门人。

质人撰《封位斋先生墓志铭》：上略先生崇祯十四年补博士弟子，又十二年贡成均，又八年，壬寅年四十有二举丈夫。子若而人执经门下，若而人交易堂海内名下士，若而人一旦执贽素所友善之谢先生约斋，頫首称弟子，与甘健斋京、黄维缉熙，曾美公曰都诸先生同堂合席，自以理学任君子，以是推先生过人者大矣。中略丙辰八月朔日终正寝，距生天启辛酉年五十有六下略。《怀葛堂文集》卷七

清康熙十六年丁巳，质人三十七岁。

是年四月，吉安韩大任溃围走，合土寇窜踞江西各地。当事属魏善伯招抚，事不成。十月大任拔营降闽军，善伯遂遇害。

魏祥字善伯，以万历庚申六月二十有四日生。十七补

弟子员，为郡守所厄，改名际瑞。丁巳四月，吉安韩大任溃围走，凡两窜宁都之上乡，兵寇十万，还至蹂躏甚，馈饷不支，当事议招抚久未就。而大任自言非魏伯子吾不信也。当事以属伯，伯既痛桑梓之祸无有穷期，又所闻大任为当世豪，亦欲有以全之，遂慨然行。八月甫至，江西兵遽从东路逼大任营，大任遂疑伯卖己，辞不见。又有奸人欲牵率大任降闽军以自成功名者，遂日夜構于大任。大任既败，十月十四日拔营走降闽。伯遂遇害，年五十又八。魏叔子撰《伯子墓志铭》

是年三月二十六日，质人外舅谢思退进死于贼。

质人《祭族子源文》：上略余外父谢思退死于贼，盖丁巳三月二十六，汝今死亦同是月日。余于外父初不知贼为何人，既获贼以祭，然后权厝于乐安三华山下略。《怀葛堂文集》卷八

《南丰县志》：明末，进尝从安恪王举兵，以军法杀人。康熙乙卯，其子从耿逆为贼，遇进乐安，杀之。份闻变即奋往杀盗，刳其心肝，祭毕而后殓进。同治《南丰县志》卷二十五《人物》三

按康熙乙卯其子从耿为贼，是指怨家之子从耿逆为贼之时而言之。谢进遇害年月日应依据质人祭族子源文。

魏敬士《送梁质人归南丰序》云：下略梁君自甲寅后奔走驰驱于四方，过家门不得入者且四五年，又何能更至翠

微相与论交乎下略。《魏敬士文集》卷三。可知此四五年之间，质人奔走四方，国而忘家，其为韩大任乞援，犹志在光复也。

清康熙十七年戊午，质人三十八岁。

是年正月，韩大任以一万余人降康亲王杰书军。八月吴三桂死于衡州。《东华录》

是年八月林确斋卒，年六十一。

奉国中尉朱议雱，字用霖。父统锖，中崇祯丁丑进士，知江夏县中略。江夏公既卒于官，推官同年生某摄府印，与公有怨，牒取公修城费十数万金籍相对勘。而老胥憾公父子，尽匿诸籍，大索不可得。中尉同公门子邑诸生张若仲及弟议霖日夜穷思所出入，条记合算，较原数十数万金无少差，另册报老胥。及推官见之大惊以为神，江夏公柩乃得还南昌。而中尉自是得呕血疾，数十年且瘳且作，以至于死。中尉性豪迈，敢大言。见天下将乱，专意结客，招致方外异人，冀他日为国家用。江夏公命师事太仆段公然，海内所推三异人，段其一也中略。张若仲负奇才，精击刺，中尉与为兄弟交，得其技。僧辨文、道士张还初深沉有大略，中尉皆委心交之中略。更师事新建欧阳先生斌元友、南昌彭士望、胡以宁、乐平王纲福、清林全春、广济舒益其。乙酉左良玉破九江，金声桓入南昌，中尉、彭士望两人中略，立挈妻子走建昌。士望三至宁都，见宁都魏禧，立谈定交，遂同中尉往依焉。与诸子结庐金精之翠微峰，讲易读史，为易堂凡八九人中略。及迁宁都，士望尝游四方，中尉以病多家居，并督二家事。既日贫，中尉曰："不力耕，不得食也。"率妻子徙冠石种茶。长子楫孙、通家子弟任安世、任瑞、吴正名皆负担亲锄畚，手爬粪土以力作，夜则课之，读《通鉴》、学诗，间射猎，除田豕。有自外过冠石者，见圃间三四少年，头著一幅布，赤脚挥锄，朗朗然歌出金石声，皆窃叹以为古图画不是过也中略。晚又好禅，尝素食，持经咒，尤严杀生戒中略。戊午八月复病，呕血死，年六十一下略。死之日士望阻于楚，唯魏禧、彭任亲举尸入棺含殓焉。魏禧曰："中尉来宁都时年二十有八，予与季礼方壮，並愿为中尉死也。中尉更姓林，字确斋，所制茶高妙，远近名曰林茶。工二王草法，诗于杜为别出，人咸推服之。然求书者中尉率书古人诗也。楫孙负志气力作，先中尉卒。幼子东孙，士望女夫也，以谨愿称。"魏叔子《朱中尉传》

质人《哭确斋先生文》曰：上略份窃谓人生天地，百年之内得一二知己，死且无憾。份所中心诚服而最受知者四人耳中略。今树庐夫子远出而未归，先生与弘斋夫子、释大方师皆舍我而去，世之知我者尽矣，份何知有人世之乐乎！昔弘斋夫子尝问冠石何以待子？份以树庐夫子严父、确斋先生慈母为对，而恕份所短，取份所长，于有过中而谅其无他者，惟先生一人耳中略。已矣！自今以往，份之心谁复知之；份之所为谁教诲之；份有过而谁救之？是天非死我先生而死份也下略。《怀葛堂文集》卷八。彭躬庵撰《门人梁份四十序》曰：上略林先生卒，生走三百里，饥不入门，独身走墓上，哭之殒绝，逾时苏，无一人知者下略。《耻躬堂文钞》卷七。林确斋爱护质人如慈母，而质人痛哭确斋如孝子，两贤风义，殊非今人所能企及。

释大方师者，姓李名珙字共玉，南丰人。明诸生，种学积行，为人笃挚。少文，与人交，无貌言。后弃青衿，皈依广济为弟子，名圆智，字大方。痛通济桥坏，矢募建，与大力、日立、大有关前向人称说布施功德，人争踊跃投钱；夜则与大有共论宗乘。又尝参学远方，喜言三教合一。林确斋辟之，大方终是其说。而忧确斋病特甚。方募桥时，大方垂七十，视诸少年僧相继死，竟攻苦茹淡，劳跋涉募赀，终桥事。所存杂著一帙，大约依于忠孝。《建昌府志·杂类志》卷十之一《仙释》

是年夏秋与客冬，质人来往于宁都南丰之间。

旧冬来冠石中略，今夏将归。中略份归不二月，再至，至不三日而归。谁知一月之内，先生竟奄然长逝乎！《哭确斋先生文》

清康熙十八年己未，质人三十九岁。

是年春，质人至宁都易堂，又以古文辞游四方。

魏敬士《送梁质人归南丰序》：上略己未春，梁君再至翠微，家先生相与谈昼夜。遂邀训予弟侄于山中，欲令其徙妻

子而居焉下略。《魏敬士文集》卷三

质人撰《揭祎然文集序》:上略己未,余以古文辞游四方中略。余十年中纡回数万里,阅人多,与物无竞下略。《怀葛堂文集》卷二。所谓十年中者,是指壬申与揭祎然遇于鄂渚之年即作序之年以前之十年而言。质人于康熙癸亥之后,驰驱关中塞上,又游京师及楚南楚北,所经道路诚可谓纡回数万里矣。

内藤谱谓,是岁己未以前之质人生活得以推测,是误解文义。

是年九月,易堂邱邦士维屏卒,年六十六。

邱邦士为易堂九子之一，宁都河东人，禧之姊婿也中略。所著易剿说易数历书高三尺许,皆垂成未竟中略。甲申后,弃诸生服,同诸子隐翠微山中中略。己未九月,病噎不食死,年六十六。魏叔子撰《邱维屏传》

清康熙十九年庚申,质人四十岁。

是年春,质人以彭躬庵之命,从魏叔子出游,且为其门人。

份事树庐夫子于今八年,视份犹子。今年春更命从夫子出游,且为其门人。《哭魏勺庭夫子》

质人从叔子游无锡,主秦对岩松龄馆舍。

岁庚申,份从叔子魏夫子游锡山,主谕德秦太翁先生昆玉之馆舍。《送丁酉典试秦太史序》,《怀葛堂文集》卷三

按秦太翁即秦松龄,字对岩。弱冠,中顺治十二年进

士，康熙十八年举博学鸿儒，官至左谕德。其弟松岱，字灯岩，潜心阳明之学，亦有声于时。其子道然字雒生，年五十二中康熙四十八年进士，官至礼科给事中。

是年十一月十七日，叔子从无锡赴维扬故人约。舟至仪真，忽发心气病，一夕卒，年五十七。时质人从行。

魏季子撰《先叔兄纪略》云：上略先生讳禧字凝叔，号裕斋，欲自进于宽裕也，宗派曰际昌。丁丧乱屏居翠微峰，门前有池，颜其庭曰勺庭，学者称勺庭先生。叔子集行于世，世又称魏叔子云。先征君生五子，其二夭，故以伯叔季行。先生为人形干修颀，目光奕奕射人。少孱善病，参术不去口。性秉仁孝，宽以接物，不记人之过，与人以诚，虽受绐怡如也。诱进后学，惟恐弗及。然多奇气，论事每纵横，雄杰倒注，不穷事会，盘错指画，灼有经纬。思患豫防，见几于蚤，悬策而后验者十尝七八。义之所在，即撄祸患勿少恤中略。先生儿时，不乐嬉戏，同学生或出外游闲，先生独勤业不辍。尝嗜古论史，斩斩见识议。十一岁补邑弟子，冠其曹中略。迨甲申流贼陷京师，天子死于社稷，先生闻辄号恸，日往公庭哭，食不甘味，寝不安席，谋与曾公应遴起义兵勤王，先征君亦慷慨破产处之，而李自成旋殄灭，遂不果。先生故善病，谢弃诸生服，隐居山中，岁惟清明祭祀一入城而已。因屏去时艺，专古学，教授弟子，著录者数百人。方流寇之初炽也，是时承平日久，人不知乱，且谓寇远难遽及，先生独忧之，寻山石结寨，以卫家室，经营措注，皆有成法，邑人仿效之，得免寇攘之难。时年二十一也，而南昌彭躬庵士望亦于是岁来。初，予乡人有主躬庵家者，躬庵尝语天下将大乱，吾欲得遗种处。予乡人曰：则莫若吾宁都矣。山寨可居，田宅奴婢，我能给也。躬庵果至，主其家，实吾邻並。躬庵日日从门外过，予兄弟尝目送之，相语曰：若人风度似不凡者，然何以主是？翼日躬庵复经过，予兄弟遂下阶揖躬庵，曰：子何为者？躬庵语以故。且曰：为若人所给，吾已移室至建昌矣，将安适？曰：能过吾馆谈乎？曰：甚善，遂相与纵谈达明。躬庵慨然曰：于兄弟可以託家矣。于是躬庵遂急行，逆其家人数步，复返曰：将与一好友携俪俱来，何如？曰：甚善。至则林确斋时益也。躬庵舟至河干，先生方靧面，喜极，裸双袖，水濡濡滴髭髯，走逆之，延往于家，后相与入翠微，如一父之子，盖所谓易堂者也中略。尝出游，思广接天下人物，东南君子无不遍交之。闻有隐逸道德士，则岖崎山水，造访请益。而四方闻风趋赴者，亦骈驷辐辏。诸君子咸谓：先生有古宰相才度，惜乎赍志以没也。然所著《左传经世》，亦足征其用矣中略。戊辰，岩公沆、余公国柱、李公宗孔荐举博学宏词，累征，以病辞未就。庚申十一月十七日，从无锡赴维扬故人约，舟至仪真，忽发心气病，一夕卒。时门人梁份从行。远近友人咸走哭于殡所，而常熟顾景范祖禹独先至。祖禹少先生七岁，先生与为兄弟交，比易堂。其未能至者，则于先生昔经游处设位面祭，海内士识与不识莫不惋惜焉。生于明天启甲子正月十三日，享年五十有七。嫂谢氏闻丧，勺饮不入口，绝食十三日死。继礼之幼子世侃为嗣中略。所著有《古文集》二十二卷、《日录》三卷、《诗》八卷、二集若干篇、《左传经世》若干篇，梓其半皆行于世下略。

质人《哭魏勺庭夫子文》云：门人梁份捧新刻夫子诗文集，陈柩前躄踊而哭曰：份奉命较雠，有成功矣，乃夫子遽至是耶！夫子固善病，昨仆夫至真州至，暮叩门，心动，从门间问夫子安，然后启而纳之。书中亦言体大健，以是份留数日，待此集之成，恶知二日内而病，病而如是哉中略。夫子生平事功无从表见，其发为文字，盖时命之不犹。然传天下而垂后世，必有读其书想见其人者。昔夫子居庐陵万山中，份揭衣水行，日夜百十里，就区画大事，其后成败不失锱黍，此惟份知之，而未尝与人言者。意将见诸行事，使苍生实被其泽，而夫子亦因以不朽。天乎！何当斯时而不假以年，不得行其志，则岂一人之不幸哉下略！

读此文即知魏叔子之学，初以经世致用为主，因遭逢不偶，乃发为文章。叔子亦自言曰：读书不足经世，则虽外极博综，内析秋毫，与未尝读书同《左传经世自序》。质人学术行谊颇类叔子，故叔子谓：质人可以传吾学者也。

清康熙二十年辛酉，质人四十二岁。

是年质人过鹿渚，访明遗老熊见可兆行，留旬日。

份三过鹿渚，皆匆匆去，独辛酉留旬日。见《熊见可先生哀辞》，《怀葛堂文集》卷八

按熊见可为江西临江府清江县人《清江县志》有《熊见可列传》，魏叔子《静俭堂文集序》亦言熊为清江人。鹿渚为清江县之镇名见《读史方舆纪要》卷八十七《江西》五。内藤谱谓鹿渚在河南归德府鹿邑县，并云见可为河南鹿邑县人见谱后《质人之交游》，《读史丛录》二六八页。以河南之鹿邑视为清江之鹿渚，可谓谬妄。夫《魏叔子文集》及《读史方舆纪要》皆寻常习见之书，而内藤博士竟未细读，岂不怪哉！

是年，谢约斋文洊卒，年六十七。

清康熙二十一年壬戌，质人四十二岁。

是年，质人西行。十一月熊见可兆行卒，年七十有二。

魏季子撰《熊君见可墓志铭》云：予兄弟于清江称石交者，祝仲立应鳌、熊君见可、黄嘉卿尚宾，而君与君长子颐为尤笃。其始交也，由南昌彭躬庵士望中略。按君讳兆行，字见可，晚号陶庵中略。生父讳化，万历辛丑进士，由御史历官吏部右侍郎，以节介称。既殉难，谥文毅中略。崇祯甲申，流贼李自成陷京师，烈皇帝身殉社稷。乙酉，南京陷，杨文正公廷麟举义赣州，而郑芝龙援立隆武帝于福州，君遂从文毅公入闽，以资格知邵武县事。时浙江不守，邵武密迩西省，羽檄交驰，过师络绎不绝，案牍山积，君处之裕如。时巡徼关隘，以备非常。邑之东乡民勇敢可用，而县丞某者有干

略,因令持县檄谕其豪,以保甲寓军政,鼓以赏罚,激以忠义。未几,杉关失守,延平破,镇将宵遁,潜师过邵,有总兵袁某继至,君就见留之。袁曰:师无斗志,军无见粮,其何能战?君声色俱厉,折箭与之期曰:士死绥,吏死职分也,何敢以敌遗君父忧?但前行二十里,令当操粮至,以听军令,袁为感泣还师。君疾归密语丞曰:亟往率东乡兵,疾驱至隘口为伏,俟敌半度,横击其中坚,大军遮其前,可破而走也。于是袁师行甫十里,君单骑辇粮至,一军欢呼。未及光泽十里,与敌遇,君亲犯矢石。甫接战,敌阵自乱,遂大败出关去。是役也,东乡兵之力为多。事具邸报中捷闻,帝劳之曰:熊兆行有胆有力,奋不顾身,以歼厥强敌,克复危疆,武君岂不媿死!拟军功优擢。但严关正需抚驭,著授兵部职方司主事,仍理县事。当是时,郑氏恃援立功,骄虔自恣,拒谏以失事机。文毅公官少宰,言不听,遂告病就养于邵。而清师亦破仙霞关,从上游入福州矣。帝幸延平,君乃奉父间道趋行在所,中途遇盗,君徒手与格,仅以身免。乃复返邵,邵之父老涕泣,拥肩舆转致穷山中,更相护匿,父子卒得全以归。于是屏迹穷源,与文毅公别坞而居,一以诗文寄其悲怨。己丑,文毅公殉义,当事索贿求益深,君安之曰:死晚矣,复何憾!既知为廉吏也,遂解。因挈家遁避,以养老母焉。文毅公生四子,君其仲也。幼迟钝,矫捷多力,尝登危楼栏楯上行,往来不坠。年十七,忽聪慧,一岁通经义,试则冠其曹。二十八中崇祯乙亥拔贡，出李公若愚门。方是时天子以四海多故，国学者祖宗储材之地也，爰命京省学臣拔真才，以收异效。其试格一如乡试场例，君随计偕上，入国学，文益雄杰，祭酒许公士柔奇之，置第一人。归益潜心经史八家之文，而文毅公亦以建议忤柄臣引归。君见邦国多难，流贼内讧，阴结敢死士，习骑射，思以身捍牧圉，不数年而有京师之变。初，老母疾病，医者束手，君遂精于医，后亦尝以医药往来鹿渚间。先是，礼兄弟尝闻祝仲立及君于吾易堂彭躬庵，心慕悦之。壬寅，予叔子禧南下，君与颐自山中出相见，颐深冠方袍，矫矫持高节，叔子与为群纪交。因进颐以阅历致用之权，颐遂贬服毁容游四方。甲辰，来易堂于叔子称门弟子中略。辛酉秋，颐扶叔子榇自易堂归寿州，总戎黄公燕赞以书币迎君，曰：吾闻黄颇饶作略，汝父尚健饭，儿行勉之。既而黄有甘肃之移，颐以亲老，荐梁质人份。君手书勉份，辞义甚壮。弥月，误用针石，遂咯血不止，病未三月卒，时壬戌十一月十一日也。君生明万历庚戌年十一月十九日，享年七十有二。所著有《静适轩集》、《复吟草痘诊》，约言医略，藏于家。病革，惟以文毅公《静俭堂集》未续刻、份西行为念云。颐泣请遗言，不答，徐引颐手诵“家祭毋忘告乃翁”二语而瞑。当隆武时，君令邵武，文正公起义赣州，城屠，公冠带死清水塘，颜色如生，郡将贾熊瘗之西郊。黄尚宾为太仆卿，驻宁都，皆清江人，而彭士望亦监司湖东，及宁都城破，士望倾资赎文正公之孤归养焉。而李公若愚、许公士柔则先殉义于北，而祝应鳌与予兄及礼则皆伏处山中未出也下略。《魏季子集》卷十四

质人撰《熊见可先生哀辞》云：上略先生崇祯恩贡生也。令建宁，遭时不可为，艰难百折，转饷入援，卒无救于国运。生平负气节，乃白发卷然，废放诗酒间。被服古衣冠，卖药市上，更交节义贤豪士，而数十年间沉沦死丧，不可纪极，而先生亦赍志以没中略。先生每以大义属后生，尤自许为楚丘，且能投石而超距，志气可盛，可谓老而益壮矣。恶知天之必欲泯灭先生哉！份闻讣哀不自胜，又恐颐不克节哀，作哀辞以抑情以慰颐下略。《怀葛堂文集》卷八

读魏季子所撰《熊见可墓志铭》，则知见可之经济气节，及与易堂彭、魏之交谊。又知质人因养及推荐于总戎黄燕赞，始得遍游秦塞。刘继庄云：梁质人留心边事已久。辽人王定山王系黄字之讹讳燕赞，为河西靖逆侯张勇中军，与质老相与甚深，质人因之遍历河西地。河西番夷杂沓，靖逆以足病，诸事皆中军主之，故得悉其山川险要、部落游牧暨其强弱多寡离合之情，皆洞如观火矣。著就一书，凡数十卷，曰《西陲今略》《广阳杂记》。然则质人著《西陲今略》，得力于黄定山甚大。若非熊养及绍介，则质人即不能获此机会。而其父见可先生复手书勖勉，至病革犹以质人西行为念，可谓质人之知己，宜乎质人闻讣哀不自胜也。

清康熙二十二年癸亥，质人四十三岁。

是岁，彭躬庵士望卒，年七十四。

躬庵少负大志，周旋名公钜卿间，立义声于天下。其后或蹶或起。中略遇事感慨激昂，连类旁及，輷轹古今，呼天抢地，而不能自忍下略。魏叔子撰《彭躬庵文集序》

躬庵之学以王阳明、罗念庵为宗。其与程山谢约斋书曰：上略阳明先生本尧舜，惟精惟一，括之为致良知。体用完备，愚智同归，乃圣学嫡脉。然俱从万死一生得来，非可幸至中略。其徒之贤者徐曰仁、冀惟乾辈，又皆早殁，独令王畿假大耋之年，鼓如簧之舌，以依知解为致良知。一时士大夫之无识者，喜其圆融，以为易简内足，以济其苟且沉溺之私，靡然从风，倾煽海内。独念庵以私淑起，而闲距救之，以充养振之，以峻洁著异端论良知辨，以讥切之下略。

又《与髻山宋未有书》曰：上略前奉教，谓良知不过是非之心，乃四端之一，未可以日光为天。而念庵以打坐为撒手法，觉此心超然居万物先，则又似镜光之于日光中略。窃尝谓从阳明、念庵二先生之书，似仰溯周、程、朱、陆诸先生之学，其源盖无不同者下略。

躬庵对于门弟子最叹赏质人，其所撰《门人梁份四十序》云：上略余门下生之患难坎廪艰危，谁有如梁生之甚？而生之志则益坚，气益锐，持大义虽百折九死，曾不挫其毫末，此其人所易及哉下略！《耻躬堂文钞》卷七清康熙二十三年甲子，质人四十四岁。

是年四月，甘肃提督侯爵张勇卒。

少傅靖逆侯张公勇者，字飞熊，陕西汉中洋县人。幼孤，落拓有大度，遭乱从军，骑射冠时。初，谒英王于楚，王大奇之。当是时关中粗定，伏莽负隅者所在充轫。王与公语，谙其山川物俗甚悉，乃趣公西归，见重督府孟公乔芳。破巨盗贺珍，解城围。转战南北山间，股被数创，名大著。以散官守耀州，既而超长右辕。顺治五年回纥叛，从孟西征，复临洮府及兰州、凉州、甘、肃诸卫。率先登，河西平，公功独最，特授甘肃总兵。十二年疏请南征，十三年冬取滇、黔，命为右翼提督。康熙元年进云南通省提督。二年秋，玉门匆靖，诏以见衔移甘，甘有提帅自公始云。二十三年四月病殁。李天生撰《靖逆侯张公传》，续刻《受祺堂文集》卷一

周中孚《郑堂读书记》卷二十一载有《张襄壮奏疏》六卷作张勇咸宁人。

清康熙二十五年丙寅，质人四十六岁。

是年明遗老宁化李元仲世熊卒，年八十五《魏季子集》。元仲与彭躬庵同游黄道周之门，著有《寒支集》。兹录其答易堂彭、李二氏书及律诗两首，诵其诗，读其文即可想见其人。

《答彭躬庵书》云："昔张骏表晋帝北伐，其言曰'虎期继逆，兆庶离主。渐冉经世，先老消落。后生慕恋之心日远

日亡，痛哉言也。’今国变以来，曾几何日，盖有俨然先老，蒙面飏言，美叛帅为弃项就刘，指正朔为赵佗吴济者矣，岂俟日远乃渐忘乎？”《再答李咸斋书》云：“叹运历之变，自书史以来仅二三见，而吾辈适遭之。避地同尘，都无是处，忍死而已。”《寒支初集》卷六

别巫日如十年，意外相值，话次，因索棋感赋二章。一录哀矣无能共逐麋，项秦还未了残棋。每因恸哭糊青眼，未忍猖狂断老皮。报国惟文堪大笑忆十年前予刻思报国恩独惟文章，日如见而笑之曰：谁要文章，许人以死固难知甲申国变，日如问予：若当此，何以应之？予言：不能讨贼，只合一死。日如亦哂之。当年独有空山在，耐听秋坟唱鲍诗。《续卯帖》卯帖者曾子弗人怀予之诗也：忏除文字向枯禅余已为僧，死去生来等坐眠。偶然抗节宇文护僧亡名，事梁元帝，梁亡出家。宇文护累书相招，亡名峻却之，却笑留衣僧大颠谢枋得北行，刘洞送以寒衣，不受。诗云：范叔绨袍虽见意，大颠衣服莫留行。一代才如花顷刻，千辛咀到蜜中边。心期零落余孤调，举似何人解绝弦。《寒支初集》卷二

清康熙二十七年戊辰，质人四十八岁。

是年，质人客金州，为李筠庵刺史序《有美堂集》。又为刘体元广文序《一砚斋集》金州为陕西兴安府之古名。

《有美堂集》，筠庵李先生所著也。先生刺金州于今六载，岁戊辰，祛橐付梓氏成。份读未卒业，作而叹曰：何先生

之才之学之心大远乎今之人耶！中略金州在秦岭南，介乎楚、蜀千里间。崇山荒谷虎豹多，居民鲜少，水火灾殣，屠戮相仍，于数十年间，土宇凋残，不可谓不极。今观于州，民物安阜，熙洽之风，媲美于前代，其谁为之耶！中略先生治行在芷阳，时为天下最，于金州既循良如是矣中略。份知先生政事文章之大者方自此始，请序焉，未有艾也。《有美堂集序》，《怀葛堂文集》卷二

余客金州，与刘子体元雅厚善。已而出诗文相示，久益交亲，已而齿雁行，于今四载中略。刘子故世家子，为诸生，为乡进士，需次为广文中略。工真草书，作诗文为名下士中略。藏弃一砚，以名其斋，且以名集下略。《一砚斋集序》，《怀葛堂文集》卷二

按李筠庵名翔凤，辽东人。自咸宁令擢守兴安清初仍明制，兴安为直隶州。乾隆中，毕沅奏升为府，在任七年。康熙二十二年到任，至二十九年王珏接替。刘应秋撰《李公祠碑记》云：筠庵夫子自芝阳侯擢守魏兴，异数也下略。参看乾隆《兴安府志》卷十三《职官》下《州守》卷二十六、二十八《艺文志》

芝阳即咸宁之别称，咸宁为西安府之附郭，在府治东。府东三十里有霸陵城，春秋时秦缪公筑霸宫于此。昭襄王时谓之芷阳宫。秦纪云：秦襄王葬芷阳，谓之霸上。其后汉文帝起霸邑于此，因更名霸陵《读史方舆纪要》卷五十三。兴安州，曹魏称魏兴郡，晋、宋、齐因之，西魏称金州，唐乾元初

复曰金州，宋、元、明因之，万历十一年改曰兴安州《读史方舆纪要》卷五十六。

筠庵为当时循吏，关中李天生因笃极推重之。天生有赠筠庵之诗，题曰：筠庵自咸宁擢兴安刺吏，喜赋长篇：仙李百万叶，结根通芳甸。使君辽海枝，敦叙帝京彦。双舄辞彤云，旧都领赤县。鸣珂自东来，到处观者羡。二十微有余，春华照颜面。聪明表庄临，事事如宿练中略。司牧首芷阳，接尘蒙佳选。更番裹粮徒，每唱诸属先中略。辛勤济世才，屡以循良荐。翻讶嘉绩垂，未乘要冲便。上庸擢蹇帷，荒郡须手缮下略。《受祺堂诗集》卷二十五

按刘体元，疑即撰《李筠庵碑记》之刘应秋也。应秋与质人同时，又籍隶兴安，似可信者一；《府志》卷二十六《修仁寿桥碑记》下，署候选训导郡人刘应秋，与质人所称需次广文合，似可信者二；《府志》卷十九《选举志》下贡生一项，有刘应秋名，与质人所称乡进士合，似可信者三。

刘继庄谓质人著《西陲今略》，历六年之久，寒暑无间，其书始成《广阳杂记》。质人西行在康熙二十一年秋参看魏季子撰《熊见可墓志铭》。以六年计算，成书恰在二十七年。此六年之间，想质人未离秦塞，其在金州为李筠庵序《有美堂集》亦岁在戊辰，並可引为旁证。又寄李乃飏诗云：秦川六载共悲秋，飘泊依人塞上游。其在秦塞六年更无疑义。内藤谱谓自康熙二十年魏叔子卒之翌年至二十五年刘继庄入燕京

之前年，是即质人第一次在河西之时，似有错误。盖质人西行是二十一年，而非二十年，此错误一；质人离河西应在二十七年，而非二十五年，此错误二。内藤谱又于康熙二十六年条下，引《广阳杂记》，是岁刘继庄献庭由吴入都，以为前在都中，即见此稿，是在斯年。殊不知此时质人尚在河西，继庄安得见其稿耶？

是年质人为星子查小苏辙作《查氏重修族谱序》，又为方士琯作《节母汪太君墓表》士琯之祖母，并方母《徐孺人墓表》士琯之妻。此时质人已由秦中回江西。

《查氏重修族谱序》之后附《查小苏自记》云：上略寒族之谱，如聚讼然，新旧序言颇多，各成一篇，文字而止，莫有为之剖决者中略。辙任纂修，自丙辰康熙十五年至今十二年，未敢执一自信，得质老纵谈旬日，剖析疑义。此序发明大礼，义正辞严下略。见《怀葛堂文集》原刻本

《节母汪太君墓表》云：节母以清顺治丙申年六月六日卒，越三十有二年，士琯等始克以康熙戊辰十一月十五日葬于坞尖之唐。由清江熊颐为志铭，新城黄光会有记。份于二子学同师，士琯交份且久，请表其墓上之石下略。《怀葛堂文集》卷七

方母《徐孺人墓表》云：份既表节母，并书孺人之墓石。《怀葛堂文集》卷七

清康熙二十八年己巳，质人四十九岁。

是年秋，质人在京师。

《广阳杂记》云：前在都中余见其稿中略。辛未之春，余与质人遇于星沙狭路，而其书在簏，别来一载又半，质人亦鹿鹿道途，未尝改订一字。由此推得，己巳年秋质人在京原书辛未作壬申，当系传抄之讹。

清康熙二十九年庚午，质人五十岁。

是年夏，质人与黄复庵同客衡州同知茹紫庭处。

质人《黄复庵六十序》云：上略庚午之夏，君客余姻茹紫庭所，与同饮食居处浃旬日《怀葛堂文集》卷三。《李雪木南游草序》云：庚午九月，茹司马紫庭约游南岳下略。可知庚午之夏质人与黄复庵同客茹紫庭处，紫庭方为衡州同知时也。

黄复庵，新安人，家于吴。幼读书，识大义，不习举子业。豪迈喜宾客，走马击剑，岳岳然当仁不当，为识者所重。甲寅，逆藩耿精忠叛。君与耿有旧，为仇家陷，系狱者十有四年，乃家破。而君之学益进。王昆绳撰《黄复庵隐君六十序》，《居业堂文集》卷十六

茹紫庭名仪凤，宛平人。通判西安府，茹珍之仲子也。少从宦西安，就外傅，辄耻章句学，学经史务求大意，识者器之。寻以上舍生谒选，辄以澄清天下任。比宰岐山，佐郡衡州守景东楚雄广南府副使肃州。初令岐山也，关中李中孚颙、李雪木柏讲理学，李天生因笃擅长诗，则晋接馆餐，如宓子贱之宰单父。任衡州，则燕之刘继庄献庭[4]，江右刘

元叔廷献，蜀刘忠嗣羽逖后先至，礼遇三刘者不异三李，君子以是多公能礼贤。其次子桐娶质人长女，故质人称之为余姻茹紫庭云。参看质人撰《茹公墓志铭》

关中三李对于茹紫庭亦推许备至。兹节录其诗文如左：

李中孚答岐山茹明府云：上略忆昔承顾，窃见丰姿秀出，议论英发，私心以为器识过人；及宰岐下，遥闻理烦治剧，游刃有余，私心以为政事过人；不谓究极学术，洞悉内外，本末之分见地，亦复过人。偶尔折衷，便足千古下略。《二曲集》卷十七

李雪木寄茹明府紫庭云：上略以明府之才之学之品，即在南海、北海、东海、西海无往不合下略。再寄茹公云：寒山枯木，自分断在沟中，明府薰以南风，膏以春雨，不觉浡浡然生气复萌矣下略。《槲叶集》卷三

壬戌九月，过岐茹明府署中，邂逅诸友，为十日饮。予将还山，诗以别之：四明毛石台，而为五陵客。头放二丈焰，胸藏万斛血。河东许子秀，西游秦冀阙。沽酒咸阳市，鼻头如火热。华山王峦功，老面冷如铁。结发将三军，勇气江河决。主人燕赵市，慷慨延豪杰。筑台岐山下，日与邹郭接。剑履无珠玉，宾客亦怡悦。柏也披裘人，聋聩兼哑拙。长揖谢我友，而卧太白雪《槲叶集》卷三。读此诗即知茹紫庭署中宾客之盛，及令岐山之时期。

李天生撰《茹明府紫庭初度序》云：初，予旅食青门，所与游凡数子，诗酒为嘉会。而昕夕过逢、好学深思、心知其故者，紫庭明府一人而已下略。续刻《受祺堂文集》卷二春日，岐山诣茹明府紫庭，感旧述怀，赋近体诗十首：录一浪迹青门涕泪斑，从君每一破愁颜。狂呼忆醉藩亭酒，稳卧仍看郡舍山。长许悲歌同汉苑，更携凭吊出秦关。别来凫舄劳方剧，犹得平原十日闲原注：使君曩起藩僚迁别驾，予即从明府游。《受祺堂诗集》卷二十六

刘继庄亦极推崇茹紫庭。其言云：与紫庭谈诸葛孔明之出祁山，屯兵五丈原之失，叹陈寿论孔明分寸不失，观场矮人，未可与论古今也。紫庭见解超卓，迥出伦类，天下不多见也。《广阳杂记》卷二

清康熙三十年辛未，质人五十一岁。

是年春，刘继庄遇质人于长沙，借录《西陲今略》。

梁质人留心边事已久。辽人黄原本误刊为王定山，讳燕赞，为河西靖逆侯张勇中军，与质老相与甚深，质人因之遍历河西地，中略著为一书，凡数十卷，曰《西陲今略》。中略前在都中，余见其稿，果有用之奇书也。方舆之学，自有专家，近时若顾景范之《方舆纪要》[5]亦为千古绝作。然详于古而略于今，以之读史，固大资识力，而求今日之情形，尚须历练也。此书虽止西北一隅，然今日之要务，孰有更过于此者。在都门匆匆衮衮，无片刻之暇，不得录一通为恨。盖其

书规模虽定，尚未脱稿，涂乙改窜满纸，须余自录，不可假手他人也中略。辛未之春原书作壬申，则反在录副之后一年，必出于辛未二字之误刊，余与质人遇于星沙，狭路相逢，而其书在簏，别来一载有半，质人亦鹿鹿道途，未尝改订一字。余留星沙尚有旬余，趁此光阴，夜以继日，了此一愿，则河西五郡即为我囊中物矣。书凡五册，册各百余纸，共计五百余纸。思欲节其繁文，撮其纲要，然不敢太略，亦不下四百余纸，乃缩为蝇头小草，草草成形，一纸可括其三四纸，不过百余纸耳。遂奋然下笔，与日竞先后，焚膏以继之。经始于辛未二月初一日至二十二日，近疆夷地暨诸夷小传皆录矣。尚有一册，乃西域诸远国及筹边方略，皆质人未定稿也，此则俟之异日。纵有余力，亦不必写，而余全书已成全璧，乐何如之！《广阳杂记》

是年质人送王都督擎庵之遵义，序作于宁都。

岁辛未，都督王公擎庵实往镇其地。宁都之荐绅士庶咸德公不忍去，竞为诗文以祖饯。余侨居久闻其歌甚悉下略。《送王都督之遵义序》，《怀葛堂文集》卷三

是年王汲公洁卒，年五十五。汲公为昆绳之兄，曾为马宛斯参订《绎史》。王昆绳撰《先兄汲公行实》，《居业堂文集》卷十七

清康熙三十一年壬申，质人五十二岁。

是年春，质人楚游倦归，道出鄂渚，序《揭辨然文集》见

《揭粹然文集序》。客鄂渚时，与潘东柳四兄相周旋，东柳、晦迹、江皋亦隐君子也。见《潘东柳八十序》，《怀葛堂文集》卷三

是年，质人入秦。

壬申，张观察鲁庵霖承制府命，迓余至秦。见《艳贞刘静玉传》，《怀葛堂文集》卷五

按康熙三十一年，川陕总督为葛思泰，满州镶黄旗人。《东华录》

是年，顾景范祖禹卒，年六十二。

魏季子撰《先叔兄纪》略谓祖禹少先生指其先叔兄七岁。按魏禧生明天启四年甲子，祖禹少七岁，则生于明崇祯四年辛未。《无锡县志》卷三十谓：祖禹卒年六十二，当为康熙三十一年壬申。《三续疑年录》谓：祖禹卒于康熙十九年庚申，年五十七，误。

易堂魏叔子禧极推许景范之人品学问，景范事叔子亦如弟之事兄。

宁都魏禧客吴门，见《方舆纪要》，奇之。曰：此古今绝无而仅有之书也。既交。其人深沉廉介，可属大事下略。魏叔子撰《顾耕石墓志铭》

景范少魏叔子数岁，以兄师叔子，为之执伞捧溺器，居然与昆弟相似。为人廉介，仅有妻与子。子负薪身授徒。无锡华氏当事，闻其名，罗致终不可得见，真异人也。彭躬庵《与陈元孝书》

清康熙三十二年癸酉，质人五十三岁。

是年，质人居陕西张观察鲁庵幕中，因遍交达官及诸名下士。冬游榆林，纵览河套，道经甘泉，告县令田启盛修复泉水。

份至秦，与居停张观察相得甚欢，因得遍交达官及诸名下士。顷，一游榆林，纵览河套地，增益所不知。《与熊孝感书》

雕阴上郡间，邑有似甘泉名者，岁癸酉，余以事之榆林，经其地上略。时维隆冬，水泽坚冰，雪弥山谷，饮水而甘。因问泉所在，邑耆老曰：在城西南五里许伏荆榛沙砾中，今涓涓然牛涔矣。余怅然太息久之中略。少选，进守土诏之曰：邑以泉名，邑方兴而泉伏榛芜沙砾间，涓涓然若牛涔，可乎？今既安集其人民矣，是泉之修复，岂异人任？守土曰：敬诺。明年秋以修复闻。中略甘泉令姓田，名启盛者也。《修复甘泉碑记》，《怀葛堂文集》卷四

是年十一月，王克承世德卒，年八十一。克承为昆绳之父，仕崇祯朝。国亡，变服为僧，痛野史载烈皇帝多诬罔，为《崇祯遗录》一卷。《居业堂文集》

清康熙三十三年甲戌，质人五十四岁。

是年春初，质人得张鲁庵治装费百金，始由长安启程，自河州、西宁、庄浪、凉州、甘州、肃州折而东南，至靖远、宁夏而止。七月杪返长安，遂完成十年前记述未竟之书。鲁庵

又以其所著可信今传后，召梓人付之剞劂，斯即质人最有名之著作《西陲今略》是也。此行取道枹罕，遇吴其矩，赠之以序。吴亦彭躬庵之门人，又为质人先外舅之挚友。参看《赠吴其矩序》。河州古西羌地，秦属陇西郡，晋惠帝永宁中，张轨奏置晋兴郡[6]，晋志枹罕县，张轨分属晋兴郡，前秦苻坚始置河州，隋炀帝改为枹罕郡，唐复曰河州。《方舆纪要》卷六十

质人自长安与熊孝感书熊赐履，湖北孝感人，官吏部尚书，告以重游秦塞之故，及预定行程之线路。此书当作于纵览河套之后将发长安之前也。七月杪返长安。《答刘体元书》述塞上景象人物历历如绘。并言向在黄定山所，寡闻渺见，未能成书。今观察鲁庵张公为成其美，以所著可信今传后，召梓人剞劂以传。

《与熊孝感书》：都城数月，朝夕左右，承教诲。顷有秦游之役，依恋不能别，惆怅至今。份至秦与居停张观察相得甚欢，因得遍交达官诸名下士。顷一游榆林，纵览河套地，增益所不知。因念向客河西，妄有记述，于四郡山川险阻，凡耳目所及，既可无疑，其他得之传闻，见于方策，亦皆可信。然身未游历，所知非真，采摭旧闻，岂无踵讹增伪，缘饰成书之病。此份十年中有不能自信者，至今益疑。更念河西时事，迩来变迁，向所习见，今有不同，非今昔参观，不足以知得失。拟欲重游，如渔父入桃源，处处识之，箧中多具楮墨，左图右书，见闻并记，以补向所不逮。然虽轻装策蹇，非

百金不足,用居停主乐成其美,欣然为治装,今方整辔发长安矣。此行自河州、西宁、庄浪、凉州、甘州、肃州,折而东南,至靖远、宁夏而止,合客岁所游,西秦之边尽是矣。份窃笑言边事绘方舆图者,类多剿袭臆拟,如画鬼魅,欺人所不经见。盖地既险僻,士君子所罕游,居人又罕能文,间有传载,得一漏万,置重举轻,无裨实用;虽卫各有志,而芜秽虚文,展卷欲眯,宜乎边事之难言也。西宁之四卫,敦煌之三卫,载在史册,弘治末改沙州为罕东左卫,著于实录,皆非隐僻。丘文庄知西宁有罕东,不知左卫别为一处,忽略左字之增,遂以七卫为六,祖制藩服,一旦陆沉,其为谬妄,岂浅小哉!夫文献无征,足迹未及,执空文而肆其臆说,则书之不可尽信,类多如此。文庄博综今古,犹且不免,他何怪焉。凡书可闭户而著,惟地舆必身至其地。否,虽虚心访求,精详考核,其不为水经之河水经张掖,文庄之六卫所惑者几希!黄河自元都实穷源,始得其真,七卫则叶进卿所考亦确。而《水经》,文庄之书,行世已久,往往乱真。地形如此,况其他哉。昔臧旻于西城诸国大小、道里远近、人数多少、风俗燥湿、山川草木、鸟兽异物,皆口陈而手画之。袁逢叹曰:班固《西域传》何以如此!河西较西域为要地,份才不逮古,世之知我如袁逢者,微阁下而谁耶!异日且相见,当为阁下聚米陈之。濒行,率尔奉闻,诸托朱字绿口述,不宣。《怀葛堂文集》卷一

《答刘体元》:初春,伏蒙吾兄手书,问西行梗概,并当匆匆,未遑裁答,及今六阅月。迩来眠食何似?幸示我,以慰遐思,七月杪,份已返长安。此行往还万里,以南方乘舟之人策马五月,登顿劳苦,髀肉尽消。且天西绝塞,饮馔大异,进食又不以时,饥不得食,饱则罗列当前。夜卧土床,多蚤,尤苦螫,虱大于瓜子,多至可掬,一土床藏可数升。移衾裯卧地上,则从屋椽间自坠下,如雨雹密洒,历历有声。一为所嘬,则泡高起半寸,搔爬急,则痕破血流,一二日内身无完肤。居人咸露宿,或拥妻子避屋上。其地率平房,覆土代瓦。马積牛羊矢所薰蒸,初至,呕吐不能止。其人强半西羌,次土达,次回,次西彝,男女饮食卧起,尽出人意想外。言语不相通,展转翻译,多非本意。间为画地作字,百十人无一识者,塞上人与之相习无间,惟操汉音差强人意耳。份不善骑,手足不便捷,往往坠马。经河州漾卑川,为山椒林所触仰,坠马后衣顿百结,而身体幸无伤。所经地自名贩皮马客,姓名不使人知,甚至为人叱骂,都不与校。其狡黠者,诧非贾客,从仆夫诘难,若讥察非常,则遇之益恭。常笑语友人曰:谢灵运好山水,所至,人疑以为贼;身好山水,所至,人疑以为官,大可笑也。走河湟时,赉公韩总戎知而晋接,发驰骑前导,所至谨烽堠,千百夫长间佩刀,属弓矢,盘带拗靴以迎,亟挥之不为止。出长城塞外,则健儿十数骑,握弓刀左右。银塔寺高僧绰尔吉,类有功行,彝奉为活佛,相与握手问劳若平生，观语意若能前知者。为设供账，如贵客至，导看金银佛、银塔诸宝器，黄衣僧百数十趋跄执事惟谨。濒行，出氆氇为别，往还报称，使数辈交错道中，绝不一问休咎。河湟间知为总戎客，或厚馈赆，则矢天日却之。于河西受二牝马，则皆十年所缔交。子舆氏以馈赆为有辞，贪夫往往借口，份切恨之。友人笑曰：河湟四郡、朔方北地，山水城郭各绘图，图各有说。西塞三边，尽入奚囊，伏波之聚米，臧旻之口陈手画，裴矩之《西域图记》，无能过者，所得多矣，可不为贪乎！份向在黄定山所，寡闻渺见，未能成书，今观察鲁庵张公为成其美，以所著可信今传后，召梓人剞劂以传。然微定山发端不至此，此则吾兄所素知也。西行之概，详与孝感熊公书中，别录一通，请益。秋深风劲，惟节宣自爱。《怀葛堂文集》卷一

朱字绿撰《梁质人西陲三书序》云：上略余读南丰曾子固《元丰类藁》，载其先谏议公致尧有《西陲要纪》十纪行世，惜其书不传。吾友梁君质人份，亦南丰人也，以文章名于时。顾为人魁奇，好奇计，多立义声，居山率乡人十数御千余贼，贼不敢犯，身临行阵，自诩为知兵。性又畏流俗人知，后乃衣短衣，策匹马游，几遍天下。念秦为周、汉、唐都，王者宅中，必当复营丰、镐，因西首秦关，周览久之。三历塞垣，由西安而东北至于榆林；北至于宁夏，西北至于西宁、河州；又西北于凉、甘、肃，登嘉峪，望合黎之山，西绝嘉陵，南浮汉，

又南至于兴安，东升太华三峰；又东出潼关、函谷以归。回旋万里，穷西秦之疆境。所至记其道里、山川、厄塞、城堡、兵卫之形，蕃部彝族之众，法制、战守、馈饷、屯牧、风俗之宜，著《西陲亥步》二卷，《图说》四卷，《今略》八卷，传之其人，以俟来兹下略。朱字绿《杜溪文集》

读字绿此序，即知质人原著有《西陲亥步》二卷、《西陲图说》四卷、《西陲今略》八卷，其书似未刊行，故云：传之其人，以俟来兹。而质人《答刘体元书》谓：观察鲁庵张公为成其美，以所著可信今传后，召梓人剞劂以传，又似已付梨枣。顾鲁庵于翌年六月自陕西驿传道升任安徽按察使见《东华录》，则其离陕距兹不满一年，未必能代为刻竟。江夏刘湘煃，为康熙中叶雍正初年人，自谓梁怀葛著《秦边纪略》，有书无图，湘煃得图以校其书，吻合，疑即梁图云云《章氏遗书》卷二十六《刘湘煃传》。湘煃几与质人并世，若质人所著《西陲三书》均已刊印，则何致谓其有书无图耶！迨乾隆开四库馆时，直隶总督采进此书，已不著撰人名氏见《四库全书总目·史部地理类》边防属之存目中。同治间，安徽藩台吴坤修刊于怀宁，以为乾隆时人；举人王文灏刊于定州，以为蠡县李培撰，已不辨作者之时代与姓名。至其板刻内容与原书有出入，更无论矣。

按刘继庄之《广阳杂记》，姜西溟之《怀葛堂文集序》，朱字绿之《西陲三书序》，皆称其书曰《西陲今略》，而刘湘煃始题为《秦边纪略》，不知何据。今世流传之写本及吴、王两刻，亦称《秦边纪略》，或沿袭湘煃所题之书名耳。

质人成此《西陲三书》，得力于张鲁庵，前已言之。鲁庵盖豪侠好士之流也。傅云龙《畿辅通志·列传》卷二百三十六列传四十四，记鲁庵之事颇详。兹节录如下：张霖，字汝作，号鲁庵，晚自号卧松老衲。由贡生历官福建布政使，署云南巡抚，缘事落职家居按津门征献诗引张虎士之《啸崖兄传略》云：吾高祖鲁庵公，少孤，既任福建藩司，年方四十余，以母早岁劬劳家业，未获颐养，即告养旋里，不复出仕。又《怀葛堂文集》中如《送张方伯往山海关序》及《寄刘忠嗣书》谓：鲁庵张方伯退居一室云云，皆称方伯而未有称中丞者，可见仅官至布政使。傅氏此言，恐不足信。园亭甲一郡，集江南北诸名士唱和其中。一时如姜宸英、梅文鼎、赵执信、吴雯、朱彝尊、徐兰、方苞皆主其家，文酒之宴无虚日。著有《闲居堂稿》。霖子坦，字逸峰，号青雨。康熙三十二年与弟壎同举于乡，官内阁中书。幼学诗于王士祯，学书于赵执信，能得其家法。著有《履阁诗集》、《唤渔亭诗稿》。

是岁在秦与张采舒翚定交。见张采舒《砖椁志铭》，《怀葛堂文集》卷七

清康熙三十四年乙亥，质人五十五岁。

作《明威将军和钧天墓志铭》，和钧天葬于善化。此时质人似在长沙。参看《明威将军和君墓志铭》，《怀葛堂文集》卷七

是年刘继庄献庭卒，年四十八。

王昆绳撰《刘处士墓表》云：刘处士讳献庭，字继庄，号广阳子，大兴人。生于戊子七月，年四十有八，卒于吴中略。处士颖悟绝人，博览负大志，不仕，不肯为词章之学。年十九亲殁，挈家而南，隐于吴中略。久之，西南大乱，民惶惑不聊生，处士乃入洞庭山，学益力。乱定，妻张氏旋卒，于是慨然欲遍历九州，览其山川形势，访遗佚，交豪杰，博采轶事，以益广其见闻，而质证其所学中略。处士于礼乐、象纬、医药、书数、法律、农桑、火攻器制，旁通博考，浩浩无涯涘中略。若处士者，其生其死，固世运消长所关。而上下千百年中，不数见之人也下略。《居业堂文集》卷十八

全谢山撰《刘继庄传》云：刘继庄者，名献庭，字君贤，顺天大兴县人也。先世本吴人，以官太医，遂家顺天。继庄年十九。复寓吴中，其后居吴江者三十年。晚更游楚，寻复至吴，垂老始北归，竟反吴卒焉。昆山徐尚书善下士，又多藏书，大江南北，宿老争赴之。继庄游其间，别有心得，不与人同。万隐君季野于书无所不读，乃最心折于继庄。引参明史馆事，顾隐君景范、黄隐君子鸿长于舆地，亦引继庄参一统志事。继庄谓诸公考古有余，而未切实用。及其归也，万先生尤惜之中略。继庄之学，主于经世，自象纬、律历以及边塞关要、财赋军器之属，旁而岐黄者流，以及释道之言，无不留心，深恶雕虫之技。其生平自谓于声音之道，别有所

窥，足穷造化之奥，百世而不惑。尝作《新韵谱》中略。及余出游于世，而继庄同志如梁质人、王昆绳皆前死不得见，即其高弟黄宗夏亦不得见。故不特继庄之书无从踪迹，而逢人问其生平，颠末杳无知者中略。近者吴江征士沈彤独为继庄立传。盖继庄侨居吴江之寿圣院最久，诸沈皆从之游，及其子死，无后，即以沈氏子为后。然其所后子，今亦亡矣。故彤所为传，亦不甚详，若其谓继庄卒年四十八，亦恐非也。继庄弱冠居吴，历三十年，又之楚之燕，卒死于吴，在申壬以后，则其年多矣下略。《鲒埼亭集》卷二十八

全谢山疑刘继庄之卒年不止四十八，恐未见王昆绳所撰之《刘处士墓表》。昆绳与继庄既为好友，其所记当为可信。

清康熙三十六年丁丑，质人五十七岁。

是年正月，质人在京师与王昆绳诸友寿万季野斯同六十内藤谱误列于康熙四十一年壬午之条。

高士万季野客京师成六十，时丁丑春正月。中略予与南丰梁质人、嘉禾吴商志、新安宋豫庵、黄自先、蔡瞻岷、汉水杨东里、福清许不弃、黄叔威、龙眼戴田有、孙幼服、毗陵钱亮功、下相徐坛长，共置酒商志寓，为万子寿。《居业堂文集》卷十六，王昆绳撰《万季野六十序》

清康熙三十七年戊寅，质人五十八岁。

是年，质人客京师，为周仪一作《告别倡和诗序》内藤谱

误作周子仪。

周子仪一游燕，公卿大夫争结襪，四方士至者争识面，皆乐与游。周子亦乐客于燕。岁戊寅，周子一旦为诗以告别下略。《告别倡和诗序》，《怀葛堂文集》卷三

是年，质人游楚南，因友人陈绎思作《甘工科奏疏序》。

工科条奏凡五疏，观察甘公在谏垣时所上也中略。戊寅游楚南，因绎思交甘公下略。论其五疏之传者。绎思曰：善请因以为序。《甘工科奏疏序》，《怀葛堂文集》卷二

是年十月，张鲁庵升任福建布政使。《东华录》

是年十二月，吴门医隐徐云若卒，年四十三。

王昆绳撰《徐云若墓志铭》云：予闻东南多隐君子。己卯至吴，故老皆无存者。有医隐曰徐云若，卒于前一年十有二月。其生也以丙申之八月。中略徐俟斋先生名枋明，壬午举人，隐山中四十余年以殁。与君善，多病，君每携药入山视之，岁凡数四以为常。宁都曾青黎寓于吴，北游客死，一女五龄，君抚之长而嫁之，其孝义为乡里所重。而力足以济之者医也中略。君讳仁彝，字晓石，年四十有三。《居业堂文集》卷十七

清康熙三十八年己卯，质人五十九岁。

是年，质人在湘作《邹节妇传》。

今年己卯，节妇一周甲子中略。赞曰：余游潇湘间郁郁久，邂逅交吴西潭，雅相善，朝夕过从，具得节妇生平事。西

潭节妇兄,其言之详也固宜。《邹节妇传》,《怀葛堂文集》卷五

是年,张采舒往长沙访质人。

张采舒名翚,苏州上沙人中略。尝坐事流关中。中略甲戌余重游秦,相与交善。居五年,省余于长沙下略。张采舒《砖椁志铭》,《怀葛堂文集》卷七

是年姜西溟宸英卒,年七十二。西溟序质人《怀葛堂文集》,谓其为文钩贯经史,包括古今。又言质人所著之《西陲今略》,凡西塞三边环七千里之地形势,瞭然在目。

全谢山撰《湛园姜先生墓表》云:先生讳宸英,字西溟,学者称为湛园先生。浙之宁波府慈溪县人也。少工诗古文词。中略当是时圣祖仁皇帝润色鸿业,留心文学,先生之名遂达宸听。一日谓侍臣曰:闻江南有三布衣尚未仕耶。三布衣者:秀水朱先生竹垞、无锡严先生藕渔及先生也。又尝呼先生之字曰姜西溟,古文当今作者,于是京师之人来求文者户外恒满。会征博学鸿儒,东南人望首及先生。掌院学士昆山叶公案叶公即叶子吉方蔼适以宣召入禁中,浃月既出,则已无及矣。于是三布衣者取二,而先生不豫。翰林新城王公案王公即王贻上士祯叹曰:其命也夫!已而叶公总修明史,荐之入局,以翰林院纂修官食七品俸,仍许与试。寻兼豫一统志事。凡先生入闱,同考官无不急欲得先生者,而先生亦疏纵,累以醉,后违科场致斥中略。常熟翁尚书者按翁尚书即翁叔元宝林,先生之故人也,最重先生。是时枋臣案指明珠方排

睢州汤文正公按汤正文即汤潜庵斌，而尚书为祭酒，受枋臣旨，劾睢州为伪学，枋臣因擢之副詹事，以逼睢州，以睢州故，兼詹事也。先生以文责之，一日而其文遍传京师，尚书恨甚。顾枋臣有长子按指纳兰成德，多才，求学于先生，枋臣以此颇欲援先生登朝。枋臣有幸仆安三按指安仪周，势倾京师，内外官僚多事之如旧史之葶山先生者，欲先生一假借之而不得。枋臣之子乘间言于先生曰：家君待先生厚，然而卒不得大有佽助，某以父子之间，亦不能为力者何也？盖有人焉，愿先生少施颜色，则事可立谐，某亦知斯言非可以加之先生，然念先生老，宜降意焉。先生投杯而起，曰：吾以汝为佳儿也，不料其无耻至此，绝不与通。于是枋臣之子百计请罪于先生，始终执礼。而安三知之恨甚，枋臣遂与尚书同沮先生。昆山徐尚书案徐尚书即徐健庵乾学罢官，犹领一统志事，即家置局，先生从之南归中略。康熙丁丑年七十矣，先生入闱，复违格，受卷官见之叹曰：此老今年不第，将绝望而归耳，为改正之，遂成进士。及奉大对，圣祖识其手书，特拔置第三人，及第，授编修中略。而以己卯试事，同官不饬，簠簋牵连下吏，满朝臣僚皆知先生之无罪，顾以其事泾渭，各具当自白，而不意先生遽病死。新城方为刑部，叹曰：吾在西曹，顾使湛园以无罪死狱中，愧如何矣中略。所著有《湛园未定稿》、《苇间集》皆行世。先生之文，最知名者为《明史稿·刑法志》，极言明中叶厂卫之害，淋漓痛切，以为后王殷鉴。《一统志》诸论序，亦经世之文也。晚年尤嗜经学，始多说经之作，未及编入集中而卒。下略顾世人之所知者，但先生之文，而茫然于其大节。岂知常熟一事，则欧阳兖公之于高若讷不足奇也。枋臣一事，则陈少南之于秦垻，殆有逊之，若始终不负昆山，则其小焉者矣，区区徒以其文哉！《鲒埼亭集》卷十六

清康熙三十九年庚辰，质人六十岁。

是年，质人客长沙，与陶奉长定交。奉长名煊宁，乡贤士也。见《陶母张孺人墓志铭》，《怀葛堂文集》卷七

是年，明遗民陈元孝恭尹卒，年七十《独漉堂集》附梁佩兰撰《行状》。元孝为陈邦彦之子。邦彦殉国难，而元孝亦隐居不仕，与同邑陶苦子、何左王、何不偕、梁器圃诸隐君称北田五子。著有《独漉堂诗稿》。彭躬庵序云：吾易堂魏和公从南海归，亟称陈元孝之人与其友，推重其诗，予同堂咸信之。虽未一识元孝，间寓书，辄齿兄弟。乙卯扶衰冒艰险数千里入粤，始得见元孝中略。随翻《独漉堂诗》诸体兼擅，手触肩倚，莫不中音，意格浑成，发人神悟下略。

兹录《独漉堂诗》数首读之，即知陈元孝蒙难艰贞之概。

《感怀》：往者不可追，来者不可期。俛首为今人，举体无一宜。有目厌兵革，有耳闻号啼，有腹饱糠核，有足履祸枢。赤舌有如火，更以焚其躯。梦登首阳山，郁哉何巍巍！上

有二子坟，下有蕨与薇。宁从白鹤巢，不从凤鸟飞。白鹤巢有常，凤鸟来无时。子胥耕吴野，少伯困会稽。一旦先尘埃，千秋有余悲。《狱中杂记》：烽火兼舟楫，艰危四十余。几为弓外鹄，一葬海中鱼。债岂他生偿，名应狱吏书。闲来寻旧将，追问乱离初。举世悲先烈，虚名萃眇身。局天非一日，画地又何人。不献邹阳作，终知石父伸。从来黄与绮，秦汉未称臣按元孝曾以事下狱，《狱中杂记诗》二十六章，此录其一。

元孝对于夷夏之防，亡国之痛，往往流露于诗篇。如云：胡风自西来，四海共其尘。海水有门分上下，江山无地限华夷。又云：莫令亡国月，得照渡江人《次凤阳逢中秋》。欲洒新亭数行泪，南朝风景已全非《秋日西郊燕集》。礼亡已验伊川发，涕下徒伤贾傅年《洛阳怀古》。诗中敌忾之情，亦时见楮墨间。如云：手斩郅支头，献俘凤凰阙《感怀》。抽出腰下刀，深勒燕山字《折杨柳歌》。大耻且不雪，独善有何称《赠别屈翁山》。死求马骨言终验，生揕秦胸计已疏《燕台怀古》。乃知未仕报韩者，古今所以为丈夫《柏舟行》。

清康熙四十年辛巳，质人六十一岁。

是年三月初旬，质人由夏口至南京，与茹紫庭痛谈浃日。此时紫庭将赴云南景东知府之任。质人有送序《送茹紫庭守景东序》。初夏，质人至天津，馆于张鲁庵家本年三月，高缉睿任命福建布政使，见《东华录》。鲁庵卸任回籍，当在此时。留百有六日，又之京师。

上巳后十日，份买舟夏口，比至金陵，茹紫庭已还家，方严程之任滇南，痛谈浃日，始南北分行。渡江淮，逾泗、浮、漳、卫，下至沽，时已初夏，鲁庵张方伯退居一室，跫然为喜，留百有六日。暑退凉生，溯潞之燕市。此七阅月舟行四千里之大略也。《寄刘忠嗣书》，《怀葛堂文集》卷一

是年七月，关中高士李雪木柏卒，年七十一。王心敬《太白山人雪木李先生墓碣》

钱仪吉撰《太白山人传》云：康熙间关中儒者，咸称三李云。三李者周至二曲、富平子德、郿太白山人也。九岁孤，稍长读小学，曰：道在是矣。遂尽焚所习帖括，而日课古书。会童子试，不肯就，匿枯寺中入智井三昼夜。已出走，西逾汧，南入栈道，东临首阳，拜伯夷叔齐墓。家人迹之归中略。母命之，乃一就试，补博士弟子，始名如泌。有司改泌为密，山人曰：李密以蜀为伪朝，吾不愿如之也，乃易名柏，字雪木。母卒，遂弃冠服，入太白山中，率家人力耕，刻苦为学。家故贫，兵盗水旱，滋益困。自子德被征至京师，数称山人贤人，始有知之者。或欲周之，而山人难为衣食，尝一日两粥，或半月食无盐，时时忍饥默坐，间临水把钓，夷然不屑也中略。著有《槲叶集》，自题云：山中乏纸，为幽岩之肥绿，挹心血之余沥，积久盈箧，遂为集名下略。

李雪木与质人交善，其所著《槲叶集》曾求质人作序。《寄梁布衣质人》云：一春一秋一日一月，将古今黑发

少年，都被风轮转老，可谓太息。弟落拓一生，空山无事，胡嘲樵歌，书之槲叶，奇零散碎。迩来收拾成帙。向在湖南，曾求大序，已蒙允诺，今可赐教。使秦人缶声，不同荒烟蔓草，树蝉砌蛩，转眼断绝者，先生椽笔之外，更求何人耶？《槲叶集》卷三

清康熙四十一年壬午，质人六十二岁。

是年三月，李草堂一凤卒，年七十有三。

草堂与质人同学于邵弘斋。质人撰《李草堂墓志铭》云：草堂生而神采焕发，性倜傥好学，勇于为义。幼师弘斋邵夫子，独器重之，谓为可传其学者也。《怀葛堂文集》卷七

是年四月，万季野斯同卒，年六十五刘坊撰《万季野先生行状》，黄百家撰《万季野先生墓志铭》，内藤谱作卒年六十，误。

万斯同，字季野，号石园。生有异禀，八岁，于客座中诵扬子法言，如倒峡然。不肯守塾师规程，父兄以其顽，闭之空室中。窃见架上有明史料数十册，读之甚喜，又见有经学诸书，皆尽之。既出，随诸兄后听其议论。一日伯兄斯年家课，请预焉，伯兄曰：尔何知？答曰：观诸兄所造易与耳。伯兄奇其言，姑杂出经义目，试之汗漫，千言立就。伯兄曰：几失吾弟，亟白其父履安先生，履安亦愕然曰：几失吾子。未几，遣从南雷受业，置之绛帐中高坐。斯同读书，五行并下，如决海堤。然守先儒之戒，以为无益之书不必读，无益之文不必作，故于书无所不读，而识其大者。康熙戊午，诏征博

学鸿词，巡道许宏勋以斯同应，力辞得免。明年开史局，昆山徐学士元文延修明史，时局中征士称著作郎，食七品俸，学士欲援例以授，并辞之。以白衣参史事，不署衔，不受俸。盖斯同先世，自明初受三等之封，世袭指挥佥事，迄于国亡，故不轻出仕，而独有意于故国之史中略。史馆有刘继庄者，博涉略相等，钞馆中秘书无算，持归苏之洞庭，招斯同曰：此间有何乐，曷不与我共成千秋之业？斯同将赴之，时元文已罢官，而泽州陈廷敬、京江张玉书继掌史事，复留之坚，勉成《明史·列传》三百卷、《明史表》十三卷、《宰辅汇考》八卷、《河渠志》十二卷。自后史局虽屡经更定，要无能出其底本之外。闻继庄没，颇抑抑不自得，遂卒于明史馆中下略。《鄞志稿·儒林传》下

万季野极称赏质人之文章。渠尝评质人《送张方伯往山海关序》云：气雄力厚如山之岧嶤，海之浩荡，非此文不足形关之壮，非此关不足当此文字之豪。古之铭剑阁、赋居庸者，皆俯出乎下矣。见原刻本序后

是年秋，刘羽逖忠嗣客死巴陵舟中，质人称忠嗣天下奇男子也。见《陶母张儒人墓志铭》，《怀葛堂文集》卷七

是年腊月，质人在夏口与许尹重正任、陶甄夫窳、尚以朋友、汪农夫蹢于、郭善夫恒等同览熊襄愍《复边将手迹》，并作书后。见熊襄愍《复边将手迹》书后，《怀葛堂文集》卷六

按熊襄愍即熊芝冈廷弼。

清康熙四十二年癸未,质人六十三岁。

是年正月,质人偕黄宗夏曰瑚徒步谒十三陵,往还五日,作图说一册。图用宋人石刻开方法,相方用指南针,计里用跬步。图各有说,详证博考,足正《肃松录》诸书之误,惜其书不传。

王昆绳《十三陵记》下:上略癸未,源友梁份暨新安黄曰瑚徒步往谒,份为图说,曰瑚步跬。形势、规制、远近、吉凶无不载,又参考国史诸陵建立始末,悉正《肃松录》、《水东日记》诸书之误下略。《居业堂文集》卷十九

质人《与朱字绿书》云:四游神京,未及一谒陵寝,每出广宁门,面发赤,痛自诃诋无及矣。舆地不身历,徒听人言,往往自误,份问昌平四陵,率答以路甚远、费甚多,展谒甚少,启门甚艰,而虎甚猛,众说纷纭,闻之色沮,宜乎中止于发迈也。献岁,脱除俗事,客燕胜友仅得六人,期以元旦偕行。至期,以事不能行者一人,越二日又止者二人,又逾宿既发,止者一人。份慨然奋发,矢之曰:旦明即孤身必往也。夜分趣仆摒挡以俟,如约者黄宗夏一人耳。乘駏驴出德胜门,数徒步者,抵昌平州,日初昃,又赁一佣袱衣被。诘朝,步陟至长陵拜谒尽礼,其十一陵以次谒,最后谒烈皇帝攒宫,合三日乃既。天寿诸陵,凡山川、楼殿、碑冢、宝城周垣之方位深广,目览足步,手书泐成一册,左图右说。又惧岁久,沧桑变则台殿湮而不存,于是因山之根、河之濡、城之

址处处计之,某至于某若干跬,某陵至某陵若干跬;又恐迷于所向,则考极相方,定二十四山位,某位某方,某陵位某方,远近交互参相考。是二法并行,而明室一代之弓剑,百世后不可按图者断乎其未有。份每念汉唐以来之山陵,其存者且仿佛,疑似不可别,若湮灭于兔葵燕麦中者,又何可纪极。生则君临万方,死乃抔土莫别,可不痛哉!唐珏之种冬青树,心亦良苦。然可百年计,非悠远也。份之图说,不敢诩为创始。图用宋人石刻开方法,相方用指南针,山麓水滨,取《易》改邑不改井之义,惟计之以跬,则出于心裁,非有所袭者。盖律度量衡之不同也久矣,九州之丈,引人人殊,至以里计,率漫然计之,一无可考也。份则以人之短长有不同,而跬步则无以异,《司马法》曰;一举足为跬,再举足为步,计跬而里可考矣。世即有能为计里鼓者,有操度而量者,谁与一举足之不毛发爽,且近而取诸身也,是份之独见也。图说之成,劳瘁于徒行,忍饥渴,五官并用,手足俱勤者,份得宗夏之助为多。至于近代诸书,采摭参考,惟顾炎武之《昌平山水记》可谓不刊,身历其地也,犹不免于一二出入。他如《肃松录》、《燕都游览志》、《小草斋集》、《春明梦余录》、《涌幢小品》、《北游纪方》、《帝京景物略》、《芹城小志》、《无用闲谈》、《国朝典汇》、《白头闲话》、《方舆纪要》、《水东日记》、《大政记》、《治平略》、《献征录》、《野获编》、《名山藏》、《否泰录》、《宇载》、《今言》诸书多挂一漏万,且悖谬舛错，书不足尽信，不如无书，况乎人言哉！乃者往还五日，人费钱七百，车驴饭饮，逆旅赁仆，赐守陵皆在焉。是役也，仆佣皆饥渴況瘁，不免愁叹，惟宗夏壮年能勉强，份自笑虽暮而筋骨犹未之衰也。字绿欲问津，故一一及之。《怀葛堂文集》卷一

质人往谒昌平诸陵[7]，期以元旦偕行，然其至京师也，必在去年冬末。内藤谱谓是岁质人在夏口作《许尹重六十序》，已而复客燕，似有错误。盖质人赴夏口，必在游京师之后。

是年，黄复庵隐君宗夏之父六十，质人作序寿之。

北平刘继庄处士也，好奖借善类，所交遍天下，士执经门下者以千数，其言可属大事艰难百折而不回者，则必曰黄君复庵中略。君年方五十，宗夏不能苟富贵以娱亲，归之日贫无所操，操名人之文若诗以称庆，而宗夏固欣欣然有喜色也下略。《黄复庵六十序》，《怀葛堂文集》卷三

黄复庵隐君以癸未登六十，其子宗夏，请予文为之寿。君生于甲申，适鼎革之际，迄今且六十年矣中略。宗夏为予友刘继庄先生高弟，又请执贽于予，予辞焉。王昆绳撰《黄复庵隐君六十序》，《居业堂文集》卷十六

是年，作《温虞白遗事后序》。

虞白先生殁后二十年，其子德裕与份交善，手先生状，使为之序下略。《怀葛堂文集》卷二

温孝懿先生名树洸，字虞白，别字清湄，三原人。以顺治丁亥进士，知山东堂邑县。甫三月有举子路伸者作难，因罢归，家居三十余年，力学制行，巍然为乡党宗中略。癸亥卒于江宁。王昆绳撰《温孝懿先生传》，《居业堂文集》卷四

按自癸亥康熙二十二年殁后二十年，即康熙四十二年，又据《正始院碑记》：三原温君载湄，世膴仕，学问渊源中略。份与温君昔讲学于京师下略。《怀葛堂文集》卷四。载湄为虞白子，即德裕之字。质人此序似作于京师与载湄讲学之时。

是年八月，质人将南归，过张逸峰处作《说秋斋记》。

癸未秋仲，予将南归，过张子逸峰。张子夙客命酒，远近戚若友盈坐中，酒半杂起坐，欢然相洽也。张子曰：吾治吾斋，未有以名者，诸君子集，愿有以名吾斋者。客未及对，坐定属有以秋字为觞政，俯仰各属思，张子之仲父帆斋先生遽起大呼曰：说秋。余曰：此真可以名张子之斋也。《说秋斋记》，《怀葛堂文集》卷四

按张逸峰名坦，张霖之子，官内阁中书。

清康熙四十三年甲申，质人六十四岁。

是年春初，与八大山人书，告昨年谒陵之事。

謦欬不相闻者，辛壬癸甲矣。长儿文起来，述近禔甚悉。硕果之足以见天下也。份年来坎壈，无一足为先生道者。惟徂岁，同黄宗夏走昌平，谒一祖十二宗之陵寝攒宫。留数日，绘图列向，开方记跬，图各有说，为古今所未有之书，尤

昭代所必不可无之书。行授之梓，十五国中各流布十册，天潢之贤肖者与忠孝之后，义士仁人并藏弆之，俾圣祖神宗之弓剑，永永垂于天壤，不致如历代帝王栖神之域或湮没剩水残山者。庶几此举与种冬青可絜长量短，而份且藉为祖父报数百年茹毛践土之恩矣。想先生闻此，必为开数十年未开之笑口。而展图一览，又必凄然于此日矣。春冰呵冻不宣。《与八大山人书》，《怀葛堂文集》卷一

按八大山人原姓朱，名耷，字雪个，明宗室。居南昌，国变后薙发为僧，以书画为生。读质人此札，忧伤感慨，知其《十三陵图说》为报国恩而作。其书之不传，或以触犯清忌而被焚毁欤。

是年，因执友许真意宰陈留，新修阿衡庙，为作碑记。此时质人或在南归之途，乃逗留其地耳。

是年，客汉上，寄奇士李惠伯作《紫砚铭序》。《紫砚铭序》，《怀葛堂文集》卷三

是年，为叶圣祥作《律陶序》。此时质人已回江西。

余舟次鹿渚，因友人熊养及交其学子叶圣祥中略。已而手《律陶》若干首，声比句律，合乎天然中略。今年甲申，圣祥年才四十，愿加之学，将见颖异而才美，宁独诗而已也。《怀葛堂文集》卷二

清康熙四十四年乙酉，质人六十五岁。

是年，汉阳萧节母陈氏卒，年六十有二，质人为作传。

《汉阳萧节母传》,《怀葛堂文集》卷五

是年,客京师,见张采舒,听其弹音乐见康熙四十七年条。

清康熙四十五年丙戌,质人六十六岁。

是年二月,王昆绳源偕质人子文中过昌平,步登天寿山。王昆绳撰《十三陵记》下,《居业堂文集》卷十九

是年,在江西作《封位斋墓志铭》,又作《重新望湖亭记》。

位斋卒于丙辰八月朔日,其子亭辈以初葬土瘠薄,今改葬其乡旧坟,距今三十年。《封位斋墓志铭》,《怀葛堂文集》卷七

望湖亭在吴城土山巅,名最著于江右中略。丙戌,慎斋王公来守是邦,下教重新。《重新望湖亭记》,《怀葛堂文集》卷四

是年,重游京师,作《又持字说》。复与王秋史苹饮于燕市。

吾友绰然弃代之期年丙戌,余重来京师,其长子焘年才十五,一日梦绰然曰:焘也藐然孤也,愿有以字也。《又持字说》,《怀葛堂文集》卷六

二十四泉内翰王蓼谷构草堂,诵读其上数十年,诗名尤著,历下名宿莫与。京寓内日思读其诗未得出。丙戌,捷南宫,朝夕偕余饮燕市,慷慨谈天下事,独未及诗。明年余将南归,始出所著《草堂诗》属余序。蓼谷一字秋史。才高性卓荦,年十八能诗,涉五载不一示人。然日为诗,岁为帙,帙

至二十有七。富于诗而用力久，宁有加于蓼谷者哉。《二十四草堂诗集序》，《怀葛堂文集》卷二

按王秋史名苹，号蓼谷，山东历城人。丙戌进士，改官成山教授。所著《二十四泉草堂集》十二卷，起辛酉至丙申，集中未见与质人唱酬之作。

是年八月，张采舒翚卒，年五十一。

质人撰《张采舒砖椁志铭》云，张采舒名翚，苏州上沙人。家贫力学，能诗文。勇于义侠，尝坐事流关中，九州内外咸奇之中略。谢代日年才五十有一下略。铭曰：上略君今已矣夫何云，丙戌秋仲朔目瞑下略。

质人云：以余所交有志识士可为天下用，如刘献廷、万斯同、王钺、刘羽逖辈亦后先沦丧，惟采舒强壮，天所以曲成全者，岂其无意。见《张采舒砖椁志铭》

王昆绳云：吴门张采舒，义侠奇男子。中略而其诗和平惋郁，有苏、李、陶靖节之遗。《居业堂文集》卷十四《张采舒诗序》

由是观之，采舒亦非常之士也。惜其诗文集不传于世，第见《杜溪文集》中附其书札四篇，系与朱字绿讨论阳明之学。

是年，关中大儒李中孚颙卒，年七十九。

全谢山撰《二曲先生窆石文》云：按先生姓李氏，讳颙，字中孚，其别署曰二曲、土室病夫，学者因称之为二曲先

生。西安之周至县人也中略。关学自横渠而后，三原泾野少墟，累作累替，至先生而复盛。当事慕先生名，踵门求见，力辞不得，则一见之，终不报谒。曰：庶人不入公府也。再至，并不复见。有馈遗者，虽十反亦不受中略。陕抚白君欲荐之，哀吁得免；陕学许君欲进其所著书，亦不可中略。癸丑，陕督鄂君竟以隐逸荐先生中略，辞牍八上，时先生以病为解，得旨俟病愈敦促入京。自是大吏岁岁来问起居，欲具车马，送使觐天子。先生遂自称废疾，长卧不起。戊午，部臣以海内真儒荐，复得旨召对中略。大吏劝行益急，檄属吏守之。先生因称病笃。舁其床至行省。大吏亲至榻前从臾。先生遂绝粒，水浆不入口者六日。而大吏犹欲强之。先生拔刀自刺，陕中官属大骇，乃得予假治疾。自是以后，荆扉反锁，遂不复与人接，虽旧生徒亦罕觌，惟吴中顾宁人至则款之而已。天子西巡，欲见之，令陕督传旨，先生又惊泣曰：吾其死矣，辞以废疾不至下略。《鲒埼亭集》卷十二

李中孚与质人交期甚厚，读其往来书札，便知两贤契合之情。

质人与李中孚书云：份与世浮湛，不欲受知于世。惟惧无短长足当先生之知，顾立谈间，许为异姓骨月，窃幸不敢自外，惟惧为先生玷耳。见《怀葛堂文集》卷一

李中孚答梁质人书云：接来翰暨佳刻，能有古人心，乃能为古人文。秦边之游，忧时感事，壮怀激切。所筹边陲情

形，可谓天下之大有心人。《二曲集》卷十七

清康熙四十六年丁亥，质人六十七岁。

是年九月，王昆绳源序质人文集云：余与质人俱落拓京师，穷且老依人。可知质人此时在京。

又《二十四泉草堂诗集序》云：丙戌明年，余将南归见前，则是年质人复南下矣。

是年，朱字绿书卒，年五十有一。

王秋史《二十四泉草堂集》卷七丁亥有诗题云：闻同年张阳朔尔羽卒官，因感吕编修无党、朱翰林字绿、同学赵河南丰原，今年相继殂谢。据此，则知朱字绿卒于是年。

方望溪撰《朱字绿墓表》云：康熙丙寅，字绿以选贡入太学。海内知名士，皆聚于京师，以风华相标置，独字绿褐衣布履，行稠人中。时语古文推宋潜虚，语时文推刘无垢。字绿见所业，遂归，读书杜溪。及壬午，再至京师，声誉一日赫然公卿间，二君若为小屈焉。遂连举甲乙科，入翰林馆中，先达皆严惮之中略。字绿强记，文章雄健，尤熟于有明遗事，抵掌论述，不遗名地中略。始字绿归自京师，筑室其邑之西山，名曰杜溪，将著书以终老焉。其再出也，以家贫多累，又自恃体素强齿犹未也，虽迟之数年未为晚，而竟死于羁旅中略。字绿讳书，以康熙某年月日卒于京师，年五十有一下略。《望溪文集》卷十二。按朱字绿为安徽宿松人。

清康熙四十七年戊子，质人六十八岁。

是年秋，质人南归，取道常山，访求张采舒旅榇，并作《砖椁志铭》。

上略甲戌按即康熙三十三年，余重游秦，相与交善。居五年按即康熙三十八年，省余于长沙。又六年按即康熙四十四年，余客燕，采舒顾先至。余不解音乐，听其一弹再鼓，往往盈耳，而悦于心中略。明年按即康熙四十五年四月，南归，握别唏嘘不自禁。逾岁按即康熙四十六年，有言其客死常山者。明年按即康熙四十七年，余还山，取道常山访求之，无有也，越宿始闻之。王别驾坦斋始命书吏阅牍征召逆旅，挽柩夫始毕集，使导视，始得榇于水门北城，隈杂累累槥椟间，漫无所识别，又不施苫，盖暴露风日中中略。时别驾摄邑篆，立修刺报谒，立鸠工，买堲砖，和唇灰，甃砌外槨，圭首树石碑以表：曰张采舒柩，立镌刻之，垂久远也中略。砖椁以九月二十九日成，适再期三月禫服阕，不寸晷爽。常山闻者咸嗟异之。铭曰：吴人也。胡以入于秦方适西粤也，胡殒身于越之滨下略。张采舒《砖椁志铭》

内藤谱谓：质人于采舒死之明年，将还山，取道常山，访得采舒之榇。并将此段事实误列于康熙四十六年条下。不知质人途次常山之日，确在采舒死后第二年，为康熙四十七年。若一按《砖椁志铭》中所述年岁之次第，即可信而无疑。又内藤谱指常山为正定府，此更谬误。查常山属于浙江衢州府，故铭词有殒身越滨之句。

是年，代南丰县令梁津园序《曾南丰文集》。

此时质人已归江西。

戊子，始探筴得南丰中略。比至居两月，而尽不可为，幡然引疾归中略。先生文章，至今存焉者寡矣。惟《元丰类稿》邑中今刻本有四，惧或失真，后裔国光欲更镌版，可谓能孝，而以序属余。《代家津园序曾南丰文集》，《怀葛堂文集》卷二

清康熙四十八年己丑，质人六十九岁。

是年，质人由江西北上，道径汉口、汉阳、郾城。

《文陟予印薮序》云：己丑，余经由汉口《怀葛堂文集》卷三。《陶母张孺墓志铭》云：余己丑道经汉口《怀葛堂文集》卷七。《汪母何孺人生圹志》云：己丑余客汉口《怀葛堂文集》卷七。《碧梧轩琴谱序》云：己丑余北征，道经汉阳《怀葛堂文集》卷三。《正始书院碑记》云：三原温君载湄，世膴仕，学问渊源。岁甲申宰郾中略。郾城南二十五里，有地曰紫冈，有寺曰普济，其地爽垲而四通，君于其侧亦既立义学，招生徒而廪给之矣。义学东旧有淫祠，亦既诏土著毁之矣。一日慨然曰：富而不教有民，社者之过也，乃即其基构书院，为楹三，左右廊庑各一，前建重门，额曰“正始”中略。鸠工于己丑某月，以某月日落成中略。份与温君昔讲学于京师，今复北征经其地，睹其事乐其学之化民而政之成也。《怀葛堂文集》卷四

观以上各文，即知质人由江西北上，道经汉口、汉阳、郾城，而至肃州。盖是年茹紫庭持节使肃州见《茹公墓志铭》，

质人或往访焉。

内藤谱据《茹公渠记》，今上己丑以观察茹公秉节使肃，兼理屯田水利及余重游肃等句，遂谓质人作记亦在是年。殊不知质人此记，乃次其弟子辛成用所言，追述茹紫庭疏渠之功，而文之结尾且云：公讳仪凤、字紫庭，宛平人，更足证明质人作记之时紫庭已死紫庭卒于壬辰，安得谓为是年耶？

是年，为汉阳狂士文宾门师汲作《问真堂诗集序》据《碧梧轩琴谱序》：己丑，余北征，道经汉阳。此序当作于是年，内藤谱谓作于戊子，似非。

序云：《问真堂集》汉阳狂士文宾门诗也。宾门秉异资，少读书，辄耻章句学，喜学诗古文辞，习右军书，皆不肯頫首学。又不善世俗诗文，负才勇，喜走马击剑，走军前观战阵，又无一当意，弃去。游燕、赵，落落寡所合，人窃目为狂。荆门胡学士脩予独重之，谓其意气出于学问。顾好大言，益伉壮，遇显贵不苟纳交，显贵人亦莫与之交。张中翰日容言其诗于韩宗伯元少，元少曰：宾门积学，肆志遁世，无闷之高人也。行序其诗，因作诗赠之，海内以是始知其能诗。久益困，则之秦中略。华阳王山史却征聘谢客，一日览宾门《华山松树歌》，立修刺延宾门主其家，宾门则循循谨谨，退然若昔之敬事杜于皇者中略。客关中十年，海内无不称文宾门其人也。戊子始归里，解其装充然者《问真堂》诗一卷耳下

略。《怀葛堂文集》卷二

文师汲字宾门，嗜读，负气性。文疏爽峭劲，诗沈郁。喜挥霍，里有偕妻子鬻身营父丧，师汲捐赀赎归。遇不义，必面斥。晚好谈武，奋袂低昂，两腕骨珊珊鸣，欲从戎任边事，不得请，乃走吴、越、豫章、燕、齐、秦、楚，述怀吊古，悉发于诗文，惜卒后散逸。同治续辑《汉阳县志》卷二十一《文苑》

按吴仕潮所辑《汉阳五家诗选》，内有文宾门《纺山草堂集》二卷。卷首除载《汉阳县志》《文宾门列传》外，又有仕潮记宾门逸事一段，所谓《华山松树歌》亦载在其诗集中，且有送梁质人之肃州七律一首，足以证明是年秋质人由汉赴肃，兹移录于左。

先生为人性豪迈，不屑尺寸。既读书，能文章，谓此龌龊，不足以展胸中之奇。乃就侠游学，走马击剑，周四方，觅知己，旅关中凡八年，欲驰驱万里外，立张博望、傅介子之功，卒不能如意。之京师，学赵壹赋穷鸟几幸一遇，值台省厌客，无荐达者。偶投谒一大老阍者，弗为通。先生大怒，骂曰：乃公出身儒者，余方以士不游于门下为讶，乃今知皆尔辈所格，吾为乃公教尔辈，举拳连踣数人。声闻于内，主人出，强为温语以谢。先生竟飘然去，弗之顾，由此知名。凡骑驴卖畚之辈，争持羊酒交，先生恐后，然由此益为诸贵人所忌，曰狂生不可近。久之，不自聊，益发愤于五七字，悲凉慷慨，如饥鹰饿鸱，长鸣秋野，闻者色沮中略。顾殁后其稿散失不可得。乾隆丁卯，先生门婿吾宗继微持腐烂抄本三册，谓余曰：此先生易箦时所亲授，藏已三十年无转付者，今得遇君，先生不朽矣。余退让不敢承，未及旬月，继微竟卒。呜呼！先生抱负奇伟，果能如傅、张与否未可知，而此有韵之言，在先生亦腔血之余沥耳。因补其残阙，稍加校定，列于五家之中，以慰先生地下，且以答继微殷殷之托云。

《华顶将军松树歌》：苍龙岭南直十里，大松百丈石上起。蟠根不藉寸土封，巉岩四围列碕礒。有时拂地吐云烟，抑或攫空作雷雨。叶皮藏残雪汉代封，根长孙枝秦时始。神物应有鬼神呵，老干不随蛟龙死。浅人指点说晋唐，纷纷之议何为尔！试问三峰生长自何时？此松与之同年纪。

《送梁大质人之肃州》：又问秦关去汉滨，萧条一剑向谁亲！八千边塞冰霜路，七十遗民老病身。多难只知添短发，深忧原不为长贫。悽悽当我无家日，相送秋风倍黯神。

宾门此诗，当作于康熙四十八年己丑，因质人自云己丑余北征道经汉阳见《碧梧轩琴谱序》，此其证一；是年，质人六十九岁，诗中云七十遗民恰相合，此其证二。又依此诗，可知质人己丑北征是往肃州无疑。

《国朝诗》的《湖广省》门，载湘潭张岂石璨《七日送梁大质人往肃州七律二首》：七载分携楚水滨，白头吟苦见交亲。重逢人日题诗地，犹是天涯远客身。老去筋骸还作健，生来心事不忧贫。行行盾鼻书还著，每把高文辄有神。一卷光芒

《怀葛堂》,读余搔首望苍苍。此生有愿事千古,明日思君天一方。金椀荒丘悲蔓草,铁函良史凛秋霜。岐阳此去应回首,记听歌声是楚狂。第一首韵脚与文宾门送梁质人之肃州诗相同,似步其原韵而作。又按原刻《怀葛堂文集》《陶母张孺人墓志铭》后有文宾门、张岂石评语,质人此文作于己丑年经汉口之时,文、张二人当日亦必在同地。由此可证明岂石此诗与宾门共赋于一时也。读宾门"相送秋风倍黯神"之句,知质人由汉口赴肃州是在秋间。又岂石之诗标明赋于七日。其第二首有句云"明日思君天一方",则质人启程之日为八日。惟不知究在何月,以其诗意揣之,当不出八九月耳。

清康熙四十九年庚寅,质人七十岁。

是年,王昆绳源卒,年六十三。李塨撰《王源传》

王源字昆绳,世为直隶宛平人。父某明锦衣卫指挥,明亡流转江淮,寓高邮。源少从其父,喜任侠言兵。少长,从宁都魏叔子学古文。性豪迈,不可羁束中略。年四十余,以家贫父老,始游京师,佣笔墨贵人富家,多病其不习时文。笑曰:是尚需学而能乎!因就有司求试,举京兆第四人,曰:吾寄焉以为不知己者诟厉也中略。晚年与蠡县李塨游,大悦之,遂与师事博野颜习斋学礼,终日正衣冠,对仆隶必肃恭,然自负经世之略,益坚之中略。五十后葬其亲,遂弃妻子为汗漫之游中略。逾六十复归,往来金陵淮阳间,客死山阳。惟兄之

甥蒋衡视含敛，卒之夕神色傲然，无一语及家事。《四君子传》，见《方望溪文集》

清康熙五十一年辛卯，质人七十一岁。

是年二月，作《吴仲昭八十序》。仲昭南昌人，此时质人在江西。《仲昭吴翁八十序》，《怀葛堂文集》卷三

清康熙五十一年壬辰，质人七十二岁。

是年二月，茹紫庭仪凤卒，年六十三。质人作墓志铭上略。己丑，持节使肃中略。再期秩满，以次推江西按察使，忽疾作中风中略。公生顺治庚寅十月二十二日，终康熙壬辰二月二十二日，享年六十有三下略。《茹公墓志铭》，《怀葛堂文集》卷七

是年，佟国勷为江西巡抚《东华录》，质人为其子申之作《潜修轩诗集序》《怀葛堂文集》卷二。又作《赖母彭孺人墓志铭》彭儒人江西会昌承乡人。《怀葛堂文集》卷七

清康熙五十二年癸巳，质人七十三岁。

是年，作《建昌郡清香阁记》。

上略壬辰，海宁陈公以刑部尚书来守是邦，不期年，百度一新。明年，于厅事东斥地构阁下略。《清香阁记》，《怀葛堂文集》卷四

是年二月初十日，戴田有名世以《南山集》获罪处死，年六十一。康熙三十六年正月，质人客京师，尝与戴田有同寿万季野六十见前。

康熙五十二年，岁癸巳二月初十日，戴忧庵先生伏法

于京师中略。先生讳名世，字田有，一字褐夫，号药身，又自号忧庵。身后乡先辈及四方学者皆称之曰宋潜虚先生，以宋为戴族所自出也中略。先生幼聪颖，六岁从塾师受学，中间以疾未能专读，凡五年而四书五经毕，自是窥探经史百家，即善为古文辞中略。康熙庚申，先生年二十八，入县学为诸生中略。又四年乙丑，以廪生得选拔贡生中略。丙寅冬入京。明年，以选贡生考取补正蓝旗教习，考授知县，应京兆试被放中略。乙酉，应顺天乡试，中式举人中略。己丑，会试中式第一名贡士，殿试一甲二名进士，授职翰林院编修。时先生春秋已五十有七矣。又二年，以《南山集》获罪，狱辞具于辛卯之冬，又二年论死。盖先生少以明史自任中略。《与余生书》曰：前者浮屠犁支自言永历中宦者为足下道滇、黔间事，余闻之载笔往问焉。余至而犁支已去，因教足下为我书其语来。去年冬，乃得读之，稍稍识其大略。而吾乡方学士有《滇黔记闻》一篇，余六七年前尝见之，及是而余购得此书，取犁支所言考之，以证其同异。盖两人各有详有略，而亦不无大相悬殊者中略。昔者宋之亡也，区区海岛一隅，仅如弹丸黑子，不逾时而又已灭亡，而史得以备书其事。今以弘光之帝南京；隆武之帝闽越；永历之帝两粤、帝滇黔，地方数千里，首尾十七八年，揆以春秋之义，岂遽不为昭烈之在蜀，帝昺之在崖州，而其事渐以灭没中略。老将退卒、故家旧臣、遗民父老，相继渐尽，而文献无征，凋残零落，使一时成败得失与夫孤忠效死，流离播迁之情状，无以示于后世，岂不可叹也哉！终明之世三百年，无史金匮石室之藏，恐终沦散放失。而当世流布诸书，缺略不详，毁誉失实。嗟乎！世无子长、孟坚不可聊且命笔，鄙人无状，窃有志焉中略。足下知犁支所在，能召之来与余面论其事，则不胜幸甚按此书刻入《南山集》，而田有身遘大祸即以此也。中略。至康熙辛卯冬，武进赵都谏申乔据《南山集》题参，而同时又多忌先生名者力挤之中略。相国安溪李公，雅重先生，欲疏救于方死一生之地，卒不可得。然尚赖仁庙宽仁，减吏议极刑，改死罪而已，牵连三百余人，悉为保全。而先生宗族及子弟悉蒙宽宥。方氏遣戍及隶旗籍者按方孝标族属谪黑龙江，方苞编旗下，雍正元年恩诏均为赦宥焉下略。萧敬孚撰《戴忧庵先生事略》，《敬孚类稿》卷十

清康熙五十三年甲午，质人七十四岁。

是年，作《新修建昌府学记》。

吾郡学宫久倾圮，芜秽甚。壬辰冬，海宁陈公来守吾郡，以风化为己任中略。捐己俸特理而新焉中略。自甲午某月，庀材鸠工，以某月日落成。《怀葛堂文集》卷四

是年秦对岩松龄卒，年七十八。

康熙十九年庚申，质人从魏叔子游无锡，曾主秦对岩馆舍。

清康熙五十四年乙未，质人七十五岁。

是年,代陈郡侯作《重修建昌城隍庙碑记》。

某守官三载,乐其人文蔚起,百废方兴,独城隍之庙有愀然于心者中略。予葺郡学成,乃撤庙而新之中略。始乙未某月,成某月下略。《怀葛堂文集》卷四

按以上三年间所作之文,质人此时当居建昌其乡,南丰县即隶此郡。

清康熙五十五年丙申,质人七十六岁。

是年,作《冯渭阳画像记》。

冯渭阳世居抚州之词源,生年己丑中略。今君享年六十有八下略。《怀葛堂文集》卷四。自生年己丑推算,至六十八即康熙丙申。

清康熙五十六年丁酉,质人七十七岁。

是年秋杪,太仓顾玉亭访质人于豫章。

岁丁酉秋杪,太仓玉亭顾君访予于豫章。赠《顾玉亭序》,《怀葛堂文集》卷三

是年,作《送丁酉典试秦太史序》。秦太史即无锡秦南沙,是年典试江西。《怀葛堂文集》卷三

清康熙五十九年庚子,质人八十岁。

是年,作《怀远将军郭登龙墓表》。

怀远郭将军者,闽之福清世家子。以武选授西安卫,累官都阃。葬西安鄠杜间,则厥嗣恒始著籍也中略。鄠杜间山既买,亦朱邑之桐乡矣。走过而指之曰:此牛眠地也,恒善

之。甲午乃葬，于今七年矣。恒以走不谀墓而以表碣，属不获辞。将军子恒，字善夫，方需次州牧，善夫之子景文纯已任兴平教喻，今升知县候补下略。《怀葛堂文集表》，《怀葛堂文集》卷七

质人又曾作《郭母陈太君七十序》，不著年月。其文云：上略郭子善夫孝慈人也，翩翩儒雅，寄应关中中略。令子景文纯以名诸生，一日匹马追余驰三十里，致赆金，谈甚畅。亟道其祖母陈太孺人贤中略。今晚春朔，子孙斑烂祝七十下略。《怀葛堂文集》卷三。按此文当作在郭登龙墓表之前，因此时景文尚为诸生，未任教喻，未升知县候补也。

是年，作《坡山朱氏宗谱序》。此序作于浙江。内藤谱以坡山在江西瑞州西十里，遂疑质人作于江西。

今抚浙中丞可亭公手自修之，历数载而坡山之谱始告成。庚子锓版摹印，始授各子姓以谱。中略中丞公镌既成，份适至越，属以校帝虎下略。《坡山朱氏宗谱序》，《怀葛堂文集》卷二

是年六月，涂惕岩尚肄卒，年七十有九。惕岩江西新城人，魏叔子之门人也。质人为作墓志铭。《涂君惕岩墓志铭》，《怀葛堂文集》卷七

是年，又作鄜州刺史黄畏岩光会墓志铭，畏岩世居新城，亦为魏叔子之门人内藤谱列于六十年辛丑条下，误。

畏岩名光会，世居建昌新城。康熙己酉，举于乡，壬申筮仕河间南皮令，三考著绩，擢陕西鄜州刺史，不匝月引年

归家食。十九年令终，距所生崇祯丁丑，得年八十有四下略。《鄜州刺史黄君畏岩墓志铭》，《怀葛堂文集》卷七

代石外台作《重新德胜门关庙记》石外台即江西按察使石苏万，德胜门在新城。《怀葛堂文集》卷四

又作《帅、周合藁序》帅、周二子皆南昌人。《怀葛堂文集》卷七

清康熙六十年辛丑，质人八十一岁。

是年冬，质人在建昌，未几游闽。集唐诗十律以赠摄理福州将军石苏万，并为童智涵蕃作《闽游草序》。

会稽智涵童君，负经纬才，为吾外台石公上客。辛丑冬，公摄理镇闽将军事，道出建昌，仆因公接见中略。仆游闽，谒外台与童君数晨夕中略。读闽游诸什，则秀丽冲融，直逼王、孟。而闽之人物山水土风毕著其中下略。《闽游草序》，《怀葛堂文集》卷二

苏万石公按察江西，遇先生敬礼有加。及公奉命理福州将军事，先生买舟过访，集唐诗十律以为赠下略。童智涵跋语附于集唐诗之后。

是年梅定九文鼎卒，年八十九。方苞《梅征君墓表》

梅定九，名文鼎，字勿庵，安徽宣城人。于书无不读，而特好历算之学。少师事明遗民倪观湖，受麻孟璿《历法书》一帖，不数日悉通晓，为之注释，补成《历学骈枝》四卷。观湖见之大惊，以为非意所及也。中年丧偶，不再娶，闭户覃思，谢绝人事。值书之难读者，必欲求得其说，往往致废寝

食；格于他端中辍，耿耿不忘；或读他书，无意中若然有触，而积疑冰释，乘夜秉烛，亟起书之；或一夕枕上所得，累数日不尽。每漏四五下，犹篝灯夜读，昧爽则已。兴矣！数十年如一日，其精力过人如此。闻有通兹学者，虽在远道不惮蹇裳往从，亦详告之无隐。会修《明史》，同里施愚山侍讲以书问，勿庵因为《历志赘言》寄之。史局亦亟欲得勿庵。又数年始至京师，局中皆大喜，以历志属详定，为订正讹舛五十余处。其著述甚富，论历算者凡七十五种。参看毛际可撰传、朱书送序、方苞撰墓表、杭世骏撰传、阮元撰《畴人传》

质人有送梅定九北上诗，及书梅勿庵推一元消长图后。

清康熙六十一年壬寅，质人八十二岁。

是年，质人在江西南昌，代王中丞作《新修广润城门记》按江西《南昌府志》卷九建置，康熙六十一年广顺城门毁，王企靖重建。又为新喻令张柱客作《香樵集序》上略。壬寅夏，张侯与余始相见于豫章。一见寻别去，怏怏于余心，亟读其《香樵初集》下略。《香樵集序》，《怀葛堂文集》卷二

是年，质人又在武昌为郭善夫再跋《熊芝冈手迹》上略。跋在壬午，今二十年，并手迹归余友郭子善夫下略。《再跋芝冈手迹》，《怀葛堂文集》卷六。按壬午即康熙四十一年，阅二十年，即康熙六十一年。此时熊芝冈手迹既归郭善夫，则质人此跋必为善夫而作。再据《大观山七夕诗序》，质人来武昌僦僧舍，与郭善夫侨居相近。其时已年愈八十，正若是年岁数是

年质人八十二岁。则质人《再跋芝冈手迹》又在武昌无疑也。

武昌楚都会，中崎三山，大观为最，友人郭子善夫侨居焉。余来游，僦僧舍相近者，往来数晨夕，盖素心离索，于兹十年矣。明年避嚣汉上，与武昌相望，而阂隔大江，江涨风浪恶，虽皇遽重大事，艨艟巨艘不敢渡，无问小艇，而郭子馈问如初也。暑退，客久归思动，郭子肃客为七夕会，七客分居江东西，皆皓首皤然，余且逾八十，惟郭子富春秋，服官政下略。《大观山七夕诗序》，《怀葛堂文集》卷三

清雍正元年癸卯，质人八十三岁。

是年，质人来往于武汉之间参看上条所录《大观山七夕诗序》。

清雍正三年乙巳，质人八十五岁。此时质人已归江西。

是年作《同学赖牧庵七十序》。

牧庵为易堂魏季子之门人，康熙辛亥年十六。依此推算七十岁即在雍正三年参看《赖牧庵七十序》，《怀葛堂文集》卷三。

清雍正四年丙午，质人八十六岁。

是年，为汀州雷殷荐进士作其父母合葬志铭。

汀州雷殷荐成，康熙乙未进士。既宴，以养二亲告。历年十有二，息庵太翁、阴太母后先卒。丙午，殷荐奉二亲柩将合葬泉上，自闽之江右南丰者五，不以份不能文，以志铭属，固辞弗获。《息庵雷太翁暨元配阴太母合葬墓志铭》，《怀葛堂文集》卷七

清雍正五年丁未，质人八十七岁。

是年王君选文佐卒，年六十有六，质人为作传。君选，南丰人。

康熙十三年甲寅君选年十三，卒年六十有六，依此推算，君选卒于是年。参看《王文佐传》，《怀葛堂文集》卷五

清雍正六年戊申，质人八十八岁。

内藤谱谓质人卒于是年，年八十九。并云全谢山祖望以雍正七年督学王兰生之选充贡入京师。又谢山撰《刘继庄传》谓：及余出游于世，而继庄同志如梁质人、王昆绳皆前死不得见，是则质人卒于是岁也无疑。按董秉纯所编《全祖望年谱》，七年己酉，王公以先生充贡，先生又辞，王公不许，遂以明年春北上。可知质人[8]充贡入京在雍正八年，而非雍正七年；且是年质人八十八岁，亦非八十九岁。谓为卒于是年误也。

清雍正七年己酉，质人八十九岁，卒于南丰。

是年为门人何良颐作《何氏宗祠记》。

《何氏宗祠记》后有何良颐跋。上略兹记纵横变幻，上下千古、感慨淋漓，时年八十有九。夫子侨家郡城，是年来省先茔，寝疾三日，遂尔告终下略。《怀葛堂文集》原刻本。由是可断定质人得年八十有九，卒于南丰。

（何炳松主编：《中国史学丛书》，商务印书馆，1933年版）

注释：

[1]《艺风堂文集》八卷，为缪荃孙(1844—1919年)所撰，另撰有续集八卷、《艺风堂文外集》及《艺风堂文漫存》。

[2]韩大任，康熙十二年(1673年)，他响应吴三桂反清。平定"三藩"后降清，官授内务府包衣参领。

[3]萧友梅(1884—1940年)，字思鹤、雪明，广东香山人，为中国现代音乐史上的一代宗师。1927年，与蔡元培创办中国第一所专业音乐学院——上海国立音乐院，代表作为《今乐初集》、《新乐初集》和《秋思》。

[4]刘献廷(1648—1695年)，字君贤、继庄，号"广阳子"，直隶大兴(今属北京)人。康熙二十六年(1687年)，与万斯同、顾祖禹一道，参修《明史》和《大清一统志》，另撰有《广阳杂记》五卷。

[5]顾祖禹(1631—1692年)，字瑞五，江苏无锡人。《方舆纪要》，即所撰《读史方舆纪要》一百三十卷，集历史地理学之大成，被誉为千百年绝无仅有之书。

[6]按"晋兴郡"当为"兴晋郡"。

[7]昌平诸陵：即明十三陵，坐落于今北京昌平天寿山麓，为明朝迁都北京后十三位皇帝陵墓之总称。

[8]疑为祖望或谢山之讹误。

梁质人年谱

[日]内藤虎次郎著

明崇祯十三年庚辰，质人大约生于此岁。据《李草堂名一凤墓志铭》：草堂年七十三，卒于康熙四十一年壬午，而志中有言："余在弘斋夫子邵睿明门墙日，草堂已十年以长"。则是岁质人六十三，由此逆算之。《许尹重六十序》作于康熙四十二年癸未：今余与君年皆逾六十，亦可以备证。

清顺治元年甲申，质人五岁。

顺治十一年甲午，质人十五岁。李草堂，幼师弘斋夫子已见于墓志。又质人小李十岁，从游弘斋，则在十五六岁以前可知。《国朝耆献类征》卷第四百引吴德旋之《闻见录》曰：

程山在江西南丰，故约斋谢文洊之号与邵先士讲易处也。

邵先士名睿明，南丰人，诸生。少颖慧，长以文名邑中。邑中人争延为子弟师，先后受业百许人。先士有兄，为邑吏及祸，破产不能自赎，先士倾私产脱之。先士性虚，乐受规谏，以执德不宏清高宗讳弘字故以宏代之为己病，因自号曰宏斋。

《哭确斋先生文》曰：今树庐夫子远出而未归，先生与弘斋夫子、释大方师皆舍我而去，世之知我者尽矣。是则宏斋之卒当在林确斋卒年以前，确斋卒于康熙十七年戊午。

康熙元年壬寅，质人二十三岁。

康熙三年甲辰，质人二十五岁。

康熙十二年癸丑，质人三十四岁。始以彭躬庵士望为师，当在此岁。《哭魏勺庭夫子文》曰：份事树庐夫子，于今八年。魏勺庭卒于十九年庚申，由此逆算而定之。树庐为躬庵之别号。惟癸丑卒岁，侍先生，其教份之语，已备载之书册，此见于《哭确斋先生文》。是则此岁，质人当在宁都易堂从游彭躬庵、林确斋等。

是岁十一月，吴三桂举兵叛清朝。《东华录》、《圣武记》

康熙十三年甲寅，质人三十五岁。吴三桂军略四川、湖南、湖北等地。《东华录》、《圣武记》

康熙十五年丙辰，质人三十七岁。二月，吴三桂之将高大杰赵翼《皇朝武功纪盛》、魏源《圣武记》并作高大节，《逆臣传》作高得捷陷江西吉安。未几，大杰死，韩大任守之。七月，清之简亲王喇布军围之，不能下。三桂将马宝等率兵援吉安。参采《东华录》，《圣武记》

质人于是岁二月，由江西抵长沙，为韩非有即大任乞援于吴三桂。三桂留之。三月初一日，与清安亲王军战于官山，使质人观战。《广阳杂记》

封位斋浚卒于八月，程山谢约斋之门人也。《墓志铭》

康熙十六年丁巳，质人三十八岁。正月，马宝援吉安之师引去。四月，韩大任溃围走，与土寇合，窜踞江西各地，清师不能剿。宁都魏际瑞伯子，魏禧之兄闻大任为豪杰，欲全之，使就清军。招抚事不成，为大任所害。大任以十月拔营走福建参采《东华录》、《圣武记》、魏禧所撰《伯子墓志铭》。按质人去韩军大约在此时欤。

康熙十七年戊午，质人三十九岁。正月，韩大任以一万余人降康亲王杰书军。八月，吴三桂死于衡州。《东华录》

是岁，林确斋时益卒，年六十一《疑年赓录》。确斋故明南昌宗室之子，变姓名为林确斋。与彭躬庵为友，迨躬庵与魏叔子定交，乃与确斋挈妻子偕往家于叔子所居之翠微峰，所谓易堂九子之一也。质人《祭确斋先生文》曰：

弘斋夫子尝问冠石何以待子？份以树庐夫子严父，确斋先生慈母为对。而恕份所短，取份所长于有过中，而谅其无他者惟先生一人耳。份前后至冠石，皆不半载，惟癸丑卒岁侍先生冠石为江西宁都金精山中之寨名，见《读史方舆纪要》。林确斋徙居于此，种茶。翠微峰亦金精山十二峰之一，出于魏叔子《翠微峰记》及《大清一统志》，则可知其在易堂从游之状。

康熙十八年己未，质人四十岁。《揭韦然文集序》：己未，余以古文辞游四方。余十年中纡回数万里，阅人多。则是岁以前质人之生活得以推测。

康熙十九年庚申，质人四十一岁。春，彭躬庵赴浙江《送朱修龄序》。使质人从魏叔子出游，且为其门人《哭魏勺庭夫子文》。质人从叔子游无锡，主秦太翁馆舍《送丁酉典试秦太史序》。十一月，叔子自无锡赴故人之约，舟至仪真，忽发心气病，一夕而卒，年五十七。时质人从行魏季子撰《叔子纪略》。

质人《哭魏勺庭夫子文》曰：

门人梁份，新刻夫子诗文集，陈柩前，躄踊而哭曰：份奉命校仇，有成功矣，乃夫子遽至是耶！夫子固善病，昨仆夫自真州即仪真至，暮叩门，心动，从门间问夫子安，然后启而纳之。书中亦言体大健。以是份留数日，待此集之成。恶知二日内而病，病而如是哉！份伤心夫子者，不在不得永诀，不亲视含殓为儿女子之私耳！

然则质人虽从行叔子，而为校刻诗文集，暂离其侧，叔子即于此时因急病而死者。

康熙二十年辛酉，质人四十二岁。过鹿渚河南归德府鹿邑县，见明遗老熊见可。此见于《熊见可先生哀辞》。份三过鹿渚，皆匆匆去，独辛酉留旬日云。

康熙二十二年癸亥，质人四十四岁。是年彭躬庵卒，年七十四。《疑年赓录》

康熙二十三年甲子，质人四十五岁。是年甘肃提督侯爵张勇卒《国史馆本传》。辽人王(黄)定山，讳燕赞，张勇中军。与质老相与甚深，质人因之遍历河西地，著为一书，凡数十卷，曰《西陲今略》。历六年之久，寒暑无间，其书始成。《广阳杂记》质人《答刘体元书》云：份向在黄定山所，寡闻渺见，未能成书。由是可知此时所成者尚未定稿。黄定山即王定山也，黄王音近。所云六年者，自魏叔子卒之翌年康熙二十年至刘继庄入燕京之前年康熙二十五年，是即质人第一次在河西之时期。

康熙二十六年丁卯，质人四十八岁。是年刘继庄献廷由吴入都《广阳杂记》，继庄始在都中见质人之著书，当在此岁。

康熙二十七年戊辰，质人四十九岁据《有美堂集序》及《一砚斋集序》。是年质人客金州，陕西兴安府之古名。与刘体元定交，序其《一砚斋集》。又为知府李筠庵序其新刻《有美堂集》。

康熙二十九年庚午，质人五十一岁。是年夏与黄复庵同客其姻茹紫庭所《黄复庵六十序》。茹紫庭名仪凤，宛平人。为陕西岐山知县时，以礼遇李中孚颙、李雪木柏、李天生因笃而有名。寻为湖南衡州府同知。质人作客，大约在其衡州任中耳。

是年刘继庄复至吴。见于王昆绳之《刘继庄墓表》。茹紫庭在衡州，以招致刘继庄及刘元叔廷献、刘羽、逖忠嗣等而有名。此事亦当在是年以后二三年之间。

康熙三十年辛未，质人五十二岁。刘继庄与质人遇于星沙长沙之地名。狭路钞录《西陲今略》，经始于二月初一日，至二十二日录毕《广阳杂记》。杂记谓壬申之春与质人相遇似误。

是年，质人送王都督擎庵之遵义，序作于宁都，可证其在江西。

康熙三十一年壬申，质人五十三岁。是年春，楚游倦归，道出鄂渚武昌。见《揭馡然文集序》。《潘柳东八十序》亦记是年客于鄂渚。

康熙三十二年癸酉，质人五十四岁。以事之榆林。见《修复甘泉碑记》。是则明年第二次河西游历发端于斯岁也。与熊孝感书都城数月云云。以下述秦游之役，其启程是由燕京耳。

康熙三十三年甲戌，质人五十五岁。重游秦塞，取道枹罕赠《吴其矩序》、张采舒《砖椁志铭》。七月杪返长安。以南方乘舟之人，策马五月《答刘体元书》。此游陕西，驿传道张霖出百金为质人治装，遂得完成十年前起草未成之书。详见《与熊孝感书》及《答刘体元书》。今以抄载两书于别项，略之《与熊孝感书》称张霖为张观察，《答刘体元书》称观察鲁庵张公。是岁，在秦与张翚字采舒定交张采舒《砖椁志铭》。

康熙三十四年乙亥，质人五十六岁。六月，张霖由陕西驿传道升为安徽按察使《东华录》、姜湛园宸英之梁质人《怀葛堂集序》称安徽张公者是也。

作《明威将军和钧天墓志铭》。和钧天葬于善化。然则质人此时在长沙欤。

刘继庄是岁七月卒，年四十八。

康熙三十七年戊寅，质人五十九岁。十月，张霖升为福建布政使《东华录》。据周子仪《告别倡和诗序》，是岁质人似在京师。参考姜湛园之集序，其入燕当在三十四年以后。据张采舒《砖椁志铭》，是岁质人客长沙欤。

康熙三十九年庚辰，质人六十一岁。据《陶母张孺人墓志铭》，是岁庚辰，余客长沙，与奉长定交奉长陶氏张孺人之夫。因余交刘忠嗣，忠嗣天下奇男子也。

康熙四十年辛巳，质人六十二岁。三月，高缉睿为福建布政使《东华录》。张霖卸任当在此时。

《畿辅通志》记其署云南巡抚，缘事落职家居，亦为是岁之事耳。据《与刘忠嗣书》，上巳后十日，份买舟夏口，比至金陵，茹紫庭已还家。方严程之任滇南，痛谈浃日，始南北分行，渡江、淮，逾泗、浮、漳、卫，下直沽。时已初夏，鲁庵张方伯退居一室，跫然为喜，百有六日，暑退凉生，溯潞之燕市。此七阅月舟行四千里之大略也。由此可知是岁赴燕京旅行之大概。茹紫庭此时将赴云南景东知府之任。质人有送茹紫庭守景东序。其后紫庭迁云南楚雄知府，再迁广西广南知府。其在何岁不详。张鲁庵方伯即张霖，此时已卸任归住天津。

《茹紫庭墓志》：份至云南署，饮至夜分。此时紫庭正在云南，惟其年不详。

康熙四十一年壬午，质人六十三岁。正月在京师与王源诸友寿万季野斯同六十王源《居业堂集》、《万季野六十序》。

四月，季野卒。秋，刘忠嗣客死巴陵舟中《陶母张孺人墓志铭》。腊月，在夏口与许尹重正任、陶甄夫窳、郭善夫恒等览熊襄愍复边将手迹，而书其后。

作《李草堂一凤墓志铭》。一凤，邵弘斋之门人也。

康熙四十二年癸未，质人六十四岁。是岁质人在夏口，作《许尹重六十序》。已而复客于燕张采舒《砖椁志铭》。与新安黄曰瑚宗夏徒步谒十三陵，作图说参采《与朱字绿书》、《与八大山人书》及王源《居业堂集》此事另载。

《与朱字绿书》有四游神京云云。则自此以前至燕已有四次。参看康熙二十六年、三十二年、三十七年、四十年之条。

《说秋斋记》。癸未秋，余将南归。然则是年质人就南归之途欤。

康熙四十三年甲申，质人六十五岁。春初，与八大山人书，报前年谒陵之事，书中言长儿文起来述山人近状。是岁作《陈留阿衡庙记》。或在南归途次淹留开封附近欤。又《紫砚铭序》。是岁客汉上。

康熙四十五年丙戌，质人六十七岁。二月，王昆绳源与质人之子文中步登天寿山谒明陵王源《居业堂集》、《十三陵记》。八月，张采舒翚客死常山正定府张采舒《砖椁志铭》。作《封位斋墓志铭》。

康熙四十六年丁亥，质人六十八岁。九月，王昆绳源序质人文集，序中云：余与质人，俱落拓京师，穷且老依人。则此时质人当在京。惟《二十四泉草堂诗集序》云：丙戌之明年，余将南归。又张采舒《砖椁志铭》：采舒死之明年，将还山，取道常山，访得采舒之榇。然则是年复就南归之途欤。

康熙四十七年戊子，质人六十九岁。为汉阳狂士文宾门作《问真堂诗集序》，当在此年。

康熙四十八年己丑，质人七十岁。《碧梧轩琴谱序》余北征道经汉阳；《陶母张孺人墓志》：道经夏口；《文陟予印薮序》：经由汉口；《汪母何孺人生圹志》：客汉口；《正始书院记》：今复北征，经郾城；《茹公渠记》：重游肃，皆在此岁。其由江西乡里作肃州之游，道途所由足以明矣。是岁，茹紫庭以观察秉节使肃，见其墓志。质人以七十老躯，三度赴西北边疆，而依茹紫庭者据墓志，紫庭之官职为整饬肃州等处抚治番彝兼管肃镇屯田事务按察使司副使。是岁，作《茹公渠记》，记紫庭疏凿渠水之利。

康熙四十九年庚寅，质人七十一岁。王昆绳源卒，年六十有三。李恕谷塨《王子源传》

康熙五十年辛卯，质人七十二岁。二月，作南昌人《仲昭吴翁八十序》。此时已归住江西欤。

康熙五十一年壬辰，质人七十三岁。茹紫庭再期秩满，以次推江西按察使。二月，忽疾作而卒，年六十三。质人作墓志铭。是岁，佟国勷为江西巡抚，质人为其子申之作《潜

修轩诗集序》。参采《清史稿》、《东华录》

康熙五十二年癸巳，质人七十四岁。作《建昌郡清香阁记》。

康熙五十三年甲午，质人七十五岁。作《新修建昌府学记》。

康熙五十四年乙未，质人七十六岁。作《重修建昌城隍庙碑记》。据以上三年间所作之文，质人此时当常居于江西建昌府。其乡里南丰县亦在府内。

康熙五十六年丁酉，质人七十八岁。《赠顾玉停序》：秋杪，玉停访质人于豫章江西省城南昌。玉停太仓人。是岁，佟国勷罢江西巡抚。

康熙五十九年庚子，质人八十一岁。作《郭将军登龙墓表》甲午乃葬，于今七年，由此推算，即在是年，谓：葬于西安鄠杜间。《郭母陈太君即登龙之妻七十序》：郭子善夫名恒，登龙之子寄居关中，令子景文纯以名诸生。一日匹马追余三十里，致贶金，乞寿序。由是观之，是岁似先在西安，再由西安而归江西者。

涂尚嵂六月卒，魏叔子之门人也。质人为作墓志铭。

是岁，所作《代石外台重新德胜门关庙记》在南昌，《坡山朱氏宗谱序》坡山在江西瑞州西四十里，《帅周合藳序》二氏皆南昌人，似皆作于江西。此时，质人当居其乡里耳。

康熙六十年辛丑，质人八十二岁。代江西巡抚王企靖作《新修广润城门记》门在南昌，题中仅称王中丞。企靖之名系据《清史稿》、《东华录》等。作《鄜州刺史黄光会墓志铭》。光会，魏叔子之门人也。

《闽游草序》云：冬，吾外台石公摄镇闽将军事，道出建昌，仆因公接见接见《闽游草》作者童智涵。是年冬，质人似在乡里。同序：仆游闽，谒外台与童君数晨夕。是未几而又游福建，其老健可知。

康熙六十一年壬寅，质人八十三岁。壬午康熙四十一年之后二十年，有再跋芝冈熊襄愍公廷弼之号手迹之文，当作于此岁。文中记其手迹归郭善夫。又《大观山七夕诗序》，质人来武昌，僦僧舍，与郭善夫侨居相近。明年避嚣汉上，而郭子馈问如初。郭子肃客为七夕会，余且逾八十，惟郭子富春秋服官政。此一二年质人当在武汉之间。

雍正元年癸卯，质人八十四岁。

雍正二年甲辰，质人八十五岁。福建汀州人雷进士殷荐康熙乙未进士父雨润卒。

雍正四年丙午，质人八十七岁。雷进士殷荐自闽之江西南丰者五次，乞父母母阴氏，康熙五十九年卒合葬墓志铭，质人为其作之。

雍正六年戊申，质人八十九岁，是岁卒。《国朝先正事略》及《尚友录》

全谢山祖望以雍正七年督学王兰生之选充贡入京师，

又谢山之《刘继庄传》及余出游于世，而继庄同志如梁质人、王昆绳皆前死不得见，是则质人卒于是岁也无疑。

质人之父祖不详。据《复伯兄书》谓家无闻人。书中有云：今两子，一为邑文学，一为博士弟子员。《与八大山人书》，述及长儿文起，然则见于王昆绳《十三陵记》之文中是为其次子。

（内藤湖南：《读史丛录》，《内藤湖南全集》（七），筑摩书房，1969年版）

《广阳杂记》三则

（一）

梁质人留心边事已久，辽人王（黄）定山，讳燕赞，为河西靖逆侯张勇中军，与质老相与甚深，质人因之遍历河西地。河西番夷杂沓，靖逆以足病，诸事皆中军主之，故得悉其山川险要部落游牧，暨其强弱多寡离合之情，皆洞如观火矣。著为一书，凡数十卷，曰《西陲今略》。历六年之久，寒暑无间，其书始成。前在都中，余见其稿，果有用之奇书也。方舆之学，自有专家，近时若顾景范之《方舆纪要》，亦为千古绝作。然详于古而略于今，以之读史，固大资识力，而求今日之情形，尚须历练也。此书虽止西北一隅，然今日之要务，孰有更过于此者。在都门匆匆衮衮，无片刻之暇，不得录一通为恨。盖其书规模虽定，尚未脱稿，涂乙改窜满纸，须余自录，不可假手他人也。地北天南，会合莫必，每与宗夏言而恨之。壬申之春，余与质人遇于星沙，狭路相逢，而其书在簏。别来一载有半，质人亦鹿鹿道途，未尝改订一字。余留星沙尚有旬余，趁此光阴，夜以继日，了此一愿，则河西五郡，即为我囊中物矣。书凡五册，册各百余纸，共计五百余纸。思欲节其繁文，撮其纲要，然不敢太略，亦不下四百余纸。乃缩为蝇头小草，草草成形，一纸可括其三四纸，不过百余纸耳。遂奋然下笔，与日竞先后，夜焚膏以继之，经始于辛未二月初一日，至二十二日，近疆夷地暨诸夷小传皆录毕矣。尚有一册，乃西域诸远国及筹边方略，皆质人未定稿也，此则俟之异日。纵有余力，亦不必写，而余书已成全璧，乐何如之！始悟天下事得寸即寸，得尺即尺，不可因循过日，若前者以为日无多，不发勇想，则此书便当面错过。始而九卫大局已定，继而边堡内地已周，终而边疆诸夷，全书已竟，无处不可住笔，此即金唱经六才子中所谓挪展法也。今已亲证之矣。

（二）

吴三桂据湖南，兵驻松滋久。乙丙之间，和硕安亲王统大兵自江西袁州直趋湖南，兵至长沙之东，三桂闻穆将军为战将，不敢轻敌。丙子二月，自松滋退军长沙拒战。梁质人自江西为韩非有求援，三桂之意，先败安王而后援吉安。订于三月初一日合围。留质人曰："汝于壁上观吾军容，归以语东方诸豪杰也。"官山在长沙东南，与浏阳相值，安亲王军长沙东，官山之后，三桂军长沙西，连营岳麓山，亘数十里，军容之盛，近古未有也。三桂欲自与安亲王决战，诸将苦谏而止，皆誓死以战。三桂坐浏阳门楼，质人以三桂命立城上。安亲王发兵十九路，自城北铁佛寺后布阵至城之西南，长数十里，三桂亦发兵十九路以应之。将军王绪先陷阵，清兵合围之数重，旗帜尽偃，金鼓无声，城上人尽失色，以为此军全没矣。少顷，闻交枪连发如急鼓，清兵纷纷堕骑，王绪军冲突无前，莫有撄其锋者，深入敌境，获全胜而返。伪将军吴应贵者，三桂之侄也，搏战为流矢所中，贯颞堕马，夏国相力战，救之而归。穆将军追至城下，三桂于近城设伏以防，巨象伏岗下，敌至，起而冲之，清兵披靡而走。交锋者凡三路。马宝军大捷，余杀伤略相当。呼声动天地，血战至日中，天忽大雨，交枪不得开，各敛军而退。三桂初意气吞官山，先发十九路，余军驻岳麓，留为更番地，不胜则后军继之，必平官山而后已。及见应贵伤，复值大雨，为之夺气。曰：天意不测，遂入城而守，清兵亦掘壕不复出。未几应贵死。

（三）

料理秦边九卫图，著色毕，丹碧灿然，亦可喜也。虽未尽余胸中境界，然山川之阨塞险要，驿站之迂直远近，兵将之所驻扎，外夷之所游牧，已纤悉毕具矣。图边塞者未之能过也。

（刘献廷：《广阳杂记》卷二，中华书局，1957 年版）

《章氏遗书·刘湘煃传》

……江夏刘氏湘煃，学术精粹……字元泰……不屑为举子业，磊落负奇，善谈经世。闻海内名贤，倾心希慕，担簦负笈，不惮走数千里，殷勤事友，讲习以成其学……宣城梅文鼎，以历算专家名重一时，湘煃……受业其门。湛思积悟，多有心会，创议立解出前人拟议之外。文鼎得之甚善，曰：刘生好学精进，启予不逮……其于舆地，独契顾祖禹《方舆纪要》之书，手自披校，凡十余年，爱其精博而微疵其纵横，著《读史方舆纪要》订三十卷……宁都梁怀葛著《秦边纪略》，有书无图，湘煃得图以校其书吻合，疑其梁图。而顾氏《方舆纪要》颇有龃龉，湘煃手书合订为《秦边纪略异同考》六卷……大将军年羹尧方征准部，邀湘煃入幕，甚见礼重。湘煃见其情骄，知后必败，托故力辞去之。晚岁归家，杜门著书，优游以老……著书甚富，自编其目，为六十余种，分七部。

学稼堂存稿目录已采入传者不复重录。

地舆部第二沿革方舆二种，已见传。

……

甘凉事宜一卷自注：甘凉观察邀偕，未能果行，作此遣之。

……

又按湘煃似康熙中年雍正初年人，然其与金椒吴荀叔书,吴君余及见之,乾隆二三十年间,意其人尚在也。以无子孙,乃致遗风歇绝如此。观其自注目录,盖尝欲刻其书而未能,今则遗书无可访矣。

(章学诚:《章氏遗书》卷二十六,文物出版社,1982年版)

《通艺阁文集·顾处士祖禹传略》

顾祖禹，字景范，无锡人。父柔谦，明诸生……康熙四年卒……其为书：首叙历代州域形势九卷，直省一百十四卷，川渎四卷，分野一卷，为一十八部，一百三十卷，别为舆图要览四卷……祖禹家居，以讲授为业。尚书徐乾学修《一统志》，开局包山。知祖禹精地理学，固延之，三聘乃往。书成，将列其名上之，祖禹不可，至于投死阶石始已。或言其尝游耿精忠幕中，干以谋不用乃去之；或言其客游尝主胶山黄守中家，未能详也。康熙中卒。先是宁都魏禧游吴，遇祖禹，大惊异之，序其书，以为数千百年来所绝无仅有。禧卒于康熙十九年，年五十七……祖禹于柔谦卒后二十年乃克成书云。

论曰：祖禹事轶亡不可考，悉独其志隐，详具所著书。其书方行于时，不尽著书。其要者：江夏刘湘煃者，尝校祖禹书十余年，爱其精博，而微疵其纵横，著《读史方舆纪要》订若干卷。禧弟子梁份尝著《秦边纪略》，有书无图，湘煃得图以校梁书，宛合，疑即份旧本。顾与祖禹书颇龃龉，湘煃合订为《秦边纪略异同考》。份传禧学，不仕！为西边大帅上客，其书仅存。湘煃受业梅文鼎，以诸生终，所著书多不传。予悲份、湘煃穷老笃志，而名不显当世，故附记之。

（姚椿：《通艺阁文集》卷五，吉林大学出版社，1990年版）

《艺风堂文集·秦边纪略跋》

此书五册，不分卷，不著撰人名氏。《四库存目》作四卷，以首卷河州条注内有康熙十四年、二十二年等事，定为康熙时人所作。荃孙按：章实斋撰《刘湘煃传》云：宁都梁怀葛著《秦边纪略》，有书无图，湘煃偶得图以校其书，纤悉吻合，疑即梁图，而与顾氏《方舆纪要》颇相龃龉，湘煃合订为《秦边纪略异同考》六卷，始知此书为梁著。又按继庄《广阳杂记》云：梁质人留心边事已久，辽人王（黄）定山燕赞为河西靖逆侯张勇中军，与质人相与甚深，因之遍历河西地，故得悉其山川险要，部落游牧，暨其强弱多寡离合之情，著为一书曰《西陲今略》徐星伯《西域水道记》引之。历六年之久，寒暑无间，其书始成，书凡五册，册各百余纸，继庄为删定存四百余页，改定今名，与此书适合。《存目》又载《怀葛堂文集》十四(五) 卷，梁份撰。份字质人，南丰人。尝学于宁都魏禧。章实斋以为宁都梁怀葛。近吴竹庄方伯坤修刊于怀宁，以为乾隆时人；王文泉文灏刻于定州，以为蠡县李培撰，皆误。是本前有“石匏”二字小长印，朱文，复有“张开福印”四字方印，白文。“石匏开福”字，浙江海盐明经艺堂先生之子，曾就延榆绥道刘燕庭观察之聘，出入秦边，此书盖行箧中物，将以考核西陲地理者。

（缪荃孙：《艺风堂文集》卷七，光绪二十六年(1900 年)江阴缪氏刻本）

《四库全书总目·秦边纪略》

不著撰人名氏。书中首卷河州条注,内有"西夷部落三十有奇,康熙十四年围卫城一月,康熙二十二年又犯卫地"之语。又四卷《近疆西夷传》内载康熙二十四年祝囊同科尔坤十八部由古北口入觐事。则此书为康熙间人所作。首载河州及西宁、庄浪、凉州、甘州、肃州、靖远、宁夏、延绥等卫形势要害,次载西宁等卫南北边堡,次载西宁等卫近疆及河套,次载外疆、近疆西夷传,河套部落、蒙古四十八部落考略、西域土地人物略。其论边鄙疆域及防守攻剿情形,一一详悉。盖国家初定西陲,中间遘王辅臣之叛,与滇、黔相煽,方用兵于内地,故近边诸部,往往窥窃,后乃以次削平,驯为臣仆。此书所述,皆是时之形势。方今圣武远扬,天山南北二万余里,皆置郡开屯,归我疆宇。昔之所谓险要者,今皆在户闼之间;昔之所谓强梁者,今皆隶赋役之籍。此书所述,皆无所用之。然在当时,则可谓留心边政者矣。至北边四十八部源委弗详,且非秦地。其西域道里以驿程考之,亦皆在茫昧之间。盖一时得之传闻,附录卷末,均不足为典要。存而不论可矣。

(《四库全书总目·地理类存目》,中华书局,1965年版)

《四库提要辨证·秦边纪略》

不著撰人名氏。书中首卷河州条注内有“西夷部落三十有奇,康熙十四年围卫城一月,康熙二十二年又犯卫地”之语。又四卷《近疆西夷传》内载康熙二十四年祝囊同科尔坤十八部由古北口入觐事。则此书为康熙间人所作。首载河州及西宁、庄浪、凉州、甘州、肃州、靖远、宁夏、延绥等卫形势要害,次载西宁等卫南北边堡,次载西宁等卫近疆及河套,次载外疆、近疆西夷传、河套部落、蒙古四十八部落考略、西域土地人物略。其论边鄙疆域及防守攻剿情形,一一详悉。盖国家初定西陲,中间遘王辅臣之叛,与滇、黔相煽,方用兵于内地,故近边诸部,往往窥窃,后乃以次削平,驯为臣仆。此书所述,皆是时之形势。嘉锡案:此书向只有传抄本,雍正中李培得之,编所辑《灰画集》中,顾其书亦未刻近始有排印本。同治壬申,新建吴坤修始以所得吴稷堂抄本《秦边纪略》刻之于安徽藩署,近人王文灏又用李培本刻入《畿辅丛书》,即题为蠡吾李培辑。吴本篇次,皆与《提要》所言者合。李本首多耐安氏不知何人及赵用熙识语,李培自记各一条,卷末阙《西域土地人物略》一篇,书中亦多脱文误字。顾《提要》作四卷,李本作三卷,而吴本作六卷。考李本第二卷,又自分上下,是亦四卷也,吴本则分卷不同耳。

吴、李两本虽详略互异，实一书也。近人沈曾植尝就吴本手自批校北平刘家立过录本，吾友徐恕行可寄以见示。为之跋曰："作书之人，不署名，自《四库》著录，已不能考其本末。吴氏刻本，盖与阁本同，吾友李莼客得一抄本，卷端署《灰画集》，有李培自叙云，江右黄君所著《秦边纪略》，于西秦恢复驱逐之策，若数一二，而道黑白。恕谷兄案李塨字刚主，号恕谷从博野令赵君得之案赵君即赵用熙，培因抄附于所集万季野、王昆绳书后，为《灰画集》之第十九、二十、二十一卷案畿辅本作培辑灰画集甫毕，只成七册，共十八卷，今再将此纪集为十九、二十两卷，以成册，书首有《全秦边卫叙》一篇，不著名，疑即作者所自为，有赵用熙识语，有耐安氏识语。耐安氏之言云，《秦边纪略》者，江右黄君所集也。黄君忘其名，久客秦督佛公幕府，请于秦督，亲历巡视，期年而汇成书。乙亥岁畿辅本误作已亥岁。刘继庄先生携是书来，姜子发录出，癸未岁，复从抄之。考乙亥为康熙三十四年，癸未为四十二年。《灰画集》叙则成于雍正六年，李培得书于赵用熙，赵得之耐安，耐安得之祝棠郇，姜子发案耐安氏识语云，乙亥岁，刘继庄先生来谒学院颜公，假馆于安乐窝。继庄先生与外父祝棠郇老友也，携是纪相示，而外父已作古人，姜子发兄见而录之。余苦贫病，困居蜗舍，安敢问天下事，而塞外胡笳长城远戍万里情形，了然胸目，庶不作瞎子观场耳，因亦缮写之。而祝、姜所录本出刘继庄，作者名隐不传，李仲约学士案谓顺德李文田尝疑为明代之遗民，记一书言是彭躬庵辈所为，躬庵常游秦，其著书则无左证。吾弟子封案名曾桐常据继庄《广刘阳杂记》证之，以为此即梁质人之《西陲今略》也。记言梁质人留心边事，辽人王(黄)定山名燕赞，与质人相善，同在张靖逆所，靖逆以军政委王，质人因之得尽历河西地，山川险要，部落游牧，强弱多寡离合之故，洞若观火，作一书凡数十卷，曰《西陲今略》。辛未二月案辛未为康熙三十年，与质人遇于星沙，借抄其书，以小草一纸括其三四纸，原本凡五册五百余纸，节繁撮要，亦不敢太略，凡二十余日而后毕，近疆夷地及诸夷小传，皆录毕矣。尚有一册，乃西域诸远国及筹边方略，乃质人未定稿，纵有余力，亦不必写，而余书已成完璧。又一条云，料理《秦边九卫图》毕，丹碧灿然，虽未尽余胸中境界，然山川之扼塞险要，驿站之远近迂直，兵将之所驻扎，外夷之所游牧，已纤悉备具矣。据继庄所称近疆夷地诸夷小传，全与此书体例合符，而所谓“未抄一册，乃西域诸远国”者，正指今吴氏刻本卷尾之《西域土地人物略》一篇，此篇阁本亦有之，而李本独无。然则李氏所传之本，即刘氏手节之本，改题为《秦边纪略》，疑即刘氏为之，而所谓江右黄君者，其人实即梁质人，黄与梁音近致讹，张靖逆幕客与秦督佛公幕客事近致讹。抑其中资质人游历者，本有王(黄)燕赞其人，而继庄弟子黄宗夏预录《西陲今略》事，口耳相传，缘斯误认，亦未可知也。姚春木椿《通艺阁文集》《顾祖禹传》后附记梁份、刘湘煃事云，份，魏禧弟子，传禧学，著《秦边纪略》，有书无图，湘煃得一图，以校梁书宛合，而与《方舆纪要》多牴牾，乃合订为《秦边纪略方舆纪要图考》一卷。然则此书为质人著，昔人固有知之者。湘煃所得之图，疑即继庄书中之《秦边九卫图》，杂记本排日纂记之书，料理九卫图一条，适在抄《西陲今略》条后，而九卫云者，又与纪略篇首全秦边卫之名相涉，纪略有图，可意得也。梁质人本韩非有客案韩非有者，韩大任也，尝为吴三桂乞师，其后隐约终身，刘继庄之为人，谢山亦有避人亡命之疑，其人踪迹，皆卓诡不可测。康熙间，朝廷优礼佚民，诸人偃然为王公上客，无所疑忌，其后文字之狱数起，而著书传书者，多隐没其迹，以避祸矣。阁本无卷首诸人识语，当即由采进时删去之，顾其名重人间，故抄传独夥，由是言之，《提要》所谓不知作者，未必其真不知也。据沈氏所考，此书为梁份所著，固无疑义，洵足补《提要》所未详。惟谓阁本无诸人识语，当为采进时所删，及疑《提要》知作者之名氏，则皆非也。阁本即吴本，沈氏固已言之。刘继庄谓《西陲今略》本有数十卷，凡五册五百余纸，今吴氏所刻才六卷，不满二百纸，且阁本、吴本，均已改名《秦边纪略》，则亦非梁氏之原书，其为何人之所删节，是否亦自刘继庄本传出，盖不可知。但李堪得自赵用熙，卷首有耐安氏及用熙识语者，明明无《西域土地人物略》一篇，而阁本则有之，是《四库》所收与李氏兄弟所得者，原非一本，阁本之首,安得有耐安氏诸人之识语乎?耐安氏之书,为其外父亲受之刘继庄者,而已讹传作者为江右黄君,是继庄原本不著撰人名氏,或有韬晦避祸之意,然其书中实无违碍之语,故得存目于《四库总目》中。即耐安氏等之识语,亦无触犯忌讳处,采进之时,何为而删去之乎?若谓《提要》明知为梁份所著,以其尝与韩大任及吴三桂交通而讳之,则《总目》卷一百八十二有《怀葛堂文集》十五卷,《提要》明言其为南丰梁份,尝受学于魏禧,何独不为之讳乎?耐安氏及李培在康、雍之间,已不知此书之撰人,而谓《提要》必知之乎?有以知其不然矣。缪荃孙《艺风堂文集》卷七亦有此书跋,据章学诚所撰《刘湘煃传》案见《章氏遗书》卷二十六,谓宁都梁怀葛案梁份南丰人,怀葛乃其所居之堂,此皆传闻之误耳,著《秦边纪略》,又据徐松《西域水道记》尝引《西陲今略》云。

(余嘉锡:《四库提要辨证·地理类存目》,中华书局,1980 年版)

卢镐《识语》

《秦边纪略》五卷，一名《西陲今略》。南丰梁质人所著也。质人国初时人，与吾乡万季野、广阳刘继庄相交好，而继庄亟称此书，为在顾景范《方舆纪要》之右。且从其历六寒暑，阅历九边三卫，而成此书，诚苦心矣。乙亥春，得此书于谢太史座上，而不刊系梁之名号，以《广阳杂记》订之，知其为质人书也，因录而记之……(以下残缺)(乾隆十九年甲戌腊月望日起，二十年乙亥正月晦日止笔，古堇卢镐志)

(卢镐抄本古驩室藏《秦边纪略》)

《西陲今略》考

吴丰培

一、《西陲今略》的著者

中央民族学院图书馆藏有旧抄本《西陲今略》一书，为嘉兴堂刘氏旧藏，盖有藏记。字体工整，纸也较旧，当为康、乾时代之抄本。可惜不全，存地图、边堡上下、彝疆等卷，为全书四分之二强，首有康熙二十三年(1684年)楚义陵黄燕赞定山氏自序云：

> 余行年五十一，待罪行间，历海隅边徼地……岁在壬戌[1]奉命来张掖，位虽卑，亲见西陲数千里事，徬徨于余心，乃夙夜思维，广询博访，冀得一当，以尽介贰职，告无罪于西陲。癸亥稍稍代庖，凡七越月，所摄行西陲事，苟免覆悚。于是耳目闻见滋益多。甲子献岁[2]，始发奋撰次成书，先内地而后外彝，分为□卷，命曰《西陲今略》。

若仅看此序书中首页，则作者将为黄燕赞，且在《灰画集》中，编者李培的自序，亦有"江右黄君所著《秦边纪略》"，又引了耐安氏相同的按语(按《西陲今略》即《秦边纪略》的异名，说明详后)。似乎此书自为黄燕赞所撰，当有依据。但刘献廷(继庄)的《广阳杂记》中，对于此书的编写经过及著者是谁，均有详细记载。《杂记》云：

梁质人留心边事已久，辽人王(黄)定山讳燕赞为河西靖逆候张勇中军，与质老相与甚深，质人因之遍历河西地，河西番夷杂沓，靖逆以足病，诸事皆中军主之，故得悉其山川险要，部落游牧，暨其强弱多寡杂合之情，皆洞悉若观火矣，著为一书，凡数十卷，曰《西陲今略》。历六年之久，寒暑无间，其书始成。盖其书规模虽定，尚未脱稿，涂乙改窜满纸。

梁份字质人，江西南丰人，《清史稿》、《清史列传》均入文苑传，传中称著有《怀葛堂文集》十五卷[3]，《西陲今略》八卷。又汤中的《梁质人年谱》，亦记质人于康熙二十一年壬戌西行，经熊见可介绍与黄燕赞，因之得遍游秦塞，黄序称“书成于甲子”，时间相合，则为初稿可知。燕赞武将，虽有编写此书的设想，未必亲自执笔，可是在自序中，既不提及梁份之名，竟称“甲子献岁，始发奋撰次成书。”完全是自撰口吻，不免有掠美之嫌。梁份为清初知名人士，似不可能冒黄燕赞之著以为已作。份《答刘体元书》[4]云：

份向在黄定山所，寡闻少见，未能成书……然微定山发端不致此。

则此书，实由黄定山发端以成初稿，黄序成于康熙二十三年，而《广阳杂记》则云成书于六年之后，于康照三十年由刘献廷录副以存，仍属未定之稿，至康熙三十二年由安徽按察使张霖资助，份得再游秦边。姜宸英《怀葛堂集序》有云：

梁子尝游西塞，著《西陲今略》，未及成书，适安徽按察使张公前驻节西安，以千金资梁子，纵游塞上，梁以孱书生随数骑结束出关，遍河湟四郡，以极之朔方上郡，览其山川城廓之隘险，退而历讯之老将戍卒，得其可以资守御，习战攻，凡用兵之地，所至各绘图，图有说，西塞之边，环七千里之地，形势瞭然在目。

份《与熊孝感书》[5]亦自叙其游历经过：

份至秦与居停张观察相得甚欢……因念河西时事，迩来变迁，向所习见，今有不同，非今昔参观，不足以知得失。拟欲重游，如渔夫之入桃源，处处识之，箧中多具楮墨，左图右书，见闻并记，以补向所不逮。然虽轻装策蹇，非百金不足用。居停主乐成其美，欣然为治装，今方整辔发长安矣。此行自河州、西宁至凉州、甘州、肃州折向东南，至靖远、宁夏而止。合客岁所游，西秦之边尽是矣。

《答刘体元书》又云：

此行万里……经河州，漾卑川，如山林所触，仰坠马后，衣顿百结，而身体幸无伤……走河湟时，赍公韩总戎知而晋接，发驰骑前导，所至谨烽堠，千百夫长间佩刀属弓矢，盘带拗靴以迎，亟挥之不为止。出长城塞外，则健儿十数骑，握弓刀左右。银塔寺高僧绰尔吉……为设供如贵客至，导看金银佛塔诸宝器。黄衣僧百数十，趋跄执事惟谨。濒行出氍毹为别，往返报使数辈，交错道中……今观察鲁庵张公，为成其美，以所著可信今传后，召梓人剞劂以传。

观上所知，则此乃梁份再游秦地，一再增益而成书。其为份作，自无疑问，故陈寿祺《郎潜纪闻三笔》中，就称"魏禧弟子梁份著有《秦边纪闻》"及《艺风堂文集》卷七《秦边纪略跋》亦证为梁作。并云"即《西陲纪略》之异名"(至《新疆图志》艺文志作梁玢撰，显为份之误字。)更足证黄燕赞自序，称为己作之不可信了。

余嘉锡的《四库提要辨证》，引沈曾植(子培)《秦边纪略跋》称："所谓江右黄君者，其实即梁质人，黄与梁音近，至讹。"纯不可据，其跋中既引用了《广阳杂记》所云："质人因黄定山讳燕赞，得遍历河西地，著《西陲今略》"之语，又释黄梁为一人，显属误解。余氏引用，未指出其错误解释，也就以讹传讹了。

二、《秦边纪略》的异名和版本

《秦边纪略》一名，始见于李培的《灰画集》雍正六年

(1728年)序。是在按语中,述其得书之经过,盖由耐安氏于癸未[6]转抄了刘继庄之手抄本,李培又在戊申[7]过录了赵用熙抄本,至乾隆时,纂修《四库全书》,将此书列入地理类存目,可见原无刊本,前文所云"召梓人剞劂以传"之说,乃未成为事实。虽当时文人倍加推重,而所以是未刊行者,正如沈曾植跋文所云:"梁质人本韩非有(大任)客,尝为吴三桂乞师,其后隐约终身……康熙间朝廷优礼佚民,诸人偃然为王公上客者,多隐没其迹以避祸。"殊为的论。此所以仅有抄本流传,又都不标明著者姓名的原因吧!

至同治十一年(1872年)吴坤修所刊的《秦边纪略》不著撰人名姓,乃为第一部刻本问世,其后王文灏又为之重刊,《关中丛书》又收入第七集中,民国初年训练总监编辑局编印的《灰画集》二十卷,其卷十九、二十即全录了《秦边纪略》,则今所见的刊本,就我所知,大约就是上述各种。

至于抄本,标明《西陲今略》之名,除中央民族学院图书馆藏有外,国内尚有南京图书馆及山东省图书馆、甘肃省图书馆亦有复印本,惟卷帙则各有不同。

三、原书内容和版本之异同

此书是根据著者亲自多次勘查了甘肃、宁夏、河套一带,部分蒙古地区及嘉峪关内外各地的简略情况写成的,特别是对险要之区,详加说明。这书的内容,据《四库全书提要》地理类存目四论《秦边纪略》云:

> 首载河州及西宁、庄浪、凉州、甘州、肃州、靖远、宁夏、延绥等卫形势要害，次载西宁等卫南北边堡，次载西宁等近疆及河套，次载外疆近疆西夷传，河套部落，蒙古四十八部落考略，西域土地人物略。其论边鄙疆域，及防守攻剿情形，一一详悉。盖国家初定西陲，中间遘王辅臣之叛，与滇黔相煽，方用兵于内地，故近边诸部，往往窥窃。后乃以次削平，驯为臣仆。此书所述，皆是时之形势……可谓留心边政者矣。

吴坤修的《秦边纪略》序亦云：

> 其说取河西各郡县，略载建置始末，而拳拳于形胜戍守。每条以府卫为纲，山川城堡，官司戍伍，件系其下，至道里程站，为正为间，即一墩一坞，必详著之……按籍而稽，瞭瞭如数掌纹，其叙述之该赡可知也。

书中又引用了《西域土地人物略》，此篇初见于明张雨的《边政考》[8]，又为清初顾炎武所编《天下郡国利病书》中所全载，今此书亦为重录，虽明人对于西北区域，考察不够精确，地望亦不尽可据，然在四百余年前，亲至西北地区者少，遗留的专著更不多得，只有明陈诚的《西域行程记》及马文升的《兴复哈密记》，加上此篇，数种而已。今《西陲今略》与《天下郡国利病书》两书均加引用，其视为重要资料可知。

再书中有《嘎尔旦传》一篇，是极为重要的史料。查嘎尔旦的事迹，虽然在《平定朔漠方略》中有详细的记载，但是关于他未公开与清廷为敌的经历，误传很多，今此传却有较为系统的说明，故日人内藤虎次郎在他著的《读史丛录》中，单有《秦边纪略之嘎尔旦传》一文，对此传极为推崇，足见此书的价值，是中外学者所公认的。

由于此书原无刊本，仅有传抄，又经著者一再修改，而刘继庄传抄本为最早，时为康熙三十一年(1692 年)，又刘云曾“节其繁文，撮其内容。”及“尚有一册，乃西域诸远国及筹边方略，皆质人未定之稿也，此则俟之异日，纵有余力，亦不必写”的记载[9]，说明刘抄录的，不是足本，核以《秦边纪略》中正缺西域诸篇，或者均出自刘抄之本吧。

今用刊本《秦边纪略》与抄本《西陲今略》相校，则刊本多了《嘉峪关至哈密路程》、《嘉峪关至赤斤路程》、《蒙古四十八部落考略》、《西域土地人物略》等篇，而抄本《西陲今略》又多了《边防》、《嘎尔旦传》、《夷类》等篇。至于内藤氏说“嘎尔旦传，只有写本，唯独中国学者沈子培先生才有”[10]之说，实不可据，因《灰画集》既载此篇，早已刊行，内藤未见，故说“只有写本”了。

且各种抄本、刻本的卷帙，均有不同，如《西陲今略》作八卷。刻本《秦边纪略》作六卷，抄本《秦边纪略》作五卷，而《灰画集》中的《秦边纪略》则作二卷，又注明原书为三卷。而各种本子，文字亦有出入，错字误文，也有多处，总之此书是非完整之作,尚有待于整理、校订的。

今以此书的著者和版本,众说不一。内藤氏在《读史丛录》中虽有《秦边纪略》、《嘎尔旦传》等四篇,一再论及此书,尚有未尽,故采录各说,以详原委。

注释:

[1]壬戌,即康熙二十一年(1682年)

[2]甲子,即康熙二十三年(1684年)。

[3]《四库全书》文集类存目,另有《豫章丛书》本。

[4]见《怀葛堂文集》卷一。

[5]同[4]

[6]癸未,即康熙四十二年(1703年)。

[7]戊申,即雍正六年(1728年)。

[8]北平图书馆善本丛书本。

[9]《广阳杂记》。

[10]日文《读史丛录》。

(1983年《西北史地》第2期)

《西陲今略》序

余行年五十一，待罪行间，历海隅边徼地，顾才智短浅，无所建白，以禅益国计民生。天下之庸庸充位者，莫余若矣。岁在壬戌[1]，奉命来张掖，位虽卑，亲见西陲数千里事，徬徨于余心，乃夙夜思维，广询博访，冀得一当，以尽介贰职，告无罪于西陲。癸亥[2]稍稍代庖，凡七越月，所摄行西陲事，苟免覆悚，于是耳目闻见滋益多。甲子[3]献岁，始发奋撰次成书，先内地而后外彝，分为四(疑为八)卷，命曰《西陲今略》。天下之好空言者，亦莫余若矣。粤自要荒分服，秦筑长城，而边防以立，至今数千余年。其间国运有盛衰，幅员有盈缩，陵谷有变迁，人心有向有背，士马有强有弱，糗粮有歉有丰。迨夫彝羌部落不一者有之，彼此兼并者有之，或扰边入寇，款塞和亲者有之，纷纭变幻，万有不齐，二十一史之书存焉可考也。然前人所行如此，而后人所行如彼，昨日行之则是，今日行之又非。殆《易》所谓神而明之，存乎其人。诸葛武侯所谓识时务者在乎俊杰也耶。近代言边防者，其书汗牛充栋，然世变事殊，于今无当，且地非阅历，必有踵讹增讹，郭郛迂远，徒供识者笑焉。余尝读贾谊治安六策，至于筹边，怪其但言三表五饵之术，何其无策一至此哉！夫安内莫善于自固，治外莫善于因敌，害莫大于贪功，罪莫大于养祸。贾生奚不曰:修而城郭,谨而斥堠,张而犄角,练而士卒具足,而器械刍粮招徕,而间谍谋士凡内属则抚,外患则防。恩信明而令人畏威,征讨加而使人怀德,人存政举,必得其人。责以实心,而行实事,则边陲可以治安。当日所言如是,虽万世可行也。嗟乎!不知出此而徒痛哭流涕焉。人以贾生为才士,余以为祇洛阳一少年已耳。汉之言边事者,莫善于晁错,其言行而边地始宁。及孝武开西域,出塞万里,而中国以疲。其季世则边疆内地,且委而弃之矣,是二者皆过也。其怠于边防者为尤甚。盖承平之日,以京师为腹心,四方为项背,肘腋若塞上,则十指已耳,踵趾已耳。置其指于蜂虿一螫之,则引刀以割焉。夫割则割矣,吾未见其为全形也,岂徒不见为全形,将必痛楚腐烂不害其身不止。呜呼!可慨也已。人之养身者,必先固之气,而后血脉荣,卫靡不周通,风寒劳苦无害于腠理,肌肤犹且惧毫毛爪发之伤,保爱护卫,惟恐有害,况其五官百骸之属者乎!秦汉唐皆都关中,则西陲虽曰藩篱又在腹心膈膜之间,故言者多亲切,防者皆谨严。自宋而往,京师去西陲远,则筹边者有得有失,吾未见其为全策也。今西陲疆域,率因明旧,虽西陲之外,亦有王庭,其间识天命来享来王者,亦既多矣,而过计者不忘西顾。然则所以安内治外者,宜乎率土之人,知无不言也。赵充国至金城,图上方略十二,可谓坐言起行矣。余日遂老朽,且行当量移,苟戮力行间,或复从事西陲,不犹愈于空谈乎!即不然有志于治安者取余书考之,不愈于读近代之书乎! 此余著今略之初心也。九州百世必有知余心者。时康熙二十有三年,岁在阏逢困敦三始日。楚义陵黄燕赞定山氏,题于张掖之德来堂。

(黄燕赞:《西陲今略》序)

注释:

[1]壬戌,即康熙二十一年(1682年)。

[2]癸亥,即康熙二十二年(1683年)。

[3]甲子,即康熙二十三年(1684年)。

耐安氏《识语》

耐安氏云:《秦边纪略》乃江右黄君所集也。黄君惜忘其姓氏,有心边务,久居秦督佛公幕府,舆图边报,番土夷情,皆所熟悉。犹恐狃于所闻,请于秦督,躬亲阅历。秦督护以牌符吏役,巡视期年,汇成是纪。洵为今日安边之要策,非为纸上空言也,世共珍之,不可易得。己亥[1]岁,刘继庄先生来谒学院颜公[2],假馆于安乐窝。继庄先生与外父祝棠村老友也,携是纪相示,而外父已作古人,姜子发兄见而录之。余苦贫病,困居蜗舍,安敢问天下事,而塞外胡笳,长城远戍,万里情况,了然胸目,庶不作瞎子观场耳。因亦缮写之。时癸未[3],□月十一日。

(《灰画集》卷之十九《秦边纪略·全秦边卫序》)

注释:

[1]己亥,当为乙亥,即康熙三十四年(1695年)。

[2]颜公,即颜元(1635—1704年),字易直、浑然,号习斋,直隶博野(今属河北)人。

[3]癸未,即康熙四十二年(1703年)。

赵用熙《识语》

蛟湖赵用熙识曰：黄君留心边务，常抱杞忧，嘎尔旦跳梁，既不幸而言中矣。西氛未靖，尚烦庙算，其所谓战胜攻取，使幕南无王庭者，不书地利，亦乌足与从事哉。

（《灰画集》卷之十九《秦边纪略·全秦边卫序》）

李培《自记》

赵公，今为博野令。恕谷[1]大兄同黎友长举在其署，偶言及秦边，赵公出黄君《秦边纪略》三卷，大兄喜而借观。培今戊申[2]仲春中浣，往庄供清明祭，见此而悦之。思培自昔闻先生颜习斋曰：近善望气者言，西方气盛，西方或可虑乎？培尝思辽、金、元悉盛于东北，盈虚消长，理自宜在西陲也。况自元、明来，建京皆燕，秦中百二山河之险，形胜甲天下，空而置之，其易为抱异志者之垂涎也，决矣。更从古有事，必由间地起，关内久不为京，四塞之国，而去燕又远，正间地也。有不为将来万一变生所急窃乘者乎！全秦边卫，庙堂之上必能明悉其曲折，燎然于战守之宜，方可以出而善应无阻也。今幸获此纪，培虽闭门不敢妄闻天下事，而隐居求志，大圣明训，不乌得不急抄之，以为经济之一端耶！培辑《灰画集》甫毕，只成七册，共十八卷，今再将此纪集为十九、二十两卷，以成八册，真一大快事也。因入数语于此，以志其巅末云。

（《灰画集》卷之十九《秦边纪略·全秦边卫序》）

注释：

[1]恕谷：即李塨(1659—1733年)，字刚主，号恕谷，直隶蠡县(今属河北)人，为清初颜李学派的集大成者，撰者《四书传注》、《周易传注》。

[2]戊申，即雍正六年(1728年)。

《秦边纪略》叙

同治辛未[1]春，偶得抄本《秦边纪略》，总六卷，不著撰人名氏。惟每册钤吴稷堂[2]少司空名字小印。书中纪年及乾隆，则作者当为是时人。其说取河西各郡县，略载建置始末，而拳拳于形胜戍守。每条以府卫为纲，山川城堡，官司戎伍，件系其下，至道里程站，为正为间，即一墩一坞，必详著之。虽未身履其地者，按籍而稽，瞭瞭如数掌纹，其叙述之该赡可知也。坤修自媿读书不广，无能考撰者主名。窃以西陲不靖，重劳宵旰忧勤，近日萃师河、狄，虏势益蹙，自可计日荡平。而由是鼓行而西，进规关内外，城壁险隘，开屯设戍，经营善后，将于是书犹有取资焉。爰牏事仇校，付之手民，役既竣，辄为著其崖略云。壬申[3]夏五月浣新建吴坤修叙。[4]

注释：

[1]辛未，即同治十年(1871年)。

[2]吴稷堂，即吴省钦(1729—1803年)，南汇(今江苏南汇)人，字冲之，号白华，室名别号曰稷堂。乾隆进士，由编修累进至左都御史，工诗文，有《白华初稿》。弟省兰，举人，赐进士，与省钦齐名，俱参与四库全书馆编纂事。

[3]壬申,即同治十一年(1872 年)。

[4]吴坤修(1816—1872 年),字竹庄,江西永修人。捐纳从九,分发湖南。曾参与镇压太平天国革命,逐次擢升。同治五年,署安徽布政使,七年署巡抚,实授布政使,驻安庆。十一年卒。

(吴坤修:半亩园《秦边纪略》刻本)

《秦边纪略》跋

右《秦边纪略》六卷,《四库总目》作四卷,均不著撰人名氏。《总目》谓集中多言康熙时事,作者当康熙时人;今本吴坤修序云:书中纪年及乾隆,当是乾隆时人,未知孰是。惟集中详各堡镇,屡言明代兵卫之重,今日防戍之轻,而不知蒙藩内属,西域荡平,昔之岩疆,今皆腹地,而犹慨边备之单薄,不几于无病而呻乎!况科学利器,日新月异,飞机汽艇,雷战天空,山峨城郭,概归无用,此书不又堪覆瓿乎!然当康熙之时,三藩阻兵,全国瓦裂,辅臣一叛,西州竦动,著关隘以策预防,作者亦大费苦心。即今日边关风云,时见险恶,不惟藏、青、伊、迪,常有警闻;内外盟旗,亦多异议,抚破碎之版图,为万一之绸缪,俾守土者,鉴前而毖后,则此书未尽可刍狗也。况甘兰金鼓,日日声震汧渭哉!存之以备文成之一筋焉可也。民国二十五年九月校。

长安　宋联奎

蒲城　王　健

兴平　冯光裕

(《关中丛书·秦边纪略》,民国二十三至二十五年陕西通志馆排印本)

《秦边纪略》中之《嘎尔旦传》

[日]内藤虎次郎 著

梁今知 译

一、绪言

《秦边纪略》一书,其著者既是一位跅弛不羁之士,其书中《嘎尔旦传》又是记述与清圣祖在朔漠一时争霸的厄鲁特英雄半生之正确史料,故尤有兴味者。然此书版本流布已甚罕。又版本中逸去重要之《嘎尔旦传》,此珍贵史料则不为学者触目,故全部湮没。据吾所知,有关此书原足写本者,独现今中国硕学之士沈子培才有。且其著者氏名,也仅见于陈康祺之《郎潜(纪闻)三笔》。其人如何,几不为世所知。随之关于著述年代、内容价值,均未被研究。悲一代奇士志望全败之余,呕心沥血所著之奇书竟付蠹残。因就此书并著者记述提出吾之考虑所得,又就朔漠英雄传记,论证以往史籍记述之精粗。

二、《秦边纪略》著者

有关此书,《郎潜三笔》记事如次:

> 顾处士所著《读史方舆纪要》,博闻宏辨,囊括古今,宁都魏禧叔子称为数百年绝无仅有之业。江夏刘湘煃者,尝校顾书十余年,爱其精博,而微疵其纵横,著《读史方舆纪要》订若干卷。禧弟子梁份

尝著《秦边纪略》，有书无图。湘煃得图以校梁书，宛合，知即份旧本，顾与处士书颇龃龉。湘煃因合订为《秦边纪略异同考》。士人秉兼人之才，穷老尽气，颛精一书，终不能免后世之訾议，著作之事，真非易言(按份传禧学，不仕，为四边大帅上客，其书仅存。湘煃受业梅文鼎，以诸生终。所著书多零落，均可慨也)。

原来陈氏之《郎潜纪闻》，材料多录自前人著书，此一记事想来总也有些依据，但为今之所知无缘而遗憾。此记事中认识其书价值之点在于为刘湘煃十分称扬。何言之谓？称《方舆纪要》乃中国地理书中之不朽盛业，又单以记述甘肃西边的《秦边纪略》并比之，誉为名著。且校二书异同之刘湘煃，亦一时奇士，寻常书物不屑于顾，爱喜求古今孤诣绝学之顾炎武、梅文鼎等人著述，又作《六书世臣说》表其尊崇。六书，曰顾炎武著《日知录》、方以智著《通雅》、明朱仲福撰《历法》、薛凤祚著《天学会通》、顾祖禹著《方舆纪要》、梅文鼎著其孙梅瑴成改编《历法丛书》。湘煃受业梅文鼎门下，收获殊多。大将军年羹尧邀为幕客，湘煃见其情骄悖，知日后必败身家，托故力辞去之。因其书不传，故《秦边纪略》与《方舆纪要》之异同所见也不得其详，仅不过据此记事，可见梁份其书已为当时奇士所知。

《秦边纪略》著者知己，有同时之刘继庄，名献廷，为有名学者。刘献廷，乃清初存心前明几多学者中不夤缘时会而企望举大事之一人，与颜习斋、王昆绳等有同一趋向。如此，自然即与隐身不仕新朝之黄宗羲、顾炎武、王夫子、万斯同、顾祖禹、黄仪等一般非朴学之辈成了颇为危险人物。据全祖望撰刘之墓表中也以知己相许。质人，份字。据刘著《广阳杂记》，梁份，康熙年间曾负使命吴三桂乞援兵，目睹过吴军与清军鏖战。《杂记》云：

吴三桂据湖南，兵驻松滋久。乙丙之间，和硕安亲王统大兵，自江西袁州直趋湖南，兵至长沙之东。三桂闻穆将军为战将，不敢轻敌，丙子二月，自松滋退军长沙距战。梁质人自江西为韩非有求援，三桂之意，先败安王而后援吉安。订于三月初一日合围，留质人曰：汝于壁上观吾军容，归以语东方诸豪杰也。官山在长沙东南，与浏阳相值，安亲王军长沙东官山之后，三桂军长沙西，连营岳麓山，亘数十里，军容之盛，近古未有也。三桂欲自与安亲王决战，诸将苦谏而止，皆誓死以战。三桂坐浏阳门楼，质人以三桂命立城上。安亲王发兵十九路，自城北铁佛寺后，布阵至城之西南，长数十里，三桂亦发兵十九路以应之。将军王绪先陷阵，清兵合围之数重，旗帜尽偃，金鼓无声，城上人此军全没矣。少顷，闻交枪连发如急鼓，清军纷纷堕骑，王绪军冲突无前，莫有撄其锋者，深入敌境，获全胜而返。伪将军吴应贵者三桂之侄也，搏战为流矢所中，贯腮堕马，夏国相力战救之而归。穆将军追至城下，三桂于近城设伏以防，巨象伏冈下，敌至，起而冲之，清军披靡而走。交锋者凡三路，马宝军大捷，余杀伤略相当。呼声动天地，血战至日中，天忽大雨，交枪不得开，各敛军而退。三桂初意气吞官山，先发十九路，余军驻岳麓，留为更番地，不胜则后军继之，必平官山而后已。及见应贵伤，复值大雨，为之夺气。曰：天意不测。遂入城而守，清兵亦掘濠不复出。未几应贵死。

乙丙，乃乙卯、丙辰，当康熙十四、十五两年。故此所谓丙子二月，即丙辰之讹。此外《广阳杂记》关于梁份记事数条中有关其著书仅一条，曰：

梁质人留心边事已久。辽人王(黄)定山，讳燕赞，为河西靖逆侯张勇中军，与质老相与甚深，质人因之遍历河西地。河西番夷杂沓，靖逆以足病，诸事皆委中军主之，故得悉其山川险要部落游牧，暨其强弱多寡离合之情，皆洞如观火矣。著为一书，凡数十卷，曰《西陲今略》。历六年之久，寒暑无间，其书始成。前在都中，余见其稿，果有用之奇书也。方舆之学，自有专家，近时若顾景范之《方舆纪要》，亦为千古绝作，然详于古而略于今，以之读史，固大资识力，而求今日之情形，尚须历练也。此书虽止西北一隅，然今日之要务，孰有更过于此者？在都门匆匆衮衮，无片刻之暇，不得录一通为恨。盖其书规模虽定，尚未脱稿，涂乙改窜满纸，须余自录，不可假手他人也。地北天南，会合莫必，每与宗夏言而恨之。壬申之春，余与质人，遇于星沙，狭路相逢，而其书在簏，别来一载有半，质人亦鹿鹿道途，未尝改订一字。余留星沙尚有旬余，趁此光阴，夜以继日，了此一愿，则河西五郡，即为我囊中物矣。书凡五册，册各百余纸，共计五百余纸。思欲节其繁文，撮其纲要，然不敢太略，亦不下四百余纸。乃缩为蝇头小草，草草成形，一纸可括其三四纸，不过百余纸耳。遂奋然下笔，与日竞先后，夜焚膏继之，经始于辛未二月初一日，至二十二日，近疆夷地，暨诸夷小传，皆录毕矣。尚有一册，乃西域诸远国及筹边方略，皆质人未定稿也，此则俟之异日。纵有余力，亦不必写。而余全书已成全璧，乐何如之云云。

据此条所记，刘献廷抄录此书，是在辛未之岁，即康熙三十年。但此记事中，壬申与辛未前后有疑，或传抄时之讹。又据此知其书尚有《西陲今略》之别名，故其著书年月也可约略推知。王昆绳撰刘之墓表有：

留京师四年。有奇遇而讫不见用。庚午复至吴。

又见《杂记》中记有其丁卯入都事。丁卯，即康熙二十六年，献廷在都中始见其稿，盖亦在康熙二十六、七年顷。靖逆侯张勇，死在康熙二十三年，梁份在河西的六年间，当是其晚年，自康熙二十三年上溯六年，则梁份始至河西乃康熙十七、八年间。康熙十七年，吴三桂死、当是其时梁份以西南事不复可为而掷其雄图，将余生寄予边疆。张勇，当时名将，与赵良栋、王进宝三人并为平三藩乱时有大功劳者,其幕中往往有跅驰不羁之士,如《广阳杂记》所载蔡世科等即是。综合以上事实,著书年代在康熙十七、八年至二十三、四年不疑。概括梁份一生,是少年入魏叔子之门,中年从军韩大任,尽力反对清朝之举,晚年专意边事,以著述表见者。

吾所藏写本，亦不知何人所记，单示明此书为江右黄君 (忘其名氏) 所集。黄久居秦督佛公幕府，熟识舆图边报、番土异情，言“犹恐狃于所闻，请于秦督躬亲阅历，秦督护以牌符吏役，巡视期年，汇成是纪”。刘献廷已亥之岁于祝棠村出示此书，姜子发见之抄录。佛公，若系佛抡，其任川陕总督是在康熙三十一年壬申，故已亥应视乙亥之讹。考姜子发一名，亦屡见于《广阳杂记》中。此说由来，不能不有所依据。但若其著者为梁份一点还有怀疑余地，据此说也就打消了。印本叙文云未能考撰者主名，即因其纪年及于乾隆遂误推作者系此一时人。及于乾隆之纪年，谅盖不出于后人窜入（按刘献廷高足有黄宗夏，刘之学术传于黄氏，或此书传布也出自黄手，遂生误如写本所述)。

三、《秦边纪略》内容及异本

《秦边纪略》,如印本所见吴坤修序言所说,是叙述甘肃边疆即河西各郡近置始末及形胜,每条以府卫为纲,山川城堡、官司戎伍件系其下,至道里程站为正为间,即一墩一坞必详著之,虽未亲履其地者,按籍稽查,瞭瞭如数掌纹,其叙述之该赡,诚极尽一地方志之能事者。但印本与写本,其记事次序甚有相违。其书原来并无目次,今予试制,将印本目次列于左,写本目次列于右,两相对照如后：

印本目次	写本目次
卷一	卷一
全秦边卫	全秦边卫
河州	河州
西宁卫	西宁卫
西宁边堡	庄浪卫
(此章有错简)	凉州卫
西宁近边	甘州卫
庄浪卫	肃州卫

庄浪南卫

庄浪北卫

庄浪近边

卷二

凉州卫

凉州南边

凉州北边

凉州北边近疆

凉州近疆

卷三

甘州卫

甘州南边

甘州北边

甘州北边近疆

甘州近疆

卷四

肃州卫

肃州南边

肃州北边

肃州近疆

靖远卫

靖虏边堡

靖远卫

宁夏卫

延绥卫

卷二

西宁边堡

庄浪南边

庄浪北边

凉南边堡

凉州北边

(此章错简,以今意正之,

甘州北边一章亦然)

甘州南边

甘州北边

肃州南边

肃州北边

靖鲁边堡

宁夏边堡

延绥边堡

卷三

西宁近疆

卷四

庄浪近疆(原本无标题,

卷五

宁夏卫

宁夏边堡

宁夏近疆

延绥卫

延绥边堡

卷六

河套

外疆

嘉峪关至哈密

路程

近疆西夷传

河套部落

附蒙古四十八

部落考略

西域土地人物略

以今意补之)

凉州近边(同上)

凉州北边近疆(同上)

甘州近疆(同上)

甘州北边近疆(同上)

肃州近疆(同上)

附嘉峪关外至

哈密路程

宁夏近疆(同上)

(以上数章错简以今意

正之)

河套

卷五

外疆

近疆西夷传

河套部落(原本无,当附

在河套之后)

附蒙古四十八部落考略

嘎尔旦列传

如此参差,殆不知孰是。然刘继庄概说此书内容有:

始而九卫大局已定,继而边堡,内地已周,终而边疆诸夷，全书已竟。

因如前所说，“书凡五册”，故可判断写本近于体制。所谓九卫，是指写本第一卷所收自河州至延绥卫九章。所谓继而边堡，指第二卷所收全部。边疆诸夷，是言第三、四、五卷所收各章。吾藏写本亦颇多讹脱，其中“宁”字皆写作“甯”，“夷”字皆作“彝”，由此推测，似不下乾隆初年。

印本与写本之最大相违处，在于最末一章。印本所收“西域土地人物略”，已收载顾炎武《天下郡国利病书》(卷一百十七)，又吾记忆，清内阁旧藏书中(按明治四十三年调查者)有一抄本名《甘肃镇战守图略》，其图说中，年号上至嘉靖八年，表纸里记文有嘉靖二十三年字，书末载有《西域土地人物略》及《西域沿革略》二篇，前者亦《天下郡国利病书》所载相同一者。既如此，《西域土地人物略》自明代已存，明白不是梁份撰者。《秦边纪略》原书以《嘎尔旦传》终结，是后人忌戒记述清朝敌对人物故而删除，又妄取前人撰著充代，此是印本最劣处。《秦边纪略》之《近疆西夷传》及其他记事中之厄鲁特部落，多有史料价值，此皆移于异日研究，现专就《嘎尔旦传》稍述所见。

四、《嘎尔旦传》研究

记述嘎尔旦事迹之著书，吾目睹者有魏源的《圣武记》、赵翼的《皇朝武功纪盛》、祁韵士的《皇朝藩部要略》等。《康熙实录》全然未见，仅据《东华录》知其一斑。然能综其始终又极详实者，当推《平定朔漠方略》为最，而《藩部要略》之平实、准确又在其他诸书之上。欧洲人所记,吾仅见有布尔迦的《支那史》,盖布尔迦氏之有关嘎尔旦的记事,亦似出自耶酥会传教士们的记述,但吾尚未获见这些资料。据这类资料参稽梁份所撰《嘎尔旦传》,当可见其异同,亦可判断各资料的价值。梁氏的《嘎尔旦传》,记载嘎尔旦初年虽详,但未涉及与清朝冲突之中年以后事,故叙述嘎尔旦势力蒸蒸日上达于全盛之状少有贬词,比之其对抗清朝失败后蒙受一切恶骂至于掩盖其一生的各资料,可谓从一面透出事实者。因而,以下列其原文,并据其他资料疏释之,以一一校其异同。

嘎尔旦称卜失可兔汗于西域者也(嘎尔旦亦作嘎尔丹。卜失可兔亦作博硕克图,即大可汗之称)。

《皇朝藩部要略》卷九:"初,顾实汗卒,鄂齐尔图嗣,为卫拉特首。噶尔丹既戕鄂齐尔图,自称博硕克图汗,因胁诸卫拉特奉其令。"所说即此人。

其王大父曰脱颖台司,大父曰哈剌忽剌,父曰把都儿,世袭黄台吉(华语王也)。

嘎尔旦之曾祖父及祖父之名,诸书俱无。《藩部要略》曰:"巴图尔珲台吉名和多和沁,孛罕十四世孙,恃强欺侮诸卫拉特。"又云"姓卓罗斯"。《平定朔漠方略》曰:"噶尔丹之父曰和多和亲,自号巴图鲁台吉,驻牧北方阿尔台之地。

是之谓北厄鲁特。"《圣武记》:"绰罗斯牧伊犁。"又:"绰罗斯特则据伊犁,兼胁旁部,与喀尔喀邻。"似皆指把都儿事。

夷咸推为故元苗裔,世拥部落,土着金山,夷名阿尔太,译者曰金岭也(金山在沙陀东,马行六十日至肃州)。

此谓元之苗裔,即为成吉思汗子孙,与《藩部要略》以其为元臣孛罕之孙说不同。

把都儿生六子,曰积欠(亦作七庆)、曰卓罗火烧气、曰把都儿司、曰宛冲、曰僧格,其幼则嘎尔旦。

《藩部要略》:"初,准噶尔巴图尔珲台吉卒,子僧格嗣。其异母兄车臣及卓特巴巴图尔与争属产,遂杀僧格。有噶尔丹者,僧格同母弟也。"车臣即积欠,卓特巴巴图尔即把都儿司。《平定朔漠方略》亦记有僧格"异母兄车臣及巴图尔以争属产与僧格有隙,乘夜劫杀之,部内大乱"。卓罗火烧气,是《藩部要略》所记卓特巴巴图鲁之弟卓哩克图和硕齐。宛冲事迹,诸书不见。

初,嘎尔旦母梦身毒僧言"寄灵",及有身,多异征,金山时有五彩云气。把都儿喜,始宠其母。嘎尔旦生而神异(岁在己丑),长喜奉释氏,有大志,好立奇功。父母深爱之,欲立为黄台吉。嘎尔旦曰:"阿哥在。"乃尽髡其发,独身往乌思藏。东驰五六日，黄衣僧十数辈迎而问曰："小阿哥岂嘎尔旦耶？"曰："然。何从知?"中有提短枪者，顾而受枪曰："此七生旧物，今达赖喇嘛使见还。"嘎尔旦惊喜，亟下马，拜而受之，遂偕往乌思藏。乃师事达赖喇嘛之徒[1]遍西域，而特重嘎尔旦。所语密，虽大宝法王、二宝法王不得与闻(按明时封大宝法王二宝法王于乌思藏，皆给金印世袭。今二法王皆称活佛，乃达赖喇嘛之徒)。居乌斯藏日久，不甚学梵书，唯取短枪摩弄。黄衣僧常叹息西方回纥不奉佛教，护法如韦驮，仅行于三洲。嘎尔旦笑曰："安知护法不生今日？"

说噶尔旦生时之神异，是为嘎尔旦声望四传时的有意炫惑。此以其生年为己丑(顺治六年)，与《朔漠方略》申年(盖甲申即顺治六年)说不同。顾而受枪，乃"授枪"之讹。《藩部要略》："有噶尔丹者，僧格同母弟也，时尚幼，弃家投达赖喇嘛，习沙门法。"皆过简，莫如梁氏《传》详密者。乌思藏，元明时用指西藏，与清人谓卫藏同一对音。

初，哈赖密忽喇娶后妻生子，曰七清(亦作乞庆)，独有宠，欲立为黄台吉，然把都儿长，久握兵，乃分所部属七清，使居沙陀西偏。七庆勇而善战，捉野马如骑羊，夷咸称之为"筛汉"，为竖一拇指(筛汉，华言好汉。竖拇者云第一好汉也)。不爱于昆弟，其天性则然。得引弓之士万余，势日张。哈赖忽喇死，把都儿袭。把都儿死，长子集贝袭，未几死，无子，以次传僧格，皆居金山，称黄台吉。七清部落日多，亲党日甚，称为黄台吉，僧格不能禁。僧格同母独嘎尔旦，既以为僧，益孤立无助。于是七清杀僧格，并其众，收其妻妾，释黄台吉而称汗。

《藩部要略》、《朔漠方略》，皆以其异母兄车臣杀僧格，据梁《传》，七清（亦与车臣同一对音）乃僧格叔父，非异母兄。而由梁《传》亦记有僧格之兄积欠一名推测，七清、积欠当叔侄同名，或为《藩部要略》、《朔漠方略》致误？抑或积欠是此处所出把都儿之长子集贝的对音？但梁《传》前节把都儿之子并无集贝，疑集贝可能是集见之讹。《圣武记》："绰罗斯特珲台吉死，子僧格立。僧格死，子索诺木阿拉布坦立。僧格弟噶尔丹杀之，自立为准噶尔汗，旋取青海和硕车臣汗女而袭杀车臣汉。"此所记事实前后颇为颠倒，而且混淆。布尔迦亦谓嘎尔旦赴西藏之前兄弟相争，寻即杀了其兄僧格而逃走西藏。这与《圣武记》所记同属谬误。

僧格妻（名阿奴），慧而美，深爱嘎尔旦。使人怀袒服，间至西域（即乌思藏）。嘎尔旦初微闻，遽入告达赖喇嘛，下高楼，释僧服，向金山去（嘎尔旦将行，达赖喇嘛多秘语，膜拜别，曰：杀运方兴，汝乃出也）。初，僧格遇害，部落有众而结聚者仅百十骑，屯大碛东，未知所附。久之，夜忽见火光千百远远从东方来，皆大惊，群起勒马，持满以待，比至，则嘎尔旦手持一枪，众审视惊喜，下马罗拜，以为神。嘎尔旦益集合烬余，故部落闻嘎尔旦归，稍稍集聚千余骑。欲进，众曰："兵寡地险，姑少留俟衅。"嘎尔旦曰："进，汝等视吾枪所向。"众皆曰："者"(华言诺也)。进次金山，七清汗易之，率万骑接战，三分其军驰向东，尘翳障天日。嘎尔旦独当先，跃马挺枪，最深入，斩杀百十骑，溃其军，身不著一矢。七清汗退金岭口，岭高转石如雨下。嘎尔旦更番仰攻，众莫敢往，嘎尔旦立斩宰僧数人徇于军，身率二十骑先登，呼声振天地，遇七清汗，入其军手缚之，左右皆走散，莫敢当，皆大惊异以为神，弃弓矢，下马刍拜降。嘎尔旦既伏金山，乃招徕归附，礼谋臣，相土宜，课耕牧，修明法令，信赏罚，治战攻器械。

阿奴，有名的妇人，嘎尔旦之"可敦"，后于昭莫多之战阵殁。《藩部要略》谓是康熙十六年嘎尔旦所杀的和硕特鄂齐尔图汗之孙女。嘎尔旦勃兴时的事迹，《藩部要略》仅记有："达赖喇嘛遣归，辖厄鲁特众，因执车臣戕之，卓特巴巴图尔与弟卓哩克图和硕齐奔青海，嘎尔旦遂为所部长。"《朔漠方略》仅只记有："达赖喇嘛遣噶尔旦归，统其众。噶尔旦性既狡黠，且险狠好斗，外假达赖喇嘛为援，内以结其父兄旧属臣民，藉名报仇，杀车臣、巴图尔，遂自袭为台吉。肆其凶锋，稍稍蚕食西北诸部，渐至猖獗。”《圣武记》将鄂齐尔图汗若干事，与车臣汗事混同，一个也不足信。布尔迦则云：“因嘎尔旦杀了其兄，达赖喇嘛不恩准他加入西藏僧侣之列。他回归其种族幕营，借助曾居达赖宫殿的传闻，以灭除罪恶者而受到了欢迎。”又云：“废黜了僧格之后所立的汗，鏖杀其部族，令其服从。”这恐怕是依据了传教士的记述，而这种记述则来自噶尔旦同康熙皇帝对抗时清廷所散布的恶言流语。唯梁《传》叙述其英姿有生气，可谓不负此朔漠豪杰，除事实亦稍有夸张之外，并无甚谬误。

乃西据俄罗斯，徙国居之，因以俄罗斯名其国（俄罗斯周城皆水，城有门四十，人皆回回。东南行十日，至金山即《唐书》多罗斯。南至西州千五百里《泰西职方外纪》有峨罗斯，峨即俄，多亦俄也）。

梁《传》此段误。将俄罗斯与多罗斯混同尤为无稽之言。多罗斯，即耶律楚材《西游录》之塔剌思、刘郁《西使记》之塔剌寺。本传俄罗斯，原作多罗斯，梁份误解，强为俄罗斯。但当时也确有如《圣武记》所记“嘎尔丹遂藉词报复，扬言借俄罗斯兵，且至。喀尔喀探之无其事，守备懈。而嘎尔旦言之不已”一类关于俄罗斯的讹传。盖此时俄罗斯侵略黑龙江渐而昭著，《尼布楚条约》尚未签订之际，此类谣传亦易于产生。据布尔迦记述，噶尔丹亦欲利用清俄纠葛。另亦有俄国遣使见噶尔丹之说[2]。

又并绰库兔吴巴什万余骑，凡附七清汗者诛之无遗类，于是富庶甲于西域，而使命往来无虚日。

《藩部要略》云："有楚琥尔乌巴什者，噶尔丹叔父也。子五，长巴哈班第，次阿南达，次罗卜藏呼图克图，次荦章，次罗卜藏额璘沁。噶尔丹以私憾，袭杀巴哈班弟，执楚琥尔乌巴什，及罗卜藏额璘沁等禁之云云。"楚琥尔乌巴什，即绰库兔吴巴什，《朔漠方略》作楚呼尔吴巴什。

乌思藏时有黄衣僧来，人咸莫测其所以。噶尔旦取沙油汁成硫黄，取泻卤土煎硝，色白于雪。铜铅镔铁之属出地中，碛岸产金珠，则屏而不用。马骏而蕃庶，四方莫或过之(诸夏饷以缯帛、赤金盘，噶尔旦曰："路远，他物不能去，然不可无报德者"。乃令一台吉出一马，使者遂驱名马数百以归。又与以织金大蟒立蟒刺绣诸彩色，噶尔旦颐指之曰"筛"，诸夷合声曰"筛"。噶尔旦曰："我国独少此，此中国物也。"诸夷咸艳慕之。盖示以中国之美也)。资用极备，不取给远方。乃悉巧思，精坚其器械，作小连环锁子甲，轻便如衣，射可穿则杀工匠。又使回回教火器。教战：先鸟炮，次射，次击刺。令甲士持鸟炮短枪，腰弓矢，佩刀，橐驼驮大炮。出师则三分国中人相更番，远近闻之咸慑服。

《朔漠方略》康熙十八年理藩院奏曰：“噶尔丹称为博硕克图汗，遣使贡献锁子甲、鸟枪、马、驼、貂皮等物。”此可见当时嘎尔旦武备之充实。

是时诸夏有滇、黔变，秦、蜀间蜂起。嘎尔旦请所向，达赖喇嘛使高僧语之曰：“非时，非时，不可为”，嘎尔旦止。某谋臣曰：“立国有根本，攻取有先后，不可紊也；李克用之先世，发迹金山，本根不立，遂不能成大事；我太祖初兴，灭国四十，奄有西方，然后捉夏执金，混一称尊（元太祖铁木真称成吉思可汗，事见《宋史》）”。嘎尔旦善其言，乃为近攻计。西北邻国，称黄台吉有六七部，尽擒其名王，收其兵。东则吐鲁番、哈密诸国，尽蚕食之，所过无强敌坚城。

所说“滇、黔变”，即吴三桂叛乱。“秦、蜀间蜂起”，是云王辅臣等应乱举兵。据《朔漠方略》：“康熙十八年七月甲辰，将军张勇奏报，噶尔丹发兵侵土鲁番。张勇疏言，准提督孙思克移咨云，通丁白金印报称，噶尔丹委其属下阿尔达尔和硕齐等三头目，领兵三万，将侵土鲁番，前哨已至哈密云云。”

又徼塞下诸夷（即今河西之南北部落），诸夷咸顿首称臣，献琛恐后。后分命所信居沿边（即宛卜等），又使其黄台吉居瓜沙二州间（索囊、王健儿、绰力兔合首气等），使控制各黄台吉。且以诇刺喀尔喀焉（喀尔喀在诸夏之北，盖北夷也，有七部，部有一汗，曰土谢图汗，曰七清汗，曰赛应汗，曰车陈汗，曰札沙克图汗，曰那木厄金汗，曰巴图尔额勒得汗。其地方数千里，带甲五六十万。南至山西之大同，西距斡难河，称汗已久，且作宾中土，未尝臣服于人。凡夷之在西者，中国目为额得忒，在北者指为喀尔喀，中国之外，唯二部为大，若四十七旗及河套，皆渺乎小矣。喀尔喀既富庶，多马多皮革，往来大同、宣府之口相贸易，亦贸易于陕西之宁夏市口。自嘎尔旦使人住牧瓜沙间，于是喀尔喀之人无复至西宁市口矣）。

《朔漠方略》康熙十八年三月喀尔喀毕马拉吉里第台吉奏报内，所见滚布一名，即此书所记宛卜。绰力兔合首气，即卓哩克图和硕齐。索囊、王健儿，待考。额得忒，即厄鲁特。

东方既臣服，乃西击回回，下数十城。回回有密受马哈纳非教者（马哈纳非，泰西以为马哈默），初迎降，雪夜袭击之，杀伤至十余万，马匹器械失亡无算（壬戌年，一入回回国，其国请降，纳添巴[3]，

附录

奉浮图教，许之，敛兵入其城。夜半回回外援至，城中应之，内外合攻，火光烛天，嘎尔旦部落皆溃。是时积雪平坑堑，人马陷不可脱，城中尾击，死者无数，唯嘎尔旦跃马持枪脱身去。回回削辫奏凯，有数骆驼〔此下缺〕)。马哈纳非，天方国以为圣人者。嘎尔旦丧师返国，未尝挫锐气，益征兵训练如初。(嘎尔旦败归，集未教之兵，勒新羁之马，欲试之。闻极西地有人〔此间缺〕而形如犬，能日驰数百里，其妇女绝美好，乃携兵多(此间缺)驱马直入其国，挟妇女数人归。其人归追之不及云)。使人谓回回曰："汝不来降，则自今以往，岁用兵，夏蹂汝耕，秋烧汝稼，今我年未四十，迄至于发白齿落而后止"。城中人闻咸股栗，门尝昼闭。其明年大破之，回回悉降，不敢复叛。

此伐回回一事，中国史书全然不见，布尔迦记事更没涉及，仅据梁《传》方知有此事实。此所谓回回，指何地方等亦未记明，疑是发生在俄罗斯地方的。

于是益强甚，兵之在俄罗斯与屯于金山者有五十万，属国不与焉(嘎尔旦遣人至河西，河西陈兵五千，使观之，旗帜鲜靡，甲胄刀戟之光烁日。且谓之曰："兵俱屯塞上，此但护身亲军耳"。曰："诺，我国疑兵太少也"。曰："额鲁得何如?"曰：较此颇多,唯缯帛彩画等差不及耳”)。

此所谓俄罗斯,亦应视为多罗斯。河西,代指张勇,即张勇让嘎尔旦使者观兵。

> 西域既定,咸愿奉为汗。嘎尔旦乃请命达赖喇嘛,始行卜失克兔汗事。西北诸国唯喀尔喀为大,称汗久,莫之与京(按汗自万历间,有察哈尔林丹汗,称青吉思汗。自此之后,唯额喀尔喀七部七汗而已。至于四十七旗,不过称王称公称贝勒而已,不敢与喀尔喀抗也)。及嘎尔旦盛,顾亦视北方,耻与并为雄长,有选攻之心,而日简练部落,若将赴斗者,其事多秘而不宣,喀尔喀于是有戒心焉。西域穷发之国,莫不奔命于俄罗斯,日以益甚,或谓亦达赖喇嘛为之期会云。

嘎尔旦称博硕克图汗与入贡,载《朔漠方略》康熙十八年九月戊戌下:“讥之来使,言达赖喇嘛加噶尔丹台吉以博硕克图汗之号。”在梁《传》,壬戌即康熙二十一年袭回回而败北,明年再击破之那就该是二十二年。而《方略》记事所据是理藩院奏疏,当不致误,或梁氏记忆有误?据此《传》,《秦边纪略》成书在康熙二十二年以后,康熙二十七年嘎尔旦侵略喀尔喀以前这是明显的。即梁以二十三年张勇死,遂携其未定稿本赴北京了。

梁份《嘎尔旦传》止于此。其史料价值由以上考证,粗略可知。著者不慊于清朝，自对其敌嘎尔旦有所同情，假此《传》，著者寄寓了佛郁之情。吾亦通过此《传》的研究，知《朔漠方略》、《藩部要略》乃采集最确实史料编次者。《圣武记》与布尔迦同，虽有其取材多自传闻而史实有欠精确之嫌，也有意外地能从其中推断当时人心情伪之幸。异日相机更研究《秦边纪略》其他西夷史料，再就正于同好之士。

（大正七年七月《史林》第三卷第三号）

注释：

[1]“乃师事达赖喇嘛之徒，遍西域”，宜作“乃师事达赖喇嘛，达赖喇嘛之徒遍西域”。

[2]《圣驾亲征噶尔旦方略》康熙三十五年五月初八日条云：“朕亲即往克鲁伦阅视，并无敌人。因顾左右，叹曰，谓噶尔旦练习战事，攻取西边𤞑(回)子千有余城，收服四部落之厄鲁特，尽杀其兄弟，剿灭七部落之喀尔喀，所向无敌，今在克鲁伦河，不待战而遁，由此观之，其怯弱显然。所云俄罗斯之兵亦属虚语，今我兵无望其战矣，但以追为要着。”又《平定朔漠方略》康熙三十五年五月癸亥（即初八）条有云：“驾先抵克鲁伦河，见无贼寇，河北界有贼安营之迹，贼去未久。上顾左右谕曰，向言噶尔旦熟练戎行，攻拔西方回子千余城，收服四厄鲁特，杀其兄弟，全灭七旗喀尔喀，所向无敌，今观其不据克鲁伦河拒战，则其怯懦显然。所言俄罗斯六万，亦伪也，今我军不复有与战之期，但追之为急耳。”据此可见嘎尔旦联络俄罗斯兵之说法当时实有之。

[3]纳添巴，据本书《近疆西夷传》，添巴即“赋税”。

（昭和三年十二月记）

后　记

梁份的《秦边纪略》，于康熙三十年(1691年)成书后，既有抄本，也有刊本。而20世纪80年代，赵盛世、王子贞、陈希夷先生，遍访不同版本，做了十分认真的校注。这一校注本，于1987年由青海人民出版社刊行后，可谓嘉惠学林。1985—1988年，我师从赵先生，研习青海地方史，既亲见三位先生整理该书之严谨作风，又于日后的学术研究中从书中每每受益。

而今，青海人民出版社打造《青海地方史志文献丛书》，邀我重新校注《秦边纪略》。平心而论，从“校”的角度上说，三位先生用力很深，除非今后再有新的版本发现，应该说这已是十分理想的校本了。所以，我所要做的，主要是从“注”的角度上考虑的。具体说来，这次校注工作，主要有四项内容：一是正讹误，二是订旧注，三是补新注，四是一风格。简言之，这又是一次学术接力。

于学界，三位先生所做的是“雪中送炭”，而我所致力的顶多是“锦上添花”，果如兹，则也是对先生们最好的纪念和汇报。唯恐力所不逮，又难免疏漏，还望同仁不吝斧正。是为记。

姚继荣

2015年秋于西宁城东览圣斋